丰南年鉴 2020

FENGNAN NIANJIAN 2020

唐山市丰南区人民政府 主办
唐山市丰南区地方志办公室 编

方志出版社
Publishing House of Local Records

图书在版编目（CIP）数据

丰南年鉴. 2020 / 唐山市丰南区地方志办公室编
. -- 北京：方志出版社，2020.12
ISBN 978-7-5144-4742-2

Ⅰ. ①丰… Ⅱ. ①唐… Ⅲ. ①区（城市）—唐山—
2020—年鉴Ⅳ. ①Z522.23

中国版本图书馆CIP数据核字(2020)第270423号

丰南年鉴（2020）

编　　者：唐山市丰南区地方志办公室
责任编辑：丛　珺
出 版 者：方志出版社
　　　　　地址　北京市朝阳区潘家园东里 9 号（国家方志馆4层）
　　　　　邮编　100021
　　　　　网址　http://www.zgfzcb.cn
发　　行：方志出版社图书经销中心
　　　　　电话（010）67110500
经　　销：各地新华书店
印　　刷：天津长荣云印刷科技有限公司
开　　本：889×1194　　　1/16
印　　张：24.125
字　　数：952千字
版　　次：2020年12月第1版　　2020年12月第1次印刷
印　　数：001～600册
ISBN 978-7-5144-4742-2　　定价：120.00元

《丰南年鉴》主审

赵立华　中共唐山市丰南区委书记

　　　　唐山市丰南区人民政府区长

侯荣奎　唐山市丰南区人民政府办公室主任

赵科研　唐山市丰南区人民政府办公室副主任

《丰南年鉴》编辑部

主编：郭百新

编辑：张保华　张子成　李文璇

摄影：李福政　高国昌　郝　峥　刘　琦

编辑说明

一、《丰南年鉴（2020）》是以马克思列宁主义、毛泽东思想、邓小平理论、“三个代表”重要思想、科学发展观、习近平新时代中国特色社会主义思想为指导，坚持辩证唯物主义和历史唯物主义的立场、观点、方法，全面、真实、系统地记述全区自然、政治、经济、文化和社会方面基本情况。

二、本年鉴采用分类编纂法，分为类目、分目、条目三个层次，部分分目下增设次分目，条目为基础叙述单元。

三、本年鉴资料由各承编单位提供，照片由今日丰南报社、丰南摄影家协会及各承编单位提供。

四、本年鉴使用数字原则上以丰南区统计局公布数字为准，统计局不掌握的，采用各单位提供数字。

五、本年鉴记述时限为2019 年1月1日至12月31日。

六、本年鉴设特载、大事记、丰南概览、中共唐山市丰南区委员会、唐山市丰南区人民代表大会、唐山市丰南区人民政府、政协唐山市丰南区委员会、民主党派·人民团体、军事、法治、城乡建设·环境保护、交通·邮政·通信、经济管理、农业、工业·建筑业、商贸服务业、金融业、双向开放、经济开发区、教育、科学技术、文化·旅游·体育、卫生健康、社会生活、乡镇街道、人物、附录。

七、本年鉴执行《出版物汉字使用管理规定》、中华人民共和国法定计量单位、《标点符号用法》（GB/T 15834-2011）。

经济建设
Jingji Jianshe

“3·13”项目集中签约仪式

7月3日，全市在丰南召开工业项目现场调度会

5月7日，举办国丰北片区开发合作签约活动

10月8日，全市重点项目观察团到丰南调研

河北纵横集团丰南钢铁有限公司

唐山瑞丰钢铁（集团）有限公司

惠达卫浴股份有限公司展厅

惠达卫浴股份有限公司产品包装车间

东方雨虹防水技术有限公司

河北君乐宝君昌乳业有限公司

6月27日，举办科技领军人才创新驱动中心（丰南）授牌仪式

天地（唐山）矿业科技有限公司

渔光一体

百威啤酒（唐山）有限公司丰南分公司

河北纵横集团丰南钢铁有限公司生产线

草莓采摘

吊篮西瓜

钱营镇陶梓艺家庭农场特色农产品种植展示

棚室桃树

3月23日，第六届唐山鑫湖草莓节开幕

蘑菇丰收

南孙庄乡开尔爱心公棚

越支泥鳅养殖

自动化养鸡

奶牛养殖自动化挤奶

水稻机械化收割

社会建设
Shehui Jianshe

9月24日，河北省深化基层妇联改革现场推进会在丰南召开

11月20日至21日，全省基层“两新”党组织巩固提升专题培训班将鑫丰热电集团党总支作为现场教学观摩点

区领导春节前慰问老党员

3月12日，区农业农村暨扶贫工作会议召开

1月30日，唐山市丰南区第六届人民代表大会第三次会议召开

2月26日，唐山市丰南区集中整治违反中央八项规定精神问题、基层“微腐败”专项整治工作动员部署会议暨警示教育大会召开

2月27日，区政法工作暨争创全国平安建设先进区动员大会召开

10月24日，区委巡察办召开巡察工作会议

10月1日，区行政中心全体干部举行迎国庆、升国旗仪式

区委组织部指导基层党建工作

5月15日，丰南区税务局开展减税降费宣传进企业招聘会活动

2月19日，丰南区气象局人工影响天气作业人员在做作业准备

9月20日，区委宣传部举办庆祝新中国成立70周年演讲比赛

4月30日，举办“忠诚铸辉煌”——唐山市第四届金牌政法干警暨十佳政法干警颁奖仪式

4月9日，建行丰南支行举办“积微成著、致远未来”银企沙龙活动

区残联开展残疾人康复训练

行政审批局为办理业务群众提供咨询服务

2019年6月，胥各庄街道举办“不忘初心　唱响红色经典”我和我的祖国群众歌咏演唱月活动

4月16日，工商联组织民营企业中高层管理人员参加共享企业大学培训

4月26日，丰南区举办纪念五四运动100周年暨首届“丰南区青年先锋人物”颁奖典礼

5月9日，唐山职业技术学院在丰南大剧院举办国际护士节大会

3月29日，丰南区邮政分公司“邮爱家”智能科技体验馆开馆，丰南区启迪幼儿园小朋友到体验馆参观体验

9月6日，丰南区举办庆祝教师节文艺演出

区专武干部接受爱国主义教育

中国妇女报

全面深入持久开展民族团结进步创建工作铸牢中华民族共同体意识

家风拟入法将惠泽千万家

让基层妇联干部有位置、有分量

严惩针对妇女儿童的暴力虐待性侵害等犯罪

"红嫂精神"在沂山蒙水薪火相传

10月24日，《中国妇女报》头版刊发丰南妇联改革经验

6月，丰南区妇联为丰南区实验小学西校区家庭教育示范基地授牌

岔河镇王各庄四村获“全国维权妇女儿童先进集体”称号

区生态环境保护局常态化开展大气污染夜查行动

兴达交通工程有限公司在花园路小翟庄桥铺油施工

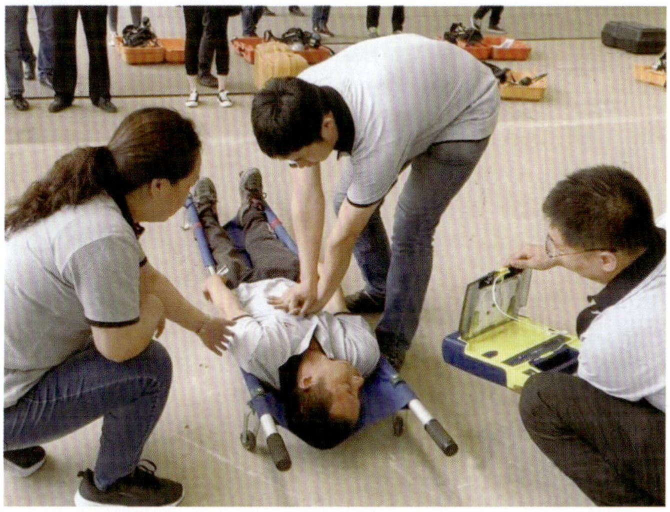

5月17日，轻工行业有限空间作业安全演练

地方道路管理站人员清理范董线西葛段公路边沟

10月25日，区人力资源和社会保障局和区退役军人事务局举办退役军人专场招聘会

12月27日，区人力资源和社会保障局“就业服务年，送岗到身边”大型招聘会

乡村振兴

Xiangcun Zhenxing

崔庄户村入村道路

王打刁村村民中心

乡村振兴示范区美丽庭院

崔庄户村文化礼堂

孙老庄文化礼堂

鸟瞰药王寺与王打刁村

孔家庄村口

王打刁村南口

王打刁村迎宾广场

药田花海

文化体育

Wenhua Tiyu

4月29日，“善能杯”2019年国际标准舞全国公开赛暨唐山市第六届体育舞蹈锦标赛在丰南区举办

9月19日，丰南区举办“热歌劲舞”城区群众迎国庆广场舞展演活动

11月22日，丰南区文化馆百花艺术团成立15周年文艺演出举办

3月22日，区文化馆举办“跟我学唱评剧”免费公开培训课堂

2月1日，“福满家园”2019年丰南区春节联欢晚会举办

9月5日，区直机关党工委举办“我和我的祖国”歌咏活动

9月4日，丰南区政协举办庆祝新中国成立70周年书画展

象棋比赛

1月21日，“凤舞燕山”北派山水画家作品邀请展在区文化馆举办

原创冀东说唱曲艺《圆梦》（获得省“燕赵群星奖”）

传统大戏演出

9月22日，第四届“捷安特杯”唐山全国自行车公开赛暨2019“全民健身 绿色骑行”自行车嘉年华

篮球比赛

11月28日，“丰南区第一届冰雪运动会”在丰南区体育馆举行

徒步

8月24日，唐山城市乐跑赛在丰南区惠丰湖公园开跑

特 载

大事记

丰南概览

中共唐山市丰南区委员会

唐山市丰南区人民代表大会

唐山市丰南区人民政府

政协唐山市丰南区委员会

民主党派·人民团体

军 事

法 治

城乡建设·环境保护

交通·邮政·通信

经济管理

农 业

工业·建筑业

商贸服务业

金融业

双向开放

经济开发区

教　育

科学技术

文化·旅游·体育

卫生健康

社会生活

乡镇·街道

人 物

附 录

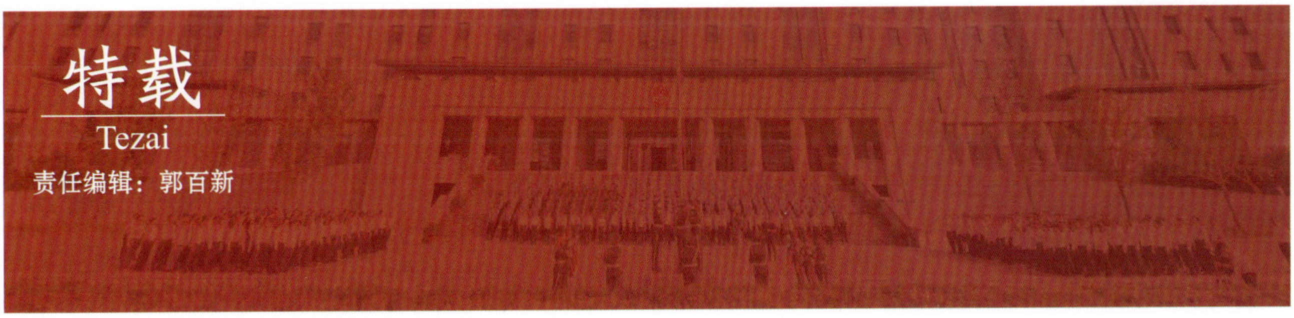

以习近平新时代中国特色社会主义思想为指导 坚定不移朝着重返全省县（市）区前列目标加速前进

——在区委四届五次全体会议上的报告

（2019 年 1 月 20 日）

中共唐山市丰南区委书记　艾　春

一、2018年主要工作回顾

2018年，在党中央和省、市委坚强领导下，区委常委会团结带领全区广大党员干部群众，认真贯彻习近平新时代中国特色社会主义思想，紧紧围绕“重返全省县（市）区前列”的总体目标，全面落实高质量发展要求，统筹推进经济建设、政治建设、文化建设、社会建设、生态文明建设和党的建设，全区上下呈现出经济运行稳中有进、新旧动能转换提速、民生事业持续改善、社会大局和谐稳定、政治生态风清气正的良好局面。全年预计完成地区生产总值660亿元，增长7%；固定资产投资239.4亿元，增长13.3%；一般公共预算收入44.8亿元，增长12.8%；城乡人均可支配收入分别达到39660元、16990元，均增长7%。

一年来，我们坚定信念、维护核心，以学习贯彻党的十九大精神为首要任务，推动丰南各项工作始终朝着正确方向前进。坚决维护习近平总书记党中央的核心、全党的核心地位，坚决维护党中央权威和集中统一领导，坚持用党的十九大精神和习近平新时代中国特色社会主义思想武装头脑、指导实践、推动工作。组建了800多人的四级宣讲团，推动党的十九大精神进企业、进农村、进机关、进校园、进社区、进网络，累计开展宣讲2000余场次，受众30多万人次；520名基层义务宣传员挂牌上岗，累计开展专题宣教1500余场次，推动党的十九大精神在丰南落地生根。

一年来，我们迎难而上、克难制胜，以大事要事为抓手，推动经济社会发展实现重大突破。过去的一年，大事难事多，但我们全区上下众志成城，攻坚克难，取得了一个又一个胜利。棚户区征收改造在全市率先启动，圆满完成征收任务，创造了新的“丰南效率”。去产能全面完成铁、钢各228万吨和65万吨焦化压减任务，组织实施了国丰北区片区企业拆除，受到工业和信息化部和省委、省政府高度评价，全省去产能、调结构现场推进会在丰南区召开。扶贫脱贫攻坚围绕“两不愁三保障”目标，高质量完成147户、359人建档立卡贫困人口标注退出任务。退役军人管理服务实现光荣牌悬挂、数据采集、干部包联“全覆盖”。按上级要求，钢铁退城如期完成国丰南区停产工作，对7600多名职工进行妥善安置，实现了安全环保、平稳有序关停，创造了行业之最。生态环境深度治理在持续开展五个专项整治的基础上，以六大重点区域“散乱污”企业、无名场院、各类堆场整治为突破，带动全区掀起大规模清理拆除行动，长期困扰丰南区的“钢铁围城、污染围城”治理取得历史性突破。全域治水清水润城、沃土改良和国土绿化攻坚行动扎实推进。全区$PM_{2.5}$平均浓度同比下降23.61%，空气质量改善率全市排名第二，“一环三线”绿化居全市第一。

一年来，我们保持定力、主动作为，以新旧动能转换为带动，推动产业结构上档升级。投资16亿元持续推进“一区三园”开发建设，临港经济园第二起步区、化工产业园达到项目入驻条件，丰南沿海陶瓷产业创新示范园区开工建设，产业聚集全面提速。经济开发区被《中国企业报》评为“2018年中国产业园区成长力百强”园区。大力推进新型工业化基地建设，组织实施钢铁、陶瓷、化工、装备制造等传统产业技术改造、延链强链补链项目102个，培育壮大了精细化工、精品陶瓷、精品钢铁及深加工、高端装备制造和信息产业四大产业集群，京津冷轧、全丰薄板、惠达整体浴室等项目加快建设。总投资381亿元的纵横钢铁项目进展顺利，一期工程全面联调联试。组织开展了承接北京产业转移专题对接会、丰南全国涂料产业对接会、丰南区营商环境推介会等一系列招商活动，签约项目59个，其中亿元以上项目50个，亿元以上正式签约项目总数和引进京津资金占比增幅均居全市第一位；实施投资千万元以上项目150个，计划总投资1041.8亿元，全区重大项目建设工作在全市考评中始终保持在前两名。积极推进“双创双服”，着力深化改革创新，打造“四最”营商环境，丰南区被评为“2018年度中国营商环境（案例）第二批十佳城市”。全区高新技术企业达到44家，科技型中小企业达到530家，挂牌上市企业达到7家；规上工业企业达到219家，总量全市第二。

一年来，我们精准施策、补齐短板，以城乡统筹为方向，推动城乡面貌大幅提升。抓住唐山“一港双城”建设机遇，完成城建投资33.3亿元。加快国丰北区片区城市设计、南湖大道以南区域战略规划编制，全面完成了老旧小区、供热管网改造等“三改一通”工程，国丰北区片区“四横三纵”路网初具规模。实施时代广场等城市经济项目19个，唐山紫天鹅国际房车露营公园被授予国家级房车示范营地。按照“四位一体”发展思路，大力实施乡村振兴战略。实施天津利民调料等2000万元以上农业重点项目18个，全区固定资产200万元以上农业龙头企业达到61家，家庭农场58家，农民专业合作社310家。大力实施农村人居环境整治，投资2.4亿元推进五项重点工程，在全市率先完成农村“户户通”，成为全省30个农村人居环境整治全域完成示范县之一、全市首批“十佳”农村人居环境整治示范片区。扎实开展农村土地承包经营权确权颁证工作，顺利通过省级验收。提升乡村旅游，国家三星级休闲农业企业达到2家，省四星级休闲采摘园达到5家，成为京津唐地区农业休闲旅游目的地。

一年来，我们牢记宗旨、善作善成，以解决群众切身利益问题为己任，推动各项民生事业长足发展。民生事业支出占到全年预算的28.2%，十件为民实事基本完成。围绕劳有所得，全面落实就业优先政策，全年新增城镇就业8266人，农村劳动力转移就业5684人，城镇登记失业率始终控制在3%以下。围绕学有所教，启动实施了新建区一中、西城区幼儿园、岔河中学和钱营一中宿舍楼等工程；投资2635万元，提升了教育技术装备水平；区职教中心获得全国职业教育最高奖——黄炎培职业教育奖；丰南区被省政府确定为全市唯一的教育履职评价先进区。围绕病有所医，启动实施区中医院异地迁建等一批重点项目，积极探索医联体建设，全力推进医疗服务价格调整，基层医疗卫生机构“国医堂”建设实现全覆盖。围绕困有所助，投资260万元，为全区残疾人和60周岁以上老年人参保意外伤害保险。特困供养标准与城乡低保标准同步提高，全社会救助体系日益完善。围绕民有所乐，深化省级公共文化服务体系示范区创建，深入推进文化惠民工程，区图书馆被中宣部和省委宣传部评为“服务农民、服务基层文化建设先进集体”，“书香丰南动车组”事迹在《人民日报》等国家主要媒体报道。围绕居有所安，深入开展法治丰南建设，区司法局被司法部授予“全国人民调解工作先进集体”称号。持续开展信访案件攻坚行动，信访事项办理及时受理率、按期答复率、群众满意率处于全市各县区前列。加强和创新社会治理，强势推进扫黑除恶专项斗争，统筹推进雪亮工程、基层平安创建等工作，破获涉恶案件67起，成功打掉涉恶集团1个、恶势力犯罪团伙2个，抓获犯罪嫌疑人113人，经验做法在全市推广。狠抓安全生产和食品药品安全工作，集中开展大排查大整治，全区安全生产形势持续好转。坚持党管武装，国防后备力量建设进一步加强。积极推动群团改革，工青妇等群团组织作用进一步发挥。团区委连续三年举办“爱心暑托班”，经验做法在《中国青年报》等多家媒体报道。区妇联建立了全市首家女性双创孵化基地，成为全国标杆，经验做法在《中国妇女报》头版刊发。民族宗教、工商联、文联、老干部等工作取得新成绩。依法加强宗教事务管理和治理违法违规宗教活动，有效维护了宗教领域和谐稳定。

一年来，我们聚焦主业、压实责任，以全面从严治党为核心，推动全区政治生态不断优化。认真履行全面从严管党治党的政治责任和主体责任，坚持党管意识形态，强化思想舆论阵地建设。持续推进“两学一做”学习教育常态化制度化，民主生活会、“三会一课”等各项制度落实到位。加强基层组织建设，落实基层党建责任制，丰南区被评为全省农村“两委”换届先进区。严格管理领导班子和干部队伍，深化“五一五化”平时考核机制，探索推行了“三个一批”督导考核排名制度。坚持好干部标准，注重在一线锻炼和识别干部，年内调整干部6批94人次，各方面反映良好。人才工作始终走在全市前列。认真落实党风廉政建设“两个责任”，严格落实中央八项规定精神，持之以恒纠正“四风”，运用监督执纪“四种形态”，扎实推进中央和省委巡视整改工作，有效发挥巡察利剑作用，反腐败斗争取得了压倒性胜利。全年共立案230件，结案214件，处分240人，其中乡科级21人，办理留置案件2件2人，年内挽回经济损失近1亿元。

一年来，区委常委会认真贯彻中央和省、市委决策部署，高度重视自身建设。一是坚持带头讲政治。强化理论学习和党性锻炼，增强“四个意识”和“四个自信”。围绕学习贯彻习近平新时代中国特色社会主义思想，组织集体学习12次。二是坚持带头守规矩。强化政治纪律和政治规矩，坚决同以习近平同志为核心的党中央保持高度一致。坚持把“两个维护”内化于心、外化于行，始终对党绝对忠诚。三是坚持带头强化责任担当和攻坚克难。切实担负起落实中央和省、市委决策部署的政治责任、领导责任、工作责任，以改革创新的思路破解难题、打开局面。四是坚持带头提升执政能力和领导水平。修订《区委常委会议事决策规则》，认真贯彻民主集中制，加强常委会规范化建设，促进科学决策、民主决策、依法决策。五是坚持带头履行管党治党主体责任。加强廉洁自律，发挥以上率下和示范带动作用，自觉接受各方面监督。同时，坚持总揽全局、协调各方，大力推进社会主义民主政治建设，支持人大、政协依法依章程履行职能，加强统一战线工作，推动工会、共青团、妇联等群团组织发挥桥梁纽带作用，汇聚起推动丰南发展的强大合力。

回顾一年来的历程，我们深切体会到：只有不忘初心、牢记使命，才能取得事业发展的新成就。正是因为我们时刻以党的十九大精神和习近平新时代中国特色社会主义思想为指导，坚守让全区人民过上好日子的初心和信念，才使得我们在全面建成小康社会的道路上加速前行，取得令人振奋的成绩。只有坚定方向、矢志不渝，才能取得高质量发展的新突破。正是因为我们始终以“重返全省县（市）区前列”的目标和追求统一思想、凝聚共识，才使得我们以重点工作突破带动和活跃工作全局，推动经济向高质量发展迈进。只有改革开放、破旧立新，才能催生振兴丰南的新活力。正是因为我们把改革创新作为动力源泉，不断建立完善创新创业、人才引进等体制机制，才使得我们在培育新动能、新优势上实现突破，为经济社会发展不断注入新的活力。只有求真务实、苦干实干，才能实现各项事业的新进展。正是因为我们把制度立在心中，把纪律挺在前面，大力弘扬创新、一流、务实、高效、担当的优良作风，才使得我们在全市“十项重点工作”考核评比中，多项工作始终位居前列。只有以民为本、执政为民，才能开创和谐稳定的新局面。正是因为我们始终坚持以人民为中心的发展思想，让老百姓切实感受到环境深度治理、居住条件改善、公共服务优化、社会保障提升以及扶贫攻坚、扫黑除恶等方面带来的实惠和改变，才使得我们保持了全区上下政通人和的良好局面。

成绩来之不易，奋斗充满艰辛。我们取得的成绩，离不开上级党委、政府和各级领导的亲切关怀和正确领导，离不开丰南人民的开明开放、艰苦奋斗和顽强拼搏，离不开全体干部职工的不辞辛苦、任劳任怨、团结一致和勇于担当，离不开全区老干部老同志打下的坚实基础和一如既往的关心支持。我们不会忘记，面对扶贫攻坚、巡视整改、环保督察等一项项政治任务，区四大班子思想统一，认识到位，作风务实，深入一线调度指挥；各级各部门精心组织，全力实施，推动了中央和省、市委方针政策、重大决策落地落实。我们不会忘记，面对项目建设、生态治理、信访维稳、乡村振兴等一场场硬仗，全区广大干部，敢于担当、善作善成，团结奋斗、砥砺前行，经受了严峻的挑战，开创了崭新的局面。我们不会忘记，在国丰北区拆除、南区关停和棚户区改造等一件件关系全区发展、涉及切身利益的大事难事面前，我们伟大的丰南人民，深明大义、无私奉献，无论是涉及拆迁的广大群众，还是国丰公司的领导班子和全体职工，识大体、顾大局，舍小家、为大家，对区委、区政府决策部署热忱拥护、鼎力支持，汇聚了热爱丰南、建设家乡的磅礴力量。在此，我代表区委常委会，向在座的各位同志，向全区各级党组织和广大党员干部群众表示衷心感谢，并致以崇高的敬意！

在肯定成绩的同时，我们也清醒认识到，与上级要求和群众期盼相比，丰南改革发展任务仍然十分艰巨：偏重的产业结构尚未彻底改变，新兴产业支撑作用还不够强；新建项目对经济的拉动作用尚不明显，经济发展后劲不足；开发区生活服务配套不完备，成为影响招商效能的短板；乡村发展不充分不平衡问题还没有彻底破解；一些干部的素质能力与新形势新任务不相适应，有的干部缺乏担当精神和务实作风，腐败现象和违纪问题依然存在等等。对此，我们要进行深入分析和研判，凝聚全区合力，切实加以改进。

二、2019年各项工作的指导思想和目标任务

中央经济工作会议指出，当今世界面临百年未有之大变局，变局中危和机同生并存，给中华民族伟大复兴带来重大机遇。从全局看，我国发展仍处于并将长期处于重要战略机遇期，经济结构优化升级、科技创新能力提升以及改革开放、绿色发展都给我们带来了新的机遇。从丰南区看，临港园区基础设施工程将全面完成，沿海产业承载优势进一步提升；纵横钢铁、东方雨虹、丰南沿海陶瓷产业创新示范园区等重大项目加快推进，产业基础优势进一步增强；国丰北区片区启动开发建设，对接融入唐山市主城

区步伐进一步加快。同时，多年积累的深层次矛盾和“三期叠加”的影响也正在显现，经济发展正经受着结构调整的“阵痛”。我们也面临着国丰南区关停转型、生态环境深度治理等一系列难点问题需要破解。我们一定要把思想认识统一到中央和省、市委对形势的分析判断上来，切实加强党对经济工作的领导，从长期大势认识当前形势，站位全国、全省、全市大局审视丰南发展，既保持战略定力，坚定必胜信念，又坚持未雨绸缪、妥善做好应对各种困难挑战的准备，把困难估计得更充分一些，方案制定得更周密一些，工作做得更扎实一些，牢牢把握主动权，奋力推进创新发展、绿色发展、高质量发展迈上新台阶。

2019年是新中国成立70周年，是全面建成小康社会关键之年，也是我们实现“重返全省县（市）区前列”目标承上启下、跨越提升的一年，做好今年的经济社会发展工作，意义重大，责任重大。我们要坚持以习近平新时代中国特色社会主义思想为指导，按照党的十九大、十九届二中、三中全会、中央经济工作会议和省委九届八次全会、市委十届六次全会部署，坚持稳中求进工作总基调，坚持新发展理念，坚持推动高质量发展，坚持以供给侧结构性改革为主线，坚持深化改革、扩大开放，坚持“12346”发展思路，开展“高质量发展突破年”活动，聚焦聚力“两大主战场”，坚决打赢“三大攻坚战”，激活“三大动力源”，加快实施“四位一体”乡村振兴战略，统筹推进稳增长、促改革、调结构、惠民生、防风险工作，不断增强人民群众获得感、幸福感、安全感，保持经济持续健康发展和社会大局稳定，为全面建成小康社会打下决定性基础，以优异成绩庆祝中华人民共和国成立70周年。2019年全区经济社会发展的主要预期目标是：全区地区生产总值比上年增长6%以上，一般公共预算收入比上年增长4.9%，固定资产投资比上年增长8%左右，城乡居民人均可支配收入均增长7%。

落实上述发展思路，实现既定目标，需要我们在今后工作中牢牢把握以下五个方面：一要旗帜鲜明讲政治。以高度政治自觉践行“四个意识”，坚定“两个维护”，始终在思想上政治上行动上同以习近平同志为核心的党中央保持高度一致。坚持把深入学习习近平新时代中国特色社会主义思想和习近平总书记对河北、唐山工作系列重要指示精神作为重大政治任务，在持续领会中“学懂”，在指导实践中“弄通”，在推动工作中“做实”，当好习近平新时代中国特色社会主义思想的坚定信仰者和忠实实践者。二要把握稳中求进总基调。稳，就是在经济发展上保持定力，积极应对国丰南区关停对财税收入的影响，坚定不移地按照正确的思路一步一步干下去，确保经济增长不出现大的波动，实现“换挡”不失速。进，就是推动高质量发展的航向不能偏，充分发挥我们的综合优势，聚力“两大主战场”，打好“三大攻坚战”，积极对接全市“十项重点工作”，推动产业升级、绿色发展和新旧动能转换，全力以赴争先进位。三要在巩固、增强、提升、畅通上下功夫。面对经济形势深刻变化，我们要按照中央和省、市委要求，立足丰南发展实际，坚持以供给侧结构性改革为主线不动摇，巩固“三去一降一补”成果，坚决完成钢铁去产能任务，降低全社会各类营商成本，加大基础设施等领域补短板力度；增强微观主体活力，发挥企业和企业家主观能动性，发展更多优质企业；提升产业链水平，推动现有产业改造提升，培育和发展四大产业集群；畅通国民经济循环，加快建设统一开放、竞争有序的现代市场体系。四要持续深化改革扩大开放。深化体制机制改革，有针对性地解决经济社会发展过程中各领域、各层面、各环节出现的矛盾和问题，坚决破除不合时宜的思想观念和体制机制障碍。进一步增强开放意识，把扩大开放作为推动发展和转型升级的强大引擎，加快发展开放型经济，以更大力度解放思想，激发经济社会发展的强大活力。五要打造过硬工作作风。牢记“两个务必”，强化责任担当，消除“不想为”的思想惰性，补齐“不能为”的能力短板，克服“不敢为”的畏难情绪，把全部心思向“谋实事”聚焦，把全部工作向“干实事”用劲，不断提高谋划发展、驾驭发展的能力，只争朝夕，拼搏进取，扎扎实实把各项工作不断推向前进。

按照上述指导思想和目标原则，着力抓好五个方面的工作：

（一）以高质量发展为导向，聚焦聚力“两大主战场”。丰南实现高质量发展，主战场在沿海和城区。今后一个时期，我们要以建设环渤海新型工业化基地为目标，聚焦聚力沿海和城区“两大主战场”，努力构建“6+4+5”现代产业体系，培育优势主导产业，加快转型升级步伐。“6”就是实施六大传统产业提升工程，集中力量做优做强钢铁、陶瓷、化工、装备制造、特种线缆、食品加工等主导产业，促其加快迈向中高端。“4”就是以培育集群优势为目标，发展壮大精细化工、精品陶瓷、精品钢铁及深加工、高端装备制造和信息产业等四大产业集群，推动产业链向终端延伸、价值链向高端拓展。“5”就是大力发展现代物流、总部经济、特色商业、文化创意、医养结合等五大现代服务业，调整和优化产业结构。一方面，要发挥沿海有港、土地富集、平台良好的基础优势，聚力沿海发展主战场。①加快“一港一区三园”建设。深入落实省委、省政府关于推进沿海经济带高质量发展的《意见》，大力引进战略投资者加快港区建设，以港区建设带动临港产业发展。全面完成临港经济园基础设施项目扫尾工程，配套推进电、暖、气、水等基础设施建设，全面提高项目承载能力。积极推进化工产业园、精品钢铁产业园等园中园建设，高新技术产业园、小集经济园也要进一步完善基础设施配套建设，加快功能提升，不断拓展高质量发展空间。②改造提升六大传统主导产业。以“两化”融合为牵动，围绕钢铁、陶瓷等六大传统产业，发挥重点企业示范引领作用，狠抓惠达卫浴工业互联网和大数据智能生产解决方案、纵横钢铁能源管理中心等8个“两化”融合项目，支持凯业科技、海森电子等企业“物联网”应用，以信息化带动工业化，全面提升企业和产业核心竞争力。以钢铁去产能和纵横钢铁项目为带动，抓好总投资100亿元的瑞丰、东华、经安等3家钢铁企业的减量置换转型升级项目建设，提升钢铁产业综合竞争力。抓好总投资495.9亿元的瑞丰1580毫米热轧带钢生产线、东华ESP无头带钢生产线等13个钢铁企业延链强链项目，加快纵横钢铁项目建设，确保一期工程1月底全面达到试生产条件，二期工程4月初全部达到试生产条件，年内全部投产达效。统筹抓好国丰南区职工安置和资产管理、债务化解等工作，确保职工有安置、社会可承受。③培育壮大四大产业集群。发挥“一区三园”平台承载优势，以建设新型工业化基地为目标，在培育壮大精细化工、精品陶瓷、精品钢铁及深加工、高端装备制造和信息产业等四大产业集群上持续发力，着力打造全国新型材料生产基地、全国精品陶瓷生产基地、千万吨级精品冷轧及深加工基地，使沿海经济成为新的经济增长极。加快丰南沿海陶瓷产业创新示范园区标准厂房建设，确保首批入园企业6月底前如期搬迁投产；加快东方雨虹二期、惠达卫浴装配式建筑基地、北京送变电铁塔、航天万源数据中心、京津冷轧等重点项目建设，力争化工产业园、精品钢铁产业园完成产业布局。④大力发展五大现代服务业。发挥丰南区铁路、公路、港口交通便捷的优势，依托钢铁、陶瓷、农产品基地和商贸流通企业，大力发展运输、仓储等现代物流产业。以东方雨虹北方总部建设为带动，引进更多地区总部基地，发展总部经济。加快推进时代广场、绿景商务中心等商业综合体项目，培育一批城市新型商业核心区，发展壮大特色商业。深化文旅产业融合发展，完善提升唐津运河景区，培育壮大一批科技含量高、创新能力强的文化创意领军企业，大力发展文化创意产业。充分利用南湖和丰南区生态资源，大力发展健康养生、医疗服务、养老居住、休闲度假等医养结合产业。⑤大力发展新兴产业。以新材料、新能源、电子信息、大数据、生物医药等产业为重点，力促中汽零、航天科技、中关村军民融合发展产业基地等项目落地开工，培育一批引领性龙头企业，打造一批示范性产业集群，推动新兴产业增速提高、占比提升，成为丰南产业发展的生力军，加快推动产业结构、经济结构优化调整。⑥突出抓好项目建设。牢固树立“以项目论英雄”的鲜明导向，着力抓好“五个一批”：即围绕现有企业做大做强，谋划实施一批产业升级、“二次创业”等重大转型升级项目；围绕推进新型工业化基地和重工业基地建设，积极承接京津产业转移，谋划实施一批投资体量大、质量效益好、带动能力强的重大产业项目；围绕调整和优化产业结构，推进绿色发展，谋划实施一批环保治理和新兴产业项目；围绕“一港双城”建设，对接融入唐山市主城区，谋划实施一批棚户区改造、公共基础设施等重大城建项目；围绕群众所想所盼，谋划实施一批教育、文体、卫生、交通等重大民生项目。2019年，全区实施亿元以上项目100个以上，完成投资200亿元以上，着力抓好总投资784.3亿元的23个省市重点项目建设。要围绕实施“五个一批”和省市重点项目，积极争取用地指标，全力破解环评、安评、能评等瓶颈制约，加强路、水、电、气等配套设施建设，为项目顺利落地、尽快开工、如期建成、达产达效提供全要素保障，以高质量项目推动高质量发展。另一方面，抢抓唐山建设“一港双城”等一系列重大机遇，以融入唐山市主城区为方向，聚力城市发展主战场。对接融入唐山市主城区，全力推进规划、建设、管理、生态、产业、公共服务“六个一体化”。①以规划一体化为先导，找准丰南在唐山“一港双城”建设中的战略方位，积极对接唐山城市《总规》修编，加快推进丰南区战略规划修编工作，编制完成南湖大道以南区域城市设计和国丰北区片区三年建设规划，编制完成乡村规划、“空心村”治理规划和唐坊、西葛等9个乡镇总规审定。②以建设一体化为突破，以创造高品质生活、服务高质量发展为发力点，全面完成国丰北区片区拆迁扫尾，实施“四横三纵”路网完善和绿化工程，做好土地收储，谋划启动东方雨虹总部等一批开发建设项目。深入实施“三改一通”工程，继续推进棚户区改造，加快回迁楼建设；实施老旧小区、背街小巷改造和城市畅通工程，改善提升城市面貌。③以管理一体化为带动，按照文明城市标准，进一步完善“网格化、精细化、标准化”长效管理机制，探索实施“智慧城管”新模式，持续强化执法监管，健全完善城市治理体系。④以生态一体化为纽带，积极参与唐山创建国家森林城市，继续开展国土绿化三年行动，按照“高大厚密彩多”要求，实施园林绿地、绿道绿廊建设，全面完成“一环三线”绿化任务，对接融入南湖绿带景观。⑤以产业一体化为引领，以国丰北区片区为重点，规划建好城市商圈，培育壮大楼宇经济集群，大力发展高端居住、特色商业、会议服务、文化创意、医养结合、总部基地等新业态，打造唐山大南湖周边最具特色和优势的城市发展新高地，培育丰南经济转型和城市发展的新引擎。⑥以公共服务一体化为基础，谋划推进总投资3.3亿元的区体育中心项目，建设多功能体育馆和游泳馆，积极争取唐山市主城区教育文化等公共服务设施向丰南城区辐射，推动公共交通、公共服务、公共设施融为一体。

（二）以新发展理念为核心，坚决打赢“三大攻坚战”。打赢三大攻坚战是政治责任，更是对人民的庄严承诺。一是坚决打赢污染防治攻坚战。①大力实施生态环境深度治理。坚持力度不减、久久为功，确保各类违规违章建筑及违法经营活动“一役清零”。深入抓好中央环保督察“回头看”和省市督导反馈意见整改落实，建立健全长效机制，保持和巩固治理成果。②持续推进工业、移动源、农业、扬尘等专项治理。深入实施工业企业排放达标计划，加快实施清洁生产改造和超低排放改造，持续加强“散乱污”企业专项整治，防治反弹、实现动态出清。以散煤治理为重点，继续实施“双代”工程，推进冬季清洁取暖。加快调整运输结构，开展柴油货车污染治理，加快纵横等4家钢铁企业铁路专用线建设，实现运输“公转铁”。加大农业污染治理，禁止露天焚烧，秸秆综合利用率保持在95%以上。所有建筑工地动态实施“六个百分百”治理，最大限度减少扬尘污染。到年底，全区$PM_{2.5}$平均浓度控制在54微克/立方米，空气质量持续向好，优良天数比率达到62%以上。③深入实施全域治水攻坚行动。坚持补水、蓄水、治水并重，突出重要河湖、水源地、城乡黑臭水体、农村纳污坑塘等重点，全面加强河湖长制工作，实施“一河一策”“一湖一策”，强力推进河道治理和生态修复，年内所有“傍水”村完成厕所改造任务，全域消除黑臭水体，沙河、西排干、黑沿子排干三条主要河流全部消灭劣五类水体，陡河水质达到上级考核四类标准，城区及乡镇集中式饮用水水源水质全部达标。④深入开展污染用地排查。集中整治受污染农用地，加大土壤环境执法力度，依法惩处严重污染土壤环境的违法犯罪行为。二是坚决打赢精准脱贫攻坚战。坚持把脱贫攻坚作为头等大事，坚持三级书记一起抓，深入推进精准扶贫、精准脱贫、科学防贫，严格落实“六个精准”要求，强化政治担当，下足绣花功夫，重点解决好“两不愁、三保障”面临的突出问题。健全完善动态管理、监督检查等长效机制，强化产业、就业、教育等扶贫措施，做好边缘户近贫预警和骤贫处置，确保在全市率先实现高质量整体脱贫。三是坚决打赢防范化解重大风险攻坚战。①防范化解债务风险，加强政府债务管理，规范政府性融资平台，创新举措化解存量债务，增强经济发展的活力与张力。严格金融市场准入，强化金融活动监管，坚决打击非法集资、违法放贷等犯罪活动。②强化安全生产责任制。深刻汲取重特大安全生产事故教训，深入贯彻《河北省安全生产风险管控与隐患治理规定》，持续深化重点行业整治及企业停复产安全监管，切实加强企业外委施工及检维修作业安全监管，坚决遏制重特大安全事故发生。③统筹做好信访维稳工作。学习推广“枫桥经验”，充分发挥区、乡、村三级群众工作平台作用，强化网格化服务管理，健全基层信访矛盾发现机制、信访受理机制、矛盾调处机制、源头治理防范机制，使群众诉求能够得到及时有效回应。严格落实包案责任、属地责任，坚持事要解决、分类施策，有组织有计划地开展专项治理行动，全面排查建账、逐案攻坚化解，实现“小事儿不出村、大事儿不出镇、疑难问题不出区”。④强化宗教管理工作，依法稳妥治理非法宗教活动，确保丰南区宗教领域和谐稳定。

（三）以动能转换为目标，激活改革开放创新“三大动力源”。坚持用改革的办法、开放的视野和创新驱动，破解发展难题，拓展发展空间，提升发展质量，培育和激活经济发展的新动能。一要持续深化改革。①全面深化机构改革，做好人员转隶和“三定”规定制定等后续工作，确保工作连续性和稳定性。推动乡镇财政体制改革、开发区人事薪酬制度改革等重点领域改革，增强经济发展活力。②全面落实中央和省市支持民营经济发展的各项政策，落实领导干部包联帮扶责任制，尊重市场主体、尊重企业家，为企业排忧解难办实事，构建“亲清”新型政商关系。③深入开展“双创双服”活动，持续深化“放管服”改革，探索推行“一颗印章管审批”“容缺审批”等制度创新，加快推进政务服务“一网通办”和企业群众办事“只进一扇门”“最多跑一次”，抓好“互联网+政务服务”等重点工作，打造“四最”营商环境。④扎实推进农村集体产权制度改革等农村综合改革，加快农村产权流转交易市场建设，逐步实现全区农村产权交易工作制度化、规范化管理。严格耕地保护，巩固“大棚房”专项整治和生态环境深度治理成果，坚决遏制农地非农化。二要扩大高水平开放。把提高招商引资质效作为今年对外开放工作的主攻方向，更加注重项目质量。细化完善招商引资优惠政策，按产业类别、投资规模、税收贡献等指标，明确具体的优惠标准，以高精准度和可操作性提高招商人员谈判效率。严审项目质量，聘请专业人员组成项目质量评审专职小组，优中选优引项目。严格行业准入，新增环境容量指标的项目、没有下游产品的冷轧及小化工项目一律不上，注重引进高端装备制造和高新技术产业项目。完善项目落地联审联办机制，搞好部门间配合和环节衔接，缩短项目落地时间。压实招商责任，给每个乡镇、重点区直部门、开发区、驻外招商处下达招商任务，年内确保签约落地亿元以上高质量产业项目30个以上。三要推动科技创新。引导企业积极引进新技术、开发新产品，重点抓好华通线缆海洋探测线缆和加热集成管束、贺祥机电智能坐便器高压成型机等12个技术创新项目。发挥骨干企业创新示范带动作用，组织东方雨虹、施尔得食品2家企业申报省级技术创新示范企业，培育更多具有竞争力的创新型领军企业。实施一批科技成果转化项目，深化重点领域和重点课题联合攻关。实施人才优先发展战略，重点引进一批能够突破关键技术、引领高新技术产业发展的高层次人才。2019年，全区新增高新技术企业24家、科技型中小企业172家，实施京津科技成果转化项目4个，扶持建立2个市级以上工程技术研发中心、20家规上企业研发机构。新增市场主体4000家、中小微企业1300家，新增规上工业企业10家、规上服务业企业12家。新建1家市级科技企业孵化器或众创空间，引进入孵企业20家。推动华通线缆完成上海主板IPO材料申报工作；贺祥机电申报省证监局创业板上市辅导。引进各类人才1000人以上，培训各类人才6000人次。

（四）以乡村振兴战略为引领，建设“四位一体”新农村。坚持现代农业、特色小镇、美丽乡村、乡村旅游“四位一体”，大力实施乡村振兴战略。一是调整优化农业结构，大力发展现代农业。培育科技农业、绿色农业、品牌农业、质量农业，推动农村一二三产业融合发展。培育壮大优质粮棉油、绿色蔬菜、生态畜牧养殖、健康水产养殖、休闲观光农业等五大产业，推动蔬菜现代农业园区、惠丰现代农业园区、通威“渔光一体”现代农业园区、渔业现代农业园区提档升级，规划建设全省最大的西红柿种植基地，培育壮大特色农产品优势产业。大力发展农产品加工业，以天食集团为依托，引进一批带动能力强的农业精深加工项目，打造食品加工园。盘活原三鹿乳业，推进君乐宝2万吨配方奶粉项目，力争年内开工生产。推进农产品质量安全标准化生产示范区创建，提升农产品质量安全水平。积极培育新型农业经营主体，突出抓好农民合作社和家庭农场发展，推广“龙头企业+基地+农户”模式，鼓励多种形式股份合作，大力培育和发展职业农民。二是发挥区域优势，建设特色小镇。立足各乡镇现有发展基础，以打造承载力强、各具特色的现代化小城镇为目标，高标准完成各乡镇总规编制工作。以规划为指导，第一批特色小镇重点打造黄各庄镇、小集镇、大齐各庄镇、岔河镇、南孙庄乡、东田庄乡，集中力量加快小城镇建设步伐和产业发展，提升小城镇服务业发展水平和承载能力。稳步推进南孙庄新民居建设工程，完善后续配套工程。启动实施黑沿子滨海小镇开发建设，为沿海地区产业发展提供生活服务配套。三是抓好农村人居环境整治，建设美丽宜居乡村。认真落实国家农村人居环境整治三年行动方案，学习借鉴浙江经验，以打造全省全域完成示范县（区）为带动，深入开展农村人居环境整治，重点推进农村垃圾、厕所粪污、污水处理和村容村貌提升4项重点工程，分层次持续打造示范村、提升村，打造沿唐津运河和205国道沿线、贯穿全区的百村示范带，力争5月底前全面完成农村人居环境整治任务。按照产业兴旺、生态宜居、乡风文明、治理有效、生活富裕的总要求，落实唐山市“百村示范、千村提升”行动，实施“三线、三区”示范工程，即：沿唐津运河沿线，创建唐津运河省级示范区；沿董稻路沿线，创建黄各庄镇区级示范区；沿于唐线沿线，创建大齐各庄镇区级示范区。在“三线、三区”内重点抓好10个乡村振兴示范村、85个乡村振兴提升村，实现全面提升。对唐津运河景观路、董稻路、于唐线等示范区内主要道路两侧进行整治提升，建设美丽乡村景观带。进一步加大农村道路、农田、村边、河流沿岸等重点部位的绿化工作力度，打造优美的人居生态环境。完善农村社会保障体系，加强农村教育、医疗、文化等各项社会事业发展，缩小城乡差距，提升农村基本公共服务水平。四是打造乡村旅游品牌，提速乡村旅游发展。适应旅游消费新需求，加快推进总投资160亿元的“运河十里”新田园康养综合体项目。以沿河、沿海、沿边为重点，加强整体环境和精品旅游线路打造，扶持和培育一批乡村旅游示范项目，把全区乡村旅游资源串珠成线、连线成片，努力将丰南区建设成为京津唐城市圈休闲观光与乡村旅游品牌示范区。

（五）以回应民生关切为抓手，提升群众获得感、幸福感和安全感“三大感受”。以保障和改善民生为重点，多谋民生福祉，多办民生实事，让改革发展成果更多地惠及人民群众。一是办好为民实事，不断提升群众获得感。坚持就业优先战略和积极的就业政策，开发就业岗位，强化就业培训，重点抓好高校毕业生、农民工、退役军人、去产能调结构和钢铁退城过程中下岗人员、就业困难人员等就业工作。坚持尽力而为、量力而行，进一步抓好实事工程，千方百计补齐民生短板，切实兑现对人民群众的承诺，让全区人民生活得更有品质、更加幸福、更有尊严。二是健全公共服务体系，不断提升群众幸福感。①围绕打造现代化教育强区，以提升五个国家级实验区、示范区创建成果为引领，进一步优化教育资源布局，积极推进新建区一中、河头幼儿园和岔河幼儿园建设；实施银丰学校扩建、实验小学改建等工程，解决大班额、大校额问题；深入实施职业教育“校企合作、工学结合”人才培养模式，全面推进各类教育高位优质均衡发展。②大力推进新建区中医院、岔河中心卫生院、黑沿子中心卫生院等重点工程；持续深化医药卫生体制改革，建立慢性病分级诊疗体系，继续推进医联体建设，全面完成医疗价格调整。③以创建国家公共文化服务体系示范区为抓手，加强乡村公共文化设施建设，提升公共文化服务整体水平。④健全完善社会救助、优抚安置、社会福利服务等各类社会保障体系，做好各类社会保险提标扩面，实施全民参保计划，强化兜底保障功能，稳步提升普惠共享水平。⑤进一步加强退役军人管理服务，发挥“两站一中心”和包联干部作用，认真落实各项政策和优待办法，最大限度激发退役军人的正能量。三是深化平安丰南创建，不断提升群众安全感。深化基层平安创建活动，进一步完善社会治安防控体系建设，提升区乡村三级综治中心功能作用，推进雪亮工程深度应用，加快智慧公安建设，加强矛盾纠纷多元化解机制建设，防止发生新的社会矛盾和损害群众利益的问题。依法打击各类违法犯罪，持续深入推进扫黑除恶专项斗争，始终保持高压态势，深化“一案三查”，深挖彻查“关系网”和“保护伞”，决不给黑恶势力藏身之地。

三、全面加强党的领导，坚定不移把全面从严治党引向深入

党的领导是我们做好一切工作的根本保证。要全面贯彻新时代党的建设总要求，把落实“两个维护”作为最高政治原则，把确保党中央决策部署贯彻落实作为核心要求，全面提升党的建设质量，为高质量发展提供坚强政治保障。一是突出加强党的政治建设，夯实思想政治基础。坚持把政治建设摆在首位，强化党员领导干部理想信念教育，推进“两学一做”学习教育常态化制度化，引导全区党员干部坚定政治立场，强化思想建设。进一步加强和改进意识形态领域工作，综合运用多种平台和载体，积极传播主流思想舆论，围绕庆祝建国70周年等重大主题活动，广泛开展系列主题教育实践活动，确保中央和省市关于意识形态工作的决策部署落地见效。二是激励各级干部担当作为，培育高素质干部队伍。认真践行新时代好干部标准，坚持“三看”“三到”“三破”，真正把政治靠得住、专业叫得响、作风过得硬、群众信得过的干部选出来用起来。持续实施领导干部能力素质提升计划，深化“五一五化”平时考核机制、“四定四有”抓落实机制和“三个一批”督导考核排名制度，健全容错纠错和免责保护机制，坚持严管厚爱相结合，激励干部担当作为。坚持真抓实干，大力弘扬创新、一流、务实、高效、担当的优良作风，持之以恒纠“四风”、转作风、树新风。三是持续抓好基层组织建设，进一步夯实基层基础。深入实施党支部质量提升工程，创建打造一批党建示范点，做到“行行有示范、处处有典型”。扎实推进农村党建，开展农村党组织“双创”活动，实施农村干部素质提升工程，加强农村党组织活动阵地建设。深入推进城市党建，持续推进社区活动场所提标攻坚行动。采取单独组建、联合组建、孵化联建等方式，全面提升非公企业和社会组织党组织覆盖面。完善机关党支部制度体系，规范提升机关党建。四是全面加强民主政治建设，提升依法治区水平。支持人大及其常委会依法行使职权，支持政府全面推进职能转变，支持政协履行政治协商、民主监督、参政议政职能，支持民主党派、工商联和无党派人士履职尽责，支持司法机关依法独立行使职权，支持工会、共青团、妇联、科协等群团组织发挥作用，汇聚起高质量发展的强大合力。五是更严要求推进肃纪反腐，不断加强党风廉政建设。严格落实全面从严治党政治责任，推动全面从严治党常态化长效化制度化。持续深化国家监察体制改革试点工作，探索推动监察组织向开发区、乡镇（街道）延伸，实现对所有行使公权力公职人员的监察全覆盖。坚决抓好中央和省委巡视反馈问题整改，扎实做好巡视“后半篇文章”。深入推进反腐败斗争，充分发挥巡察利剑作用，科学运用监督执纪“四种形态”，严厉查处腐败案件，巩固发展反腐败斗争压倒性态势，持续营造风清气正的政治生态。

政府工作报告

——在唐山市丰南区第六届人民代表大会第三次会议上

（2019年1月30日）

丰南区人民政府代区长　赵立华

一、2018年工作回顾

2018年，是贯彻党的十九大精神开局之年，也是决胜全面建成小康社会至关重要的一年。这一年，我们坚持以习近平新时代中国特色社会主义思想为指导，在市委市政府和区委的坚强领导下，紧紧围绕重返全省各县市区前列目标，紧密对接全市“十项重点工作”，高扬干事激情，迸发奋进力量，勠力同心、迎难而上，交出了一份逆势前行、强劲发展的年度答卷！一年来，我们主要做了以下工作：

（一）全力以赴稳增长，综合经济实力迈上新台阶。以第一力度抓第一要务，主要经济指标保持较快增长。全年完成地区生产总值671.8亿元，比上年增长7.5%；实现全部财政收入90.6亿元，增长20.4%，其中一般公共预算收入44.8亿元，增长12.8%，总量均创历史新高；完成固定资产投资239.4亿元，增长13.3%；社会消费品零售总额232亿元，增长9.5%；实际利用外资1.2亿美元，出口创汇6.6亿美元；城乡居民人均可支配收入分别达到39960元和16990元，均增长7%。

（二）凝聚合力上项目，支撑发展的“四梁八柱”得到新加强。招商引资成果丰硕。实施招商引资突破年活动，全年共签约亿元以上产业项目50个，其中京津产业转移项目23个，总数均居全市第一位。协议投资385亿元，实际到位市外资金166亿元。项目建设势头强劲。紧紧围绕开工竣工抓项目，实施亿元以上项目101个，完成投资198.7亿元。总投资381亿元的纵横丰南钢铁项目进展顺利，累计完成投资200亿元，一期工程已具备试生产条件。惠达卫浴整体浴室等55个项目落地开工，京津冷轧等46个项目加快建设，华中新晟防伪材料等45个项目竣工达产，项目观摩总评成绩全市第二。园区承载力显著增强。千方百计破解建设资金、工程技术、物料供应、项目审批等各类难题，临港经济园开发建设在多重压力下阔步前行。全年共完成投资16亿元。项目建设基本用电得到有效保障，生产用电难题逐步破解。陡河引水、燃气入园工程启动实施，道路、污水处理厂等基础工程加快推进。化工产业园、第二起步区达到项目入驻条件，陶瓷产业园开工建设，西扩区已完成总工程量的50%，园区可用面积拓展了2平方千米。经济开发区成功跻身“2018年中国产业园区成长力百强”之列。

（三）坚持不懈调结构，产业质量跨入新高度。产能化解走在全省前列。主动化解环境容量过剩产能，提前圆满完成市达228万吨钢、228万吨铁、65万吨焦炭产能压减任务，分别占全市总压减量的45.6%、76.5%和35.1%。成功承办了全省去产能调结构现场推进会，成为全省去产能工作示范区。工业加速迈向中高端。实施技改升级项目102个、新兴产业项目9个、“两化融合”项目9个，技改投资增长12%，撬动传统产业迭代升级。新增32项省级以上领先新产品，华通多功能海洋装备线缆、惠达无针孔气泡釉浆等产品达到国际先进水平，钢铁高附加值产品比重达到25%，装备制造业增加值增长27%，高新技术产业增加值增长38.4%。全年新增规上工业企业17家，总数达到219家，居全市第二位。规上工业增加值增长8.4%、利润增长21.5%。服务业发展态势良好。实施城市经济项目19个，唐山紫天鹅国际房车露营公园建成投用，被认定为国家级房车示范营地。全年新增规上服务业企业13家，服务业增加值增长7%，占GDP比重提高2.2个百分点。现代农业优势凸显。培育标准化生产示范企业3家，新增“三品一标”认证农产品23个、总数达到73个，认证产品产量占全区农产品产量的60%。实施农业产业化重点项目18个，新增新型农业经营主体152家，农业产业化经营率达到66%。

（四）多措并举优生态，深度治污收获新成绩。深入推进大气治理五项攻坚，空气更加清新。强化退城搬迁、整合重组，平稳有序关停国丰南区，在全市率先实现城市重污染源彻底出清。投资50多亿元实施工业污染深度治理，钢铁、焦化企业达到超低排放标准。完成54个村、

16008户“双代”工程，35蒸吨及以下燃煤锅炉全部“清零”，煤炭消费量净削减28.8万吨。全年$PM_{2.5}$平均浓度达到55微克/立方米，同比下降23.61%，空气质量改善率全市排名第二；空气质量综合指数6.74，同比下降18.4%，居7个城市中心区第一位；重污染天数12天，同比减少21天，优良天数达到214天，同比增加40天。大力开展全域治水、“清水润城”行动，水体更加清洁。认真落实各级河湖长责任制，编制“一河一策”整治方案，封堵整治排污口281个，清理河道淤积、河岸垃圾10.2万立方米，清理坑塘养殖3958亩，钱营湖流域网箱养殖彻底清理。取缔畜禽养殖场16个，实施108个傍水村综合治理。沙河、黑沿子排干断面水质均值达到上级考核要求，陡河、西排干考核断面水质持续向好，城市建成区黑臭水体控制、集中式饮用水水源水质、地下水质量、近岸海域水质均稳定达标。集中实施增绿治乱行动，环境更加怡人。完成造林绿化1.61万亩，森林覆盖率达到19.6%，“一环三线”绿化居全市第一位；新增城市绿地306亩，绿地率达到31.1%。拆除违法违章建筑18万平方米，清腾土地2228亩，清理取缔“散乱污”企业428家，177套“大棚房”全部拆除复耕到位，污染围城整治取得历史性突破。

（五）高标定位促融入，“一港双城”建设树立新标杆。全年完成城建投资33.3亿元，常住人口城镇化率达到58.5%。国丰北区片区开发建设强势推进，完成区域概念设计和6.9平方千米详细设计，拆除北国丰、贝钢及周边11家企业，高标准的“四横三纵”路网架构已具规模，初步实现了与市中心区的空间对接融合。棚户区改造创造了丰南经验，以每10天一个村的新速度，顺利完成四王庄、艾坨、于前、于北动迁，以最好的地段、最好的设计、最好的配套、最好的质量，开工建设回迁房4452套，惠及群众2344户、8908人。丰南区棚改典型经验在省市推广。城市功能品位持续跃升，盛达街、开拓路、铁西路竣工通车，源盛路、运河东岸景观路加快建设，城区新增道路8.6千米。新建改造公厕21座，改造供热管网8千米、新建4.7千米，成功引入洁城能源、华润电厂热源，保障了城区群众温暖过冬。实施精品商业小区项目17个，新增住房面积23.1万平方米。改造老旧小区25个、背街小巷6条，完成既有建筑节能改造14万平方米。丰南区高标准通过全国文明城市总评验收和省级文明城区建设测评。

（六）统筹协调抓三农，乡村振兴再现新变化。农村面貌大为改观。以农厕改造、街道硬化、村容村貌提升、垃圾清理、生活污水治理五项工程为抓手，投资2.4亿元，打造精品村15个、示范村70个、标准村359个，改造农厕20525座，完成188个村“户户通”，在全市率先实现农村道路全硬化。丰南区被确定为全省农村人居环境整治全域完成示范区、全市首批“十佳”农村人居环境整治示范片区。精准脱贫扎实有效。围绕落实“两不愁、三保障”，举全区之力推进扶贫脱贫，147户、359名贫困人口按照“六条标准”和“323”程序实现稳定脱贫。全面完成省市下达的减贫计划，科学防贫、对口扶贫工作有序推进。基础设施不断完善。完成胥涧线改建、大碱线大修、钱五路大修，新建农村公路25.1千米。改造农村电网线路73千米。实施重点水利工程4项，改善灌溉面积4.2万亩，改善除涝面积3.2万亩，巩固提升了253个村饮水质量，农村生产生活条件大幅提高。

（七）坚定不移增活力，“双创双服”取得新成效。着眼于提高行政效能、打造“四最”品牌，全力推进“放管服”改革，营商环境持续优化。区行政审批局“两集中、两到位”体制全面落实，探索推行并联审批、最多跑一次等7项改革，政府投资项目、企业投资建设项目审批时限分别控制在52个和40个工作日之内，分别比市级缩减6个和5个工作日。全年新注册市场主体9951户，居全市第二位。丰南区成为全省唯一的“2018年度中国营商环境（案例）第二批十佳城市”。着眼于激发内生动力、增强竞争实力，鼓励支持全面创新，“双创”支撑显著增强。深入开展创新主体壮大、研发平台提升、科技成果转化、人才引进培养攻坚行动，全年新增科技型中小企业113家、高新技术企业27家、市级以上工程技术中心4家，新建市级众创空间2个、省级科技企业孵化器1个，转化科技成果10项，落地产学研合作项目10个，引进各类人才460名，双创工作继续走在全市前列。

（八）用心用情惠民生，人民群众幸福感实现新提升。社会保障扎实有力。全年共实现各类就业1.6万人，国丰钢铁有限公司南区7600多名职工得到妥善安置。城乡低保再次提标，211户农村困难户告别危房、喜迁新居，1.5万名残疾人和10.5万名60周岁以上老年人享受到意外伤害险财政补贴。社会事业全面进步。区一中迁建项目启动实施，西城区幼儿园、岔河中学宿舍楼、钱营一中宿舍楼全部竣工，投资2635万元提升教育技术装备水平，“体验一愉悦童心”学前教育模式在全国推广，区职教中心获得全国职业教育最高奖——黄炎培职业教育奖，丰南区被省政府确定为全市唯一的教育履职评价先进区。区中医院迁建项目破土动工，对269个村级卫生室进行维修改造，大病专项救治、贫困患者先诊疗后付费、公立医院控费等便民机制落实落地，残疾人家庭医生签约服务覆盖率达到85.3%，看病难、看病贵问题逐步缓解。区图书馆被中宣部评为“服务农民、服务基层文化建设先进集体”，“书香丰南动车组”事迹被《人民日报》等国家主要媒体报道。社会环境安全稳定。平安丰南、法治丰南建设深入推进，扫黑除恶专项斗争成效明显，破获涉恶案件67起，成功打掉涉恶集团1个、恶势力犯罪团伙2个，刑事案件发案率同比下降5.8%，平安村居创建率达67.4%，信访案件同比下降28.7%，区司法局被评为“全国人民调解工作先进集体”。全区1.87万名在册退役军人全部纳入规范化管理，相关政策得到全面落实。化解政府债务5.13亿元，安全生产形势总体稳定，公共安全防火墙进一步夯实。同时，国防动员、广播电视、邮政通讯、民族宗教、外事侨务、爱国卫生、防震减灾、气象、人防、档案、地方志和民兵预备役等各项工作也都取得了新成绩。

各位代表，过去的一年，我们在做好各项工作的同时，狠抓政府自身建设，注重保持工作连续性、创新性，强化“执行力是政府第一能力”，加强督查督办，大力营造雷厉风行抓落实的新气象。严格落实全面从严治党主体责任，深入推进政府系统党风廉政建设，积极开展省委巡视反馈问题整改。深化法治政府建设，自觉接受各方面监督，高质高效办结人大代表建议78件、政协提案211件。严控“三公”经费支出，腾出更多资金用于保障和改善民生。“创新、一流、务实、高效、担当”成为政府系统干事创业的时代新风。

各位代表，事非经过不知难，成如容易却艰辛。一年来，面对各级环保督察、国土执法检查、省委巡视“回头看”的政治检验，我们坚定立场、闻过即改；面对稳定预期、转型升级、换挡提速的巨大压力，我们坚韧不拔、毫不懈怠；面对防范化解重大风险、精准脱贫、污染防治等繁重任务，我们坚持不懈、迎难而上。我们激扬巨大的政治勇气和强烈的使命担当，同心同德、同向同行、同甘共苦、同舟共济，在爬坡过坎的艰难跋涉中，取得了难能可贵的新业绩！这是市委、市政府和区委坚强领导、科学决策的结果，是区人大、区政协监督支持、参政议政的结果，是全区人民众志成城、团结拼搏的结果！在此，我代表区政府，向全区人民和所有关心、支持丰南发展的各界人士，致以崇高的敬意和衷心的感谢！

各位代表，成绩只属于过去。我们清醒地认识到，对照高质量发展要求，奋进中的丰南还有不少差距和短板，主要表现在：质量、效率、动力变革有待进一步深化，新动能对经济的支撑作用还不稳固；农业农村基础还比较薄弱，县域聚集能力和辐射带动能力还不足，城乡统筹、乡村振兴任务繁重；满足人民群众对高品质生活的需求、对公共服务均等化的期盼，还有很长的路要走；财政增收任务艰巨，收支平衡压力较大；空气质量、营商环境、园区平台等软硬环境尚不能满足高质量发展要求。对此，我们一定不回避、不畏难，用新的发展理念、改革创新的办法、务实高效的举措，积极稳妥地加以解决，努力让人民群众感受到实实在在的变化。

二、2019年工作安排

2019年，是新中国成立70周年，也是全面建成小康社会的关键之年，做好今年的工作，意义重大、责任重大。按照区委四届五次全会精神，确定今年政府工作的总体思路是：坚持以习近平新时代中国特色社会主义思想为指导，按照党的十九大、十九届二中、三中全会、中央经济工作会议和省委九届八次全会、市委十届六次全会部署，坚持稳中求进工作总基调，坚持新发展理念，坚持推动高质量发展，坚持以供给侧结构性改革为主线，坚持深化改革、扩大开放，坚持“12346”发展思路，开展“高质量发展突破年”活动，聚焦聚力“两大主战场”，坚决打赢“三大攻坚战”，激活“三大动力源”，加快实施“四位一体”乡村振兴战略，统筹推进稳增长、促改革、调结构、惠民生、防风险工作，不断增强人民群众获得感、幸福感、安全感，保持经济持续健康发展和社会大局稳定，为全面建成小康社会打下决定性基础，以优异成绩庆祝中华人民共和国成立70周年。

今年经济社会发展的主要预期目标是：地区生产总值增长6%以上，一般公共预算收入增长4.9%，固定资产投资增长8%左右，社会消费品零售总额增长9%，城乡居民人均可支配收入均增长7%。出口创汇5.5亿美元，实际利用外资3000万美元。全面完成省、市下达的污染治理、安全生产等约束性指标任务。

落实区委“高质量发展突破年”要求，推动丰南开创新局面、再谱新华章，我们必须把握新时代、践行新理念。自觉践行新发展理念，坚持巩固、增强、提升、畅通“八字方针”，加快形成创新成为第一动力、协调成为内生特点、绿色成为普遍形态、开放成为必由之路、共享成为根本目的的发展模式，始终以奋进者的姿态，积极应对更趋严峻复杂的外部环境，努力实现更高质量、更有效率、更加公平、更可持续的内涵式发展。我们必须瞄准新目标、创造新业绩。以重返全省各县市区前列、在全市率先实现全面小康这一阶段性目标，聚焦“十个新突破”和“6+4+5”现代产业体系，中流击水，奋楫争先，在新一轮科技革命和产业变革中抢占先机、加快转型，在区域发展新格局中提升能级、凸显地位，以各项工作“保三争二冲一”的优良业绩，扛起唐山实现“三个努力建成”和“两个率先”的大区责任。我们必须顺应新期待、展示新作为。坚持以人民为中心的发展思想，把人民对美好生活的向往，落实到能获得、有感受的民生实践中，多谋民生之利、多解民生之忧，倾心尽力办实事、办好事、办成事，让群众拥有更多获得感、幸福感、安全感。

围绕上述思路和目标，重点抓好七个方面工作：

（一）聚焦招商引资，发力项目建设，在增创高质量发展新优势中彰显丰南实力。树牢“以项目看发展论英雄”的鲜明导向，坚持一切围绕项目转、一切围绕项目干，全力以赴上项目、扩投资、优服务，用高质量项目挺起丰南高质量发展的“脊梁”。

以精准招商加速产业聚集。深入实施“招商引资提质年”活动，突出精准、体现优质，全力引进源头活水。年内确保签约落地亿元以上高质量产业项目30个以上，其中京津产业转移项目20个以上，实际到位省外资金120亿元以上。分层级制定月度、年度招商方案，细化完善招商引资优惠政策，分解招商任务指标。围绕“补链”“扩链”“强链”等关键环节，瞄准京津、长三角、珠三角，积极主动对接央企、国企和知名民企，持续开展以商招商、小团组招商、科技招商，着力引进一批产业链延伸、上下游配套、高技术含量项目。严格行业准入和项目审查，把资源和环境容量优先用于高端产业和优势产业，提高项目“含金量”“含新量”“含绿量”。切实加大考核力度，提高量化考核权重，激发招商积极性、主动性。

以科学机制促进项目建设。围绕落实“五个一批”抓项目，全年实施亿元以上项目100个，完成投资200亿元以上。狠抓项目接续。谋划储备有利于壮大经济总量、促进产业升级、改善民生福祉的亿元以上优质项目100个以上，形成长短结合、梯次接续的项目库，确保项目建设不断档。狠抓项目推进。以提高履约率、资金到位率、项目开工率和竣工投产率为目标，建立重点项目领导分包和帮办服务台账，坚持一线督导、现场办公常态化制度化，以改革思维、创新举措，多出金点子、频用硬招数，力促签约项目早落地、落地项目早开工、开工项目早投产。年内力促天津京建防水材料、双鼎环保设备等30个亿元以上项目开工建设，确保惠达卫浴整体浴室、九正药业生产基地等50个亿元以上项目竣工投产。狠抓问题破解。精准组织银企对接，努力争取上级各类扶持资金，积极协调解决立项、环评、用地等难题。狠抓项目成长。制定实施支持民营经济发展的政策措施，激励企业登台阶，力争新增规上工业企业10家、规上服务业企业12家，新增市场主体4000家，培育中国驰名商标1个、河北省名牌产品6个、省优质产品1个。

以“四最”服务保障项目落地。持续推进“双创双服”，瞄准“减无可减”目标，下大力减事项、减次数、减材料、减时间，让“四最”服务成为丰南的金字招牌。制定完善“五个一”审批体系，探索推行主审要件“容缺后补”、涉及事项并联审批模式，全程落实领办代办、提前介入服务举措，真正实现审批高效率、服务高水准。年内，企业开办时间、工程项目审批时间全市最短。深化“互联网+政务服务”，继续优化办理流程，扩大“一链办理”“一网通办”事项范围，实现政务服务事项数据全打通、全归集、全共享、全对接。年内，递交材料减少60%以上，网上可办率达到95%以上。

（二）建强承载平台，加速产业升级，在推进环渤海地区新型工业化基地建设中做出丰南示范。坚持存量变革与增量崛起并重，围绕构建“6+4+5”现代产业体系，加快补齐短板、拉伸长板，全力推动环渤海地区新型工业化基地建设在全市率先突破、率先见效。

全力建好承载平台。立足于建得快、建得好，推动资源要素向临港经济园倾斜，迅速拉升平台承载力，保障项目达产需求。年内计划投资10亿元，推动园区内基础设施完善配套，确保第一起步区西扩区、第二起步区及各特色园区全部实现“七通一平”。着力保障电力供应，开工建设220千伏和110千伏变电站，完成柳树鄌、毕家鄌两座变电站工程扫尾。着力保障燃气供应，力促3条输气管线主管道接入园区。着力保障供水用水，在建两座污水处理厂和明渠泵站完工投用，开工建设陡河引水及城南污水处理厂二期工程。强力推进陶瓷文化产业园5条道路及配套管网建设，确保4月底前全部完善到位。实施沿海高速丰南南出口改造、丰碱线大修、滨海小镇建设、公交线路增设工程，为园区提供强力配套支撑。

改造提升六大传统产业。以“两化融合”为牵动，推动钢铁、陶瓷、化工、装备制造、特种线缆、食品加工产业全面升级。年内，规上工业增加值增长7%左右，技改投资增长14%以上。发挥重点企业示范引领作用，狠抓惠达卫浴工业互联网和大数据智能生产、纵横钢铁能源管理中心等8个“两化融合”项目，支持凯业科技、海森电子等企业“物联网”应用，以信息化带动工业化。以拉长产业链、提升价值链为目标，抓好瑞丰热轧带钢、东华ESP无头带钢等13个钢铁企业延链强链项目，全面提升核心竞争力。

加快培育四大集群。装备制造集群，坚持依托钢、消耗钢，着力发展整机制造、海工装备、钢结构、汽车零部件、家电板、五金制品，力促北京送变电铁塔、盛世维环保设备生产基地、路畅铁路器材等项目竣工投产，主营业务收入达到150亿元以上。精品钢铁集群，确保纵横丰南钢铁一期、二期工程分别于2月份、5月份投产。力促瑞丰、东华、经安减量置换转型升级项目开工建设，沃林金属制品、京津冷轧、融德金属制品、晟鑫冷轧镀锌、鑫通金属制品等项目竣工投产。年内，精品钢铁产业园完成产业布局，主营业务收入达到420亿元以上。精品陶瓷集群，抓紧抓实总投资10.8亿元的陶瓷文化产业园一期项目，确保6月底前市区及周边首批企业搬迁入驻。积极引进TOTO、北京创导等知名企业入园，增强品牌影响力，主营业务收入达到50亿元以上。精细化工集群，突出抓好东方雨虹二期、瑞斯防水材料、科耐克斯丁基胶、达润达危废处理等项目建设。加强与中国涂料工业协会的合作，力争引进知名品牌、超低排放、投资5亿元以上的化工项目3个以上。年内，主营业务收入达到90亿元以上。

大力发展新兴产业。坚持区域适应、龙头引领，做大做强高端装备制造、新材料、电子智能仪器仪表3大产业，培育发展智能轨道交通、机器人、动力电池、节能环保、生物医药等新业态，打造“3+N”新兴产业体系，培育新的产业增长极。年内，实施鑫丰锂业、开普锐高端数控焊接设备等项目6个以上，高新技术产业增加值增长16%。

（三）抓住用好机遇，全面对接融入，在推进“一港双城”建设中展示丰南作为。坚持全域融合、高标对接、主动融入，打好“六个一体化”组合拳，拓展城市空间、提升城市品位、放大城市价值，倾力打造唐山城市新门户。年内实施重点城建项目42个，计划完成投资40亿元以上。

规划引领“提档次”。坚持多规合一，科学安排生产生活生态“三大空间”，建立与市中心区上下衔接、兼容互补、成龙配套的“一张蓝图”规划体系。积极对接唐山城市总规修编，高标准完成全区战略规划修编、南湖大道以南区域城市设计和国丰北区片区三年建设规划，启动城区道路、供热、给水、电力、通信、污水等专项规划编制，充分体现丰南优势、凸显丰南特色。

加减结合“优空间”。抓住国丰北区片区深度融合这一“牛鼻子”，强势掀起片区大规模开发建设热潮。高效完成国丰北厂区、贝钢场地清腾，确保“四横三纵”路网全线竣工通车、配套到位，彻底打通与市中心区的对接节点。加快推进周边中小企业清拆，完成片区土地收储，为项目落地提供坚实保障。启动高新技术产业园扩区，规划岔河镇工业区，将其纳入扩区范围，提升城市承载力。

建管并重“强功能”。深入推进“三改一通”工程，顺利完成兰高庄村居民回迁，启动三街、四街、么家泊、花园片区棚改，改造老旧小区23个、背街小巷4条，打通运河东路等4条断头路、卡脖路。健全完善市政设施，改建公厕15座，新增水源井3组，实施25万平方米既有建筑节能改造，方便群众生活。切实加强城市管理，持续开展违建清理、马路市场、交通秩序、广告牌匾等专项整治，真正管出好环境、好秩序、好形象。

内激外引“活产业”。按照“高端商业、总部经济、国际化社区、康养一体”发展定位，积极开展国丰北区片区新业态招商，打造唐山大南湖周边最具特色和优势的城市发展新高地，培育丰南经济转型和城市发展新引擎。着力抓好福顺时代广场、碧桂园等项目，着力解决南孙庄新民居、神龙乐园、唐人街二期问题，推动文旅产业深度融合。大力推动教育、养老、医疗等服务消费提质扩容，引导食品、餐饮、服装等实物消费提档升级，支持金融保险、商务会展、楼宇经济等新业态做大做强，促进服务业质量提高、比重提升。年内，服务业增加值增长7%。

（四）树牢生态理念，强化底线思维，在污染深度治理中体现丰南担当。坚持标本兼治、重在治本，强势推进生态环境深度治理，倾力打造美丽之城、宜居靓城。

强力推进大气治理。继续实施大气治理五项攻坚行动，确保空气质量进入最优县区行列。坚决完成市达钢铁去产能任务，钢铁、焦化企业达到“唐山限值”排放标准并建成绿色工厂，4家钢铁企业实现物料运输“公转铁”，“散乱污”企业和违法违章建筑动态“清零”。实施11.3万户“双代”改造工程，基本实现农村清洁取暖全覆盖。认真实施国土绿化三年行动，按照“高大厚密彩”要求，新增造林绿化1.9万亩。年内，$PM_{2.5}$平均浓度控制在54微克/立方米以内，空气质量综合指数控制在6.2左右，优良天数比率达到62%以上。

强力推进全域治水。围绕打造“全域治水样板、绿色发展典型”的目标，大力推进全域治水、清水润城环境综合治理，让河畅水清、草青岸绿成为常态。强化县乡村三级河湖长责任，集中攻坚河流污染治理，清除沙河、陡河、西排干、黑沿子排干及支流、沟渠内外垃圾，完成傍水村厕所改造和生活污水有效管控，取缔重点河道两侧水产养殖，全面封堵非法排污口，彻底消除黑臭水体。提标改造利源、西城区污水处理厂，完成工业直排企业废水超低排放治理。依托新希望六和农牧有限公司，推进畜禽粪污集中无害化处理。加强自备井管理，强化饮用水水源保护，保障人民群众饮水安全。年内，四条主要河流水质全部达到上级考核要求，近岸海域水质优良比例保持稳定不降。

强力推进风险管控。健全完善网格化监管、定期督导、有奖举报工作机制，营造全方位监管、全社会参与的社会氛围。推行属地大气质量、环保总评月度排名，严格奖惩措施，倒逼责任落实。认真抓好中央环保督察“回头看”和省市督导反馈意见整改落实，实行常态化联合执法，持续开展“利剑斩污”“刑责治污”专项行动，让偷排偷放、破坏环境违法行为无所遁形。

（五）放大资源优势，做好特色文章，在推进乡村振兴中打响丰南品牌。坚持“四位一体”统筹推进，补齐短板，培育亮点，加快建设富美新农村，打造全省一流的乡村振兴示范区。

夯实乡村振兴保障体系。织牢规划、投入、队伍“三张网”，为乡村振兴注入不竭动力。科学制定乡村振兴战略规划、“四位一体”总体规划，实现建设、产业、土地利用规划有机衔接。建立涉农资金统筹整合、稳定增长长效机制，多渠道灵活筹集支农资金。注重人才培养和引进，打造一支懂农业、爱农村、为农民的“三农”工作队伍。

率先实现高质量整体脱贫。巩固前期脱贫成果，保证现行标准下的脱贫质量，以“绣花”功夫推动脱贫政策落地落实。开展常态化访贫，强化近贫预警和骤贫处置，坚持产业、就业“双管齐下”，住房、医疗、就学、社保“四方保障”，对尚未脱贫户和新增贫困户实施持续帮扶，对已脱贫对象开展“回头看、回头查、回头帮”，做到“户增收、人脱贫”，确保小康路上不让一人掉队。

创建现代农业发展高地。突出科技兴农、绿色兴农、品牌兴农、质量兴农，促进农业增产增效提质。做活乡村旅游。围绕建成京津唐城市圈休闲观光与乡村旅游品牌示范区，以“运河十里”新田园康养综合体项目为带动，做大沿河、沿海、沿边乡村游，把全区乡村旅游资源串珠成线、连线成片。做强生产基地，推动丰南蔬菜现代农业园等4个园区提档升级，规划建设全省最大的西红柿种植基地。依托天食集团，打造食品加工园区。发展放心农业，积极打造农产品质量安全标准化生产示范区，新增示范区3个，认证农产品10个以上。实施化肥农药负增长工程，亩均施用量分别降低2.5%和5%以上。开展废弃农膜回收，回收率达到75%。严格农产品质量监测，防止不合格产品进入流通领域。推进放心农产品专柜建设，年内新增绿色专柜2个。强化科技支撑，年内示范推广农业新品种、新技术50个。壮大经营主体，发展市级以上龙头企业6个以上，家庭农场、专业大户、专业合作社分别新增4个、50个、5个以上。

建设美丽宜居新乡村。深入开展农村人居环境整治行动，以打造全省全域完成示范区为带动，以农村垃圾清理、厕所改造、污水处理、村容村貌提升为重点，打造沿唐津运河和205国道沿线、贯穿全区的百村示范带，力争5月底前全面完成整治任务。以唐山市“百村示范、千村提升”为带动，实施“三线三区”示范工程，统筹文明实践中心建设，打造10个示范村、85个提升村。积极推进全域治理，就地治理14个“空心村”，空置率下降到10%以下。加强农业农村基础设施建设，实施花园路、长南线大修和黄米厫桥重建工程，启动西排干防潮闸改建等5项水利项目。着力抓好黄各庄、钱营、小集、大齐、东田庄、岔河等特色小镇建设，让乡村成为人人向往的美好家园。

（六）攻坚痛点堵点，激发动力活力，在推进改革创新中贡献丰南力量。坚持把改革创新作为引领发展的第一动力，围绕重点领域，紧扣关键环节，精准发力、持续用力，不断提升改革成效和创新质量。

继续深化重点领域改革，努力形成一批具有丰南特色的改革成果。扎实推进乡镇财政体制改革，充分激发乡镇生财聚财理财积极性。推进环保监管、安全生产、城管运营市场化改革，借助第三方专业力量，发现问题、督查整改、完善提升。深化“房地一体化”确权登记发证、农村产权流转交易、集体产权制度改革，提速农村资产资本化进程。实行最严格的耕地保护制度，巩固“大棚房”专项整治和生态环境深度治理成果，坚决遏制农地非农化，年内新增占补平衡耕地2356亩。推动经济开发区人事薪酬制度改革，让干部职工激情迸发、干劲十足。

扎实推进创新引领战略，让创新引领时代潮流、占据发展主流。充分发挥企业主体作用，支持企业加大研发投入，年内培育高新技术企业24家、科技型中小企业172家、市级以上创新团队1个、工程技术研究中心或重点实验室3个，创建省级技术创新示范企业3家。引导企业积极引进新技术、开发新产品，促成海洋探测线缆、智能坐便器高压成型机等12个技术创新项目。鼓励与科研机构、知名院校合作，加速推进“京津研发、丰南转化”，把科技创新变成实实在在的产业活动，全年促成产学研合作项目8个，完成科技成果转化10项。扎实推进“人才兴区”计划，通过校企联合、柔性引进等形式，加大各类人才引进力度，年内争取建立院士工作站或产业技术研究院1个，引进高层次人才50人以上。

（七）坚持以人为本，顺应群众期盼，在推进民生事业中释放丰南温度。坚持在发展中保障和改善民生，聚焦群众需求和关切，优先保障民生投入，持续增加公共服务供给，让全区人民共享高质量发展新成果，努力打造更有温度的城市。

拓宽就业渠道夯实民生之本。开展就业援助专项行动，统筹做好去产能下岗人员、军队退役人员、困难人员和应届高校毕业生就业，年内新增城镇就业8160人，失业及困难人员就业1950人，转移农村劳动力4500人，城镇登记失业率控制在3.5%以内。

完善保障体系筑牢民生之基。深入实施全民参保计划，提高城乡居民养老保险、医疗保险参保率，实现应保尽保。强化社会保障兜底作用，建设居家养老服务机构4家，城市居民最低生活保障标准由每人每月605元提高到

666元，农村居民最低生活保障标准由每人每年4308元提高到4824元。

优化公共服务增进民生之福。优先发展教育事业，围绕打造教育高地，突出抓好区一中迁建、河头幼儿园新建等5个校舍建设项目。投资5000万元建设丰南教育云平台，更新网络教室、添置多媒体设备，整体推进教育现代化进程。巩固扩大5个国家级示范区创建优势，推进各类教育高位优质均衡发展，打造全国知名的丰南教育品牌。大力发展卫生事业，围绕打造医疗康养高地，抓实区中医院异地迁建、黑沿子和岔河中心卫生院建设，改善就医环境。探索推进“三医联动”改革，加强与市外大型医疗机构合作，打造特色、形成品牌；建立慢性病分级诊疗体系，进一步降低诊疗价格，让群众享受更便捷、更高质量的医疗服务。积极发展文化事业，完成文图两馆分馆建设和乡镇文化站、村级综合文化服务中心达标创建，谋划推进区体育中心建设。以“庆祝新中国成立70周年”为主题，开展形式多样、喜闻乐见的系列文体活动，满足群众文化需求。

强化风险防控解决民生之忧。加强应急风险管理，严格落实安全生产责任制，加快基层安全生产网格化监管体系建设，深入开展重点行业领域安全生产专项整治，坚决遏制重特大事故发生。加强食品药品安全监管，确保人民群众饮食用药安全。倾力做好矛盾纠纷多元化解和信访工作，确保实现“小事不出村、大事不出镇、疑难问题不出区”。深化“扫黑除恶”专项斗争，推进“雪亮工程”实战化应用，保持严打违法犯罪高压态势，让人民生活更安宁。防范和化解政府债务风险，确保政府债务只减不增。推进融媒体中心建设，积极培育和践行社会主义核心价值观，加强思想道德建设，努力营造崇尚文明、向往和谐的浓厚氛围。加强国防教育和国防动员，深化双拥共建，统筹做好民族宗教、外事侨务、广播电视、人民防空、老区建设、防震减灾、气象、档案、地方志等各项工作。

各位代表！民有所呼，必有所应。保障和改善民生要一年接着一年干。今年，区委、区政府确定了城区道路联通、农村人居环境整治、教育装备改造提升、河流治理、村庄和农村道路保洁及垃圾清运、乡镇卫生院建设、城乡居民低保提标、既有建筑节能改造、农村中小学校舍新建改造、老旧小区改造和道路修复等10件惠民实事，我们一定兑现承诺、办成办好，让人民群众享受到更多更优质的发展成果！

三、切实加强政府自身建设

发展需要勇担当，打铁必须自身硬。面对全面建成小康社会、早日重返全省各县市区前列、建设“沿海强区、美丽丰南”的重大使命，我们必须忠诚履职、勇挑重担，务实进取、廉洁从政，全面提升执政能力和服务水平。

（一）旗帜鲜明讲政治，坚决做到忠诚履政。树牢“四个意识”，坚定“四个自信”，践行“两个维护”，坚决贯彻落实中央和省、市、区委决策部署，确保政府工作始终沿着正确的方向扎实推进。持续推动政府系统思想大解放，全面落实意识形态工作责任制，破除一切不利于发展的桎梏，激活一切有利于创新的因子，引导广大干部坚决闯、大胆试、加油干。

（二）科学决策重法治，坚决做到依法行政。弘扬宪法精神，自觉尊法学法守法用法。落实民主集中制，规范“三重一大”集体决策行为，提高决策质量。深化政务公开和政府信息公开，自觉接受各方面监督，坚持用法治思维和法定方式履行职责、推动工作，让党和人民赋予的权力始终在法治的约束下规范运行。

（三）全力以赴惠民生，坚决做到为民理政。始终把人民群众对美好生活的向往作为我们的奋斗目标，多务民生事，多想怎么干，注重多下基层、广接地气、善听民意，对事关群众切身利益的事情，认真谋划、敢于决策，定一件干一件、干一件成一件，以我们的辛苦指数换取人民群众的幸福指数。

（四）转变作风求实效，坚决做到务实从政。着力在务实戒虚上下功夫，坚持“能在现场就不在会场”“能在第一线就不在办公室”，把更多精力放在解决一个个实际问题上来，把更多时间花在推动一项项工作落实上来，以抓铁有痕的韧劲和钉钉子精神，把定下的事干实干好，把承诺的事办成办妥。

（五）攻坚克难敢担当，坚决做到高效执政。持续深化机关作风整顿，用改革的思路和办法，完善体制机制，破除顽瘴痼疾，切实解决不作为、乱作为、慢作为行为。坚持以上率下、领导带头攻坚碰硬，始终以“赶考”的状态抓发展、促转型，困难面前不找理由，压力面前不推不拖，矛盾面前敢于担当，使政府工作一直释放活力、时刻充满激情。

（六）以身作则严要求，坚决做到清廉为政。始终把纪律和规矩挺在前面，自觉做到心有所畏、言有所戒、行有所止。加强政府系统廉政建设，强化重点领域和关键岗位廉政风险防控，全力打造干部清正、政府清廉、政治清明的政务环境，进一步树立锐意进取、廉洁高效的政府新形象。

《政府工作报告》名词解释

1.十项重点工作：是唐山市委提出的2018年着力抓的10项重点，即生态唐山建设、环渤海地区新型工业化基地建设、重大项目建设、“一港双城”建设、文化旅游产业融合发展、海洋经济和临港产业发展、优化营商环境、科技创新与新兴产业发展、人才队伍建设、保障和改善民生。

2. 两化融合：指信息化和工业化的高层次的深度结合，以信息化带动工业化，以工业化促进信息化，核心是信息化支撑。

3. 三品一标：是政府主导的安全优质农产品公共品牌，指无公害农产品、绿色食品、有机农产品和农产品地理标志。

4. “双代”工程：指农村气代煤、电代煤改造工程。

5. 一环三线：一环指环城高速，东侧指唐津高速，西侧指西外环高速；三线分别指京秦高铁、唐曹高速和沿海高速。

6. 大棚房：指在农用地上以设施农业名义建设的私家庄园以及顶部加盖大棚、实际全部为非农用途的建筑。

7. 一港双城：“一港”指唐山港，包含三个港区，即京唐港区、曹妃甸港区、丰南港区；“双城”指唐山主城区、曹妃甸滨海新城。

8. 四横三纵：国丰北区片区对接市区路网。“四横”包括顺达街东伸、胥新街东伸、友谊大街东伸、国丰大街东伸；“三纵”包括建设路北伸、汇通路北伸、国友路建设。

9. 两不愁三保障：“两不愁”即不愁吃、不愁穿，“三保障”即义务教育、基本医疗、住房安全有保障。

10. 六条标准：精准扶贫贫困人口六项退出标准，一是家庭人均纯收入超过省定贫困线标准；二是有安全住房，达到安全住房标准；三是居住地路、水、电配套，出行便利，有安全饮水、电力保障；四是家庭无义务教育阶段辍学学生，家庭适龄学生在义务教育阶段全部就读，无辍学；五是家庭成员全部参加新型农村合作医疗和大病保险；六是家庭成员户籍内年满45周岁以上的全部参加农村社会养老。

11. “323”程序：按照村级评议（3步）、乡镇审核（2步）、区级审定（3步）的脱贫退出程序。

12. 双创双服：全省开展的以创新、创业、服务发展、服务民生为主要内容的活动。

13. “四最”品牌：指打造收费标准最低、审批事项最少、办事效率最快、服务水平最优的营商环境。

14. “12346”发展思路：坚持一个统领，两大统揽，着眼三大目标，打造四大支撑，实施六项攻坚。一个统领，就是以再创丰南经济社会发展新辉煌、重返全省县（市）区前列为统领；两大统揽，就是以建设新时代沿海强区、美丽丰南为统揽；三大目标，就是以经济繁荣、城乡靓丽、人民幸福为目标；四大支撑，就是培育沿海经济、园区经济、城市经济、农村经济四大支撑；六项攻坚，就是着力打好转型升级、改革创新、城市建设、乡村振兴、生态文明、保障和改善民生六大攻坚战。

15. 四位一体：高标准制定现代农业、特色小镇、美丽乡村、乡村旅游四个专项规划，确保四个规划一体布局、有序对接、分项实施、同步完成。

16. 八字方针：2018年12月19日至21日召开的中央经济工作会议提出的，即巩固、增强、提升、畅通。“巩固”：巩固“三去一降一补”的成果；“增强”：增强微观主体活力；“提升”：提升产业链水平；“畅通”：畅通国民经济循环。

17. 十个新突破：市委十届六次全会提出的，2019年要在生态唐山建设、建设环渤海地区新型工业化基地、现代化滨海城市建设、港口和海洋经济发展、重大项目建设和科技创新、乡村振兴、人才工作、文旅产业融合发展、优化营商环境、打造教育和医疗康养高地上实现新突破。

18. “6+4+5”现代产业体系：区委四届五次全会提出，着力构建“6+4+5”现代产业体系。“6”，指实施传统产业提升工程，集中力量做优做强钢铁、陶瓷、化工、装备制造、特种线缆、食品加工六大传统主导产业，促其加快迈向中高端。“4”，指以培育集群优势为目标，发展壮大精细化工、精品陶瓷、精品钢铁及深加工、高端装备制造和信息产业等四大产业集群，推动产业链向终端延伸、价值链向高端拓展。“5”，指大力发展现代物流、总部基地、特色商业、文化创意、医养结合等五大现代服务业，调整和优化产业结构。

19. 五个一批：围绕现有企业做大做强，谋划实施一批产业升级、“二次创业”等重大转型升级项目；围绕推进新型工业化基地和重工业基地建设，积极承接京津产业转移，谋划实施一批投资体量大、质量效益好、带动能力强的重大产业项目；围绕调整和优化产业结构，推进绿色发展，谋划实施一批环保治理和新兴产业项目；围绕“一港双城”建设，对接融入唐山主城区，谋划实施一批棚户区改造、公共基础设施等重大城建项目；围绕群众所想所盼，谋划实施一批教育、文体、卫生、交通等重大民生项目。

20. 容缺后补：指对基本条件具备、主要申报材料齐全且符合法定条件，但次要条件或手续有欠缺的行政审批事项，审批部门预先受理和审查，并一次性告知项目办事单位需补正的材料、时限和超期处理方法，待项目办事单位将相关材料补正后审批部门及时出具审批意见，出具相关批文。

21. 六个一体化：全力对接融入唐山市中心区，在规划、建设、管理、生态、产业、公共服务六个方面实现一体化。

22. 三改一通：指老旧小区改造、背街小巷改造、棚户区改造，打通断头路。

23. 沿河、沿海、沿边：沿河，指沿唐津运河景区，以惠丰生态农业园区、药王寺为重点，建设观光度假区；沿海，指以黑沿子、涧河两个中心渔港为重点，建设渔业休闲区；沿边，指以唐山市周边地区的丰南镇、钱营镇、大齐各庄镇为重点，建设休闲采摘区。

24. 三线三区：沿唐津运河沿线，创建唐津运河省级示范区；沿董稻路沿线，创建黄各庄镇区级示范区；沿于唐线沿线，创建大齐各庄镇区级示范区。

25. 空心村：指的是一个农村村庄，住的农民很少，占用的土地很多，大面积范围是浪费和空置状态。

26. 三医联动：指医保体制改革、卫生体制改革与药品流通体制改革联动，通俗而言就是:医疗、医保、医药改革联动。

27. 分级诊疗：指按照疾病的轻、重、缓、急和治疗的难易程度进行分级，不同级别的医疗机构承担不同疾病的治疗，实现基层首诊和双向转诊。

28. 雪亮工程：指以县、乡、村三级综治中心为指挥平台、以综治信息化为支撑、以网格化管理为基础、以公共安全视频监控联网应用为重点的“群众性治安防控工程”。

29. 三重一大：指重大问题决策、重要干部任免、重大项目投资决策、大额资金使用。

关于唐山市丰南区2018年国民经济和社会发展计划执行情况与2019年国民经济和社会发展计划安排（草案）的报告

——在唐山市丰南区第六届人民代表大会第三次会议上

（2019年1月30日）

唐山市丰南区发展和改革局局长　董焕德

一、2018年国民经济和社会发展计划执行情况

2018年，在区委的正确领导和区人大的监督指导下，全区上下紧紧围绕区委四届三次全会和区六届人大二次会议确定的目标任务，深入落实中央、省、市一系列决策部署，坚持稳中求进总基调和高质量发展要求，以“双创双服”和“十项重点工作”为抓手，积极应对和化解各种困难挑战，全力做好稳增长、调结构、促改革、治污染、惠民生、防风险各项工作，全区经济社会持续健康发展。全年地区生产总值预计增长7%，其中，第一、二、三产业增加值分别增长4.7%、6.5%和7%；固定资产投资增长13.3%；一般公共预算收入增长12.8%；引进市外资金166亿元；城乡居民人均可支配收入均增长7%；常住人口城镇化率达到58.5%。

（一）经济运行稳中向好。农业方面，主要农产品产量稳步增长，全年预计完成粮食总产量24.3万吨；肉蛋奶总产量13万吨；瓜果蔬菜产量113.7万吨；水产品产量6.7万吨；完成农林牧渔业总产值67亿元，同比增长5.3%。工业方面，积极推进传统产业转型升级，工业生产、效益逐步回升。全区规模以上工业增加值、利润分别增长8.4%和21.5%。服务业方面，围绕服务业提速发展、比重提高、水平提升，强力推进扩容升级。社会消费品零售总额达232亿元，增长9.5%。外经外贸方面，实际利用外资1.2亿美元，总量位居唐山市第三位；实现出口创汇6.6亿美元。

（二）项目建设扎实推进。2018年，全区共谋划实施投资千万元以上项目150个，计划总投资1041.8亿元，累计完成投资407.5亿元。其中，计划新开工项目85个、续建项目65个，45个项目已完工。一是重点项目建设实现新突破。18个省、市重点项目计划总投资805.6亿元，当年完成投资260.6亿元，占年度计划的196.4%，已有7个项目部分或全部完工。纵横钢铁项目进展顺利，累计完成投资200亿元，一期工程已具备试生产条件。全丰薄板项目正在进行设备调试，计划4月份投产。新好农牧项目已于2018年12月完工，全面投产后将成为北方地区最大的种猪培育场。九正药业、科耐克斯丁基胶、东方雨虹二期3个前期项目已提前开工建设。丰南区项目观摩总评成绩位列全市第二，实现了年初确定的“保二争一”目标，得到了市委、市政府主要领导的高度评价。二是招商引资工作再上新台阶。强化小团组招商，落实阵地招商，大力开展会议招商，重点推进京津产业招商，提高了招商的精准度。全年共签约亿元以上产业项目50个，其中京津产业转移项目23个，总数均居全市第一位。三是优化营商环境取得新成就。严格落实“四最”要求，打造“政企直通车”服务品牌，不断完善服务体系。取消下放调节行政权力事项163项；降低了电动汽车充电服务费、水土保持补偿费和防空地下室异地建设费等3项收费标准；探索推行“最多跑一次”、并联审批等7项改革举措。丰南区成为全省唯一的“2018年度中国营商环境（案例）第二批十佳城市”

（三）转型升级精准有力。现代农业发展取得突破。以打造东部现代都市农业示范园区、惠丰现代农业园区等“四大园区”为依托，蔬菜、畜牧养殖、海洋渔业智慧农业发展水平进一步提升，高质量农业发展后劲不断增强。全年，共培育标准化生产示范企业3家，创建省、市级农业园区各1个，实施农业产业化重点项目18个，农业产业化经营率达到66%。工业产业层次显著提高。改造提升传统产业，以拉长产业链、提高价值链、培育产业群、提升竞争力为目标，加快培育精品钢铁、精品陶瓷、精细化工、高端装备制造四大产业集群，不断推动发展动能转换，年内

实施技改升级项目102个，技改投资增长12%。精品钢铁产业，重点抓京津冷轧、融德冷轧、沃林冷轧等钢铁产业链延伸项目，推进占地7500亩的精品冷轧园建设。同时，坚定不移去产能，2018年压减炼铁、炼钢产能均为228万吨，分别占全市总任务的76.5%和45.6%。丰南区成功承办了全省去产能调结构现场推进会，去产能工作得到了省、市领导的高度评价，并被评为全省去产能工作示范区。精品陶瓷产业，开工建设陶瓷产业创新示范园区，为唐山陶瓷企业迁入丰南提供完善的基础配套。精细化工产业，加快推进柯瑞特化工、东方雨虹等项目建设，带动精细化工产业扩规模、增实力。高端装备制造产业，实施了北京送变电铁塔、北京盛世维环保等项目，装备制造业增加值增长27%。培育壮大新兴产业，实施鑫丰锂电材料等新兴产业项目9个，高新技术产业增加值增长38.4%，在全市位居第二位。海洋经济和临港产业加快发展。2018年，实施亿元以上临港产业项目60个，完成投资285.6亿元。其中，新开工项目32个、续建项目28个，目前已有21个项目完工。全区海洋经济和临港产业发展工作位居全市第二位。创新创业成效突显。充分发挥科技创新在双创工作中的引领作用，积极搭建创新平台，实施一批重大科技创新项目。2018年，华通线缆被评为国家级企业技术中心，新增丰巢和泽信市级众创空间2家，省级科技企业孵化器1家，市级以上工程技术中心4家，转化科技成果10项。全区科技型中小企业总量达到530家，高新技术企业总量达到35家；规上工业企业中建立研发机构的已达121家，覆盖率达到80%。

（四）城镇化建设稳步提升。围绕“一港双城”建设，对接融入唐山主城区，全年完成城建投资33.3亿元。把国丰北区片区开发建设作为融入主城区的重要载体，高标准“四横三纵”路网架构已具规模，初步实现了与市中心区的空间对接融合。重点实施了市政基础设施建设、园林绿化提升、公用设施建设改造三项工程，先后完成盛达街、开拓路、铁西路、源盛路、运河东岸景观路等道路工程，进一步打通断头路，城区新增道路8.6千米。改造老旧小区25个、背街小巷6条，新建改造公厕21座，改造供热管网8千米，完成既有建筑节能改造14万平方米。圆满完成艾坨、四王庄、于前、于北等村棚户区改造动迁工作，回迁房建设工程扎实推进，丰南区棚户区改造工作典型经验在省、市得到广泛推广。2018年，丰南区高标准通过全国文明城市总评验收和省级文明城区建设测评。

（五）深度治污成效显著。推进蓝天保卫行动，强化城市工业企业退城搬迁，关停国丰南区，拆除国丰北区和贝钢区域，城市重污染源彻底出清；大力实施工业深度治理、减煤、秸秆禁烧、控车等整治措施，全区生态环境质量呈现持续改善的良好态势。全年$PM_{2.5}$平均浓度达到55微克/立方米，同比下降23.61%，空气质量改善率全市排名第二，空气质量综合指数6.74，同比下降18.4%，在7个城市中心区综合排名第一。推进全域治水清水润城和国土绿化行动，认真落实各级河湖长责任制，编制“一河一策”整治方案，封堵整治排污口281个，清理河道淤积、河岸垃圾10.2万立方米、清理坑塘养殖3958亩，完成“傍水”村改厕5844座，城市集中式饮用水、地下水质量、近岸海域水质均稳定达标。持续开展国土绿化三年行动，完成造林绿化1.61万亩，森林覆盖率达到19.6%。推进生态环境深度治理攻坚行动。坚持对生态环境违法违规行为“零容忍、零补偿”，以城区西南片区、黄各庄片区和津秦高铁沿线、丰碱线为重点，对违法违章建筑和“散乱污”企业进行集中拆除。截至目前，全区累计拆除违建850处、建筑面积18万平方米，清腾土地2228亩。

（六）民生事业全面发展。教育工作，河头幼儿园、岔河幼儿园、一中迁建工程等新建项目正按时间节点扎实推进。西城区幼儿园、岔河中学宿舍楼、钱营一中宿舍楼全部竣工。医疗卫生，区中医院异地扩建项目开工建设，岔河镇卫生院项目正在办理各项手续。同时，严格落实公立医疗机构控费政策，目前两家区级公立医院药占比和百元医疗收入消耗的卫生材料费用均已符合上级规定标准。就业和保障，新增城镇就业8266人，城镇登记失业率控制在3%以内。养老保险、医疗保险、生育保险、失业保险、工伤保险均提前完成市达指标。农村人居环境治理，将农村人居环境整治行动作为实施乡村振兴战略的重要内容，实施农厕改造、街道硬化、村容村貌提升、垃圾清理及生活污水治理五项重点工程，打造精品村15个、示范村70个，完成农村改厕20525座，完成188个村户户通工程，在全市率先实现农村道路全硬化。丰南区被确定为全省农村人居环境整治全域完成示范区、全市首批“十佳”农村人居环境整治示范片区。

一年来，在供给侧结构性改革不断推进和稳增长政策效应持续释放的共同作用下，全区经济运行始终保持在合理区间。同时，也面临不少困难和挑战。主要是：发展不平衡不充分的一些问题尚未解决，发展质量和效益还不够高，创新能力还不够强，实体经济水平有待提高，生态环境保护任重道远，民生领域还有不少短板。针对上述问题，我们将积极采取应对措施，着力加以破解。2019年是新中国成立70周年，是全面建成小康社会关键之年，我们将以习近平新时代中国特色社会主义思想为指引，统筹推进经济社会发展各项工作。

二、2019年国民经济和社会发展计划安排（草案）和重点工作

2019年，全区国民经济和社会发展计划主要指标初步安排是：地区生产总值增长6%以上，其中第一、二、三产业分别增长1.7%、6%和7%；一般公共预算收入增长4.9%；固定资产投资增长8%左右；规模以上工业增加值增长7%左右；城乡居民人均可支配收入均增长7%；社会消费品零售总额增长9%；实际利用外资3000万美元；出口创汇5.5亿美元；引进省外资金120亿元；每万人发明专利拥有量增长20%；城镇登记失业率控制在3.5%以内；常住人口城镇化率比上年提高1.5个百分点。

为完成上述目标，2019年我们将继续加大工作力度，深入开展“双创双服”活动，突出抓好“十项重点工作”，攻坚克难，狠抓落实。一是坚持“四位一体”统筹推进，大力实施乡村振兴战略。深入推进科技兴农、绿色兴农、品牌兴农、质量兴农，促进农业增产增效提质。深入开展农村人居环境整治行动，积极推进空心村治理，加强农业基础设施改善，建设美丽宜居新乡村。巩固前期脱贫成果，坚持产业、就业“双管齐下”，住房、医疗、就学、社保“四方保障”，努力率先实现高质量整体脱贫。二是聚焦招商引资和项目建设攻坚，持续扩大有效投资。始终坚持以项目看发展论英雄，全力为项目建设服务，精准解决项目供地、供电、供水、立项、环评等问题。加强督导调度，对在建项目卡定时间节点，不断加快项目建设进度；对计划投产项目倒排工期、专班服务、挂图督战，确保尽快投产、入统、达效。深入实施“招商引资提质年”活动，加大考核力度，提高量化考核权重，激发招商积极性、主动性。三是着力推进供给侧结构性改革，提速产业转型升级。坚持创新引领，推进以破、立、降为重点的供给侧结构性改革，实现更高质量、更高效率、更加公平、更可持续的发展。在“破”上出重拳，确保年内完成各项市达压减任务；在“立”上求突破，推动传统产业提质增效，全力抓好新兴产业发展，高新技术产业增加值增长16%以上；在“降”上动真格，切实降低实体经济成本和市场交易成本，让市场主体轻装上阵，助推转型升级。四是大力推进城市建设，加快融入主城区。牢牢把握“一港双城”建设机遇，以融入主城区为方向，按照规划、建设、管理、生态、产业、公共服务“六个一体化”要求，全力抓好城市建设、城市经济和城市管理。加快推进棚户区改造回迁楼建设，确保如期完成各项任务。五是深入开展污染防治，促进生态环境持续改善。牢固树立抓生态保护就是抓转型升级、抓民生改善、抓高质量发展的意识，坚持标本兼治，强势推进生态环境深度治理工作，促进全区生态环境质量持续好转。六是深入推进“优化营商环境”各项改革，真正让企业和群众得到实惠。按照“双创双服”活动要求，进一步健全工作机制，实现“一窗受理，一口出证”；进一步深化审批流程改革，减少环节缩短时限，提高审批事项当场办结率，努力实现“一次办结”；进一步扩展河北省“互联网+政务服务”系统功能与各专网深度融合，并向基层延伸，实现“一网审批”；进一步筹划社会中介服务实体超市建设。七是切实保障和改善民生，真正提高群众幸福感。牢固树立以人民为中心的发展思想，持续办好惠民实事，统筹发展教育、医疗、文化等社会事业，全面提升社会保障水平，让人民群众拥有更多可观可享的获得感。

关于唐山市丰南区2018年财政预算执行情况和2019年财政预算（草案）的报告

——在唐山市丰南区第六届人民代表大会第三次会议上

（2019年1月30日）

唐山市丰南区财政局局长　徐敬成

一、2018年财政预算执行情况

经区六届人大二次会议批准，丰南区一般公共预算收入为381200万元，政府性基金收入169037万元，社会保险基金收入214845万元。在预算执行中，受经济形势影响，于10月份、12月份分别报经区人大常委会批准，对财政预算进行了调整，一般公共预算收入最后调整为448170万元、政府性基金收入最后调整为172472万元，社会保险基金收入最后调整为278459万元。

（一）财政预算执行情况

1.一般公共预算收入完成448170万元，占调整预算的100%，同比增长12.8%；较年初预算超收收入66970万元，按规定补充预算稳定调节基金。一般公共预算支出完成634882万元（含动用预算稳定调节基金116858万元），占预算的97.4%，同比增长24.9%。年末结转资金10535万元，主要是上级专款结转。

2.政府性基金收入完成172472万元，占调整预算的100%，同比下降15.1%。政府性基金支出完成172418万元，占调整预算的99.5%，同比下降17%。年末结转383万元。

3.社会保险基金收入完成262831万元，占调整预算的94.39%，同比增长173.06%。社会保险基金支出259143万元，占调整预算的96.79%，同比增长307%。当年结余3688万元，滚存结余174998万元。

（二）落实区人大预算决议情况及2018年预算执行效果

2018年，区政府各部门主动作为，攻坚克难，积极发挥调控职能，加快推进财税改革，强化预算执行管理，加强资金监管，各项工作取得新的成效。

1.加强资金统筹，做大做强财政蛋糕，助推经济社会发展。一是强化财政收入组织。密切关注重点行业、重点企业税收情况，坚持依法治税管费，健全综合治税长效机制，开展土地使用税核查清收专项行动，加强税收退库管理，进一步堵漏清欠；规范非税收入征管，清理规范收费项目，进一步降低企业经营成本，非税收入占比由上年的40.8%下降到33.9%，收入质量实现新提高。二是积极争取上级政策资金。“跑项目、争资金”工作成效显著，全年全区28个单位351个项目，共争取到位上级专项资金130338万元，切实增加了区级可用财力，有效缓解了项目支出压力。三是积极利用国家政策，做大做强财政蛋糕，助推城市建设和园区基础设施建设。与葛洲坝集团公司合作的唐山市丰南区基础设施建设及棚户区改造PPP项目，2018年累计实现投资26.32亿元；兰高庄棚改已全部完成，其中7#楼、8#楼被评为省优工程；临港经济园化工产业园区已全部完工，其他项目正在积极推进。四是积极化解政府债务风险。全区争取地方政府置换债券184465万元，争取借新还旧债券资金92912万元，区财政预算安排及超收财力安排偿还、核销存量政府债务及隐性债务242022万元，有效化解了政府债务风险，确保了财政平稳运行。

2.优化支出结构，全面落实惠民政策。一是在支持教育事业发展上，投入资金125391万元，全面落实教师的各项福利待遇、义务教育经费保障和经济困难家庭学生资助政策，支持中小学教学设备更新购置、校舍维修、校园绿化和乡镇校车运行，全区教育软硬件建设得到进一步改善，顺利通过河北省政府对区政府的履行教育职责评价。二是在支持医疗卫生事业发展上，投入资金63984万元，支持区医院整体搬迁和设备更新、启动中医院搬迁建设工作，全面推进城乡居民医疗保险、基本公共卫生、药品零差率补助、计划生育家庭奖励等医疗惠民政策。三是在支持社保体系建设上，投入社会保障和就业资金49507万元，保障优抚对象、城乡低保、农村五保户、孤儿、残疾人、特困群众的基本生活，进一步完善城乡居民养老保险制度，支持推进城乡养老保险全覆盖。同时，落实扶贫资金4946万元，专项用于对口帮扶、产业帮扶、就业帮扶、金融帮扶、社保兜底扶贫等各项扶贫项目。四是在支持城区环境提升上，投入资金62412万元，用于市政工程、园林绿化、环卫设施、小城镇建设等公共基础设施维护养护等工作，同时投入资金45769万元用于兰高庄、四王庄、艾坨等棚户区改造。五是加快实施乡村振兴战略，加大财政对“三农”的支持力度，投入资金64378万元，用于支持农业结构调整、加强农村基础设施建设、改善农村人居环境、促进农业高质量发展。六是在加大环境保护投入力度上，投入资金23629万元，用于电代煤、气代煤冬季清洁取暖项目、化解钢铁过剩产能、空气站提标改造、太阳能房推广等节能减排项目，城乡环境得到极大改善。七是在保障公共安全上，投入资金22749万元，完善社会治安科技防范体系，落实各项政法改革，提高政法干警待遇，政法部门技术装备水平有了进一步提高。

3.严格预算执行，不断深化财政改革。一是坚持主动作为，规范预算执行管理。严格按照区人大批准的预算抓好执行，在保障财政供养人员和机关基本运转的基础上，从严控制“三公”经费等一般性支出，切实降低行政运行成本。全年全区“三公”经费支出1384.3万元，较上年同期压减9.5%。全年完成财政投资评审项目133个，审减额2541万元，审减率达6.84%。二是积极盘活财政存量资金，对预算单位两年以上无法支出的资金，按照存量资金的相关规定，收回区财政统筹使用。全年收回以前年度各类结余16627万元，全部统筹安排使用。三是全面深化预算绩效管理改革，选取农村卫生室建设及运营、教育技术装备经费、扶贫资金等11项公共服务性强、社会关注度高、持续性强的财政支出重点项目开展绩效评价。四是稳步推进国库集中支付电子化改革。对预算编制、预算执行、预算调整、资金申请、资金支付等环节，实行动态监控，加强预算执行分析，提高了预算管理的科学化、规范化水平。

过去的一年，是全面贯彻党的十九大精神开局之年，我们经历了压减产能、调整结构、治理污染的严峻考验。在区委的正确领导和区人大的监督指导下，各级各部门顽强拼搏、奋力攻坚，在确保机关事业单位人员工资发放及机关正常运转的基础上，增加对公共服务和社会事业投入，推进社会和谐发展，重点保障了民生资金需求，防范化解债务风险。财政改革向纵深推进，预算绩效管理、国库集中支付等改革稳步实施。

在总结成绩的同时，我们也清醒地看到，财政运行和管理中还存在一些矛盾和问题。主要表现在：财政收入增长缺乏可持续性，非税收入占比较高，收入质量有待提高；政府债务负担沉重，债务管控压力巨大；经济发展进入新常态后，财政收入增速放缓与刚性支出增长之间的矛盾更加突出等。对于这些问题，我们将在今后的工作中高度重视，采取有力措施，切实加以解决。

二、2019年财政预算安排（草案）

2019年，全区经济依然面临诸多机遇和挑战。一方面，推动供给侧结构性改革，丰南区加快融入主城区和临港产业园基础设施建设即将完成，为丰南区传统产业提升和新兴产业崛起提供了发展平台，将为财源建设增添新活力和新动能；另一方面，受经济增速放缓、钢铁行业市场波动、国丰钢铁关停和政策性减收及新上项目短期内对财政贡献低等因素影响，财政收入增长的难度加大。综合分析各方面因素，按照积极稳妥原则测算，确定2019年一般公共预算收入47亿元，同比增长4.9%。预算编制的指导思想是：认真落实《预算法》等相关法律法规，紧紧围绕区委区政府决策部署，增强财政有效供给，优化财政支出结构，进一步深化财税体制改革，防范化解财政风险，着力促进经济增长，全力支持转型升级、提质增效、改善民生、优化环境，为加快建设沿海强区、美丽丰南，早日重返全省县（市）区前列提供坚实的财力保障。

（一）2019年预算安排（草案）

围绕上述指导思想，按照《预算法》和《国务院关于深化预算管理制度改革的决定》等要求，结合2019年总体形势，预算编制过程中，收入预算坚持实事求是、积极稳妥的原则；支出预算坚持依法依规、厉行节约、统筹兼顾、突出重点、讲求绩效的原则。2019年预算安排（草案）如下：

1.一般公共预算安排

（1）一般公共预算总收入661796万元。其中：一般公共预算收入470000万元，税收返还55587万元，上级补助收入77209万元，一般债券转贷收入59000万元。

（2）一般公共预算总支出661796万元。其中：一般公共预算支出517955万元，包括：人员经费支出281234万元（含项目人员96364万元）、正常公用经费支出32276万元、项目支出204445万元；上解支出77534万元；一般债券还本支出66307万元。

2.政府性基金预算安排

（1）政府性基金收入279500万元。其中：土地出让收入272400万元，车辆通行费4500万元，城市配套费收入2000万元，污水处理费收入600万元。

（2）政府性基金支出279500万元。其中：区本级支出267950万元，全部为项目支出，上解支出11550万元。

3.社会保险基金预算安排

2019年区级社会保险基金预算包括企业职工基本养老保险、机关事业单位基本养老保险、城乡居民社会养老保险、城镇职工基本医疗保险、城乡居民基本医疗保险、生育保险等六项社会保险基金。

（1）社会保险基金收入213583万元。其中：保险费收入158021万元、利息收入3216万元、财政补贴收入52205万元、其他及转移收入141万元。

（2）社会保险基金支出192834万元。全部为社会保障对象的保险待遇支出，当年结余20749万元，滚存结余195747万元。

（二）重大支出政策及预算安排情况

2019年预算安排在保障财政供养人员支出和机关基本运转的基础上，按照中央、省、市和区委的决策部署，全面保障和改善民生，防范化解债务风险，突出支持重点项目建设，助推全区经济社会持续健康稳定发展。

1. 促进高质量发展。围绕实现高质量发展目标，深化供给侧结构改革，推动转变发展方式和调整产业结构，安排资金61198万元。一是支持创新驱动安排资金1100万元，用于支持区人才引进及科技创新项目；二是支持精准招商引资安排资金1040万元，对接京津、长三角、珠三角等地引进资金及高技术含量企业，努力提高招商实效；三是支持经济开发区发展安排资金59058万元，用于葛洲坝投资回报及回购，落实招商引资优惠政策，促进优质企业落地投产。

2. 保障改善民生。围绕实施民生工程，促进基本公共服务均等化，安排资金97930万元。一是提升社会保障水平安排资金48061万元，提高城乡居民基本医疗保险、城乡居民养老保险、城乡最低生活保障、贫困残疾人生活和重度残疾人护理补贴、优抚对象抚恤补助标准，支持养老服务体系建设，推动全社会就业创业。二是大力发展教育事业安排资金24948万元，落实城乡义务教育保障经费，提升学前教育和义务教育办学条件，重点支持新建一中、岔河幼儿园、西城区幼儿园、河头里幼儿园及教育装备水平提升，促进教育事业发展。三是提升医疗卫生保障水平安排资金14420万元，用于支持中医院建设、支付区医院工程款、落实药品零差率补助、计划生育家庭奖扶特扶和关怀救助政策，完善城乡基本公共卫生服务经费保障机制，不断提升医疗卫生设施和提高公共卫生服务水平。四是加强社会管理安排资金9017万元，用于警用数字集群通信系统建设、执法规范化建设、政法四级网升级改造、数字法庭建设、科技防范及雪亮工程等视频监控系统维护，进一步保障社会稳定。五是发展公共文化事业安排资金1484万元，开展文化、体育惠民系列活动，促进文体事业发展。

3. 加快城市建设。围绕优化城市空间布局、融入唐山市主城区，安排资金28767万元。其中：安排资金438万元，用于“一港双城”等规划编制；安排资金5341万元，用于国丰北片区市政路网及热力管网建设工程；安排资金19451万元，用于自来水水源井及其供水管网建设、园林绿化、道路清扫保洁、生活垃圾清运处理、景区维修养护等；安排资金1740万元，用于老旧小区建筑节能改造工程；安排资金1797万元，用于建设路（南段）、友谊大街等道路两侧便道维修改造，提升城市综合承载能力。

4. 助推乡村振兴。围绕打造乡村振兴示范区，安排资金46934万元。一是助力精准脱贫安排资金4121万元，用于建档立卡贫困户脱贫、对口帮扶、低收入家庭防贫保险及补贴等；二是建设美丽宜居乡村安排资金24752万元，用于美丽乡村建设、户户通建设、农村旱改厕、“空心村”治理、农村垃圾收集清运、花园路、长南线维修及小城镇建设等；三是支持现代农业发展安排资金18061万元，用于耕地地力保护、农业结构调整、基层动物防疫、无害化处理及黑沿子、涧河渔港建设等。

5. 强化生态修复治理。围绕改善生态环境，安排资金23706万元。一是支持大气污染防治安排资金6803万元，用于气代煤、电代煤改造工程及洁净型煤推广、污染源普查、环境监测等；二是支持水土环境治理安排资金16903万元，用于造林绿化、地下水超采、污水处理、落草河流域水污染治理及沙河、陡河、黑沿子排干下游河道清淤等，实施生态修复工程，推进绿色发展。

6. 着力化解债务风险。安排资金142966万元，用于政府债券利息、建投公司银行贷款本息、偿还工程欠款等，保障到期债务顺利偿还，防范债务风险。

（三）预算草案批准前已安排支出的有关情况

截至目前，参照上年预算执行情况，安排支出98619万元。其中：人员经费11703万元，公用经费支出655万元，项目支出86261万元。人员经费中包括财政供养人员工资7649万元，“五险一金”缴费、离退休费等4054万元。项目支出主要是：一般债券还本65307万元，征地补偿费9485万元，政府债券利息5418万元，建投公司偿债资金1491万元，涧河渔港改造工程资金1100万元，80周岁及以上高龄老人津贴941万元，陶瓷产业创新示范园地上附着物补偿款780万元，陡河沙河池塘和畜禽养殖清理资金648万元，城区路灯节能改造资金265万元，双创项目奖补资金96万元，西城区污水处理厂运营费81万元，渔政船员政策性保险补贴76万元，非洲猪瘟临时检查站（点）工作经费51万元。

三、确保完成2019年预算任务的主要措施

（一）加强财政收支管理。在继续落实好各项减税降费政策的基础上，深入开展综合治税，依法加强税费征管，切实做到应收尽收，不断提高财政收入质量。以绩效为导向，严格支出管理，加快支出进度，硬化预算刚性约束，严格控制预算调整事项；牢固树立过“紧日子”的思想，严格控制一般性支出；加大财政资金统筹力度，进一步盘活财政存量资金，结余资金以及连续两年未用完的结转资金按规定收回财政统筹使用。

（二）着力助推经济转型。全面落实招商引资政策，为企业发展创造良好的营商环境。支持用新产品新技术改造提升传统产业，各项财政政策和资金更多地向科技型企业倾斜。积极创新财政投入方式，加快推进与葛洲坝集团合作项目进程，完善城市基础设施和园区基础设施功能，通过PPP模式、贷款贴息、财政后补助等方式，撬动金融资本、社会资本投入，支持经济社会发展。

（三）深化财税体制改革。深化预算管理制度改革，全面实施预算绩效管理，进一步优化全过程预算绩效管理机制，推行事前绩效评估，改进绩效监控、绩效评价方式方法，强化绩效考核及评价结果应用，不断提高改革成效。继续深化水资源税改革、环境保护税改革及个人所得税改革，确保政策落实到位。推进乡镇财政管理体制改革，理顺财政分配关系，全面落实乡镇政府发展区域经济、推动社会事业发展、维护社会稳定的主体责任，调动乡镇政府发展经济、培植财源、壮大乡镇财政实力的积极性。

（四）强化风险防控。健全政府债务常态化管控机制，摸清底数，明晰责任；规范运用新型融资模式，严禁违法违规融资担保，严禁以政府投资基金、PPP、政府购买服务等名义变相举债，对存量政府债务按照《唐山市丰南区政府债务偿还和风险化解规划》，积极稳妥开展分类处置，逐步降低债务风险。

大事记

Dashiji

责任编辑：李文璇

1月

1日，丰南区委副书记、代区长赵立华到东田庄乡王打刁村，走访慰问包联建档立卡贫困户，送去了党和政府的关怀和祝福。

2日，丰南区召开深化机构改革推进会议。根据市委批准《唐山市丰南区机构改革方案》，对机构改革工作进行动员部署，区委书记艾春，区委副书记、代区长赵立华，区人大常委会主任李志龙，区政协主席才文举等区四大班子领导，区法院院长、检察院检察长出席会议。

3日，唐山市人大常委会副主任、市人大财政经济委员会主任魏文忠到丰南区，就2018年重点项目建设情况进行视察调研。区委副书记、代区长赵立华，区人大常委会主任李志龙、副主任李自学陪同。

4日，丰南区委召开四届36次常委会议，听取区人大常委会、区政府、区政协、区法院、区检察院党组工作汇报，研究《中共唐山市丰南区关于严格落实全面从严治党主体责任和监督责任的实施意见》。区委书记艾春主持会议并讲话。

6日，惠达卫浴在第六届中国家居产业发展年会上荣膺“大雁奖”等多项殊荣。

9日，省委常委、市委书记王浩等市四大班子领导带领全市2018年第四季度重点项目观摩团到丰南区观摩项目。区领导艾春、赵立华、孙守廷、李志龙、孙永才、吴帆等陪同。

10日，丰南区委召开第四届37次常委会议，研究区委第四届五次全会《预案》《区委工作报告（讨论稿）》《区委全会决议（草案）（讨论稿）》，传达省委九届八次全会精神。区委书记艾春主持会议。

是日，“中国红”崔景哲奥林匹克博物馆画展媒体见面会在丰南区维景大酒店举行。国际奥委会副主席于再清、中国文联原副主席杨承志、市委宣传部正县级调研员刘育新、市文联副主席罗旭东、区委副书记孙守廷出席活动。

11日，生态环境部副部长翟青一行，就入海排污口排查整治工作，到丰南区黑沿子镇陡河入海口调研。副市长孙文仲，区委副书记、代区长赵立华陪同。

是日，农业农村部办公厅主任助理熊锋松带领国家“大棚房”问题专项清理整治调研组，到丰南区调研“大棚房”清理整治工作。区领导赵立华、王玉林、果爱宾陪同。

14日，市委副书记丁荣进带领市直相关部门负责人，到丰南区就乡村振兴工作进行调研。区委副书记、代区长赵立华参加座谈会。区委副书记孙守廷以及区直相关部门负责人陪同调研。

15日，丰南区领导赵立华带领区直相关单位负责人，调研督导纵横丰南钢铁项目。丰南经济开发区负责人，黑沿子镇负责人，纵横集团丰南钢铁铁项目有限公司、葛洲坝公司主要负责人参加调研。区领导分别到黑沿子镇和纵横集团丰南钢铁有限公司调研了遵曹公路、沙河通用码头、纵横丰南钢铁项目等，并在纵横集团丰南钢铁有限公司召开集中会议。

17日，市委常委、市政府党组副书记付振波，带领市直相关部门负责人，到丰南区就国丰钢铁公司南区关停和纵横丰南钢铁项目投产准备工作进行调研。区领导赵立华、兰绍光，丰南经济开发区，区直相关部门，黑沿子镇、丰南镇负责人，纵横钢铁公司负责人陪同。

18日，庆祝改革开放40周年——“凤凰燕山”北派画家山水作品邀请展暨北派山水唐山艺术中心揭牌仪式在丰南区文化馆展厅举行。师恩钊、邹立颖、杨永家、刘军等画家参加此次活动。

是日，丰南区468个集体经济组织全部完成资产清产核资工作，累计核实资产271138.8万元，其中经营性资产7835.5万元；集体土地总面积1517949.11亩，其中农用地总面积1165731.74亩、建设用地面积342105.04亩。

是日，获省政府授予丰南区丰南镇西望马台村人侯延亮“河北省见义勇为英雄”称号。

20日，中国共产党唐山市丰南区第四届委员会第五次全体会议在丰南大剧院举行。区委书记艾春作全会报告，区委副书记、代区长赵立华主持第一次全体会议。

21日，区委常委班子召开2018年度民主生活会。省委常委、市委书记王浩参加指导民主生活会。市委常委、组织部部长、统战部部长陈学民，市委常委、秘书长梁振江到会指导。市委督导组有关负责人参加会议。区人大常委会主任李志龙，区政协主席才文举，区委办公室、区纪委、区委组织部、区委宣传部负责人列席会议。

是日，丰南区委召开四届38次会议。区委书记艾春主持会议并讲话。区委各位常委出席会议。区人大常委会主任，区政协主席，区政府相关领导，区法院院长，区检察院检察长，丰南经济开发区负责人，区直相关单位主要负责人列席会议。

22日，丰南区六届人大常委会召开第17次会议。区人大常委会主任李志龙主持会议。区人大常委会副主任李自学、董树军、刘会荣出席会议。

是日，丰南区政协召开六届九次常委扩大会议。区政协主席才文举主持会议并讲话。区政协副主席黄俊东、孟淑玲、吴帆、张国春及常委出席会议。

23日，丰南区委召开四届39次常委(扩大)会议。会议传达学习省委常委、市委书记王浩到丰南区参加指导2018年度区委常委班子民主生活会时讲话精神。区委书记艾春主持会议并讲话。

是日，丰南区召开2019年县级实职离退休老领导经济社会发展情况通报会。区领导艾春、赵立华、孙守廷、赵晓梅、孙永才、李自学、黄俊东，以及县级实职离退休老领导代表出席会议。

28日，丰南区召开基层党建述职评议会议，区委书记艾春主持会议并讲话。

是日，丰南区首台二代身份证自助申请受理终端安装在区公安局户政大厅。自助办理过程仅需5分钟，简单易操作。

29日，政协唐山市丰南区第六届委员会第三次会议在大剧院小剧场开幕。大会执行主席才文举、黄俊东、孟淑玲、吴帆、张国春、李继忠在主席台前排就座。丰南区领导艾春、赵立华、孙守廷、李志龙和区委、区人大、区政府其他领导班子成员及其他副县级领导到会祝贺并在主席台就座。

30日，唐山市丰南区第六届人民代表大会第三次会议在丰南大剧院大剧场隆重开幕。大会主席团常务主席、区人大常委会主任李志龙主持大会。大会主席团常务主席艾春、李志龙、赵立华、李自学、董树军、刘会荣、张敬宝在主席台前排就座。

31日，唐山市丰南区第六届人民代表大会第三次会议在丰南大剧院闭幕。会议由主席团常务主席、区人大常委会主任李志龙主持。大会主席团常务主席艾春、李志龙、赵立华、孙守廷、李自学、董树军、刘会荣、张敬宝在主席台前排就座。

是日，中国人民政治协商会议唐山市丰南区第六届委员会第三次会议在大剧院小剧场闭幕。

2月

1日，市委常委、常务副市长付振波一行到丰南区烟花爆竹批发公司检查安全生产工作。区委副书记、区长赵立华，副区长兰绍光以及区直有关部门负责人陪同。

是日，“福满家园”2019丰南区春节联欢晚会在丰南大剧院上演。艾春、赵立华、孙守廷等区四大班子领导与社会各界代表观看春节联欢晚会。

3日，丰南区领导艾春、赵立华、郑友东、佟赞利、孙永才、张桂芳、兰绍光、果爱宾，区公安局局长杨振东，督导检查安全生产、食品安全工作并看望慰问坚守岗位一线职工，送上新春祝福和诚挚问候。

12日，丰南区在唐山市2018年度县（市、区）综合考评中以优异成绩名列第一。在12日召开全市考评结果兑现大会通报中，区领导班子名列优秀等次，赵立华名列县（市、区）长优秀等次。

是日，丰南区委副书记、区长赵立华，副区长兰绍光带领相关部门负责人调研生态环保指挥中心和省级空气质量监测点。区领导一行实地察看生态环保指挥中心和省级空气质量监测点后，听取相关部门负责人关于加强生态环保指挥中心建设及建设生态丰南实现绿色发展考核奖惩办法的汇报，并在生态环保指挥中心召开调度会。

13日，河北省驻廊坊大督查组组长赵增华一行10人，在省驻唐山大督查组组长左晓龙，市委常委、组织部部长、统战部部长陈学民及有关部门领导陪同下，到丰南区就国丰北区片区规划建设工作调研。区领导赵立华、赵晓梅、果爱宾，区政府办、规划分局、住建局主要负责人，区委组织部负责人陪同。赵增华一行在国丰北区片区拆迁现场，听取副区长果爱宾关于国丰北区片区拆迁及规划建设情况报告。

是日，区委副书记、区长赵立华，副区长王玉林、果爱宾带领区直有关部门和黄各庄镇、唐坊镇、东田庄乡主要负责人就农村生活垃圾治理工作进行现场办公。

15日，副市长孙文仲带领市直有关部门负责人到丰南区调研沿海陶瓷产业创新示范园区建设工作。区领导赵立华、兰绍光，区直相关部门以及惠丰公司主要负责人陪同。

15日至17日、20日，作为2019年春节文化惠民系列活动之一的新春评剧专场演出在丰南大剧院上演。

19日，丰南区委副书记、区长赵立华，副区长兰绍光、果爱宾带领区直有关部门和黑沿子镇、柳树酄镇主要负责人，调研区重点河流水质监测断面以及遵曹公路动迁工作。

20日，丰南区委召开四届40次常委会议。区委书记艾春主持会议并讲话。区委各位常委出席会议。区人大常委会主任，区政协主席，区政府相关领导，丰南镇、区直相关单位主要负责人列席会议。

21日，省委常委、市委书记王浩到丰南区调研。他强调要贯彻落实全省沿海经济带建设工作会议精神，狠抓项目建设，做强支柱产业，推动产业和产品迈上中高端，坚定不移走好高质量发展之路。市委常委、秘书长梁振江，区领导艾春、赵立华、孙永才，市区直有关部门主要负责人陪同。

是日，丰南区召开生态环保专项巡查工作动员会议。会议深入贯彻2月12日全市生态环境保护专项巡查动员培训会议精神，对市委市政府第三生态环保专项巡查组巡查全区生态环境保护工作进行动员部署。市第三巡查组全体成员、区领导赵立华、孙守廷出席会议。其他副县级领导，各乡镇、胥各庄街道党政主要及主管负责人，负有生态环保职责部门主要及主管负责人，各园区负责人，环保分局全体机关干部参加会议。

是日，丰南区在运河唐人街举行2019“欢乐的旋律”花会秧歌展演，来自全区的13支代表队带来高跷秧歌《骑象》、地秧歌《小车会》《八怪游西湖》等精彩表演，吸引众多群众驻足观看。

22日，中国共产党唐山市丰南区第四届纪律检查委员会举行第四次全体会议。会议深入学习贯彻党的十九大精神和习近平新时代中国特色社会主义思想，按照十九届中央纪委三次全会和省市纪委全会、区委四届五次全会部署要求，总结2018年全区纪检监察工作，部署2019年工作任务。

是日，全区“担当实干、全面争先”工作动员会议在丰南大剧院小剧场举行。区四大班子领导成员，区法院院长，区检察院检察长，其他副县级领导；丰南经济开发区负责人及各园区负责人，各乡镇(街道)党政正职、副书记、组织委员、宣传委员及其他班子成员代表，区直各单位党政主要负责人及班子成员、股级干部代表参加会议。区委书记艾春主持会议。

是日，“百花迎新春”之“群星璀璨耀丰南”城乡群众新春文艺展演在丰南大剧院举行。来自12个乡镇以及胥各庄街道多名文艺工作者为全区百姓带来歌舞、合唱、戏曲等27个节目。

26日，省第五督查组在副组长杨建科带领下，就“三深化三提升”、推动高质量发展、确保一季度“开门红”“双创双服”、生态环境治理等重点工作开展情况，到丰南区进行督导检查。区领导赵立华、赵晓梅、兰绍光陪同。

是日，丰南区召开政法工作暨争创全国平安建设先进区动员大会。区领导艾春、赵立华、孙守廷、李志龙、才文举、郑友东，区人民法院院长郑金宽，区人民检察院检察长任宪瑞，区公安局局长杨振东出席会议。各乡镇、街道党(工)委书记、分管政法信访工作的副职、信访办主任，丰南经济开发区负责人及各园区负责人，区直各单位主要负责人，区法院、区检察院、区公安局、区司法局、区信访局领导班子成员，区政法各部门中层以上干部及干警代表，区委政法委机关全体人员参加会议。区委副书记、区长赵立华主持会议。

是日，区委副书记、区长赵立华带领区直相关单位负责人到小集镇调研相关企业。市中院执行局负责人、小集镇主要负责人，小集经济园负责人参加调研。

27日，丰南区召开2019年度安全生产工作会议。区领导赵立华、王增典、兰绍光，各乡镇、胥各庄街道行政正职、主管副职、安监站站长，经济开发区各园区主要负责人、经发局负责人，区安委会成员单位主要负责人，区应急管理局股级以上干部及区内重点企事业单位主要负责人参加会议。区委常委、区纪委书记、区监委主任王增典主持会议。

是日，区人大常委会机关召开“一活动、三提升”工作动员会议。区人大常委会主任、党组书记李志龙，副主任李自学、董树军、刘会荣、张敬宝出席。

是日，区政协机关召开全体会，贯彻落实全区“担当实干、全面争先”工作动员会议精神，部署推进政协2019年各项工作。区政协主席才文举主持会议并讲话，区政协副主席黄俊东、吴帆、张国春出席会议。

是日，区税务局邀请上百家企业在区众创空间开展小微企业普惠性减税政策专题培训，为符合条件纳税人普及小微企业普惠性减税政策。

28日，区委副书记、区长赵立华带领区直相关单位主要负责人到丰南经济开发区调研重点项目建设情况。黑沿子镇、高新产业园、临港经济园负责人，相关项目负责人参加调研。

是月，区医院面向社会接种宫颈癌疫苗。

3月

1日，丰南区召开丰南、南堡等工业区供水工程调度会议，了解项目进展情况，并就下步工作进行安排部署。区委副书记、区长赵立华，副区长王玉林出席会议。区直相关单位、乡镇主要负责人，丰南经济开发区主管负责人参加会议。

是日，丰南区举行第一期“选调生大讲堂”活动，旨在拓展选调生知识面，为选调生提供交流、展示平台。

3日，区委副书记、区长赵立华，副区长果爱宾带领区直有关部门和丰南镇、胥各庄街道、建投公司负责人就丰南区城建项目现场办公。

5日，市民政局党组书记、局长王德满一行到丰南区调研农村养老服务体系建设工作。区委副书记、区长赵立华参加座谈会，副区长张桂芳陪同调研。

是日，丰南区召开扶持壮大村级集体经济工作会议。区领导艾春、孙守廷、赵晓梅、王玉林出席会议。区直相关单位主要负责人，各乡镇主要及主管负责人参加会议。

是日，区医院与广东省第二人民医院胸壁外科实现技术对接，在外三科原有胸外科专业基础上，将胸廓畸形与胸壁其他相关疾病整合，开辟出一块全新胸壁疾病治疗领域，正式成立河北省首家“胸壁外科”。

6日，副省长夏延军率调研组到丰南区调研外贸出口工作。副市长曹全民，区委书记艾春，区委常委、区委办公室主任孙永才，副区长张桂芳以及区直有关部门主要负责人陪同。

是日，区委书记艾春主持召开招商项目及重点建设项目调度会议。区领导尚兵、孙永才、张桂芳、刘子泉以及区直单位主要负责人，各乡镇及园区主要负责人，葛洲坝公司、纵横钢铁公司、瑞丰钢铁公司、东华钢铁公司负责人参加会议。

7日，区委书记艾春就城建重点项目现场办公。区领导孙永才、果爱宾，区直相关部门、丰南镇、胥各庄街道主要负责人参加。

是日，区委书记艾春赴纵横钢铁公司、黑沿子镇调研。区委常委、区委办公室主任孙永才、副区长果爱宾以及区直有关部门负责人，临港经济园、黑沿子镇、纵横丰南钢铁公司、葛洲坝公司、天津水利科学研究院主要负责人陪同。

是日，区六届人大常委会召开第18次会议。区人大常委会主任李志龙主持会议，区人大常委会副主任李自学、刘会荣、张敬宝出席会议。

是日，丰南区举办纪念“三八”国际劳动妇女节109周年暨“逐梦新时代·巾帼绽芳华”颁奖典礼。全区乡科级妇女干部，各乡镇、胥各庄街道妇联主席，丰南经济开发区、区直机关妇委会主任，村(社区)妇联主席，“两新”组织妇联主席(妇委会主任)，女性发展联合会理事及专业协会会长、副会长，受表彰人员及妇女代表欢聚一堂，庆祝自己的节日。

是日，丰巢女性双创孵化基地举办“社保入税对企业的影响及用工模式筹划”主题培训沙龙活动。

10日，丰南区召开落实生态环境部来唐检查精神、深入推进大气污染深度治理工作会议。区领导艾春、赵立华、赵晓梅、王增典、孙永才、张桂芳、刘子泉、兰绍光、果爱宾出席。丰南经济开发区、各乡镇、胥各庄街道、区直有关部门主要及主管负责人参加会议。

11日，丰南区医院卒中中心顺利通过国家卫生健康委员会脑卒中防治工程的审核，作为唐山市首批入选单位，成为“中国卒中急救地图”中的重要基地之一。

是日，丰南区卫健局为小集镇中心卫生院最新招标引进的康达3500悬吊式DR(直接数字平板X线成像系统)正式投入使用。

12日，丰南区2019年农村暨扶贫工作会议在丰南大剧院召开。区领导艾春、孙守廷、李志龙、才文举、尚兵、佟赞利、孙永才、兰绍光、王玉林出席会议。各乡镇党政正职、主管副职、农办主任、扶贫办主任、经管站站长，区直农口部门股级以上干部，其他涉农单位主要负责人，各村党支部负责人，新型农业经营主体代表参加会议。

是日，丰南区项目签约暨投资环境推介会在国丰维景国际大酒店举行。共签约19个项目，计划总投资83.08亿元。副市长张伟，区领导赵立华、孙永才、刘会荣、张桂芳、兰绍光、黄俊东出席会议。丰南经济开发区、各乡镇、胥各庄街道、区直有关单位主要负责人参加会议。区委常委、区委办公室主任孙永才主持会议。

是日，丰南区人社局在通达韩国城·双创广场开展2019年“春风行动”暨就业扶贫专场招聘会。最终，553人达成就业意向。

是日，丰南区2019年农村气代煤工作启动仪式在丰南镇翟庄子二村活动广场举行，拉开了全区2019年气代煤工作的序幕。

15日，由中国建筑卫生陶瓷协会指导、中洁网主办的首届“沸腾杯”浴室柜质量性能测评颁奖盛典在厦门举办。惠达卫浴悦慕系列浴室柜795-80，获本次测评最高荣誉“沸腾杯”质量金奖，并获“标杆环保浴室柜”奖；惠达卫浴宜居系列浴室柜794-80获“沸腾杯”质量优秀奖。

18日，市委常委、常务副市长付振波带领市直相关部门负责人到丰南区调研黑沿子镇遵曹公路拆迁工作、纵横钢铁公司项目建设情况、沿海陶瓷产业创新示范园区建设情况。区领导艾春、赵立华、孙永才陪同。

是日，唐山市乡村振兴工作领导小组办公室组织全市120个乡村振兴施村的村党支部书记到丰南区观摩学习。

20日，唐山市2019年第一季度重点项目集中开工活动在丰南区举行。省委常委、市委书记王浩带领市四大班子领导、市直单位主要负责人和各县市区领导，莅临丰南沿海陶瓷文化产业创新示范园区项目现场参加开工仪式。丰南区四大班子成员、各乡镇和区直有关单位主要负责人、有关园区干部职工代表、退城搬迁陶瓷企业负责人参加。

是日，丰南区大齐各庄镇小王庄村苗卫凤家庭在河北省妇联举办的“追梦者·她的力量”活动中，获河北省“十佳”美丽庭院称号。

是日，丰南区2019年首批保障性住房公开抽号分配，共有11家公租房申请家庭通过最终审核，9家参加当天公租房公开分配抽号，并分配到期盼已久保障房。

22日，丰南区四届区委第五轮巡察工作动员会召开，对已完成巡察任务被巡察单位整改落督实专项督导情况进行通报，对第五轮巡察工作进行动员部署。

是日，丰南区组织收听收看省、市化工行业安全生产整治攻坚行动电视电话会议。区领导赵立华、兰绍光参加收看并讲话。区直相关部门，各乡镇、园区以及各企业负责人参加收看。

23日，第六届唐山鑫湖草莓节开幕。本届草莓节由钱营镇人民政府、区农业农村局、文化广电和旅游局、区农广校共同举办，主题为“品草莓盛宴，听中国故事，赏民俗文化”。

24日，国家老年疾病临床医学研究中心“基层老年医护万里行培训”启动仪式暨第一届唐山地区老年疾病论坛在丰南区医院举行。区委副书记、区长赵立华，副区长刘子泉以及唐山市卫健委领导出席活动。国家老年疾病临床医学研究中心医学专家参加活动并授课。

25日，迁安市委书记张淑云，市委副书记、市长韩国强带队到丰南区考察乡村振兴建设工作。区领导艾春、赵立华、孙守廷、李志龙、孙永才、王玉林出席座谈会并陪同考察。

26日，区委副书记、区长赵立华主持召开消防安全工作会议。区政府办、公安消防大队、区消防安全委员会成员单位以及各乡镇，胥各庄街道办事处、派出所主要负责人，丰南经济开发区管委会负责人参加会议。

是日，团区委召开首届“丰南区青年先锋人物”评审会。评审会后，组委会依据总分排名先后，最终产生10名候选人，并上报区委同意后，确定为首届“丰南区青年先锋人物”获得者。

28日，省生态环境厅环境监察专员车军率调研组到丰南区调研。区委副书记、区长赵立华，区直各有关部门临港经济园、各有关企业负责人陪同。

4月

2日，区委副书记、区长赵立华，副区长果爱宾督导农村清洁能源替代工作。区政府办、区住建办局、丰南镇、黄各庄镇主要及主管负出责人，翔科燃气公司、天华天然气切公司负责人陪同。

4日，丰南区召开生态丰南建设4月份重点工作调度会议。区领导艾春、赵立华、郑友东、孙永才、张桂芳、兰绍光、王玉林、果爱宾出席会议。各乡镇、胥各庄街道党政正职，区直有关单位主要负责人，丰南经济开发区相关负责人参加会议。

是日，区人大召开常委会代表工作会议。区人大常委会主任李志龙出席会议并讲话，区人大常委会副主任刘会荣主持会议。区人大常委会各工委主任、副主任，各乡镇人大主席、副主席及人大秘书，青年路街道、人大工委主任及人大秘书，通达集团人大代表联络站站长、副站长参加会议。

10日，山东省人大常委会委员、代表资格审查委员会主任委员厉彦林带领考察组到丰南区考察代表之家(联络站)建设工作。市人大常委会副主任和春军，区人大常委会主任李志龙陪同。

12日，丰南区召开爱国卫生运动暨村庄清洁行动攻坚月活动动员会议。区领导艾春、孙守廷、才文举、孙永才、王玉林、吴帆出席会议。各乡镇党委书记、主管副职，区直有关单位负责人，5个村庄清洁行动督导组全体成员参加会议。

是日，丰南区召开2019年党管武装工作会议。区委书记、人武部第一书记艾春，区委常委、武装部长陈占贵出席会议，区人武部党委委员，各乡(镇、街道)党(工)委书记、武装部长、干事，区人武部相关人员以及受表彰奖励先进单位和个人代表参加会议。

是日，区六届人大常委会召开第19次会议。区人大常委会主任李志龙主持会议，区人大常委会副主任李自学、刘会荣、张敬宝，秘书长崔凤国出席会议。

13日，丰南区开展城乡人居环境集中整治暨“五清三建一改”义务劳动活动。区委书记艾春，区委副书记、区长赵立华等区四大班子领导及其他副县级领导，各乡镇、胥各庄街道、经济开发区、区直各单位机关干部参加。

是日，丰南区决定面向社会公开招聘中小学、幼儿园教师140名。招聘的中小学教师要求全日制普通高校本科及以上学历，幼儿园要求全日制普通高校专科及以上学历。

14日，区中医医院与东兴社区卫生服务站组建紧密型医共体启动仪式在东兴社区卫生服务站举行。

16日，区农业农村局举行2019年农业专业技术人才科技创新服务活动启动仪式，52名副高以上专业技术人员与对接服务对象现场签约。

17日，省委常委、市委书记王浩，市委副书记、市长丁绣峰等市领导带领全市2019年第一季度重点项目观摩团到丰南区观摩。区领导艾春、赵立华孙守廷、才文举、李自学、果爱宾陪同。

是日，丰南区组织纵横钢铁、惠达卫浴、华通线缆等12家规上企业赴华北理工大学开展重点项目人才招聘活动。

18日，“读书增智助推乡村振兴”捐书活动在南孙庄乡马新庄村委会举行。市直机关工委相关领导，区委书记艾春、区委副书记孙守廷出席活动。

是日，丰南经济开发区在北京唐山大厦举办“2019年‘京津冀一体化’投资洽谈会”，共邀请中天建设集团有限公司、北京中核北研科技发展股份有限公司、北京燃气能源发展有限责任公司等48家企业、80位客商参加。

19日，丰南区工商联、区扶贫办联合召开企业精准扶贫推进会。全区30余家爱心企业负责人参加会议。

20日，岔河镇杨义口头村高跷秧歌申报非物质文化遗产会演在唐人街停车场举行。

23日，副市长张月仙带领全市乡村振兴示范区建设现场观摩团到丰南区实地观摩唐津运河乡村振兴示范区建设。区领导赵立华、王玉林，区政府办、政府农办，区农业农村局主要负责人陪同。

是日，在区人大常委会主任李志龙，副主任李自学、刘会荣、张敬宝带领下，区人大机关全体人员到遵化市新店子镇沙石峪村开展“艰苦奋斗”主题教育活动。

是日， 丰南区妇联召开“乡村振兴巾帼行动”暨“美丽家园清洁行动”推进会。会上，宣读《丰南区妇联关于开展“乡村振兴巾帼行动”的实施方案》，大齐各庄镇夏庄屯村有关人员宣读《“乡村振兴·巾帼行动·清洁家园”倡议书》。会后区妇联工作人员就美丽庭院创建工作进行培训。

24日，区中医医院举行护理部用药知识及抢救准备技能比武，筛选全院临床科室11名新手护士，历时两小时完成笔试和技能操作两项考核。

25日，省司法厅调研组到丰南区就“民主法治示范村”建设情况进行专项调研。

26日，全市产业项目片区调度会议在丰南区召开。市领导丁绣峰、付振波带领市直相关部门及路南区、路北区、开平区、曹妃甸区、滦南县、乐亭县、高新区主要和主管负责人参加相关活动。区领导艾春、赵立华、孙永才陪同。

是日，区人大常委会主任李志龙主持召开“丰南发展、人大尽责”企业家人大代表恳谈会。

是日，全市产业项目片区调度会议在丰南区召开。市领导丁秀峰、付振波带领市直相关部门及路南区、路北区、开平区、曹妃甸区、滦南县、乐亭县、高新区主要和主管负责人参加相关活动。区领导艾春、赵立华、孙永才陪同并参加会议。

是日，省工商联主席刘劲松一行到丰南区调研。市工商联主管负责人，区委书记艾春，区统战部、工商联主管负责人陪同。刘劲松一行先后察看鸿达汽车凯业科技、君乐宝乳业及华通线缆4家企业的生产车间、施工现场，认真听取企业相关负责人的介绍。

28日，全区经济指标调度会议召开。区领导赵立华、张桂芳、兰绍光出席。区直有关部门主要负责人、丰南经济开发区负责人、各乡镇政府要主要负责人及主管副职参加会议。

29日，丰南区举行产教融合之校城融合促发展企业家走进华北理工大学活动。区领导赵立华、赵晓梅、陈伟出席。相关区直单位、园区、参镇负责人及区钢铁冶金、装备制造、陶瓷化工等规上企业主要负责人参加。

是日，区检察院举办“‘我将无我’奋斗，不负人民重托——共和国建设者走进检察机关”检察开放日活动。区劳动模范、先进工作者以及劳动者代表参加活动。

是日，丰南区组织开展村庄清洁行动观摩活动。活动中，区委书记艾春要求各地及有关部门要进一步加大推进力度，全力补齐工作短板，彻底改善农村面貌，努力打造省、市一流的乡村振兴“丰南样板”。

区领导艾春、赵立华、孙守廷、李志龙、尚兵、赵晓梅、佟赞利、孙永才、兰绍光、王玉林、果爱宾、黄俊东参加活动并出席会议。区直有关部门主要负责人、各乡镇党政主要负责人各村庄清洁行动督导组组长参加。

是日，丰南区召开农村集体产权制度改革工作专题培训会，对农村集体产权制度改革工作的政策和操作程序进行培训。各乡镇主管农村集体产权制度改革工作的副职、经管站长，村党支部书记(主任)、报账员，产改办全体工作人员参加培训。

是日，丰南区开展“金声书韵”朗读比赛暨2019年度“绿书签行动”及知识产权宣传周集中宣传活动。

5月

1日，市委常委、常务副市长付振波带领市直相关部门负责人到丰南区检查陡河河道治理工作。区领导艾春、赵立华、孙永才、王玉林，区政府农办主要负责人，区环保分局、水利局负责人，西葛镇主要负责人陪同。

是日，副市长黄三平带领市直相关部门、各县(市) 区相关负责人到丰南区检查沙河河道治理工作。区领导赵立华孙守廷，区环保分局、水利局、钱营镇主要负责人陪同。

2日，丰南文化馆书画艺术展厅举办“南韵北风”上海奉贤河北丰南书画交流作品展。来自全市各地的书画艺术家、书画爱好者参加开幕式。

3日，丰南区召开水污染防治工作调度会，对全域治水、清水润城、水污染防治工作进行再动员、再部署。区领导赵立华、兰绍光、王玉林出席。各乡镇、丰南经济开发区、区直有关部门负责人参加会议。

6日，丰南区举行国丰北片区开发建设战略合作签约活动。区领导艾春、赵立华、孙永才、张桂芳、果爱宾，华润置地有限公司相关负责人出席活动。

是日，中国进出口银行河北省分行党委书记、行长时永顺一行到丰南区惠达卫浴股份有限公司调研。副市长卢根发，区委副书记、区长赵立华，副区长张桂芳陪同。

6日，市人大常委会副主任张艳春带领市人大农业和农村委员会调研组一行，到丰南区就《河北省气象灾害防御条例》贯彻实施情况进行专题调研。

是日，区扶贫开发和脱贫工作领导小组召开(扩大)会议同时举行乡镇党委书记和区直牵头单位“一把手”脱贫攻坚擂台赛。

9日，全区中小学防灾减灾日宣传周启动仪式在胥各庄小学举行。

10日，丰南区开展村庄清洁行动观摩活动，对全区15个乡镇58个村的村庄卫生整治情况进行观摩测评。

是日，科技部人才交流中心科技人才管理部牛萍一行，到丰南区就人才平台建设进行调研指导，并召开座谈会。区委副书记、区长赵立华，丰南经济开发区党工委书记、管委会主任董连庆出席会议。

15日，丰南区召开文明城市创建工作推进会。区领导赵立华、尚兵出席。各乡镇、胥各庄街道、行政正职、宣传委员，丰南经济开发区主管负责人、区纪委监委、区委办、组织部、宣传部、政法委、区人大办、政府办、政协办、法院、检察院、公安局主管负责人，区直责任单位主要负责人，区文城办全体工作人员参。

17日，丰南区开展村庄清洁行动观摩活动。区领导赵立华、孙守廷、李志龙、才文举、尚兵、赵晓梅、张奎华、佟赞利、孙永才、兰绍光、王玉林、果爱宾，各乡镇党委书记，区直有关单位主要负责人，各村庄清洁行动督导组组长参加。

18日，中国建筑卫生陶瓷行业高压注浆成形研发中心在唐山贺祥机电股份有限公司正式成立。

19日，丰南交警大队联合区交通运输局路政部门，开展整治大货超载超限统一行动。

是日，省交通运输厅副厅长宋书强带领省铁路沿线环境检查组一行到丰南区督导检查铁路沿线环境安全隐患整治工作。市委常委、副市长杨华森，区委副书记、区长赵立华，副区长果爱宾，区政府办、“一区三边”办、交通运输局、发改局主要负责人陪同。

24日，丰南区召开2019年食品安全委员会(扩大)会议。会议强调，各级各单位要以实际行动捍卫群众“舌尖上的安全”，坚决守住不发生系统性、区域性食品安全事故底线，推动全区食品安全治理水平再上新台阶，为全区高质量发展提供有力安全保障。

28日，丰南区召开生态环境保护专项巡查反馈意见整改动员专题部署会议。区四大班子领导及其他副县级领导出席会议。区直有关部门主要负责人，各乡镇、街道党政班子成员，丰南经济开发区相关负责人参加会议。

30日至6月1日，农历四月二十六至二十八，丰南区第八届民俗文化节在东田庄乡药王庙举行。

31日，胥各庄街道御兴社区负责人带领社区工作人员以及辖区居民志愿者到丰南特教中心，与孩子共庆“六一”，并送上节日蛋糕和真诚祝福。

是日，市委常委、组织部部长陈学民带领各县(市、区)党委常委、组织部部长及组织科科长，各开发区(管理区)党工委主管领导及主管副部长，部分乡镇党委书记，唐山国际旅游岛党工委主管领导及党建科长到丰南区，就农村基层党建工作进行观摩。区委书记艾春，区委常委、办公室主任孙永才陪同。陈学民一行先后来到大齐各庄镇赵各庄村、钱营镇后打弓庄村等地，重点围绕农村基层党建工作，实地观摩了村级活动场所“四室站一中心”建设、党史陈列馆、村史馆、村容村貌等，听取了两村有关党建工作开展情况的介绍，同时针对农村基层党建工作经验和做法进行了交流沟通。

是日，丰南区召开2019年高考工作协调会。会议就全面做好2019年高考工作进行再安排、再部署。区教育局主要负责人，区招生委员会各成员单位及相关单位负责人，各考点主考、副主考，有高考任务的高中阶段学校校长、区招委会办公室相关人员参加会议。

6月

3日，葛洲坝集团股份有限公司、三峡建设工程有限公司客商行到丰南区调研临港经济开发区基础设施建设和棚户区改造项目，并召开工作会商会议。区领导艾春、赵立华、孙永才出席会议。会上，区建投公司主要负责人、葛洲坝集团及三峡建工公司负责人就项目推进工作中的有关问题及后续合作事宜进行了座谈交流。

4日，丰南一中公布2019年指标生分配及录取办法。该校计划招生1165名，其中文化课计划招生1138名(统招生227名，初中指标分配生911名)，初中体育特长生15名，区业余体校女篮特长生12名。

5日，区领导赵立华、张桂芳赴经济开发区、陶瓷产业创新示范园调研。区直有关部门主要负责人，丰南经济开发区负责人，惠丰公司、葛洲坝公司、首批入园企业主要负责人参加。区领导一行先后调研了东方雨虹二期项目、陶瓷产业创新示范二园建设进展情况，并听取了相关部门的介绍。

5日，丰南区开展村庄清洁行动观摩活动。观摩团一行车览了西葛镇、小集镇、大齐各庄镇、钱营镇、大新庄镇、黄各庄镇、王兰庄镇、唐坊镇、东田庄乡、南孙庄乡及岔河镇等地68个村，并到部分村庄实地观摩。

是日，区领导赵立华、张桂芳赴经济开发区、陶瓷产业创新示范园调研。区直有关部门主要负责人，丰南经济开发区负责人，惠丰公司、葛洲坝公司、首批入园企业主要负责人参加。

6日，区人大召开“丰南发展、人大尽责”主题实践活动推进会议，重点对深化三项联动监督、创建“五星级”代表家站等工作进行再动员、再部署。区人大常委会主任李志龙，区人大常委会副主任李自学、刘会荣、张敬宝出席会议。

是日，区委统战部组织召开区行政审批工作情况通报会。各民主党派总支(支部)主委副主委，工商联主席及无党派代表人士出席。

是日，2019年国内知名专大家丰南行钢铁冶金及装备制造产业交流对接会在唐山国丰维景国际酒店召开。区领导赵立华、赵晓梅出席。

12日，省委常委、市委书记王浩到南湖景区和丰南区调研。他强调，丰南区要按照产业兴旺、生态宜居、乡风文明、治理有效、生活富裕的总要求，坚持高起点谋划、高标准定位、高质量实施，努力打造全市乡村振兴示范区建设的标杆样板。市委常委、宣传部部长杨洁，市委常委、秘书长梁振江，副市长张月仙陪同调研。

是日，香港中华煤气有限公司行政总裁陈永坚一行到丰南区考察洽谈。区领导赵立华、张桂芳，区政府办、商务和投资促进局主要负责人陪同。客商一行先后考察丰南经济开发区化工产业园和纵横钢铁，并听取相关负责人汇报。

12日，第三届“全国小学体育活力校园优秀案例”100强揭晓，西葛小学“校园空竹体育文化建设”案例成功入选，获得校园体育文化案例奖。本届案例评选是在教育部体卫艺司指导下，由全国中小学体育教学指导委员会、中国教育发展基金会同耐克体育(中国)有限公司联合举办，共有来自全国的2600份申请案例参选，最终获得全国100强的学校于8月赴上海出席颁奖仪式。

是日，丰南区公布丰南一中、二中2019年特长生招生方案。其中丰南中招收体育特长生15人，丰南二中招收体育、美术、音乐特长生共计150人。丰南一中本次招生专业成绩以区市运动会成绩为准，学校不再进行体育专业测试。

13日，区领导艾春、孙守廷、孙永才、刘子泉、王玉林到唐津运河乡村振兴示范区现场办公。区农业农村局、住建局、交通运输局、水利局、生态环境局、文化广电和旅游局、卫生健康局、妇联、供电公司、景区管理公司主要负责人，区委办、区政府办主管负责人参加。

是日，丰南区召开“三夏生积，增加全株青贮玉米、露地菜等高效产”暨美国白蛾防治、防汛抗旱工作经济作物面积，提高土地产出率，推进会议。

15日，丰南区重点产业人才招会在唐山市人才市场举行。此次招聘会上，丰南区组织河北纵横集团丰南钢铁有限公司、唐山贺祥机电股份有限公司、惠达卫浴股份有限公司、唐山东方雨虹防水技术有限责任公司等涉及钢铁冶金、装备制造、陶瓷、新型材料行业的24家支柱企业入场招聘，共提供涉及钢铁冶金、装备制造、陶瓷等方面的各类岗位370个，接待各类求职人员1800人，最终有238 人达成就业意向。

16日，唐山市生态环境局丰南区分局组织开展首次全员执法检查行动，现场12个执法组对“散乱污”企业、无名场院内建有违法项目、垃圾乱堆乱放影响大气环境、水体环境、散料堆场、黑臭水体、未批先建违法行为以及批建不符、治污设施闲置等环境违法行为进行检查，并对无名干选场实施拆除取缔。

17日，丰南区召开落实省委常委、市委书记王浩到丰南区调研交办事项调度会议，对交办事项进行安排部署。区领导艾春、孙守廷、孙永才、王玉林出席会议，区委办负责人，区政府办、农业农村局、住建局、财政局、自然资源和规划局、生态环境局、水利局、文化广电和旅游局、卫生健康局、教育局、交通运输局、妇联、供电公司、景区管理公司、唐坊镇、东田庄乡、区委督查室主要负责人参加会议。

18日，区卫健局在九河公园举行二级医院家庭医生签约服务工作启动仪式暨现场签约活动。全区22家基层医疗卫生机构分别在各乡镇人民政府和社区居委会设立分会场，组织召开二级医院家庭医生签约服务签约，实现全域签约。

19日，区委书记艾春到南孙庄乡马新庄村，走访慰问贫困户。区委常委、区委办公室主任孙永才，区扶贫办、南孙庄乡主要负责人陪同。

是日，区六届人大常委会召开第20次会议。区人大常委会主任李志龙主持会议并讲话，区人大常委会副主任李自学、刘会荣、张敬宝出席会议。会议对3名法官和3名检察官的履职情况进行评议；听取和审议《唐山市丰南区2018年财政总决算情况报告》和区政府《关于2018年度区本级预算执行及其他财政收支情况审计工作报告》后，对其进行满意度测评，并表决通过区人大常委会《关于批准2018年财政总决算的决议(草案)》。

20日，副市长孙文仲带领市直有关部门、开平区政府、高新区管委会主管负责人到丰南区调研陶瓷产业创新示范园建设工作。区委书记艾春，区委常委、区委办公室主任孙永才，区直有关部门主要负责人陪同。市领导一行现场调研陶瓷产业创新示范园建设情况，参观陶瓷产业创新示范园展馆，对项目建设情况进行详细了解。

20日至21日，2019年“益民杯”丰南区第十八届乒乓球比赛在区训练馆开赛。经过两天的激烈角逐，益民队、滨河社区队分别获得男、女团体第一名；王泽、董继凤分别获得男女单打第名。

23日，丰南区召开脱贫攻坚工作推进会议。会议强调，各地及有关部门要高度重视脱贫攻坚工作，采取精准措施，迅速突破难点，加快落地落实。区领导艾春、孙守廷、赵晓梅出席会议各乡镇、区直有关部门负责人参加会议。

17日至23日，以全国节能宣传周“绿色发展节能先行”“全国低碳日”“低碳行动，保卫蓝天”为主题，在全区范围内开展公共机构节能宣传周活动，深入推进公共机构节能活动。

24日，丰南区召开落实省委常委、市委书记王浩到丰南区调研交办事项调度会议。区领导艾春、孙守廷、赵晓梅、孙永才、果爱宾出席会议，区直有关部门、各有关乡镇主要负责人参加会议。区住建局、景区管理公司、唐坊镇、东田庄乡、区交通运输局、卫生健康局、水利局、生态环境分局、农业农村局、文化广电和旅游局、妇联、团区委主要负责人根据省委常委、市委书记王浩调研交办事项任务分解分别汇报工作进展情况、存在问题及按时间节点完成的保证措施。

27日，科技领军人才创新驱动中心(丰南)授牌仪式暨钢铁产业创新发展论坛在丰南区举办。科技部人才中心副主任程家瑜，科技部人才中心科技人才管理部副主任吴宏涛，市委常委、组织部部长、统战部部长，人才工作领导小组组长陈学民，市科技局、人社局、人才中心负责人，区委书记艾春，区委常委、组织部部长、人才工作领导小组组长赵晓梅出席授牌仪式。

28日，丰南区召开安全生产紧急会议，区领导赵立华、杨振东、兰绍光出席。区直有关单位主要负责人，各乡镇(街道)经济开发区主管领导、安监站站长及区内105家重点企业负责人参加会议。

28日，丰南区召开新的社会阶层人士联谊会成立暨第一次会员代表大会。市委统战部副调研员马继泉，区委常委、统战部长佟赞利出席会议。会议选举产生丰南区新的社会阶层人士联谊会第一届理事会理事17人，其中会长1人，常务副会长1人，副会长4人，秘书长1人。董素华当选丰南区第一届新的社会阶层人士联谊会会长。

29日，区领导赵立华、兰绍光带领部分区直部门主要负责人、临港经济园负责人现场调临港经济园重点项目。

7月

1日，区领导艾春、孙守廷、佟赞利、孙永才到东田庄乡、唐坊镇调研唐津运河乡村振兴示范区创建工作。区直及乡镇相关单位主要负责人参加。

是日，丰南区召开省市重点项目及签约未落地项目调度会议。区领导赵立华、张桂芳出席。

是日，区领导艾春、孙永才、刘子泉到高中调研，并慰问干部教师代表。汇报座谈会上，区一中、区二中、唐坊高中相关负责人分别汇报本校整体情况及2019年高考情况，三所高校代表进行发言。区委书记艾春在会上讲话。

是日，区领导赵立华、孙守廷、佟赞利到东田庄乡、唐坊镇调研唐津运河乡村振兴示范区创建工作。区相关部门及乡镇主要负责人参加。

3日，省委常委、市委书记王浩，市委副书记、市长丁绣峰等市领导带领全市2019年第二季度重点项目观摩团到丰南区观摩。区领导艾春、赵立华、李志龙、孙永才陪同。

是日，国家电网有限公司党组成员、副总经理韩君一行4人到丰南区调研。国网冀北电力有限公司董事长、党委书记田博等领导，唐山供电公司相关负责人，区领导艾春、孙永才、兰绍光陪同。

7日，丰南区召开2019年防汛工作会议。会议就全区防汛及应对强降雨工作进行再动员、再部署，区领导赵立华、兰绍光、王玉林、果爱宾出席。

8日，丰南区召开景观、半马、骑行“三线合一”规划汇报会。区领导艾春、赵立华、孙守廷、佟赞利、孙永才、王玉林出席。区委办、区政府办、文化广电和旅游局、农业农村局、交通运输局、自然资源和规划局、住建局主要负责人或相关负责人参加会议。

是日，丰南区组织收听收看全市脱贫攻坚推进视频会议；会后召开扶贫开发和脱贫工作会议，安排部署相关工作。区领导赵立华、孙守廷、赵晓梅、刘会荣、王玉林、黄俊东参会。

10日，区委书记艾春带领赵立华、孙永才、王玉林、果爱宾等区领导检查防汛工作。区政府办、政府农办、水利局、应急管理局主要负责人，区委办负责人，区住建局、丰南镇、钱营镇、黑沿子镇、柳树郾镇主要及主管负责人，开滦唐山矿、开滦钱营矿负责人参加。

是日，区领导艾春、赵立华、孙守廷、佟赞利、孙永才、王玉林，带领区委办、组织部、政府办、交通局、住建局、文化广电和旅游局、方志办、农业农村局等相关部门和区直单位负责人，到东田庄乡、唐坊镇就唐津运河乡村振兴示范区创建工作进行调研。

12日，省医疗保障局党组书记、局长赵新喜率调研组到丰南区就医疗保障工作进行调研。副市长曹全民，市相关部门领导，区领导艾春、孙永才，区医疗保障局主要及分管负责人陪同。随后召开集中座谈会。区医疗保障局主要负责人汇报全区医疗保障工作进展情况。

是日，丰南投资环境推介暨项目签约会议在北京市唐山大厦举行。会上集中签约16个项目，计划总投资79.15亿元。市委副秘书长、市政府驻京联络处主任訾惠、副主任韩洪涛，区领导赵立华、张桂芳，丰南经济开发区党工委书记、管委会主任董连庆，区政府办、商务和投资促进局、发展和改革局、工业和信息局、自然资源和规划分局、行政审批局、应急管理局、生态环境分局、丰南镇、王兰庄镇、东田庄乡主要负责人，丰南经济开发区负责人及招商局主要负责人，驻北京招商处全体人员参加会议。

13日，生生致远投资控股有限公司董事长何思涵一行到丰南区就建设现代金融综合体项目进行考察洽谈。区领导艾春、赵立华、孙永才、张桂芳出席洽谈会。区直有关部门主要负责人参加。

12日夜间，副区长张桂芳带领区政府办、工信局、环保分局等相关部门负责人，检查部分工业企业落实应急减排措施停限产情况。

13日，副市长、市公安局党委书记、局长黄三平一行到丰南区检查指导工作。副区长、区公安局党委书记、局长杨振东陪同。

15日，团区委在起跑线众创空间举行“爱心暑托班”开班仪式暨垃圾分类主题教育活动。区委副书记孙守廷、副区长陈伟，团市委、华北理工大学团委及区住建局和区教育局主要负责人出席。各乡镇、区直单位团组织负责人，乡村振兴示范村青年代表，2019年爱心暑托班学生代表，华北理工大学志愿者代表参加。

是日，副市长李贵富带领相关部门负责人到丰南区检查省生态文明建设现场会准备工作进展情况。区委书记艾春，区委常委区委办公室主任孙永才，副区长刘子泉，区住建局、文化广电和旅游局、景区公司主要负责人陪同。

16日，省政协副主席曹素华一行在市政协主席胡国辉等领导陪同下，到丰南区惠达卫浴股份有限公司开展调研帮扶活动。区领导艾春、才文举、孙永才陪同。区政府办、政协办、工信局、商务和投资促进局、发改局、黄各庄镇、惠达卫浴股份有限公司主要负责人参加。

是日，农业农村部农村合作经济指导司副司长赵铁桥一行，在省农业农村厅副厅长吴更雨陪同下，到丰南区调研农村集体资产管理领域扫黑除恶工作。区委副书记孙守廷，区农业农村局主要负责人，区委办、区委政法委、区公安局及丰南镇负责人陪同。

17日，区领导赵立华、果爱宾调研民生项目。区政府办、发改局、住建局、自然资源和规划分局、生态环境分局、卫生健康局、建投公司、丰南镇主要负责人参加。

是日，农业农村部调研组到丰南区调研畜禽粪污集中处理工作，并进行座谈交流。区委副书记孙守廷出席并主持座谈会。区直相关单位负责人参加会议。

是日，省人大常委会选任代工委副主任王彬带领调研组一行，在市人大常委会副主任常庆久的陪同下，就“牢记人大制度初心使命，践行以人民为中心思想，充分发挥人大代表‘家站职能作用，切实做到民有所呼、我有所应”的课题到丰南区调研。区人大常委会副主任刘会荣陪同。

是日，省人大常委会科教文卫工委副主任郑爱军一行，在市人大常委会副主任魏文忠的陪同下，到丰南区就开展公共图书馆法和教科文卫立法需求进行调研。区人大常委会副主任张敬宝陪同。

18日，省政协副主席孙瑞彬一行在市政协副主席张会春等领导陪同下，到丰南区正元管业有限公司开展调研帮扶活动。区委副书记、区长赵立华，区政协主席才文举陪同。区政府办、政协办、工信局、商务和投资促进局、发改局、经济开发区、正元管业有限公司主要负责人参加。

18日，省人大常委会办公厅副巡视员李荣有率调研组，在市人大常委会相关负责人的陪同下，到丰南区就人大机关党建工作开展调研。区人大常委会主任李志龙，副主任李自学、刘会荣、张敬宝陪同。

是日，省文联副主席路皓带领“不忘初心、牢记使命”专题调研组，在市文联主席袁宁陪同下到丰南区进行专题调研。区委副书记孙守廷陪同。

19日，副市长张月仙带领市直相关单位、各县(市、区)分管领导一行，到丰南区观摩乡村振兴项目建设暨特色优势产业发展情况，并召开全市现场会。区委副书记孙守廷、副区长王玉林陪同观摩。

20日，区领导孙守廷、王玉林带领唐津运河乡村振兴示范区5个示范村(唐坊镇孙老庄村、孔家庄村，东田庄乡宋庄子村、崔庄户村、王打刁村)的村“两委”，到大齐各庄镇、黄各庄镇观摩。区农业农村局、政府农办主要负责人，唐坊镇、东田庄乡主要及主管负责人参加。

是日，省市场监督管理局局长金洪钧一行在市市场监督管理局局长路遇等陪同下，到丰南区惠达卫浴和华通线缆开展调研帮扶活动。区委副书记、区长赵立华，副区长张桂芳，区政府办和市场监督管理局主要和主管负责人陪同。

22日，区领导艾春、孙永才、兰绍光、王玉林、果爱宾就全省生态文明建设工作现场会行车路线及观摩点准备情况现场办公，并实地督导检查城区西南角相关企业的生态环境深度治理情况。

23日，省科协副主席张建辉到丰南区，就县级科协改革情况和“科技工作者之家”建设进行调研。区委副书记孙守廷陪同。

24日，丰南区与唐山市新城市建设投资集团就丰南、南堡等工业区供水工程PPP项目进行对接。区领导王玉林，区政府农办、金融办主要负责人，区水利局主要及主管负责人参加。

是日，副省长、省公安厅厅长刘凯一行，在副市长、市公安局局长黄三平，市政府副秘书长明俊国陪同下，到丰南区唐山梦牌瓷业有限公司开展调研帮扶活动。区委书记艾春，副区长、区公安局局长杨振东，区直有关部门主要负责人陪同。

是日，副市长孙文仲带领路北区、开平区、高新区及市直相关部门主管负责人到丰南区调度陶瓷产业园区建设工作。副区长兰绍光陪同。区直有关部门主管负责人参加。

25日，市第二督导考核组到丰南区就上半年脱贫工作成效进行考核。区领导赵立华、孙守廷、赵晓梅、黄俊东出席集中汇报会。区扶贫办、农业农村局等区直相关单位负责人参加会议。区委副书记孙守廷汇报了丰南区上半年脱贫攻坚工作开展情况。

是日，省农村人居环境整治工作领导小组办公室常务副主任、农业农村厅副厅长张保强一行，到丰南区就农村人居环境整治情况进行调研。副区长王玉林，大齐各庄镇、黄各庄镇主要负责人陪同。

是日，省司法厅党委书记潘冬青在市司法局党组书记张占忠、局长侯西岭陪同下到丰南区调研。区委副书记、区长赵立华，副区长杨振东，以及区政府办、司法局、丰南司法所主要负责人陪同。

是日，丰南区召开召7月份生态丰南建设重点工作调度会议。区领导艾春、赵立华、赵晓梅、王增典、孙永才、张桂芳、杨振东、兰绍光、王玉林、果爱宾出席会议，区直有关单位主要负责人参加会议。会议邀请市环保专项巡查组组长莫兵、副组长杨洁参加。

是日，省司法厅党委书记潘冬青在市司法局党组书记张占忠、局长侯西岭陪同下到丰南区调研。区委副书记、区长赵立华，副区长杨振东，以及区政府办、司法局、丰南司法所主要负责人陪同。

27日，省应急管理厅党组书记宋文玲一行在市应急管理局主要领导陪同下，到丰南区就安全生产工作进行督导检查。区委副书记、区长赵立华，副区长兰绍光以及区政府办、应急管理局主要负责人陪同。

是日，区应急管理局举办“日行千里——弘扬抗震精神，科普运河人家”绿色骑行活动，弘扬抗震精神，倡导健康生活方式。

是日，丰南区召开陶瓷产业示范园区建设工作调度会议。区委副书记、区长赵立华，副区长兰绍光出席。

是日至30日，“全国第五届青少儿语言艺术盛典”在中央电视台星光影视基地隆重举行。小丑娃舞蹈学校播音主持专业13名小学员代表唐山赛区一路过关斩将，夺得1特4金4银4铜佳绩，31日载誉归来。

28日，副区长、区公安局局长杨振东再次到荣大警务站施工现场检查指导工作。

29日，“八一”建军节到来之际，区领导孙守廷、陈占贵、杨振东走访慰问了丰南区驻地部队，给官兵们送去慰问品和节日的祝福。

是日，团区委在唐山起跑线众创空间举行“沧州银行杯”机关青年“展风采·担重任”演讲比赛暨技能大赛颁奖仪式。

30日，副区长张桂芳到大新庄镇巡查双龙河河道及沿岸环境整治情况。区水利局相关负责人陪同。

是日，区直机关党工委纪念建党98周年“不忘初心、牢记使命”主题演讲比赛在丰南电视台演播大厅举行。区委常委、办公室主任孙永才，区纪委监委、区委组织部、区委宣传部、区委政法委、区广播电视台相关负责人以及区直各单位主管党务工作的领导、党办主任和机关干部代表参加活动。

是日，副市长孙文仲带领市工信局主要负责人到丰南区就纵横钢铁项目置换涉及的国丰南区装备拆除情况进行调研。区委副书记、区长赵立华，区政府办、工信局、财政局及丰南镇主要负责人陪同。

31日，路北区委副书记、区长伦绍金带领考察团到丰南区考察乡村振兴工作。区领导赵立华、孙守廷、王玉林陪同。

8月

4日上午，省体育局副局长唐青带领“不忘初心、牢记使命”调研组，在副市长李贵富等领导陪同下，到丰南区就省委办公厅、省政府办公厅《关于加快冰雪运动发展的意见》落实情况及体育部门运行状况和机构编制情况进行调研。区委副书记、区长赵立华陪同。

是日，中国校园健康行动——“阳光梦·健康行”中国青少年艺术素质教育展演活动在天津落下帷幕。小丑娃舞蹈学校选手代表唐山赛区在本次活动中摘得一金一银。

5日，区领导赵立华、兰绍光，丰南经济开发区党工委书记、管委会主任董连庆到陶瓷产业创新示范园区现场调研。市工信局负责人，区直有关部门、惠丰公司、葛洲坝公司、4家首批入园企业及其他选址在一期土地范围之内的公司主要负责人，“一对一”帮扶专班全体成员参加。

7日，由区领导艾春、赵立华、孙守廷、才文举、孙永才、李自学、兰绍光、果爱宾，丰南经济开发区党工委书记、管委会主任董连庆，以及各乡镇主要负责人、区直有关部门负责人组成的考察团，赴曹妃甸区、乐亭县、迁安市考察。

9日，丰南区召开农村产权制度改革领导小组会议。会议研究审议通过了《丰南区农村集体资产量化股权设置和成立组织机构的指导意见》《丰南区农村集体经济组织登记管理办法》。区领导孙守廷、赵晓梅、王玉林出席。区直有关部门主要或相关负责人参加。

10日，省委宣传部反非处处长孙禄印、调研员马云峰在市委宣传部调研员刘育新、新闻出版和传媒监管处副处长张文新陪同下，到丰南区检查“扫黄打非”基层站点建设情况。区委常委、宣传部部长尚兵以及区委宣传部相关负责人陪同。

是日，副区长王玉林带领区直有关部门负责人到黑沿子镇检查防汛工作。

11日晚，区委副书记、区长赵立华带领区支重办、水利局、自然资源与规划分局、应急管理局相关负责人到钱营镇检查防汛工作。

12日，区领导艾春、孙永才、杨振东、王玉林带领区政府办、水利局、应急管理局以及供电公司主要负责人检查防汛工作。

13日，省第五督查组组长郝莉笑一行，在市第一督查组组长唐立山等人的陪同下，到丰南区调研了解行政审批局建立“红色代办员”制度、“营商环境党旗红”等活动开展情况。区领导艾春、孙守廷、孙永才、果爱宾以及区直有关部门相关负责人陪同。

是日，区召开“散乱污”“地条钢”排查整治工作会议。副区长兰绍光出席。

是日，区召开“不忘初心、牢记使命”主题教育专项整治工作推进会议。区委副书记孙守廷出席会议。

是日，在“中国·成都2019第十八届世界警察和消防员运动会”上，区基层公安民警张云祥获得空手道项目85公斤级比赛冠军。

14日，市人大常委会主任郭彦洪一行到丰南区视察人大文化园建设。区领导艾春、赵立华、李志龙、孙永才、刘会荣陪同。

16日，丰南区召开文明城市创建工作现场办公会议。区领导艾春、赵立华、尚兵、孙永才、果爱宾出席。区直有关部门、公安局交警大队、丰南镇、胥各庄街道主要负责人参加。

19日，丰南区召开丰南经济开发区工作汇报会。区委副书记、区长赵立华，丰南经济开发区主要及主管负责人，黑沿子镇主要负责人，区政府办、人力资源和社会保障局等相关部门主要负责人参加会议。

21日，丰南区召开2019年农村“双代”及棚户区改造推进会。区领导艾春、孙永才、果爱宾出席。

是日，区扶贫开发和脱贫工作领导小组召开(扩大)会议，同时举行乡镇书记擂台赛。区委副书记孙守廷出席。

是日，省民政厅副厅长吴进军一行在市民政局主要领导陪同下，到丰南区调研特困人员供养机构改造提升、农村养老服务设施和配餐中心建设工作。区委副书记、区长赵立华，副区长张桂芳，以及区政府办民政局主要负责人陪同。

是日，区领导孙守廷、王玉林参加美丽庭院创建拉练观摩活动。各乡镇主管副职、妇联主席，区妇联机关全体人员参加活动。

22日，区领导艾春、赵晓梅、孙永才到胥各庄街道新兴社区开展“双报到”活动。区委办公室、组织部负责人参加。

是日，区委副书记区长赵立华到胥各庄街道河头社区开展在职党员“报到”活动。

是日，丰南区召开2019—2020年采暖季清洁取暖工作会议。区领导赵立华、兰绍光、王玉林，区政府办、区委宣传部、发改局等相关部门和各乡镇、胥各庄街道办事处主要负责人，区纪委监委、公安局等单位负责人参加会议。

是日，丰南区召开“散乱污”企业整治“回头看”专项行动调度会议。副区长兰绍光出席。

23日，区委副书记孙守廷到胥各庄街道锦绣花苑社区开展“双报到”活动。区委办公室、组织部负责人参加。

24日，“唐山城市乐跑赛”在丰南区市民广场拉开帷幕。唐山市体育局局长刘利东，区委副书记、区长赵立华以及市体育局、区文旅局、万科企业股份有限公司等相关负责人出席活动。

27日，丰南区召开第三次全国国土调查工作汇报会。区领导赵立华、王玉林、果爱宾，区政府办、自然资源和规划分局、农业农村局主要及主管负责人，河北省第一测绘院项目负责人参加。

是日，丰南区召开丰南、南堡等工业区供水项目及丰南区全域治水清水润城PPP工程项目调度会。区领导赵立华、王玉林，区政府办、政府农办、财政局、农业农村局、生态环境分局、水利局主要负责人，区建设投资公司负责人参加。

是日，丰南区召开临港经济园供水、供热方案汇报会。区领导赵立华、果爱宾及相关单位、乡镇主要负责人参加。

28日，副区长张桂芳带领区文明办、市场监督管理局、商务和投资促进局、住建局负责人就市场经营、商贸流通和“五小”行业进行现场办公。

是日，副区长果爱宾就文明城创建现场办公。区住建局主要及主管负责人，区政府办、文明办、丰南镇、胥各庄街道负责人，唐山荣盛地产开发有限公司负责人参加。

是日，区领导艾春、孙守廷、佟赞利、孙永才、王玉林到唐津运河乡村振兴示范区现场办公。区农业农村局、住建局、文化广电和旅游局、交通运输局、团区委、妇联主要负责人，区委办、区政府办负责人，区住建局主管园林绿化的负责人参加。

29日，丰南区召开农村人居环境整治暨改厕工作推进会议。区委副书记孙守廷，副区长王玉林、果爱宾出席。区直相关单位、各乡镇政府主要负责人参加会议。

是日，区领导孙守廷、佟赞利、王玉林到东田庄乡、唐坊镇督导唐津运河乡村振兴示范区建设工作。区农业农村局、文化广电和旅游局主要负责人，区住建局、团区委、妇联有关负责人参加。

30日，区委副书记、区长赵立华，副区长果爱宾带领双代办、交通运输局、供电公司等相关单位负责人，到大新庄镇、黄各庄镇、王兰庄镇等地，就2019年农村作“双代”工作现场办公。

是日，省退役军人服务中心常务副主任刑朝辉在市退役军人事务局主要负责人陪同下，到丰南区调研退役军人管理服务工作。副区长、公安局局长杨振东陪同。

9月

2日，“‘砥砺前行七十载团结奋进新时代’——庆祝建国70周年暨人民政协成立70周年书画展”在区文化馆书画艺术展厅开幕。区领导孙守廷、才文举、佟赞利、黄俊东、孟淑玲、张国春出席开幕式。

是日，丰南区召开9月份大气污染防治强化管控措施部署及“散乱污”企业排查整治“回头看”调度会议。副区长兰绍光出席。区直相关部门、经济开发区、各乡镇(街道)主管负责人参加会议。

3日，丰南区召开扶贫开发和脱贫工作领导小组会议暨督导问题整改工作调度会，区领导孙守廷、孙永才，各乡镇及区直有关单位主要负责人参加。

是日，丰南区召开“双代”改造工作推进会议，副区长果爱宾出席。

5日，“我和我的祖国”机关干部大合唱歌咏比赛在丰南区体育馆盛大举行，来自全区10个代表队的1000多名选手在这里引吭高歌，庆祝中华人民共和国成立70周年。区四大班子领导出席并参加比赛，区直有关部门负责人、干部群众代表共计600余人参加活动。

6日，丰南区召开第三季度安委会全体(扩大)会暨“迎大庆、保安全”攻坚行动动员部署会议。副区长兰绍光出席。

8日，丰南区召开城建重点工作调度会。区领导赵立华、果爱宾出席。

9日，区领导赵立华开展教师节调研慰问。

10日，丰南区在召开2019年庆祝教师节大会。区领导艾春、赵立华、孙守廷、赵晓梅、孙永才、刘会荣、黄俊东，各乡镇党委书记、胥各庄街道党工委书记、区直有关单位主要负责人到会祝贺。

是日，中国中小企业协会执行会长张竞强一行到丰南区考察。副区长张桂芳主持召开座谈会，丰南经济开发区、区商务和投资促进局主要负责人，区发改局、工信局、住建局、自然资源和规划分局、临港经济园负责人，君业科技负责人参加会议。

是日，省重点工作督查组在市相关部门领导陪同下，到丰南区就省市重点项目推进落实情况进行督查检查。副区长兰绍光陪同。丰南经济开发区、区发改局主要负责人，区直有关部门负责人参加活动。

11日，市政府组织召开唐山市农业产业化暨生猪产业发展工作会议。副市长张月仙带领各县(市)区委副书记或政府分管负责人、市直单位有关部门主要或分管负责人、各县(市)区农业农村局负责人，到丰南区现场观摩相关项目。区委副书记、区长赵立华，区政府办、政府农办农业农村局主要负责人陪同。

是日，丰南区召开“防风险保平安迎大庆”工作会议，安排部署下半年消防安全工作和70周年大庆消防安保具体任务。副区长、公安局局长杨振东出席。

12日，丰南区召开“不忘初心、牢记使命”主题教育动员部署会议。唐山市委派驻丰南区巡回指导组有关领导，区四大班子领导成员和其他副县级领导部出席会议。

是日，副区长、公安局局长杨振东督导检查“两节”消防安全。区消防大队主要负责人，区政府办、公安局、商务和投资促进局、卫生健康局、教育局、应急管理局负责人参加。

18日，区委副书记、区长赵立华现场调研陶瓷产业创新示范园区。区政府办等区直有关部门主要负责人，临港经济园负责人，惠丰公司、葛洲坝公司、四家首批入园企业主要负责人，“一对一”帮扶专班全体成员参加。

是日，北京迪信通通信服务有限公司集团副总裁杜军义一行到丰南区考察。区领导艾春、赵立华、孙永才、张桂芳出席考察座谈会。区政府办、商务和投资促进局、工信局、司法局、自然资源和规划分局、生态环境分局、行政审批局、柳树酄镇主要负责人参加。

19日，区委理论学习中心组召开“不忘初心、牢记使命”主题教育集中学习动员会。区委理论学习中心组全体成员，区政府办公室主任，区委各部委主要负责人，区委主题教育领导小组成员、办公室各组组长参加。

21日，区委理论学习中心组“不忘初心、牢记使命”主题教育集中学习继续交流研讨，交流研讨主题为“坚守纪律规矩，争做清正廉洁的表率”。区委理论学习中心组全体成员，区政府办公室主任，区委各部委主要负责人，区委主题教育领导小组成员、办公室各组组长参加。

22日，丰南区召开气代煤电代煤改造、洁净煤保供工作调度会议。区领导艾春、赵立华、孙永才、张桂芳、杨振东、兰绍光、王玉林、果爱宾出席。区直有关部门、各乡镇、胥各庄街道主要负责人，供电公司、翔科燃气、天华燃气、新奥燃气、天达燃气负责人参加。

是日，“捷安特杯”第四届唐山全国自行车公开赛暨“全民健身绿色出行”自行车嘉年华活动在丰南区举办。来自全国各地的500多名自行车运动爱好者参加了此次比赛。

24日，丰南区召开国土空间分区规划编制工作动员部署会。区领导艾春、孙永才、果爱宾，丰南经济开发区主要负责人出席会议。区直相关部门和各乡镇主要及主管负责人，丰南经济开发区、公安局、消防大队负责人，区自然资源和规划分局负责国土空间规划编制的全体工作人员，区移动公司、联通公司电信公司负责人，中国城市发展研究院负责人参加会议。

是日，河北省妇联基层组织建设现场会在丰南区召开。省妇联党组副书记、副主席吕素维，省妇联组织部部长雒藏果，省妇联老干部处处长张瑞坡，省妇联组织部副部长李薇；各设区市妇联分管副主席、组织部部长，流定州市、辛集市妇联主席，各县(市、区)妇联主席参加。副市长张月仙，市妇联主席张进霜，区领导艾春、赵立华、孙守廷、孙永才陪同观摩。

25日，委副书记、区长赵立华到纵横丰南钢铁公司调研。区政府办、自然资源和规划分局、港口办、建投公司、黑沿子镇主要负责人，临港经济园负责人，纵横丰南钢铁公司、葛洲坝公司主要负责人参加。

26日，区委副书记、区长赵立华带领区直有关部门负责人，到钱营镇钱营村走访慰问老党员李淑芬。

27日，丰南区统一战线庆祝新中国成立70周年座谈会召开。区领导艾春、佟赞利、孟淑玲出席。各民主党派总支(支部)主委、副主委，工商联(总商会)班子成员，新联会班子成员，民族宗教界、侨界及无党派代表人士，区委统战部全体机关干部参加会议。

是日，区委书记艾春，区委常委、组织部部长赵晓梅，区委常委、区委办公室主任孙永才，副区长兰绍光到丰南镇杨贵庄村走访慰问老党员陈绍悦。

是日晚，丰南区召开生态环保工作紧急调度会议。区领导赵立华、杨振东、兰绍光、果爱宾出席。区直有关部门负责人，各乡镇、街道主要负责人，经济开发区主管副职、经发局长参加会议。

28日，2019年农民丰收节暨东田庄乡第二届农产品展销会，在崔庄户村开幕。同时，活动还举行了庆祝新中国成立70周年暨“不忘初心、牢记使命”群众文艺会演。

29日，区领导艾春、赵立华、孙永才、张桂芳、杨振东、兰绍光、果爱宾督导检查国庆期间安全生产、重污染天气应急响应、重点项目建设情况。市法院执行局负责人，区直有关部门、黄各庄镇、小集镇主要负责人，区公安局分管负责人参加。

30日，区委书记艾春，区委副书记区长赵立华等区四大班子领导到大新庄镇烈士陵园，向抗日纪念碑敬献花篮，深切缅怀革命先烈的丰功伟绩，表达全区上下继承先烈遗志、发扬革命传统，努力建设沿海强区、美丽丰南的坚定决心和坚强信心。区直有关单位主要负责人及机关干部代表，部分乡镇、街道党政主要负责人，部队官兵代表，烈士家属代表，学生代表和大新庄镇干部群众代表参加仪式。

是日，收听收看全省扶贫对象动态管理工作电视电话会议后，区扶贫开发和脱贫工作领导小组召开(扩大)会议。区委副书记孙守廷出席。各乡镇党委或政府主要负责人，区直有关单位主要负责人及区扶贫办全体工作人员参加。

是日晚，区委副书记、区长赵立华副区长兰绍光带领相关部门负责人到区生态环保指挥中心调研。

10月

1日9时整，丰南区隆重举行“庆祝新中国成立70周年”升国旗仪式。区委书记艾春，区委副书记区长赵立华等区四大班子领导，驻区行政中心各单位全体干部职工，齐聚行政中心楼前，参加升国旗仪式，与全国人民一道，共同祝福伟大祖国国泰民安、繁荣昌盛。

4日，副区长张桂芳带领区市场监督管理局、政府办、环保分局、钱营镇、大新庄镇负责人对丰南区散煤销售市场治理整顿情况进行督导检查。

8日，市委副书记市长丁绣峰等市领导带领全市2019年第三季度重点项目观摩团到丰南区观摩。区领导艾春、赵立华、孙守廷、李志龙、才文举、孙永才、兰绍光陪同。

9日，丰南区召开唐津运河乡村振兴示范区建设现场调度会。区领导孙守廷、佟赞利、王玉林，区直相关单位负责人参加。

10日，丰南区召开“不忘初心、牢记使命”主题教育专项整治暨深化纠正“四风”及作风纪律专项整治工作会议。区领导孙守廷、赵晓梅出席会议，市委第三巡回指导组领导到会指导。

11日，区领导艾春、赵晓梅、孙永才带领有关部门负责人到丰南镇入村走访调研。按照区委安排，在此次调研活动中，区委书记艾春和区委常委、办公室主任孙永才分包丰南镇。

是日，迁西县委书记李建忠率考察团到丰南区考察项目建设、招商引资工作。区领导艾春、赵立华、孙守廷、李志龙、才文举、孙永才、兰绍光，丰南经济开发区、区政府办、发改局、商务和投资促进局主要负责人陪同。

是日至12日，市委“不忘初心、牢记使命”主题教育第三巡回指导组组长徐光亮一行到丰南区检查指导主题教育开展情况。区领导艾春、赵晓梅、孙永才陪同。

12日，唐山市人力资源和社会保障局局长李东升一行到丰南区调研。区委副书记、区长赵立华，副区长兰绍光陪同。

是日，市人大常委会党组成员曹金华带领调组到丰南区，就东方雨虹项目开展专题调研。区委副书记、区长赵立华，区人大常委会主任李志龙，区人大常委会副主任张敬宝陪同调研。

是日，丰南区召开陡河、西排干水污染防治工作会议。副区长王玉林出席。

13日，丰南镇经济发展总公司与宁波舒迪塞尔科技动力有限公司合作成立唐山阳光动力技术有限公司签约仪式，在区会议中心第三会议室举行。区领导赵立华、张桂芳、兰绍光，区政府办、商务和投资促进局、发改局、丰南镇经济发展总公司主要负责人，丰南镇主要及主管负责人参加。

14日，市工信局局长徐树成一行到丰南区，深入企业调研。区委副书记、区长赵立华，区直有关部门负责人陪同。

是日，丰南区召开2019年度精准脱贫退出培训会议。副区长王玉林出席。各乡镇、区直有关部门负责人或有关负责人，未脱贫户的第一帮扶责任人，区扶贫办全体人员参加。

15日，丰南区召开财税、招商引资和项目建设工作调度会暨“不忘初心、牢记使命”主题教育民营企业征求意见座谈会。区领导艾春、赵立华、赵晓梅、孙永才、张桂芳、王玉林出席会议。区直有关部门、丰南经济开发区主要及负责人，各乡镇、胥各庄街道主要负责人，有招商引资任务的企业主要负责人根据议题参加。区委书记艾春主持会议。

16日，区委书记艾春围绕“不忘初心、牢记使命”主题教育，以“坚定初心勇担使命 奋力谱写全区经济社会高质量发展新篇章”为题，讲了一堂生动鲜活、震撼心灵的专题党课。市委第三巡回指导组领导应邀出席。区四大班子领导成员及其他副县级领导，区法院院长、区检察院检察长；丰南经济开发区党工委书记，各乡镇、街道党政主要负责人，区直各单位党政主要负责人，区委主题教育办公室全体人员，丰南镇、胥各庄街道各社区党支部(党总支)书记参加。

是日，丰南区与人保财险唐山市分公司举行合作签约仪式。区领导赵立华、杨振东出席。区政府办、商务和投资促进局、农业农村局、市场监督管理局、应急管理局、民政局、医疗保障局、教育局、政府金融办主要负责人参加。

17日，河北省证监局党委书记局长闫勇一行到丰南区进行实地调研，了解上市企业和拟上市企业发展中遇到困难及对监管部门的意见及建议。唐山市副市长卢根发，区委副书记、区长赵立华，副区长杨振东，丰南经济开发区、区直有关部门负责人陪同。

18日，区委副书记、区长赵立华到钱营镇，围绕“不忘初心、牢记使命”主题教育，以“不忘初心敢担当 牢记使命勇作为 为人民幸福和经济社会高质量发展做出更大贡献”为题，讲了一堂内容充实、意义深刻的专题党课。

19日，区委副书记、区长赵立华，副区长果爱宾带领政府办、政府督查室、住建局(双代办)等相关部门负责人到大新庄镇，就农村气代煤改造工作现场办公。

22日，大庆市让胡路区区长郭铜强率考察团到丰南区考察。市贸促会相关负责人，区委副书记区长赵立华，区政府办、发改局、工信局、商促局负责人陪同。

是日，丰南区“中国人寿杯”第三届残疾人室内运动会在丰南体育馆举行。区委副书记区残联名誉主席孙守廷，区政协副主席、区残联名誉副主席张国春出席。市残联党组书记、理事长董爱民，唐山市人寿保险股份有限公司党委书记、总经理邱军出席。各乡镇(街道)残联、丰南特教学校、星愿孤独症服务中心及家属参加活动。

是日，丰南区召开洁净煤保供、散煤置换工作调度会。区委副书记、区长赵立华，副区长兰绍光出席。区政府办、发改局、市场监督管理局等区直相关单位负责人，各乡镇政府、胥各庄街道办事处主要负责人，型煤供应企业主要负责人参加会议。

23日，区委副书记孙守廷到小集镇，围绕“不忘初心、牢记使命”主题教育，以“牢记初心使命 砥砺奋进前行”为题，为小集镇党政机关干部和各村党支部书记讲授了一堂意义深刻、激励人心的专题党课。

是日，丰南区召开开展扫黑除恶专项斗争推进会议，贯彻落实省、市扫黑除恶专项斗争推进会议精神，对当前和今后一个时期深入推进全区扫黑除恶专项斗争进行安排部署。区委常委、政法委书记张奎华，副区长、区公安局局长杨振东出席会议。

25日，市妇联美丽庭院拉练观摩推进会与会人员到丰南区观摩美丽庭院创建工作总体情况和点连片打造情况。市妇联主席张进霜出席，区委副书记孙守廷陪同。

26日，区领导赵立华、兰绍光带领区政府办、发展和改革局、农业农村局、市场监督管理局、生态环境分局主管领导，深入到岔河镇、黄各庄镇、钱营镇督导检查洁净煤保供及散煤置换回购工作。

28日，市老促会会长安树彦、副会长秦少清、张羽、王金凯一行到丰南区，就2019年老区重点帮扶村建设项目完成情况、帮扶资金管理使用情况、2019年老区重点帮扶村人均收入预测和《革命老区发展史》(丛书)编纂工作进度情况进行调研。区委副书记孙守廷、区老促会会长王树臣陪同。

29日，区领导艾春、孙永才赴尖字沽乡、柳树酄镇调研。区委办、组织部负责人，区住建局、发改局、农业农村局、水利局、交通运输局主要负责人陪同。

是日，省工信厅二级巡视员王建分带队一行三人，在市工信局局长徐树成等领导的陪同下，为起草省政府工作报告到丰南区进行企业调研。区领导赵立华、兰绍光陪同。区政府办、工信局主要负责人，区发改局、教育局负责人参加活动。

是日，按照中央和省、市、区委“不忘初心、牢记使命”主题教育有关精神和区委《关于在“不忘初心、牢记使命”主题教育中对照党章党规找差距的工作方案》要求，是日区政府党组召开对照党章党规找差距专题会议，要求以正视问题的自觉和刀刃向内的勇气，逐一对照、全面查找自身存在问题，真刀真枪解决问题。区委副书记、区长赵立华主持会议，副区长杨振东、兰绍光、王玉林、果爱宾参加会议，副区长张桂芳、索南班久列席会议。

30日，省委组织部副部长、老干部局局长赵月霞一行调研老干部工作座谈会在丰南区召开，市委常委、组织部部长、统战部部长陈学民，区领导艾春、孙守廷、赵晓梅及市委组织部、老干部局、滦州市、迁安市有关领导参加。

是日，区委理论学习中心组“不忘初心、牢记使命”主题教育学习调研成果交流会议召开。会议深入学习贯彻习近平总书记关于调查研究的重要论述，交流调研成果，强化成果运用，进一步提高决策水平和解决实际问题的能力，以开展主题教育的实际成效加快建设沿海强区、美丽丰南，确保习近平总书记重要指示精神和中央、省市委决策部署落地见效。区委书记艾春主持并作总结讲话。区委理论学习中心组全体成员(全区副县级以上领导干部)参加会议区委主题教育领导小组成员，办公室各组组长，部分基层党员干部、“两代表一委员”企业家代表列席会议。市委巡回指导组到会指导。会上，艾春首先作交流发言，赵立华、孙守廷、李志龙、才文举、尚兵、赵晓梅、王增典、张奎华、佟赞利、孙永才分别交流主题教育调研成果。

31日，丰南区妇女第二次代表大会在大剧院小剧场召开。区领导艾春、孙守廷、李志龙、才文举、赵晓梅、孙永才、张桂芳、张国春到会祝贺。会议邀请市妇联主席张进霜参加，并在开幕式上致辞。

是日，区委理论学习中心组举行“不忘初心、牢记使命”主题教育第一次集中学习交流会议。区委理论学习中心组成员在精读原著、学原文、悟原理的基础上，结合近期个人所学篇目，联系自身实际，围绕学习体会、思想收获、工作感悟进行了交流研讨。区委书记艾春主持会议。

11月

1日，中汽创汽车零部件投资控股有限公司副董事长魏文、中汽创汽车零部件投资控股有限公司总经理毛海、中信正业资产管理有限公司执行总经理温晓东带队一行6人，到丰南区就推进中汽(唐山)电动智能汽车产业园项目、白车身以及轻量化项目、生态汽车城项目及德国CIP全球创新脚踏电动助力车项目等进行洽谈。区领导艾春、赵立华、兰绍光、王玉林，丰南经济开发区、区政府办、商务和投资促进局、发改局、工信局、生态环境分局、自然资源和规划分局、政府金融办、丰南镇主要负责人参加洽谈。

是日，区政府党组理论学习中心组举行“不忘初心、牢记使命”主题教育学习调研成果交流会。会议深入学习贯彻习近平总书记关于调查研究的重要论述，交流调研成果，强化成果运用，以开展主题教育的实际成效加快建设沿海强区、美丽丰南，确保习近平总书记重要指示精神和中央、省、市委决策部署落地见效。区委副书记、区长赵立华主持会议。会上，赵立华首先作交流发言，杨振东、兰绍光、王玉林、果爱宾分别交流主题教育调研成果。

4日，丰南区召开拟签约项目评审会议，对第三季度拟签约的项目进行评议。副区长张桂芳，丰南经济开发区主要负责人，黄各庄镇、大新庄镇、唐坊镇和南孙庄乡的行政正职，区商务和投资促进局、发改局、税务局等相关部门的主要负责人，经济开发区负责人和各项目负责人参加会议。

5日，市残联党委书记、理事长董爱民带队到丰南区就区残联系统“不忘初心、牢记使命”主题教育实践活动开展情况及残疾人就业创业工作进展情况进行座谈和实地调研。区委副书记孙守廷陪同。

6日，区扶贫开发和脱贫工作领导小组召开(扩大)会议，安排部署国家脱贫攻坚督查反馈问题整改工作、2019年省考准备工作。区委副书记孙守廷出席。各乡镇书记(镇长)、主管副职，区委办、政府办、组织部、宣传部、财政局、农业农村局等区直相关部门和单位主要负责人、主管副职，区扶贫办全体人员参加会议。

7日，副市长张月仙带领市直相关单位、各县(市、区)分管领导一行约60人，到丰南区观摩乡村振兴建设情况，并召开全市推进会议。区委副书记、区长赵立华，副区长王玉林陪同。

是日，上海永沪跨境电子商务股份有限公司M-PARK跨境电商生态社区CEO张作舟一行5人，到丰南区考察洽谈。区领导赵立华、刘会荣、张桂芳，丰南经济开发区、区政府办、商务和投资促进局主要负责人以及经济开发区负责人参加洽谈。双方就未来合作发展、服务、运营等方面进行了讨论。

8日，区委理论学习中心组召开“不忘初心、牢记使命”主题教育第二次集中学习交流会议。区委书记艾春主持会议并作总结讲话。区委理论学习中心组全体成员(全区副县级以上领导干部)参加会议。区委主题教育领导小组办公室各组组长；部分基层党员干部、企业家代表和“两代表一委员”列席会议。

是日，丰南区召开开发区扩区及城建重点工作现场办公会。区领导赵立华、张桂芳、果爱宾、董连庆出席。区政府办、财政局、住建局、自然资源和规划分局、交通运输局、供电公司、丰南镇、王兰庄镇、岔河镇主要负责人，经济开发区负责人参加。

13日，唐山市委副书记、市长丁绣峰到丰南区现场调研南湖国际会展中心二期工程，区委书记艾春、区长赵立华、副区长果爱宾陪同。区住建局相关负责人参与现场调研。

14日，丰南区召开陡河、西排干水污染治理工作会议。副区长王玉林出席。区政府农办主要负责人，区农业农村局、生态环境分局、水利局主要及主管负责人、相关业务科室负责人，丰南镇、黄各庄镇、黑沿子镇、西葛镇、王兰庄镇、柳树酄镇、尖字沽乡党委书记，沿海工业区负责人参加会议。

是日，区医院五科联合眼“科以尽我所能，防控糖尿病、保护你的家庭”为主题，在该院内举行世界糖尿病日大型义诊活动。

15日，丰南区开展“不忘初心践行使命、携手筑网共防共治”防范和打击非法集资集中宣传活动。副区长、公安局局长杨振东出席。

16日，区领导赵立华、张桂芳、兰绍光现场调研丰南区清洁取暖工作。区直有关部门，唐坊镇、王兰庄镇负责人参加活动。

18日，丰南区举行2019年第四季度重点项目集中开工活动。活动在唐山瑞丰钢铁有限公司减量置换转型升级项目现场举行。市人大常委会副主任毕开艾，区四大班子领导，区法院院长，区检察院检察长，各乡镇党政主要负责人，丰南经济开发区、区直相关部门主要负责人，小集镇机关干部代表，瑞丰钢铁公司职工代表，各集中开工项目单位及施工单位负责人参加活动。

19日，丰南区召开国土空间分区规划编制阶段性汇报会。区领导艾春、赵立华、孙永才、果爱宾出席会议，区直有关部门主要及主管负责人，丰南经济开发区区公安局负责人，中国城市发展研究院、中国地质大学(北京)负责人参加会议。会议邀请市自然资源和规划局调研员赵铁政参加会议。

20日，丰南区举行实施乡村振兴战略高素质农民科技培训周活动启动仪式。副区长王玉林出席。

21日，市人大常委会副主任毕开艾一行到丰南区对区政府学习宣传实施宪法情况开展专项调研。区领导艾春、李志龙、张敬宝、杨振东陪同。

是日，区检察院在区运河警示教育基地举办全国未成年人检察工作创新实践示范基地牌暨专家委员会聘任仪式。市检察院党组书记代检察长贾志宏，市检察院办公室主任张伊娜，市检察院第九检察部主任杨志勇，区委书记艾春，区委常委、政法委书记张奎华出席活动。区检察院、教育局、团区委、妇联负责人，专家委员及咨询师代表，东田庄学校师生代表参加活动。

是日，丰南投资环境推介暨项目签约会议在北京唐山大厦举行。会上集中签约了16个项目，计划总投资53.78亿元。市委副秘书长、市政府驻京联络处主任訾惠，区领导赵立华、张桂芳，丰南经济开发区党工委书记、管委会主任董连庆，区政府办、商务和投资促进局、发展和改革局、工业和信息局、自然资源和规划分局、行政审批局、应急管理局、生态环境分局，黄各庄镇、大新庄镇、唐坊镇、南孙庄乡主要负责人，丰南经济开发区负责人及招商局主要负责人，驻北京招商处全体人员参加会议。

22日晚，“不忘初心 牢记使命”“到人民中去”为你盛开丰南百花艺术团成立15周年汇报演出在丰南区大剧院大剧场隆重举行。区委副书记孙守廷出席并观看演出。此次汇报演出集中展示了百花艺术团15年来以繁荣群众文化、构建和谐丰南为出发点，努力编创和推出思想精深、艺术精湛、制作精良的文艺作品和文艺节目的丰硕成果。

24日至26日，区组织各乡镇农业龙头企业负责人、家庭农场主、农民专业合作社负责人、专业大户等新型农业经营主体代表一行35人赴石家庄市参观学习。

28日，原省安监局副巡视员王新国、省应急管理厅副厅长张广富带领省安全生产巡查组一行，在市应急管理局负责人的陪同下，到丰南区就2019年安全生产工作进行巡查。区委副书记、区长赵立华，副区长兰绍光陪同。

是日，丰南区第一届冰雪运动会开幕式在区体育馆举行。副区长兰绍光出席。市体育局，区教育局、文旅局主要及主管负责人参加开幕式。此次冰雪运动会共有4个项目，分别是陆地冰壶、轮滑、滑轮和滑雪。

是日，2019年唐山市群众原创文艺作品展演暨颁奖仪式在市群艺馆艺术剧场举行，对2019年获奖作品代表进行了颁奖。由区文化馆百花艺术团创作的歌曲《情满邻里间》和小品《扶贫铁事》获得2019年唐山市群众原创文艺作品音乐类一等奖和戏剧类三等奖。

29日，丰南区召开推进ETC安装工作调度会议。副区长、区公安局局长杨振东出席会议。

12月

3日，丰南区召开“不忘初心、牢记使命”主题教育推进会议。会议对各地各单位主题教育开展情况进行调度，对做好主题教育专题民主生活会、组织生活会、主题教育评估、整改整治等重点工作进行安排部署。区领导孙守廷、赵晓梅出席会议。各乡镇(街道)党(工)委主要负责人、主管副职、组织委员；区直各单位、经济开发区主要负责人、主管副职；区委主题教育办公室全体人参加会议。

4日，按照中央和省市《关于第二批主题教育单位开好“不忘初心、牢记使命”专题民主生活会的通知》要求，区委常委班子召开“不忘初心、牢记使命”专题民主生活会。市政府副市长、党组成员曹全民，市委第三巡回指导组组长徐光亮、副组长韩新平，市第一督查组组长唐立山到会指导。市委巡回指导组其他成员，区人大常委会主任李志龙、区政协主席才文举，区纪委监委、区委办公室、区委组织部、区委宣传部相关负责人列席会议。区委书记艾春主持会议。

是日，区开展以“弘扬宪法精神，推进国家治理体系和治理能力现代化”为主题的“12·4”国家宪法日集中宣传活动。区领导艾春、孙守廷、李志龙、才文举、尚兵、孙永才、张敬宝、杨振东、黄俊东，区人民法院院长郑金宽、区人民检察院检察长任宪瑞视察宣传工作。

是日，区召开2019年省、市考核指标分析调度会议。区委副书记区长赵立华，区委常委、组织部部长赵晓梅出席会议。承担省、市考核指标的29家相关责任单位参加会议。

5日，区召开服务业工作调度会议。副区长张桂芳出席会议。经济开发区主要负责人，各乡镇主管负责人，区直有关部门主要及主管负责人参加会议。

是日，按照区委统一部署，区委副书记、区长赵立华参加并指导钱营镇党委“不忘初心、牢记使命”主题教育专题民主生活会和钱营镇新庄子村“不忘初心、牢记使命”专题组织生活会。

是日，按照区委统一部署，区委副书记孙守廷全程参加指导小集镇“不忘初心、牢记使命”专题民主生活会和小集镇小北柳河村主题教育专题组织生活会。

是日，区领导艾春、孙守廷、赵晓梅、刘会荣、王玉林及区直有关部门相关人员收听收看了省、市电视电话会议。会议结束后，区召开扶贫开发和脱贫工作领导小组(扩大)会议暨乡镇党委书记擂台赛。

是日，按照中央和省市区委要求，区政府党组召开“不忘初心、牢记使命”专题民主生活会。区委副书记、区政府党组书记、区长赵立华主持会议，区政府党组成员杨振东、王玉林、果爱宾出席。副区长张桂芳，区政府办、区委第二巡回指导组、区人大办、区政协办、区纪委监委、区委组织部、区委宣传部负责人，区政府党组主题教育领导小组办公室各位副主任，部分“两代表一委员”列席会议。

6日，按照区委统一部署，区委书记艾春全程参加指导丰南镇党政班子“不忘初心、牢记使命”专题民主生活会和丰南镇八街党支部组织生活会。区委常委、办公室主任孙永才参加活动。专题民主生活会上，副区长、丰南镇党委书记兰绍光代表丰南镇党政班子作检视剖析。

是日，区召开2019年以来签约未落地项目调度会议，区领导张桂芳，区相关区直部门、乡镇、经济开发区主要负责人参加。

7日，副区长王玉林带领区发改局、农业农村局、住建局、交通运输局、公安局等区直有关部门主要负责人及相关负责人，组成3个督查组，分赴全区各乡镇及街道督查洁净煤推广使用工作。

10日，市扶贫办副主任王建利带领市考核组对丰南区进行脱贫工作成效考核，并召开工作汇报会。区领导刘会荣、王玉林、黄俊东出席汇报会，区扶贫办、农业农村局、人社局、卫健局、医保局、民政局等区直相关单位主要负责人参加会议。

11日，区召开推进质量强区和标准化战略工作会议。副区长张桂芳出席会议。区直有关部门负责人及10家企业代表参加会议。

12日，区委理论学习中心组举行“三个努力建成”、重返全省县(市)区前列专题学习交流研讨会，重温习近平在河北唐山考察时的重要指示，认真落实省委书记王东峰到唐山调研的指示和市委、市政府《关于在全市党员干部中开展“三个努力建成”深化学习月活动的实施方案》要求，丰南区部署开展“三个努力建成”、重返全省县(市)区前列深化学习月活动。区委书记艾春主持会议并讲话。区委理论学习中心组全体成员，各乡镇、街道、区直有关单位主要负责人参加会议。

是日，丰南区举行“党的十九届四中全会和省、市委全会精神”宣讲报告会。区委书记艾春作宣讲报告。区委理论学习中心组全体成员，各乡镇、街道、区直有关单位主要负责人参加宣讲报告会。

是日，省中青年厅级学员培训班京津冀协同创新调组一行3人，在市发改委、科技局有关负责人的陪同下到丰南区，对部分企业进行调研。副区长张桂芳陪同。区政府办、发改局、人社局、工信局主要及负责人参加。

13日，副市长张月仙带领市政府办、民政局、住建局主要及相关负责人到丰南区调研物业管理改革工作。区委书记艾春、副区长王玉林陪同。区政府办、民政局、住建局以及胥各庄街道主要负责人参加。

是日，区召开规范异地建筑安装施工企业税收管理工作动员会，对规范异地建筑安装施工企业税收管理工作进行安排部署，并就相关政策进行解读培训。副区长王玉林出席并讲话。区直有关单位主要及主管负责人，区政府办、公安局、丰南经济开发区负责人，区内重点企业负责人参加。

是日，区召开全域治水清水润城丰南区工程PPP项目清单汇报会。副区长王玉林出席。区政府农办、水利局、农业农村局、生态环境分局、景区管理公司等区直相关单位负责人，丰南镇、黄各庄镇、钱营镇、黑沿子镇等乡镇负责人，黄河勘察规划设计研究院丰南项目负责人参加会议。

是日，由人民教育出版社和海南凤凰新华出版发行有限责任公司联合举办的“人教杯”全国校园足球大会在海南省海口市隆重开幕，作为唯一代表河北省参赛的胥各庄小学足球队分获足球友谊赛女子组金牌和校园足球知识竞赛银奖。

14日，区委副书记区长赵立华就区2020年城建重点谋划项目进行现场办公。

19日，区召开今冬明春火灾防控工作会议，副区长、公安局局长杨振东出席会议。区消防救援大队主要负责人，区政府办、消防安全委员会成员单位主管负责人，各乡镇、胥各庄街道、丰南经济开发区主管负责人、各派出所主要负责人参加会议。

20日，区委理论学习中心组组织专题学习交流研讨会，学习习近平总书记在中央政治局第十九次集体学习时的讲话，以及《唐山劳动日报》扎实开展“三个努力建成”深化学习月活动系列评论。区委书记艾春主持会议并讲话。区委理论中心组成员参加。

是日，市政协党组副书记杨永山一行到丰南区开展“三个努力建成”深化学习月调研暨走访慰问省、市政协委员。区领导才文举、张桂芳、吴帆、张国春陪同调研。

是日，惠达卫浴研发中心落成典礼在惠达总部举行，并正式投入使用。

21日，惠达卫浴与中国女排在唐山举行了以“冠军之路，永不止步”为主题的官方赞助商合作签约仪式。

24日，区召开全域治水清水润城丰南区工程PPP项目专题调度会议。区委副书记、区长赵立华，副区长王玉林出席会议。区政府办、区政府农办、财政局、水利局、农业农村局、生态环境分局等区直相关单位负责人和有关乡镇负责人参加会议。

25日，市委常委、副市长杨华森带领冀曹妃甸协同发展示范区调研组一行10人，到丰南区就京冀曹妃甸协同发展工作进行专题调研。区委书记艾春，区委常委、办公室主任孙永才，区政府办、发改局、工信局、商务和投资促进局主要负责人陪同。

是日，市安全生产考核组一行6人，到丰南区就2019年度安全生产工作开展情况进行考核。副区长兰绍光出席汇报会。

26日，按照2019年普法依法治理工作安排，丰南区举行2019年度全区公职人员宪法法律知识考试。区领导艾春、赵立华、尚兵、张奎华、孙永才、陈占贵、李自学、张桂芳、杨振东、王玉林、吴帆等全区在职县处级领导干部参加考试。

丰南概览

Fengnan Gailan

责任编辑：张保华

综　述

丰南区地处渤海和环京津双重经济圈腹地，为唐山市主城区之一，也是唐山市唯一沿海主城区。分别与唐山市丰润区、路南区、开平区、滦南县、曹妃甸新区、天津市滨海新区、天津市宁河县接壤。西距首都国际机场186千米、天津港68千米、天津滨海国际机场118千米，东距秦皇岛港150千米，京唐港70千米，南距曹妃甸港30千米，北距唐山三女河机场10千米。境内有沿海、长深、唐津、唐港、唐曹5条高速公路穿行，分别设有南湖、丰南（高新技术产业园）、尖子沽、毕家鄄、东田庄等5个出口；京哈（北京至哈尔滨）、张唐（张家口至唐山曹妃甸）、汉南（汉沽至南堡）、津秦高铁（天津至秦皇岛）4条铁路及205、112国道贯穿全境，交通便捷。辖区属于冀东滨海平原，地势东北高西南低，有海岸线19.23千米；属东部季风区暖温带半湿润地区，大陆性季风气候显著，四季分明。

2019年，唐山市丰南区总面积1312.05平方千米。全区辖12个镇，3个乡，1个街道办事处，1个经济开发区，444个村民委员会，41个居民委员会。总人口52.6万人。其中，城镇人口22.3万人，乡村人口31.4万人。人口自然增长率10.3‰。地区生产总值657亿元，比上年增长6.7%，其中，第一、二、三产业增加值完成分别为45亿元、334.1亿元和278亿元，分别比上年增长26%、108%和28%。新增规以上工业企业11家，累计达到193家。全部财政收入87.6亿元，比上年增长-3.3%。其中一般公共预算收入47.2亿元，比上年增长5.3%。固定资产投资261亿元，比上年增长9%。社会消费品零售总额252.4亿元，比上年增长8.7%。实际利用外资0.66亿美元。出口创汇6.3亿元。城乡居民人均可支配收入分别为4.4万元和1.9万元，分别增长8.5%和9.2%。年内，全区存款余额701.65亿元，比上年增长6.6%；其中居民储蓄479.95亿元，比上年增长9.9%；贷款余额297.7亿元，比上年增长7.1%；余额存贷比为42.4%，比上年增长0.12%；全年总融资余额306.6亿元，与存款占比为43.7%。丰南区在2019年度全国综合实力百强评比中再次跻身全国百强行列。

建置沿革

【地理位置】　丰南区位于河北省东部滨海平原唐山市西南部，区位优越，居环京津和沿渤海双重经济圈腹地，人民政府驻丰南区正苑大街9号。东与滦南县相邻，东南与曹妃甸区接壤，东北与古冶区为邻，西与天津市宁河区毗邻，西南与唐山市汉沽管理区相连，西北靠唐山市丰润区，南濒渤海，北临路北区、路南区、开平区。

【历史沿革】　从1912年至1946年5月丰南建置前一直为丰润和滦县所属。1946年5月，经冀东行署第十三专署决定，设立丰南县，因在丰润南部，故名丰南，县人民政府驻地太各庄。1947年初，国民党政府曾在丰润县南部地区建立涄阳县，治所在河头镇，于1948年12月12日县境解放时溃散解体，12月末县人民政府驻地由太各庄迁至稻地。1949年3月，经华北人民政府批准，将原属十三专署丰南县划归十五专署，4月，县人民政府由稻地迁至胥各庄。1954年7月曾一度撤销丰南县建置，并入丰润县，县人民政府驻地在胥各庄，为唐山专署所辖。1961年6月又恢复丰南县建置，县人民政府驻地仍在胥各庄，属唐山地区行政公署。1983年5月，撤销唐山地区行政公署，实行市管县。1988年3月，丰南被国务院确定为沿海开放县。1994年4月，丰南撤县建市。2002年2月1日，国务院批准（国函〔2002〕7号）调整唐山市部分行政区划：撤销县级丰南市，设立唐山市丰南区。以原县级丰南市的行政区域为丰南区的行政区域，属唐山市管辖。

【行政区划】　辖胥各庄街道1个街道办事处，丰南镇、小集镇、黄各庄镇、西葛镇、大新庄镇、钱营镇、唐坊镇、王兰庄镇、柳树鄄镇、黑沿子镇、大齐各庄镇、岔河镇12个镇，南孙庄乡、东田庄乡、尖字沽乡3个乡。下设

41个社区，444个行政村。为唐山市辖区。

自然环境

【地质地貌】 丰南区位于华北地层区燕山分区，唐山小区东南部。区内被巨厚新生界松散地层覆盖，境内地层由老至新发育为元古界、古生界、新生界。所处大地构造位置恰居燕山沉降带与华北大凹陷接合部位。两者以昌黎大断裂分割开来，均属于中朝地台上两个11级构造单元。骨干构造由开平向斜、阜子院背斜和昌黎大断裂所组成。

丰南区属于冀东滨海平原。地势东北高西南低，黄海高程在1.5—25米之间。地面坡1/8000—1/12000。地貌成因受燕山构造运动和渤海海相沉积影响，形成构造堆积冲洪积平原和滨海低洼平原。境内地貌参照成因，按外观形态分类，可分成五种类型:平原，分布在大佟庄、杨家泊一线以北，兰高庄、高先甸一线以东地区，总面积524平方千米，占全区总面积1/3。黄海高程在3—25米之间，绝大部分为倾斜平地，间有缓岗和沙丘。低洼，分布在唐坊、柳树鄙广大地区及大佟庄西南、兰高庄、侉子庄以西部分地区，为泻湖性洼地，即“海退地”总面积729平方千米，占全区总面积46.5%，地面海拔高程一般为1.5—3米。主要洼淀有草泊水库和油葫芦泊水库，两个水库面积80.8平方千米。海岸带，系渤海沿岸滩涂潮上带。海岸线长19.23千米，海岸以上是基本上没有植被盐碱滩涂，主要分布在汉南铁路附近及以南地带，面积315平方千米，占总面积20.1%(其中南堡盐场为271平方千米)。黄海高程0.9—1.5米。河口，涧河口：为陡河及西排干入海口。在城南30千米处。陡河经涧河村东向南，西排干经涧河村向南，在防潮闸下汇入陡河后入海。河口地处渤海湾西北部，陡河防潮闸下入海尾闾，为人工开挖疏通，呈狭长形，长2700米，宽27米，水深0.5—4.5米，为泥质河口。黑沿子河口：在城南偏东36.5千米处，沙河1962年由草泊向南至黑沿子村经人工开挖直流入海，1974年开挖沙河入海口，与黑沿子排干交汇，河口拓宽，长2500米，宽160米，呈狭长形。水深0.5—3米，为淤泥质。沿海沙脊(白马岗)，黑沿子河口海面东南20千米处，海面有一个似露非露沙岗，四周水深，海水受风和潮流影响拍打在岗上泛起一片片白花，好似万匹白马奔驰，故名白马岗。呈长条形，走向西北东南，长11.1千米，宽1.9千米，面积20平方千米。低潮时水深在0.2—2米之间，为硬沙贝质。白马岗沙脊，为半日潮汐，每天两涨两落，涨潮时被海水淹没，落潮时最浅处能露出水面。

【气候】 丰南区属暖温带半湿润季风型大陆性气候，气候温和，四季分明，季风性强，无霜期较长。2019年，年平均气温13.3℃，较常年（11.6℃）偏高1.7℃，属异常偏高年份；年降水量为396.0毫米，较常年（573.0毫米）偏少177.0毫米，属显著偏少年份。年平均风速2.4米/秒；无霜期205天，无霜初日为3月23日，有霜初日为10月14日。

【温度】 2019年，年平均气温13.3℃，较常年(11.6℃)偏高1.7℃，属异常偏高年份。月平均气温最高是7月份，为27.2℃；月平均气温最低是1月份，为-2.7℃。极端最高气温37.1℃，出现在7月4日；极端最低气温-14.3℃，出现在12月31日。年平均地面温度16.0℃，月平均地面温度最高是7月份，为31.0℃；月平均地面温度最低是1月份，

表1

唐山市丰南区2019年地面温度情况表

月份	月平均地面温度（℃）	日最低≤0.0℃日数	极端最高地面温度（℃）	出现日期	极端最低地面温度（℃）	出现日期
1	-3.5	31	22.1	23	-15.6	8
2	-0.2	28	31.3	28	-14.8	9、16
3	11.6	21	43.1	25	-7.4	7
4	18.4	3	50.7	22	-2.2	3
5	26.4		63.2	23	6.1	6
6	30.1		62.9	24	15.0	17
7	31.0		65.1	4	17.7	1
8	28.6		56.0	30	15.2	29
9	27.8		56.0	2	11.5	18
10	16.6	4	47.8	1	-2.0	14、26
11	6.9	17	33.3	1	-10.2	28
12	-1.7	31	16.9	4	-15.3	31

为-3.5℃。极端最高地面温度65.1℃，出现在7月4日；极端最低地面温度-15.6℃，出现在1月8日。

【降水】 2019年，年降水量为396.0毫米，较常年（573.0毫米）偏少177.0毫米，属显著偏少年份。其中，12月较常年显著偏多；4月、5月和8月与常年基本持平；7月较常年偏少；2月、6月、9月和11月较常年显著偏少；1月、3月和10月较常年异常偏少。降水空间分布不均，呈中部和东南部地区多于西部、南部和东北部地区形势。

（刘 丹）

【水文】 地表水:境内河流较多，属海河流域。流域面积1265.8平方千米，河流总长392.97千米。河道(网)密度0.25千米/平方千米，径流总量1.08亿立方米。一级河道主要有沙河、陡河、西排干、黑沿子排干、津唐运河、小戟门河、还乡河等，总长208.84千米；二级河道主要有煤河、龙湾河、老牛河、岳家河、幸福河等35条，总长184.13千米。

地下水：境内地下水层与地形地貌密切相关，地下水方向随地形自东北向西南水流坡度逐渐变缓。东北部五里屯、大齐各庄、刘唐保一带为0.6‰，其余地区一般在0.3‰—0.8‰之间。按水文、地质情况全区地下水分三个水文区。即蓟滦冲积扇区，位于咸淡水分界以北，西起油葫芦泊水库，向东经侉子庄、越支、大佟庄一线以北，总面积514.7平方千米；滨海低平原区，位于西南部，咸淡水分界线以南，汉南铁路以北，面积730.8平方千米；滨海沼泽区，位于沿海汉南铁路以南，面积51.5平方千米。20世纪80年代以后，由于局部地下水开采强度过大，形成胥各庄漏斗区和老王庄漏斗区，漏斗区改变地下水流向，由漏斗区边缘向漏斗中心运动。胥各庄漏斗区，大体范围东至王家河，南至杨贵庄，西至么家泊，北与唐山郊区漏斗相连，面积70平方千米，中心水位达34.51米，年下降2.5米。老王庄漏斗区，位于东田庄—老王庄一带，面积490平方千米，是整个汉沽—南堡漏斗区一部分，东田庄—李富庄—老王庄一带水位最低，年平均下降1.6米左右。漏斗中心水位埋深及面积逐年加深和向外扩展。

【土壤】 境内土壤母质属于第四纪沉积物组成，主要类型有：冲积物，分布在东部、西部、中部，面积较广泛；冲积—沉积物，集中分布在西南部泻湖滨海洼地；海相淤泥，集中分布在境内海地区；洪积—冲积物，主要分布在境内北部。境内土壤表面质地，受母质与河流影响，由东北往西南逐步黏重，形成东部沙质，中部壤质，西南部黏质状况。土壤类型，境内土壤共分为4个土类，即褐土、潮土、沼泽土和盐土。细分为10个亚类，即草甸褐土、潮土、褐化潮土、盐化潮土、湿潮土、盐化湿潮土、草甸沼泽土、沼泽土、滨海盐土、滨海草甸盐土，16个土属及54个土种。土壤养分，自20世纪80年代初到21世纪初期，境内不同土壤类型、亚类及土壤不同质地养分变化和耕层土壤有机质含量、全氮含量、有效磷含量速效甲含量变化情况都不同。土壤类型养分变化，褐土类型有机质含量、全氮含量略有降低，有效磷含量、速效甲含量略有增加；潮土类型、沼泽土类型、盐土类型有机质含量、全氮含量、有效磷含量均有不同程度增加；潮土类型、盐土类型速效钾含量呈明显降低趋势，沼泽土类型速效钾含量变化不很明显。亚类土壤养分变化，草甸褐土有机质含量、全氮含量均有不同程度降低，有效磷含量、速效钾含量则均有不同程度提高，但提高幅度不大。潮土、褐化潮土、盐化潮土、湿潮土、盐化湿潮土、草甸沼泽土、沼泽土、滨海盐土、滨海草甸盐土有机质含量、全氮含量、有效磷含量均有不同程度提高，潮土、褐化潮土速效钾含量变化不大，而盐化潮土、湿潮土、盐化湿潮土、草甸沼泽土、沼泽土、滨海盐土、滨海草甸盐土速效钾含量则均有不同程度降低。不同质地土壤养分变化，沙质土壤有机质、全氮、速效钾没有明显变化，有效磷有一定提高。沙壤质土壤有机质、全氮呈递增趋势，但增加不很明显，有效磷有明显增加，速效钾变化呈递减趋势，但递减不明显。轻壤质土壤、中壤质土壤、黏质土壤有机质、全氮、有效磷、呈明显递增趋势，速效钾呈递减趋势。耕层土壤养分变化，除丰南镇、钱营镇耕层土壤有机质含量、全氮含量有所降低外，其他乡镇耕层土壤有机质含量、全氮含量均有不同程度提高。而耕层土壤有效磷含量各个乡镇均有不同程度提高，耕层土壤速效钾含量除大齐镇、小集镇变化不明显外，其他乡镇层土壤速效钾含量均有不同程度提高。耕层土壤有机变化，从20世纪80年代初到21世纪初期，耕层土壤有机质变化是不断递增过程，到2004年有机质含量小于六级已经没有；与20世纪80年代初比较，有机质含量处于五级地块面积减少2615.94公顷，减少5.23%、四级减少1.48万公顷，减少29.59%，三级增加1.81万公顷，增加36.11%。耕层土壤全氮变化，耕层土壤全氮含量总趋势不断递增，但个别地块也有减少。21世纪初期与20世纪80年代比较，全氮含量处于六级面积增加1.60万公顷，增加1.09%；五级面积减少1545.74公顷，降低3.09%，四级面积减少1.30万公顷，降低25.94%；三级面积增加1.35万公顷，增加27.03%；二级面积增加2603.14公顷，增加5.21%。耕层土壤有效磷含量变化，耕层土壤有效磷含量变化是不断增加趋势。21世纪初期与20世纪80年代初比较，土壤有效含量处于五级面积减少2573.18公顷、降低5.51%；四级减少9580.67公顷，降低19.16%，三级增加1.22公顷，增长24.38%；二级减少9.3公顷，降低0.02%。耕层土壤速效钾含量变化：耕层土壤速效钾含量变化趋势是处于一、二级水平速效钾含量有所降低，处于三、四级水平速效钾含量有所增加。总体趋势是土壤速效钾含量有所降低，21世纪初期与20世纪80年代初比较，速效钾含量处理四级水平地块面积增加2177.65公顷，增加4.35%，三级增加381.48公顷，增加0.77%；二级地块面积减少738.60公顷，降低1.48%；一级减少680.15公顷，减少1.36%。

自然资源

【土地资源】 2019年，唐山市丰南区土地总面积128840.69公顷。包括耕地面积63668.35公顷、园地面积366.14公顷、林地面积2461.34公顷、草地面积1106.92公顷、城镇村及工矿用地面积22130.84公顷、交通运输用地面积5673.28公顷、水域及水利设施用地面积30759.46公顷、其他土地面积2674.36公顷。

【矿产资源】 丰南位于冀东平原腹地，纵跨山前倾斜平原和滨海平原两大地貌类型。境内未发现金属矿产，但非金属矿资源丰富，有矿产11种。能源矿产4种：煤炭、石油、煤层气、地热；非金属矿产4种:泥炭、耐火黏土、建筑用沙、牡蛎壳矿；水气矿产3种:矿泉水、地下卤水、地下水。这些矿物资源中，煤炭资源不但丰富，而且工业品位高，平均品位7923—8163大卡。煤种主要有肥煤、气煤、气肥煤、精煤4种，其中肥煤储量8亿吨。煤层气储量丰富，浓度高。地热水温高达93℃，不仅在河北省独一无二，在全国也不多见。地下卤水在唐山地区是浓度最高的，用于制盐，单产可提高2.5倍。境内海盐年产170万吨，占全国海盐总产的11.2%。亚洲第一大盐场南堡盐场和中国三大碱厂之一的唐山碱厂都坐落在丰南境内。

【海洋资源】 截至2018年底，丰南区管辖海域面积185.32平方千米，海岸线长19.23千米，岸线类型属于淤泥质海岸。涧河、黑沿子附近海域地处渤海湾湾顶，是涨潮流汇合区，海积作用明显，滩涂广阔。全区海域营养盐丰富，受陆源污染物影响，近岸海水环境质量较差，由岸向海依次为4类至2类质量用水，主要污染物为无机氮。筹建中丰南港区位于丰南区黑沿子沙河口至陡河口之间。已初步修订完成《唐山港总体规划》对丰南港区岸线使用、功能定位等方面分别予以明确说明。岸线功能：明确丰南港区所属黑沿子沙河口至洒金坨插网铺港口岸线19.2千米为规划港口岸线。港区功能：规划唐山港将形成以曹妃甸港区、京唐港区为核心，丰南港区为补充，分工合作、协调互动、共同发展总体发展格局。其中丰南港区为新建港区，未来将发展成为唐山港重要补充，将为后方冶金、装备制造等临港产业服务，发展成为区域综合运输服务综合性港区。

【水资源】 2019年，根据《唐山市丰南区水资源“十三五”规划》数据，全区多年平均水资源总量1.67亿立方米，可利用总量1.67亿立方米，其中地表水资源总量0.69亿立方米，可利用量0.69亿立方米；地下水资源总量0.98亿立方米，可利用0.98亿立方米。

【生物资源】 生物资源包括野生植物、野生动物。野生植物包括芦苇、野生饲草、野生药材和蒲草。其中野生饲草主要有次质芦苇、碱芦、羊草、野稗子、狗尾巴草、马唐(蔓子草)、马绊草、白茅草、三楞草、莎草、野豌豆、野绿豆、草苜蓿等。野生饲草主要分布在南部低洼地区荒滩、河套、堤埝、河边、路旁、地头等处。另外适合猪、鱼、鸡青饲料有油蒿、艾蒿、蒲公英、苦麻菜、曲麻菜、刺儿菜、车前草、小旋花、马齿苋、野苋菜、葎草、大红蓼、扫帚芽、落黎、黄蓿菜、野菱、鸡头米、浮萍、紫叶浮萍、四叶萍、槐叶萍、虾藻、柳叶藻、茨藻、松叶藻等；野生药材常见有蛇床子、益母、车前、泽泻、葛蒲、蒲黄、红蓼、白茅根、芦根、平夏、泽兰、香菇、地黄、小蓟、大蓟、枸杞、沙参、菊花、桑叶、苍耳等。

野生动物包括鸟类、兽类、爬行类、鱼类及其他。鸟类常见有麻雀、鹌鹑、乌鸦、喜鹊、斑鸠、啄木鸟、猫头鹰等；偶见有鹰、鹞子、野鸭、鹭鸶等；春、夏、秋常见候鸟有燕子、大雁、布谷鸟、经脖、翠鸟、黄鹂、黎雀、杜鹃、白天鹅、鹅等。兽类偶见狐狸、獾等。爬行类有蛇、蜥蜴、壁虎、蜗牛、蜈蚣、蚰蜒、蝎子、蜘蛛、蚯蚓等。鱼类主要有鲤鱼、鲫鱼、白条、鲢、鲂、麦穗、鲶鱼、泥鳅、鲇鱼、黑鱼、草鱼等。其他常见有老鼠、黄鼬、野兔、刺猬、蝙蝠、青蛙、蟾蜍、田螺、蚕、蜜蜂、蝗虫、蟋蟀、螳螂、瓢虫、鳖、河蚌、虾、蟹、贝等。

林业资源有林木种类32科47属66种。人工栽培乔灌木树种以杨树、柳树、刺槐为主，其次为臭椿、榆树、白蜡、国槐、木槿等少量多种杂木；果树有苹果、桃、葡萄、梨、樱桃、枣、榛子等。林种结构主要是用材林、经济林、防护林、灌木林。

自然灾害

【生物灾害】　2019年，丰南区林业有害生物发生面积0.651万亩，其中春尺蠖发生0.19万亩，轻度发生。美国白蛾发生面积为0.461万亩，轻度发生。其他种类病虫害分别有零星小面积发生。小麦蚜虫偏重发生，发生防治面积13.2万亩。小麦吸浆虫偏轻发生，局部中等偏重发生，发生防治面积1.5万亩。小麦白粉病偏轻到中等发生，局部地块偏重。发生防治面积4万亩。麦田杂草偏轻到中等发生，麦田杂草主要以播娘蒿、荠菜等阔叶类杂草为主，发生防治面积13.6万亩。玉米螟中等发生，防治面积10万亩。玉米二代黏虫局部中等发生，防治面积5万亩。稻瘟病穗颈瘟中等偏重发生，严重地块造成损失达60%—80%以上。纹枯病中等发生，局部偏重，防治面积9万亩。草地贪夜蛾是2019年新侵入中国的一种迁飞性重大害虫，利用高空灯、测报灯、性诱捕器等测报手段及早开展监测工作，全区每个村草地贪夜蛾性诱捕器做到全覆盖。

（张大为）

居　民

【居民总量】　2019年末，丰南区总户数14.56万户，户籍总人口53.67万人。与2018年末比，总人口减少222人。

【居民分布】　2019年，丰南区户籍总人口53.67万人。其中城镇人口22.25万人，占41.46%；乡村人口31.42万人，占58.54%。

【居民构成】　性别构成：2019年全区总人口中，男性269347人、女性267359人，性别比为100.7。年龄构成：2019年全区总人口中，0—17岁101854人、18—34岁118874人、35—59岁195422人、60岁及以上120556人

【人口变动】　自然变动：2019年，全区出生人口5027人，出生率9.36‰；死亡人口4472人，死亡率7.93‰；人口自然增长率1.43‰。机械变动：迁出人口1549人；迁入人口957人。

中共唐山市丰南区委员会

Zhonggong Tangshan Shi Fengnan Qu Weiyuanhui

责任编辑：张保华

综 述

2019年，面对各种风险挑战和经济下行压力，在党中央和省、市委坚强领导下，区委团结带领全区广大党员干部群众，认真贯彻习近平新时代中国特色社会主义思想，紧紧围绕“重返全省县（市）区前列”总体目标，坚持稳中求进工作总基调和“六稳”方针，全面落实高质量发展要求，统筹推进稳增长、促改革、调结构、惠民生、防风险、保稳定，奋发作为，开拓创新，推动全区经济社会发展取得新进展新成效。全年完成地区生产总值657亿元，比上年增长6.7%；固定资产投资完成261亿元，增长9%；一般公共预算收入完成47.2亿元，增长5.3%。在2019年度全国综合实力百强区评比中，丰南再次跻身全国百强行列。

把“不忘初心、牢记使命”主题教育作为重要政治任务。开展专项整治，狠抓整改落实，扎实推进“不忘初心、牢记使命”主题教育，引领带动全区办实事好事8170件，化解矛盾隐患812个，解决问题5502个，做到理论学习有收获、思想政治受洗礼、干事创业敢担当、为民服务解难题、清正廉洁作表率。先后组织开展学习提升、教育提升、纪律提升“三个提升”行动，“担当实干、全面争先”解放思想大讨论和“三个努力建成”、重返全省前列深化学习月活动，认真组织开展党的十九大和十九届四中全会精神宣讲活动，加强创新理论武装，进一步提升思想建设、政治建设、作风建设水平。区委常委会带头，举办为期7天集中封闭学习，先后6次开展交流研讨，通过学原文、悟原理，对习近平新时代中国特色社会主义思想的系统性理解和把握有新提高，“四个意识”更加牢固，“四个自信”更加坚定，“两个维护”更加坚决。精心组织并圆满完成庆祝新中国成立70周年系列任务。

持续推进产业转型升级，经济发展提质增效。坚持新发展理念，积极应对严峻复杂形势和经济下行压力，以供给侧结构性改革为重点，大力调整优化产业结构，加快新旧动能转换步伐，培育新增长点，全区实施投资千万元以上项目152个，计划总投资986.3亿元。其中，实施瑞丰、东华减量置换、京津冷轧、鑫丰锂电等重大转型升级项目11个；总投资381亿元纵横钢铁项目进展顺利，一期工程已全面建成投产。国丰南区资产基本处置完毕，确保国有资产保值增值。全区重大项目建设工作在全市考评中始终位居前列。加快建设“一区三园”产业平台，陶瓷产业园等重点工程正在有序推进。经济开发区预计实现主营业务收入1200亿元，同比增长15%。培育壮大新兴产业和现代服务业，大力推进文旅融合发展，壮大城市经济，优化经济结构。全面推进精准招商，在北京、香港等地组织开展5次项目集中签约暨投资环境推介会，签约亿元以上项目62个，计划总投资387亿元。全区新增规上工业企业11家，累计达到193家，总数位列全市第二。优化营商环境走在全市前列。

突出标本兼治强力治污，生态环境质量持续好转。强力推进大气污染管控，狠抓工业企业治理、全域治超、扬尘治理等六个专项行动，全区426家“散乱污”企业全部关停取缔，污染退城任务全面完成。全力推进市达“双代”改造任务，完成气代煤改造2.79万户，2.82万户电代煤采暖设备全部安装到位。全区空气质量持续改善，截至12月28日，全区细颗粒物$PM_{2.5}$年均浓度52微克/立方米，综合指数6.36，在7个区中排名第一。优良天数220天，优良天数比例61.8%。全面落实河湖长制，城市黑臭水体、农村纳污坑塘得到有效治理，纳入上级考核的陡河、沙河、西排干和黑沿子排干4条主要河流水质年均值全部达标。扎实开展国土绿化三年行动，全年完成造林0.19万公顷，在全市考核中被评为优秀。

全面加快融入唐山主城区，城市功能日臻完善。按照“五位一体”布局和“六个一体化”要求，全面加快融入唐山主城区步伐。南湖大道以南区域完成规划设计，国丰北片区清拆全面完成，“四横三纵”路网基本完工，实现与主城区的无缝对接；片区招商全面启动，成功与华润置地签订片区开发战略合作协议。“三改一通”工程加快推进，兰高庄顺利实现回迁，北新庄回迁楼完成主体施工，艾坨、于前、于北回迁楼工程正在加快建设，市达23个老旧小区、4个背街小巷改造任务全部提前完工。湖畔郦舍君兰苑、时代广场等15个在建房地产及城市经济项目顺利推进。配套实施城区夜景提升工程，新增园林绿地面积18.1公顷、绿廊绿道2千米，城市面貌明显提升。

全力推进城乡融合发展，乡村振兴战略扎实推进。规划建设乡村振兴“一带三区三组团”，沿205国道和唐津运河打造东西贯穿全区百村示范带，培育唐津运河沿线省级示范区和黄各庄镇、大齐各庄镇2个区级示范区，打造丰南镇、钱营镇、岔河镇3个组团，集中力量推进10个示范村、90个重点提升村，带动全区乡村振兴整体提升。在全面实现“户户通”基础上，投资6500万元，完成182个村破损街道修缮提升工程，农村出行条件大幅提升。深入开展以“五清三建一改”为主要内容村庄清洁行动，顺利通过省农村人居环境整治全域完成示范区验收，农村人居环境大幅提升。加快发展现代农业和特色高效农业，投资3.5亿元君乐宝奶粉项目顺利竣工投产，投资5.5亿元新好农牧二期、投资4亿元鑫棣农业产业园项目加快推进，西红柿和南美白对虾产业规模迅速提升，西红柿规模产量稳居省内第一，市级及以上现代农业园区达到5家，农业产业化经营率预计达到67.7%。深化农村综合改革，基本完成全区农村承包地确权任务，农村集体产权制度改革全面推开。高质量完成112户216名贫困人员精准脱贫任务，整体工作全市领先。

始终情系民生福祉，群众幸福指数不断提升。深入落实省委“三深化、三提升”活动，着力推动干部作风转变和工作效能提升。民生投入占全区一般公共预算支出80%以上，年初确定农村人居环境整治等10件惠民实事基本完成。全区城镇新增就业13459人，帮扶创业项目1000多个，创业工作保持全市领先水平。教育质量快速提升，全区高考成绩创历史最好水平，区职教中心省精品校创建排名全省各县区第一。投资4000万元改善办学条件，银丰学校扩建、实验小学西校区改造等项目投入使用，区一中迁建项目扎实推进。医疗环境持续改善，启动实施区中医院异地扩建，乡镇卫生院全部通过标准化验收，黄各庄、小集被评为省级优质示范乡镇卫生院。高标准完成河北省首批公共文化服务体系示范区创建，成为全省验收评审仅有两家优秀县（区）之一。城乡居民养老保险参保率为99.98%，城乡低保标准稳步提高。深入做好退役军人服务管理工作，全面落实部分退役士兵社会保险接续政策，表彰优秀退役军人和退役军人管理工作先进集体，营造尊崇军人的浓厚氛围。进一步完善区乡村三级综治中心和网格化管理，“八无”村（居）创建率67.63%。全区三级公共法律服务体系规范建立，处于全市领先地位，区司法局被申报为“全国公共法律服务工作先进集体”。全区安全生产形势持续好转。深入推进信访积案攻坚，确保重大时期全区稳定。持续深化扫黑除恶专项斗争，破获涉恶案件89起，打掉涉恶集团2个、恶势力团伙4个。

着力加强民主法治建设，团结和谐氛围更加浓厚。始终坚持党领导、人民当家作主和依法治区有机统一，支持人大及其常委会依法行使职权，支持政协推进协商民主制度化、规范化和程序化建设。广泛开展宪法学习宣传活

12月13日，区委理论中心组召开专题学习交流研究会

动，深入推进“平安丰南”“法治丰南”建设，积极争创全国平安建设先进区和全国法治政府建设示范区。全区34个民主法治示范村通过省市验收，5个全国民主法治示范村通过国家级复核验收。丰南区已成功入围全国法治政府建设示范县（区）50强，被评为全国“七五”普法先进县（市、区）、省级平安建设先进区，被确定为全国未成年人检察工作创新实践示范基地。不断加强统战工作，深化与各民主党派、工商联、无党派人士合作共事。依法依规有效维护宗教领域和谐稳定。推动群团工作改革创新，工会、共青团、妇联、科协、残联等桥梁作用充分发挥，区总工会获得省级以上荣誉11项，区妇联获得省级以上荣誉11项，团区委获得省级荣誉2项。扎实开展国防动员、双拥共建活动，党管武装工作水平进一步提升。

全面从严管党治党，风清气正政治生态不断巩固。深入开展“六型示范”活动，培树市级党建示范点、先进基层党组织15个和区级示范点40个，非公企业和社会组织实现党的组织和工作全覆盖，丰南镇离退休干部党支部获全国离退休干部先进集体称号。完善年度综合考核和平时考核办法细则，深入推进“五一五化”平时考核、“三个一批”督导考核排名和“3+X”乡镇竞优夺标考核活动，实现精准考核。大力实施人才优先战略，引进各类人才智力1627人，新增新晋人才平台53个，其中国家级4个，在全市位居前列。严格落实全面从严治党主体责任和党风廉政建设“两个责任”，组织开展三轮常规巡察，对26家单位进行政治“体检”。持之以恒正风肃纪，始终保持惩治腐败高压态势。年内，共处置问题线索428件，涉及642人。其中立案170件，给予党纪政务处分193人，移送司法机关审查起诉4人。监督执纪“四种形态”比例为69:24:6:1，实现抓“关键少数”和管“绝大多数”相统一，政治生态持续优化。

区委机构

【概况】　区委机构主要包括：区委领导成员组成、区委工作机构和基层组织机构。2019年，中共唐山市丰南区委工作部门有8个，即区委办公室、组织部、宣传部、纪律检查委员会、统战部、政法委、农工委、区直机关工委；区委直属事业部门有2个，即党校、党史研究室；议事协调和部门管理机构有3个，即编制委员会办公室、信访局、老干部局。2019年，中共唐山市丰南区有基层党委30个、总支49个、支部1144个。

中共唐山市丰南区委领导成员组成

书　记：艾　春（2016年12月—　）

副书记：赵立华（2019年1月—　）

孙守廷（2017年12月—　）

常　委：尚　兵（2011年8月—　）

赵晓梅（2016年12月—　）

王增典（2016年12月—　）

张奎华（2019年5月—　）

佟赞利（2017年2月—　）

孙永才（2017年2月—　）

陈占贵（2018年6月—　）

【区委工作机构】　2019年，中共唐山市丰南区委工作部门有20个。纪律检查委员会监察委员会机关、办公室挂保密机要局、组织部、宣传部、统一战线工作部、政法委员会、全面深化改革委员会办公室、全面依法治区委员会办公室、国家安全委员会办公室、网络安全和信息化委员会办公室、财经委员会办公室、外事工作委员会办公室、机构编制委员会办公室、审计委员会办公室、教育工作领导小组秘书组、农村工作领导小组办公室、区直机关工作委员会、巡查工作领导小组办公室、区信访局、老干部局。

中共唐山市丰南区委工作部门及主要负责人

中共唐山市丰南区委办公室

主任：孙永才

中共唐山市丰南区委组织部

部长：赵晓梅

中共唐山市丰南区委宣传部

部长：尚兵

中共唐山市丰南区纪律检查委员会（监察委）

书记：王增典

中共唐山市丰南区委统战部

部长：佟赞利

中共唐山市丰南区委政法委员会

书记：张奎华

中共唐山市丰南区委农村工作委员会

书记：王玉林

中共唐山市丰南区委区直机关工作委员会

书记：毕志安

【基层组织机构】　2019年，全区基层党组织共计1223个，较去年增加8个。有基层党委30个，较上年减少1个；有党总支49个，较上年减少1个；有党支部1144个，较上年增加11个。

2019年唐山市丰南区基层党组织一览表

表2　　　　单位：个

组织机构	合计	企业	事业	机关	社会组织	其他
党委	30	4	—	8	—	18
总支	49	3	25	11	—	10
支部	1144	210	225	148	10	551

说明：机关不包括乡镇

（李雪良）

区委重要会议

【区委四届五次全会】　2019年1月20日，中国共产党唐山市丰南区第四届委员会第五次全体会议在丰南大剧院小剧场召开。这次会议主要任务是，贯彻落实习近平总书记庆祝改革开放40周年大会重要讲话、中央经济工作会议和省委九届八次、市委十届六次全会精神，报告区委常委会2018年工作，安排部署2019年任务；会议审议通过《中国共产党唐山市丰南区第四届委员会第五次全体会议决议（草案）》。全会动员全区上下激发奋斗热情，抢抓历史机遇，全面深化改革开放，坚定不移朝着重返全省县（市）区前列目标加速前进。

【区委四届六次全会】　2019年8月27日，中国共产党唐山市丰南区第四届委员会第六次全体会议在丰南大剧院小剧场召开。这次会议主要任务是，以习近平新时代中国特色社会主义思想为指导，深入贯彻落实全省生态文明建设会议和唐山市委十届七次全会精神，总结全区上半年工作，明确下一步工作思路和目标任务，安排部署下半年工作；会议审议通过《中国共产党唐山市丰南区第四届委员会第六次全体会议决议（草案）》。全会动员全区上下聚焦转型升级，聚力绿色发展，加快重返全省县（市）区前列，再创丰南发展新辉煌。

【区委四届七次全会】　2019年12月30日，中国共产党唐山市丰南区第四届委员会第七次全体会议在丰南大剧院小剧场召开。这次会议的主要任务是，贯彻落实党的十九届四中全会，中央经济工作会议和省委九届九次、十次全会、市委十届八次、九次全会精神，总结2019年工作和部署2020年工作任务；会议审议通过《中共唐山市丰南区委关于贯彻落实〈中共唐山市委关于贯彻落实《中共河北省委关于深入贯彻〈中共中央关于坚持和完善中国特色社会主义制度、推进国家治理体系和治理能力现代化若干重大问题的决定〉的实施意见》的若干措施〉的推进方案（草案）》《中国共产党唐山市丰南区第四届委员会第七次全体会议决议（草案）》。全会动员全区上下凝心聚力，决战决胜，争先进位，全力推进高质量发展和全面建成小康社会，全面加快重返全省县（市）区前列步伐，奋力推动丰南经济社会跨越发展、进位赶超。

中国共产党唐山市丰南区第四届委员会第七次全体会议

【区委常委会会议】 2019年，中国共产党唐山市丰南区委常委会召开会议28次，收录17次。

1月4日，区委书记艾春在区行政中心613会议室主持召开四届区委常委会第36次会议。会议听取《区人大常委会党组工作汇报》《区政府党组工作汇报》《区政协党组工作汇报》《区法院党组工作汇报》《区检察院党组工作汇报》《关于国丰公司南区关停工作进展情况的汇报》，研究并原则通过《中共唐山市丰南区委关于严格落实全面从严治党主体责任和监督责任的实施意见》，传达全市领导干部个人有关事项报告工作部署会议精神，学习中共唐山市委《关于认真学习贯彻中办发电〔2018〕39号和冀发〔2018〕49号文件精神 严守党的政治纪律和政治规矩 扎实推进习近平总书记重要指示批示和省委部署要求在唐山落地见效的实施意见》。

1月10日，区委书记艾春在区会议中心第三会议室主持召开四届区委常委会第37次会议。会议传达省委九届八次全会精神，研究并原则通过区委四届五次全会预案、区委工作报告（讨论稿）、区委全会决议（草案）（讨论稿）。

1月21日，区委书记艾春在区会议中心第三会议室主持召开四届区委常委会第38次会议。会议研究并同意《关于召开区六届人大三次会议的请示》《关于召开区政协六届三次会议的请示》，研究并原则通过《区政府工作报告（讨论稿）》《关于唐山市丰南区2018年国民经济和社会发展计划执行情况与2019年国民经济和社会发展计划安排（草案）的报告（讨论稿）》《关于唐山市丰南区2018年财政预算执行情况和2019年财政预算（草案）的报告（讨论稿）》《区人大常委会工作报告（讨论稿）》《区政协工作报告（讨论稿）》《区法院工作报告（讨论稿）》《区检察院工作报告（讨论稿）》《2019年区委、区政府要为群众办好事的实事工程（讨论稿）》。

2月20日，区委书记艾春在区会议中心第三会议室主持召开四届区委常委会第40次会议。会议传达全省党政主要领导干部“坚持底线思维着力防范化解重大风险”专题研讨班和全省沿海经济带建设工作会议精神，研究并原则通过《中共唐山市丰南区委2019年工作要点》《区纪委四届四次全会预案》《区纪委全会工作报告（讨论稿）》《关于推进深化国家监察体制改革试点工作向开发区、乡镇（街道）延伸的实施方案》《唐山市丰南区促进招商引资优惠政策》《〈唐山市丰南区促进招商引资优惠政策〉实施细则》《唐山市丰南区建设生态丰南实现绿色考评办法（试行）》《关于开展各级领导班子和党员干部学习提升专项行动实施方案》《关于开展各级领导班子和党员干部教育提升专项行动实施方案》《关于开展各级领导班子和党员干部纪律提升专项行动实施方案》《关于开展“担当实干、全面争先”解放思想大讨论活动的实施方案》。

3月1日，区委书记艾春在区行政中心613会议室主持召开四届区委常委会第42次会议。会议研究并原则通过《唐山市丰南区2019年坚持农业农村优先发展全面推进乡村振兴战略工作方案》《唐山市丰南区2019年农村人居环境整治实施方案》《唐山市丰南区2019年乡村振兴和农村人居环境整治奖补办法》，学习《省委组织部、省财政厅、省农业农村厅印发〈关于扶持壮大村级集体经济的工作方案〉的通知》以及习近平、赵乐际在第十九届中央纪律检查委员会第三次全体会议上的讲话和报告。

3月21日，区委书记艾春在区行政中心613会议室主持召开四届区委常委会第43次会议。会议学习习近平在2018年5月全国生态环境保护大会上的讲话及《中国共产党政法工作条例》，并研究人事问题。

4月26日，区委书记艾春在区行政中心613会议室主持召开四届区委常委会第46次会议。会议学习习近平总书记4月16日在重庆解决“两不愁三保障”突出问题座谈会上讲话精神，听取全区当前脱贫攻坚工作汇报，并部署下一步工作。

6月19日，区委书记艾春在区行政中心613会议室主持召开四届区委常委会第48次会议。会议听取《唐山国丰钢铁有限公司拟处置资产项目评估结果的汇报》《唐山国丰钢铁有限公司南区清产核资情况的汇报》，研究并原则通过《关于唐山国丰钢铁有限公司南区资产整体转让的实施方案》《中共唐山市丰南区委、唐山市丰南区人民政府关于开展“3+X”竞优夺标活动的实施方案》《唐山市丰南区2019年度区委管理的领导班子和领导干部综合考核办法（试行）》《唐山市丰南区区委管理的领导班子和领导干部平时考核办法（试行）》。

6月28日，区委书记艾春在区会议中心第三会议室主持召开四届区委常委会第49次会议。会议传达学习全国市县巡察工作推进会精神和省、市委要求，研究全区贯彻落实意见，传达学习《关于贯彻习近平总书记重要批示精神深入落实中央八项规定精神的工作意见》、5月4日全省扶贫开发和脱贫工作领导小组2019年第二次全体会议精神，听取《关于2018年国家考核反馈问题整改工作开展情况的汇报》，研究并原则通过《落实唐山市统一战线工作领导小组〈中央宗教工作督察反馈意见整改方案〉的责任分工》《中共唐山市丰南区委推进全面从严治党主体责任办公室工作细则》《中共唐山市丰南区委推进全面从严治党主体责任办公室2019年工作要点》。

7月22日，区委书记艾春在区行政中心613会议室主持召开四届区委常委会第50次会议。会议研究并原则通过《关于在全区开展基层“微腐败”专项整治的工作方案》，书面学习《中共河北省委办公厅关于当前全省意识形态领域情况的通报》。

8月23日，区委书记艾春在区会议中心第三会议室主持召开四届区委常委会第52次会议。会议研究并原则同意区委四届六次全会预案及艾春在区委四届六次全会上的讲话（讨论稿）、区委全会决议（草案）（讨论稿），听取关于在主题教育中集中整顿软弱涣散基层党组织有关情况汇报，原则同意全区集中整顿软弱涣散基层党组织整顿措施，研究并原则通过《中共唐山市丰南区委全面依法治区委员会2019年工作要点（征求意见稿）》《唐山市丰南区禁毒委员会关于进一步加强禁毒工作的实施意见》。

9月11日，区委书记艾春在区行政中心613会议室主持召开四届区委常委会第54次会议。会议传达学习全省基层党建质量提升培训会议精神，中央和省委、市委“不忘初心、牢记使命”主题教育会议精神，研究并原则通过全区贯彻落实意见。

11月5日，区委书记艾春在区行政中心613会议室主持召开四届区委常委会第58次会议。会议集体学习习近平总书记近期重要讲话精神，听取关于省、市主题教育有关精神汇报，关于贯彻落实中央、省、市扫黑除恶专项斗争第二次推进会议精神情况汇报，全区脱贫攻坚工作情况汇报，关于安全生产及省、市考核指标完成情况汇报；会议研究并原则同意《2019年区直事业单位公开招聘工作实施方案》，听取唐山市丰南区第一中学迁建工程PPP项目说明及边界条件汇报。

11月8日，区委书记艾春在区会议中心第三会议室主持召开四届区委常委会第59次（扩大）会议。会议传达学习党的十九届四中全会和省委九届九次全会精神，并就全区学习贯彻工作进行安排部署。

11月14日，区委书记艾春在区会议中心第三会议室主持召开四届区委常委会第60次（扩大）会议。会议传达学习中国共产党唐山市第十届委员会第八次全体会议和唐山市城市经济座谈会精神，并研究全区贯彻落实意见，听取并原则同意《关于区融媒体中心建设情况的汇报》。

11月20日，区委书记艾春在区行政中心613会议室主持召开四届区委常委会第61次会议。会议研究并原则同意《关于深化丰南区纪委监委派驻机构改革的实施意见》《唐山市丰南区纪委监委派驻机构设置方案》《唐山市丰南区纪委监委机关内设机构调整方案》，听取当时全区信访领域风险情况汇报。

11月25日，区委书记艾春在区会议中心第三会议室主持召开四届区委常委会第62次（扩大）会议。会议集体学习习近平总书记近期重要讲话精神，听取关于主题教育中集中整顿软弱涣散基层党组织工作情况汇报。

区委重要决策

【概况】 按照党中央和省、市委要求，结合全区实际，做好2019年工作总体要求是：以习近平新时代中国特色社会主义思想为指导，认真贯彻中央和省、市委重大决策部署，坚持稳中求进工作总基调，坚持新发展理念，全面对接全市“十项重点工作”，坚定不移实施工业强区战略，坚定不移落实“一港双城”战略，坚定不移深化改革开放创新，坚定不移打好“三大攻坚战”，坚定不移推进乡村振兴战略，坚定不移保障和改善民生，推进基层治理体系和治理能力现代化，勇当唐山“三个努力建成”排头兵，确保全面建成小康社会和“十三五”规划圆满收官，加快重返全省县（市）区前列步伐。2020年全区经济社会发展主要预期目标是：全区地区生产总值比上年增长7.5%，一般公共预算收入比上年增长4.5%，固定资产投资比上年增长7%左右，城乡居民人均可支配收入均增长7.5%。

“担当实干 全面争先”工作动员会议

【实施工业强区战略】 工业是丰南立区之本、强区之基，实现高质量发展、重返全省县（市）区前列，扭住工业龙头，以项目建设和产业聚集为主攻方向，着力构建“6+4+5”现代产业体系，不断提高经济发展质量。改造提升，推动传统产业迭代升级。坚持优布局、提品质、延链条并举，全面淘汰钢铁行业1000立方米以下高炉、100吨以下转炉、180平方米以下烧结机。加大对企业技改升级支持力度，着力抓好瑞丰、东华和经安减量置换、东华无头轧制等重点项目建设。成链成群，推进产业集群加速崛起，突出产业定位，精准做好四大产业集群发展规划。精品钢铁及深加工集群，要聚焦产业链下游，拉长产业链、提升价值链，确保纵横钢铁二期、京津冷轧、融德冷轧等项目全部投产，力促广丰金属、南粤钢管、御力精工索具、内蒙古恒久钢构等项目早日开工建设，力争钢铁高附加值产品占比达到35%，下游产业链耗钢量突破800万吨。精品陶瓷集群，重点发展卫生陶瓷及系列产品、日用瓷、特种工业瓷等产业，全力推进陶瓷产业园建设，确保首批入园的4家企业全部投产，第二批入园的11个项目开工建设。精细化工集群，重点发展高档涂料等精细化工和化工新材料产业，力促东方雨虹二期、柯瑞特活性染料、瑞斯防水材料等项目完工投产，兄弟路标等项目开工建设，主营业务收入突破50亿元。高端装备制造集群，重点发展机器人、电子信息、高端成套设备等产业，力促迪信通高端智能生产制造和5G总部基地、华通重工装备制造、利欧环保设备、拓思数控磨床、冠石金刚石刀具等项目落地开工，主营业务收入达到300亿元。加快新兴产业提速扩量，充分发挥铁路、公路、港口交通便捷的优势，依托城市开发建设，大力发展现代物流、总部经济、特色商业和文化创意产业。充分利用南湖和丰南生态资源，大力发展健康养生、医疗服务、养老居住、休闲度假等医养结合产业。大力发展食品加工业，着力打造以君乐宝婴儿奶粉、百威啤酒、康师傅饮品、天津利民食品、施尔得等企业为主体的食品产业园。同时，大力发展生物医药、动力电池、节能环保等战略性新兴产业，着力抓好鑫丰锂业、航天万源云数据中心等重点项目，推动新兴产业扩总量、增效益。2019年，全区服务业增加值比上年增长8%，战略性新兴产业在规上工业总量占比达到20%以上。做优平台，加速园区能级提升，打造沿海经济高地，加快推进临港经济园引水、燃气、电力、污水处理等配套工程，确保第二起步区、第一起步区西扩区、化工产业园基础设施工程全面完工。完善开发区生活服务配套，着力打造配套完善、环境优美产业聚集区。积极推进以“全员聘任、绩效工资”为核心人事薪酬制度改革，进一步激发园区发展内生动力。加快岔河工业园开发建设，积极打造新产业承载平台。积蓄后劲，促进项目量质齐升。进一步完善项目推进机制，严格落实领导项目分包责任制，形成党政领导亲自抓、班子成员共同抓、部门协调合力抓的领导机制和工作格局。持续推进“五个一批”项目建设，谋划高质量项目100个以上，实施亿元以上产业项目60个以上。进一步发展壮大民营经济，培育壮大市场主体，推进“个转企”“小升规”，全年新增规上工业企业20个、服务业企业10个。

【打造现代化城区】 围绕“一港双城”战略，按照“五位一体”布局和“六个一体化”要求，以国丰北片区开发建设为带动，塑造城市特色风貌，建设和谐宜居、富有活力、独具特色的现代化城区，加快融入唐山主城区步伐。要全面提速城市建设，提升城市品质内涵。逐年推进棚户区拆迁改造、路网建设、既有建筑节能改造、集中供热改造、绿化亮化和教育、医疗、文化场馆等工程建设，全面提升城市建设水平。重点抓好国丰北片区开发建设和“三改双代一通”等工程，加快推进艾坨、于前、于北、四王庄回迁楼建设，完成北新庄村群众回迁。实施友谊楼等8个老旧小区改造和文化大街西伸等10项市政道路工程。积极探索城乡生活垃圾分类和垃圾无害化处理。要聚力繁荣城市经济，提升辐射带动能力。以国丰北片区为重点，加强与华润置地合作，规划建好城市商圈，培育壮大楼宇经济集群，大力发展总部经济、特色商业、文化创意、医养结合等新业态，吸引聚集高端要素，打造“高新轻绿”城市产业新格局，实现以产兴城、以城聚人。加快推进文化旅游深度融合发展，举办城乡群众文化艺术节、啤酒花园、马拉松等文化旅游体育活动赛事100场次以上。完善提升唐津运河文化产业园，抓好时代广场、港岛中心等项目，启动盘活主题公园、阿尔卡迪亚酒店、东义商务酒店等项目，进一步激发城市发展活力。要创新优化城市管理，提升城市治理水平。坚持管理与服务并重，探索实施执法力量下移工作模式，向丰南镇、经济开发区、胥各庄街道派驻执法队，完善城市管理体制，真正实现由方便管理向方便群众转变。加强省级文明城区创建常态化管理，积极争创国家卫生城市、国家森林城市，不断提升城市形象。

【深化改革开放创新】 坚持以改革开放创新为根本路径，培育和激活经济发展的新动能。持续深化重点领域改革，释放发展潜力。以开展“三创四建”活动为载体，大力优化营商环境，持续深化“放管服”改革，深入推行“一件事”审批办理模式，加快推进政务服务“一网通办”和企业群众办事“只进一扇门”“最多跑一次”，工程建设项目审批压缩至60个工作日以内。2020年谋划启动便民服务大厅建设。深化教育、医疗、卫生、金融、财税等方面改革，提高服务发展、服务民生水平。持续推进招商引资和对外合作，增强发展动力。建立健全奖励、考核、协调、监督、服务等招商引资长效机制，瞄准京津冀、长三角、珠三角等重点区域，积极开展小团组招商、产业链招商、阵地招商、以商招商，力争引进1至2个外商投资企业，引进亿元以上高质量产业项目30个以上，实际到位省外资金增长10%以上。加强对企业出口创汇的扶持力度，鼓励华通线缆、梦牌瓷业等60多家出口企业开拓国际市场，积极应对中美贸易摩擦产生的影响，实际利用外资增长6%，外贸进出口总额增长10%。持续推动科技创新，提升发展活力。鼓励支持企业科技创新，加快“两化融合”进程，重点抓好惠达卫浴、东方雨虹等企业研发中心建设，全区数字化车间达到6个以上。加强众创空间、孵化器、创新创业基地等科技创新平台建设，深入实施京津成果丰南转化战略，实施一批科技成果转化项目，引进一批有突破性的关键技术成果。一以贯之抓好人才强区战略，加强企业家培训和人才引进，促进产学研合作和科技成果转化，大力实施技术创新项目。大力支持企业上市，重点抓好华通线缆在上海主板、贺祥机电在创业板上市工作。2019年，新增高新技术企业15家、科技型中小企业70家。

【打好“三大攻坚战”】 能否打好打赢防范化解重大风险、精准脱贫、污染防治“三大攻坚战”，直接关系到全面建成小康社会目标的实现。打好打赢防范和化解重大风险攻坚战，坚决守住不发生系统性区域性风险底线。牢固树立总体国家安全观，推动建立重大风险常态摸排、动态监管、及时化解、应急处理机制，全面防范化解政治、意识形态、经济等各领域风险，构建风险防控新体系。强化安全生产责任落实，强化执法检查，强化风险管控，狠抓隐患整治，夯实基层基础，统筹抓好安全生产、公共安全、食品药品安全、道路桥梁安全、高铁沿线安全等工作，严防一般事故，遏制较大事故，杜绝重特大事故。打好精准脱贫防贫攻坚战，坚决守住全面建成小康社会底线。聚焦“两不愁三保障”，深化义务教育、基本医疗、住房安全、饮水安全等专项攻坚行动，加强产业、就业、科技、金融、社会救助兜底和消费扶贫，增强贫困人口的增收能力和内生动力。对照“五个百分百”工作目标，突出“六个精准”，强化务实举措，确保已脱贫的234户508名建档立卡贫困人员不返贫和贫困边缘户不致贫。进一步完善“一险一库一会诊”制度，建立“实用管用、运转高效、群众公认”的精准防贫工作模式，确保退出稳定和持续发展。打好污染防治攻坚战，坚决守住生态环境安全底线。持续加强大气污染治理，强力推进重点工业企业超低排放改造、各类环保深度治理、工业企业环保治理创A专项行动等工业减排重点工作，确保三项主要污染物排放浓度稳定达到“唐山限值”要求。加强道路扬尘和施工工地扬尘治理，加快推进“公转铁”项目，建筑工地动态实施“六个百分百”治理，最大限度减少扬尘污染，确保全区$PM_{2.5}$年均浓度持续下降、优良天数比率持续提升。扎实推进水污染治理，严格落实区、乡、村三级“河湖长制”和“湾长制”，深入实施全域治水清水润城市带县PPP项目等陡河、西排干重点河流治理工程，有序推进海域综合治理。全区重点河流断面水质稳定达标，近岸海域水质优良比例保持稳定不降。深化地下水开采综合治理，深挖节水潜力，确保完成地下水压采任务。严格管控农用地和城市建设用地土壤环境风险，做好退城搬迁企业地块土壤调查，集中整治受污染农用地，消除土壤污染隐患。

区委书记艾春（左二）、区长赵立华（右一）春节前到企业慰问一线职工

【推进乡村振兴战略】 坚持现代农业、特色小镇、美丽乡村、乡村旅游“四位一体”，要在推进乡村振兴战略上持续发力。要在发展现代农业上持续发力。持续完善东部蔬菜产业园区、西部惠丰农业园区两个省级现代农业园区基础设施建设，不断培育新型农业经营主体，发挥地理标志农产品的品牌作用，继续抓好优质果品和设施蔬菜两大产业，不断优化新型种植结构。实施总投资1000万元的尾水处理设施建设项目，建设全市规模最大、标准最高的种苗及水产品养殖基地。实施科技兴农战略，加快新品种的引进、试验、示范、推广，完成农民科技培训2.5万人次。扎实推进农村集体产权改革，健全完善农村集体“三资”管理制度，发展壮大农村集体经济。2020年，培育省级示范家庭农场1家、市级示范家庭农场3家。要在培育特色小镇上持续发力。立足现有发展基础，以打造承载力强、各具特色的现代化小城镇为目标，高标准完成丰南区国土空间分区规划及各乡镇国土空间规划编制工作。坚持规划先行，以黑沿子镇、黄各庄镇、小集镇、大齐各庄镇、岔河镇为重点，集中力量打造一批特色鲜明的重点小城镇。要在建设美丽乡村上持续发力。以承接全省乡村振兴现场会为契机，按照巩固提高、精细打造、全域提升的工作思路，重点推进唐津运河省级示范区和黄各庄镇、大齐各庄镇、西葛镇、岔河镇四个区级示范区，丰南镇、钱营镇、小集镇三个组团建设。对标浙江等先进地区，打造一批精品村庄、精品线路和高标准示范村。巩固提升农村人居环境整治成果，深入实施村庄清洁、厕所改造、农村道路提升、垃圾治理、污水治理及“两高”（高铁、高速公路）沿线整治等专项行动，积极开展美丽庭院创建，抓好村庄生活垃圾保洁和清运市场化运营，健全常态长效管理机制，基本形成与全面建成小康社会相适应农村人居环境治理体系和管护机制。要在壮大乡村旅游上持续发力。以沿河、沿海、沿边为重点，加强整体环境和精品旅游线路打造，积极探索工业旅游，扶持和培育“运河十里”新田园康养综合体、东田庄乡王打刁村、崔庄户村等一批乡村旅游示范项目，不断提升乡村旅游发展水平。

【保障和改善民生】 聚焦群众操心事、烦心事、揪心事，竭尽所能破解“热点民生”。注重普惠性、基础性、兜底性，集中精力解决群众反映比较强烈的水、电、路、就医、就业、入学等民生问题，抓好实事工程，补齐民生短板。抓好民生实事项目人大代表票决制，规范有序、务实高效推动民生问题解决。健全完善公共服务体系，千方百计改善“基本民生”。坚持劳有所得，落实各项就业扶持政策，通过岗位发布、公开招聘、求职用工登记等方式拓宽就业渠道，确保城镇零就业家庭保持动态清零。坚持学有所教，加快推进区一中迁建工程，实施唐坊高中扩建工程，满足2020年普通高中入学需求；谋划启动新建西城区学校和银丰中学扩容项目，彻底消除大班额；探索构建“互联网+”教育模式，推进智慧校园建设。坚持病有所医，继续深化医疗卫生体制改革，加快区中医院、岔河镇中心卫生院、黑沿子医院等项目建设，优化医疗资源配置；进一步完善医养融合服务模式，做优做强区医院康盛养护中心，深入开展“优质服务基层行”活动，争创示范型乡镇卫生院，推动全民健康信息化项目建设，方便农村患者就医。坚持民有所乐，深入开展文化惠民活动，巩固提升省级公共文化服务体系示范区创建成果，积极推进乡镇文化站和文化馆、图书馆分馆效能提升工程，实现村级综合文化服务中心WiFi全覆盖，提高公共文化服务供给水平。加快冰雪运动和足球运动发展，提升全民健身水平。健全完善社会保障体系，全力以赴保障“底线民生”。落实统筹城乡、可持续基本养老保险制度、基本医疗保险制度、最低生活保障制度，积极推进社区物业管理改革、农村区域性养老服务中心、示范性农村互助幸福院、居家养老服务站和配餐中心建设等居家养老改革试点工作。完善临时救助、抚恤优待、社会福利等制度，解决特困群体基本生活问题。抓好退役军人服务管理工作，认真落实各项政策和优待办法，依法保障退役军人合法权益。

【全面从严治党】 坚决践行“两个维护”政治责任。把政治建设放在首位，严格执行新形势下党内政治生活若干准则，巩固和用好“不忘初心、牢记使命”主题教育成果，持续推进“两学一做”常态化制度化，着力推动习近平新时代中国特色社会主义思想进企业、进农村、进机关、进社区、进校园、进网络，大力实施理论武装、舆论引导、思想教育、文明培育、文化建设五大工程，全面落实融媒体中心、文明实践中心建设，积极做好全国文明城市、省级文明城区总评验收工作，凝聚推动高质量发展正能量。全面落实意识形态工作责任制，围绕社会热点，牢牢掌握新闻舆论工作主动权，筑牢意识形态领域阵地。努力打造担当作为干部队伍。坚持正确用人导向和好干部标准，完善选人用人机制，优化各级领导班子结构，拓宽选人用人视野，形成富有生机与活力、有利于优秀人才脱颖而出选拔任用机制。加大干部交流力度和干部年轻化进程，优化各级领导班子结构，选好用好资历长、贡献大年龄较大的干部，形成梯次配备，人尽其才，各得其所，全面提高领导班子凝聚力和战斗力。完善“五一五化”平时考核机制、乡镇“3+X”竞优夺标考核、“三个一批”督导考核排名制度，健全领导班子和领导干部综合考核评价体系，健全容错纠错和免责保护机制，激励干部担当作为。着力抓牢组织力提升工作。坚持以开展“基层党建质量提升年”活动为总抓手，按照“增加先进支部、提升中间支部、整顿后进支部”思路，抓两头带中间，推动基层党组织全面进步、全面过硬。按照7个领域基层党组织质量提升10条标准，逐领域逐条落实，打造可借鉴、可推广示范典型。推行党员“先锋指数”管理，深化党员“两定一承诺”“三亮三评”等活动，提高党员发展质量，建设战斗力强的基层党员队伍。压实基层党建责任，抓好基层党建述职评议考核，开展基层党建观摩活动，筛选一批先进典型，激发基层党组织争先创优内生动力。推进从严治党向基层延伸。紧盯形式主义、官僚主义新动向新表现，持之以恒落实中央八项规定精神。充分发挥巡察利剑作用，深化运用好监督执纪“四种形态”，突出抓早抓小，真正用纪律和规矩管住绝大多数。持续推进重点领域腐败和作风问题专项治理，整治群众身边不正之风，推动全面从严治党在基层落地生根。持续深化县级纪委监委派驻机构改革，推动职能、人员、工作深度融合。坚持有案必查、有腐必反，坚决减存量、遏增量，深化标本兼治，着力构建“不敢腐、不能腐、不想腐”一体推进、同向发力的有效机制，持续营造风清气正政治生态。

（李秋香）

【2019年区委、区政府为群众办好实事工程】 一是实施城区道路通联工程。投资1.2亿元，完善国丰北片区“四横三纵”路网，同步实施绿化、亮化工程，进一步对接唐山市中心城区，提升城区道路通行能力。二是实施农村人居环境整治工程。投资1.2亿元，以农村垃圾清理、改厕、污水治理、村容村貌提升为重点，完成1.7万座农厕改造和6个生活污水治理示范村建设，突出打造10个示范村、85个提升村，创建省级人居环境整治全域完成示范（县）区。三是实施教育装备提升工程。投资5000万元，建设丰南教育云平台，更新网络教室和添置多媒体，整体推进教育现代化进程。四是实施河流治理工程。投资6482万元，实施陡河、沙河、黑沿子排干河道清淤工程和西排干综合治理工程，改善河流水质，提升河道生态、排涝、防洪、灌溉功能。五是实施村庄和农村道路保洁及垃圾清运工程。投资4683万元，对全区范围内村庄和农村道路进行清扫保洁及生活垃圾的收集、清运工作，有效改善农村人居环境。六是实施乡镇卫生院新建工程。投资3290万元，启动实施黑沿子镇和岔河镇卫生院新建工程，提升乡镇卫生院医疗水平，方便附近群众就医。七是实施城乡居民低保提标工程。投资3000万元，将城市居民最低生活保障标准由每人每月605元提高到666元，农村居民最低生活保障标准由每人每年4308元提高到4824元，保障低收入群体生活水平。八是实施城区既有居住建筑节能改造工程。投资2500万元，实施青青家园等小区6万平方米既有建筑节能改造工程，提升相关小区居民生活品质。九是实施农村中小学校舍新建维修改造工程。投资1192万元，新建岔河幼儿园；投资1005万元，实施农村中小学校舍维修改造及食堂扩建工程，促进农村学校优质均衡发展。十是实施老旧小区改造和道路修复工程。投资797万元，完成23个老旧小区和4条背街小巷改造工程，改善居民生活环境。

2019年中共唐山市丰南区委、区政府发布文件目录

表3

发文字号	文件名称	发文单位	制发日期
丰南发〔2019〕1号	关于严格落实全面从严治党主体责任和监督责任的实施意见	中共唐山市丰南区委	1月8日
丰南发〔2019〕2号	关于印发《中共唐山市丰南区委2019年工作要点》的通知	中共唐山市丰南区委	2月22日
丰南发〔2019〕4号	关于2019年在全区开展“双创双服”活动的实施意见	中共唐山市丰南区委 唐山市丰南区人民政府	5月26日
丰南发〔2019〕5号	关于全面加强生态环境保护坚决打好污染防治攻坚战的实施意见	中共唐山市丰南区委 唐山市丰南区人民政府	6月6日
丰南发〔2019〕7号	印发《关于贯彻落实〈中共河北省委关于进一步提高科学决策民主决策依法决策水平的意见〉的若干措施》的通知	中共唐山市丰南区委	7月27日
丰南发〔2019〕8号	关于建立农村垃圾治理长效机制的实施意见	中共唐山市丰南区委 唐山市丰南区人民政府	7月31日

续表3

发文字号	文件名称	发文单位	制发日期
丰南发〔2019〕9号	印发《关于在全区开展“不忘初心、牢记使命”主题教育的实施方案》的通知	中共唐山市丰南区委	9月12日
丰南发〔2019〕10号	关于庆祝中华人民共和国成立70周年活动的安排意见	中共唐山市丰南区委 唐山市丰南区人民政府	9月29日
丰南发〔2019〕11号	关于进一步加快全区文化旅游产业融合发展的实施意见	中共唐山市丰南区委 唐山市丰南区人民政府	10月28日
丰南字〔2019〕1号	关于印发《唐山市丰南区机构改革方案》的通知	中共唐山市丰南区委 唐山市丰南区人民政府	1月2日
丰南字〔2019〕2号	关于调整部分区政府工作部门党组设置的通知	中共唐山市丰南区委	1月16日
丰南字〔2019〕3号	关于印发《2019年区委、区政府要为群众办好的实事工程》的通知	中共唐山市丰南区委 唐山市丰南区人民政府	2月2日
丰南字〔2019〕4号	关于2018年度区管领导班子和领导干部及机关事业单位科级以下工作人员综合考核结果的通报	中共唐山市丰南区委 唐山市丰南区人民政府	2月22日
丰南字〔2019〕5号	印发《关于开展各级领导班子和党员干部学习提升专项行动的实施方案》《关于开展各级领导班子和党员干部教育提升行动实施方案》《关于开展各级领导班子和党员干部纪律提升专项行动实施方案》的通知	中共唐山市丰南区委	2月22日
丰南字〔2019〕6号	印发《关于开展“担当实干、全面争先”解放思想大讨论活动实施方案》的通知	中共唐山市丰南区委	2月22日
丰南字〔2019〕7号	关于2018年全区“三个一批”综合考核结果的通报	中共唐山市丰南区委 唐山市丰南区人民政府	2月22日
丰南字〔2019〕8号	关于印发《唐山市丰南区促进招商引资支持政策》和《唐山市丰南区促进招商引资支持政策实施细则》的通知	中共唐山市丰南区委 唐山市丰南区人民政府	2月28日
丰南字〔2019〕9号	关于成立唐山市丰南区防范化解重大风险工作协调小组及专项工作组的通知	中共唐山市丰南区委 唐山市丰南区人民政府	3月7日
丰南字〔2019〕10号	关于表扬2018年度唐山市丰南区优秀退役军人和退役军人管理服务工作先进单位先进个人的决定	中共唐山市丰南区委 唐山市丰南区人民政府	5月22日
丰南字〔2019〕11号	关于调整唐山市丰南区“双创双服”活动领导小组组成人员的通知	中共唐山市丰南区委 唐山市丰南区人民政府	7月2日
丰南字〔2019〕13号	关于印发《唐山市丰南区关于唐山市生态环保第三专项巡查组反馈意见的整改方案》的通知	中共唐山市丰南区委 唐山市丰南区人民政府	7月2日
丰南字〔2019〕14号	关于调整区防汛抗旱指挥部组成人员的通知	中共唐山市丰南区委 唐山市丰南区人民政府	7月7日
丰南字〔2019〕15号	关于表彰全区优秀共产党员、优秀党务工作者、先进基层党组织的决定	中共唐山市丰南区委	7月5日
丰南字〔2019〕16号	关于调整区委意识形态工作领导小组的通知	中共唐山市丰南区委	7月11日
丰南字〔2019〕17号	关于印发《2019年度区委常委、区人大常委会主任、区政协主席及区政府副区长推进全面从严治党主体责任职责范围及工作要求》的通知	中共唐山市丰南区委 唐山市丰南区人民政府	7月26日
丰南字〔2019〕18号	关于调整区拥军优属拥政爱民工作领导小组组成人员的通知	中共唐山市丰南区委 唐山市丰南区人民政府	7月23日

续表3

发文字号	文件名称	发文单位	制发日期
丰南字〔2019〕19号	关于组建和调整区委有关议事协调机构的通知	中共唐山市丰南区委	5月15日
丰南字〔2019〕20号	关于2018—2019学年度教育系统获得唐山市级以上奖励情况的通报	中共唐山市丰南区委 唐山市丰南区人民政府	9月1日
丰南字〔2019〕21号	关于对2018—2019学年度教育教学先进个人和先进集体进行表扬的决定	中共唐山市丰南区委 唐山市丰南区人民政府	9月1日
丰南字〔2019〕22号	印发《关于在全区党员干部中开展“三个努力建成”、重返全省前列深化学习月活动的实施方案》的通知	中共唐山市丰南区委 唐山市丰南区人民政府	12月8日
丰南办发〔2019〕1号	印发《关于加强社会治安综合治理争创全国平安建设先进区的实施意见》的通知	中共唐山市丰南区委办公室	2月19日
丰南办发〔2019〕2号	关于印发《唐山市丰南区2019年坚持农业农村优先发展全面推进乡村振兴战略工作方案》的通知	中共唐山市丰南区委办公室 唐山市丰南区人民政府办公室	3月8日
丰南办发〔2019〕3号	关于印发《2019年唐山市丰南区“十项重点工作”工作方案》的通知	中共唐山市丰南区委办公室 唐山市丰南区人民政府办公室	3月26日
丰南办发〔2019〕4号	关于转发《区委宣传部2019年宣传思想文化工作要点》的通知	中共唐山市丰南区委办公室	3月3日
丰南办发〔2019〕5号	关于印发《唐山市丰南区2019年度区委管理的领导班子和领导干部综合考核办法（试行）》《唐山市丰南区区委管理的领导班子和领导干部平时考核办法（试行）》的通知	中共唐山市丰南区委办公室	6月29日
丰南办发〔2019〕6号	关于印发《区委党的建设（基层组织建设）工作领导小组2019年工作要点》的通知	中共唐山市丰南区委办公室	7月2日
丰南办发〔2019〕7号	关于印发《唐山市丰南区隆重庆祝中华人民共和国成立70周年广泛组织开展“我和我的祖国”群众性主题宣传教育活动责任分工方案》的通知	中共唐山市丰南区委办公室 唐山市丰南区人民政府办公室	7月5日
丰南办发〔2019〕8号	印发《关于深化交通运输综合行政执法改革的实施方案》等3个方案的通知	中共唐山市丰南区委办公室 唐山市丰南区人民政府办公室	8月15日
丰南办发〔2019〕9号	关于深化丰南区纪委监委派驻机构改革的实施意见	中共唐山市丰南区委办公室	11月23日
丰南办字〔2019〕28号	印发《关于推进国家监察体制改革试点工作向开发区、乡镇（街道）延伸的实施方案》的通知	中共唐山市丰南区委办公室	2月28日
丰南办字〔2019〕31号	关于印发《唐山市丰南区2019年农村人居环境整治实施方案》的通知	中共唐山市丰南区委办公室 唐山市丰南区人民政府办公室	3月8日
丰南办字〔2019〕32号	关于表扬2018年度党委系统上报信息工作优胜单位、先进单位和优秀信息工作者的通报	中共唐山市丰南区委办公室	3月18日
丰南办字〔2019〕33号	关于成立2019年唐山市丰南区十项重点工作领导小组的通知	中共唐山市丰南区委办公室 唐山市丰南区人民政府办公室	3月26日
丰南办字〔2019〕43号	关于转发《区委宣传部、区委政法委、区扫黄打非工作领导小组办公室2019年“扫黄打非”行动方案》的通知	中共唐山市丰南区委办公室 唐山市丰南区人民政府办公室	7月15日
丰南办字〔2019〕45号	关于印发唐山市丰南区2019年区领导包联重点项目安排 包联重点企业安排的通知	中共唐山市丰南区委办公室 唐山市丰南区人民政府办公室	8月16日
丰南办字〔2019〕46号	关于印发《全区2019年第四季度重点工作任务分解表》的通知	中共唐山市丰南区委办公室 唐山市丰南区人民政府办公室	11月19日

区委办公室工作

【概况】 区委办公室是丰南区委的综合办事机构，主要职责是综合、协调、参谋、服务。2019年，区委办公室在区委正确领导下，深入学习贯彻习近平总书记系列重要讲话精神，紧紧围绕区委工作中心，加强自身建设，提高工作效能，充分发挥参谋助手、综合协调、督查落实、后勤保障职能作用。

强化“以文辅政”作用，切实服务领导决策。全力提高文稿质量，在全区办公室系统开展学习交流培训活动，组织办公室人员赴杭州、海南等地就公文写作和保密工作进行学习培训，提升办公室人员写作水平。全年起草、审修、把关主要领导讲话100余篇，60余万字；深入搞好调查研究。结合“不忘初心、牢记使命”主题教育，紧扣经济社会发展中热点、难点问题，深入基层，广泛开展调研，掌握一手资料，形成一批优秀调研成果，为领导科学决策提供可靠依据。认真搞好信息反馈。进一步完善各类信息刊物编发规程，提高信息工作制度化、规范化、科学化水平。全年累计上报工作类信息328篇，被省委办公厅《河北信息》《信息专报》以及《唐山快报》等载体采用120多篇，累计编发《丰南信息·专报区领导》简报48期。

强化“三办”工作，提升办公室服务水平。坚持办文求质。严把公文制发关，保证公文制发质量和时效，严格控制发文篇幅和发文数量，区级发文比上年同期减少58.3%。年内共办理上级文件1805件、上级会议通知176件、各种情况报告1180件，制发会议通知67件，未发生任何遗漏、延误、失泄密等事故。坚持办会求细。规范会议活动组织机制，做到提早介入，周密实施。严格控制会议规模、数量，区级会议比上年同期下降30.9%。成功组织区委四届五次全会、区委四届六次全会、“不忘初心、牢记使命”主题教育集中学习会议、区委常委民主生活会等各类全区性会议，达到让领导放心、让与会者满意的效果。坚持办事求效。各司其职、各负其责，圆满完成省第五督导组等重大活动接待任务，受到各级领导的一致好评。档案资料借阅和印章使用严格履行报批、登记、签字手续，进一步加强档案和印章管理工作。

强化督查督办，推动决策落地落实。围绕区委重大决策和重要工作部署，把握工作中心和重点，针对全区重点工作开展各类督查50余次，督查数量比上年同期减少51.67%。撰写《督查专报》31期，《督查通报》7期；承办区领导交办事项229件，办结销号192件；承办区委领导批示信件48件，已按期办结23件；承办上级督促检查活动30余次，上报专报40余篇。

强化应急值守，有效应对各类突发事件。进一步改进和完善应急值班各类工作规范流程，理顺工作程序，提高工作水准和质量。就全区应急值班工作对各乡镇（街道）、区直重点部门进行督导检查，共实地检查5次，电话抽查16次，对发现问题单位，下发整改通知单，发现问题已经全部整改到位。全面落实领导带班、首办责任制等制度，实行双人双岗24小时在岗值班，严格履行紧急突发事件和重大事项报告制度，严格执行信息报送时限，做到及时报告、及时处置突发事件。

强化区委中心工作，统筹推进改革、机要、网络、保密等各项工作。改革工作扎实推进。研究制定《区委全面深化改革委员会2019年工作要点》，明确9个方面94项改革任务，并将每项改革任务都明确牵头区领导和牵头责任单位。深入实施“微改革”，推出200余项“微改革”事项，在基层和群众中营造良好改革氛围。机要工作保持畅通。加强基础设施和机要队伍建设，研究建立全区密码通信“精品年”活动长效机制。全年共收发密传电报1354份13661页，收发明传电报1942份12487页，实现“无事故、无差错、无错情”工作目标。网络建设不断提升。落实计算机入网、更新、退网和上网行为权限审批制度，协助各机关解决好计算机软硬件和联网问题。对市电子政务外网带宽由20兆扩容到500兆，并在原有纵向覆盖所有乡镇（街道）基础上，进一步延伸至乡镇便民大厅和所有行政村。采购2台华为万兆核心交换机和2台万兆接入交换机，对陈旧网络设备进行换代升级。保密工作不断加强。按照上级要求，结合丰南实际，制发《中共唐山市丰南区委保密委员会2019年工作要点》。重点对区四大班子办公室、区委常委部门和区直有关重点单位的保密自查自评情况进行检查，听取汇报情况，查看工作台账，翻阅涉密文件资料，并对全部涉密计算机和部分非涉密计算机进行检查。

加强作风建设，打造廉洁勤政的干部队伍。抓好学习培训，坚持每周五学习日制度，精心组织全体工作人员认真学习习近平新时代中国特色社会主义思想以及重要讲话精神，切实强化“四个意识”，坚决做到“四个服从”，不断加强机关创新建设，各科室结合本职工作，进一步完善工作制度，理顺工作程序，提高工作效率。并坚持深入基层、深入群众，掌握实情，体察民意，大大提高参谋服务水平，密切党群、干群关系。

【综合工作】 区委办公室综合科承担着区委主要领导文稿起草和全区工作情况综合重要职责。2019年，综合科紧紧围绕区委中心工作，突出以文辅政，倡导勤思多谋，强化主动服务，注重团结实干，当好参谋助手，提高服务区委领导和中心工作能力和水平，较好地履行综合科的职责，整体工作得到进一步提升。立足理论学习，干部素质明显提高。向书本学，坚持不懈学习马克思列宁主义、毛泽东思想、邓小平理论、“三个代表”重要思想、科学发展观、习近平新时代中国特色社会主义思想，不断提高政治素养。向实践学，坚持“干中学、学中干”，着眼区情，潜心钻研，为领导决策当好参谋助手。立足文稿质量，文字水平显著增强。突出“以文辅政”，进一步提高文稿质量。立足全局进行思考。从全局高度和领导角度去发现问题、思考问题、把握问题，使文稿体现上级党委的精神，体现全区实际，体现把方向、议大事、谋全局原则。紧密联系实际。准确领会区委工作思路和意图，吃透上情，把握下情，解外情，抓好结合，文字材料更加切合实际、富有指导性。年内，综合科多次走出去学习调研，参加培训，提升能力，开阔视野。2019年，综合科先后完成区委主要领导在区委四届五次全体会议上报告、区委四届六次全体会议上讲话、全区集中整治违反中央八项规定精神问题暨基层“微腐败”专项整治工作动员部署会议上讲话等起草工作。按照区委领导意见，准备相关汇报材料，全年起草、审修、把关主要领导讲话100余篇，60余万字。

【信息工作】 区委信息中心负责围绕区委总体工作部署和重大决策，做好信息的收集反馈工作，为区委科学决策、民主决策、依法决策当好参谋助手。2019年，紧紧围绕区委中心工作和办公室整体工作部署，以“树立工作高标准、干出发展新业绩”为目标，加强学习，认真履职，转变作风，圆满完成全年各项工作目标任务。一年来，累计上报工作类信息328篇，被省委办公厅《河北信息》《信息专报》以及《唐山快报》等载体采用120多篇，累计编发《丰南信息·专报区领导》简报48期。党委信息整体工作在省、市继续保持先进行列。认真落实省市委信息中心要求，重点加强长篇信息工作谋划研究，着力寻找上级领导关注点与全区工作闪光点契合点，加大具有较高参考价值决策信息开发力度，并积极向上级推介，收到较好的效果。特别是对全区妥善做好职工安置工作实现万人钢企和谐平稳关停、加快推进环渤海工业基地建设、着力推进沿海陶瓷产业创新示范园区建设、打造全省一流乡村振兴示范园区、开展村庄清洁行动、优化营商环境以及加强基层党建工作等亮点工作、经验做法进行深入挖掘和系统总结，撰写完成多篇长篇正面信息。认真研究省市快报载体形式和板块内容，着力将推进“十项重点工作”、加快生态丰南建设、开展村庄清洁攻坚月行动、推进乡村振兴示范区建设、优化营商环境及全面做好疫情防控和企业复产复工等党委中心工作为反馈重点，并精心修改，认真包装，有效地保障稿件质量和采用率。着眼党委中心工作和重点任务，从栏目设置、条目内容等方面对《丰南信息·专报区领导》不断调整改进，拓展信息工作覆盖面。围绕区委主要领导调研活动开展跟踪反馈，对各地各部门贯彻落实领导调研指示精神情况及时总结；围绕区委领导关注的热点问题落实工作开展跟进反馈，在不同时段、多角度进行挖掘和整理，为区委及时准确提供决策依据。健全基层信息工作月通报制度，细化信息考核办法，认真落实年终信息表彰奖励规定。加强信息约要，一年来，共向42个区直单位和17个乡镇（街道）、开发区约稿72次，积攒大量上报信息素材。强化信息员培训制度，组织区农业农村局、应急管理局、黄各庄镇、唐坊镇等22个区直单位和乡镇轮训专业信息员25名，基层信息员队伍素质显著提升。

【调研工作】 区委政策研究室主要职责是，紧紧围绕区委中心工作，对全区经济社会发展重点、难点、热点问题以及中长期发展重大战略问题进行调查研究，为区委决策提供参谋建议；承担中央、省委、市委、市政府研究室调研活动组织、安排及协调工作；根据区委指示，承担部分区委文件、区委领导讲话和文稿起草任务。2019年，区委政策研究室把加强学习理论修养放在首位，把提高领导干部政治敏锐性作为做好各项工作的前提条件，紧紧围绕区委工作思路和全区改革、发展、稳定大局，不断研究新情况，探索新方法，适应新要求，创新举措、扎实工作，开拓进取、服务全局，本着“超前、探索、深化、突破”原则，结合“不忘初心、牢记使命”主题教育，紧扣经济社会发展中热点、难点问题，深入基层，广泛开展调研，掌握一手资料，形成一批优秀调研成果，这些调研成果，通过会议讲话、报告和文件等形式转化为领导决策，对推进全区经济社会更快更好发展发挥重要指导作用。认真承办区委文件和汇报的起草工作。紧紧围绕提高领导决策水平，强化跟踪服务工作，通过多种形式，最大限度了解全区经济社会发展情况，掌握基层一手资料，认真总结分析；积极听取各方意见建议，集思广益，融入写作，努力提高文稿起草的针对性、有效性和可操作性，有力地促进区委领导意图的落实和对全局工作的推进。一年以来，在区委领导指导下，先后起草区委四届七次全会第一次全体会议、全区农业农村工作会议、区纪委四届四次全会、区委常委会议等重要讲话，高质量、高效率完成各种文稿准备任务，对服务区委中心工作、全面提速全区经济社会发展发挥积极作用。同时，认真做好文件制发工作，严格履行程序，严把质量关口，促进文件制发工作制度化、程序化，年内累计起草和下发通知、方案等各类文件191个。积极推进党委办公室系统公文规范化建设，认真做好规范性文件备案工作，先后审核把关各类规范性文件17个。

【督查工作】 2019年，区委督查室紧紧围绕区委重大决策和重要工作部署，把握工作中心和重点，围绕《丰南区委2019年工作要点》、“三个一批”督导考核排名、农村人居环境整治、乡村振兴示范区建设、市“十项重点工作”、“不忘初心、牢记使命”主题教育专项整治等重点工作开展各类督查50余次，撰写《督查专报》31期、《督查通报》7期；承办区领导交办事项229件，办结销号192件；承办区委领导批示信件48件，已按期办结23件；承办省网络问政平台及人民网领导留言板交办事项20件，均已按期办结并回复；承办区政协委员提案5件，已办结5件。承办上级督促检查活动30余次，上报专报40余篇。深入谋划、统筹推进“十项重点工作”。区委督查室逐月月初印发《丰南区“十项重点工作”月度目标任务清单》，进一步明确目标任务，切实将“十项重点工作”落细落实，做到事事有人抓、时时有进展。同时，做好市级督导检查准备工作，对任务目标完成情况梳理汇总，形成专题报告呈报区领导。重点抓好区委2019年工作要点督导工作。坚持围绕区委中心工作，按照“每月汇总、半年通报、十月预警、年终督考”原则，对涉及119项重点任务进展情况持续跟踪督查问效，推进区委决策部署真正落到实处。重点谋划好“三个一批”督导考核排名工作。在全区继续推行以抓一批重点项目、一批大事要事、一批示范典型为主要内容“三个一批”督导考核排名制度，按照主要领导指示要求，对2019年“三个一批”事项进行筛选汇总。经梳理，全区各地各单位谋划上报新开工重点项目18个，大事要事210件，示范典型89件，争创国家省市先进事项56件。办好区委领导批办信件工作。以“两吃透、一分解”为前提，“查清事实”为基础，“解决问题”为目的，紧盯办理结果，确保件件有着落、事事有回音。做好领导批示意见督办落实工作。将区委领导批示意见办理工作作为决策督查重点内容，逐条进行量化、细化，明确牵头单位，定期跟踪汇总，并及时将各单位反馈情况进行梳理汇总形成专题报告呈报区领导。深化纠正“四风”和作风纪律专项整治工作。2019年，全区查处违反中央八项规定精神和“四风”典型问题17个，党纪政务处分15人，组织处理6人，遏制“四风”问题反弹回潮。组织会风会纪监督，围绕迟到早退、会场吸烟、打瞌睡、玩手机等违反会风会纪行为，开展会风会纪监督16次，促进全区会风会纪根本好转。对全区违反中央八项规定精神和“四风”典型问题制发通报3期，点名道姓通报曝光15起29人，持续形成震慑。做好“不忘初心、牢记使命”主题教育专项整治工作，结合全区实际制定《违反中央八项规定精神突出问题专项整治工作方案》《解决形式主义、官僚主义突出问题为基层减负专项整治工作方案》，根据工作方案，分别制定《违反中央八项规定精神突出问题专项整治工作台账》和《解决形式主义、官僚主义突出问题为基层减负专项整治工作台账》，要求各牵头单位每月10日、25日，将工作进展情况形成专题报告，连同工作台账上报工作组，及时解相关情况、解决发现问题。依托河北省网络问政平台和人民网地方领导留言板等平台做好网络问政工作，年内共承办省网络问政平台和人民网领导留言板交办事项20件，均已按期办结并回复。做好区领导交办重点工作督导检查任务，对发现问题跟踪督办确保问题整改到位，圆满完成各项迎查任务。同时，深入落实区领导指示意见，对农村人居环境整治、“双代”改造工程等重点工作开展专项督查，并根据督导情况制发督查专报7余期，为领导决策提供重要依据。

【机关事务管理】 2019年，丰南区机关事务中心积极开展党内学习活动，紧抓党组建设工作落实。全面加强学习教育，提升思想政治素质。按照领导班子和领导干部先学一步、深学一层要求，党支部理论学习中心组进行为期7天集中学习，认真读原著、学原文、悟原理，并结合思想和工作进行交流研讨，主题突出、内容丰富，组织严密、形式多样，使学习过程成为发现和检视问题过程、政治洗礼和思想认识升华过程、相互学习借鉴和共同进步提高过程。在此基础上，认真开展“主题党日”活动，重温入党誓词，两次赴革命教育基地开展党性教育活动。通过学习，使党员干部树牢“四个意识”、坚定“四个自信”、做到“两个维护”，真正做到往深里走、往心里走、往实里走，提高政治站位、增强政治自觉，领导班子落实意识形态责任制能力进一步增强。广泛征求意见建议，确定检视问题清单。采取向服务对象发放征求意见表、设立意见箱等方式征求意见建议，制定分类整改措施，制订整改工作任务清单，明确整改时限和责任科室，紧扣干部群众反映强烈问题动真格、出实招、抓落实，不断提高履职尽责能力，干事创业勇于担当意识进一步增强。深入开展调查研究，谋划落实整改措施。围绕调研课题，领导班子采取深入基层实地调研，牢固树立“后勤工作无小事”理念，充分发挥表率作用，提升整体观念。首先做到服务标准高，从礼节礼貌、待人接物、细节流程等方面都坚持从严要求，树立服务形象。做到服务质量高，通过“岗位技术比武”“走出去、请进来”等不同形式，提高各岗位业务技能，并不断形成“比、学、赶、帮、超”浓厚学习氛围，以理论带动工作实践，达到各项工作科学化和规范化。加强支部自身建设，巩固党风廉政成果。坚持“三会一课”制度。年内，按照要求积极召开支委会、党员大会等，加强党员与组织间沟通交流，使党员民主权利得到有效保障。认真贯彻民主集中制，做到工作决策集体研究，认真开展党员和领导班子民主评议工作。严格落实“主题党日”和党员活动“五日制度”，内容形式丰富多样，其中包括重温入党誓词、为丰南星愿孤独症服务中心捐衣捐物、与社区双报到、开展志愿服务活动等，有效提高党员宗旨意识，党性观念进一步增强。严格落实党风廉政主体责任，坚持把党风廉政建设作为“一把手”工程，确保对全局党风廉政建设负总责，班子成员对分管工作和科室党风廉政建设负责，各科室负责人对本科室党风廉政建设负责，实行“一岗双责”，确保一级抓一级，层层抓落实，推进全局党风廉政建设工作有序开展。建立健全各种规章制度。年内制定完善请销假制度、年休假制度、公共机构节能实施制度、“三重一大”决策制度、日常工作考核制度、财务管理制度、库房管理制度等监督管理制度，进一步规范工作程序和监督机制，从制度上预防腐败问题和不当行为发生，切实提高反腐倡廉自觉性。

强化干部职工履职尽责能力，切实提高机关后勤保障工作。坚持服务理念，提升服务质量。全体干部职工团结协作，勤奋工作，实施精细化管理，职工餐厅、物业、设备保障、文印、会务等部门较好地完成各项服务保障任务。同时坚持以“人”为本的服务理念，加强服务人员培训。按照“内强素质、外树形象”要求，从提高服务人员素质着手，严格业务学习制度，优化服务内容，在日常服务中，严格按照服务要求，周密思考，认真准备，细致检查，力求使各项服务保障工作精益求精。同时，根据服务工作上层次、树形象的要求，发挥服务作用，提升服务质量。开展节能技改，推进公共机构节能。依托科技，大力开展能源资源节约工作，降低运行成本，促进节约型机关建设。通过技术改造和采用节能产品，努力降低行政中心设施设备能耗，年内，将行政办公中心照明全部更换为LED节能灯照明等措施，达到降耗增效目的，为创建节约型社会发挥示范和引领作用；加强节能宣传，通过“节能宣传周”“低碳日”、在公共区域设置节能提示语等形式进行节能宣传，将节能意识融入日常工作中。深化“平安机关”建设，强化治安综合治理。加强人防、物防和技防结合，更换数字监控系统，优化内外部视频监控范围，增加监控点位，做到不留死角，不留盲区；积极维护信访秩序，与区信访、公安等部门协调联动，维护机关正常工作秩序；进一步提升反暴防恐能力，提高应急处置能力，多次组织保安队员开展反恐防爆演练。加强行政中心消防安全管理，年内先后两次对驻行政中心各单位进行消防安全知识培训，提高广大干部职工消防安全意识，增强各类火险隐患预防及处置能力，杜绝火灾事故发生，确保区行政中心安全。深入解群众所需，切实解决热点问题。党支部班子坚持机关后勤服务工作高质量发展理念，把服务对象满意不满意作为工作出发点和落脚点，全力推进“三个一批”工作进度，带领全体党员干部着力解决干部职工关心热点问题，工作出亮点、见实效。提升职工餐厅管理水平，加装人脸识别系统和微信充值功能，对餐厅饭菜质量和服务素质进行优化提升，积极营造便捷高效就餐环境。加强行政中心地下车库管理。通过升级改造出入口道闸、加装道路行驶标识、清理涉案车辆和“僵尸车”、加大违停车辆管理力度等多措并举，车库使用环境正在得到逐步改善。全力保障行政中心安全保卫工作。在行政中心各出入口加装人脸识别门禁系统，在来宾访客通道严格履行门口登记和去往部门电话沟通制度。在此基础上，升级改造安保监控设备，技防、人防和物防相结合，全力营造安全有序工作环境。与此同时，加强与区信访、公安等部门协调联动，做好行政中心来访维稳工作。打造高品质饮水环境，对各楼层净水机进行升级，保证广大干部职工喝到放心水。打好扶贫攻坚战，取得实实在在成效。严格执行上级文件精神，积极开展帮扶工作，定期走访慰问贫困户，为贫困户解决实际困难，制定并落实扶贫方案，取得显著成效。贫困户孙印昌，无劳动能力，无配偶无子女，享受特困分散供养，自机关事务管理局开展帮扶以来，经济收入逐年增加，今年已达万元以上。帮扶贫困户实现产业覆盖，住房安全，饮水安全，没有义务教育阶段辍学学生，参加城乡居民基本医疗保险，实现“两不愁三保障”，经村民代表会议评议，乡审核、区审定，已达到脱贫标准，并按程序于2019年10月实现脱贫。

（徐鑫淼）

巡察工作

【概况】 2019年，丰南区委巡察办认真贯彻落实上级关于巡察工作部署要求，加强巡察工作领导，强化组织力量保障，积极探索巡察方式方法，扎实推进全面从严治党向基层延伸，取得较为显著工作成效。区委巡察机构设区委巡察工作领导小组办公室、4个区委巡察组。行政编制18人。

【队伍建设】 2019年5月，选调4名优秀干部到巡察机构工作；8月，借助第三方平台公开遴选4名年轻干部充实到区委巡察机构；10月，区委组织部选调4名年轻科级干部到区委巡察组实践锻炼，在巡察工作中担任巡察组副组长职务。建设村级巡察人才库。为适应村级巡察工作需要，增强对村巡察的针对性和专业性，在原有区委巡察专业人才库基础上，区委巡察办面向全区15家乡镇，从政治素养、责任担当、业务能力等方面进行综合考量，组建区委村级巡察工作人才库，吸纳各乡镇财政所、民政所、经管站、司法所、组织员办公室、信访办等相关部门科室业务骨干，为村级巡察全覆盖奠定基础。

【信息化建设】 2019年，巡察办根据上级巡察信息化建设工作和保密工作相关要求，明确专人负责“巡察数据管理系统”录入管理工作。同时，充分利用系统台账管理、比对筛查等功能，为巡察工作提供必要信息技术支撑，提高巡察科学性、规范性、高效性。

【制度建设】 结合全区实际，从巡察机构力量配备、巡察干部作风建设、相关部门协作配合、规范巡察程序等方面先后制发《关于抽调优秀年轻干部到区委巡察机构进行实践锻炼的实施方案》《关于对区委巡察组作风纪律情况开展评估的暂行办法（试行）》《关于建立健全区委巡察机构与区纪委监委有关部门协作配合机制的实施办法》《中共唐山市丰南区委关于推进对村（社区）党组织巡察工作高质量发展的意见》等12个规范性文件，编印涉及49个工作模版《实用手册》和《制度汇编》，为巡察工作规范化建设打下坚实制度保障，使工作有规可依、有据可查。

区委巡察办在村级巡察期间对村“两委”进行民主测评

村级巡察走访

【巡察开展】 2019年，对三轮区委常规巡察和一轮市委提级交叉巡察共对26家单位进行政治“体检”，对一家单位进行巡察“回头看”，完成巡察全覆盖任务66.7%。四届区委第五轮巡察对区委政法委、区法院、区司法局、区交通运输局、区水利局、区残联、区广播电视台、区农广校开展常规巡察；共发现问题114个；发现问题线索按程序移交区纪委监委进行处置。四届区委第六轮巡察对王兰庄镇、岔河镇、西葛镇、唐坊镇开展常规巡察，通过“巡乡镇带村”形式，采取延伸巡察、专项巡察、重点巡察相结合的方式，对被巡察乡镇所辖92个村进行巡察全覆盖；共发现涉及4个乡镇党委一般性问题68个、村级党组织一般性问题68个；发现的问题线索按程序移交区纪委监委进行处置。四届区委第七轮巡察正在对区委办（含党史研究室）、区政府办、区人大办、区政协办、区委宣传部、区教育局、区财政局、区信访局、区工信局、区文化广电和旅游局、区民政局开展常规巡察，对区发改局进行巡察“回头看”。按照市委统一部署，市委第二提级交叉巡察组对唐山市自然资源和规划局丰南区分局、柳树酆镇党委、区中医院开展提级交叉巡察。区委巡察办制定详细工作方案，做好市委第二提级交叉巡察组后勤保障等服务工作，积极配合顺利完成提级交叉巡察任务。同时，区委巡察办协调安排区委第三巡察组并抽调有关人员，全程参与对迁西县3家单位提级交叉巡察。

（董玮琦）

组织工作

【概况】 2019年，中共唐山市丰南区委组织部扎实践行新时代党组织路线，聚焦主业，实干担当，为建设沿海强区、美丽丰南提供坚实组织保证。服务大局能力更加突出。坚持以抓好教育提升专项行动为主线，实行一线工作法，为推进脱贫攻坚、乡村振兴、村庄清洁治理、双代改造等全区中心工作提供坚实组织保证。充分发挥大督查办服务大局作用，各项工作被省市督查组予以高度肯定。党员干部守初心担使命意识更加强烈。圆满完成集中学习研讨、广泛征求意见、对照党章党规找差距、调研成果交流、讲党课、专项整治，以及专题民主生活会、组织生活会等任务。其间，各级党组织开展集中学习交流3500多场次，各级党员领导干部讲专题党课1500多场次，整改整治问题6400多个，为群众办实事好事8100多件，实现主题教育五大目标，得到中央巡回督导组和省市指导组充分肯定。干部队伍建设更加优化。精准选拔干部，完成政策性干部调整11批次484人次；系统培训干部，举办专题培训8期，上级调训21期23人次，自主培训3.3万人次；科学考核干部，深化“五一五化”平时考核，组织开展乡镇（街道）党（工）委书记电视亮诺和晒绩推优；从严监督干部，严格执行出国境人员审批、经济责任审计、干部人事档案审核等制度；规范公务员管理，扎实推进公务员职级套转等工作。基层党组织更加坚强有力。在农村，全市率先完成464个村“六有”标准综合服务站建设和47个软弱涣散基层党组织整治任务，创建党建示范点26个，基层党建工作处于全市先进水平。在社区，推行“五联共建”模式和社区“大党委”联席会议制度，创造性开展“百名党员绣红旗”等活动，社区“双报到”工作取得实效。在机关，开展擦亮“四最”品牌、创建“模范机关”活动，规范机关党建工作。在“两新”组织，打造丰南经济开发区临港园区党建示范带，建设高标准党群活动服务中心2个，升级建立丰南非公党建智慧信息平台，培育“友发党旗红”、鑫丰热电“红色引擎”、正元管业“双亮明”等一批党建品牌。人才创新驱动更加灵活。实行“人才+项目、课题、产业”模式，引进各类人才智力1627人；建成“科技领军人才创新驱动中心”等4个国家级平台以及28个省级平台；探索校企合作模式，每年外输技能人才400多人；全年培训各类人才6800多人次。组织部门自身建设更加过硬。开展“抓政治提素质、抓效能提质量、抓作风提形象、抓品牌提影响力”“四抓四提”活动，组工干部精神面貌不断改善，打造一批组织工作品牌。干部方面，推行“两推一评一监督”选拔办法，干部群众反响良好；开展“3+X”乡镇竞优夺标考核，相关做法在省市组织系统内交流推广。基层党建方面，探索推行“一制三好”工作机制，入选省委组织部党建实践创新典型案例；“红色代办员”制度被“学习强国”、新华社等媒体平台采用，远程教育经验做法在全省党员教育工作业务骨干培训班上进行典型交流，鑫丰热电集团被确定为全省两新组织巩固提升专题培训班现场教学观摩点。人才方面，创建“2+4”工作模式，人才工作位居全市第一，经验做法被《中国组织人事报》《中国劳动保障报》等媒体刊发。

【干部任用】 2019年，中共唐山市丰南区委组织部严格执行新《党政领导干部选拔任用工作条例》，圆满完成机构改革部门干部调整工作和乡镇街道政法委员、人大副主席配备任务；并对部分空缺乡科级岗位进行补充，特别在公安、市场监督等系统中采取“两推一评一监督”办法选拔优秀干部，社会反响良好。全年共调整干部11批次484人次。开展优秀党政后备干部人才推荐工作，将223名优秀干部纳入后备干部库，选派6名科级干部到巡察、信访部门锻炼。制发《丰南区股级干部管理办法》，履行机构改革后行政及参公岗位股级干部任免手续302人次。

【干部教育培训】 2019年，中共唐山市丰南区委组织部组织开展高端培训，先后赴瑞金、古田、西柏坡、厦门、成都、重庆等地举办“不忘初心、牢记使命”“三个努力建成”“非公企业党建”“城市治理和乡村振兴”“女企业家及人才工作者”等专题培训8期，培训干部452人次。加强干部网络培训，全区2019名学员上线率和在线学习时长位居全市县（市）区第二名。完成上级调训任务21期次、培训23人次。强化选调生教育培训，举办两期“选调生大讲堂”，参训人员130余人次。强化思想教育，认真学习贯彻落实习近平总书记为第五批全国干部学习培训教材所作序言精神，为全区32名县级领导，69家单位及主要负责人订购、发放第五批全国干部学习培训教材210套。

【干部考评】 2019年，中共唐山市丰南区委组织部深入贯彻落实《党政领导干部考核工作条例》，制发2019年度综合考核和平时考核办法及细则，组织开展区管领导班子和领导干部半年工作考核；积极推进“五一五化”

2019年区管领导班子半年考核述职测评会议

平时考核和“3+X”乡镇竞优夺标考核活动，优化考核方式，激发干事活力，“3+X”经验做法在全省干部考核工作会议上进行交流。依托区电视台、丰南考评网、丰组e家、丰南发布微信平台等媒体，组织乡镇、街道党（工）委书记对2019年重点工作目标任务进行集体亮诺，接受社会监督、压实工作责任。年末开展晒绩推优活动，组织乡镇（街道、开发区）制作重点工作纪实片，展播全年目标任务完成情况以及特色亮点工作。采取召开调度会、督导通报等方式，加强省市达标分析监测，艾春在全省县委书记综合考核中被评为优秀等次。干部考核工作相关做法被《中国组织人事报》、人民网等媒体刊发。

【干部监督】 2019年，中共唐山市丰南区委组织部强化选人用人监督，扎实开展2018年度选人用人“一报告两评议”工作；受理干部提拔公示期间群众举报，及时核查处理。结合区纪委监委，对134名新提拔的区管干部进行党纪政纪法规知识考试；规范出国（境）审批，新增登记备案人员789人，办理因私出国（境）审批手续47人次；落实经济责任审计制度，对26名交流、免职乡科级党政正职进行离任审计。清理规范机关借调人员，对20名借调程序不完备干部督促其返回原单位。筹建区干部信息管理中心，稳步推进全区干部人事档案管理集中化规范化数字化建设；加强人事档案管理，共收集、鉴别档案材料5100余份。

【“不忘初心、牢记使命”主题教育】 2019年，中共唐山市丰南区委组织部作为全区主题教育组织者、推动者，系统谋划部署，充分发挥组织部门牵头抓总作用。成立区乡两级主题教育领导小组及其办公室，层层召开动员部署和贯彻落实会议，特别是成立10个区委巡回指导组，建立常态化督导机制。从严落实规定措施。深入推进学习研讨、征求意见、对照党章党规找差距、调研成果交流会、讲党课、专项整治等重点任务，高质量召开专题民主生活会、组织生活会，开展民主评议党员工作。期间，辑印“口袋书”、《学习纲要》等7万多册，开展集中学习交流3500多场次，组织党组织书记讲党课1500多场次，整治整改问题6400多个。积极搭建活动载体。在全区组织开展学习提升、教育提升、纪律提升“三个提升”行动，深入开展“担当实干、全面争先”解放思想大讨论活动，抓实主题教育预热升温。深入推进基层党组织“五个一”活动，全覆盖培训基层党组织书记，组织党员志愿服务2.2万人次，为群众办实事好事8100多件。在组织系统、政法系统、区直机关党组织中开展主题演讲和歌咏比赛，引领全区干部坚守初心使命。搞好统筹结合。坚持主题教育与基层党建紧密结合，深入开展“六型示范”活动，培树各级基层主题教育示范点86个以及全省“千名好支书”、全市“践行初心使命的好支书”等一批先进集体和个人；在全市率先完成47个软弱涣散基层党组织整治任务，谋划实施实事工程392个。

【区直机关党组织建设】 2019年，中共唐山市丰南区委组织部开展擦亮“四最”品牌、创建“模范机关”活动，打造“营商环境党旗红”党建典型；在行政审批业务中推行

8月16日至17日，组工干部赴西柏坡参加“不忘初心、牢记使命”主题培训班

“红色代办员”制度，审批服务效率大幅提升；相关经验做法被学习强国河北学习平台和新华社客户端河北频道、《中国改革报》等媒体刊载。岔河中心小学被评为市级党建示范点，校长张克文被评为市级优秀共产党员。组织全区347名机关事业单位党组织书记进行述职评议考核。

【农村党组织建设】 2019年，中共唐山市丰南区委组织部深化“一制三好”农村党建工作机制，加强标准化、规范化建设，村级党组织达标率98.6%，提升农村基层党建整体水平，这一做法被市委组织部领导给予高度肯定并在《河北共产党员》杂志刊发，入选省委组织部党建实践创新典型案例；组织召开2018年度全区基层党建述职评议会议，采取乡镇书记现场述职、区委主要领导点评、乡镇互评、两代表一委员测评的方式，促进基层党建责任落实；组织基层党建观摩推进会议，对各乡镇街道半年党建工作进行观摩评议；全区464个村全部建成“六有”（有固定的服务场所，有统一的服务标志，有公示服务信息，有配备的便民服务设施，有规范的管理制度，有完善的配套服务）标准综合服务站，方便群众，拉近党群关系；制发《丰南区关于进一步发展壮大村级集体经济的实施方案》。

【城市社区党组织建设】 2019年，中共唐山市丰南区委组织部组织开展城市基层党建述职评议活动；组织28名胥各庄街道党员干部赴长沙举办城市基层党建工作专题培训班。制发《关于做好基层党组织和在职党员进社区开展“双报到”工作的通知》，组织25名县处级党员领导干部、81个基层党组织4300余名在职党员到社区报到开展共建活动。推行“五联共建”模式，建立社区大党委21个，签订共建协议21份，举办党建联席会42场次。组织开展纪念建党98周年系列活动，其中“百名党员绣红旗”活动被《河北组工信息》刊发。完成全区城市社区活动场所提标攻坚行动，21个城市社区全部建成党群服务中心，1000平方米以上的达到9个，提前一年完成省、市要求任务。采取“四个一”的方式完成胥各庄街道路南社区软弱涣散整治任务。城市基层党建工作经验《党群共建促发展》被《中国组织人事报》刊发。

【非公企业和社会组织党组织建设】 2019年，中共唐山市丰南区委组织部打造丰南经济开发区临港园区党建示范带，建设泽信、正元2个党群活动服务中心，培育“友发党旗红”、鑫丰热电“红色引擎”、正元管业“双亮明”等一批党建品牌；升级建立丰南非公党建智慧信息平台，设计丰南区非公企业和社会组织党建标识，突出丰南“两新”党建特色。相关做法被中国新闻网、《企业党建》、《唐山劳动日报》、《唐山组工信息》等媒体刊载。

【公务员管理】 2019年，中共唐山市丰南区委组织部坚持依法依规开展公务员工作，安置选调生、招录公务员和参公人员36人，推荐优秀村（社区）党组织书记录用公务员3人，办理公务员登记37人和公务员（参公人员）调动手续32人。制发全区职务与职级并行指导性文件，完成全区综合管理类1293名公务员（参公人员）职级套转工作；落实执法勤务和警务技术警员职务序列改革要求，完成公检法部门332名警员职务套改。扎实开展公务员（参公人员）工资职级晋升和津补贴审批工作。推动开发区人事薪酬改革，被市委改革办督查结果定为良好档次。

【大学生村官管理】 2019年，中共唐山市丰南区委组织部依据《唐山市丰南区大学生村官平时考评办法》，全面审核加强平时考评。大学生村官周纪实、月小结、季总结等情况，强化对大学生村官平时考评管理。辑印《大学生村官名册》，每月定期组织开展履职查访活动，重点查看在岗情况、工作日志记录情况、个人档案完善情况、办公环境卫生情况、作用发挥情况，强化对大学生村官工作指导，同时对工作履职不到位给予批评教育。年内，共组织开展查访活动25次，查访大学生村官230人次。做好有序流转。结合区委编办、区人社局，将57名2012年、2013年省选聘大学生村官招聘为事业单位工作人员；对9名大学生村官进入选调生面试进行资格复审，并对确定选调生拟录用人选4名大学生村官进行考察；对9名考录公务员、2名考录事业编大学生村官进行审批、证明开具、解聘提档等相关服务工作。

【人才工作】 2019年，中共唐山市丰南区委组织部积极推行“2+4”工作模式，即以京津冀人才一体化建设、校城融合发展“两个新生动力”为牵引，实施引才、育才、树先、建制“四轮驱动”，全区人才工作位居全市第一，经验做法被《中国组织人事报》《中国劳动保障报》刊发。坚持按需引才。制发《丰南区2019年企业紧缺人才及培训项目需求目录》，引进各类人才智力1627人。先后举办“国内知名专家丰南行”“钢铁产业创新发展论坛”“百名研究生对接会”“高端人才与企业家对话会”等特色人才活动23场，为丰南经济转型升级把脉问诊。加强人才培育。制发《丰南区2019年企业紧缺人才及培训项目需求目录》《唐山市丰南区2019年人才培训工作实施方案》，全面落实激励帮扶、企业家成长、创业伴跑三大计划，培训各类人才6800余人次，培养高层次人才66人。打造人才平台。采取新建、晋级、提质三项举措，新增4个国家级平台以及28个省级平台。其中，建成全国第三十家“科级领军人才创新驱动中心”，提供涵盖10万名科技领军人才和1500个创新团队智库。择优推送典型。建立功能齐备的高标准“丰南人才网站”，加大丰南人才的宣传推介力度。其中，李玉环先进事迹在2019年“两会”部长通道内展出，受邀赴吉林、山东等8省进行事迹宣讲，农村创业人才张鑫、孙朝阳专题片被中央电视台农业频道专题播出；区职教中心被授予国家职业教育最高奖“黄炎培优秀学校奖”。

【党员电教与远程教育】 2019年，中共唐山市丰南区委组织部电教片《舌尖上的唐山》在全省党员教育电视片观摩交流活动中被评为三等奖；在全省党员教育工作业务骨干培训班上，代表唐山市就远程教育工作作典型发言；打造钱营镇鑫湖农业开发有限公司等5个学用先进站点，拍摄5部电教片在市电视台《星耀唐山》栏目播出，4篇信息被《党员电教与远程教育》刊发。

（孙建进、王黎明、魏天宇）

老干部工作

【概况】 2019年，区委老干部局在区委、区政府的正确领导下，认真开展“不忘初心、牢记使命”主题教育，全面提升党建工作水平，推进服务管理创新，组织离退休干部开展正能量活动，老干部工作实现新突破。推动老干部工作创新发展，实现全面争先做法先后被“丰组e家”“唐山先锋”微信公众号及河北省《老人世界》登载发表。“不忘初心、牢记使命”主题教育体验式学习活动做法被“河北老干部”公众号登载发布。丰南镇离退休干部党支部被省委老干部局评为“五星级离退休干部党支部”，获“全国离退休干部先进集体”称号。丰南镇、黄各庄、钱营镇、东田庄离退休干部党支部被市委老干部局授予“示范离退休干部党支部”称号。

【老干部思想政治建设】 2019年，丰南区老干部局按照省、市委老干部局提出创建党建示范点工作要求，科学选点，精心培育，全面推进老干部工作。依托主题党日开展建党98周年和中华人民共和国成立70周年系列庆祝活动。6月25日，区委老干部局与新兴社区“大党委”成员单位共同在九河公园举办庆祝建党98周年和中华人民共和国成立70周年“不忘初心、唱响红色经典”群众歌咏演唱会，吸引群众300余人驻足观看。9月12日，组织开展离退休干部“我和祖国心连心”文艺演出，约280名离退休干部表演8个文艺节目，节目以弘扬爱国主义精神为主题，激励和动员广大离退休干部和广大群众不忘初心、牢记使命，为中华人民共和国成立70周年献礼，为实现中华民族伟大复兴中国梦而不懈奋斗。

9月26日，为庆祝中华人民共和国成立70周年，区委老干部局、区老年书画研究会举办丰南区老少书画摄影作品展。展出书法作品119幅、绘画作品39幅、摄影作品120幅，其中包括23幅少儿作品，这些作品主题鲜明、风格各异，展示宣传70年来唐山丰南波澜壮阔发展历程、感天动地的辉煌成就，激励全区离退休干部不忘初心、牢记使命，锐意进取，不懈奋进。

【老干部政治、生活待遇】 2019年1月23日，召开县级实职离退休老领导经济社会发展情况通报会，区委副书记主持会议，区委书记在会上致辞，区长通报全区2018年全区经济社会发展情况，区四大班子领导出席，县级实职离退休老领导参加会议。春节前，老干部局组织开展走访慰问离退休干部工作，共投入资金60余万元，走访慰问离退休干部4300余人。年内，投入10万元，全年为老干部祝寿260人，住院探望60次，吊唁老干部90人次；投入特困帮扶资金5万元，帮助老干部80人，确保离休干部“两费”和遗属补助全年无拖欠。投入60余万元，为全区4600余名离退休干部进行健康体检。与区卫生健康局联合举办“懂健康知识，做健康老人”老干部卫生保健知识巡讲，定期组织健康义诊活动，请医疗专家举行应季保健知识讲座、上门义诊、健康查体，提高老干部医学卫生知识和自我保健知识。

在“担当实干、全面争先”走访调研活动中，局领导班子成员分赴15个乡镇和胥各庄街道，与当地党（工）委就老干部工作交流、对接；同时，深入老干部群体，收集老干部意见、建议45条。各乡镇、胥各庄街道各社区，经常组织老干部外出学习考察活动，老干部积极参与，通过多观摩、多思考、多交流，主动建言献策；做好老干部表彰工作。3月15日，召开老干部工作会议，对2018年工作表现突出的10个乡镇（社区）为离退休干部工作先进单位和139名优秀离退休干部进行表彰。

【老干部活动】 2019年，通过组织开展老干部喜闻乐见、丰富多彩文化娱乐活动，发挥老干部引领正能量作用。举办全区离退休干部2019年春季运动会；在“七一”“十一”等重大节日，组织引导各乡镇、街道社区老干部以“我和我的祖国”为主题举办联欢会、演唱会、摄影展、唱红歌等各类活动。组织开展关心下一代活动。区关工委全年向贫困学生捐赠约5万元学习用品。联系区老干部协会向东田庄乡第三小学贫困学生捐赠5000元学习用品；联系区老年书画研究会、老年空竹协会在西葛小学、钱营太各庄小学开展老少空竹联谊和翰墨进校园活动。

【活动中心建设】 大力加强区老干部活动中心软硬件建设。加大投入，重新装修，添置器材，加强硬件设施建设。同时，加强内部管理，执行门禁制度，杜绝闲杂人员进入，畅通意见建议渠道，老干部满意度显著提高。

宣传工作

【概况】 2019年，中共唐山市丰南区委宣传部全面宣传贯彻习近平新时代中国特色社会主义思想和党的十九届四中全会精神。创建“四级宣讲网络”，深入到企业、学校、村居（社区）等地为党员干部群众作宣讲，共开展宣讲2000多场次，受众人数达到10万多人。结合乡村振兴战略和唐津运河示范区建设，修订完善村规民约，组建红白理事会、道德评议会民间自治组织；组织“文明家庭”评选活动，共评选出文明家庭15463户，提升农村文明创建水平；围绕全区高质量发展大局，聚焦学习宣传贯彻党的十九大精神、全面开展美丽丰南主题宣传。全年在市级以上媒体刊播稿件1300余篇；开展文化产业调查摸底工作，制发《唐山市丰南区2019年度文化产业考核排名办法》，抓实文化产业发展工作。抽调乡科级干部和专门工作人员充实区文城办工作力量，组织开展市容环境、交通秩序、市场环境、社区综合治理、“五小行业”整治等“五项”专项整治行动，圆满完成省文明办组织半年和年度测评，并取得全省第十名，全市第二名好成绩。组织开展“2019年最美丰南人”评选活动，组织“奋进新时代·文明我出彩”主题演讲比赛、“我的初心•我的梦”征文大赛等一系列活动，有力地提升美丽丰南品牌形象，为决胜全面建成小康社会、早日重返全省县（市）区前列营造良好舆论氛围。

【理论学习宣讲】 2019年，唐山市丰南区委理论学习中心组围绕“不忘初心、牢记使命”等专题，开展集中学习16次、研讨交流12次。在全区各级领导班子、党员干部中开展“担当实干、全面争先”解放思想大讨论活动和学习提升专项行动。为全区党员干部订购发放《习近平新时代中国特色社会主义思想学习纲要》等理论书籍20种、70000多册。组织广大党员干部群众学好用好学习强国学习平台。邀请省委党校专家开展十九届四中全会精神专题辅导，深入宣传宣讲全会精神。扎实开展“不忘初心、牢记使命”主题教育。制定下发学习方案、调研方案、宣传方案。组织区委理论中心组集中学习交流，对学习教育开展“回头看”，及时查漏补缺，深入基层开展调研，集中交流调研成果，形成问题清单，并进行集中整改。区委书记艾春结合主题教育以来学习上新体会、新收获，为党员干部上一堂生动党课，其他县级领导干部以及各单位党政正职也分别深入到企业、学校、村居等地为党员干部讲党课，截至年底，全区共讲党课100多场次。严格落实意识形态工作主体责任。细化制定《2019年度意识形态工作考评细则》，加强意识形态工作专项巡察与平时检查督导，对4个乡镇和20家区直单位党组织进行专项巡察。按照《关于防范化解意识形态领域风险工作方案》要求，督促指导各地各有关单位落实“防控目标措施责任清单”，做到主动防控、科学防控。全面宣传贯彻习近平新时代中国特色社会主义思想和党的十九届四中全会精神。创建“四级宣讲网络”，组织“党的十九届四中全会和省、市委全会精神”宣讲报告会，以区委书记艾春带头作宣讲报告，其他县级领导干部以及各单位党政正职也分别深入到企业、学校、村居（社区）等地为党员干部群众作宣讲，共开展宣讲2000多场次，受众人数达到10万多人。同时，组织“三个努力建成”（努力把唐山建成东北亚地区经济合作窗口城市、环渤海地区新型工业化基地、首都经济圈重要支点）深化学习月活动专题辅导讲座，邀请唐山市委党校教授赵玉香为全区领导干部群众进行十九届四中全会精神宣讲。

宣传部工作人员在李大钊纪念馆重温入党誓词

【社会主义核心价值观培育】 2019年，唐山市丰南区委宣传部在全区城乡、校企组织开展“四德”（社会公德、职业道德、家庭美德、个人品德）教育，传播道德经典，提升道德素养。举办5场全区性公民道德讲座，受教育干部群众达2万多人次；宣传弘扬道德模范先进事迹。在全区大力宣传历届道德模范事迹，组织道德模范基层巡讲，利用户外电子大屏、机关单位宣传栏、好人公园、好人一条街等阵地，宣传先进事迹，弘扬社会正能量；结合乡村振兴战略和唐津运河示范区建设，进一步深化农村“十个一”建设，加大硬件投入，夯实阵地建设，修订完善村规民约，组建红白理事会、道德评议会民间自治组织，累计投资1.04亿元，建成农村文化礼堂201个、主题公园（广场）58个、乡风文明示范街41个、善行功德榜568个、村史馆16个，组建讲师团196个，志愿服务组织386个；组织“文明家庭”评选活动，共评选出文明家庭15463户，提升农村文明创建水平。

【媒体宣传】 2019年，唐山市丰南区委宣传部宣传工作坚持以践行习近平新时代中国特色社会主义思想和社会主义核心价值观为统领，宣传队伍全面开展美丽丰南主题宣传活动，全面展示新时代新丰南良好形象。围绕全区高质量发展大局，聚焦学习宣传贯彻党的十九大精神、“十项重点工作”、“三大攻坚战”、乡村振兴战略、民生福祉提升、脱贫攻坚等区委、区政府中心工作，全面开展美丽丰南主题宣传。全年在市级以上媒体刊播稿件1300余篇。其中，《奋进新时代 咬定青山不放松》《唐山市丰南区多举措推进学前教育发展》《丰南区创新工作模式防止脱贫户返贫》等50余篇重要稿件在《人民日报》、中央电视台、新华网、《经济日报》、《河北日报》、《河北经济日报》、河北电视台等省级以上新闻媒体刊播；《真扶贫 扶真贫 真脱贫——丰南区扎实推进扶贫脱贫攻坚战综述》《丰南实施“五大提升工程”持续优化营商环境》《丰南以项目建设推动经济高质量发展》等1240余篇稿件在《唐山劳动日报》、唐山电视台、唐山广播电台、《唐山晚报》等市级以上新闻媒体刊播。

【文化产业发展】 2019年，唐山市丰南区委宣传部强化推进措施。开展文化产业调查摸底工作，制发《唐山市丰南区2019年度文化产业考核排名办法》，先后召开3次文化产业发展工作推进会议，着力从深入研究文化产业、加大文化产业招商引资力度、鼓励支持企业和个人投资文旅产业、引导现有文化企业做大做强、大力培育文化市场主体等五个方面入手，抓实文化产业发展工作。培育文化市场主体。对全区接近规模以上文化企业进行筛选，将华中新晟（唐山）荧光材料有限公司、世纪文韵印务有限公司、唐山星星影城有限公司和唐山云峰通信工程有限公司等企业列为重点培育对象到。2019年年底，全区新增规模以上文化企业2家，分别是华中新晟（唐山）荧光材料有限公司和唐山市云峰通信工程有限公司，新增文化市场主体1169家。引导文化企业做大做强。对河北小鸟影视传媒有限公司、唐山优奈斯展示工程有限公司、唐山中数影城有限公司等文化企业进行重点支持，加大跟踪服务力度，帮助其迅速发展壮大。帮助组织协调河北欢乐小鸟影视传媒有限公司筹备并拍摄多部影片。其中，《公证人之深度危机》《公证人之真假遗嘱》《公证人之太子剑》《最后一班岗》4部影片，先后在中央电视台电影频道播出。唐山优奈斯展示工程有限公司有望在2020年发展成为规模以上文

文明城市创建现场办公会

化企业。开展文化产业业务学习配培训。举办文化产业发展工作培训班，邀请省委党校郭君铭进行文化产业培训，并组织乡镇、街道宣传委员和经济开发区、文旅局主管副职赴广东海洋大学就文化产业发展战略与商业模式、文化旅游全媒体市场营销理、海洋旅游与文化产品开发、文化产业管理机制创新等专题进行专门培训。

【文明创建活动】 2019年，唐山市丰南区委宣传部在加强文明城市常态化管理基础上，根据文明城市创建工作形势特点，进一步细化目标任务，明确责任分解，出台《丰南区全国文明城市创建工作实施方案》《文明城市创建点位指导手册》《文明城市创建档案指导手册》等一系列指导性文件。调整完善创城指挥部组织机构，组建10个由分管区领导牵头负责的创建工作部。抽调乡科级干部和专门工作人员充实区文城办工作力量，组建综合协调、档案对标、舆论宣传、督导检查、民意调查、效能监察等六个工作组。组织开展市容环境、交通秩序、市场环境、社区综合治理、“五小行业”整治等“五项”专项整治行动，组织开展“访千楼万家、创文明城市”入户大走访活动，广泛征求群众意见建议，解决群众关心关注热点难点问题，提高群众对文明城市创建的支持率和满意率。圆满完成省文明办组织半年和年度测评，并取得全省第十名、全市第二名好成绩。

【公民道德实践活动】 2019年，唐山市丰南区委宣传部组织开展“2019年最美丰南人”评选活动，共评选出12类40名“最美丰南人”；组织开展道德模范和时代新人河北好人推荐评选活动，先后有5人获“时代新人·河北好人”称号；有1人获评市级道德模范，1名省级道德模范；开展“我们的节日”系列活动，在春节、元宵、清明、端午、中秋等传统节日，把爱国主义教育、志愿服务活动、经典诵读、群众性节日民俗、体育健身、文化娱乐等活动贯穿主题活动始终，不断丰富节日期间城乡群众文化生活；组织“奋进新时代·文明我出彩”主题演讲比赛、“我的初心•我的梦”征文大赛等一系列活动；开展道德讲堂活动，传播道德经典，提升道德素养。“文明丰南”微信公众平台高效运行，充分展示各地各单位精神文明建设创建工作成果，不断宣传好人事迹、弘扬好人精神、传递社会正能量。

【未成年人思想道德建设】 2019年，唐山市丰南区委宣传部组织全区各中小学按照《文明校园创建标准》开展文明校园创建活动。组织开展“扣好人生第一粒扣子”主题教育实践活动。组织开展新时代好少年评选活动，评选出10名区级“新时代好少年”，推荐市级候选人2名，丰南区实验学校学生冯可欣获评市级新时代好少年并被推荐参评省级新时代好少年；加强校园周边环境专项整治，区文明办、教育局、公安局、卫计局等10家单位联合对城区学校周边环境卫生情况及书店、音像门店（摊点）、餐饮店（驿站、小饭桌）、流动摊点等环境卫生及经营行为进行检查，现场整改发现问题。

纪检监察

【概况】 2019年，丰南区纪委监委全面贯彻十九届中央纪委三次全会和省市纪委全会精神，始终坚持稳中求进总基调，不忘初心、牢记使命，提高政治站位，强化履职担当，自觉肩负起全面从严治党监督责任，推动全区党风廉政建设和反腐败工作取得新成效。强化政治担当，协助区委成立全面从严治党主体责任办公室，创新开展纪律提升专项行动，压紧压实全区各地各单位党组织主体责任。以党政治建设为统领，坚决破除形式主义、官僚主义，深挖细查各类形式主义、官僚主义问题，推动政治生态持续向好。扎实推进纪检监察体制改革，高标准推进县级纪委监委派驻机构改革工作，基本完成监察体制改革向乡镇（街道）延伸，切实把制度优势转化为治理效能。做实做细监督第一职责，牢牢把握惩前毖后治病救人初心本意，扎实开展日常和专项监督，贯通运用监督执纪“四种形态”，对各类违纪违规问题深挖细查，推动作风建设不断取得新成效。坚持有贪必肃、有腐必反，持续深化警示震慑，巩固发展反腐败斗争压倒性胜利，有效释放越往后执纪越严强烈信号。持续整治群众身边腐败和作风问题，扎实开展扶贫领域腐败和作风问题专项治理、基层“微腐败”专项整治、漠视侵害群众利益问题专项整治，严肃查处涉黑涉恶人员，人民群众的获得感、幸福感、安全感持续增强。深入开展“不忘初心、牢记使命”主题教育，践行忠诚干净担当，锻造政治过硬、本领高强纪检监察“铁军”。

（张　康）

【纪律检查委员会领导机构】 2019年，丰南区纪委监委根据《中共唐山市丰南区纪委、唐山市丰南区监委内设机构调整方案》，设置区纪委监委领导机构，领导班子职数9名。其中书记（主任）1名，副书记（副主任）2名，常委4名（其中2名兼监委委员），专职监委委员2名。

（王树冬）

第四届纪律检查委员会第四次全体会议

【纪律检查委员会组织机构】 2019年，丰南区纪委监委根据区委办2019年2月28日印发《中共唐山市丰南区纪律检查委员会、唐山市丰南区监察委员会机关职能配置、内设机构和人员编制规定》，丰南区纪委监委内设机构16个，为综合办公室、组织部、宣传部、党风政风监督室、信访室、案件监督管理室、第一至第五监督检查室、第六至第九审查调查室、案件审理室。派出机构1个，为丰南经济开发区纪检监察工委。直属事业单位1个，为丰南区廉政中心。根据区委办2019年11月25日印发《中共唐山市丰南区纪律检查委员会、唐山市丰南区监察委员会机关职能配置、内设机构及派驻（出）机构和人员编制规定》，对区纪委监委组织机构进行调整。其中，内设机构14个，为办公室、组织部、宣传部、党风政风监督室、信访室、案件监督管理室、第一至第四监督检查室、第五至第七审查调查室、案件审理室；派出机构1个，为丰南经济开发区纪检监察工委；派驻机构6个，为唐山市丰南区纪委监委驻区教育局纪检监察组、唐山市丰南区纪委监委驻区卫生健康局纪检监察组、唐山市丰南区纪委监委驻区住房城乡建设局纪检监察组、唐山市丰南区纪委监委驻区农业农村局纪检监察组、唐山市丰南区纪委监委驻区司法局纪检监察组、唐山市丰南区纪委监委驻区公安局纪检监察组；直属事业单位1个，为丰南区廉政中心。

（王树冬）

【纪律检查委员会会议】 2019年2月22日，中共唐山市丰南区纪委四届四次全体会议在丰南大剧院小剧场召开。出席会议区纪委委员20人。区四大班子领导成员及其他副县级领导，丰南经济开发区负责人及各园区负责人、纪工委书记，各乡镇党委书记、乡镇长、纪委书记、纪委委员，胥各庄街道党工委书记、办事处主任、纪工委书记、纪工委委员，区直各单位班子成员代表，区纪委监委、区委巡察机构全体人员参加会议。会议紧紧围绕深入学习贯彻党的十九大精神和习近平新时代中国特色社会主义思想，按照十九届中央纪委三次全会和省市纪委全会、区委四届五次全会部署要求，总结2018年全区纪检监察工作，部署2019年工作任务。会议学习讨论区委书记艾春讲话，审议通过区委常委、区纪委书记、区监委主任王增典代表区纪委常委会所作《坚定不移推动新时代纪检监察工作高质量发展，为实现重返全省县(市)区前列目标提供坚强保障》工作报告。

【管党治党责任落实】 2019年，丰南区纪委监委主动研判党风廉政建设和反腐败工作形势，结合巩固拓展落实中央八项规定精神成果等3个专题调研情况，向区委区政府提出意见建议14条，向区委请示汇报重要事项30余次。协助区委成立全面从严治党主体责任办公室，完善相关制度，及时传导压力。把好选人用人政治关、廉洁关、形象关，回复党风廉政意见152批次、1607人。对130名拟提拔干部进行任前廉政考试，制发跟进式教育提示函49份。创新开展纪律提升专项行动，明确“六反对六提升”各项要求，有效提升党员干部遵规守纪意识。全面展示反腐倡廉工作成效，上报稿件被市纪委网站及微信公众号采用125篇次、《唐山劳动日报》刊发47篇次，营造风清气正的浓厚舆论氛围。积极开展形式主义、官僚主义专项整治工作，印发通知明确8方面30项整治内容，压实各地各单位党组织主体责任。制发《形式主义、官僚主义问题分类标准》，为各单位开展自查整改提供依据。加强监督检查，出台专项监督检查工作方案，采取畅通信访举报渠道、开展问题筛查、广泛明察暗访等有效手段，深挖细查各类形式主义、官僚主义问题12起，党纪政务处分10人、组织处理6人。

（张　康）

【惩治腐败】　丰南区纪委监委坚持有贪必肃、有腐必反。2019年以来，共处置问题线索428件，涉及642人；立案170件，涉及197人（乡科级27人）；处分193人（乡科级19人）；采取留置措施7起7人，移送检察机关审查起诉4人。同时，探索制定《问题线索处置督办制度》，扎实开展问题线索处置集中攻坚行动，实行问题线索办理“黄牌、红牌”督促预警提示机制，切实提高办案效率。持续深化警示震慑，公开通报曝光4批41起67人，开展旁听庭审活动2场，召开全区政治性警示教育大会，组织观看警示教育片75场3830人次，有效释放越往后执纪越严强烈信号。持续强化办案协作，召开反腐败协调小组会议，及时调整成员单位，明确职责分工，加强同各单位、各部门间沟通联系，共收到区法院、检察院、公安局等单位移送问题线索21件，切实增强反腐败工作合力。

（杨龙昌）

【“四风”问题查处】　2019年，丰南区纪委监委始终保持整治“四风”问题高压态势，开展领导干部利用名贵特产类特殊资源牟取私利问题专项整治，组织全区近1.7万名党员干部进行自查自纠，给全区党员干部敲响警钟；开展排查整治“天价烟”背后“四风”问题专项行动，利用区烟草局“零售户网上订烟”系统，综合分析研判，随机抽选零售户走访排查，着力发现“天价烟”消费背后“四风”问题；开展“私车公养”专项治理，对全区保留的420辆公务用车、正在进行车改的448辆车辆以及231张主副加油卡运行使用情况进行全面排查，切实做到对“私车公养”问题“零容忍”；开展工作日午间饮酒、“不吃公款吃老板”专项整治，组成6个监督检查组，加大对重点人群和隐蔽场所检查力度，狠刹吃喝风。同时，紧盯元旦、春节、清明、“五一”、端午、中秋、国庆等重要时间节点，立足早部署、早提醒，下发相关规定通知，明确各项纪律要求，科学制定工作方案，先后组织开展各种形式明察暗访52次，对隐形变异“四风”问题，注重从细节入手，深挖细查。全年查处违反中央八项规定精神和“四风”问题18个，党纪政务处分16人，组织处理6人。先后制发通报3期，点名道姓通报曝光违反中央八项规定精神和“四风”问题15起29人，并组织召开全区警示教育大会1次，做到举一反三，警钟长鸣，持续释放越往后执纪越严的强烈信号。

【惩治破坏营商环境行为】　2019年，丰南区纪委监委将优化营商环境监督执纪问责工作纳入年度监督工作要点，将区行政审批局各服务窗口和具有行政审批、收费服务职能的区直单位、基层所站等作为监督检查重点，先后组织开展监督检查67次。全面梳理全区2018年以来招投标工作情况，选取河北丰南经济开发区临港园西扩区和丰南区部分乡镇燃气特许经营权项目，采取办案式调研方式，对项目招投标流程、各环节工作情况等进行梳理分析，着重发现招投标领域障碍全区营商环境瓶颈性问题，向区委区政府提出意见建议5条。建立问题线索移送机制，督促有关部门及时向区纪委监委移送监督检查中发现问题线索。全年受理破坏营商环境问题线索6个，综合运用监督执纪“四种形态”进行处理，其中立案审查调查5起，党纪政务处分5人，组织处理1人。

（雷春江）

【“四种形态”践行】　2019年，丰南区纪委监委准确分析和把握“树木”与“森林”关系，科学运用“四种形态”。坚持执纪在前，对党员干部经常提醒教育，体现厚爱，全年谈话函询、初步核实后予以结或给予适当处理435人次；违纪必咎，精准执纪，合理合规定性量纪，彰显严管，全年给予党纪政务轻处分、组织调整154人次；给予党纪政务重处分37人次；移送检察机关审查起诉4人次。“四种形态”比例69:24:6:1，“四种形态”分布更为科学，充分体现“全面”和“从严”两个方面要求。广泛公开信访举报电话、邮箱等举报方式，不断拓宽群众来信来访途径，共接待群众来访731次，来电1456次，受理信访举报910件次；加强分析研判，切实提高信访件办理效率，检举控告、初次举报、重复举报量同比下降29%、37%和21%。

（杨龙昌）

【党风廉政宣传教育】　2019年，丰南区纪委监委面向区、镇、村三级，召开全区警示教育大会，推进全面从严治党向纵深发展、向基层延伸，持续巩固风清气正的政治生态；依据丰南区《典型违纪违法案件通报曝光制度》，充分运用通报曝光反面典型警示教育作用，释放越

纪委监委演讲比赛颁奖

往后执纪越严强烈信号，共通报4批41起67人；贯彻《丰南区庭审警示教育制度》，组织丰南镇、区发改系统相关党员干部旁听2起全区查办留置案件庭审，并组织开展延伸教育活动；组织全区各地各单位观看警示教育片《在警醒中奋进》《一抓到底正风纪》，组织县处级干部开展警示教育，学习警示教育材料《警示录》《叩问初心》，引导广大党员干部常思贪欲之害、常怀律己之心。依托《今日丰南》报、“丰南发布”微信公众号、丰南电视台区本级媒体，充分发挥“融媒体”优势，及时刊发党风廉政建设动态信息，展现丰南区巩固发展反腐败斗争压倒性胜利措施、特色经验及纪检监察工作成果；利用党风廉政宣传教育联席会议优势，对成员单位进行调整和协调调度，全方位、多角度宣传廉政文化，营造风清气正浓厚氛围。持续开办《纪法之窗》专栏，对典型违纪违法案例进行纪法阐释，引导广大党员干部及公职人员学深悟透党纪法规，将其内化于心、外化于行。同时，组织开展《纪法之窗》教育活动，以“小课堂”“大家讲”“大讨论”三种活动形式，巩固强化学习效果。2019年，专栏刊发188期，全区40余家单位开展学习教育活动。深化纪律提升专项行动，借助在线渠道，开设纪律规矩知识在线答题窗口，以考促学，强化全区党员干部对《中国共产党纪律处分条例》《中华人民共和国监察法》《关于新形势下党内政治生活的若干准则》《中国共产党问责条例》等党纪法规的学习，参与考试的党员干部达11200人次。

（王佳玮）

【监察体制改革】 2019年，丰南区纪委监委按照国家监察体制改革试点工作有关要求，实施国家监察体制改革试点工作向开发区、乡镇（街道）延伸。建立纪检监察工委。撤销经济开发区已设立监察分局，将开发区纪工委更名为开发区纪检监察工委，履行党纪律检查和国家监察两项职能。纪检监察工委纪律检查职责不变，其履行监察职责主要是根据区监察委员会授权，行使部分监察权限。建立乡镇（街道）监察组织。区监察委员会向乡镇派出监察办公室，向街道派出监察组，监察办公室（监察组）与乡镇（街道）纪委（纪工委）合署办公。监察办公室主任（监察组组长）由乡镇（街道）纪委（纪工委）书记担任，副主任（副组长）由乡镇（街道）纪委（纪工委）副书记担任。监察办公室（监察组）职责包括：依法对乡镇（街道）管辖范围内行使公权力公职人员进行廉政教育，对其依法履职、秉公用权、廉洁从政从业以及道德操守情况进行监督检查；向监察对象所在单位提出监察建议；协助区监察委员会开展调查工作；采取谈话、询问等方式对职务违法行为进行调查；完成区监察委员会交办其他任务等。深化县级纪委监委派驻机构改革。根据党章、监察法等有关规定，区纪委监委结合实际，实行“单独+综合”派驻双模式，共设置派驻机构6家，负责监督49家区一级党和国家机关，派驻纪检监察组既要依照党章和其他党内法规履行监督执纪问责职责，又要依照宪法和监察法履行监督调查处置职责。

（张　康）

农村工作

【概况】 坚持农业农村优先发展，全面落实乡村振兴战略，推进农业供给侧结构性改革，坚定富民增收目标不动摇，努力改善乡村面貌不停步，深化农村综合改革不懈怠。全区农业龙头企业达到61家，农业产业化经营率达到68.5%，农民专业合作社308个，家庭农场58家，各类专业大户318户。其中，国家级示范农民专业合作社3个、省级农业龙头企业6家。鼎新蔬菜有限公司“品新”牌蔬菜被评为国家驰名商标。2019年，全区完成农林牧渔业可比价产值68.5亿元，可比价增加值44.2亿元，农民人均可支配收入18821元。丰南区顺利通过农村人居环境整治省级全域示范县验收，进入全省前列，综合考核全省位列第六名，并代表省市接受国务院专项督查。高质量完成全市唯一省级唐津运河乡村振兴示范区建设，得到省市领导认可。脱贫攻坚成效考核连续两年保持全市第一。

【农业产业化经营】 2019年，丰南区农业产业化经营率达到68.5%，比上年增长2.85%。区农业龙头企业达省级6家、市级29家，新兴海产品、润达物流新被评为省级农业产业化重点龙头企业。

（夏学东）

【土地确权颁证】 为彻底解决农村土地确权登记颁证遗留问题，按照省《河北省解决农村承包地确权遗留问题实现全覆盖工作方案》及《农业农村部办公厅关于开展农村承包地确权登记颁证“回头看”的工作方案》文件精神，开展确权登记颁证“回头看”工作，解决确权登记遗留问题。通过自查发现问题，针对存在问题制定切实可行整改方案，并按照方案全力推进确权扫尾工作。截至2019年底，已有430个村向108720户农户颁发土地承包经营权证，占应发总数的99.11%；制定档案保密制度，并予以落实；确权数据库已向农业农村部汇交，并通过软件初检及人工检测。

（张青松）

【农村资金专业合作社监管】 截至2019年底，全区有7家农村资金专业合作社正式运营，总资产7125.58万元，入社社员1722户，吸纳社员股金4060.06万元，吸纳社员互助金2194.53万元，向社员投放资金余额5208.33万元，涉及361户。其中，投放农业生产3833.33万元、农产品流通及加工1102万元、农民生活和其他273万元，帮助社员解决生产、生活及其他方面的资金需求，增加农村金融自身“造血”功能。

【农村集体产权制度改革】 截至2019年底，全区464个村，有463个村召开集体经济组织成员代表会议成立经济合作社，选举成立村集体经济组织成员（代表）会、理事会、监事会，完成集体经济组织登记赋码，赋予集体经济组织特别法人主体地位。

（刘　磊）

【农业项目建设】 2019年，全区共谋划确定1000万元以上农业产业化重点项目18个（亿元以上项目6个），年内计划投资8.17亿元，累计完成投资8.22亿元。新希望六和、君乐宝奶粉生产线项目被评为2019年省重点项目。

（夏学东）

【农村人居环境整治】 高标准创建农村人居环境整治全域完成示范县（区），农村人居环境整治工作在全省考核排名第六。开展村庄清洁行动。区四大班子领导带队逐村拉练观摩6次，先进乡镇资金奖励，落后乡镇检讨发言。全区累计投入资金7280万元，出动人员13.1万人次、机械设备和运输车辆6.2万余台次，清理垃圾52.2万立方米、塘沟102.5万平方米、畜禽养殖粪污2872处、残垣断壁5222处、房前屋后杂物7.8万户，建成“三园”12.7万平方米。推进农村垃圾治理。健全“户收、村集、区运、区处理”的垃圾治理模式，实现二级市场化运营，即清扫和收集由乡镇负责，清运和处理由全区统一管理运营。实施农村“厕所革命”。完成改厕29138座，超出省任务数20000座45.7%，全区无害化卫生厕所普及率达到92.5%。粪污清掏实行市场化运营，全区有清掏人员120人，清掏车辆120辆。在东田庄乡建立粪污无害化综合处理试点。加快农村污水治理。新建5个污水集中处理村，全区污水处理村累计达到16个，加强宣传教育，引导农民节约用水，减少污水排放，农村生活污水得到有效管控。提升村容村貌。实施破损街道修缮提升工程94万平方米，新增村庄绿化面积720亩，安装维修路灯6406盏，清除内容低俗标语广告，结合村庄建设和文化特色，在村庄入口处设立村庄标识，深化“美丽庭院”创建，推进村容村貌由表及里、持续提升。

（孙玉东）

统战工作

【概况】 2019年以来，区委统战部以习近平新时代中国特色社会主义思想为指导，深入学习贯彻党的十九大和十九届二中、三中、四中全会及中央、省市委统战工作会议精神，紧紧围绕全区“12346”发展思路和重返全省县（市）区前列宏伟奋斗目标，突出大团结大联合主题，充分发挥统一战线重要法宝作用，着力巩固共同思想政治基础、着力发挥多党合作制度优势、着力助推经济社会高质量发展、着力推进重点领域工作、着力加强机关效能建设、着力唱好丰南统战声音，全区统一战线工作呈现良好局面。

【政党协商】 按照“长期共存、互相监督、肝胆相照、荣辱与共”的方针，丰南区政党协商实现制度化、规范化、常态化。组织召开征求意见会、通报会6次，区各民主党派、无党派代表人士、工商联、新的社会阶层代表人士提出意见建议，其中40余条被区委、区政府有关部门采纳。充分体现民主党派、工商联和无党派人士参政议政、民主监督职能作用。

【新的社会阶层人士工作】 成立新的社会阶层人士联谊会，建立新的社会阶层人士数据库。按照“试点先行、示范引领”工作思路，坚持“组织起来、联系起来、凝聚起来、活动起来”工作原则，打造新的社会阶层人士实践创新基地和联络站。搭建起“新联会+实践创新基地+联络站”组织框架和骨干队伍。

唐山市丰南区新的社会阶层人士联谊会成立暨第一次会员代表大会

【非公经济人士工作】 牢牢把握“两个健康”主题，坚持团结、服务、引导、教育方针，一手抓鼓励支持，一手抓教育引导，促进非公有制经济健康发展。举办助力打造百家和谐幸福民营企业入企培训公益活动，开展“高质量发展突破年交流会”“勠力同心、打造行业标杆企业动员会”“民营企业法律风险防范专题讲座”“税务政策分享解读交流会”“剧变环境下企业制胜战略专题讲座”，着力打造一支新生代企业家队伍。同时，扎实推进校企合作和银企对接活动。先后组织召开大型招聘会2次，为唐山贺祥智能科技股份有限公司、唐山梦牌瓷业有限公司、唐山宝翔化工产品有限公司等非公经济企业输送人才200余人。并召开银企对接会，为丰美食品、壮牛饲料加工有限公司、兴盛建筑安装有限公司等企业，分别与中国建设银行丰南支行、丰南舜丰村镇银行成功签约，签约资金达亿元。深入开展“百企帮百村”精准扶贫行动，发起设立“社会扶贫项目储备库”，吸纳33家爱心企业认筹帮扶资金200万元。

【党外人士】 区委统战部成立党外人才工作领导小组，制定《2019年丰南区委统战部党外人才工作方案》。建立区党政领导和统战系统干部与党外人才交友联谊机制。同时，建立由55名工作实绩突出、综合素质高的年轻党外干部组成的党外后备干部人才库和256人组成党外知识分子代表人士人才库，为打造“沿海强区，美丽丰南”提供了强有力人才支撑。

【民族宗教】 全面贯彻落实党的民族政策，进一步理顺抓好宗教工作体制机制。民族方面，扎实开展民族团结创建和省级民族特色村寨创建及城市民族工作示范社区建设。2019年，胥各庄街道锦绣花苑社区被确定为唐山城市民族工作示范社区。大齐各庄镇大齐各庄村、丰南镇东望马台村入选省级民族特色村寨。宗教方面，解决多年来想解决而未能解决问题，得到市领导的充分肯定。同时，扎实推进“双创四进”创建活动，并建立健全三级宗教工作网络。

（刘淑君）

党校工作

【概况】 丰南区委党校由区委副书记兼任校长，区委常委、组织部部长兼任第一副校长，设常务副校长1名，主任科员1名，副校长2名。2018年机构改革后，内设综合办公室、教务科、财务科、后勤保障科、信息资料室、政治理论教研室、经济教研室7个科室。现有教职工35人，其中有专兼职教师9人，全部为大学本科及以上学历。其中高级讲师4人、讲师5人，有哲学、党史、法律、经济、机械等多个教师专业。主要职能是研究、宣传马克思主义、毛泽东思想、邓小平理论、“三个代表”重要思想、习近平新时代中国特色社会主义思想和党的路线、方针、政策；根据区委安排，轮训党员领导干部，培训中青年党员领导干部、意识形态部门领导干部和理论骨干、党员知识分子，培训基层干部；根据区政府安排，负责国家公务员、公共管理人员、企业管理人员的培训；围绕区委、区政府中心工作和全区经济社会发展的重点、难点、热点问题开展县情调研，做好教学科研工作。

【干部培训】 2019年，丰南区委党校结合“三个一批”工作开展，实施“培训阵地效应提升行动”，主要开展两个层面培训工作。抓好主体班次培训。与组织部门联合，先后举办新提任青年干部培训班和选调生培训班，培训达140多人次。在培训形式上，采取室内集中上课与室外现场教学相结合；在培训内容上，突出党性教育、理论教育、廉政教育和岗位技能教育。整个培训深受学员喜欢，

新提任干部培训

取得较好培训效果。承办相关部门干部培训。一改过去区直部门单纯业务培训，坚持联合办学，把党纪党规、政治理论纳入教学内容，做到业务学习与党性锻炼有机结合，收到较好培训效果。年内，与区卫健、公安、司法、退役军人事务局、街道社区等部门合作，举办培训班13期，培训1500多人次。

【教学研究】 2019年，丰南区委党校结合“三个一批”工作开展，实施“教学科研水平提升行动”，抓好教学研究工作。丰富完善“菜单式”教学。调整充实教学“菜单”，把习近平新时代中国特色社会主义思想和党性党纪党规教育作为主课，形成涉及政治、经济、意识形态、主题党课等多个板块30多个教学专题，力求每个专题都贴近党员干部思想工作实际，更富有针对性，同时组织教学人员精心备课，形成质量较高教学教案30多个，根据各部门培训需求，扎实开展“菜单式”送学服务活动。比如，在“不忘初心、牢记使命”主题教育前后一个时期，教学人员既参与本单位讲党课活动，又参与“送课上门”服务和宣讲活动，先后到老干部局、农业农村局、街道社区等单位做辅导讲党课8次，培训党员干部1000多人次，较好地发挥自身优势。靠机制推进科研工作。建立并认真落实科研工作与奖励绩效工资挂钩机制，充分发挥激励导向作用，号召并积极引导教学人员紧紧围绕区委、区政府中心工作，深入开展调查研究，并在全体教学人员中广泛开展“五个一”活动，即每名教师年内至少完成1篇高质量教学课题，上1次讲台，完成理论文章1篇，承担1项科研项目或1个调研课题。2019年，与省市委党校合作参与科研项目3个，获得省级科研项目结项1个，完成调研课题9个，发表论文、调研文章有5篇在省市级媒体刊载。

党校教师到社区讲党课

【软硬件基础建设】 2019年，丰南区委党校结合“三个一批”工作的开展，实施“教师后备人才培养计划”和“培训后勤服务提升行动”。一方面，抓队伍建设，注重教师人才培养。坚持内部练兵强素质，创建周末课堂，集中学理论、学政策、学业务，同时给教学人员定目标、压担子，鼓励年轻教师多上讲台，承担起教学、科研等工作任务。坚持外部借力提能力，选派2批次共9名教师参加市委党校组织的党的十九届四中全会精神师资培训班，赴南昌县、丰润区等党校学习借鉴教学经验。另一方面，抓基础设施建设。对校图书室进行改造升级，购置新书架和扫描仪等设备，对现有2万多册图书进行归类整理，实现图书管理信息化、规范化；重新布局学员食堂和宿舍，实现设施更新、环境美化。为此，丰南区委党校作为全市县（市）区党校代表，先后迎接省、市委党校工作调研。

【主题教育】 2019年，丰南区委党校高标准推进主题教育活动开展。按照“不忘初心、牢记使命”主题教育要求，扎实开展集中辅导、交流研讨、调查研究、对照党章党规找差距、整改承诺、组织生活会、主题党日等活动，高质量完成本单位主题教育工作任务。区四大班子领导干部主题教育交流研讨在党校举行。推进机关理论学习常态化。结合区委开展的学习、教育提升专项行动，落实周五固定学习日制度，坚持雷打不动，把中心组学习、全员集中学习、党员教育一并纳入学习日。同时运用“学习强国”、干部网络学院等平台，组织全体党员干部集中学新思想、新理论、新政策、新文件和新法规，不断充实头脑，汲取新知识，提升思想和理论水平。加强纪律作风建设。按照整治“四风”和纪律提升专项行动要求，针对队伍中存在年龄老化、工作激情不足问题，注重加强日常思想作风教育，利用民主生活会、组织生活会等党内活动等时机，开展经常性教育引导，引导大家自觉克服年龄上误区，消除激情不足、把门守业错误观念，强化责任担当，高标准、严要求做好本职工作，努力提高工作质量和水平。同时，加强机关制度建设，完善并落实机关工作、学习、纪律、值班考勤、后勤管理、财务管理、例会、办文办事等项制度。

【全面从严治党和党风廉政建设】 2019年，丰南区委党校认真落实《机关党组织工作条例》《党员教育管理条例》，由机关党支部牵头，定期组织召开支委会、支部大会、组织生活会；坚持每月确定活动主题，定期组织开展“主题党日”活动，让全体党员积极参与，接受教育管理。落实全面从严治党和廉政建设责任。结合党校工作职责，主要领导、分管领导和各科室逐级签订全面从严治党和党风廉政建设责任书，特别是主要领导人，坚持一岗双责、以身作则，不断加强党纪党风和德行修养，自觉遵守中央“八项规定”，严肃机关廉政纪律，积极开展违纪查处行动，在公车治理、办公用房治理等方面加大工作力度，取得较好成效。

（王陆云）

档案工作

【概况】 2019年，在区委、区政府领导和省、市档案部门指导下，区档案馆工作以习近平新时代中国特色社会主义思想为指导，强化服务理念，创新服务方式，优化服务平台，围绕档案工作“服务大局、关注民生、推进发展”这一主题，不断完善档案馆各项功能，积极谋求档案工作融入全区大局、融入民生契合点，提升档案事业科学化发展和全方位服务能力，保持国内有位、省内领先整体综合实力水平。2019年，李明君获全国档案系统先进个人称号。

【业务指导与培训】 2019年，丰南区档案馆（局）先后对区政府、区委组织部、区农工委、区委党校、区税务局、区退役军人事务管理局、区农业农村局、区建投公司、区委“不忘初心、牢记使命”领导小组办公室等单位文书、专门、专题、业务档案工作予以指导、培训及服务，先后整理、规范文件、图书、资料约4万件（卷、册）。并根据实际工作对乡镇、区直有关单位、部门进行培训指导。

【重点工程档案管理】 2019年，丰南区档案馆（局）对区水务局三项重点工程项目档案进行业务指导和培训，并组织专家组予以考评验收，形成验收评审结论。

【档案目标管理认定】 2019年，丰南区档案馆（局）通过对全区近百家机关单位专职档案员的档案法律、法规及业务技能、行业规范专业知识培训，全区机关单位档案工作目标管理认定复查工作进展顺利，区检察院以满分成绩（河北省县级检察院中第一家、丰南区直单位中第二家）通过复查验收。

【土地确权民生档案】 2019年，丰南区档案馆（局）经过四年多的专题培训、定点指导、巡回督导和细化整理，全区土地确权专题档案工作进入实体档案进馆扫尾阶段。

【社区建档和家庭建档】 2019年，丰南区档案馆

2019年，区档案馆库房新增密集架

（局）从4月中旬开始对东兴社区2007—2018年社区档案进行规范化整理，形成3000余件。对东兴社区郭少瑾、李广新夫妇多年来形成的八大类家庭档案（约2000件）进行规范化整理，并在“全市十佳家庭建档”中获得第三名。

【档案接收与征集】 2019年，丰南区档案馆（局）接收民政局2011—2017年婚姻档案（结婚、离婚、补结、补离档案）59127件，更加方便广大人民群众对婚姻档案的查阅。7月接收土地确权档案1000余盒，并多次与各乡镇进行沟通，对土地确权档案进行修改，进一步完善土地确权档案，保障土地确权档案的准确性、完整性。接收废止印章15枚，对每枚公章整理编号，收入专用档案盒进行保存。继续丰富馆藏资料，全年共接收期刊140余册，整理图书96册。

【档案安全管理】 2019年，丰南区档案馆（局）按照省委办公厅文件要求及区委常委、区委办公室主任孙永才同志的批示意见，对馆内档案安全隐患进行全方位排查，重点是库房及周边消防报警系统、灭火设施设备、监控录像系统、机电空调设备，并进行修复。更换13个老化的库房防盗隔音门，启动四楼无过水管道空调系统，修复部分烟感探头。在唐山市档案馆的指导下，做好电子档案“异地备份”工作。

【档案安全指导】 2019年，丰南区档案馆（局）与应急、公安、保密等多部门协调、沟通，按照年初制定的全区排查工作整体方案及重点检查单位名单，对区医院、供电公司、交通局、住建局、农商行、区一中、黄各庄镇等代表性单位进行重点督查，对存在隐患的单位和部门下发整改建议通知单并监督做好整改工作。

【档案数字化扫描】 2019年，丰南区档案馆（局）

按照国家档案局《档案信息化建设发展规划及远景目标》要求，继续推进档案数字化建设，共完成婚姻档案、土地延包档案和部分文书档案扫描669286页，录入条目107621条，订卷2571卷。

【档案利用与服务】 2019年，丰南区档案馆（局）共接待档案查阅人员1600余人，利用档案2300余件，主要涉及文书档案、婚姻档案、公证处档案、老房地契档案、计划生育档案等多种类型的档案，为广大群众提供便利，为解决实际困难提供政策支持。通过查阅这些档案资料，为国家、集体和个人创造可观的经济价值。

【档案编研与开发】 2019年，丰南区档案馆（局）积极培育档案文化产业，大力开发档案文化产品。编写出版《丰南县贫农下中农代表会议资料选编》，全书共计300多页，20多万字；编纂完成《档案安全保密应急管理知识手册》，约12万字，作为日后业务培训教材使用。档案开发利用成果喜人，区直单位3项（检察院、民政局、教育局各1项）成果、馆内3项上报市级开发利用档案优秀服务成果。

（杨敏慧）

党史研究工作

【概况】 中共唐山市丰南区委党史研究室为区委直属事业单位。主要职能是研究丰南党史，总结党历史经验，资政育人，编辑出版重要党史书刊。征集、整理、编纂有关丰南党史重要资料，收集整理重要口述历史资料、重要党史人物回忆录。推动党史成果的转化，组织开展党史、革命史宣传教育活动；参与对全区革命历史遗址遗迹调查、保护和利用工作，协助有关部门做好党史纪念场馆建设工作。完成上级党史部门和区委交办其他事项。2019年，无内设科室，编制2人。

【党史编研】 2019年，中共唐山市丰南区委党史研究室编辑整理并及时上报《中共河北年鉴（2019）》和《中共唐山年鉴（2019）》有关丰南部分稿件。编辑整理《中共丰南历史大事记（2011—2017）》一书，该书共12万字，记述中共丰南2011年1月至2017年12月间发生大事、要事，总结全区各条战线取得主要成就。该书共印制1000册，分别发放到各乡镇及区直单位，让党员干部进一步解丰南近几年发生巨大变化，从而更加热爱丰南，热爱党。完成《滨海风云》第五辑共12万字初稿。《滨海风云》是一部记述丰南革命历史事件和革命历史人物重要书籍，对丰南区党史研究工作具有很强参考价值，90年代完成前四辑印行工作。2019年通过整理、利用现有资料，走访当事人、知情人，编写完成第五辑。启动编纂《中国共产党丰南历史（第一卷）》，力争在2021年完成党史一卷本修订出版。加强党史资料管理，继续推进党史资料信息化，做好党史珍贵资料征集、抢救和保护工作。

【党史宣教】 2019年，中共唐山市丰南区委党史研究室抓住新中国成立70周年、李大钊诞辰130周年关键时间节点征集、编写、上报党史学术研讨论文5篇。借助现有两个党史教育基地——大齐各庄镇赵各庄村党史陈列室和丰南镇杨贵庄村史馆，开展宣传教育活动，印刷宣传资料上千份，利用身边事、身边人对党员干部进行爱国主义教育。在《今日丰南》上开辟《党史今日》专栏，进一步扩大党史宣传范围，力求把党史研究转化为育人成果。结合第二批“不忘初心、牢记使命”主题教育活动，11月在全区党员干部群众中组织开展“学党史、新中国史”答题活动。活动得到丰南各级单位积极响应和参与，共43家单位12443人参与活动，激发广大党员干部群众爱国热情。利用党史工作微信群做好党史联络员培训工作，开设党史微课堂，讲授党史资料征编和党史宣传等知识注入“红色基因”，打造“红色品牌”。拓展《党史博采》宣传范围，创新宣传方式，不断扩大党史博彩影响面和读者群，充分发挥党史窗口阵地作用。加强对全区重要革命遗址遗迹保护利用工作调研指导，加大保护力度，发挥红色文化作用。

【特色工作】 2019年，中共唐山市丰南区委党史研究室构建“大党史”工作格局，加强与档案、地方志、教育等单位合作，拓宽工作思路，提高研究水平，扩大宣传影响，力争推出一批高质量、高水平学术成果。加强党史业务培训，积极组织选派党史干部参加上级党部门举办业务培训班，更新党史队伍知识结构，提升党史工作者整体

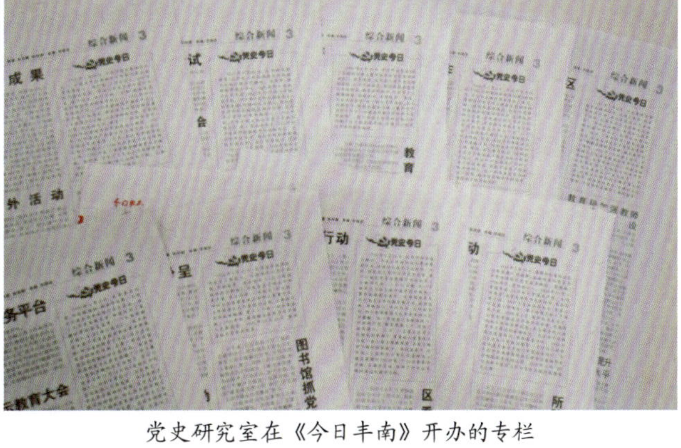

党史研究室在《今日丰南》开办的专栏

业务素质，加强党史干部队伍自身建设。修订完善机关有关管理制度，扎实推进机关工作制度化、规范化、科学化建设，加强机要保密工作，做好值班保障工作，规范财务管理，严格固定资产办公用品采购和使用制度。

（王爱英）

信访工作

【概况】 2019年，丰南区信访局在区委区政府正确领导下，在区信访工作联席会议靠前指挥下，以维护全区社会和谐稳定为中心，解决问题、规范秩序，强力攻坚、合力维稳，全区信访形势整体平稳、特殊群体整体可控、积案存量大幅削减，圆满完成全国“两会”、“一带一路”国际合作高峰论坛、暑期、新中国成立70周年大庆、十九届四中全会等重大时期的信访工作任务。《河北信访》刊发丰南区律师参与信访工作做法，《人民信访》刊发丰南区国丰钢铁公司和谐平稳关停经验做法。信访工作年度考核排名全市第一。

【信访攻坚行动】 2019年，丰南区信访局按照省市要求，区信访联席办对中央、省、市三级交办案件和其他重点案件进行仔细梳理，分三批落实区四大班子领导包联，开展集中攻坚行动。印发《丰南区党政领导干部包联化解信访积案攻坚行动实施方案》，明确包联化解责任，形成党政同责、齐抓共管工作局面。攻坚行动中，包联领导严格落实包联责任，主动接访约访信访人，召开调度会议，按照“四不欠账”（不欠政策账、不欠法律账、不欠感情账、不欠经济账）和“三到位一处理”（群众诉求合理解决问题到位、诉求无理思想教育到位、生活困难帮扶救助到位、行为违法依法处理）要求，逐案制定化解措施，依法依规解决问题，从根本上削减信访存量。包联领导接访约访信访人38批116人次，召开调度会议18次，调度案件73件。同时，区信访工作联席会议充分发挥协调调度职能，对重点难点信访事项逐案调度，研究具体解决办法，促使大批信访积案有效化解。区联席办加强对攻坚行动督导盯办力度，及时发现问题、解决问题，推动工作开展。

【信访“三率”提升】 2019年，丰南区信访局依法依规受理。严格落实依法分类处理信访诉求工作规则，对信访事项认真甄别，及时转交有权机关办理，实现精准分类、精准办理。提高办理水平。坚持“月上站”制度，对乡镇基层信访干部定期进行业务培训，提高“依法办事、规范办案”能力。6月份召开全区信访业务培训会议，就如何提高“三率”进行集中学习培训。提升满意度，严格落实首接首办责任制和督查督办责任，提高初信初访一次性化解率。同时依托区、乡、村三级群众工作平台，开展区、乡两级领导干部公开接访、约访、下访和村居党员干部坐班接访、入户走访活动，及时就地解决问题。截至2019年底，信访事项办理及时受理率、按期答复率、群众满意率分别为100%、100%、98.5%，处于全市各县（区）前列。

【律师接访】 2019年，“阳光信访”律师工作室每个工作日安排一名律师坐班接访，为来访群众提供法律咨询服务，引导信访人依法依规解决问题。积极实践律师等第三方参与接访调处、会商听证，对每件信访积案由律师提出法律意见，确保在法律框架内解决问题。区财政安排专项经费，用于律师参与信访值班补贴和相关法律服务经费。“阳光信访”律师接访室成为“法律服务、普法宣传、联合调解”阵地，促进信访工作法治化建设。全年共接待解答信访人咨询88批259人次，调处矛盾纠纷36件。

【领导接访约访】 2019年，丰南区信访局依托区乡两级群众工作平台，开展领导干部接访、约访，及时就地解决好群众反映热点难点问题，减少越级访发生。区信访联席办统筹安排，确保每个工作日都有一名区党政领导在区群众工作中心公开接访，特殊时期加大接访密度。乡镇、街道领导班子成员每个工作日轮流到群众工作站接访约访，确保随有随接，将矛盾化解在当地。一年来，区领导共接访104批308人次，约访40批116人次，现场召开调度会议46次。

（谭正宇）

机构编制管理

【概况】 中共唐山市丰南区委机构编制委员会办公室（简称区委编办）是区委机构编制委员会办事机构，作为区委工作机关，归口区委组织部管理。其主要职责是贯彻落实关于行政管理体制和机构改革以及机构编制管理政策法规，组织拟定相关政策规定并监督实施。管理和指导各级党委、人大、政府、政协、监察委机关，各人民团体机关以及全区事业单位机构编制工作。组织拟订全区行政管理体制改革、区委、区政府机构改革方案、全区事业单位管理体制和机构改革方案并组织实施。负责全区行政管理体制和机构改革、全区事业单位管理体制改革、机构编制管理工作以及行政执法体制改革工作。审核或审批区委、区政府各部门及各部门派出机构、区人大、区政协、区监察委机关、区各人民团体机关、开发区、乡镇党委和政府机关职能配置、机构设置、人员编制和领导职数。审核或审批区委、区政府直属事业单位和区直部门所属事业单位机构编制事宜。负责全区党政群机关统一社会信用代码赋码管理工作，负责全区事业单位法人登记管理和监督检查工作。负责全区机构编制的总量控制和动态管理。负责对各级行政、事业单位管理体制和机构改革及机构编制执行情况和跟踪评估和监督检查。负责全区机构编制电子政务和信息化工作。内设机构有综合科、机构编制科（政策法规科）、事业单位登记管理科（唐山市丰南区事业单位登记管理局），下辖机构编制电子政务中心。2019年，区委编办认真贯彻落实党的十九大精神和习近平新时代中国特色社会主义思想，贯彻落实《中国共产党机构编制工作条例》，以机构编制“改革、管理、创新”为重点，全面完成全区党政机构改革、事业单位改革任务，积极推进重点领域体制机制创新，统筹配备和使用各类编制资源，为建设“沿海强区、美丽丰南”提供坚强有力体制机制保障。

【党政群机构改革】 2019年，根据《中共中央关于深化党和国家机构改革的决定》《深化党和国家机构改革方案》《河北省机构改革方案》《唐山市机构改革方案》和《关于地方机构改革有关问题的指导意见》《关于市县机构改革的总体意见》《唐山市丰南区机构改革方案》，完成党政机构改革，建立起具有丰南特点党政机构职能体系。丰南区党政机构改革从2018年9月14日开始，到2019年3月底基本完成。在省市委编办悉心指导和区委正确领导下，经过全区各部门共同努力，党政机构改革推进稳妥，成效显著，达到预定目标。党政机构改革是对区委和区政府组织结构和管理体制一次系统性、整体性重构。整体推进各类机构改革，重构性健全党领导体系、政府治理体系、群团工作体系，系统性增强党领导力、政府执行力、群团组织活力。改革后丰南区共设置党政机构35个，比改革前减少22个，精简38.6%。改革划转职能119项。按照“编随事走、人随编走”原则，共转隶编制366名、人员239名。深化区人大机构改革。在整合相关专门委员会职责基础上，组建区人大社会建设委员会。深化区政协机构改革。组建区政协农业和农村委员会。深化群团组织改革。贯彻落实党中央、省委和市委关于群团组织改革工作部署要求，继续推进群团组织改革创新。

【事业单位改革】 2019年，区委编办按照党中央和省委市委部署要求，将承担行政职能事业单位改革纳入地方机构改革，统筹推进、同步实施。通过细致全面梳理，将完全、主要和部分承担行政职能事业单位全部纳入改革实施范围。对完全承担行政职能事业单位，原则上并入相关党政机构或调整为主管部门内设机构，确需单独设置为行政机构的，在规定限额内设置。对主要或部分承担行政职能事业单位，原则上将行政职能划归主管部门或职能相近党政机构，原有事业单位调整为从事公益服务事业单位或并入相关事业单位。改革后保留事业单位名称不再使用委、办、局、处。丰南区承担行政职能及涉及改革132个事业单位机构编制调整通知已于3月底全部下发。推进部分承担行政职能事业单位改革。将21个单位承担行政职能划转到其主管部门或相应行政机关，同时规范机构名称。规范事业单位名称理顺管理体制。将21个单位名称进行规范，对84个单位主管部门进行调整。通过此次改革，基本实现政事分开，强化公益属性，进一步完善政府职能配置，优化组织结构，规范政府运行，进一步提升政府依法行政能力和水平。

【综合行政执法改革】 2019年，区委编办积极落实全区文化市场、交通运输、农业三个领域深化综合行政执法改革工作。组建丰南区文化市场综合行政执法局、丰南区农业综合执法大队、丰南区交通运输综合执法大队，锁定全额事业编制，实行“局队合一”管理体制。2019年8月17日印发《中共唐山市丰南区委机构编制委员会关于组建丰南区交通运输综合行政执法机构有关事宜的通知》《中共唐山市丰南区委机构编制委员会关于组建丰南区农业综合行政执法机构有关事宜的通知》《中共唐山市丰南区委机构编制委员会关于组建丰南区文化市场综合行政执法机构有关事宜的通知》等3个领域综合行政执法机构组建通知。

【行政权力责任公开】 2019年，区委编办本着实事求是原则，深入听取各部门意见，针对意见深入审查核对，反复协沟通协商，力求清理工作意见一致、合法合规。经过梳理，全区32个部门现有行政权力事项2228项（其中行政许可195项、行政处罚1407项、行政强制117项、行政征收53项、行政给付32项、行政裁决8项、行政确认51项、行政奖励20项、行政监督191项、其他权力154项）、行政责任事项1749项。梳理后对全区32个部门行政权责事项进行进一步整理和规范、统一权责清单格式，确保各部门权责清单数据与机构改革后“三定”方案有机衔接，为与中央编办云平台数据对接工作做好准备。政府工作部门及有关单位权责清单公布后，按照“法定职责必须为、法无授权不可为”原则，使各部门履职尽责，推动丰南区法治政府、责任政府、服务型政府建设。

【事业单位法人登记和机关群团赋码】 2019年，区委编办共办理事业单位法人设立登记2个，变更登记81家110项，注销登记9个，证书补领1个。并将事业单位登记事项在区政府门户网站“政府公告”专栏依法进行公告，共发布公告31期。实现事业单位登记管理即时办结。实现事业单位法人登记事项“最多跑一次”。实现“材料齐全，立等可取”。圆满完成2018年事业单位法人年度报告公示工作。全区222家事业单位法人年度报告工作提前完成，合格率100%，并且全部在“事业单位在线”网站向社会进行公示。全年新领机关、群团统一社会信用代码3个，变更信息23家30项，撤销机关4家。

（李金定）

唐山市丰南区人民代表大会

Tangshan Shi Fengnan Qu Renmin Daibiao Dahui

责任编辑：张保华

综　述

2019年，是丰南区六届人大常委会各项履职工作不断巩固提升之年。一年来，在区委坚强领导下，在“一府一委两院”支持配合下，区人大常委会深入学习贯彻习近平总书记关于坚持和完善人民代表大会制度重要思想，牢记初心使命、依法高效履职，人大工作提升到一个新水平。全年，共召开常委会议9次，审议各项议题52项，召开主任会议10次，开展执法检查4次、视察5次，接待上级人大来丰南视察调研等活动23次。先后3次在省市人大经验交流会上作典型发言，人大代表之家（联络站）建设、基层代表入户挂牌、法官检察官履职评议等工作。

人大常委会组织机构

【概况】　2019年1月1日至12月31日，区人大常委会组成人员共31名，其中主任1名，副主任3名，委员27名。2019年1月31日，唐山市丰南区第六届人民代表大会第三次会议补选张敬宝为区六届人大常委会副主任，2019年1月31日至2月28日，区人大常委会组成人员共32名，其中主任1名，副主任4名，委员27名。2019年3月1日，董树军因工作调整不再担任区人大常委会副主任职务，2019年3月1日至12月31日，区人大常委会组成人员共31名，其中主任1名，副主任3名，委员27名。

唐山市丰南区人民代表大会常务委员会工作机构的设置为：办公室、选举任免代表工作委员会、法制工作委员会、财政经济工作委员会、教育科学文化卫生工作委员会。办公室下属区人大代表联络中心，为区人大常委会办公室所属财政性资金基本保证经费事业单位。

唐山市丰南区人大常委会领导机构

主任、副主任、委员

主　任：李志龙

副主任：李自学

董树军（1月1日—2月28日）

刘会荣

张敬宝（1月31日—　）

委　员：崔凤国

张玉春

赵亚林

王学萍

么猛启

佟建新

董瑞新

王泽林

董进宏

李春丽

刘旭功

姜志春

胡品新

苏永春

王守国

张晨福

关广民

王爱国

赵祥启

梁秀芹

孟淑东

王国航

付广华

朱　凌

董　栋

郗　静

郑　靖

人大常委会工作机构

秘书长：崔凤国

办公室

主　任：佟建新

副主任：扈春艳

副主任：王振东（12月31日—　）

选举任免代表工作委员会

主　任：赵亚林（1月1日—4月12日）

主　任：温进峰（4月12日—　）

副主任：温进峰（1月1日—4月12日）

副主任：刘福新（6月19日—　）

法制工作委员会

主　任：王学滓

副主任：张　娅（1月1日—4月12日）

财政经济工作委员会

主　任：张玉春

主　任：扈春艳（12月31日—　）

副主任：杨胜明

教育科学文化卫生工作委员会

主　任：么猛启

副主任：魏秀娟（4月12日—　）

重要会议

【概况】　2019年1月1日至12月31日，共召开一次人民代表大会，九次人大常委会会议。

【人民代表大会】　2019年1月30日至31日，唐山市丰南区第六届人民代表大会第三次会议在丰南大剧院召开。会议应出席代表229名，实到代表206名，列席人员73人。会议听取审议并通过《唐山市丰南区人民政府工作报告》；审查《唐山市丰南区2018年国民经济和社会发展计划执行情况与2019年国民经济和社会发展计划（草案）的报告》，批准2019年国民经济和社会发展计划；审查《唐山市丰南区2018年财政预算执行情况和2019年财政预算（草案）的报告》，批准2019年财政预算；听取审议并通过《唐山市丰南区人大常委会工作报告》；听取审议并通过《唐山市丰南区人民法院工作报告》；听取审议并通过《唐山市丰南区人民检察院工作报告》；表决通过《唐山市丰南区第六届人民代表大会第三次会议关于设立丰南区第六届人民代表大会社会建设委员会的决定（草案）》；表决通过唐山市丰南区第六届人民代表大会社会建设委员会组成人员名单；表决通过唐山市丰南区第六届人民代表大会法制委员会主任委员名单。

唐山市丰南区第六届人民代表大会第三次会议会场

会议选举赵立华为唐山市丰南区人民政府区长；选举张敬宝为唐山市丰南区第六届人民代表大会常务委员会副主任。

【人大常委会会议】　2019年1月1日至12月31日，共召开9次人大常委会会议。

六届人大常委会第16次会议。2019年1月11日，唐山市丰南区第六届人民代表大会常务委员会举行第16次会议，会议共有一项议题。会议补选全荣哲、赵立华为唐山市第十五届人民代表大会代表。

六届人大常委会第17次会议。2019年1月22日，唐山市丰南区第六届人民代表大会常务委员会举行第17次会议，会议共有十二项议题。会议传达区委四届五次全会精神；听取区政府关于2018年预算执行结果备案事项的说明；审议通过区人大常委会关于召开区六届人大三次会议决定（草案）；审议通过区六届人大三次会议建议议程（草案）；审议通过区六届人大三次会议主席团、秘书长建议名单（草案）；会议审议通过区六届人大三次会议议案审查委员会主任委员、委员建议名单（草案）；审议通过区六届人大三次会议计划预算审查委员会主任委员、委员建议名单（草案）；审议通过区六届人大三次会议列席人员情况说明（草案）；审议通过区人大常委会关于设立区六届人大社会建设委员会决定（草案）；审议通过区六届人大常委会代表资格审查委员会关于代表资格审查情况报告；审议通过区人大常委会工作报告（草案）；审议通过区人大常委会关于表彰“精准扶贫人大代表在行动”专题活动优秀代表决定。

六届人大常委会第18次会议。2019年3月7日，唐山市丰南区第六届人民代表大会常务委员会举行第18次会议，会议共有四项议题。会议表决通过区政府提请的人事任免职议案，并举行被任命人员向宪法宣誓仪式；审议并表决通过《唐山市丰南区人大常委会2019年工作要点（草案）》；审议并表决通过《唐山市丰南区人大常委会关于加强检察公益诉讼工作的决定（草案）》；听取区政府2018年度法治政府建设情况报告。

六届人大常委会第19次会议。2019年4月12日，唐山市丰南区第六届人民代表大会常务委员会举行第19次会议，会议共有四项议题。会议对3名法官、3名检察官进行履职评议；听取区应急管理局工作开展情况的报告；听取区监察委查处区公安局交警大队有关问题的专项工作报告；表决通过区人大常委会主任会议、区监察委提请人事任免职议案，并举行被任命人员向宪法宣誓仪式。

六届人大常委会第20次会议。2019年6月19日，唐山市丰南区第六届人民代表大会常务委员会举行第20次会议，会议共有四项议题。会议对3名法官、3名检察官进行履职评议；听取和审议唐山市丰南区2018年财政总决算报告，并进行满意度测评；表决通过区人大常委会关于批准2018年财政总决算决议，批准2018年财政总决算；听取和审议区政府关于2018年度区本级预算执行、决算草案及其他财政收支情况审计工作报告，并进行满意度测评；表决通过区人大常委会主任会议、区政府、区法院提请人事任免职议案，并举行被任命人员向宪法宣誓仪式。

六届人大常委会第21次会议。2019年8月6日，唐山市丰南区第六届人民代表大会常务委员会举行第21次会议，会议共有一项议题。会议表决通过唐山市丰南区人大常委会主任会议关于提请接受孙翔辞去唐山市丰南区第六届人民代表大会代表职务请求议案，决定接受孙翔辞去唐山市丰南区第六届人民代表大会代表职务请求。

六届人大常委会第22次会议。2019年8月28日，唐山市丰南区第六届人民代表大会常务委员会举行第22次会议，会议共有九项议题。会议听取和审议区政府关于2019年上半年国民经济和社会发展计划执行情况报告，并进行满意度测评；听取和审议区政府关于2019年上半年财政预算执行情况的报告，并进行满意度测评；审议并表决通过《唐山市丰南区人大常委会关于做好民生实事项目人大代表票决制工作的决定（草案）》；审议并表决通过区联动监督领导小组办公室关于深化三项联动监督执法检查情况报告；听取区法院、区检察院司法改革情况报告；听取区退役军人事务局工作开展情况报告；听取区医疗保障局工作开展情况报告；表决通过区法院提请人事任职议案；审议并表决通过唐山市丰南区人大常委会主任会议关于提请确认许可区公安局对区人大代表佟小生实施行政拘留议案，决定许可丰南区公安局对区人大代表佟小生实施行政拘留。

六届人大常委会第23次会议。2019年10月29日，唐山市丰南区第六届人民代表大会常务委员会举行第23次会议，会议共有五项议题。会议听取和审议区检察院公益诉讼检察工作情况报告，并进行满意度测评；听取审议并表决通过区人大常委会执法检查组关于药品管理“一法一条例”执法检查情况报告；听取审议并表决通过区人大常委会执法检查组关于义务教育“一法一办法”执法检查情况报告；听取6名法官、6名检察官履职评议问题整改情况报告；表决通过区检察院提请人事免职议案。

六届人大常委会第24次会议。2019年12月31日，唐山市丰南区第六届人民代表大会常务委员会举行第24次会议，会议共有十二项议题。会议听取区政府区长赵立华所作关于全区项目建设和财税工作情况报告；听取区政府关于区六届人大三次会议代表建议办理工作报告；听取审议区政府关于2019年预算调整方案及备案事项报告，表决通过《区人大常委会关于批准唐山市丰南区2019年度财政预算调整的决定（草案）》；听取区政府关于唐山国丰钢铁有限公司部分资产处置情况报告；听取2019年区政府对企业和经营大户补助资金使用情况报告；听取区政府关于《唐山市丰南区2018年度区本级预算执行及其他财政收支情况的审计工作报告》中有关问题整改情况报告；听取区政府关于《区人大常委会三项联动监督执法检查问题清单》整改落实情况报告；听取王俊标、孟淑东、康鹏、丁毅、薄乃秀等5名市人大代表述职报告；表决通过区人大常委会主任会议提请人事任免职议案；表决通过区人大常委会主任会议关于提请接受董喜春辞去唐山市丰南区监察委员会副主任职务请求议案，决定接受董喜春辞去唐山市丰南区监察委员会副主任职务请求；表决通过区人大常委会主任会议关于提请接受张玉春代表辞去唐山市丰南区人民代表大会财政经济委员会副主任委员职务请求议案，决定接受张玉春辞去唐山市丰南区人民代表大会财政经济委员会副主任委员职务请求；表决通过区人大常委会主任会议关于提请接受陈静萍代表辞去唐山市丰南区人民代表大会教育科学文化卫生委员会委员职务请求议案，决定接受陈静萍辞去唐山市丰南区人民代表大会教育科学文化卫生委员会委员职务请求；表决通过区人大常委会主任会议关于提请接受董志军代表辞去唐山市第十五届人民代表大会代表职务请求议案，决定接受董志军辞去唐山市第十五届人民代表大会代表职务请求；表决通过区人大常委会主任会议关于提请接受董志军代表辞去唐山市丰南区第六届人民代表大会代表职务请求议案，决定接受董志军辞去唐山市丰南区第六届人民代表大会代表职务请求；补选王增典为唐山市第十五届人民代表大会代表。

人大常委会主要工作

【概况】 2019年，丰南区六届人大常委会在区委坚强领导下，在“一府一委两院”支持配合下，各项履职工作不断巩固提升。年内，共召开常委会议9次，审议各项议题52项，召开主任会议10次，圆满完成执法检查、视察、接待等工作。

【法律和司法监督】 2019年，开展《中华人民共和国安全生产法》《中华人民共和国义务教育法》《中华人民共和国药品管理法》《中华人民共和国大气污染防治法》执法检查。开展法官、检察官履职评议。听取区政府法治政府建设情况报告，区法院、区检察院司法改革情况报告，区人民检察院公益诉讼工作报告。

【工作监督】 经济运行方面，听取2018年度区本级预算执行及其他财政收支情况审计工作报告，2018年财政预算执行审计问题处理结果报告，2018年财政总决算报告，2019年上半年国民经济和社会发展计划执行情况报告，2019年上半年财政预算执行情况报告，2019年预算调整方案及备案事项报告，企业和经营大户补助资金使用情况报告，国丰钢铁公司资产变化处置情况报告。保障和改善民生方面，听取区政府蓝天保卫战专项工作报告，开展民生重点领域联合视察，师德师风建设专题调研。其他方面，围绕扶贫脱贫攻坚、大气污染防治、优化营商环境三个重点领域开展三项联动监督；听取区监察委查处区公安局交警大队有关问题专项工作报告，区政府关于代表建议办理工作情况报告，区退役军人事务局、区医疗保障局工作开展情况报告。

【依法任免国家机关工作人员】 坚持党管干部和人大依法任免干部相统一，严格落实任前考察、宪法宣誓、颁发任命书等制度，全年共依法任免国家机关工作人员106人次，任命人民陪审员54名，接受13名代表辞去代表职务，补选区六届人大代表25名。

【支持乡镇、街道人大工作创新】 东田庄乡探索实施人大代表户（岗）挂牌工作和胥各庄街道创新推进“四级网格化”工作模式，得到省市人大充分肯定，特别是胥各庄街道的工作经验被全国人大刊载下发。

【人大代表建议督办】 严格落实整理、分类、登记和交办程序，确定7件重点建议由常委会领导领衔督办，加强全过程协调、沟通和反馈。71件代表建议按时答复率100%，回访率100%，代表满意率99%，一批代表反映集中教育、养老、医疗和就业保障等方面问题得到有效解决。

特色工作

【抓实履职平台建设】 2019年，全区18个代表之家、51个代表联络站基本达到五星级标准，顺利通过市人大验收。区乡两级人大分别完成对区直承办单位、区人大代表、人大干部、家站负责人业务培训。“智慧人大”系统正式上线应用。

【丰富代表活动形式和载体】 2019年，以“丰南发展，人大尽责”主题实践活动为引领，扎实开展“蓝天保卫战，人大代表在行动”、代表联系选民主题月等系列活动。作为省人大试点县区，由区委主要领导带头，积极落实直选代表向选民述职制度。

【民生实事项目票决制工作】 2019年，专门作出关于民生实事项目代表票决制相关决议，研究制定指导意见和实施方案。在区委领导下，在广泛征求代表与群众意见基础上，区政府征集13个2020年度重点民生实事候选项目，提交区六届人大三次会议由人大代表投票表决。这项工作在全区所有乡镇同步实施。

【改造提升人大文化园】 2019年，人大文化园整体水平得到进一步提升，成为宣传人大制度、增进人民意识宣传阵地，在省内外人大系统都有一定影响，省市人大和外地人大代表多次到园学习考察，被省人大列为人大工作创新奖候选项目。

（孙长庆）

唐山市丰南区人民政府

Tangshan Shi Fengnan Qu Renmin Zhengfu

责任编辑：张保华

综 述

2019年，是全面落实党中央、国务院决策部署，践行新发展理念，推动经济社会高质量发展，决胜全面建成小康社会至关重要一年，也是全面落实中共唐山市丰南区委四届三次全会精神，紧密围绕重返全省各县市区前列目标，紧密对接唐山市“十项重点工作”，建设“沿海强区、美丽丰南”关键之年。唐山市丰南区政府坚持以习近平新时代中国特色社会主义思想为指导，在市委市政府和区委坚强领导下，积极应对外部环境变化带来困难挑战和“三期叠加”带来深刻影响，抓住用好机遇，培育放大优势，围绕打好“六大攻坚战”，统筹推进稳增长，调结构、促改革、治污染、惠民生、防风险各项工作，奋力在决战全面建成小康社会，锣定重返全省县（市）区前列目标，开拓创新、攻坚克难，较好完成区六届人大三次会议确定各项目标任务。

地区生产总值657亿元，比上年增长6.7%，其中，第一、二、三产业增加值完成分别为45亿元、334.1亿元和278亿元，分别比上年增长26%、108%和28%。新增规以上工业企业11家，累计达到193家。全部财政收入87.6亿元，比上年增长-3.3%。其中一般公共预算收入47.2亿元，比上年增长5.3%。固定资产投资261亿元，比上年增长9%。社会消费品零售总额252.4亿元，比上年增长8.7%。实际利用外资0.66亿美元。出口创汇6.3亿元。城乡居民人均可支配收入分别为4.4万元和1.9万元，分别增长8.5%和9.2%。年内，全区存款余额701.65亿元，比上年增长6.6%；其中居民储蓄479.95亿元，比上年增长9.9%；贷款余额297.7亿元，比上年增长7.1%；余额存贷比为42.4%，比上年增长0.12%；全年总融资余额306.6亿元，与存款占比为43.7%。丰南区在2019年度全国综合实力百强评比中再次跻身全国百强行列。

政府机构

【概况】 2019年，唐山市丰南区人民政府机构包括政府领导机构、政府工作机构、政府双重领导机构。政府工作机构23个，双重领导机构11个。

【政府领导机构】 2019年，是唐山市丰南区第六届人民政府履职的第三年。2019年1月31日唐山市丰南区第六届人民代表大会第三次会议补选赵立华为唐山市丰南区政府区长。

唐山市丰南区人民政府领导成员

代理区长：赵立华（2019.1.1—2019.1.31）
区　　长：赵立华（2019.1.31—2019.12.31）
副 区 长：兰绍光（2019.1.1—2019.12.31）
王玉林（2019.1.1—2019.12.31）
杨振东（2019.6.19—2019.12.31）
张桂芳（女）（2019.1.1—2019.12.31）
果爱宾（2019.1.1—2019.12.31）
赵立华（2019.1.1—2019.1.31）
陈　伟（2019.6.19—2019.12.31 挂职）
索南班久（2019.6.19—2019.12.31 挂职）
（注：按姓氏笔画排列）

【政府工作机构】 2019年，唐山市丰南区人民政府常设工作机构23个：办公室、发展和改革局、教育局、工业和信息化局、公安局、民政局、司法局、财政局、人力资源和社会保障局、住房和城乡建设局、交通运输局、水利局、农业农村局、商务和投资促进局、文化广电和旅游局、卫生健康局、退役军人事务局、应急管理局、审计政府办公室

主任：侯荣奎

发展改革局

局长：董焕德（1—3）
王洪升（3—12）

教育局

局长：董国才

工业和信息化局
局长：郑卫东（1—3）
李龙彦（3—12）
公安局
局长：杨振东
民政局
局长：姚宝富
司法局
局长：魏树春（1—3）
李国旺（3—12）
财政局
局长：徐敬成
人力资源和社会保障局
局长：王立新
住房和城乡建设局
局长：刘树群
交通运输局
局长：李国平
水利局
局长：刘志贵
农业农村局
局长：陈广强
商务和投资促进局
局长：赵洪生
文化广电和旅游局
局长：李伯林
卫生健康局
局长：田勇
退役军人事务局
局长：董文明
应急管理局
局长：于春海
审计局
局长：郑　春
市场监督管理局
局长：尹铁安
统计局
局长：汪印合
行政审批局
局长：郝连兴
医疗保障局
局长：孙丽娟

【双重领导机构】 2019年，唐山市丰南区人民政府双重领导机构1—3月为11个：国家税务总局唐山市丰南区税务局、唐山市国土资源局丰南区分局、唐山市环境保护局丰南区分局、唐山市城乡规划局丰南区分局、唐山市丰南区气象局、唐山市丰南区烟草专卖局、国网冀北电力有限公司唐山市丰南区供电公司、中国邮政集团公司唐山市丰南区分公司、中国联合网络通信有限公司唐山市丰南区分公司、中国移动通信集团河北有限公司丰南分公司、中国电信集团公司丰南分公司。2019年3月，唐山市国土资源局丰南区分局和唐山市城乡规划局丰南区分局合并为“唐山市自然资源和规划局丰南区分局”。

双重领导部门及主要负责人

国家税务总局唐山市丰南区税务局
局　长：解景武
唐山市国土资源局丰南区分局
局　长：冯洪刚（1—3）
唐山市城乡规划局丰南区分局
局　长：侯立臣（1—3）
唐山市自然资源和规划局丰南区分局
局　长：侯立臣（3—12）
唐山市环境保护局丰南区分局
局　长：孙建东
唐山市丰南区气象局
局　长：王爱君
唐山市丰南区烟草专卖局
局　长：赵树浩
国网冀北电力有限公司唐山市丰南区供电分公司
经　理：王晓立
中国邮政集团公司唐山市丰南区分公司
总经理：傅　健
中国联合网络通信有限公司唐山市丰南区分公司
总经理：李红新
中国移动通信集团河北有限公司丰南分公司
总经理：杨　建（1—5）
缺职（5-11）
谢　浩（11—12）
中国电信集团公司丰南分公司
总经理：杜维红

区政府重要会议

【概况】 区政府重要会议包括区政府全体会议、区政府常务会议、区长办公会议和区政府专题会议等。2019年，唐山市丰南区人民政府召开常务会议14次、区长办公会议12次、区政府专题会议18次。

【区政府常务会议】 2019年，唐山市丰南区人民政府召开常务会议14次，收录6次。

2019年1月12日上午，在区行政中心511会议室召开第1次政府常务会议。区委副书记、代区长赵立华主持会议。副区长兰绍光、王玉林、果爱宾，区政府党组成员侯荣奎出席会议。区人大常委会副主任李自学、区政协副主席黄俊东应邀出席会议。区政府办公室各副主任、区发展改革局董焕德、区审计局郑春等32名有关部门负责人列席会议。会议讨论区财政局《关于丰南区2019年财政预算安排情况的报告》，会议原则同意区财政局《关于丰南区2019年财政预算安排情况的报告》。会议责成区财政局根据与会人员所提意见对《报告》进一步修改完善后提交区人大常委会审议。

2019年1月20日上午，在区行政中心511会议室召开第2次政府常务会议。区委副书记、代区长赵立华主持会议。副区长张桂芳、兰绍光、王玉林、果爱宾、区政府党组成员侯荣奎出席会议。区人大常委会副主任李自学、区政协副主席黄俊东应邀出席会议。河北丰南经济开发区党工委书记、管委会主任董连庆，区政府办公室各副主任，区审计局郑春等48名有关部门负责人列席会议。会议讨论《政府工作报告》，会议原则同意区政府办公室起草的《政府工作报告》。会议责成区政府办公室根据与会人员所提意见对《报告》进一步充实完善后提交区委常委会议讨论。会议讨论《2019年区委、区政府要为群众办好的实事工程》。会议原则同意区政府办公室起草的《2019年区委、区政府要为群众办好的实事工程》，责成区政府办公室根据与会人员所提意见抓紧修改完善后提交区委常委会议讨论。会议讨论《关于唐山市丰南区2018年国民经济和社会发展计划执行情况与2019年国民经济和社会发展计划安排（草案）的报告》《关于唐山市丰南区2018年财政预算执行情况和2019年财政预算（草案）的报告》。会议原则同意区发改局起草的《关于唐山市丰南区2018年国民经济和社会发展计划执行情况与2019年国民经济和社会发展计划安排（草案）的报告》和区财政局起草的《关于唐山市丰南区2018年财政预算执行情况和2019年财政预算（草案）的报告》。会议责成区发改局、财政局根据会议所提意见对两个报告抓紧修改完善后提交区委常委会议讨论。

2019年2月1日上午，在区行政中心511会议室召开第3次政府常务会议。区委副书记、代区长赵立华主持会议。副区长张桂芳、兰绍光、王玉林、果爱宾、区政府党组成员侯荣奎出席会议。区人大常委会副主任张敬宝、区政协副主席黄俊东应邀出席会议。区政府办公室各副主任、区财政局徐敬成、区住建局崔立民等23名有关部门负责人列席会议。会议讨论《唐山市丰南区黑沿子镇镇区改造居民住宅房屋征收补偿安置方案》《黑三村征收改造个性问题处理意见》《唐山市丰南区遵曹公路（丰南段）非住宅征收补偿方案》。会议原则同意区政府房征办起草的《唐山市丰南区黑沿子镇镇区改造居民住宅房屋征收补偿安置方案》《黑三村征收改造个性问题处理意见》，此项工作由果爱宾副区长牵头负责。会议原则同意区政府支重办起草的《唐山市丰南区遵曹公路（丰南段）非住宅征收补偿方案》，责成区政府支重办根据会议所提意见对《方案》进一步修改完善，报果爱宾副区长审核。会议强调，由区政府支重办牵头，结合区国土分局、规划分局、交通运输局、商务和投资促进局等单位进行实地踏查，尽快拿出个性问题解决意见。

2019年2月15日下午，在区行政中心511会议室召开第4次政府常务会议。区委副书记、区长赵立华主持会议。副区长张桂芳、兰绍光、王玉林、果爱宾、区政府党组成员侯荣奎出席会议。区人大常委会副主任刘会荣、区政协副主席张国春应邀出席了会议。河北丰南经济开发区党工委书记、管委会主任董连庆，区政府办公室各副主任、区财政局徐敬成、区住建局崔立民、各乡镇等51名有关部门负责人列席会议。会议讨论《唐山市丰南区促进招商引资优惠政策》《〈唐山市丰南区促进招商引资优惠政策〉实施细则》《关于严格招商引资考核和兑现奖惩的通知》《唐山市丰南区建设生态丰南实现绿色发展考评办法》《唐山市丰南区农村生活垃圾清运转运及转运站运营项目政府购买服务实施方案》《唐山市丰南区农村道路清扫保洁及生活垃圾收集项目政府购买服务实施方案》《唐山市丰南区2019年气代煤电代煤工作实施方案》。会议原则同意区商务和投资促进局起草的《唐山市丰南区促进招商引资优惠政策》《〈唐山市丰南区促进招商引资优惠政策〉实施细则》《关于严格招商引资考核和兑现奖惩的通知》，责成区商务和投资促进局根据会议所提意见对上述文件进一步修改完善后提交区委常委会议讨论。会议原则同意区环保分局起草的《唐山市丰南区建设生态丰南实现绿色发展考评办法》，责成区环保分局根据会议所提意见对《办法》进一步修改完善后提交区委常委会议讨论。会议原则同意区住建局起草的《唐山市丰南区农村生活垃圾清运转运及转运站运营项目政府购买服务实施方案》《唐山市丰南区农村道路清扫保洁及生活垃圾收集项目政府购买服务实施方案》。会议要求区住建局要结合各乡镇科学建立企业监管体系和考核体系，指导中标企业合理摆放拉臂箱位置，最大限度节约成本。同时，对垃圾清运及转运站运营企业要加大监管力度，谋划启动垃圾清运智能监控平台建设，充分利用GPS定位系统、视频监控等智能手段，确保运营企业按要求运转到位。会议原则同意区住建局起草的《唐山市丰南区2019年气代煤电代煤工作实施方案》。会议责成区住建局根据会议所提意见对《方案》抓紧修改完善，后以区政府办公室文件印发实施。

2019年2月26日下午，在区行政中心511会议室召开第5次政府常务会议。区委副书记、代区长赵立华主持会议。副区长张桂芳、王玉林、果爱宾、区政府党组成员侯荣奎出席会议。区人大常委会副主任张敬宝、区政协副主席黄俊东应邀出席会议。区政府办公室各副主任、区财政局徐敬成、区农业办肖子成等39名有关部门负责人列席会议。会议讨论《关于表扬2018年度农业农村工作先进单位和先进个人的决定》《唐山市丰南区2019年坚持农业农村优先发展全面推进乡村振兴战略工作方案》《唐山市丰南区2019年农村人居环境整治实施方案》《唐山市丰南区2019年乡村振兴和农村人居环境整治奖补办法》《唐山市丰南区“空心村”治理空置及老旧房屋就地治理实施方案》《唐山市丰南区“空心村”治理易地新建实施方案》《唐山市丰南区2019年农村改厕实施方案》《唐山市丰南区关于2019年度支持农业产业化发展的实施意见》会议原则同意区农业农村局起草的《关于表扬2018年度农业农村工作先进单位和先进个人的决定》，责成区农业农村局结合区纪委监委、税务局分别做好拟受表扬单位及人员资格审查和相关农业龙头企业依法纳税情况核查工作，根据会议所提意见对《决定》抓紧修改完善后提交区委常委会议讨论；会议原则同意区农业农村局起草的《唐山市丰南区2019年坚持农业农村优先发展全面推进乡村振兴战略工作方案》，责成区农业农村局根据会议所提意见对《方案》抓紧修改完善后提交区委常委会议研究；会议原则同意区农业农村局起草的《唐山市丰南区2019年农村人居环境整治实施方案》，责成区农业农村局根据会议所提意见对《方案》抓紧修改完善后提交区委常委会议研究。会议原则同意区农业农村局起草的《唐山市丰南区2019年乡村振兴和农村人居环境整治奖补办法》，责成区农业农村局根据会议所提意见对《方案》抓紧修改完善后提交区委常委会议研究；会议原则同意区农业农村局起草的《唐山市丰南区“空心村”治理空置及老旧房屋就地治理实施方案》《唐山市丰南区“空心村”治理易地新建实施方案》，责成区农业农村局根据会议所提意见对《方案》抓紧修改完善，后以区政府办公室文件印发。会议原则同意区农业农村局起草的《唐山市丰南区2019年农村改厕实施方案》，责成区农业农村局根据会议所提意见对《方案》进一步修改完善，后以区政府办公室文件印发；会议原则同意区政府农办起草的《唐山市丰南区关于2019年度支持农业产业化发展的实施意见》，责成区政府农办根据会议所提意见对《意见》进一步修改完善，后以区政府文件印发。

2019年5月23日上午，在区行政中心511会议室召开第7次政府常务会议。区委副书记、区长赵立华主持会议。副区长杨振东、王玉林、果爱宾、索南班久、区政府党组成员侯荣奎出席会议。区人大常委会副主任张敬宝、区政协副主席黄俊东应邀出席会议。区政府办公室各副主任、区农业办公室肖子成、区财政局徐敬成、区住建局崔立民、各乡镇等32名有关部门负责人列席会议。会议讨论《唐山市丰南区税务局经费补助办法》《唐山市丰南区2019年村庄清洁行动奖补办法》《唐山市丰南区2019年农村街道提升工程工作方案》《唐山市丰南区津秦高铁沿线环境整治攻坚行动方案》。会议原则同意区财政局起草的《唐山市丰南区税务局经费补助办法》。会议要求区财政局要在依法依规前提下，按照补助标准上限执行，最大限度调动税务部门抓税收的积极性。进一步加强税收征管，积极开展税务稽查、纳税评估等工作，确保各项税款应收尽收；会议原则同意区农业农村局起草的《唐山市丰南区2019年村庄清洁行动奖补办法》，责成区农业农村局按照会议所提意见对《办法》抓紧修改完善后，以区政府办公室文件印发实施；会议原则同意区农业农村局起草的《唐山市丰南区2019年农村街道提升工程工作方案》，责成区农业农村局按照会议所提意见对《方案》抓紧修改完善后，以区政府办公室文件印发实施；会议原则同意区农业农村局起草的《唐山市丰南区津秦高铁沿线环境整治攻坚行动方案》，责成区农业农村局按照会议所提意见对《方案》抓紧修改完善后，以区政府办公室文件印发实施。

【区长办公会议】 2019年，唐山市丰南区人民政府召开区长办公会议10次，收录5次。

2019年3月27日下午，在区行政中心512会议室召开第2次区长办公会。区委副书记、区长赵立华主持会议。副区长王玉林、公安局局长杨振东、区政府党组成员侯荣奎出席会议。财政局徐敬成等14名有关部门负责人参加会议。会议专题研究大新庄镇蔬菜棚室火灾事故调查处理及善后工作相关事宜。会议听取大新庄镇《关于3·25蔬菜棚室火灾事故情况报告》、区公安局《关于大新庄镇3·25棚室火灾事故调查处理情况报告》、区农业农村局《关于灾后恢复生产帮扶情况报告》。会议要求：抓紧灾后自救，尽快恢复生产。大新庄镇抓紧组织受灾棚室地表清理及相关废弃物收集清运工作；区农业农村局组织骨干农技人员，在棚室修理、重建及蔬菜种植技术等方面提供全方位指导。对受灾群众新建日光温室给予每亩（棚室栽培面积）贷款担保2万元、贴息3年，对新建冷棚给予每亩（棚室栽培面积）贷款担保0.5万元、贴息2年。同时，给予受灾棚室每亩500元种子补贴。区农业农村局负责联系育苗企业为受灾群众蔬菜育苗提供必要支持；区民政局负责组织对受灾群众进行全面摸排，对因火灾造成确实生活困难且符合条件的农户按照政策标准给予救助；区政府农办负责推进农业大棚保险工作，与相关保险公司研究棚室入保，引导棚室经营户购置商业保险。加强园区配套消防设施和群众火灾自救设施建设，积极探索省内外先进耐燃材料大棚引进、示范、推广工作，切实消除火灾隐患。

2019年4月22日下午，在区行政中心511会议室，召开第3次区长办公会议。区委副书记、区长赵立华主持会议。区公安局杨振东、区政府党组成员侯荣奎、交通运输局李国平等14名有关部门负责人参加会议。会议讨论《唐山市丰南区全域治超创建无超载超限城市工作方案》。会议原则同意《唐山市丰南区全域治超创建无超载超限城市工作方案》，责成区交通运输局根据会议所提意见抓紧修改完善后印发实施。

2019年7月27日下午，在区行政中心511会议室召开第7次区长办公会。区委副书记、区长赵立华主持会议。副区长兰绍光、区政府党组成员侯荣奎出席会议。河北丰南经济开发区党工委书记、管委会主任董连庆、财政局徐敬成等14名有关部门负责人参加会议。会议专题研究贯彻落实市委第22次常委（扩大）会议部署有关陶瓷产业转型升级工作相关事宜。会议听取区陶办（区工信局）、财政局、自然资源和规划分局、生态环境分局等单位以及惠丰公司、葛洲坝公司关于落实王浩书记在市委第22次常委（扩大）会议上讲话精神和7月24日副市长孙文仲赴陶瓷产业园现场办公调度会议上安排部署相关工作情况汇报，并对下一步工作提出明确要求。会议议定：加快搭建现代陶瓷产业园区投融资平台。由唐山市惠丰陶瓷产业创新示范园有限公司（简称惠丰公司）为主体，立足解决入园项目建设资金不足问题和建立现代园区运营管理模式目标；经济开发区和区建投公司要按照市委、市政府要求，于7月28日前制定详细园区基础设施建设推进方案，明确基础设施项目完成时间节点。全面加快路网建设，确保满足入园项目建设及项目投产需求；力争2020年6月打造完成功能齐备、公共服务配套设施完善的现代产业园区；统筹加快园区和入园项目手续办理，实现项目合法生产；其他施工许可、质量监督、安全生产、用电等审批手续，由区住建局、应急管理局、供电公司负责督促企业加快办理，手续办理方面具体工作由区政府办公室牵头协调。

2019年11月15日上午，在区行政中心511会议室召开第10次区长办公会。区委副书记、区长赵立华主持会议。副区长兰绍光、区政府党组成员侯荣奎出席会议。河北丰南经济开发区党工委书记、管委会主任董连庆等19名有关部门负责人参加会议。市供电公司副经理曲雷应邀出席会议。会议专题研究黑沿子220千伏和王兰庄110千伏输变电工程建设相关事宜。会议议定：成立由区政府副区长兰绍光任组长，丰南经济开发区党工委书记、管委会主任董连庆任副组长，各有关部门和乡镇主要负责人为成员的两项输变电工程建设领导小组，负责协调解决工程建设过程中各项困难和问题，董连庆负责日常工作推进。临港经济园成立专门班子，配合区供电公司全力支持市供电公司做好工程建设各项工作。

2019年11月12日上午，在区行政中心512会议室召开第11次区长办公会。区委副书记、区长赵立华主持会议。副区长果爱宾、区政府党组成员侯荣奎出席会议。区审计局郑春等5名有关部门负责人参加会议。会议专题研究国丰北片区涉及西群35千伏电力线路迁改工程相关事宜。会议议定：区住建局市政处作为委托主体与唐山市供电公司下属唐山华北电力实业总公司签订委托协议；区财政局负责做好电力线路迁改施工图预算审核；区审计局负责电力迁改工程竣工验收后审计；区供电公司配合区住建局负责线路迁改工作指导，督促施工单位加快项目进度，保障顺达街东伸工程和唐山市会展中心二期项目如期推进。

【区政府专题会议】 2019年，唐山市丰南区人民政府召开区长办公会议18次，收录6次。

2019年2月28日下午，在区行政中心532待客室召开第一次专题会议，副区长果爱宾主持会议。区住建局崔立民等9名相关部门负责人参加会议。会议专题研究二环路、唐古快速路绿化相关事宜。会议议定：区住建局负责联合市城管局确定两条道路绿化边界及实施方案，并将相关资料提供给丰南镇、钱营镇。同时，为保持地块整齐，抓紧与开平区住建局协商唐古快速路部分区域绿化调整事宜；丰南镇、钱营镇分别负责按照区住建局提供的绿化边界及实施方案，于2019年3月15日前做好所辖区域土地流转、地上附着物清表等工作。

2019年3月5日下午，在区行政中心512会议室召开第2次专题会议。副区长果爱宾主持会议。住房和城乡建设局刘树群等7名相关部门负责人参加会议。会议专题研究全区农村气代煤电代煤改造工作相关事宜。会议议定：区双代办要抓紧制定丰南镇、黄各庄镇、岔河镇气代煤改造手续办理清单，督促相关施工企业加快手续办理进度，确保3月15日前办理完成并进场施工；丰南镇、黄各庄镇、岔河镇作为气代煤改造责任主体，要加强与区双代办及区直有关单位协调配合，科学有序推动气代煤工程项目建设；区供电公司要持续跟进国网冀北电力有限公司手续办理、材料准备等工作，及时掌握工作动态；根据全区乡村振兴工作安排部署，提前制定唐坊镇、东田庄乡部分村庄电代煤改造施工方案，确保乡村振兴和电代煤改造两项工作实现有效衔接；结合丰南镇、唐坊镇、南孙庄乡做好变电站线路改造涉及路径放线工作及辖区线路改造涉及占地、线下树砍伐等工作，确保电代煤改造有序推进。

2019年3月5日上午，在区行政中心532待客室召开第3次专题会议。副区长王玉林主持会议。区农业办肖子成等6名相关部门负责人参加会议。会议专题研究丰南区全域粪污集中处理项目相关事宜。会议原则同意由新好农牧有限公司与河北铭福农业科技有限公司合作在王兰庄镇选址建设丰南区全域粪污集中处理项目。会议议定：王兰庄镇政府联合区农业农村局与新好农牧有限公司、河北铭福农业科技有限公司进行实质性对接，同时负责协助企业做好项目选址工作，推进该项目尽早落实。

2019年8月30日上午，在区行政中心512会议室召开第10次专题会议。副区长兰绍光主持会议。政府支重办陈广强等8名相关部门负责人参加会议。会议专题研究2019—2020年采暖季洁净煤保供企业及供应价格相关事宜。会议议定：确定科丰洁净煤有限公司和亿鑫洁净型煤有限公司为全区洁净煤供应企业；由区发改局安排专人，到丰润、开平等周边县区考察洁净煤价格。同时，由区审计局牵头，区发改局、财政局配合，对洁净煤成本价格进行认定，并对生产供应全过程进行跟踪审计，保障财政资金发挥最大效益；区发改局、市场监督管理局要督促企业制定洁净煤生产方案和配送方案，同时对原料储备、生产加工等环节进行高频次质量抽检，绝不允许出现任何质量问题，确保人民群众清洁采暖、温暖过冬。

2019年9月29日上午，在区行政中心512会议室召开第12次专题会议。副区长王玉林主持会议。区水务局陈久武等13名相关部门负责人参加会议。会议专题研究了陡河水质治理工作相关事宜。会议议定：相关乡镇组织详细摸排，务必于10月6日前完成种植及水产养殖业退水；区住建局要结合相关乡镇加强督导巡查，抓好河道沿岸垃圾治理。及时清理垃圾杂物，严禁垃圾入河；区水利局结合公安机关发挥视频监控作用，对向河道内偷排偷倒废水行为进行严厉打击；区生态环境分局牵头强化河道水质检测，每月5日前对陡河沿岸相关乡镇上下游水质分别取样检测，检测结果直接上报区委、区政府主要及主管领导；区农业农村局组织巡查，加强畜禽养殖管理，重点检查河道沿线养殖场是否存在粪污整治不达标及偷排废弃物等现象，对整改不力养殖场进行关停；区水利局配合上级部门做好由陡河水库进行生态调水相关工作。

2019年9月29日下午，在区行政中心532待客室召开第3次专题会议。副区长区政府王玉林主持会议。区农业办肖子成等6名相关部门负责人参加会议。会议专题研究钱营镇沙河大桥段树障清除工作相关事宜。会议议定：区水利局、农业农村局、钱营镇等单位抓紧研究制定清除方案，尽快开展树障清除工作；坚持依法依规推动工作和尊重历史、面对现实工作原则，结合钱营镇沙河大桥段实际情况确定边界范围，将沙河大桥上下游各300米、主河槽中心线两侧各50米范围内划定为清除区域，对区域内树障进行清除；涉及沙河河道内钱营林场地块补偿工作，因原区林业局与种植户之间签订承包合同，按照合同约定给予清除补偿，由区农业农村局以正式文件形式向区政府提出申请。涉及沙河河道内钱营镇钱营村土地种植树木，对村集体进行相应补偿，但不得补偿给个人，钱营镇提供相关档案、账目资料备查。占用国有土地并无栽植合同，在沙河河道内私自开荒种树、抢栽抢种，一律不予补偿。

施政辑要

【概况】 2019年，丰南区全力应对外部环境变化带来困难和挑战，铆定重返全省县(市) 区前列目标，开拓创新、攻坚克难，较好完成区六届人大三次会议确定各项目标任务，丰南区发展活力、品质和魅力不断提升，全面建成高质量小康社会基础更加坚实。统筹兼顾、精准发力，经济在逆势中稳中向好。社会大局保持和谐稳定，加快改革发展，扭住重点、提速突破，环渤海地区新型工业化基地建设海洋经济和临港产业发展、科技创新、人才、乡村振兴、优化营商环境等综合实力大幅提升。挖潜增势，重点任务高质量完成。陶瓷产业园建设、遵曹公路占地征拆、龙泉河治理、省级乡村振兴示范炒建设等重点任务，得到市委、市政府的充分肯定。统筹推进稳增长、促改革、调结构、治污染、惠民生、防风险各项工作，加快实现“走在全省县（市）区前列”目标，迈出高质量发展新步伐，以项目建设为第一抓手，以转型升级为主攻方向，以全面融入主城区为突破口，深入实施“一港双城”战略，以绿色生态为导向，全面落实扶贫举措，着力保障改善民生。高标准通过全国文明城市和省级文明城区验收。

【农业转型升级】 2019年，丰南区政府积极推进全区重点项目建设，共签约落地2000万元以上农业产业化重点项目18个。天津利民（唐山）有限公司项目、君乐宝集团奶粉生产线项目被评为省级重点项目。到年底，已完成农业产业化经营率67.7%，农产品加工业产值较上年增长17%以上。推进丰南蔬菜、惠丰、通威“渔光一体”、丰南渔业等现代农业园区建设，提升现代农业园区建设水平，全区现代农业园区达到5个，其中，现代农业园区、蔬菜农业园区2个园区被评为省级现代农业园区，通威渔光一体渔业现代产业园区、丰越水产现代农业园区被评为市级现代农业园区，富田农场农业示范园区被评为区级现代农业园区。制定休闲农业与乡村旅游精品线路（春观花线路），以唐津运河、惠丰湖景区为周边，结合爱丽缘家庭农场、品尚休闲园、紫雁山庄、天合亿农业、鑫湖国际农业等休闲农业企业，打造为时两天的环唐周边赏春体验线路。

【环境综合治理】 2019年，丰南区政府坚持以绿色生态为导向，狠抓污染深度治理，环境质量取得重大突破。完成8个重点行业156项深度治理工程，主要污染物全部达到超低排放标准。关停二环线以内铸造、家具企业23家，淘汰改造燃气锅炉64台，“散乱污”企业实现动态“清零”。完成气代煤改造2.79万户，2.82万户电代煤采暖设备全部安装到位，置换回购散煤1.4万吨，配送清洁煤4.5万吨，保证农村群众温暖过冬。扎实开展国土绿化行动，完成造林281万亩，全市考核优秀。$PM_{2.5}$平均浓度52微克立方米、下降19%，空气质量综合指数636，均居7个中心区第1位。深入开展“全域治水、清水润城”行动，完成沙河、龙泉河等5条河道清淤疏浚，调引生态用水6540万立方米，清理涉河违建39处、非法码头3处，清理河内河岸垃圾，完成临港园区明渠、管网清淤，新建污水处理厂2座、提标改造2座4条主要河流水质均值全部达标。

【城市建设】 2019年，丰南区政府坚持以全面融入主城区为突破口，深入实施“一港双城”战略，城市内涵品质上档提级。完成城建投资536亿元。国丰北片区重点区域清拆完毕，“四横三纵”路网具备通车条件，在全市“七横七纵”路网建设中实现进场、完工双第一。兰高庄村民顺利回迁，北新庄回迁楼全面完工，改造老旧小区23个、背街小巷4条，春阳街竣工通车，滨河北大街西伸等3条道路加快建设。完成234万平方米城乡既有建筑节能改造，城区新建公厕8座、改造5座，新增园林绿地18.1公顷、绿廊绿道2千米。完工精品住宅小区2个、在建7个，新增商住面积73.7万平方米，常住人口城镇化率达到59.25%。实施城市经济项目25个，港岛中心成功盘活，神龙乐园、南孙庄新民居遗留问题破解工作取得积极进展，服务业增加值增长5%。

【乡村振兴】 2019年，丰南区政府坚持以乡村振兴战略为统领，加快建设富美新农村，农业农村展现变样魅力。全面落实7项扶贫举措，精准帮扶112户、216人，实现域内贫困人口动态脱贫，整体工作全市领先。大力推进农村人居环境整治，高标准打造省级乡村振兴示范村4个、区级6个，提升重点村90个，修缮182个村破损道路93万平方米，改造农厕291万座，农村环境显著改观，顺利通过省级验收。加强农村基础设施建设，修建区乡村三级公路40.9千米，黑沿子220千伏变电站开工建设，米厂110千伏变电站建成送电。改造农村电网531.9公里，实施重点水利工程5个。稳步推进小城镇建设，黑沿子257户住宅顺利清拆。黄各庄、东田庄等乡镇功能品位进一步提升。积极发展现代农业和特色高效农业，西红柿产量稳居全省第一，实施产业化重点项目18个。农村综合改革扎实推进，承包地确权基本完成。

【民生保障】 2019年，丰南区政府坚持以满足人民对美好生活向往为根本目的，着力保障改善民生。全年财政用于民生支出36亿元，增长4.5%。新建幼儿园3所，认定普惠性幼儿园10所，改扩建中小学2所，城区“入公办园难、入民办园贵”问题得到有效破解，中小学大班额比例控制在4%以内；教育现代化水平大幅提升，高考成绩连续18年全市领先。区医院通过河北省卒中防治中心和国家心衰中心认证，区中医院脑病科、糖尿病科被评为省级重点中医专科，国医堂建设居全市首位，打造2所省级优质示范卫生院，卫生健康服务能力显著提升；在全市率先完成药品带量采购，25种43个品规中选药平均降价50.8%、最高降幅94%。城乡低保、特困供养基本生活保障再次提标，低保覆盖率居全市第二位；为退役军人补缴养老、医疗保险，城乡居民养老保险参保率达到99.8%，新增企业职工养老、失业工伤保险参保人数1.06万人，居全市之首。新建改造困难群众危房101户。丰南区成为河北省首批公共文化服务体系建设示范区验收评审中仅有的两家优秀之一，工作走在全省前列。项目建设、环渤海地区新型工业化基地建设海洋经济和临港产业发展、科技创新、人才、乡村振兴、优化营商环境等工作居全市前3位。综合实力大幅提升。全

唐山市丰南区食品药品安全联合整治行动新闻发布会

省财政收入排名前10县(市)区中，全区地区生产总值居第3位，一般公共预算收入增速居第7位，规上工业增加值增速居第2位，固定资产投资增速居第4位。2019年全国综合实力强区评比中，丰南再次跻身百强行列。

区政府办公室工作

【概况】　唐山市丰南区人民政府办公室是协助区领导处理区政府日常工作的区政府工作部门。主要职能是负责区政府全体会议、常务会议、区长办公会议、区政府领导班子例会、专题会议和区政府其他会议及活动筹备组织工作，协助区政府领导抓好会议议定事项实施：负责区政府、区政府办公室公文、函电起草、审核把关和区政府机关文书收发、登记、传阅等工作，负责区政府机关档案管理印信管理和机关保密工作：负责向上级和区领导反馈信息综合汇总情况，组织对区政府重要工作、重大决策调查研究，并及时向区政府领导提出建议，当好参谋。2019年，丰南区人民政府办公室，认真学习贯彻落实党十九大精神和习近平新时代中国特色社会主义思想，围绕区委、区政府中心工作和安排部署，充分发挥参谋助手、督促检查和综合协调职能，提升素质，立足工作实际，不断增强履职尽责综合能力。年内共印发各类文件77件，同比减少44%；传阅处理各种文件6500余件，无一压误。坚持急文急办，快报快批，确保重点工作、重要事项及时落实。认真做好文件材料收集、整理和归档及机要、保密工作，有效杜绝文件丢失和泄密。起草撰写领导讲话、主持词、致辞、汇报等综合文字材料近900篇，把关会议材料1000余篇。累计编发《信息快报》50期，上报省、市信息210余篇，被省、市采用80余篇；在《唐山经济》等刊物发表调研文章4篇。组织召开区政府全体会议、区政府常务会议及各类专项工作会议，全年共组织区政府常务会14次、专题会16次和区长办公会11次，共计研究议题97个；召开规委会3次、土委会3次，研究议题27个，有效推动各项工作开展。

【综合工作】　2019年，区政府办公室综合一科、二科充分发挥以文辅政及综合协调作用，精细办文、周密办会、高效办事。在做好文字综合工作同时，主动与专业科室团结协作、沟通交流，及时了解掌握工作动态，为更好完成综合协调各项工作任务提供现实依据，保证各项工作有序衔接。积极协调推进遵曹公路丰南段工作，妥善解决唐廊高速工程相关道路压损问题，进一步解决压煤村搬迁等以往工程遗留问题，结合支重办、钱营镇主持起草《钱营镇压煤搬迁村居民住宅补偿安置方案》。扎实组织开展冬季清洁取暖工作，切实做到洁净煤按时供应到位。组织银企对接活动共60次，促成71笔15.2亿元贷款投放，为41家企业解决融资需求。促成华通线缆和贺祥机电挂牌上市。充分发挥综合协调作用，及时掌握工作进度情况，主动向区委、区政府领导汇报，提出合理化建议，研究拟定切实可行工作措施，促进各项工作顺利推进。围绕土地收储、国丰北片区开发建设、规划设计方案审查、市政基础设施工程、城市管理、人防专项治理、棚户区改造等工作，组织各类协调、调度类会议达200多次，并配合相关部门全力做好省、市各级领导调研的接待准备工作。同时，参与组织黑沿子镇区改造房屋征收、丰南镇兰高庄村回迁及四王庄、于北村剩余户征收搬迁工作，督导铁路沿线排查、整改434处隐患点位，确保铁路安全运行。充分稳妥开展城镇天然气管道输送工程等新进工程的前期准备。以新型职业农民培育、农业重点项目建设、现代农业园区建设、美丽乡村建设和乡村旅游为抓手，统筹推进“三农”工作。面对区内部分重点企业关停、减产压力，积极协助区领导组织财税收入；着力推进纵横钢铁、东方雨虹二期等重点项目建设，全区重大项目建设工作在全市总评中名列第二位，获得市领导一致好评；持续优化营商环境，此项工作始终保持全市前三名。

【政务督查】　2019年，丰南区政府督查室按照区委、区政府决策部署，紧紧围绕中心工作，突出重点、把握关键、真督实查、狠抓落实。积极对接市委市政府督查室、区委督查室和区大督查办公室、区“一港双城”办公室等专项工作办公室，针对各项督查工作，建立督查工作台账，逐项督促落实，以理顺督查机制为抓手，强力推动工作落实。共承办市委市政府督查室交办事项57件，承接各专项工作办公室督查事项43余项，形成各类报告96余份，按期办结率达到100%。组织开展专项督查110余次，撰写《政务督查专报》11期及相关报告112期。充分利用丰南区政务督查工作调度群和互联网，发布、回复各类督查信息2000余条。同时，充分发挥政务督查软件的便利性和时效性，网上交办和督办各类事项78件。积极推行政务公开。全年通过政府门户网站公开各类信息6032条；通过政务微信“丰南发布”推送文章800余篇。

【调研信息】 2019年，丰南区政府信息调研科围绕服务全区经济社会发展大局和各级领导决策，深入挖掘、广泛调研，努力提高信息价值和调研报告实用性。不断健全完善政府信息主动公开、依申请公开和保密审查等制度、规定，并及时、准确、全面地公开政府信息，进一步加强对各地各部门政府信息公开情况的跟踪监测、检查和指导，全面提升全区政府信息公开工作水平。在信息捕捉上坚持“快”。将全区发生重要情况，尤其是对省、市重要部署的贯彻落实情况，及时传送到省、市政府办公厅。在信息编写上坚持“准”。高度重视信息准确度，每一条采用信息中的时间、数字、地点，都要与相关部门、科室核实后才能下发、上报。在信息选用上坚持“严”。严把构思关、选材关、修改关，对各地各部门报来的大量信息稿件，认真筛选素材，着重选用那些既符合中央、省、市精神，又具有本地特色的信息，并对素材来源、数据等一一核查。调研工作，展位高，思路创新。紧紧围绕人民群众切实关心的热点难点问题展开调研，广泛听取群众意见和建议，为解决当前工作突出问题发挥参谋作用。把握上级方针政策，增强预见性。坚持深入经济社会发展第一线，通过电话走访、现场调研等多种形式，掌握一手资料，供领导参阅。围绕全区重点工作，增强服务效能。关注经济社会发展，加大调研工作力度。创新调研手段，细心谋划，采取典型调研与抽样调研相结合方式，提高调研工作针对性和科学性，对重大问题，坚持深入基层，直接接触实际，形成《全力做好省农村人居环境整治全域完成示范县（区）创建工作》等调研文章。信息公开工作，严格标准，力求实效。年内，严格公开标准。各地各单位按照国家、省、市信息公开条例、制度、规定，依照“应公开尽公开”原则，主动、及时公开。加强业务培训。采取一对一指导、电话释疑等形式，指导相关单位信息公开工作人员信息公开平台操作和维护常识。组织全区政府信息公开培训1次，受训人数110人。不断提高各地各部门主要领导的重视程度、支持力度和工作人员业务素质。强化督导检查。加强政府信息公开工作情况的督导、检查，不定期对各地各单位政府信息公开工作进行跟踪监测、检查和指导，并定期通报公开情况。2019年，累计编发《信息快报》50期，上报省、市信息210余篇，被省、市采用80余篇；在《唐山经济》等刊物发表调研文章4篇。通过政府门户网站公开各类信息6032条；通过政务微信“丰南发布”推送文章800余篇；区政府信息公开办公室共受理依申请公开38件，全部依法依规按时办理。

【建议提案办理】 2019年，丰南区政府共承办区人大代表建议71件、政协提案139件。区政府高度重视人大代表建议和政协提案办理工作，建立区领导包案、承办单位一把手负责、专人专办工作机制，形成一级抓一级层层抓落实良好氛围。印发《关于做好2019年区人大代表建议、政协提案承办工作若干要求》，将人大代表建议、政协提案逐件分解，明确办理要求，对每件提案都做到“定分管领导、定承办人员、定完成时间、定责任”。同时，各承办单位坚持做到与人大代表、政协委员及时沟通联络，了解建议和实际情况，有针对性地提出办理建议、方案，确保办理工作做到“早谋划、早部署、早办理”。年内，代表建议、政协提案办理工作全部完成，代表建议按时答复率100%、代表满意度99%。各承办单位提案走访回复率达到100%，办理满意率达到100%。

【史志鉴编修】 2019年，丰南区地方志办公室本着创新方法、主动作为、积极进取的工作思路，立足强化基础，服务中心，提升水准，促进方志事业转型升级，把整体工作推向新高度。11月底，经省相关专家无记名投票，区地方志办公室整体工作排名全省第一，被推荐参加全国评选。12月18日，在中国地方志指导小组举办的先进集体评选中，获全国地方志工作先进集体称号。

强化基础，完成日常性工作。对《丰南区志（1994—2011）》进行最后一轮修改，完成报省审批，启动《丰南年鉴（2019）》编纂工作，统一下发征集资料通知，如期完成资料编辑整理工作。以方志馆为阵地，加速史料收藏工作。全年共12人次向方志馆捐赠展品，方志馆获捐藏品上千件。中宣部原常务副部长翟泰丰捐赠自己作品一部；区委副书记孙守廷捐赠抗震期间收讯机一部；民间画家董国一捐赠书画14轴；省非物质文化遗产传人孙文生将价值6万元的根雕作品用于方志馆长期展示；南孙庄乡赵新庄村民朱少堂捐赠大量文献，包括抗震期间资料、1991—2000年农户记账收入簿、清嘉庆十四年家堂及大量集体账目。搜集地方文献。先后搜集民国期间史料20余部，中华人民共和国成立后珍贵史料10部。围绕乡村经济振兴主题，服务区委、区政府中心工作。2019年初，承接省乡村经济振兴示范区5个创建村文化主题打造任务。按照区委、区政府要求统筹安排，对5个村历史文化进行深入调查走访，在综合整理基础上，完成各村80多条街道命名，并对墙体文化、文化礼堂设计提出具体意见，得到领导及相关单位认可。并在此基础上，完成以东田庄乡历史展示为主题的王打刁村文化礼堂设计。按照方志事业转型升级要求，强化地情书编纂工作。年内，完成由张保华撰写口述历史文献《白花》出版工作。该书反映唐坊农民百花歌舞团在1958年组建后，活跃于丰润大地，直到去北京中南海演出相关经历，弥补了历史空白。另外，积极发现、推介地情书出版。唐海环保局原局长李庆玺所著《冀东盐业简史》一书，涉及越支盐场大量考证资料，在区地方志办公室推荐下，由市地方志办公室资助出版。在完成专职工作同时，组织专门力量，服务基层需求，繁荣历史文化。年内，协助丰南镇完成魏家庄村史馆建设，反映评剧赵家班起源及发展经历；协助黄各庄镇双坨村建设村史馆，反映村庄发展历程；协助城区街道办事处设计《胥各庄街道志》提纲，并为下一步编纂提出指导性建议；协助岔河镇、黑沿子镇整理历史资料，制定镇志编纂提纲；协助爽坨村编纂《李氏家谱》，并对丰南爽坨村史提出修改意见。开展丰南专题性史料发掘。4月，与老干部局共同下发文件，在全区离退休老干部当中，开展抗震救灾史料发掘工作。进行“一对一”走访。组织专门队伍，对原副县级老领导逐人进行走访。人大常委会原副主任朱殿玺除提供相关回忆外，还提供抗震恢复建设“三河一铁”工程全套资料。加强历史资料搜集。从社会收集抗震救灾图书资料120册，复制翻拍各种档案400多页。强化横向协作。在市方志办领导帮助下，和沧州等地援建单位取得联系，获得一部分震灾援建资料。截至2019年底，已经收集各种文字资料35万字。

人力资源和社会保障工作

【概况】 2019年，丰南区人力资源和社会保障局深入贯彻习近平新时代中国特色社会主义思想和“三个努力建成”指示精神，以重返全省前列为中心，以强化政治统领为前提，以服务发展、保障民生为根本，践行初心使命、主动担当作为，着力推动各项人社工作深入开展，为促进经济社会高质量发展提供有力支撑。就业创业质量稳步提升。城镇新增就业13459人，失业人员再就业4951人，就业困难人员再就业537人，农村劳动力转移就业4881人，分别完成任务的150.38%、343.82%、107.4%、110.93%；接收非师范类高校毕业生1256名，高校毕业生就业率达到93.1%。城镇登记失业率控制在3.02%以内。社会保险工作成效显著。企业职工养老、失业、工伤保险分别覆盖170361人、81030人、108722人，分别完成市达标任务的102.27%、100.06%、105.45%。企业职工养老保险扩面人数10560人，全市排名第一。企业职工基本养老保险费征缴7.93亿元，位居全市前列。城乡居民养老保险覆盖26.25万人，参保率99.98%，在全省率先实现社保业务档案电子化，得到省厅领导好评。引进各类人才446人，其中硕士研究生42人，完成任务的127.4%、105%；引进智力39人，完成任务的195%；培训各类人才12504人次，完成200.8%。建设人才平台3家，完成任务的150%。人才工作位居全市第一位。招聘事业单位工作人员396人，申报高中级专业技术人才共663人，为5978名劳务派遣人员提高工资待遇，充分调动工作人员积极性。和谐劳动关系更加有力。对135家企业开展用工执法检查，收缴建筑领域工资预储金3.5亿元，解决拖欠农民工工资案件157件，为4103名农民工解决拖欠工资6023万元。共接到督办信访案件70件，到期结案率100%。受理立案劳动人事争议案件270件，按期结案率100%，在仲裁院标准化建设市级验收评比中获优秀等级。

【创业就业扶持】 2019年，丰南区人力资源和社会保障局把握关键，促进创业带动就业。不断加强创业孵化基地建设，发放场地租赁、管理服务等补贴690万元，推荐商务、泽信2个基地参评市级基地，5家孵化基地在孵创业项目190个，带动就业535人。同时，对基地外962个创业项目给予创业帮扶，争取小额担保贷款1.11亿元，带动就业2312人，充分调动万众创业积极性。以“春风行动、退城搬迁、高校毕业生、民企招聘周”等为主题，举办11场就业招聘活动，参会企业494家次，提供就业岗位18097个，入场求职10600人次，签约就业3574人。

【社会保障体系建设】 2019年，丰南区人力资源和社会保障局深入实施全民参保计划，强化社会保障兜底作用。强化督导挖潜扩面。紧盯养老、工伤保险参保人数相差较大重点规上企业，积极深入到纵横、瑞丰、东华、经安、梦牌、丰华等企业开展养老保险参保情况督导检查，养老保险新增参保职工2020人。同时，深入45家企业小微企业开展社会保险参保专项执法监察，下达整改通知书30份，新增参保职工1082人。做好特殊群体续保工作。对区退役军人事务局提供的退役军人养老保险参保情况进行全面核实，共查出中断缴费情况1151人。通过安排专人负责、设置专门办公场所，为退役军人办理补缴养老保险工作。全面梳理社保公共服务事项和经办规程，大力推行“一次性”精准告知，全面落实“最多跑一次路”服务，不断推进社保服务标准化、规范化。24404名退休人员基金发放42000.45万元，人均提高标准基本养老金114元。

【人才引进】 2019年，丰南区人力资源和社会保障局围绕推进产业发展，不断加大人才引进选拔、培训培养工作力度。开展“百家企业进校园”活动，东方雨虹等68家次企业深入河北工业大学、北京化工大学等23所高校，举办12场专场招聘会、5场急需人才选聘会、6场重点岗位推介会，成功引进高校毕业生165人。管理人才培训举办“新时代·新机遇·新发展”主题培训启动仪式，开展1130名高中级管理人才“劳动保障法律法规、卓越领导力、人力资源管理、信息化建设”培训和30名人才工作者能力提升培训。实用人才培训依托高校院所、专业机构和大型企业集团，开展765名技术人才创新能力培训，4849名技能人才技能提升培训。依托科技部人才中心建立全国第30家、河北省第2家科技领军人才创新驱动中心，储备10万名领军人才和1500个创新团队资源。举办“创新驱动·绿色发展”主题“钢铁产业创新发展论坛”，石洪卫等4名科技领军人才就钢铁产业转型发展提出指导意见，就节能环保等难题进行问诊把脉。

【人事管理】 2019年，丰南区人力资源和社会保障局围绕推进行业发展、激发工作热情，面向社会公开招聘事业单位工作人员92名，招聘非在编教师192人，招聘卫生专业技术人员115人，任免股级干部106人，申报2019年度高级职称254人、中级职称409人。惠达卫浴王彦庆、梦牌瓷业孟令来获唐山市市长特别奖。华通线缆张书军被评为河北省“三三三人才工程”第二层次人才，并获省人才专项资助。惠达卫浴孙岩被评为第三层次人选。

【劳动保障维权】 2019年，丰南区人力资源和社会保障局攻坚克难，精准发力，撑起权益“保护伞”。围绕构建和谐稳定劳动关系，不断强化劳动保障监察和争议案件处理工作，确保企业和职工双方合法权益。把重点监察与举报监察、日常监察有机结合起来，通过日常对企业进行拉网式排查，及时查处用工不规范等各种违反劳动保障法律、法规行为。加强部门联动，协调相关部门联合开展开展拖欠农民工工资专项检查行动，及时发现欠薪隐患，督促整改落实。通过举报监察，对克扣农民工工资、加班加点等重点违法案件及时解决。坚持“调裁结合，能调不裁，以调为主”原则，努力提高劳动保障争议案件调解、和解率。在270件劳动人事争议案件中，裁决结案65件，调解结案192件，其他方式结案13件，调解率76%，一裁终局率38%。对群众来信来访反映的劳动保障问题，做到热情接待到位、政策解释到位、问题处置得当，及时有效化解各类突发性事件，维护劳动关系和谐稳定大局。共接待来访群众215批次5179余人，督办信访案件70件，一体化案件195件，到期结案率100%。

【去产能职工安置】 2019年，丰南区人力资源和社会保障局强力破解改革发展难点。钢铁企业退城搬迁是改革发展大势所趋，而职工安置是难点。工作中，丰南区人力资源和社会保障局以“政策执行规范化、职工利益最大化、跟进服务持续化”为原则，以“补偿标准最高、就业安置最快、失业待遇最全”为目标，通过纵横集团兜底安置、其他企业主动吸纳、发放失业保险待遇等方法，使国丰南区7000多名职工在一个月之内全部得到妥善安置。

【扶贫工作】 2019年，丰南区人力资源和社会保障局坚持改善民生不松劲。牢牢把握“就业是最大的民生”这个根本，深入开展脱贫攻坚行动，组织承德、围场“京津冀发展一体化及扶贫攻坚”就业招聘活动，帮扶就业141人。对区内145名农村建档立卡贫困劳动力，采取扶贫专岗安置、企业岗位吸纳和本人自主经营等形式实现就业。按照省扶贫工作规定，为符合条件的174名建档立卡人员、3153名低保人员、1713名特困人员代缴2019年度养老保险费；为17名贫困人员办理直接领取养老待遇。

行政审批

【概况】 丰南区行政审批局组建于2017年11月，内设9个行政科室，两个中心（事业）。主要职能是：贯彻落实党中央和省委、市委、区委关于行政审批、政务服务管理工作的方针政策和决策部署，坚持和加强党对行政审批、政务服务管理工作的集中统一领导。组织协调全区“放管服”改革工作；指导协调全区行政审批制度改革工作；指导协调全区政务服务管理工作；负责综合协调和监督管理区级各部门行政审批等事项和公共服务事项集中统一办理；依据权限划分，组织相关部门开展审批服务事项联合办理和联审会办；研究推进并联审批服务工作；统筹推进全区“互联网+政务服务”工作，建设全区一体化政务服务平台；引导和推动全区社会信用体系建设；建立健全全区政务服务、行政审批服务效能可量化考核评价制度；对具有政务服务职能的部门进行综合考评，对进驻事项办理情况、办理效能，以及办事人员服务质量等进行管理、培训、监督和考核；负责企业设立、投资项目、文教卫事务、交通城管、社会事务、涉农事务等方面行政审批；负责对行政审批、政务服务行为进行监督检查教育培训和绩效考核。共承办政务服务事项97项，其中行政许可事项83项、初审转报5项、其他权利9项。2019年，丰南区行政审批局努力打造“审批事项最少、收费标准最低、办事效率最快、服务水平最优”唐山“四最”品牌，全力使政务服务工作成为丰南招商引资、对外开放名片，为建设经济强区、美丽丰南贡献力量。区行政审批局累计办理各类事项50904件，办结率达到100%，群众满意率达到98%以上；办理审批项目48个、备案项目194个、核准项目30个。各乡镇便民服务中心累计办理各类事项60325件，代办18759件，办结率达到100%。全区内资企业达到8873户，净增企业1225户，超额完成市达标任务目标。

【行政审批事项压减】 2019年4月18日贯彻落实国务院《关于取消和下放一批行政许可事项的决定》和省、市关于做好衔接落实工作相关要求，对应国务院取消25项行政许可事项，全区衔接取消6项，对应国务院下放管理层级6项行政许可事项，全区承接2项。按照市政府办公室《关于2019年下放3项市政府部门行政许可事项的通知》要求，对唐山市政府部门下放3项行政许可事项进行衔接。2019年11月17日贯彻落实市政府办公室《关于衔接落实省政府下放一批行政许可事项的通知》，对市政府下放管理层级1项行政许可事项进行衔接。2019年，丰南区行政审批局共承接国务院、省取消行政许可事项11项，下放33项；承接市级下放行政许可事项 3 项；唐山市推进政府职能转变和“放管服”改革协调小组办公室《关于向县(市)、区和开发区(管理区)下放行政许可事项的通知》中，市直部门向县（市）、区和开发区（管理区）下放事项13项，确认市直部门未经市审改办审核自行下放事项14项。制定下发《唐山市丰南区人民政府办公室关于做好国务院取消和下放一批行政许可事项衔接工作的通知》、《唐山市丰南区人民政府办公室关于做好市政府部门2019年下放 3 项行政许可事项衔接工作的通知》和《唐山市丰南区推进政府职能转变和“放管服”改革协调小组办公室关于承接市职转办下放行政许可事项的通知》，于4月18日在本级政府门户网站上对外公布。在做好衔接取消下放事项的同时，制定出台“马上办、网上办、就近办、一次办”“四个办”目录清单，进一步优化审批流程，压缩审批时限，提高审批效率。

【行政审批流程优化】 2019年，丰南区行政审批局重新修订完善《行政执法手册》，优化审批流程。在全市推行“5311”企业开办模式基础上，将企业设立时间压缩至2日内，企业登记除特殊审批事项外，实行“审核合一、一人通办”，基本实现即来即办，形成企业开办“4211”模式（企业开办时间不超过4个工作日，其中企业登记时间不超过2个工作日、公章刻制1个工作日、发票申领1个工作日）。全区一般工业项目从立项到开工周期控制在5个月以内，其中行政审批所用时限控制在30个工作日之内。

【行政许可权改革】 2019年，丰南区行政审组织起草《丰南区工程建设项目制度改革实施方案》，成立重点项目服务专班，打造“高效便捷、特事特办、全程代办、跟踪服务”项目审批“绿色通道”，取消建设工程施工合同备案、建设工程监理合同备案、建筑节能设计审查备案、无拖欠工程款证明，把资金到位证明改为提供建设资金承诺。通过提前介入、前期指导、提前预审、压缩审批时限，提高审批效率。质量监督手续办理工作时限由原来3个工作日，压缩到即办；建筑工程竣工验收备案由原来7个工作日，压缩到3个工作日；建筑工程安全监督备案由原来5个工作日，压缩到3个工作日；建筑施工许可由原来7个工作日，压缩到3个工作日。2019年，共为唐山市天强陶瓷有限公司日用瓷生产项目、唐山昊运陶瓷有限公司建设年产140万件卫生陶瓷生产项目等259个项目办理项目立项手续。

行政审批局红色代办员在为唐山隆腾房地产开发有限公司办理业务

【“互联网+政务服务”建设】 “互联网＋政务服务”系统于2月迁移至云平台。165项政务服务事项可全部在河北政务服务平台办理，网上可办率达到100%。区委组织部、区民政局、区行政审批局做好村级服务站网上服务系统建设工作，梳理编制区乡两级政务服务事项清单，为向乡镇延伸奠定基础。按照省里要求，完成对政务服务事项标准化、监管事项清单和检查实施清单进行事项梳理和系统录入工作。全区共梳理政务服务事项588项，录入系统588项，按照时间节点已全面完成，为“互联网+政务服务”工作奠定坚实基础。加快“互联网+监管”系统建设和对接工作。按照国家、省、市要求，为加快推进区“互联网+监管”系统建设，确保按时保质完成与国家“互联网+监管”系统对接，区政务服务管理办公室下发《关于梳理监管事项目录清单和检查实施清单并录入“互联网+监管”系统的紧急通知》，组织相关单位对监管事项清单和检查实施清单进行认真梳理和录入，全区31家单位完成事项认领和录入工作。编制、落实“马上办、网上办、就近办、一次办”服务事项目录。

【审批服务便民】　2019年，丰南区行政审采取行政审批事项压减、审批流程优化等措施推进行政许可权改革。按照省和区机构改革要求，组织相关人员培训，安排部署政务服务事项梳理工作及政务服务网事项录入相关事宜。共梳理政务服务事项585项，录入系统585项，为全省“互联网+政务服务”工作奠定坚实基础。推行免费复印、证照邮寄送达、上门服务、项目代办服务、预约服务、延时服务等15项免费服务措施，全方位给办事群众提供便利。推进设立网上“中介超市”，全区网上中介超市已入驻各类中介机构70家，企业和群众通过政务大厅设立的触摸屏，可自主进行选择，政府部门在审批过程中委托开展技术性服务活动，全部通过竞争方式选择服务机构。

【公共资源交易信息化】　2019年，丰南区公共资源交易中心立足管办分开、监管分离，统一管理、相互制约，公开透明、依法监督原则，充分运用“互联网+”技术，全面推行政府采购全流程电子化，实现政府采购项目全流程、全上网、全覆盖、全透明、全免费运行机制。年内，丰南区公共资源交易中心共组织各类交易项目552宗，交易总金额191666.35万元，节约资金10723.39万元。其中，完成政府采购项目489宗，交易总金额124833.62万元，节约资金8283.01万元。严格规范政府采购行为，加快建立和推行全流程电子化应用系统。从规范网上报名程序、采购文件制作、专家抽取到标书解密、开标、评标、中标公示、收退保证金等所有交易环节逐步实现电子化操作，不仅提高工作效率和质量，而且真正实现政府采购项目数据全留痕、过程可追溯，促进公共资源交易更加公开、透明、高效。实现在线办理和在线核验，取消现场购买标书、现场报名、现场开保证金收据，降低交易成本，方便企业投标，推进交易活动“最多跑一次”。

此外，不断完善各项规章制度，筑牢思想道德防线，工作人员自觉按照规定要求办事，做好本职工作，着力实现公共资源交易信息化管理，持续优化营商环境，打造公开、公平、公正和诚实守信阳光交易平台。

（韩珊荣）

应急管理

【概况】　2019年，按照《唐山市丰南区机构改革方案》，丰南区将区安全生产监督管理局职责、区政府办公室应急管理职责、区公安局消防管理职责、区民政局救灾职责，以及市国土资源局丰南区分局地质灾害防治、区水务局水旱灾害防治、区林业局森林防火、区科学技术局地震监测和震灾应急救援等相关职责，区防汛抗旱、减灾、抗震救灾、森林防火指挥部（委员会）职责等整合，于1月8日组建唐山市丰南区应急管理局（简称区应急管理局），作为区政府工作部门，加挂区防震减灾局牌子，不再保留区安全生产监督管理局。区应急管理局自成立伊始，在区委、区政府领导下，贯彻落实国家、省、市关于安全生产工作新部署、新要求，推进安全生产领域改革发展，强化责任、夯实基础、筑牢防线，建立健全安全监管责任体系和长效机制，加大监管监察执法力度，排查整治各类安全隐患，打击安全生产违法行为，促进全区安全生产形势稳定好转，确保全年安全生产形势总体稳定。

【防范安全生产重大风险】　2019年，丰南区应急管理局坚守安全生产“红线”，建立健全安全生产责任体系，推进安全生产领域改革发展，开展安全生产大排查、大整治行动，加大依法治安和执法监管力度，打击非法生产经营建设行为，强化源头管理，增强应急救援能力，夯实基层基础，提升本质安全生产水平，印发全区安全生产工作要点、安全生产隐患大排查执法大检查责任大督查专项行动方案、“双控”机制（安全生产风险辨识管控和隐患排查治理双重预防）建设工作方案、有限空间作业安全生产专项整治方案等文件，全面部署年度各阶段工作任务。

【安全生产责任制落实】　2019年初，丰南区政府与各乡镇、各有关部门签订《2019年安全生产目标管理责任书》，各乡镇、有关部门与所辖企事业单位，企业与内部分厂、车间、班组和个人，层层签订责任书，逐级分解目标任务和承担对应安全管理责任。同时，转发市委、市政府一系列关于安全生产工作部署文件，梳理、制定党政领导干部、行业部门、各生产经营单位安全生产责任清单，落实安全生产监督管理工作职责。加大考核和责任追究力度，12月下旬，区安委会集中对签订安全生产目标管理责任书乡镇和成员单位进行年终考核。《中国应急管理报》《河北经济日报》《唐山劳动日报》等主流媒体刊发丰南区“分层制定清单，实行双重考核，压实安全生产责任”

经验做法。

【安全宣传教育】 2019年，丰南区应急管理局融合多方力量，强化部门协作，组织开展“安全生产月”、“巾帼奉献 共筑安全”、全国防灾减灾周集中宣传、“安全在我心中”摄影大赛、“鑫丰杯”安全生产知识竞赛、安全文化创建示范单位评比、志愿服务等多项宣教专题活动。安全生产宣传教育“七进”活动辐射群众8万多人次，全民安全应急知识竞赛答题76万人次，全市排名第三。区应急管理局在“安全生产月”活动中被省安委办评为全省“安全生产月”活动先进单位，被市安委办评为全市“安全生产月”活动优秀组织单位。

【安全生产培训】 2019年，丰南区应急管理局落实企业安全生产培训主体责任，加大对各级安全监管监察人员培训力度。以全区应急管理干部、企业负责人及企业高中层管理人员、“三项岗位”人员培训为重点，组织开展安全生产培训活动，全区安全监管监察人员、乡镇委托执法人员、“三项岗位”培训率达到100%。加大安全培训专项执法力度，督导企业落实主体责任，加强培训管理，加大培训投入，执行全员培训合格上岗制度。全年组织开展培训175期，培训人员7963人次，指导企业自主培训10万余人次。

【错峰生产安全监管】 2019年，丰南区应急管理局强化企业错峰生产停限产期间安全监管，确保企业安全生产持续稳定。督促有关单位落实安全运行主体责任，强化协调督导，遏制各类事故发生。为加强全区钢铁企业停限产期间安全监管，区应急管理局印发《唐山市丰南区钢铁企业停限产安全监管工作方案》，针对落实限停产报告制度、组织开展教育培训、隐患排查治理、提级检维修和特殊作业管理、强化应急管理等工作提出明确具体要求。成立专项执法行动领导小组，负责停限产期间安全生产综合协调和监督管理，确保钢铁行业安全生产形势稳定。

【安全准入关控制】 2019年，丰南区应急管理局按照烟花爆竹销售工作实施方案和法律法规、规范标准要求对烟花爆竹零售点进行安全条件审查，对申办网点严把关口。春节期间，全区共设烟花爆竹零售经营网点51个。严格危险化学品安全生产（经营）许可，办理情况全程网上公布，确保程序合法，全年办理核发换证35个、许可变更27个、延期换证16个。落实建设项目安全许可相关规定，加强危险化学品建设项目安全监管，全年办理新、改、扩建危险化学品建设项目安全审查13个，其中安全条件审查4个、安全设施设计审查9个。

【安全生产执法监察】 2019年，丰南区应急管理局坚持严管重罚和解决企业、行业安全问题并重，行业整治与区域整治相结合，推进“执法+培训+服务”工作法，提高执法效能，提高企业重视程度。严格执行行政执法“三项制度”，成立重大行政处罚案件审理委员会，对重大行政处罚案件集体会审，做好“两法衔接”工作，规范执法行为，提高依法行政水平。全年立案处罚企业116家，收缴罚款314.4万元，约谈企业负责人45家。

【重点行业安全隐患整治】 2019年，丰南区应急管理局组织实施化工、冶金建材、机械行业3个专项整治行动。化工行业方面落实“四个一批”措施，组织专业机构对全区16家化工企业进行评估，其中13家列入改造提升范围，3家关闭取缔。冶金工贸行业方面开展冶金企业“三年整治”、煤气专项整治、有限空间、涉氨制冷、涉爆粉尘、高温熔融金属吊运、重大隐患排查治理、能源隔离推广应用、外委施工安全监管、“双控”机制建设、停限产等专项治理。全年督促企业投入整改资金2500余万元，整改安全隐患1673项。

【安全生产事故查处】 2019年6月26日13时28分许，惠达卫浴股份有限公司三分厂15号窑高压成型车间发生一起机械伤害事故，造成1人死亡，直接经济损失142.2万元。依据《中华人民共和国安全生产法》和《生产安全事故报告和调查处理条例》等有关法律法规规定，经唐山市丰南区政府批准，6月28日，成立由区应急管理局、区公安局和区总工会等部门人员组成“6·26”机械伤害事故调查组，对事故展开全面调查。经调查，该事故发生直接原因是：设备运行时，施工人员擅自将身体探入移载机配重铁运动区域，被向上移动配重铁上框和升降机东侧下部横梁卡住脖颈导致死亡。事故性质定为因企业安全管理不到位、安全生产教育培训不到位、大排查大整治不到位、公司主要负责人安全生产职责履行不到位、属地监管责任落实不到位、工人违章作业而导致的一般生产安全责任事故。事故处理结果为对黄各庄镇主任科员（正科级）高某某给予政务警告处分，对事故责任单位及主要责任人分别处以罚款29万元、20.49万元行政处罚，企业内部处理相关责任人员10人。

【应急救援】 2019年，丰南区应急管理局推进大应急体系建设，统筹规划建立应急救援机制，初步建立应急救援分析会商、救援队伍调用、企业参与周边村镇灾情处置协作等机制。整合力量建强应急救援队伍，推动企业救援队伍建设，充实区应急救援专家库，扶植辖区外民间救援队伍落户丰南，结合社会综合救援力量完善救援队伍体系。以比武竞赛、专项演练为载体，提高行业救援队伍水平，在唐山市2019年安全生产危险化学品、冶金（焦化）应急救援技能竞赛中，区应急管理局获优秀组织奖，纵横集团丰南钢铁有限公司、瑞丰钢铁有限公司、达丰焦化有限公司、东华钢铁有限公司4支应急队伍在4个竞赛项目中获2个冠军、2个亚军、1个季军。绘制应急资源分布图，完成应急资源信息管理通信系统和自然灾害信息快速报送网络建设，修订完善各级各类应急预案，组织综合应急演练3次，指导各生产经营单位演练3600多场次。

【应急管理综合基地建设】 2019年，丰南区应急管理局为筑牢基础提高应急救援能力，建设集教育培训、应急演练、物资储备于一体的多功能应急管理综合基地，并决定将丰南区应急管理综合基地打造成省、市应急管理典型示范基地。3月，按照基地建设项目申请，经区政府协调，选址在丰南区原宏宇木器厂。4月，完成宏宇木器厂230.20万元资产划转手续；11月，组织基地一期项目招标，中标单位为唐山崇正建设工程有限公司，中标金额147.80万元，工期30天，一期项目于12月底完工。

【防灾减灾】 2019年，丰南区应急管理局与各乡镇签订防汛责任书，与区水利局组建工作专班，制发区级应急预案，启动应急响应，组织协调各乡镇、区防指成员单位开展演练，加强重点部位巡查，全面排查整改隐患，实现安全度汛。协调各地各有关单位根据各自职责加大对野外违法用火管控力度，加强重点林区巡逻巡护，确保防火安全。为加强地震监测预警预报、化解地震灾害风险，实现京津冀地震数据共享，根据《唐山市防震减灾条例（修订）》，河北省政府办公厅《关于进一步做好防震减灾工作的通知》文件精神和关于推进“一县一台站”建设要求，进行地震地下流体综合台站建设，8月份按照台站建设项目申请，经区政府协调，选址在西板桥村西侧原交通局划归丰南盐场汽车队旧址，12月底组织招标，中标单位为丰南荣泉钻井有限公司。提高群测群防能力，全年组织指导地震应急演练200余场次，组织开展防震减灾系列宣传活动，服务群众4万余人次，营造防震减灾社会氛围。北京时间2019年12月5日8时02分，丰南区境内（北纬39.31度、东经118.04度）发生4.5级地震，震源深度10千米，烈度3.5度，震中位于丰南区柳树酄镇刘德庄村西北，震中及周边地区震感明显。地震后，丰南区立即启动三级地震应急响应，开展震情调查速报、排查重点区域灾情、分析研判地震发展趋势稳定舆情，妥善进行地震应急处置，维护正常社会秩序。

（李彦兵　付爱国）

政协唐山市丰南区委员会

Zhengxie Tangshan Shi Fengnan Qu Weiyuanhui

责任编辑：张保华

综 述

2019年，丰南区政协六届常委会在中共丰南区委正确领导下，紧紧团结依靠政协参加单位和全体委员，深入学习贯彻习近平新时代中国特色社会主义思想、中共十九大和十九届三中、四中全会精神，全面落实“不忘初心、牢记使命”主题教育总要求，紧紧围绕助力全区高质量发展和全面建成小康社会，坚持发扬民主与增进团结相互贯通，建言资政与凝聚共识双向发力，为丰南区加快重返全省县（市）区前列步伐做出积极贡献。全年组织集体学习36次，开展各种形式调研、协商、视察等履职活动22次，形成高质量协商成果7个，提交提案144件，上报各类建议20余条，在《乡音》和《唐山政协》上发表稿件98篇次。区政协外宣工作在全市一直名列前茅。

政协组织机构

【概况】 政协组织机构包括领导机构和组织机构。2019年，政协唐山市丰南区第六届委员会领导机构有主席1人，副主席4人，秘书长1人。工作机构3个。

【政协唐山市丰南区委员会领导机构】 2019年，政协唐山市丰南区第六届委员会领导有主席1人，副主席4人，在4名副主席中，有非中共民主人士2名。

领导机构组成人员

主　席：才文举

副主席：黄俊东

孟淑玲（女、非中共人士）

吴　帆（女、非中共人士）

张国春

秘书长：李继忠

【工作机构】 2019年，丰南区政协机关下设办公室、组织宣教科、经济建设科3个科室。

政协唐山市丰南区委员会

工作机构主要负责人

办公室

主任：王印文、班静

组宣科

科长：于淑媛、刘超

经济科

科长：李凤新

政协重要会议

【概况】 2019年，政协唐山市丰南区第六届委员会召开全体会议1次、常务委员会议5次。

【政协全体会议】 2019年1月29日至1月31日，政协唐山市丰南区第六届委员会第三次会议在丰南大剧院举行。出席区政协六届三次会议的委员应到229名，实到219名，符合法定人数。大会听取审议政协唐山市丰南区第六届委员会常务委员会工作报告和六届二次会议以来提案工作情况报告；列席区六届人大三次会议；审议通过政协唐山市丰南区第六届委员会第三次会议各项决议。

政协第六届委员会第三次会议—分组讨论

【政协常委会议】 2019年，六届区政协召开常委会议5次。

2019年1月22日，在区行政中心第三会议室召开区政协六届九次常委会议，会议由区政协主席才文举主持，各位副主席、秘书长，区政协六届常委会委员，政协机关科室负责人参加，各委员工作组长列席。会议审议《政协唐山市丰南区第六届委员会常务委员会工作报告（草案）》；审议《政协唐山市丰南区第六届委员会常务委员会关于六届二次会议以来提案工作情况的报告（草案）》；审议通过《关于召开政协唐山市丰南区第六届委员会第三次会议的决定（草案）》；审议通过政协唐山市丰南区第六届委员会第三次会议大会执行主席建议名单、执行主席分工；审议通过政协唐山市丰南区第六届委员会第三次会议大会秘书长、副秘书长建议名单；审议《关于调整区政协六届委员会委员的建议》；审议政协唐山市丰南区第六届委员会第三次会议议程（草案）；审议通过政协唐山市丰南区第六届委员会第三次会议日程（草案）；审议通过各组召集人名单；审议政协唐山市丰南区第六届委员会农业农村委员会主任委员、副主任委员、委员建议名单；听取《区政协委员2018年履职考评情况汇报》。

2019年1月30日下午，在区政协常委会议室召开区政协六届十次常委会议，会议由才文举主席主持，各位副主席、秘书长，区政协六届常委会委员参加，会议听取区政协六届三次会议大会秘书处关于各讨论组审议常委会工作报告、六届二次会议以来提案工作情况报告和学习讨论艾春书记讲话情况汇报；审议通过关于六届常务委员会工作报告决议（草案），关于提案工作报告决议（草案），六届三次会议政治决议（草案）。

2019年3月14日上午，在区政协常委会议室召开区政协六届十一次常委会议，会议由才文举主席主持，各位副主席、秘书长，区政协六届常委会委员出席。会议审议《政协唐山市丰南区第六届委员会提案委员会关于六届三次会议提案审查情况的报告（草案）》；审议《政协唐山市丰南区委员会2019年工作要点》；审议《政协唐山市丰南区委员会2019年协商计划》；审议《丰南区政协党组成员联系界别（工作组）党员委员、党员委员联系党外委员制度（试行）》；审议《政协唐山市丰南区第六届委员会委员履职年度考评办法（试行）》修改方案。

2019年7月2日上午，在区行政中心第三会议室召开区政协六届十二次常委会议，区政协主席才文举主持，各位副主席、秘书长，区政协六届常委会委员出席，会议邀请区政府分管文化、旅游和农业的两位副区长，区委宣传部、区文化广电和旅游局、区农业农村局负责人参加；政协机关科室负责人列席会议。会议听取区政府分管副区长关于全区文化旅游产业发展情况通报；听取区政府分管副区长关于全区农业产业发展情况通报；审议《关于丰南区文化旅游产业融合发展的调查与建议（草案）》；审议《关于丰南区农业“新六产”发展的调查与建议（草案）》；听取《关于调整区政协六届委员会常委、委员的建议》；听取《关于区政协机关人事任免的建议》；听取《关于调整区政协提案委副主任委员和委员工作组组长的报告》。

2019年11月8日下午，在区行政中心第三会议室召开区政协六届十三次常委会议，区政协主席才文举主持，各位副主席、秘书长，区政协六届常委会委员出席，会议邀请区政府分管教育和负责联系协调政协工作的两位副区长参加，政协机关科室负责人列席会议。会议现场视察东田庄乡人居环境建设情况和城区交通情况，听取区政府主管领导关于丰南区2019年要为群众办好实事工程进展情况通报；听取区政府主管领导关于区政协六届三次会议提案办理工作情况通报；听取区政府主管领导关于全区智慧教育建设情况通报；审议《关于全面提升农村人居环境扎实推进乡村振兴战略实施的调查与建议（草案）》；审议《关于丰南区智慧教育建设的调查与建议（草案）》；审议《区政协提案办理协商办法（试行）》；集体学习习近平总书记在中央政协工作会议暨庆祝中国人民政治协商会议成立70周年大会上重要讲话。

政协常委会工作

【概况】 2019年，政协唐山市丰南区第六届委员会常务委员会在中共唐山市丰南区委坚强领导下，团结带领全区政协委员，紧密围绕区委、区政府中心工作，紧紧团结依靠政协参加单位和全体委员，深入学习贯彻习近平新时代中国特色社会主义思想和中共十九大精神，紧紧围绕“重返全省县(市)区前列”总目标，聚焦“高质量发展突破年”“聚力两大主战场”等重点，牢牢把握团结和民主两大主题，忠诚履行政治协商、民主监督、参政议政职能，为助力全区经济社会高质量发展做出积极贡献。

【协商议政】 2019年，政协唐山市丰南区第六届委员会常务委员会坚持专门协商机构职能定位，抓住新时代全区改革发展中面临新困难、新挑战开展广泛多层协商。围绕助推区委、区政府重大决策部署落实选题协商，聚焦“高质量发展突破年”“聚力两大主战场”等重点，研究制定《区政协2019年协商工作计划》，以区委文件形式下发，增强政协协商针对性和权威性。围绕“文化旅游产业发展”等6个专题，与区委、区政府相关部门共同调查研究，共同学习先进地区经验，内外结合、做足功课，开展各类调研活动30余次。邀请区政府领导参加政协常委会议协商，与政协常委面对面座谈交流，形成《关于丰南区文化旅游产业融合发展的调查与建议》《关于丰南区智慧校园建设的调查与建议》《关于丰南区“新六产”发展的调查与建议》等6篇高质量协商成果，全部得到党政领导批示，转交有关部门落实，促进丰南区出台《关于进一步加快全区文化旅游产业融合发展的实施意见》等多项政策措施，推动相关工作开展。筹备政协全会大会发言，公开发表党派、界别建议，建言好声音直通决策层。

【民主监督】 2019年，政协唐山市丰南区第六届委员会常务委员会坚持以人民为中心发展思想，着眼人民群众最关心、最现实的利益问题监督建言。监督形式更多样。发挥政协全会监督、常委会监督优势，直面问题提出建议；通过视察监督、专项监督、特约监督等形式，提出监督建议；收集社情民意，反映群众具有代表性的建议，推动民生问题解决。监督靶向更精准。围绕全区十件惠民实事等重点民生工程，组织委员开展视察监督，形成《关于全面提升农村人居环境扎实推进乡村振兴战略实施的调查与建议》，上报区委，助推惠民实事落地。监督频次更经常。选派百余名委员监督员，对窗口单位实施经常性监督，对司法机关、乡科级干部等进行监督评议，促进相关工作开展。

【提案工作】 2019年，政协唐山市丰南区第六届委员会常务委员会学习借鉴宁波、温岭提案工作经验，制定《区政协提案提交办理协商办法》，树立“提质控量”导向，推进提案办理协商工作制度化、规范化、程序化。提案提办各方加强协作，同步“加热”，区委办、区政府办、区政协办相互联动，主办单位、协办单位、督办单位密切配合，促进提案落实见效，144件立案提案已经全部办结，委员满意率100%。

【文史工作】 2019年，政协唐山市丰南区第六届委员会常务委员会在国家、省级政协网站和省、市政协杂志发表信息稿件200余篇，增强了区政协工作影响力，区政协外宣工作在全市政协系统一直名列前茅；在区电视台、《今日丰南》报开设“委员风采”专栏，宣传报道委员先进事迹6人次，树立政协委员的良好形象。走访文史爱好者，组织召开文史爱好者座谈会，征求对文史资料征集工作意见。

（安志超）

综　述

2019年，丰南区有中国国民党革命委员会、中国民主建国会、中国民主促进会、中国九三学社4个民主党派组织。成员66人，其中民革丰南支部12人、民建丰南总支部36人、民进丰南支部9人、九三学社丰南支部9人。按照“长期共存、互相监督、肝胆相照、荣辱与共”方针，各民主党派组织以习近平新时代中国特色社会主义思想为指导，深入学习贯彻中共十九大和十九届二中、三中、四中全会及中央、省市委统战工作会议精神，统一民主党派成员思想，增进政治共识，增强坚持走中国特色社会主义道路信心和决心。开展“不忘初心，继续携手前进”专题教育活动，为打造“沿海强区、美丽丰南”目标献计献策，参与政务监督行风评议、下乡义诊、扶残助困等活动。通过区人大、政协、两会参政议政，提出建议和提案，组织人员深入基层开展调查研究，向区政府及有关部门提交调查报告，促进有关问题解决和落实。年内，区各民主党派、无党派人士、工商联、新社会阶层代表人士提出建议共40余条，被区委、区政府有关部门采纳。

区总工会、区团委、区妇联、区科协、区工商联等人民团体围绕区委工作中心，聚焦群众关注热和经济社会发展难点创新工作思路，探索服务途径，研究确立新办法，拓宽服务领域，充分发挥自身职能和党联系人民群众桥梁纽带作用，为丰南经济发展尽职尽责。

丰南区民主党派

【概况】　2019年，丰南有民主党派组织4个，成员66人。2019年，各民主党派基层组织紧紧围绕中共唐山市丰南区委四届五次全会精神和十项重点工作，主动融入全区经济社会各领域工作，参与社会服务与管理，主动参政议政建言献策，开展社会公益活动，帮助贫困群体排忧解难。

【组织设置】　2019年，丰南区设置民主党派基层组织4个，分别是民建丰南总支部、民革丰南支部、民进丰南支部、九三学社丰南支社。各民主党派成员总数66人，其中民革丰南支部12人、民建丰南总支部36人、民进丰南支部9人、九三学社丰南支社9人。

【民主党派活动】　组织各民主党派深入钱营镇北阳庄村、大齐各庄镇大长春村开展科技、医疗、法律“三下乡”活动；组织各民主党派就全区水资源保护和污水处理情况开展“清水润城”主题调研活动；组织各民主党派代表深入大齐各庄镇、丰南镇、胥各庄街道进行实地调研，为下步民主党派打造实践基地夯实基础，并制发《丰南区民主党派“3+3”工作法创建实施方案》。

【参政议政】　2019年，涉及全区政治、经济、社会等方面的重大决策、事项，丰南区委区政府均提前听取各民主党派意见建议，民主派人士能够主动融入全区经济社会建设，积极参政议政。年内，民主党派成员共发表参政议政稿件13篇、社情民意稿件20篇、撰写体会文章22余篇、组织各类各项活动10余次。

【对台工作及海外侨胞联络工作】　认真做好对台工作，深入贯彻习近平总书记对台系列重要讲话精神，落实全区对台工作归口报备制度，并鼓励和引导丰南区企业赴台开展经贸活动。深入开展“凝侨心、汇侨智、聚侨力，服务丰南高质量发展”活动，让广大归侨侨眷、海外侨胞切身感受到党委政府关怀和温暖，为吸引海外侨胞到丰南区投资发展营造良好的氛围。制发《关于开展唐山市丰南区侨情摸底调查工作的通知》，进一步摸清全区侨情基本情况，其中包括留学生、华侨、归侨、侨眷、外籍华人共140余人，并分门别类建立信息库。先后组织归侨、侨眷参加“庆祝新中国成立70周年联谊交流会”“侨法宣传活动”“归侨免费体检活动”，进一步凝聚侨心。

各民主党派领导班子名单

民革丰南支部：12人
支部主委：李海新　　副主委：槐五一　高秋晨

民建丰南总支：36人
总支主委：何建录
总支副主委：纪为红　刘作花　杜恩宏　田胜民
一支部主委：纪为红　副主委：邓桂祥　杨子海
二支部主委：刘作花　副主委：梁晓菊　孟令伍
三支部主委：杜恩宏　副主委：张景黎　唐永靖

民进丰南支部：9人
支部主委：马振生　　副主委：董淑香

九三学社丰南支社：9人
支社主委：孟淑玲　　副主委：么明玉

截至2019年末，丰南区有民主党派组织4个，没有新的民主党派组织成立，成员66人，较2018年相比增加3人，民建、民进、九三学社各增加1人。

（刘淑君）

人民团体

丰南区总工会

【概况】 2019年，丰南区总工会（简称区总工会）以习近平新时代中国特色社会主义思想为统领，学习宣传贯彻党的十九大和十九届四中全会精神，全面贯彻落实市总二十二届五次全会和区委四届六次全会精神，按照服务大局、服务职工总要求，聚焦职工群众美好生活新需要，聚焦劳动关系和职工队伍和谐稳定，扎实工作，开拓进取，各项工作稳步推进并取得明显成效，为丰南高质量发展做出贡献。

【基层工会组织建设】 2019年，丰南区总工会开展基层工会组织建设和工会组织规范化建设，不断提档扩面，增强工会组织吸引力、凝聚力和战斗力。区总工会联合区委组织部、区工商联、区市场监管局、区民政局4部门，研究制定《关于在非公经济和社会组织开展“党工共建”的意见》，组织开展工会组织“扩面攻坚”行动，新建工会组织13家。截至12月底，全区共有基层工会1041家，会员15.91万人。按照《河北省总工会关于县级工会规范化建设达标创优管理办法》规定和《河北省总工会办公室关于巩固提升县级工会规范化建设达标创优成果的通知》要求，区总工会以持续深化全省县级工会规范化建设达标创优工作为总抓手，抓“乡镇”“村”“非公企业”工会规范化建设，年内有2家达到市级规范化标准，其中施尔得开展“职工之家”和“企业文化”建设等经验做法得到省市总工会肯定。

【职工技能素质提升】 2019年，丰南区总工会从职工技能提升方面下功夫，组织开展各种活动。开展建设“沿海强区，美丽丰南”主题劳动竞赛等活动，下发《关于开展“当好主人翁，建功新时代”劳动竞赛活动的实施意见》，并深入基层指导竞赛活动。全区各级工会组织开展职工技能培训、岗位练兵、技术比武等活动，全年全区职工提合理化建议4800条，创新成果97项，开展技能培训、技术比武172场次，参赛人员1.8万人次。年内，有12名技术工人代表区参加唐山市十八届职工职业技能大赛，其中3名选手获“技术能手”称号。华通线缆王振彪、惠达檀瑞超、凯伦新材料龚志刚、东方雨虹常伟4个创新工作室被评为市级职工创新工作室。

【劳模管理服务】 2019年，丰南区总工会加强各级劳动模范管理，组织开展劳动模范慰问活动。年初，走访慰问市级以上劳动模范222名，发放慰问金32.37万元、慰问品222份。开展各级劳动模范评选活动，组织推荐市级劳动模范7人、先进集体3个，推荐省级劳动模范7人、先进集体1个，唐山惠达卫浴王淑凤获全国五一劳动奖章。开展高技能人才宣传活动，结合“五一”劳动节，在电视台《今日丰南》节目开辟专栏，宣传高步江、冯涛等10名劳模工匠。全国五一劳动奖章获得者、河北省劳动模范张凤东事迹在《唐山劳动日报》刊登。

【职工思想素质教育】 2019年，丰南区总工会组织开展“‘中国梦·劳动美·圆梦中国人’庆祝建国70周年职工诵读比赛活动”“‘书香三八——逐梦新时代·巾帼绽芳华’读书征文活动”等，推进职工书屋和职工活动室建设，全区职工书屋和职工活动室分别达到18家和73家，其中市级以上图书室6家。打造多媒体平台，与《河北工人报》联合，开通网上工会和微信平台，围绕群众关心热点问题和重大突发事件、复杂敏感问题，加强网络宣传，用正确思想、准确事实解读国家政策，答疑解惑。瑞丰钢铁、鑫丰集团、施尔得、万隆服装商场等基层工会建立完善企业微信平台，利用这一载体开展职工思想教育和读书活动。围绕社会主义核心价值观，打造施尔得企业党群共建文化长廊，建设职工培训电化教室，扩建职工图书室，树立企业文化建设典型。坚持示范引领，扶持引导华通公司完善职工服务中心，扶持凯伦新材料建立职工图书室。

【民主管理】 2019年，丰南区总工会组织开展“民主管理进私企”专题调研活动，先后深入到唐山市丰南区鑫丰热力有限公司、河北丰南华通线缆制造有限公司、唐山市施尔得肉制品有限公司等企业开展专题调研。指导鑫丰、施尔得2家企业召开职代会、开展厂务公开、成立职工董事监事等工作，并向全区推广，推动民主管理工作规范化发展，使职工各项民主权利得到保障，推动企业稳定和谐。开展集体协商“百日攻坚行动”，与人社局、工商联联合召开工资集体协商“百日行动”启动仪式，下发《关于在全区开展工资集体协商“百日行动”的实施方案》。印制发放《工会知识手册》，向企业职工宣传工资集体协商意义。鑫丰集团“民主管理进私企”成为全省典范。

【工会评选表彰】 2019年，丰南区总工会开展区第四届“工人先锋号”、“优秀职工创新工作室”、“金牌工人”、“技术（业务）能手”、工会先进单位、模范职工之家、优秀工会工作者、优秀工会积极分子评选活动。经过层层筛选，共评选出第四届“工人先锋号”10个、“优秀职工创新工作室”8个、“金牌工人”20名、“技术（业务）能手”42名，结合“五一”劳动节进行表彰奖励。评选出15个“工会先进单位”、15个“模范职工之家”、60个“优秀工会工作者”和100个“优秀工会积极分子”，区总工会对受到表彰先进集体和先进个人颁发奖牌和荣誉证书。

【职工普惠化工作】 2019年，丰南区总工会继续开展职工普惠化工作。开展“四季恒温”活动，春送岗位，与区就业局联合开展春风行动，解决就业岗位90多个；夏送清凉，投入3万元，为交警、电力工人、炉前工等从事高温、室外作业职工送去防暑降温用品；金秋助学，为3名在档困难职工子女发放助学金2万余元；冬送温暖，走访慰问建档立卡困难职工11名，发放慰问金18.5万元。开展困难职工解困脱困及帮扶防贫工作，到12月底，全区11名建档立卡困难职工全部解困脱困，通过调查摸底及筛选，另有9名职工纳入防贫范围。开展职工重大疾病医疗互助活动，第九期职工重大疾病医疗互助活动补救助患病职工180人次，发放补、救助金61.43万元。第十期互助活动有108家企事业单位2.03万名职工参加，筹集互助金81.29万元。继续办理工会会员卡，2019年新办工会会员卡1000余张，累计为6万余名职工办理工会会员卡，联合建行、丰南家万佳（荣大店）开展满30减29满减活动；为庆祝中华人民共和国成立70周年，举办工会会员免费观影活动。开展关爱女职工活动，组织3100名女职工参加女职工团体重大疾病保险，保险金11万余元，组织“健康工作·快乐生活”女职工心理健康知识讲座13场，参与女职工1300多人。

【职工权益维护】 2019年，丰南区总工会结合工会工作实际，研究制定工会职工法律援助实施办法，做好劳动争议预防调处、普法宣传等工作。强化对基层工会干部法律知识培训，帮助工会干部提高依法综合维权能力。对农民工开展定向法治宣传，提升自我保护和自觉遵守劳动法律法规意识。接待来信来访，把矛盾处理在萌芽状态。2019年，信访结案率100%。“三八”节期间，组织开展女职工权益保护知识竞赛活动，共有40个单位参加答题，收到答题卡3012份。

【群众性安全生产活动】 2019年，丰南区总工会组织开展安全生产知识宣传活动，通过企业橱窗、厂报、宣传板、条幅和向职工群众发放宣传资料等形式，对安全生产知识进行宣传。推广唐山市职工宣教劳动保护平台，动员全区职工关注公众号，组织开展网上“安全生产知识”答题活动；与区应急管理局联合，举办“鑫丰杯”职工安全生产知识竞赛活动。开展“安康杯”竞赛活动，全区共有15家企业参赛，参赛职工1.2万余人。推进劳动安全卫生专项集体合同签订工作，全区签订劳动安全卫生专项集体合同规模企业动态签订率保持在80%以上。

（刘　新）

共青团丰南区委员会

【概况】 2019年，共青团唐山市丰南区委员会（简称团区委）学习贯彻习近平总书记关于青年工作论述，把握共青团是党的助手和后备军这一根本政治定位，围绕思想政治引领、党政中心大局、青年成长需求和深化改革攻坚4个方面，推进共青团各项工作开展，青少年思想教育、青年志愿者、青工青农、希望工程、少先队工作等及共青团基层组织建设均取得进展。在2019年度全省优秀团县（市、区）委述职评选中，丰南团区委在全省168个县级团委中获得第一名，获河北省十佳团县（市、区）委称号。截至年底，全区共有基层团委24个、团总支2个、团工委4个、团支部527个，团员总数1.47万人。

【青年思想政治教育】 2019年，团区委把握思想引领根本任务，以习近平新时代中国特色社会主义思想教育引导青少年。组织青年党员赴北大红楼、团中央青运史档案馆、中国青年杂志社、唐山博物馆、遵化沙石峪纪念馆开展“不忘初心、牢记使命”主题教育，让主题教育成果内化于心、外化于行。通过开展主题教育讲座、“与国旗合个影”、集中观影《我和我的祖国》、快闪“我与祖国共奋进 歌声献礼新时代”等活动，用青年人喜闻乐见形式感染青年、引导青年。组织开展“传承红色基因 缅怀革命先烈”“扣好人生第一粒扣子”等主题活动100余场，帮助青少年树立正确价值观，增强青少年获得感。为提升思想政治引领精准度，团区委分类分层做实做细思想引领工作，面向团员青年开展首届“丰南区青年先锋人物”评选活动，并在“五四”期间举办颁奖典礼，联合李大钊纪念馆举办“百年‘五四’ 薪火相传”、李大钊与“五四”新文化运动主题展览5场次，将“五四”精神送到学校、送到农村；面向少先队员，开展“争做新时代好队员”主题队日、“壮丽70年·奋斗新时代”——丰南红领巾重走塞罕坝之路、学习“习近平总书记致中国少年先锋队建队70周年的贺信”等活动30场次，引导广大青少年听党话，跟党走；联合《中国少年儿童》杂志社，开展“壮丽七十年，赞我家乡美”主题征文活动，培养少先队员热爱家乡。面对团务工作者，开展青年大学习主题团课、团务工作培训会等11场次，提升团员青年理论武装，增强团队干部综合素质和能力。

【青年志愿者行动】 2019年，丰南团区委组织开展“弘扬志愿精神 助力乡村振兴”等学雷锋志愿服务活动18场次，服务群众400余人，推动社会形成文明风尚；组建32支青年志愿者和小小志愿者服务队，支持和帮助唐坊镇蒲子泊村成立第一支村民青年志愿服务队；开展“挥洒绿色青春·助力乡村振兴”行动，组织青年志愿者集中开展共植“青年林”志愿服务活动5场，栽种青年林7片，种植毛白杨等植物1.9万余棵；在乡村振兴示范村成立10支“青年志愿者服务队”，开展垃圾分类宣传活动10场次；开展“寸草心爱老敬老行动”主题志愿服务活动30余场，600余名青年志愿者参加，服务群众200余人，打造荷风苑社区、新兴社区为河北省“寸草心爱老敬老行动”县级示范点，并与唐山职业技术学院签署校地志愿服务合作协议，打造具有丰南特色志愿服务品牌。

【青工青农工作】 2019年，丰南团区委把“围绕中心、服务大局”作为工作主线，把团结带领青年建功立业作为第一工作要务。开展“青手绘新村”活动，绘制1161.8平方米文化墙，并在东田庄学校外绘制长达500米文化长廊，打造青年乡村绿廊，改善乡村环境面貌。开展面对面暨“对话青年企业家 助力乡村振兴”活动，统筹各类资源要素向乡村倾斜。组织开展少先队员学唱村歌活动，营造全民参与乡村振兴氛围。以青创协会为平台，联合雄安新区与雄县青年创业促进会开展青年人才对接交流

9月19日，赴京开展“不忘初心、牢记使命”主题教育

活动；多次邀请中央团校、省团校教授进区专题培训青年人才、社工人才；评选出10家青年文明号“风采之星”，并举办为期10天风采展示活动；举办机关青年技能大赛，评选出30名优胜者。评选市级青年文明号4家、区青年文明号集体15家，扶持区市场监督管理局、区公安局东田庄派出所和区妇幼保健院团委3家单位获2018年河北省“双创双服”活动优秀青年集体暨河北省青年文明号集体，推报唐坊镇蒲子泊村团支部书记张玉昌获2019年度“服务三深化、助力三提升”新时代万名“冀青之星”称号。在全区范围内实施“伴跑者”计划，共招募10名导师为10名青年创业者“伴跑”，开展助跑青年创业者走访调研活动5场次；推进小额担保贷款工作，累计为30名青年创业者申请300万元创业贷款，助力区完成“重返全省县(市、区）前列”目标。

10月11日，丰南区举办纪念少先队建队70周年“争做新时代好队员”主题队日活动

【希望工程】　2019年，丰南团区委集中开展贫困家庭青少年“微心愿”征集、捐资助学等活动，筹措资金17.4万余元，累计为868名贫困学生发放助学金和学习物资；继续开展红领巾爱心超市捐助工作，新增捐建4所，其中包括为哈里哈小学捐赠一所红领巾爱心超市，同时捐赠2万元善款和价值2万元学习物资；区内10名优秀少先队员与哈里哈小学少先队员开展“手拉手”联谊活动；筹集45万元建设希望小学一所，年内与中国青基会达成捐建意向。

【团组织建设】2019年，丰南团区委以共青团改革为抓手，推动团自身建设。召开“共青团改革再出发集中调研”座谈会，编制并下发《团支部工作手册》《丰南共青团工具袋》等1100余份，开展团基层建设观摩活动3场并创建示范点4个。落实团校建设相关文件，下发《中学团校学员手册》3000余份，实施“双积双评”积分入团；执行与区委组织部联合下发推优入党相关文件，全年共推荐83名优秀团员作为党组织发展对象。

【少先队工作】　2019年，丰南团区委履行“全团抓学校”职能，同步推进学校团队改革。召开区少工委二届三次全体（扩大）会议，规范少先队组织建设，增强少先队员光荣感和组织归属感，教育引导队员们听党话、跟党走；实施丰南区少先队有形化建设“红色引擎”工程（2019—2024年），推进少先队改革；在全区范围内开展“红领巾法学院”创建活动，下发《关于在全区开展“红领巾法学院”创建活动的实施方案》，并与唐山市路南区诚成青少年社会工作服务中心签约，聘请唐山市路南区诚成青少年社会工作服务中心为红领巾法学院义务服务机构。年内在银丰学校、胥各庄小学分别建立2家“红领巾法学院”；开设爱心暑托班，办班点9个，设立5家“青少年校外活动基地”。

（么萌萌）

丰南区妇联

【概况】　2019年，丰南区妇联贯彻落实区委、区政府决策部署，围绕中心，服务大局，各项工作取得新业绩，开创新时代妇女儿童工作新局面，丰南区妇联系统获国家级奖项1项（全国维护妇女儿童权益先进集体），获河北省巾帼建功先进集体、河北省巾帼文明岗、河北省巧手脱贫示范基地、河北省乡镇（街道）妇联组织区域化建设示范点、河北省巾帼现代农业科技示范基地、河北省乡村旅游示范点、河北省乡镇（街道）妇联组织区域化建设“擂台赛”双第一等省级奖项19项，获全市美丽庭院创建第一名、全市妇联系统2019年度综合考评第一名等市级奖项9项。全省深化基层妇联改革现场推进会在丰南区召开，全年承接省妇联调研6次。代表唐山市妇联承接省妇联年度考核验收，考核结果为全省第一名。唐山市妇联改革工作和美丽庭院创建工作现场会在丰南区召开。《中国妇女报》对丰南区妇联改革、妇女之家、妇女微家、女性人才培育等工作经验做法给予报道，先后登载《百余个“妇女微家”奏响和谐“欢乐颂”》《唐山丰南区巾帼助力安全宣教》《河北唐山丰南区加大女性人才培养力度》《“微课堂”助力河北丰南巾帼志愿者成长“加速度”》《让基层妇联干部有位置、有分量》5篇报道。

【妇联组织改革】　2019年10月31日，丰南区召开妇女二大，与会代表235人，大会听取并审议丰南区妇女联合会工作报告，选举产生丰南区妇女联合会第二届执行委员会57人，为全区妇女姐妹指明工作发展方向。建立巾帼家政、泽信广场等“四新”组织妇联，将妇联服务向各个行业延伸。全区各级妇联组织利用微信公众平台、妇联干部微信群等新媒体资源，建设“一呼百应”网上妇联。2019年，区妇联承接河北省深化基层妇联改革现场推进会暨县级妇联主席培训班，区委副书记孙守廷代表丰南区作典型发言。在河北省2019年第一期省级“示范妇女之家”建、管、用暨乡镇（街道）妇联组织区域化建设“擂台赛”中，黄各庄镇妇联、大齐各庄镇夏庄屯村妇联分获第一名。《中国妇女报》头版刊发丰南区妇联改革典型经验。

中国妇女报

CHINA WOMEN'S NEWS

2019年7月30日 星期二

国内统一刊号：CN11-0003

新闻报料热线：010-57983094　Email:zbs2006@126.com

上一期 | 下一期

上一篇　下一篇　放大　缩小　默认

“微课堂”助力河北丰南巾帼志愿者成长“加速度”

□中国妇女报·中国女网记者 周丽婷

“姐妹们好，我是志愿者白桂云。志和愿两个字，都以心字为依托，我们用心贴近社会脉搏，聆听群众呼唤，用实际行动去感化他人，不断地输送正能量……”晚上8点，河北省唐山市丰南区巾帼志愿服务队工作群里，每周定时的“微课堂”如约而至。“微课堂”时间很短，但通过分享美、传递爱，为群里姐妹送去了甘霖雨露。“和姐妹们在一起，年过半百的我觉得朝气蓬勃，浑身有使不完的劲儿。”授课人白桂云在群内回答。

2018年8月，唐山市丰南区巾帼志愿服务队成立。丰南区巾帼志愿服务队由500余支分队、5000余名巾帼志愿者组成，她们通过开展“家居清洁姐妹互助”、义务净化美化村庄、文艺宣传、助力文明城创建等一系列志愿服务活动，用“巾帼粉”托起丰南这座“有温度的城”，志愿者被群众称为“丰南第一女团”。

为谋求巾帼志愿服务活动长足发展，丰南区妇联成立区巾帼志愿服务队微信工作群，并在群中开办了“巾帼志愿者微讲堂”，邀请老师为广大基层志愿者队长们授课，每周2～3节，内容包括志愿者培训、家庭教育、心理咨询、法律知识普及、家政培训等方面。女企业家、行业标兵、最美家庭、专业知识女性的加入等为巾帼志愿服务工作注入了精神力量和专业力量，更赋予这个微课堂一种生机。姐妹们一同听讲、谈感受、交流心得，微课堂真正实现“于工作有用、于修养有益、于成长有助”。

近期，为了活跃志愿服务气氛，增强志愿服务本领，丰南区妇联安排基层工作队队长在群中和大家分享志愿服务心得体会和经典案例，为志愿精神发声。截至目前，已经有55名基层巾帼志愿服务队队长进行分享。“微课堂”帮助巾帼志愿者拓展认识边界、提升思维能力、提升文化素养、掌握工作方法，巾帼志愿服务队工作群成为姐妹们的精神家园，这支自尊、自信、自立、自强的高素质巾帼志愿者队伍成长正在“加速度”。

7月30日，《中国妇女报》刊登《“微课堂”助力河北丰南巾帼志愿者成长“加速度”》一文

【“妇女之家”创建】 2019年，丰南区妇联创建黄各庄镇双坨村等省级示范“妇女之家”11个、钱营镇后打弓村等区级示范“妇女之家”48个、爱丽缘家庭农场等社会实践“妇女之家”19个，创建各具特色“妇女微家”463个，进一步凝聚妇女力量，彰显妇联活力。

【女性创业创新】 2019年，丰南区妇联联合区委组织部带领女企业家、女性人才、优秀妇联干部代表36人赴四川举办唐山市丰南区女企业家暨人才工作者专题培训班，为女性“双创”提供智力支撑。联合邮储银行丰南支行为67名创业妇女性发放女性创业担保贷款670万元。挖掘惠福园生态养殖有限公司经理孙朝阳等优秀女性人才典范，在唐山市电视台等媒体进行宣传报道，在全社会营造人才工作氛围。

【巾帼脱贫攻坚】 2019年，丰南区妇联召开丰南区女性人才教育培训基地签约授牌暨乡村振兴巾帼行动专题培训会，为唐山劳动技师学院等4家单位授牌“女性人才基地”，依托区妇联手工中心深入镇、村开展各类手工培训30余场，为贫困妇女就业提供技术支持。持续推进家居清洁巾帼互助、巾帼产业互助、巾帼健康关爱扶贫、巾帼扶贫助学等巾帼脱贫攻坚行动，不让一个贫困妇女在小康路上掉队。

女性教育人才培训基地签约授牌暨乡村振兴巾帼行动专题培训会议

【美丽庭院创建】 2019年，丰南区妇联共创建美丽庭院2.85万户，其中精品美丽庭院8057户。在创建中摸索出“六步工作法”：“宣”，群众知晓率百分之百，挨家挨户宣传、动员、指导创建；“讲”，提高群众创建能力，举办美丽庭院创建培训班48场；“创”，分批分片，“搬家式”整治，各村分批开展美丽庭院创建大赛，并举办颁奖仪式表彰获奖家庭，实现“地毯式”创建；“帮”，开展“家居清洁姐妹互助”活动3000余次；“评”，评选先进，示范带动，根据“五美”标准制定美丽庭院评比标准，评出一批精品特色庭院；“固”，巩固创建成果，开展各类活动，实现美丽庭院长治久美。9月24日，省妇联现场会与会人员对丰南区经验做法给予高度评价。10月25日，丰南区在市妇联美丽庭院观摩拉练中取得第一名。

【“春蕾”计划】 2019年，丰南区妇联重点打造公益助学品牌，号召社会各界爱心企业、爱心单位、爱心人士

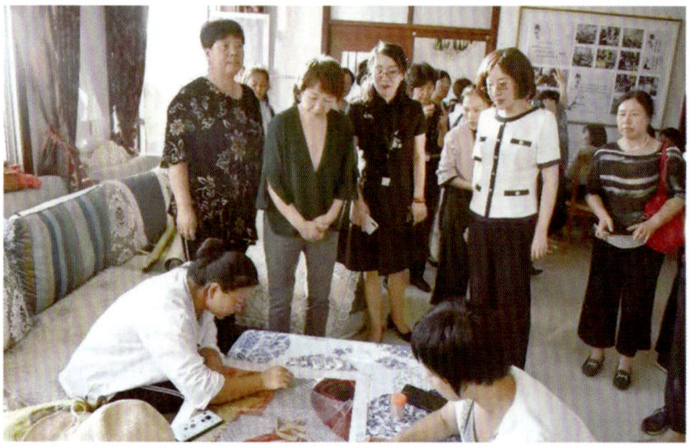
区妇联承接省妇联基层组织现场会

爱心助学，暑假期间为全区321名贫困女童发放助学款20余万元。南孙庄乡中学学生吕天琪当选“燕赵励志儿童”，为全区少年儿童树立榜样。在“六一”儿童节期间开展春蕾护航行动，在黑沿子镇涧河小学成立“春蕾爱心书屋”，开展建档立卡“春蕾女童”关心关爱活动。

【家庭教育指导服务】 2019年，丰南区妇联筹建全市首家家风馆，区家庭教育指导中心被命名为河北省家教家风教育实践示范基地，培树博育教育、丰南实验小学西校区2个市级家庭教育示范基地，拓展区级家庭教育服务阵地，扩大公益服务覆盖面；举办“建设好家庭、传承好家教、弘扬好家风”家长课堂进基层活动，机关、企业、农村、社区、学校开展家庭教育讲座百余场，探索家校社协同育人机制，推动家庭教育优质资源共享；关爱留守儿童和困境儿童，联合博育教育家庭教育示范基地，面向贫困儿童开设爱心公益课，发动巾帼志愿者参与各类关爱活动，提升贫困家庭获得感、幸福感、安全感。

【妇女维权】 2019年，丰南区484个村（社区）全部成立妇女议事会。围绕家庭矛盾调解、困难家庭帮扶、孤残儿童关爱、邻里关系建设等议题，丰南区各妇女议事会开展各类议事3000余次，化解矛盾纠纷案件1.5万余件。《中国妇女报》《河北日报》对丰南区妇女议事会的做法进行宣传报道，省市妇联多次到区观摩妇女议事会工作。把“平安家庭”创建活动同民生关爱、帮扶弱势群体结合起来，多措并举解决妇女儿童急事难事，年内筹措资金30余万元，对困难家庭从经济上给予帮扶。5000多名巾帼志愿者组建平安宣传志愿团、法律援助志愿团和专家服务志愿团，开展“家居清洁姐妹互助”活动。全年三级妇联接待妇女来访800余件，共有20件被评为唐山市妇女信访优秀案例，其中“翟某然户口办理案”被评为河北省第四届维护妇女儿童权益优秀案例。丰南区岔河镇王各庄四村被评为2019年全国维护妇女儿童权益先进集体，是唐山市唯一获此称号单位。

【贫困妇女儿童帮扶】 2019年，丰南区妇联班子和爱心女企业家多次到全区16个乡镇（街道）走访慰问困难群众，为贫困母亲和贫困儿童送去慰问金和米面油等慰问品。推进妇女议事会制度建设，围绕乡村治理、公共事务、妇女儿童权益、家庭邻里关系等，组织妇女骨干进行民主协商议事1000余次，增强群众自我教育、自我管理、自我服务能力。开展健康免费体检、贫困妇女“两癌”救助等百余场关爱系列活动，通过各级妇联组织举办相亲大会、广场舞大赛等活动，营造家庭“小幸福”，映出丰南大和谐。

【先进家庭评选及表彰】 2019年，丰南区妇联开展美丽庭院庭院全域创建，王玉杰家庭被评为河北省“十佳美丽庭院”，张晓芬家庭被评为河北省“百优美丽庭院”。评出丰南区“十佳美丽庭院”10户、“百优美丽庭院”100户。开展“平安家庭”评选活动，评出安全文明家庭50户，其中孙初阳等3个家庭被评为市级安全文明家庭。利用“三八”妇女节、母亲节、重阳节等节庆日，评出“丰南好母亲”10个、“丰南好儿女”10个，评出廉政家庭10户，其中陈焕芹家庭被评为“河北省最美家庭”，关立娟家庭被评为“河北省党员干部最美家庭”，王俊玉家庭被评为“唐山市党员干部最美家庭”，王素焕家庭成员被评为“唐山好儿女”，孙连珍家庭成员被评为“唐山好母亲”，王海霞等2个家庭被评为“唐山市最美家庭”，卢立维等12个家庭被评为“唐山市美丽庭院示范户”。

（王靖雅）

丰南区科协

【概况】 2019年，丰南区科学技术协会有区直学会1个区水利学会、区直协会1个。全区有16个乡镇、街道办事处设立兼职科协组织机构，有区级个人会员576名，参照管理编制6人，人事代理1人。

【科普宣传】 2019年，丰南区科协以开展社区科普宣传活动为突破口，引导社区居民参与，提高居民科学素质。在城区组织开展“全国科普日”“健康科普宣传”“公共机构节能宣传周·绿色发展 节能先行”“全国低碳日·低碳行动 保卫蓝天”，以及义诊、讲座等系列科普宣传活动40余场次，累计向社区居民发放各种宣传资料5000多份，受益群众3万人次。全年编辑、出版《丰南科普》刊物6期3000册，免费发放给基层科协组织及区内居民群众。全年更新“科普画廊”10期2000余平方米，内容涉及“不忘初心、牢记使命”主题教育、养生保健等。

【科协系统改革】 2019年，丰南区科协按照中央、省、市科协系统深化改革要求，进一步完善各项机制体制，重点组织实施乡镇（街道）科协换届、发展科协个人会员、建设科技工作者之家、提升基层科协组织力“3+1”试点等工作。丰南区科协系统深化改革工作得到省、市科协肯定，7月，省科协副主席张建辉就科协系统深化改革和科技工作者之家建设在丰南视察调研，并且市科协以《简报》形式将丰南经验通报全市科协系统，要求全市科协系统学习借鉴。

【乡镇（街道）科协换届】 2019年，丰南区科协完成全区15个镇乡、1个街道科协换届工作，在基层科协组织全覆盖，将乡镇等科普关键人物通过合法程序纳入到乡镇科协组织。

【“五个一”科普创建工程】 2019年，丰南区科协在全区基层科协组织中围绕“建立一个乡村振兴科普示范基地、建立一个科普e站基层站、建成一个科技工作者之家、培育一支科技（科普）人才队伍、组织举办一次大型科普活动”实施“五个一”科普创建工程，全年建立乡村振兴科普示范基地15个、科普e站基层站16个、基层科技工作者之家16个、培育科技（科普）人才队伍16支，重点打造钱营镇、黄各庄镇2个“五个一”科普工程创建典型。各级基层科协组织利用科普e站、科普示范基地、科技工作者之家等科普服务平台，指导涉医、涉学、涉农等科普志愿者服务队开展各类科普活动70余场次，受益群众1万余人次，参与活动科技工作者700余人次。通过一系列改革，全区新时代科普工作格局初步形成。

【基层科技工作者之家建设】 2019年，丰南区科协确立以“三长”为抓手，以“服务科技工作者、服务全区科普事业发展”为总基调科技工作者之家建设工作思路，按照“六有”标准，2个区级示范性科技工作者之家建设初具规模，建立基层科技工作者之家试点5个。组织全区16个基层科技工作者之家开展爱岗敬业做奉献主题教育活动，500余名科技工作者参与，100多名科技工作者撰写心得体会。建立走访科技工作者制度，区科协领导班子成员全年10余次深入基层走访科技工作者100余人次；组织召开“庆七一”党员科技工作者代表座谈会等4次科技工作者座谈会，面向全区科技工作者征求对区科协领导班子及成员和基层科协组织意见建议60条。

【科普e站建设】 2019年，丰南区科协建立科普e站市级重点站3个，建立乡村科普e站基层站16个。各基层科协组织利用科普e站开展各类科普宣传活动20余场次，受益群众3000余人次。

（肖　颖）

丰南区工商业联合会

【概况】 2019年，丰南区工商联以习近平新时代中国特色社会主义思想为指导，贯彻落实党的十九大和十九届四中全会精神，学习贯彻习近平总书记在民营企业座谈会议上讲话精神，以推动丰南非公经济高质量发展为根本目标，以提升非公经济人士素质为重要抓手，构建亲清新型政商关系，优化营商环境，建立健全民营企业维权渠道，为非公企业解难题、破瓶颈，实现非公经济高质量发展。2019年被全国工商联评为2018—2019年度全国“五好”县级工商联。

4月26日，省工商联主席刘劲松（左一）一行到丰南区调研

【优质企业培树】 2019年，丰南区工商联开展河北省百强企业调研上报工作，组织区贺祥机电、华通线缆等企业参与守合同重信用评选活动。组织区内瑞丰钢铁、东华钢铁等23家企业参评河北省300强企业并填报相关系统，瑞丰钢铁等17家企业入围，在全省各县区名列首位。同时，1家民企（瑞丰钢铁）入选“2019中国民营企业500强”，唐山瑞丰钢铁(集团)有限公司、唐山东华钢铁企业集团有限公司、唐山正元管业有限公司、唐山友发钢管制造有限公司和惠达卫浴股份有限公司5家企业入选“2019河北省民营企业100强”榜单；唐山瑞丰钢铁(集团)有限公司、唐山东华钢铁企业集团有限公司、唐山正元管业有限公司、唐山友发钢管制造有限公司、惠达卫浴股份有限公司、河北华通线缆集团股份有限公司、唐鸿重工专用汽车股份有限公司和唐山东方雨虹防水技术有限责任公司8家企业入选“2019河北省民营企业制造业100强”榜单；唐山胡子物流有限公司和唐山市丰南商厦有限公司2家企业入选“2019河北省民营企业服务业100强”榜单。

【招商引资】 2019年，丰南区工商联借助工商联和其他省（市）商会组织等平台，邀请北京方圆信达投资管理有限公司等实力雄厚客商3批20人次来丰南考察。区工商联与区工信局共同招商，赴北京、天津、山东、江苏、陕西、江西、湖北等地进行小团组招商19次。推进集装箱智能物流项目、新能源材料储能热库项目、鑫华北联合钢铁研发中心等项目。

【扶贫攻坚】 2019年，丰南区工商联开展“百企帮千户”活动，组织“百企帮千户”扶贫攻坚行动社会扶贫项目储备库启动仪式，筹集储备金200万元，引导民营企业向困难群众伸出援助之手，多形式开展和参与扶贫济困活动，发挥致富思源、富而思进，发展企业、回馈社会“光彩精神”，助力扶贫攻坚深入有效开展。引导民企精准扶贫，指导民营企业开展消费扶贫行动，帮助精准扶贫企业拓宽销路，实现稳定增收，将白龙面粉、施尔得、三商食品等会员企业产品纳入省联唐山市消费扶贫企业认购和采购产品名录，提升企业产品认购采购量。结对帮扶脱贫不脱钩，区工商联帮扶大新庄镇贫困户朱某某，履行帮扶工作职责，从人力、物力、财力方面促使扶贫工作深入开展，取得成效。通过造血式扶贫，使贫困户重新燃起生活信心。通过产业扶贫、就业扶贫、教育扶贫、农业补贴、金融扶贫等方式，实现各种扶贫政策全覆盖、无盲点，密切党和政府与人民群众血肉联系，为精准扶贫、共奔小康做出应有贡献。

【银企对接】 2019年，丰南区工商联拓宽企业融资渠道，创新融资方式，打破制约经济发展“瓶颈”，缓解中小企业融资难题。开展“银企对接”活动，与金融部门联系，组织辖区内各大银行和企业召开银企对接会，丰美食品、兴盛建筑安装有限公司等多家企业分别与建行丰南支行、丰南舜丰村镇银行成功签约，签约金额达亿元。

【民营企业素质提升工程】 2019年，丰南区工商联携手唐山市凤凰荟商学院共享大学组织系列培训，贯彻落实区委、区政府高质量发展突破年精神，以企业大带小、强帮弱、同学习、共进步为目的，引进高端专业人才针对性入企精准施教，促进民营企业高质量发展。2019年开班后共举办9期课程，培训约1000人次，大规模提升民企中高层管理人员素质。

【校企合作】 2019年，丰南区工商联推进企业、院校供需对接，精准引进特色产业人才，组织辖区内非公经济企业与唐山劳动技术学院、唐山技工学校、丰南职教中心等专业院校对接，搭建校企合作平台，让院校人才、技术和项目与丰南企业实现紧密结合，既拓宽院校毕业生就业渠道，又缓解非公经济企业技能人才紧缺现状。年内召开2次大型招聘会，为贺祥机电、梦牌瓷业、宝翔化工等非公经济企业输送人才百余人。

【民企合法权益维护】 2019年，丰南区工商联为优化营商环境，维护民营企业合法权益，指导民营企业防范在生产经营中面对法律风险，组织民企法律风险防范专题讲座，邀请区法院院长郑金宽主讲，约200名民企负责人参加。组建律师专家团队，为民企提供法律服务，邀请丰南律师界5位大牌律师组成法律专家团队，为民营企业开展法律服务，向民营企业宣传国家法律法规，特别是经济方面法律法规，向企业经营活动提出有效法律建议，为企业保驾护航。开展“检察护航民企发展”活动，与区检察院结合组织筹备“检察护航民企发展”检察开放日活动，推荐20名民营企业中人大代表和政协委员参加观摩和座谈，对区检察工作提出意见建议，为民营企业经济发展提供优质检察产品和法治保障。工商联代表全区民营企业特聘5名办理刑事案件、公益诉讼案件经验丰富检察干警为维权专家，增强对民营企业合法权益保护力度。

（杨 禄）

军事

Junshi

责任编辑：张保华

综述

2019年，中国人民解放军河北省唐山市丰南区人民武装部（以下简称区人武部）在唐山军分区党委和区委、区政府正确领导下，在人武部现役干部、文职人员、职工和全区民兵预备役人员共同努力下，围绕“听党指挥、能打胜仗、作风优良”强军目标，以不断增强党性和改进作风为着眼点，按照“走在前列，真抓实干”要求，坚持求真务实，勇于开拓创新，狠抓工作落实，军事训练、后备军建设、兵员征集、国防教育、双拥共建、专职武装干部队伍建设、民兵工作等各项工作稳步提升，圆满完成年度各项任务。2019年底，区人武部被唐山军分区评为“国防动员工作先进单位”。丰南镇武装部、西葛镇武装部被军分区评为“践行强军目标先进单位”，军事科科长张红亮获军分区记三等功奖励，军事科参谋李月月获军分区嘉奖表彰，保障科科长王永福、南孙庄乡武装部干事于宝建、海上民兵分队队员张哲被军分区评为“强军精武标兵”。

驻地武装机构

【概况】 2019年，丰南区人民武装部为中国人民解放军驻丰南武装机构，负责管理区民兵训练基地。下辖丰南镇、黄各庄镇、小集镇、钱营镇、大新庄镇、黑沿子镇、唐坊镇、王兰庄镇、西葛镇、柳树酄镇、大齐各庄镇、岔河镇、东田庄乡、南孙庄乡、尖子沽乡、胥各庄街道16个人民武装部。区内有中国人民武装警察部队驻防单位3个，分别是中国人民武装警察部队河北省总队唐山支队执勤四大队丰南中队、中国人民武装警察部队河北省总队唐山支

专武干部集训

队执勤三大队古冶中队、中国人民武装警察部队海警总队河北支队唐山大队丰南工作站。

【专武干部队伍建设】 2019年，丰南区地方换届选举、机构改革，专武干部调整比例较大，所有专武部长重新任命。新任职专武干部经集中培训后，业务水平得到提高。在军分区组织专武干部集训中，丰南区专武干部取得总评全市第三名。

【专武干部管理考核】 2019年，丰南区完善专武干部奖惩激励机制，对任务完成好、工作业绩突出者推荐提拔使用，提高专武干部干事创业积极性。依据军分区下发有关文件，结合区实际修订下发《丰南区基层人民武装部建设考评实施细则》，为基层党委做好武装工作提供遵循，使基层各项建设有统一标准，推动区党管武装正规化建设。年终组织专武干部工作述职，对基层单位年度党管武装及规范化落实情况考核，结果全区通报，并报送区委组织部备案，综合考评好单位报军分区，推荐为年度表彰单位。

征　兵

【兵员征集】 2019年，根据兵役登记有关要求，区人武部提前着手，通过沿街悬挂条幅、发放传单等各种形式宣传兵役登记重要性，结合区教育局、公安局对全区符合条件青年进行摸底，发动机关干部职工、基层专武干部和民兵骨干入户登记。在全市兵役登记工作排名中，丰南区兵役登记率率先达到100%，完成登记任务。

【体检、政考】 2019年，丰南区按照上级规定，在区医院体检中心进行封闭体检，严格各种秩序规定，公示体检流程、注意事项、体检要求，医务人员挂牌上岗，上站应检青年实行编号体检，凭证出入，同时对体检站进行电子屏蔽。体检中，体检组成员严格把关，并请接兵部队人员、廉洁征兵监督员上站监督，确保兵员身体质量。区人武部把政治合格作为新兵质量核心，先期对政治考核组成员进行培训和教育，严肃纪律，明确责任；应征青年报名后就对思想政治情况进行初步摸查，掌握第一手情况。政治考核全面展开以后，要求各级严格落实政治考核规定，并做好相应解释工作。

【廉洁征兵】 2019年，丰南区人武部从16个乡镇遴选90名廉洁征兵监督员，组织岗前培训，发放上岗证。体检上站前，应征青年和家长全部签订《应征青年和家长廉洁征兵责任书》，发放廉洁征兵监督卡，所有参与征兵工作人员签订《征兵工作人员廉洁征兵责任书》，接受群众监督。实行集体定兵原则，定兵后，所有预定新兵和家长填写《廉洁征兵问题排查表》。

民　兵

【民兵整组】 2019年，丰南区在民兵整组中，对全区所有基干民兵进行身份核实，逐一对号入座。按照基干民兵党员比例要求，预建18个党支部、36个党小组，完全达到上级标准要求，受到省军区工作组肯定。提前筹划部署民兵整组工作，及时召开由主管区领导、乡(镇)长、街道主任、专武部长参加民兵组织整顿工作部署会，制定下发《丰南区2019年民兵组织整顿工作实施方案》；组织专题培训，使大家掌握民兵整组方法，清晰整组标准和要求。针对民兵训练人员落实难、不固定问题，先后3次召开专武干部座谈会，研究训练人员落实问题，根据各地实际情况合理分配区民兵应急连人员指标，防止“数字整组”“材料整组”，确保精准落地落实、定人定位。

【民兵应急分队建设】 2019年，丰南区民兵应急分队力量共有17支，其中应急连一支，16个乡镇各一支分队，各应急分队全年保持战备执勤状态，有效应对突发事件，实现拉得出，用得上，起作用。

【民兵训练】 2019年，丰南区组织民兵应急连队员进行12天基地化训练，组织海上民兵进行25天海上训练，完成军事理论、基本技能、海上救援等科目训练任务，全体参训人员应急应战能力和教练员组训水平得到提升。

【民兵爱国教育】 2019年，丰南区民兵整组期间，开展“担当强军重任，我参与我快乐”主题活动，组织民兵应急连集结点验，向连旗宣誓，集中学习《中华人民共和国英雄烈士保护法》，参观赵各庄村史馆，提升民兵应急队员责任感和荣誉感。清明节前夕，在南孙庄乡无名泊村革命烈士纪念碑开展向烈士敬献花篮活动，邀请地方领导现场讲述当年战斗经过和先辈英雄壮举，缅怀先烈，激励斗志。

（毕艳升）

国防教育

【概况】 2019年，丰南区国教办坚持以习近平新时代中国特色社会主义思想为指导，着眼于维护国家主权、安全及发展利益，贯彻总体国家安全观，组织开展系列宣传教育活动，增强干部群众国防观念和忧患意识，营造热爱、关心、支持国防和军队建设浓厚氛围。各级领导干部带头讲国防教育，通过党委中心组理论学习、举办党校培训班和国防形势报告会、组织过“军事日”、参加国防动员演练和市级报告会等多种形式，提高全区领导干部国防素养和履行国防职责意识能力。

【青少年学生国防教育】 2019年，丰南区以实验学校、银丰学校、王兰庄学校3所国防教育示范校为引领，将国防教育与爱国主义教育、社会主义核心价值观教育融为一体，融入中小学生课堂教育，推动全区中小学国防教育开展。在此基础上，开展少年军校、军事夏令营和读书演讲、知识竞赛等课外活动，运用多种形式加强对青少年学生国防教育，使其增强国防观念。

【民兵预备役人员国防教育】 2019年，丰南区利用市国防教育训练基地功能，结合重大节假日和国内外发生重大事件等契机，加强对民兵预备役人员国防教育，强化国防意识和国防责任。

【农村国防教育】 2019年，丰南区围绕社会主义新农村文化建设，完善国防教育示范村创建活动，推动国防知识在农村普及，增强农村青年依法服兵役热情和农民群众建设新农村积极性。

【社区国防教育】 2019年，丰南区贯彻《唐山市关于加强社区国防教育实施意见》，将社区国防教育纳入社区文化建设和精神文明建设之中，以胥各庄街道东兴社区为重点，加大示范社区国防教育工作力度，促进社区国防教育工作上台阶、出成果。

国家安全日宣传活动

【国防教育活动】 2019年，丰南区在纪念《中华人民共和国国防教育法》颁布实施18周年期间，组织各镇乡、区直单位结合自身实际，通过张贴、悬挂标语，开展知识竞赛、征文比赛等多种形式，普及国防法规和国防知识。累计发放宣传资料3万余份、试卷2万余张，收到征文作品200余件。在全国第19个全民国防教育日，全区通过悬挂条幅、散发宣传材料、摆放展板、媒体宣传等多种形式宣传国防政策、国防法规和国防知识，调动社会各界参与国防教育积极性、主动性。

人民防空

【概况】 2019年，丰南区人防办公室以人防系统自查自纠专项治理和调查整顿工作为重心，开展人防“结建”违规问题专项整治，推进人防各项工作。按照上级要求开展人防系统腐败问题自查自纠专项治理工作，人防办以高度政治敏感、严肃认真工作态度，全力以赴进行自查和整改。聘请第三方查阅人防审批档案、规划住建相关卷宗，对十八大期间所有“结建”审批项目逐一进行核查，按照边查边改、集中整改、重点攻坚步骤推进问题整改。全年追缴防空地下室易地建设费9862.75万元。

【人防工程】 2019年，丰南区人防办做好人防工程建设监督工作，对在建防空地下室工程实施全程监督，对年内新开工项目实行网上报监。在人防工程管理中加强安全管理，对建成启用8个防空地下室工程进行消防检查，清除火灾隐患，保持防空地下室消防良好状态。做好防汛工作，指导人防工程管理单位完善防汛预案，备足防汛抢险物料，遇有较大雨情预报，立即开展对工程孔口及物资准备巡查，发现问题即时处理。加强设备设施检查，开展人防工程防护设备检查，发现设备锈蚀、密封条脱落等问题，要求使用管理单位年内予以整改。

【人防指挥通信】 2019年，丰南区人防办安排2人参加市办组织秋季赴承德集中训练演练行动，进行指挥车远程拉动、卫星通信联络、图像传输等科目演练，完成训练任务；按要求开启电台，保持与省、市电台联络畅通；对防空警报相关设备进行检修调试，协调相关单位加强防空警报试鸣保障，“7·7”警报试鸣获得成功。

【人防宣传教育】 2019年，丰南区人防办在“3·1”国际民防日、“5·12”防灾减灾日、“7·7”警报试鸣期间，在城区街心公园、九河公园、丰南农贸市场等人流聚集地开展人防宣传活动，向群众和社区发放《唐山市防空防灾知识手册》《丰南区防空知识手册》及宣传页2.5万余册（页）。同时，在防空防灾重点时段开启人武部门口人防电子显示屏，加强对社会国防、人防宣传教育。

【人防疏散地域建设】 2019年，丰南区人防办安排疏散地域建设资金27万元，重点支持人口疏散地域东田庄乡、岔河镇民生项目建设。

【人防行政执法】 2019年，丰南区人防办对由法院裁定准予强制执行项目，跟踪追缴易地建设费。追缴国盛商贸城一期项目易地建设费333万余元，市中院执行局冻结项目单位账户资金147万元，并做对其资产拍卖准备；北方瓷都陶瓷集团欠缴126万余元，年内申请中院恢复强制执行。

（李绍成）

法治

Fazhi

责任编辑：张保华

综 述

2019年，在丰南区委领导下，在市委政法委支持和指导下，区政法委以习近平新时代中国特色社会主义思想为指导，贯彻落实各级政法工作会议精神，以确保新中国成立70周年安全稳定为主线，以争创全国平安建设先进区为契机，以深化平安建设、法治建设、智能化建设、队伍建设为统领，各项工作实现新提升。

【防控风险挑战现代化水平提升】 2019年，丰南政法委贯彻落实总体国家安全观，统筹发展和安全稳定。加强机制建设，以防范社会稳定“联动效应”为导向，建立并落实情报信息分析研判、应急处置协调联动、风险隐患排查化解、社会稳定风险评估等制度，形成各负其责、齐抓共管、整体防范工作局面。改进方式手段，抓吸附、抓化解、抓稳控、抓打击，有效化解一批涉法涉诉信访问题，涉法涉诉信访积案化解率98%，市委政法委交办信访积案化解率97%。强化媒体利用管控，推进“两微一端”等政法网络新媒体建设，巩固壮大主流思想舆论，变最大变量为最大增量，开展网络技术侦察和网络犯罪侦查，破获涉网犯罪案件15起。持续开展扫黑除恶专项斗争，实现获取涉黑涉恶线索、案件核查侦办、“一案三查”打击重点行业领域黑恶势力违法犯罪新突破，全区共破获涉恶案件89起，打掉涉恶集团2个、恶势力团伙4个，巩固基层政权。

【平安建设现代化水平提升】 2019年，丰南政法委坚持平安是第一民生理念，构建共建共治共享格局。坚持党委领导、政府负责、社会协同、公众参与，培育和重点扶持志愿服务类、公益事业类、慈善互助类、专业调处类社会组织，发挥好“助推器”作用。构建“三治”融合善治格局，自治增活力、法治强保障、德治做支撑，加强农村基层组织建设，建立平安建设责任清单和责任书，开展村居创建活动，全区“八无”村（居）创建率67.63%。构建预测预警预防格局。完善区乡村三级综治中心和网格化网络，按照要求对区综治中心进行改造升级；科学细分网格，按照“网格长+网格员+驻村民（辅）警”标准配强基层网格力量。完善多元化解机制，加强矛盾纠纷源头预警预防，实行诉调对接，建强9个专业性调委会和5个品牌调解室。全区排查矛盾纠纷5164件，调解成功5105件，调解成功率98.9%。完善立体化治安防控体系，在投资1.2亿元实现三级综治中心和“雪亮工程”全覆盖基础上，将天网一期、天网二期、平安城市等视频点位并入“雪亮工程”，构建立体化、智能化社会治安防控体系。

【法治建设现代化水平提升】 2019年，丰南政法委实施法治示范创建工程，依法治区、厉行法治，推进“七五”普法规划，开展“民主法治示范村”创建，区法治政府建设示范创建成为河北省向中央依法治国办推荐3个参与国家级评审候选县区之一。实施政法改革工程，落实政法领域改革任务和司法责任制，区法院“以审判为中心的刑事诉讼制度改革”试点经验走在全市法院系统前列，区检察院“未成年人心理服务与干预机制”工作被最高检确定为全国创新实践示范基地项目，区公安局研发的“行政案件证据指引系统”被省委政法委向全省推广。实施执法监督和执法规范化工程，组织开展执法大检查和案卷评查活动，促进严格规范公正文明执法，整合法院诉讼服务中心、公安局执法办案管理中心、检察院派驻公安局检察室、司法局公共法律服务中心和各方面调解力量，集中办公、协同运转，作为工作主攻方向，打造创新协同示范亮点。

【服务发展现代化水平提升】 2019年，丰南政法委开展法律服务，制定出台100余项便民利民、优商惠企服务举措，在企业破产重整、化解涉企纠纷中确保平稳有序，保障企业和职工权益。开展法治行动，围绕服务打赢“三大攻坚战”，依法打击危害农村稳定、破坏农业生产、侵害农民利益、环境污染犯罪行为，侦办污染环境类案件191起，办理各类公益诉讼案件127件，涉及生态环境、自然资源保护、食品药品安全、国有财产保护类，追缴国有财产1.09亿元，数额为全市首位。同时，落实认罪认罚从宽制度，保护和促进民营企业发展。

【法治队伍建设现代化水平提升】 2019年，丰南政法委开展“不忘初心、牢记使命”主题教育，制定出台《关于进一步加强政法机关建设的意见》。围绕干部队伍建设，落实“一岗双责”和绩效考核等制度，采取“两推一选”调整政法干部，优化队伍结构。围绕纪律作风建设，有针对性开展纪律作风督查巡查和政治性警示教育。围绕素质能力建设，组织政法干警分3批次赴河南兰考、红旗渠进行政治轮训，开展为期两个月以“不忘初心、牢记使命，奋力开创政法工作新局面”为主题的大调研活动，明确各项工作在全市争先目标，激发队伍活力。

（任长旭）

公安

【概况】 2019年，丰南区公安局贯彻落实全国公安工作会议精神，以“不忘初心、牢记使命”主题教育为契机，政治建警、改革强警、科技兴警、从严治警，忠诚履职尽责，勇于担当奉献，确保人民群众安全感和满意度双提升。以“社会治安隐患大排查大整治专项行动”为抓手，开展“践行新使命、忠诚保大庆”主题实践活动，防范化解重大风险，实现“五个严防、四个确保”工作目标，确保全区政治稳定和社会安定。年内局主要工作是强化政治责任，提升防范化解风险能力；主动融入区委、区政府中心工作，推动“倩丽丰南”建设；有的放矢、打防并举，维护社会稳定大局；抓基层基础建设，推动新时代警务模式创新；坚持政治建警、从严治警，锻造新时代公安“铁军”。2019年，区公安局有内设机构14个、监管场所2个、派出机构17个、警务工作站2个。全局正式在编民警305人。

【刑事犯罪】 2019年，丰南区公安局共立刑事案件992起，破获各类刑事案件267起，抓获犯罪嫌疑人253名，其中在逃犯176名，打掉犯罪集团8个，涉案成员52人，刑事拘留145人，逮捕132人，依法起诉165人，追缴赃款赃物折款317.5万元。相继破获“7·25”韩某良殴打韩某盈致死案、“10·23” 刘某某抢夺金店案、李某某系列盗窃车内财物案等案件,抓获犯罪嫌疑人，维护全区社会治安秩序持续稳定。

【毒品犯罪】 2019年，丰南区公安局在打击毒品犯罪方面，对涉毒人员相关信息进行关联分析，摸查有关信息和线索，对案件线索进行深度经营，适时收网。全年查获毒品刑事案件6起，抓获涉毒犯罪嫌疑人6名，抓获吸毒人员63人，铲毒罂粟3068株，缴获冰毒1.12克。

【经济犯罪】 2019年，丰南区公安局共受理各类经济犯罪案件44起，立案39起，破案41起，抓获犯罪嫌疑人30人，刑拘18人，逮捕10人，移送起诉27人，抓获网上逃犯6人。其中破获非法吸收公众存款、组织领导传销活动案件12起，抓获犯罪嫌疑人10人，刑拘6人，移送起诉8人，涉及金额1.2亿元，涉及集资参与人数1000余人。

【食品药品违法犯罪】 2019年，丰南区公安局依法打击食品药品领域违法犯罪，净化食品药品市场环境，保障群众饮食用品安全。食药安大队共立刑事案件17起，破获16起，打击处理犯罪嫌疑人46人，其中刑事拘留28人，取保候审13人，监视居住7人，逮捕17人，移送起诉37人。查处行政案件3起，行政拘留3人。

少先队员向公安英模献花

【治安防范】 2019年，丰南区公安局维护社会治安稳定大局，以增强人民群众安全感为己任，主动担当，提高巡控效能，在打现行、压发案上取得成效。全区街头“两抢一盗”等可防性案件比上年下降29.13%，城区下降32.22%，提高人民群众安全感。9月28日，警务站正式启动，年内接受群众报警求助50余起，当场处置各类案件20余起，救助群众12起，找回走失儿童2名，收到群众锦旗2面，受到各级领导和群众好评。巡控工作从“常规巡”升级为“加强巡”，采取车巡与步巡相结合、公开与秘密相结合、“视频”与“实兵”相结合等方式，全时空、多方位严密巡控，实现街面“见警率”与“盘查率”“管事率”同步提升。依托3道防线在高速路口设置治安检查站，加大对来往可疑人员、可疑车辆盘查力度。

【信访工作】 2019年，丰南区公安局接待来访群众300余人次，日均接待来访群众2—3人。其中，往年信访积案占总数36%，新发信访案件占总数19.3%。累计办理各类信访案件333件次，上报结案332件次,结案率99.7%，各单位累计化解重点信访案件9件，其中王兰庄派出所3件，大新庄派出所、钱营派出所、东田庄派出所、大齐派出所、南孙庄派出所、柳树圈派出所各1件。

【人口管理】 2019年，丰南区公安局管辖有流动人口1.67万人，出租房屋3557户。年内新登记流动人口8851人，人走注销2.68万人，办理居住证（证明）6878个，新登记出租房屋618户，通过“绿色通道”办理居住证184个，查处不按规定登记承租人信息案91起。

【交通管理】 2019年，丰南区公安局交警大队共查处各类交通违法行为3.87万起，其中查处超载1724起，查处酒驾283起、醉驾16起，查处无牌、无证、套牌、伪造变造号牌驾驶399起，行政拘留32人，处罚企业屡教不改9起，查处违法停车2.38万起。通过电子警察抓拍各类违法行为21万余条，其中不礼让行人7317条，限行10.17万条，闯红灯压线6.50万条，依托缉查布控系统查处各类道路违法行为3018起。

【危爆物品管理】 2019年，丰南区公安局治安大队在危爆物品管理方面开展整治，丰南辖区内有易制爆危险品企业单位12家、烟花爆竹库2家，区公安局治安大队发挥职能作用，依法履行职责，主动出击，采取宣传、检查、取缔、处罚、打击等措施，查处涉枪爆案件5起，消除社会隐患。

【执法监督】 2019年,丰南公安局法制大队坚持以监督促规范，从源头抓质量工作理念，紧扣法治公安建设目标，开展执法规范化建设，落实各项执法工作制度，加强执法队伍建设，提高全体执法民警办案质量和执法水平，推动丰南区公安执法规范化建设不断向纵深发展，打造法治公安建设丰南升级版。年内审核刑事案件253起，受立案监督管理系统共监督3.14万起。对有问题案件进行监督和整改，解决受案立案工作中不作为、缓作为和乱作为问题，使受案立案工作更加及时、规范。

【执法公开】 2019年，丰南区公安局法制大队全面推行执法公开制度。通过“燕赵警民通”设置警务公开栏，将相关执法依据、执法事项、执法程序和执法制度上网公开，利用省厅开发“行政处罚裁决文书公开平台”，将各办案单位承办行政案件执法依据、执法结果向社会公众和案件当事人公开，对全局办理执法办案系统内所有行政执法裁决文书统一审核、统一发布，以接受全社会监督。全年网上公开行政处罚决定书1311份。

【电信犯罪】 2019年，丰南区公安局侦破网络赌博案件8起、网络销售假药案件1起、利用网络传播淫秽视频案1起、电信网络诈骗案4起、网络涉枪案1起。

【环境安全犯罪】 2019年，丰南区公安局环境安全监察大队侦办污染环境类案件16起，刑事拘留18人，批准逮捕7人，起诉15人，抓获网上逃犯11人；查处治安案件175起，行政拘留114人。其中，打击黑加油站点、黑加油车15起，拘留15人，协助区生态环保指挥中心取缔黑加油点28个；查处露天焚烧秸秆47起，拘留5人，罚款42人。通过一系列打击，震慑环境领域违法犯罪行为。

【命案隐案破获】 2019年春节期间，丰南区公安局刑侦大队联手东田庄派出所，经3个多月侦查，成功破获一起故意杀人隐案，抓获犯罪嫌疑人杜某某（男，65岁）。2018年10月22日11时许，刑侦大队接到东田庄派出所通报案情：在丰南区东田庄乡药王寺西侧场地发现一具男尸。接报后，刑侦大队立即启动命案侦破工作机制，侦查、技术、法医第一时间赶赴现场开展工作。经联合市局法医进行尸检，初步确定死者死亡时间在一年左右，因尸体腐烂不能确定死因，但因其被床单等物品包裹，专案组决定按疑似命案进行侦查。案件发生后，局长杨振东、副局长娄贺龙责成刑侦大队会同东田庄派出所成立专案组，兵分三路开展工作。经过大量走访排查，专案组发现2017年11月入住寺庙路北区的居士韩某未经登记离开寺庙，下落不明，而与其同住人杜某某也无故离开寺院，踪迹皆无。专案组以韩某为假想被害人，以杜某某为假想嫌疑人开展侦查，发现杜某某有实施砸毁佛像寻衅滋事行为，遂对其上网追捕。DNA比对结果确认死者是韩某后，专案组民警立即对嫌疑人杜某某进行抓捕，经深入精准分析研判，最终发现嫌疑人杜某某在福建省安溪县有行动轨迹，于2019年2月4日15时许，将藏匿在安溪县城厢镇的嫌疑人杜某某成功抓获。经审讯，犯罪嫌疑人最终供述杀害韩某犯罪事实。杜某某被刑事拘留。

（韩 青）

检 察

【概况】 2019年，丰南检察院在区委和上级院正确领导下，在区人大及其常委会监督下，在区政府支持和区政协民主监督下，贯彻落实党的十九大和历次全会精神，按照“讲政治、顾大局、谋发展、重自强”检察工作总要求，突出服务全区工作大局，提升法律监督质效，为全区经济社会发展提供司法保障，继续保持全市先进行列。年内检察院机构改革，下设6个业务检察部及2个综合部门，分别是第一检察部、第二检察部、第三检察部、第四检察部、第五检察部、综合业务部、政治部和办公室，全院人员编制56人，实有53人。

【侦查监督】 2019年，丰南区检察院第一、二检察部实行捕诉一体改革，体现宽严相济刑事政策，将保障和尊重人权理念贯穿到执法办案中，全年共批捕犯罪嫌疑人240人，不批捕57人。

【审查起诉】 2019年，丰南区检察院以全市推进以审判为中心刑事诉讼制度改革丰南试点经验为基础，构建和完善“诉讼以审判为中心，审判以庭审为中心，庭审以证据为中心”刑事诉讼格局，实施认罪认罚从宽、精准量刑建议等诉讼改革措施，全年共提起公诉413人，不批捕57人，不起诉40人。

【扫黑除恶】 2019年，丰南区检察院建立黑恶犯罪信息共享、提前介入引导侦查、重大案情公开通报等机制，形成打击合力。受理移送审查起诉4件10人，提起公诉2件2人，年内判决2件2人。审查起诉牛某、赵某为黑社会性质组织提供庇护案件。提前介入涉恶案件4件8人，发出检察建议2件。

【侦查活动监督】 2019年，丰南区检察院强化监督意识，将敢于监督、善于监督、准确监督贯穿办案全过程，突出监督重点、严格监督标准、严密监督程序，以监督促公平正义。全年共监督公安机关立案10件，监督撤案7件，纠正侦查活动违法22件。

【刑事审判监督】 2019年，丰南区检察院聚焦法律监督主责主业，全面强化刑事诉讼监督，全年共纠正审判活动违法14件，抗诉2件，追捕追诉34人。检察长列席审委会3次。

【刑罚执行监督】 2019年，丰南区检察院依法履职，

“5·28”检察开放日

维护在押人员合法权益和监管场所安全稳定，确保刑事诉讼依法进行。监督和纠正刑罚执行活动违法案件31件，办理羁押必要性审查25件，依法纠正公安机关监管活动违法15件，并均得到回复。突出对重要节点专项检查，全年与公安、武警联合清监4次，召开联席会议5次，处置排查不当隐患4件，同监管单位联合组织3场警示教育及揭发检举活动。

【民事行政监督】 2019年，丰南区检察院民事行政部门加大诉讼监督力度，从程序、审判行为监督细化到细节监督，从点滴防范审判违规行为。在民事检察监督方面，共审查办理案件104件，其中不服民事判决、裁定监督11件，民事审判活动违法监督22件，民事执行监督28件，支持起诉21件，提请抗诉4件，提出再审检察建议1件；在行政检察监督方面，审查办理案件26件，其中督促履行职责检察建议16件，行政非诉执行检察建议10件。

【公益诉讼】 2019年，丰南区检察院从大局出发，健全开展公益诉讼工作机制，共办理各类公益诉讼案件140件，追缴人防易地建设费1.09亿元，数额为全市首位。办理5件污染环境刑事附带民事公益诉讼案件，判令当事人支付环境修复赔偿金80余万元并予以环境修复，所办案件数量和环境修复率全市第一、全省领先。

【控告申诉检察】 2019年，丰南区检察院控告申诉部门坚守人民群众无小事大局观，对来信来访群众认真接待，真心解决老问题，真诚对待新情况，年内依法妥善处理来信来访195人次，受理各类案件27件，其中申诉类案件2件，全部批转分流以及决定赔偿化解。

【未成年检察】2019年，丰南区检察院落实未成年人检察特殊刑事政策，维护涉案未成年人合法权益，依法重点打击性侵害未成年人案件，从严从快批准逮捕7案9人，决定逮

全国未成年人检察工作创新实践基地揭牌仪式

捕2人、追捕1人。检察长、副检察长作为法治副校长宣讲法治课3次。实地监督落实最高检“一号检察建议”工作，参与区“青少年法治宣传教育进百校”活动，在启动仪式上作首场专题法治报告。开拓创新，探索未成年人检察工作新领域，“未成年人心理服务与干预机制”被最高检确定为全国未成年人检察工作创新实践示范基地项目。

【案件管理】 2019年，丰南区检察院综合业务部加强案件受理审查，把住案件受理入口，确保录入准确、分流及时、材料齐全，完善案件流程监控机制，建立案件质量月通报、季评查制度，实现办案全程“留痕”，做到放权、监督和严管三到位。法律政策研究方面，以“大调研”为抓手，组织年轻干警撰写调研文章39篇，组织编写上报指导性案例30篇，完成市院及市法学会下达调研任务3个。

【刑事技术检察】 2019年，丰南区检察院对照丰南区政法智能化建设工作台账，加强政法智能化建设，检察专线涉密网按照相关规章制度规划、建设、使用，年内完成政法网升级扩容改造，高清视频会议系统、远程接访系统、远程提讯系统、远程庭审系统设备建成并投入使用。

【检察队伍建设】 2019年，丰南区检察院强化队伍建设，开展“不忘初心、牢记使命”主题教育，党组书记带头上专题党课3次，组织基础党务知识专题讲座8次。组织“老检察官回忆检察史”、“老检察官座谈会”、“七一”专题党史讲座、困难党员走访慰问、为从检30年以上检察干警颁发“检察荣誉章”等系列活动。强化干警教育培训、岗位练兵，共开展干警讲坛12次、辩论赛10次，参加省市院组织各类业务培训30余次。加强检察机关司法警察工作规范化建设，确保司法警察依法履行职责，锻造革命化正规化专业化职业化检察队伍。

（于思萌　孙立强）

法　院

【概况】 2019年，丰南区法院在区委正确领导和区政府关心支持下，学习贯彻习近平新时代中国特色社会主义思想和党的十九届四中全会精神，围绕“努力让人民群众在每一个司法案件中感受到公平正义”目标，忠实履行宪法和法律赋予职责，各项工作取得新成绩。以“为新中国成立70周年营造和谐稳定社会环境”为主线，依法打击犯罪，化解矛盾纠纷。共受理本区各类案件5116件，结案4998件，结案率为97.69%；此外，受理芦汉两区案件1092件，结案757件。

【刑事审判】 2019年，丰南区法院受理刑事案件387件548人，结案363件482人，判处有期徒刑365人、拘役77人、管制11人，没收财产和罚金434.75万元。开展扫黑除恶专项斗争，从重从快、打财断血、打网破伞并重，依法惩处恶势力犯罪2件2人。严惩严重暴力犯罪、盗抢骗等多发性侵财犯罪、危害食品药品安全和污染环境犯罪，审结110件140人，判处有期徒刑134人，拘役6人。严惩贪污贿赂等腐败犯罪，审结4件4人，判处机关干部1人、企事业干部1人、农村干部2人。配合区纪委组织党员干部70余人次参加旁听相关案件审理2次，通过庭审受到教育。加强对未成年犯教育挽救，审结未成年人犯罪2件10人，通过庭前、庭审法制教育，帮助未成年犯悔过自新。在2018年以审判为中心刑事诉讼制度改革试点经验基础上，加强审判实践应用，推进庭审实质化良性发展，防止冤假错案。因证据不足裁定准予公诉机关撤回起诉6件18人。联合公安、检察、司法行政部门出台《刑事速裁程序实施意见》，落实认罪认罚从宽制度。2019年5月，唐山市委政法委在丰南召开现场会推广经验。

【民事审判】 2019年，丰南区法院调判结合化解民事纠纷。受理各类民事案件4408件，结案4109件。加强对婚姻家庭、交通事故、劳动纠纷等案件调解，调撤2864件，取得案结事了社会效果，依法保护当事人合法权益。参与矛盾纠纷多元化解新平台建设，在区委政法委推动下对接乡镇综治中心，打造诉前调解与诉讼零距离对接新平台，在8个中心法庭和7个巡回法庭全部安装一乡一庭系统和网上立案系统，方便群众就地解决纠纷；加强道交纠纷网上“一体化”平台应用，及时推送赔偿项目、赔偿标准，方便群众把握赔偿预期。完善诉讼服务设施。在诉讼服务中心增加诉讼服务一体机、诉讼材料自动收转云柜、跨域立案终端，群众可以自助立案、网上立案、跨域立案、网上查询、在线缴费，提高诉讼服务水平。保障民生权益，帮助交通事故受害人挽回赔偿款7161万元，帮助追索劳动报酬、工伤保险待遇349.57万元，依法对困难群众减缓免诉讼费14.9万元。

【行政审判】 2019年，丰南区法院稳妥处理行政争议，依法审慎处理行政争议。受理行政诉讼和申请国家赔偿案件65件，结案53件；受理行政非诉执行案件51件，结案51件；发出司法建议3件。通过联席会议、专题研讨、观摩庭审等方式，加强与主要执法部门沟通协调，总结经验教训，促进依法行政。

【涉诉信访】 2019年，在区信访联席会议统筹协调指导下审理荣盛、意家炒房团，万力皮革城委托合同，丰南二幼经营者民间借贷，帝元地产逾期办证，佟某某非法集资，惠丰尚景非法经营等案件，涉案群众2264人，稳妥处理群体性事件。化解涉法涉诉信访，开展“信访积案化解攻坚行动”，化解35件，实现“减存量、控增量”目标。

【队伍建设】 2019年，丰南区法院加强政治建设、纪律作风建设和司法能力建设，提高法院队伍综合素质。刑庭被最高法院评为“全国法院刑事审判工作先进集体”，区法院被省高院授予“全面停止军队有偿服务审判工作”集体三等功，全年有20人受到省、市法院表彰，14名法官收到当事人锦旗15面，有16名法官办案超过200件，3名法官超300件。以省法院考核指标为标尺，量化法官审判质效指标，结合工作实际固强补弱，提升结案率、调解率，降低发还重审率和改判率，重审率下降1.64%。强化内部管理促公正，坚持月通报制度，共通报程序不规范问题17批次；开展重审与改判案件专项评查，认定瑕疵案件5件，通报法官4人次。落实院庭长监督管理新机制，在落实司法责任制同时推动院庭长履行监管责任，对“群体性案件、疑难复杂案件、类案冲突案件、特定案件”重点监督，发挥审判委员会对合议庭制约作用，解决放权与监督关系。法官与合议庭独立裁判占98.72%，审委会决定裁判占1.28%。

【接受监督】 2019年，丰南区法院接受外部监督促公正。主动向人大常委会和政协报告2019年工作要点，配合人大常委会开展法官评议，落实整改工作；向民主党派和无党派人士通报法院工作，听取意见建议；邀请人民陪审员参审案件881件，占普通程序案件84.8%；依法接受检察机关诉讼监督，邀请检察长列席审委会3次，采纳再审检察建议1件。加强司法公开促公正，阳光司法，庭审直播案件1556件，庭审同步录像2407件，裁判文书网上公开3005件，所有案件全部实现同步扫描，形成电子卷宗上网可查。

（张　冉）

司　法

【概况】 2019年，机关改革后，丰南区司法局内设综合办公室、法治政研督察科、依法治区办秘书科、行政复议应诉科、行政执法协调监督科、基层工作指导科、社区矫正帮教科、法律服务管理科、法律援助科、法制宣传科、政治处11个内设机构。全局有行政编制73个，局机关编制40个，司法所编制33个。实有行政编制69人（含行政工勤2人），劳务派遣人员29人，返聘老干部31人，人事代理1人。11月，唐山市丰南区被全国普法办公室评为全国“七五”普法中期先进县(市、区)，尖子沽乡人民调委会被司法部通报表扬为“大排查 早调解 护稳定 迎国庆”专项活动表现突出集体，丰南区公共法律服务中心被司法部通报表彰为“全国公共法律服务工作先进集体”。2月，丰南区司法局被唐山市司法局评为全市司法行政工作优秀单位。1月，郑晓勇被司法部评为“全国模范司法所长”。年内，王清被共青团省委、省“双创双服”活动领导小组办公室选入2019年度“服务三深化、助力三提升”新时代万名“冀青之星”，高明海被唐山市委政法委评为“十佳政法干警”及“金牌调解员”。

【法律宣传】 2019年，丰南区司法局开展形式多样法治宣传教育。对全区4500多名国家公职人员进行宪法法律知识辅导，并进行全科考试，参考率、合格率均为100%。提高机关干部依法行政、依法管理和依法办事能力。围绕“两节”（元旦、春节）、全国“两会”、“4·15”全民国家安全教育日、“12·4”国家宪法日等纪念日，组织普法宣传队伍到乡镇（街道）、各活动广场及人员密集地域开展系列法治宣传活动，开展宣传138场次，印发法治书籍10种5万册，发放各类法治宣传资料（含法治购物袋3万个、挂历1.5万本）30余万份，悬挂横幅200多条，解答群众咨询3000余人次。为迎接建国70周年，专门制定印发《关于庆祝中华人民共和国成立70周年开展法治宣传教育活动的实施方案》，并组织16个基层司法所开展入村入户法律法规宣传，悬挂法治条幅120条，发放法治宣传小册子、宣传品3万余份，解答群众法律咨询50余人次。加大法治乡村建设力度，创建民主法治示范村，先后召开专题会议4次，在基层督促指导30余次，举

“12·4”宪法日宣传活动

办现场观摩经验交流会1次，新建村（居）法治文化广场30个、法治文化一条街14个。民主法治示范村创建工作区级任务15个、市级任务28个全部完成。培育青少年学生树立法律意识，协同教育局、检察院、团区委、妇联等部门联合开展“法律进百校”主题法治教育活动。为各校园开展法律知识讲座150余次，组织学生法律知识竞赛100余场次，受教育学生7万人次。

【人民调解】 2019年，丰南区司法局加强各级调解组织和队伍建设。结合乡镇人员变动和村“两委”换届，调整完善镇村两级调解组织和基层人民调解员队伍，全区共建立健全基层人民调解组织687个，其中乡镇（街道）调委会16个、专业性调委会9个、村（居）调委会485个、其他各类调解组织177个，有各级人民调解员3454名，于8月底实现持证上岗。发挥专业性调委会作用，规范全区9个专业性、行业性调委会建设，共受理矛盾纠纷1809件，涉及金额1134.89万元，成功率90%。建设品牌调解室。在原有劳动争议品牌调解室基础上发展钱营镇、塘坊镇、胥各庄街道办事处、婚姻家庭、道路交通5个品牌调解室，在16个基层司法所中有12个建立“个人品牌调解室”。加大矛盾纠纷排查化解力度，全区共排查矛盾纠纷5164件，调解成功5105件，调解成功率98.9%，涉案金额4041.11万元。规范化建设基层司法所，与各乡镇党委政府协调，区司法局投入30多万元，对丰南所、黄各庄所、街道所、钱营所、大齐所、柳树酄所、黑沿子所、南孙庄所8个司法所进行规范化再提升，并组织全系统举办现场观摩经验交流会，推动全区规范化司法所建设再提升。

【安置帮教】 2019年，丰南区司法局调整刑释解矫人员安置帮教工作领导小组，接续工作，明确职责，做到有人抓有人管。刑释人员安置率90%以上，帮教率95%以上。全区累计有安置帮教对象898人。

【社区矫正】 2019年，丰南区司法局建立完善社区矫管理机制。年初调整社区矫正工作领导小组，制发社区矫正和安置帮教工作计划，对双项工作进行规划管理。开展“两类人员”（社区矫正和安置帮教人员）摸底排查，年内开展4次摸底排查，对全区333名社区矫正人员做到底数清、情况明。按照社区矫正工作职责对社区矫正人员按照一人一档要求，建立健全信息档案，并将矫正人员所有信息纳入管理体系。年内333名社区矫正人员没有重新犯罪。

【法律援助】 2019年，丰南区司法局办案数量提升，法律服务中心办理法律援助案件483件，其中民事案件427件，刑事56件，区、镇两级代书175件，解答群众来人来电咨询3400余人次，引导公证75起、司法鉴定34件，镇、村公共法律服务中心（站）开展调解2604起，群众送锦旗11面。强化法律援助宣传，印发《村居法律援助工作基本常识》《法律援助工作读本》，制作下发法律援助联系卡5000份，散发宣传资料1万余份。举办“法律义诊”“法治讲座”45场次，解答群众法律咨询568人次，发放宣传资料3200余张，发放法援手提袋800个、纸抽640个、法律援助联系卡760余张。开通服务农民工绿色通道，加大为农民工讨薪力度，对涉及农民工讨薪案件免除经济困难审查，做到当即受理、当即审查、当即指派；对群体性案件和行动不便农民工做到“三及时”，即及时安排、及时接待、及时办理；对索赔执行难讨薪案件，与法院沟通，确保执行到位。年内，共解答农民工讨薪法律咨询350人次，代书54件，受理160件，集体讨薪13批，涉及金额380余万元。打造半小时服务圈，为便捷服务民众，在健全区、镇、村三级服务平台同时，相继在人社、老干部、妇联等9个区直部门，在法院、看守所、检察院3个办案场所和9个律师所、4个法律服务所、1个医学鉴定中心等14个法律服务机构建立援助工作站。

【律师管理】 2019年，丰南全区共有9个律师事务所、4个基层法律服务所，44名执业律师、10名公职律师、3名法律援助律师、14名基层法律工作者，为107家行政机关、企事业单位担任常年法律顾问。全年办理刑事案件107件，民事案件588件，非诉讼143件，代书494件，解答法律咨询2143人次，索回欠款28285.6万元，律师业务收费共计844.9986万元。4个基层法律服务所为18家企业担任法律顾问，代理案件158件，解答咨询708人次，代书516件，收费61.0687万元。司法医学鉴定中心受理案件571件，结案443件。原政府法律顾问参加政府会议及谈判会议62次，审查合同48份，提供法律咨询138次，代理诉讼10件。对新担负顾问单位、企业等用工情况进行“法治体检”，发现问题及时纠正。实施村（居）法律顾问制度，聘请44名律师、基础法律服务工作者为485个村（居）担任法律顾问，覆盖率100%；以44名法律顾问为主建立44个覆盖村（居）法律服务微信群，实现零距离服务群众。参与扫黑除恶、信访和检察院值班，安排好、调度好律师参加各项值班制度，为领导提供法律意见和建议，为群众免费提供法律咨询。年内，律师办理涉黑案件14件，派员参加庭审3起1次，参与涉法涉诉信访案件协调会2次，被采纳建议2条。

【行政复议】 2019年，丰南区司法局收到行政复议申请22件，受理21件，撤销2件，确认1件，驳回申请1件，维持13件，未审核4件。承办行政应诉4件，民事应诉3件。

（李凌云）

城乡建设·环境保护

Chengxiang Jianshe · Huanjing Baohu

责任编辑：张子成

综　述

2019年，丰南区不断优化城市设施和资源配置，全面提升城市承载能力。年末，建成区面积38.62平方千米。城市路网密度达到3.5千米／平方千米，道路面积率达到3.7%，建成绿地率34%，绿化覆盖率35.2%。公共供水普及率达到96%，主要城区管道天然气普及率96%，生活污水集中处理率达到99%，实际集中供热面积达到696.6万平方米。城区道路机械化清扫率达到89.5%。年末城区运营公交车辆142辆，运营线路14条。年末，全区森林覆盖率19.65%，比上年提高0.4个百分点。年末，全区常住人口城镇化率60.6%，比上年提高1.5个百分点。

2019年，全年空气质量优良天数222天，细微颗粒物（$PM_{2.5}$）平均浓度52微克／立方米，比上年下降1.89%；可吸入颗粒物（PM_{10}）平均浓度100微克／立方米，比上年下降2.91%。

【城乡建设规划概况】　2019年，按照唐山市委机构编制委员会办公室下发《唐山市自然资源和规划局丰南区分局职能配置、内设机构和人员编制的通知》文件要求，唐山市自然资源和规划局丰南区分局为正科级单位，是唐山市自然资源局派出机构。局下设唐山市丰南区土地收储交易中心为事业单位，内设办公室、财务与资金运用科、法规科、自然资源调查监测科、自然资源确权登记科、城市设计和土地利用科、国土空间规划科、耕地保护和生态修复科、建设工程管理科、村镇规划管理科、海域地矿管理科、执法监察科、党建科共14个科室和丰南镇、黄各庄、唐坊、柳树酇、钱营、小集、大新庄7个自然资源和规划中心所，机构规格股级。全区国土系统干部职工72人，受唐山市自然资源规划局和丰南区委、区政府双重管理，以市自然资源规划局管理为主。

【国土空间规划编制】　2019年，自然资源和规划局丰南区分局完成《唐山市丰南区国土空间分区规划编制工作方案》基础资料收集和调研、全域数据转换，制作矢量化全域规划，在三调图基础上叠加城市建设用地、区域交通、基本农田等图，形成丰南区国土空间分区规划编制诉求一张图，编制国土空间规划编制大纲，完成现状评估并编写评估报告，12项国土空间规划前期研究及生态红线自查和补划工作年内进行中。

【乡镇规划编制】　2019年，自然资源和规划局丰南区分局编制乡镇规划，南孙庄乡、王兰庄镇、黄各庄镇3个乡镇总体规划通过市规委会审议。完成南孙庄乡控制性详细规划、黄各庄镇部分单元控制性详细规划、王兰庄中小企业园区控制性详细规划，通过区规委会审议。编制“空心村”规划，结合丰南区农业农村局，委托天津大学规划设计院编制完成《丰南区东田庄乡王打刁村和崔庄户村精品村规划》和《丰南区“空心村”治理规划》。完成小集经济园调区和陶瓷产业园规划修改工作。

【重点项目土地组卷报批】　2019年，自然资源和规划局丰南区分局加快推进建设用地报批，注重做群众思想工作，想尽一切办法，动员一切力量，确保100%被征地农户签字同意。全年批准转用征收面积206.23公顷，保证陶瓷产业园、市会展中心等项目用地。

【存量建设用地供应】　2019年，自然资源和规划局丰南区分局全面查清区内批而未供土地情况，按照“征收一批、划拨一批、出让一批、撤销一批”原则，合理处置批而未供土地。全年供地面积439.8公顷，收取土地出让金35.07亿元；办理划拨47宗，供地面积149.68公顷。累计完成2009—2016年批而未供土地处置任务85.75%，2017—2018年批而未供土地处置任务62.1%。面对困难，担当实干，妥善解决永欣房地产、惠丰尚景炒房团等历史遗留问题，防范化解重大风险。

【重点项目规划服务审批】　2019年，自然资源和规划局丰南区分局开展陶瓷产业园规划编制、设计方案和相关规划手续办理工作，调整完成临港经济园总规、控规中该区域规划，委托唐山市建筑规划设计院编制陶瓷产业园修建性详细规划，出具陶瓷产业园部分地块规划条件。出具唐曹铁路小集物流有限公司专用线工程项目初审意见，配合纵横钢铁有限公司开展公转水项目前期选址论证，完成2019年农村“气代煤”工程路径选址选线工作。核发岔河镇和黄各庄镇农村“气代煤”改造工程建设工程规划许可证，出具大新庄镇、小集镇、柳树酄镇、尖字沽乡农村“气代煤”工程规划意见。全年共核发建设项目选址意见书14份，核发建设用地规划许可证34份，核发建设工程规划许可证43份，出具规划设计条件书28份。

【耕地占补平衡】 2019年，自然资源和规划局丰南区分局注重调查研究，了解掌握辖区资源现状和“三调”成果，根据增加耕地，创新思路和举措，第一时间汇报，第一时间完成无人机测量，第一时间聘请第三方核实，第一时间完成组卷，全年完成新增耕地2098.11公顷，为全市建设用地报批创造占补条件。通过市补充耕地指标调剂平台交易指标178.8公顷，增加财政收入3.78亿元。

（张相庭　段凤娇）

住房建设

【概况】 2019年，唐山市丰南区以“加速融入唐山市主城区”、 全面改善提升城区市容环境为主线，坚持以问题为导向，以民生为根本，破难题、补短板、提标准、重规范、强责任，全面推动房建设发展。嘉城铭郡、西湖花苑年内竣工，湖畔郦舍翠竹苑一期二标、湖畔郦舍翠竹苑二期二标段进入工程扫尾阶段，锦绣公园一期、惠泽嘉苑等项目均完成主体施工，华信山水文苑、湖岸新城丁香苑、百合苑等项目进行主体施工，锦绣公园三期进行桩基施工，年内新增商住面积 73.72万平方米。棚改项目黑西村、黑北村一期完成调查摸底和拆迁补偿方案确定，黑西村完成253户签约和房屋拆除工作。实施二环路、源盛路绿化工程、唐津运河两侧绿化改造提升工程，唐坊镇、东田庄乡4个乡村振兴示范村绿化提升工程。开展铁路沿线部分地块及青年路等重点路段环境综合整治活动，全年新增园林绿地面积18.0644公顷，新增绿廊绿道2千米，全区绿地总面积1234.05公顷。

【“双代”任务完成】 2019年，市达丰南区“双代”（气代煤、电代煤）改造任务5.61万户。经过紧张施工，“气代煤”2.79万户年内全部具备点火通气条件，“电代煤”2.82万户，户表以下电采暖设备全部安装到位，户表以上电网改造工程统一由冀北电力公司负责施工，进行立杆、架线等作业。

【住房改造】 2019年，丰南区改造农村危房101户，完成省达标任务目标。实施23.36万平方米城乡既有居住建筑节能改造工程，年内全面完工。推进装配式建筑产业健康发展，全年建设装配式住宅49.6万平方米。

【住房建筑市场执法】 2019年，丰南区以建筑市场秩序专项整治暨2019年建筑领域“打非治违”专项整治行动为契机，加大建筑市场稽查力度，依法纠正和查处建筑市场各类违规行为，查处违法违规项目29项，罚款总金额671.17万元，规范全区住房建筑市场。受理建筑领域拖欠工程款和拖欠农民工工资问题投诉，与相关部门配合妥善处置建筑领域讨薪案件，受理拖欠农民工工资案件124件，涉及农民工2301人，投诉金额4101.95万元。解决历史遗留及新受理案件102件，涉及农民工1798人，涉及拖欠金额3715.04万元。

（董秀爱）

城乡基础设施建设

【概况】 2019年，丰南区市政工程建设中，运河东侧景观路工程完成工程总量75%，瑞宁街以南、粮食街以北完成管线及道路工程，进行路灯工程。友谊大街、国友路、汇通路、建设路全部竣工，顺达街因拆迁问题工期延后，年内进行国友路至唐胥路路段道路施工，年底完工。春阳街、首站路完成总量年内竣工。滨河北大街西伸工程于9月进场施工，预计2020年6月完工。西城区污水处理厂通过调整工艺，实现Ⅳ类水质达标排放，利源污水处理厂进行提标改造建筑物主体施工，年底前达到通水条件，实现达标排放。完善供水管网，先后改造和新建翠竹苑、君兰苑、容和小区等11个小区供水管道，提高供水能力。利用管网监控系统监测管网管漏，做到第一时间抢修。对卫生局东侧小巷等4条背街小巷实施路面维修、人行道砌筑、墙体粉刷。对医院家属楼等21个老旧小区实施污水管道疏通、路面修复、井室维修等工程，改善基础设施。加强市政、园林设施日常巡视，结合城乡一体化信息平台，及时对损坏人行道、路面、路缘石、苗木、窨井盖等进行维修、修复、更换，改善城区环境。完成悠远桥等8座桥梁、青年路等7条道路灯杆，区行政办公大楼等21处建筑，以及青年路、运河东路等道路交叉口节点亮化工程，城区夜景整体提升，扮靓城市夜景。

【环境卫生设施建设】 2019年，丰南区住建局负责城区内12座压缩垃圾转运站、12个地坑中转站、184个密闭垃圾箱垃圾清运，9个旱厕、52个水冲公厕粪便清掏、保洁、消杀及维修管理。加大对环卫设施管理维修力度，对垃圾转运站、公厕共计维修保养622次，维修果皮箱1320个次，对城区主要道路果皮箱每月进行一次彻底检修，完好率在99%以上。年内对城区青年路南北两座立交桥、友谊路立交桥、文化大街桥、滨河北大街桥、学院路立交桥、学院路立交桥桥栏杆，国丰大街矮墙、国丰大街铁路桥高铁桥及9座旱厕进行粉刷。环卫处新增8座移动公厕，改造5座旱厕，改善设备使用功能，方便居民生活需要。对有严重破损、掉漆现象及陈旧影响美观184个密闭垃圾箱进行全面维修。

（王　丽）

【道路建设工程】 2019年，丰南区结转道路工程包括：运河东侧景观路工程，年内完成工程总量80%，瑞宁街以南粮食街以北完成管线及道路工程，年内安装路灯。国丰北片区“四横三纵”路网工程，6月底友谊大街、国友路、汇通路、建设路全部竣工，顺达街于年底完工。续建工程主要是始建于2014年的春阳街，因苗圃拆迁问题330米路段未修建，2019年10月由原中标单位第二次进场施工，完成总量的70%。新建工程有：首站路，位于运河东路西侧，热力首站南侧，长度115米，宽度30米，预计投资290万元，9月进场，于年底完工；滨河北大街西伸工程，全长1960米，红线宽42米，投资9600万元，于2019年9月进场施工。

（孟　霏）

【热力供应设施建设】 2019年，丰南区热力工程主要有鑫丰热力公司实施盛达街供热支线工程，碧桂园、嘉城铭郡供热支线工程，国丰南厂区供热管网加装关断性阀门工程，汇通路供热支线工程，滨河北大街供热主干线、支干线工程和丰南职校供热改造6项工程，以及锦绣花园二期一、二次线工程，嘉城新庄园、碧桂园、锦绣天城、嘉城铭郡、西湖花园小区一、二次线及热力站工程等5项新入网工程，工程施工期间，鑫丰热力公司抓工程质量、抢工期，各项工程保质保量，如期完工。

（张锦锋）

【农村垃圾转运站建设】 2019年，丰南区启动城乡一体化垃圾处理设施项目（唐坊镇、小集镇、大齐各庄镇垃圾转运站），其中小集镇、唐坊镇垃圾转运站于3月份开工建设，小集镇垃圾转运站年内完工，待验收后投入使用；唐坊镇垃圾转运站主体完工，进行站内附属设施建设；大齐各庄镇垃圾转运站于7月份进行“三通一平”年内完成主体建筑部分，进行站内附属设施建设。

【惠民工程】 2019年，丰南区棚户区改造结转2018年项目，实施北新庄子村、艾坨村、四王庄村、丁家泊前村、于家泊北村完成拆迁，安置房开工建设，其中北新庄返迁楼建成，艾坨村返迁楼进行主体施工，四王庄村、于家泊前村、于家泊北村安置房正进行挖槽施工。农村危房改造中，农村困难群众101户（D级49户，C级52户）住房全部竣工并验收，危房改造建设补助资金全部一次性拨付至农户一卡通。农村“两非户”危房改造任务25户全部竣工并验收。补助资金全部一次性拨付至农户一卡通。城区既有居住建筑节能改造工程，改造面积4.36万平方米，总投资1401万元，工程划分为两个标段施工，其中一标段包括：保险楼1#，粮食楼2#，青青家园1#、4#、7#、8#楼，建筑面积2.23万平方米；二标段包括：青青家园9#、10#、11#楼，财政楼，银城花园4#、7#、10#楼，建筑面积2.13万平方米。全部竣工并交付使用。农村既有居住建筑节能改造任务19万平方米，东田庄乡王打刁村、崔庄户村完成4.8万平方米，唐坊镇唐坊桥村、赵茂庄村、唐坊村、孔老庄、孙老庄完成14.2万平方米，工程总投资3500万元。全部竣工并交付使用。

（王立志　李姗姗　金龙灿）

公租房抽号

【建筑市场秩序规范】 2019年，丰南区强化建筑企业资质日常监管，严格建筑业“挂证”治理，开展建筑业施工现场管理和技术人员技术培训，组织建筑业人才培训和引进，为建筑业发展提供智力支撑。开展现有房地产开发企业资质延续、升级工作，以建筑市场秩序专项整治暨2019年建筑领域“打非治违”专项整治行动为契机，加大建筑市场稽查力度，依法查处违法违规项目29项，罚款总金额671.17万元，规范全区建筑市场。受理建筑领域拖欠工程款和拖欠农民工工资问题投诉，与相关部门密切配合处置建筑领域讨薪案件，受理拖欠农民工工资案件124件，涉及农民工2301人，投诉金额4101.95万元；解决历史遗留及新受理案件102件，涉及农民工1798人，涉及拖欠金额3715.04万元。推行河北省招标投标行政监督平台招管通系统和全过程电子招投标方式运用，提高招投标监管水平，加强招投标审查、执法监督，规范招投标行为。完成房屋建筑和基础设施项目招标10项，中标金额14.78亿元，其中实行电子招投标7项，推行EPC项目3个，应招标工程招标率100%。强化工程造价管理，保证工程招投标和预决算需要。

（王 娇）

【市容环境整治】 2019年，丰南区深入开展市容环境综合整治，全面提升城区容貌。主次干道两侧累计清理店外摆放、店外经营、私拉乱挂、乱贴小广告等4.25万处，清理占道经营、流动摊点5700多个，收缴商业传单5000多张。开展城市广告牌匾整治提升行动，拆除城区汇通北路等8条主要街道两侧违规设置各类户外广告和门头牌匾标识、杆体广告1868处。开展主城区违法建设专项治理，清理城区内违法建设和私搭乱建，削除存量违建，严防新增违建。全年立案查处未批先建违法建设案件3起，罚款62.71万元。开展校园周边环境清理行动，以城区内中小学校、幼儿园和高职类院校等为中心，延伸至校园周边100米，在学校周边盯守、巡查各类经营摊点，对屡教不改者依法予以处罚，确保学校周边环境和交通秩序井然有序。全年清理校园周边占道经营摊点343个，暂扣快餐车23辆。

（王顺成）

清理占道经营

【燃气管网设施建设】 2019年，丰南区新增燃气管网110.3千米，其中中压管网新增15.61千米，低压管网新增94.69千米，新居民用户安装4596户，老居民用户30户，“气代煤”用户安装4680户，商业用户74户，工业用户4户。

（张锦锋）

【照明设施建设】 2019年，丰南区共计维修路灯2489基次，换电缆5071米，更换节能灯2360个，LED更换恒流源2456块，维修箱变控制箱163座次，更换控制箱内空气开关126个、接触器63个。

（孟 霏）

【农村危旧房屋改造】 2019年，丰南住建局区结合区扶贫办、民政局、残联及各乡镇对全区农村困难群众建档立卡贫困户、低保户、分散供养特困户及贫困残疾人家庭户4类重点人群住房情况现场勘察，并查看相关材料，逐户确认，初步确定符合危房改造条件101户（D级49户，C级52户），全部纳入2019年农村危房改造计划。翻建房屋每户补助4.5万元，其中省级以上财政补助2万元，市级财政补助0.05万元，区级财政补助2.45万元；修缮房屋每户补助1万元，其中省级以上财政补助0.6万元，市级财政补助0.05万元，区级财政补助0.35万元。有条件乡镇给予适当补贴，改造资金不足部分由改造户自行解决。同时明确专人负责危房改造档案收集、整理、立卷归档和保管利用工作，电子信息系统录入及时准确。年内危房改造户101户全部竣工并验收，危房改造建设补助资金全部一次性拨付至农户一卡通。

（李姗姗）

【农村“双代”改造】 2019年，丰南区“电改煤”改造涉及王兰庄镇1.73万户、东田庄乡6163户、大齐各庄镇3867户、唐坊镇935户。表下线路改造全部完成，表上部分年内进场施工，组织工程扫尾。区双代办、各有关乡镇、区供电公司安排专人提醒用户用电安全常识，排查及消除各类安全隐患，全力保证用电安全。“气代煤”改造涉及黄各庄镇2564户、岔河镇1758户、丰南镇3443户、大新庄镇2.01万户，黄各庄镇、岔河镇、丰南镇全部通气并正常使用，大新庄镇工程在建，各燃气企业及村庄均配齐安全员和燃气协管员，确保隐患整改到位，保障供气用气安全。

（毕秋平）

【供水设施建设】 2019年，丰南区全年查出并修复管网明漏276处、暗漏43处，检查维修消防栓76个。分别完成君熙太和、容和小区部分给水外网铺设，翠竹苑、君兰苑建筑用水。全城消防栓加锁闭阀200余个，降低自来水漏损率。

（董佳佳）

“双代”改造现场

【环卫设施建设】 2019年，丰南区新建公厕8座，分布在滨河北大街篮球场、三中对面、王家河南、白石庄西、容和家园南、湖岸新城、东板桥路口对面、运河西路污水泵站，新建公厕面积每座18平方米，均设有管理间1个、蹲坑2个、残障间1个。改造5座公厕，分别是铁南篮球场公厕、粮食局家属院公厕、铁西路公厕，铁南大队公厕、158小区东头公厕。

（王 丽）

城区绿化

【概况】 2019年，丰南区住建局以推进文明城市创建工作为目标，打造以城市林荫路为绿网框架，运河景观、精品公园为依托城区经典，全面提升城区绿化水平。全区绿地总面积1234.05公顷，其中公园绿地面积193.12公顷、附属绿地面积392.41公顷、防护绿地面积316.48公顷、其他绿地面积226.26公顷。丰南城区建成区绿地率31.63%，全区绿化覆盖率42.5%，人均公园绿地面积15平方米。新建完善绿道绿廊2千米，创建省级先进绿化小区1个、先进绿化单位1个，新建二环路绿化0.83千米、唐古快速路绿化0.4千米，城区补植增绿计划10万平方米。

【道路绿化】 2019年，丰南区住建局绿化改造提升面积12.56万平方米，其中瑞宁瑞景街绿化提升面积8280平方米，正苑大街绿化提升面积1.59万平方米，文化大街绿化提升面积1.13万平方米，国丰大街绿化提升面积6450平方米，平整土地2500平方米；正泰大街绿化提升面积3860平方米；泰安街，荣昌路补绿化提升面积1050平方米，丰南区运河西路、运河东路栽植卫矛、女贞940平方米，种植麦冬、马莲、石竹花、玉簪等草花5.43万平方米，种植草坪1.18万平方米，栽种紫薇木槿等花灌木65棵。友谊大街西延伸段栽植麦冬2300平方米、草坪2800平方米。铁西路栽植麦冬、萱草、鸢尾等3900平方米，草坪780平方米。煤河公园绿化提升面积2000平方米，其中栽植海棠、樱花等乔灌木1500平方米，栽植石竹、蛇莓等草花500平方米。

【居住区绿化】 2019年，丰南区完成城区公共区域、城区道路部分裸露区域绿化补植10万平方米，具体区域涉及丰南区运河两侧，幸福路、唐坊高铁、文化大街开拓路两侧，瑞宁街、瑞景街、正泰街、正苑街等处。5月初，对民政北街周边、西南环线西侧梧桐庄园周边空地（么家泊大桥南侧）、丰南电大西侧绿地进行绿化改造，其中民政北街周边1.8万平方米绿化完工，西南环线西侧梧桐庄园周边空地（么家泊大桥南侧）栽植山楂、樱花、海棠0.8公顷。7月，对青年路、国丰大街、文化大街等重点路段进行环境整治，绿化整治面积5090平方米，栽植乔木88棵、灌木170株、地被花卉1.05万平方米。对新建源盛路（春阳街西伸至友谊大街西伸）绿化，面积0.95万平方米，栽植乔木454棵、灌木178株、地被花卉7312平方米。

【公园绿化改造】2019年，丰南区继续对街心公园进行养护、提升。街心公园新建面积5400平方米，其中绿化面积3100平方米，硬化面积2300平方米，建设林荫停车位90个、文化景观长廊28米，搭设花架27个。对栽植完毕五角枫、国槐、杜仲、丁香、紫薇、榆叶梅乔灌木进行修剪、浇水、施肥及病虫害防治。区医院东门休闲游园养护管理，该园占地面积7700平方米，绿化面积6000平方米，硬化面积1700平方米，甬路2300平方米，花架一组（16米），围树椅13个，长条座椅15米。栽植千头椿、紫叶李、丁香、紫薇、木槿等花灌木，年内组织养护管理15次，施肥12次，浇水36次。对九河公园进行绿化改造提升，全年组织大型养护8次，疏松土地2000平方米，补栽月季、竹子300平方米，栽植蛇莓1800平方米，累计修剪草坪1.85万平方米.维修九河公园和文化广场等处公厕门窗、水阀

苗木施肥

及破损设备。清理各类违规小广告115处，清洗、维修木凳、木椅150组。文化广场修剪紫叶李等灌木4200平方米，煤河带状公园周边裸露地带补栽射干1000平方米，补栽石竹2550平方米。

（杜 娟）

城乡建设管理

【概况】 2019年，丰南区提升城市管理精细化、规范化水平，将精细化管理触角延伸到城区每一个角落，让城区整洁有序。全年全区清理各类积存垃圾299.7万立方米，清理店外摆放2600多处、店外经营1500多处，清理占道经营摊点3600多个，清理流动摊点2100多个，清理私拉乱挂800多处，清理玻璃贴字4000多处，清理乱粘贴小广告1.3万多处，粉刷路面、墙面乱涂写小广告1.8万多处，收缴商业传单5000多张。累计拆除城区汇通北路、青年路、铁西路、运河东路、文化大街、滨河北大街、滨河南大街、国丰大街8条主要街道两侧违规设置各类户外广告和门头牌匾标识、杆体广告1868处，其中楼顶广告98处、塔牌广告67处、立面广告438处、楼宇标识4处、电子广告146处、门头牌匾114处、灯箱广告181处、招贴广告820处。

【市政设施维护管理】 2019年，丰南全区恢复井盖131处、井盖周边59处、水篦子78处及周边28处，恢复便道砖1354平方米、路缘石517米，安装路障堆250个，铺沥青混凝土757平方米，水泥混凝土浇筑1424平方米，疏通管道8208米，灌缝320米，铁西路南头搭建围挡80块，铺设电缆269米、隔离墩19处、桥栏杆7米，铺设铠缆280米，浇筑高杆基础坑2个，回填石粉732立方米，铺设防尘网360平方米，运河西路西伸段砌筑雨水检查井1座，丰南津唐运河两侧景观道便道砖恢复8296平方米，路缘石恢复1.39万米，树穴石恢复5216米。

（孟 霏）

【供水管理】 2019年，丰南区供水管理包括水费收缴、管网改造和便民服务。至年底，自来水公司供水总量1091万立方米， 售水量973万立方米，城市供水管网产销差率11.8%，公共供水普及率95%。配合生态环境保护局，在集中式饮用水水源地设立规范化标识牌和警示牌、界桩等，投入资金18万元，聘请专业机构，按照《国家饮用水水源地标志技术规范》要求，制作64块标志牌并安装到指定区域。集中安排维修人员对水源井设备、加氯设备和供电线路等进行检查维护，防止带病运转；对4眼井进行水泵维修更换，按照卫计局要求添置2台备用加氯机确保水质消毒及时；执行《国家饮用水卫生标准》，坚持水质监测，水质合格率100%。建立化验室，每日对出厂水水质取样、化验，确保出厂水水质符合国家饮用水卫生标准。每月将水质报告检测单发布到丰南自来水公司微信公众号，实现水质检测报告公开。全年查出并修复明漏276处、暗漏43处，检查维修消防栓76个。分别完成君熙太和、容和小区部分给水外网铺设，翠竹苑、君兰苑建筑用水，安装君熙太和、荣盛代码表。全城消防栓加锁闭阀200余个，减少

冲洗路面

自来水漏损率。为方便缴费，公司执行了午休息时间照常收费制度，实现全天无缝隙维修服务。7月，对全体工作人员进行窗口服务专题培训，重点从标准用语、微笑服务、语言技巧等方面进行培训，提高营业服务水平。营业大厅服务受理群众来访询问128余次，入户复查及维修水表106次，办综合业务219次，办结率100%。年底，营业大厅被唐山市妇联授予“巾帼文明岗”称号。

（董佳佳）

【供热管理】 2019年，丰南区为保障冬季供暖质量，对热源厂、热力站、供热管网进行全面检查、维修、维护。鑫丰热力结合2019—2020年采暖季出现问题，对城区内达到使用年限老旧小区供热管网，排查、统计管网老化、腐蚀情况，制定整改方案，逐步实施整改检修工作，确保百姓冬季用暖省心、安心、放心，做到供热工作无小事。

【燃气管理】 2019年，丰南区强化燃气安全监管职责，开展定期检查、不定期抽查、专项整治，发现问题随时解决。强化安全宣传，提升燃气应急处置能力。加强燃气知识和用气安全宣传，推进燃气安全“进学校、进社区、进家庭”活动，营造全民安全用气氛围。结合“安全生产月”等活动开展专题宣传活动，加大燃气事故警示教育宣传力度。规范燃气经营企业安全事故应急预案备案管理，完善应急保障体系，建立健全燃气应急抢险预案和物资储备制度，充实应急抢险人员和设备。加强应急处置演练，强化安全运行监测、预警工作，提升应急处置能力。

（张锦锋）

【环境卫生管理】 2019年，丰南区有清扫保洁人员1000余人，清扫道路73条，道路清扫保洁面积357.11万平方米，绿带保洁面积42.27万平方米。机械化清扫作业道路52条，清扫面积318.4万平方米。有各种型号环卫专用车辆86辆，垃圾转运站清运量全年5.06万吨，其他车辆清运量全年3.16万吨。接受区网格化等任务10项，清理废墟436立方米，专项环境整治清理废墟2860立方米，针对大气污染防治，对道路清扫强化督导，落实责任，与各项目经理签订责任状10份，依据质量标准、处罚标准进行针对性检查，对工地门口等重点监控，有泥土发生时第一时间作业和冲洗。循环冲洗商业街、便道等部位，在西南环线、西城区监测部位洒水，增加班次，循环反复，形成常态和重点相结合模式，抑制道路扬尘发生。

（王　丽）

【绿化养护管理】 2019年，丰南区组织干部职工600余人，累计出动车辆9300余次，清理枯枝败叶1260万平方米，完成浇水养护作业24次，修剪色块、草坪8遍。全区绿化植物施肥4次，11月底完成冻水浇灌工作，完成全区总计6万平方米绿化植物防寒，防寒区域涉及青年路色块、运河东路色块、文化广场、滨河大街等共计9处。年内，绿化景观效果提高，景观效果凸显。

（杜　娟）

生态环境

【概况】 2019年，丰南区学习贯彻习近平生态文明建设思想，以改善生态环境质量为核心，以助推绿色发展、高质量发展为目标，统筹推进生态唐山、生态丰南各项工作开展，为加快实现“重返全省县（市）区前列”提供环境支撑。空气环境质量改善：细颗粒物$PM_{2.5}$平均浓度52微克/立方米（目标54微克/立方米），比上年下降1.89%，全市排名第五，7个区排名第一；空气质量综合指数6.36，全市排名第六，7个区排名第一；优良天数222天，优良天数比例62%。丰南区在2019年度大气污染防治考核中评为全省优秀等次，被省大气污染防治工作领导小组授予“大气污染综合治理先进县区”称号。水环境质量改善：陡河、沙河、西排干、黑沿子排干4条纳入国家和省市考核重点河流水质年均值全部达标，改善率70%（2019年被扣生态补偿金570万元，较2018年3480万元少扣2910万元），争取市级水污染防治补助资金826万元，城区水源地水质稳定达到地下水Ⅲ类考核要求。声环境质量监测：按照《2019年唐山市生态环境监测工作方案》要求，完成本年度功能区噪声季度性监测、区域噪声监测及交通噪声监测任务，并按时完成相关数据材料上报工作。丰南区生态环境保护局全年立案处罚167件，处罚金3543.79万元，与区公安联合办案16件，行政拘留23人，刑事拘留20人，严厉打击环境违法行为。

【生态环境保护宣传教育】 2019年，丰南区生态环境保护局以学习环保法律法规和业务知识为重点，采取“请进来”和“走出去”相结合方式，聘请环保专家进行授课和现场指导，派出业务骨干参加上级环保部门环保法律法规知识培训。组织执法骨干对一线执法人员开展法律、业务知识培训，通过各种形式学习培训，使执法人员熟练掌握相关法律法规、执法程序、执法规范、业务技能，提高依法行政能力。根据不同违法行为制作相应笔录模板，为一线执法人员在执法过程提供参考。做好新增执法人员编制审核，对符合办证条件人员，按照法制部门要求组织好培训和考试上岗。利用“6·5”环境日、“12·4”宪法日等宣传日，走上街头开展宣传活动。开展“四进”活动，将法律读本、环保知识手册、挂图等宣传品免费发放到乡镇、社区、学校、企业。督导重点企业开展宣传活动。联系区电视台播放环保宣传标语。

【环境监察】 2019年，丰南区生态环境保护局实行执法APP数据上传。在执法检查过程中安排专人督导执法人员及时上传执法检查数据，每天对上传情况进行通报，督促执法数据上传。全年上传执法数据5346条（人均上传执法数据127条），发现并上传环境问题331个，完成市局年初交办考核任务。开展全区污染源排污情况自查，在蓝天保卫月执法检查期间出动执法人员324人次、执法车辆125辆次，检查企业468家次，发现并上报问题74个，均督导企业完成整改。

【分表计电】 2019年，丰南区生态环境保护局分两批安装电表，共97家企业，第一批6家钢铁、焦化企业全部安装完毕，2家进行联网。第二批91家，安装企业55家，联网企业40家。共计安装企业61家，联网44家。其他36家年内进入安装过程。

【“双随机”抽查】 2019年，丰南区生态环境保护局按照省市部门年初安排部署，按时完成各个季度抽查，共抽查企业330家，发现环境问题107个，问题提交率32.4%，均督导企业立即完成整改。

【水污染治理】 2019年，丰南区在全国率先开展入海排污口整治，配合生态环境部完成入海排污口试验性排查、二级排查、三级排查及现场监测，为推进渤海综合治理攻坚行动奠定基础。开展全域治水清水润城行动，完成落草河治理工程、双陡灌渠刘德庄段河道清淤及垃圾清理工程，实施临港工业区明渠清淤及城南污水处理厂水质提升工程，完成重点河段清淤14.8千米，完成生态调水1.6亿立方米。建立监测预警机制，加大排污口封堵力度，实行水利、环保、农业农村和属地乡镇常态化巡河机制，严防养殖退水入河。在水源地保护上，清理保护区内宏尚文化产业园违规项目和南孙庄骆驼养殖，完成现有水源地环境状况评估报告编制及专家评审，完成南孙庄乡新民居水源地、大新庄镇水源地保护区划分技术报告编制。

【工业企业治理】 2019年，丰南区排查发现“散乱污”企业42家，其中8家属于2018年名单内反弹企业，新发现34家，密码督导相关乡镇完成关停取缔。完成工业园区“一园一策”环境管理，对22家外排水企业开展监督性监测，完成4家造纸、酸洗“零排放”企业基础状况现场调查。在企业深度治理上，完成钢铁行业5台烧结机烟气循环改造、9座高炉煤气精脱硫治理，完成焦化行业达丰、经安焦炉煤气精脱硫治理，完成水泥行业2家企业烘干设施废气脱硝改造，完成陶瓷、耐火、保温等行业20家企业物料存储、筛分等生产环节除尘改造及治理，完成45家企业VOCs深度治理，完成5家化工和2家焦化企业泄漏检测与修复治理，对67家涉VOCs企业治理进行自查评估。城区餐饮油烟企业监测全覆盖，对超标排放者依法停业整顿；完成64台燃气锅炉淘汰或低氮燃烧改造和鑫丰热力2台100蒸吨燃煤锅炉治理。

【农村污染治理】 2019年，丰南区生态环境保护局完成15个农村环境综合整治、13个村农村生活污水处理和180个村农村生活污水管控任务，改厕2.9万座，规模化畜禽养殖场粪污设施配建率100%，畜禽养殖废弃物资源化利用率86.6%。

【土壤污染防控】 2019年，丰南区建立疑似污染地块名录4处，完成四王庄城中村棚户区改造地块风险评估，推进万丰兴等地块土壤环境调查；完成23家土壤环境重点监管企业自行监测，对8个粮油蔬菜重点产区、3个重要饮用水水源地及8条重点交通干线两侧等重点区域土壤环境进行监督性监测。完成年产废50吨以上11家重点企业智能监控体系建设，38家企业通过河北省固体废物动态信息管理平台进行固废申报，完成省固废平台注册126家企业现场排查隐患，整改隐患问题106个。开展国土绿化三年行动，植树造林1873.33公顷。

【大气治理】 2019年，丰南区在污染退城转型升级上，完成市达压减炼钢产能98万吨任务，关停国丰南区、粤丰、榕丰焦化等退城搬迁项目产能置换企业，关停二环线以内23家铸造等行业企业。建设丰南现代化陶瓷产业园区，承接全市陶瓷企业进区发展。推进“公转铁”“公转水”专用线建设，提升运输结构水平。开展“散乱污”企业整治“回头看”，440家“散乱污”企业全部完成动态出清。

【燃煤污染治理】 2019年，丰南区推进“双代一清”进度，完成“气代煤”改造2.79万户、“电代煤”改造

2.82万户，供应洁净煤4.87万吨，置换散煤4409.974吨。开展散煤复燃全覆盖监督检查7次，发现、交办散煤燃烧问题172个；依法取缔21家散煤销售网点，煤质抽检覆盖率100%；对6家钢铁企业等重点用煤户抽检煤质72批次，检测结果合格率100%。

【车辆污染治理】 2019年，丰南区持续开展全域治超，治理飘洒、超限车2181辆次，卸载货物8万余吨，处罚源头企业787家，共处罚金275万元；完成黑烟车抓拍系统建设，投入运行并与市级联网；完成19家加油站和1家储油库油气三次回收及自动监控设备安装和联网；依法打击黑加油站点、加油车43辆次；利用重点企业车辆门禁系统，监督企业落实重型车管控要求，处理国四级以下进出厂重型车28辆。

【扬尘污染治理】 2019年，丰南区对22项未落实“六个100%”要求施工工地立案处罚100.5万元。城区31条主次干道机械化清扫率89.5%，国、省干线配备机械清扫及洒水设备14台，机械化清扫率65%，通过提升机械化清扫和精细化管理水平，全区降尘量由全市排名倒二升级为排名第五。

【生态环境项目管理】 2019年，丰南区生态环境保护局按照审批权限审批建设项目环评文件128个，其中生产性建设项目107个、非生产性建设项目21个。依据《建设项目环境影响登记表备案管理办法》规定，环境影响登记表网上备案项目631个。指导项目单位按照相关标准和程序，对配套建设的、环境保护设施进行验收，编制验收报告，并依法组织对固废污染防治设施进行环保验收，共计131个，其中生产性项目123个、非生产性项目8个。承接省、市下放审批权限，按要求按时完成“全国建设项目环评统一审批系统”设置，并于10月15日启用新系统进行环评审批。

【生态环境信访案件】 2019年，丰南区生态环境保护局受理信访举报案件422件，与上年同期相比减少15%，其中市环保局转111件（含省、部级转件），“12345”市长公开电话转96件，区级转件6件，局直接受理92件，与上年同期相比增加11%；接待群众10批16人次，与上年同期相比减少64%。复查、复核、进京访和赴省集体访均为零，未发现有进京赴省访隐患案件，所有环境信访案均做到记录详细准确、办结妥善及时，反馈率和结案率均100%。

（马淑红）

交通 · 邮政 · 通信

Jiaotong·Youzheng·Tongxin

责任编辑：张子成

综 述

2019年，丰南区交通运输、邮政、通信总体保持稳步发展态势。区交通局坚持创新发展理念和稳中求进工作总基调，加强交通基础设施建设，推进交通事业稳步发展。截止到年底，全区公路通车里程达到1306.5千米，其中国省干线及收费公路110.2千米，高速公路95.2千米，县道121.7千米，重要乡道125.8千米，一般乡道290.8千米，村道562.9千米。客运班车59辆，运营载客出租车455辆，运营路14条。

区邮政业按照“转方式、调结构、提品质、防风险、增效益”发展理念，邮政业保障力度持续加强，全年实现业务收入59600万元，完成年计划100.17%，列全市第四位。电信网络、移动、联通加大网络基础设施资金投入力度，为丰南百姓打造“速度更快、覆盖更广、感知更好”精品网络，为全区经济社会发展提供优质服务，到年底移动4G净增客户10.8万户，累计放号8.02万户，新增客户份额40.25%，到达客户份额66.19%。联通公司，到年底畅越迁转4382户，单宽转融5100户，存量收入保有率92.85%，全市排名第十一位。丰南联通移网用户15.24万户，其中“冰激凌”2.42万户，其他移网用户11.46万户，宽带用户5.42万户，联通电视3.97万户，互联网专线336条。

交 通

公路交通

【概况】 2019年，在区委、区政府和唐山市局正确领导下，丰南交通局围绕全区经济社会发展总体部署，坚持新发展理念和稳中求进工作总基调，加强交通基础设施建设，推动交通运输事业稳步发展，为全区经济社会发展做出贡献。截至年底，全区油（砼）路通车总里程1407.995千米，其中，高速公路5条95.151千米，国道2条39.264千米，省道4条78.546千米，县道6条121.715千米，乡道86条410.509千米，村道490条662.792千米，辖区共有公路桥梁112座。

【公路建设】 2019年，丰南交通局重点工程有丰碱线大修工程，尖子沽至沿海路段13.45千米路面破损严重，大修工程于6月底全面完工，总投资4781万元，使丰碱线通行环境改善。乡村振兴工程，完成东田庄乡崔庄户村、王打刁村改造道路51条、新建道路6条及加宽路11条，投资1134.48万元。于唐线改建工程，年内进行路基毛石填垫及雨水管道安装，因受地方工作影响路基尚未全部贯通，需结转至下年，并予以预算保障。运河景观北路西延新建工程，地上附着物补偿资金拨付乡镇，进入征拆工作阶段，需结转至下年，并予以预算保障。

兴达交通工程有限公司正在对花园路小翟庄桥铺油施工

【农村公路建设】 2019年，丰南交通局完成新改建农村公路40千米，共完成农村公路建设项目19条40.914千米，总投资7430.06万元，其中完成花园路改建2.082千米和长南线改建7.68千米，其他一般乡道及村道新改建工程31.152千米。保障2019年实事工程任务完成，使沿线群众出行环境得以改善，促进沿线经济社会发展。

【绿色交通建设】 2019年，丰南交通局以决心一次下足、措施一步到位、整治一次达标和清、准、高、快、狠要求，标本兼治、系统推进，为全区空气质量持续好转贡献交通力量。抑制扬尘污染，以机械清扫为主、人工清

唐爽路（新建段）边沟清理

扫为辅，共出动洒水车2898台次、清扫车2420台次，清理垃圾3337.76立方米，出动人工4.46万人次，人工清扫8.75万千米，机械化清扫12.41万千米，路面洒水10.23万千米。开展减排治理，整治涉VOCs排放汽车维修企业116家，关停24家，取缔22家，封存漆房11家，改造59家；实行重污染天气应急响应错峰运输，对重点错峰生产运输7家企业24小时管控；与公安、环保等部门开展联合执法，打击货车污染和工地扬尘，查处扬尘飘洒车辆222辆。绿色廊道建设，除黑沿子镇不适宜绿化、丰南镇已全部绿化外，指导辖区11个乡镇投资649.16万元，完成绿色廊道建设总里程73.09千米，提升农村公路绿化品质和景观效果。

【平安交通创建】 2019年，丰南交通局落实“党政同责、一岗双责”，健全行业安全体系，完善25项应急预案，全年检查局属各单位40余次，排查整改隐患80余项，整改率100%。坚持“化解矛盾、稳定大局、依法依规、从快办理”原则处理信访问题，全年发生投诉案件308件，其中，市局“12328”投诉202件，区城乡一体化网上投诉102件，区信访局转办4件，年内均办结。搬运公司解散清算，方案和职工安置方案经区劳动仲裁院审核通过、区政府批复后，局解算清算工作小组立即着手开展工作，人员安置基本完成。

【公路养护管理】 2019年，丰南交通局在干线公路养护中，完成大碱线、丰碱线、G205、G112、唐乐公路、唐曹公路路面灌缝11.1万米，路面刷油0.64万千米，更换标志牌35块，安装警示桩800余根。在地方道路养护管理中，完成农村公路养护工程17项，包括绿化补栽、路面挖补、排水沟维修、中修路面标线补划等工程，总投资736.87万元，达到县、乡道路路况良好，农村公路养护规范到位。协助东田庄乡创建示范乡镇和示范村，设置“路长制”公示牌334块。推进示范乡镇和示范村创建乡村公路“田路分家”“路宅分家”工作，全年，县、乡、村三级道路分别完成田路分家线68.41千米、286.98千米、203.28千米，均占“适宜田路分家”总里程100%，辖区内具备条件农村公路全部实现“路宅分家”。全区县、乡、村道中等路以上比例分别为85.4%、92.02%、92.06%，列养率100%。

【路产路权管理】 2019年，丰南交通局全年查处干线公路损坏路产案件70起，案件查处率、结案率、索赔率均为100%，维护公路正常使用寿命。

公路运输

【概况】 2019年，丰南区运输经济运行稳中有进，共有企业99家（专业运输企业90家、物流企业6家、危险品运输车队3家），货运车辆1.4万辆，危险品车辆170辆；班线26条，班车59部；驾校10家，修理厂154家。

【公交客运】 2019年，丰南交通局管辖跨区客运线路4条，分别是：唐山西站—西河—涧河—幺排庄—谷庄子—杨英庄、唐山东站—郭岭坨—南堡开发区、南堡开发区—北京—天津—秦皇岛—乐亭—汉沽—迁安、胥各庄—南堡开发区。管辖区内客运线路1条，胥各庄—北柳河—毕各庄—小集—黄米廒—望马泊—柳树圈—西河—钱营—张山庄—李富庄—纪各庄—小于庄—刘迁庄。

【公路货运】 2019年，丰南交通局开展道路运输“打非治违”专项整治行动，改善运输市场环境，查处违法违规车辆667辆。“双超”综合治理，查扣超限超载运输车辆1983辆，卸载货物8.1万吨，处罚源头企业750家。自4月8日起，联合公安交警在全区范围内开展全域无超载超限城市创建攻坚行动中，检查车辆37.96万辆，查处超载超限车辆1572辆（百吨以上车辆340辆），卸载货物6.53万吨，查

付庄子治超检测站路政执法人员检查过往货运车辆超限超载情况

处改型、飘洒车辆206辆，处罚货运场站769家。投资370万元，对付庄子联合治超站升级改造，形成不停车检测科技治超模式。

【出租车管理】 2019年，丰南交通局对区内455辆出租车进行年审，主要包括车容车貌、营运标志、车内设施、经营行为、技术状况、经营资格等内容，逐车逐人把关，对出租车车主及司机基本情况、经营行为、车容车貌、顶灯等设施是否完好、计价器安装使用等情况进行检查，全区出租车合格率达到95%，未合格车辆年内进行整改。加强出租车行业管理，按照“事前调查取证、事发现场取证、事后依法处理”的目标，对全区455辆出租车进行检查，结合2家出租公司建立和完善全区出租车从业人员信誉档案，落实记分考核制度，对发现查实拒载、不使用计价器违章行为一律记录在案，与评先评优、延续经营等挂钩，每天安排专人24小时处理群众投诉，树立良好丰南交通形象。

【危险品运输监管】 2019年，丰南交通局加强道路危险货物运输安全管理，结合丰南交警队工作人员对丰南3家危险品运输企业全体从业人员进行安全教育培训4次，使危险货物运输从业人员树立安全意识，减少隐患，保障道路运输安全。结合《危险化学品安全管理条例》《道路危险货物运输管理规定》以及危险货物运输应急救援预案制定与实施等内容，交警队工作人员以交通事故案例进行现场分析，向驾驶人讲解在行车中应该注意事项，重点讲解道路上运输民用爆炸物品必须严格遵守相关规定、掌握危险品运输和民用爆炸物品常识、事故的处置原则等方法。

（臧全亮）

邮 政

【概况】 2019年，中国邮政集团公司唐山市丰南区分公司（简称丰南邮政分公司）以党建为引领，按照“转方式、调结构、提品质、防风险、增效益”发展理念，以市场为导向，以客户为中心，以服务为宗旨，在真抓实干中开拓进取，提质增效。全年实现业务收入5960万元，完成年计划100.17%，列全市第四位。

【邮政服务水平提高】 2019年，丰南邮政分公司有普遍服务网点18个，其中单一金融网点1个、单一邮政营业网点3个、综合网点9个、代办所5个，有自助存取款设备20台。农村支局有钱营、稻地、小集、大新庄、黑沿子、柳树酆、宣庄、西葛、王兰庄、唐坊共10个，城区支局有文化路、文化大街、青年路共3个，代办所有大齐、尖字沽、南孙庄、东田庄、新城支局共5个。区域内汽车邮路2条，单程总长度207千米，每日两频；城区投递线路20条，其中电动三轮车投递线路10条，汽车投递线路10条；农村投递线路30条，单程总长度1836千米。为确保通信质量和规范化服务水平，每月制定规范化服务重点检查标准并督导各网点落实。强化空白乡镇网点规范管理，提升补白网点人员业务素质；开展平信质量大提升活动，落实平信条码化，开展平信时限自测活动。加

丰南区邮政分公司部室员工开展“双11”旺季生产帮扶活动

强职工业务学习，提高服务技能，完善通信服务质量，发挥企业内外监督机制作用。

【代理金融业务】 2019年，丰南邮政分公司以打造符合金融客户维护本质要求“护城河”为出发点，以打造“百姓信赖的生活服务银行”为发展定位，以满足客户需求为主线，以客户总量持续增加、厅堂流量持续增加、价值客户占比持续提升为衡量工作标准，实现金融业务发展四轮驱动。打造线上、线下相结合“金融会员家”权益体系，以金融客户稳存量、拓增量、强流量为长期抓手，实现金融业务持续发展。以活动宣传带动业务发展，开展线上、线下相结合会员优惠购活动，实现存量客户持续维护，厅堂持续引流，开展社区歌舞大赛、演讲比赛等活动增进社区居民感情，开展邮乐购会员日、农家夜等活动拉近与村民距离，提升品牌影响力。发展保险业务，实现期缴保险常态化、规模化发展。截至年底，储蓄存款余额25.64亿元，代理保险实现保费1.9亿元。

【寄递业务】 2019年，丰南邮政分公司抢占电子商务市场，发展快包类业务。摸排市场，开发商圈写字楼（皮革城、通达商贸城、建材城）、电商产业孵化基地、产业集群（盈升钢材市场、临港陶瓷园区）、校园（职业技术学院）等市场，增加寄递业务市场份额。提升运营质量，加强投递人员培训，严格制度考核，加强督导管控，稳步提升服务质量。

【集邮与文化传媒业务】 2019年，丰南邮政分公司以项目促函件业务发展，利用三面翻广告塔及大屏广告招商，形成广告媒体收入18.5万元。3月29日，“邮爱家”智能科技体验馆成立，是天安人寿、丰南邮政、智无忧机器人科技有限公司3家企业融合共建创新项目，馆内设青少年智慧科技教学区、综合产品体验区和咨询洽谈区，将科技体验教学、邮政和银保产品知识推广、邮政金融及健康保障知识宣传等内容融合，借助科技力量，探索创新教育模式。7月，被共青团丰南区委选中，成为全区爱心暑托班教学点之一，授予“青少年校外活动基地”称号。集邮以生肖活动为契机加大宣传力度，采取前期预定，微信、QQ平台宣传等方式实现收入170万元。借助“生肖文化博览会”模式，前期进行微信群发邀约宣传，形成收入20万元。通过与单位建联，开发定向邮品邮册430册，形成收入8万元。报刊按照“调结构、抓收入、促增长”发展思路，重点做省市拳头产品和重点私费畅销报刊收订，提升高费率报刊流转额占比，细分市场，加大校园报刊和畅销期刊开发力度。

丰南区邮政分公司“邮爱家”智能科技体验馆爱心暑托班——孩子们展示自己拼插机器人作品

【电商分销业务】 2019年，丰南邮政分公司创新营销理念，实现金融、电商融合发展。以效益优先原则确立“期缴保险、车险、简易险”3类高效业务，打破专业壁垒，建立“三险”营销团队，促进“三险”业务整合营销。电商节活动期间，依托省级大单品“文清大米”美誉度优势，在邮乐购店、饭店食堂重点推介；依托线上线下两个平台，推广邮乐小店使用，线上分享以各省扶贫农产品为主，吸引微信朋友圈好友购买商品，线下利用邮乐购店零售优势，吸引掌柜下单，取得一定效果。

（张　娇）

通　信

电　信

【概况】 中国电信丰南分公司是中国电信在唐山市丰南区设立分支机构，成立于2006年，主要经营固定电话、移动通信、卫星通信、互联网接入及应用、智慧信息服务等业务，是丰南地区最具影响力三大运营商之一。中国电信丰南分公司坚持以习近平新时代中国特色社会主义思想为指导，不忘初心、牢记使命，践行高质量发展社会责任，提高网络质量和服务水平，助力各行业信息化转型升级，努力服务社会民生。

【提速降费】 2019年，中国电信丰南分公司多措并举落实国家提速降费部署：全面下调套外流量价格，1月，下调套餐外流量资费至不超过0.03元/MB，降幅最高达90%，确保用户知情、敢用、放心用。降低中小企业通信成本，5月，互联网专线标准资费下调15%，同步面向全市1200多家中小企业开展“提速惠企”活动，单月为中小企业节省通信支出50多万元。宽带提速不提价，9月，电信宽带用户平均速率达到180M/户，其中200M用户占比76%。

【移动网建设】 2019年，中国电信丰南分公司新增4G基站31个、室内分布站点42个，4G信号覆盖率达到98%以上。同时，在全网开通Volte高清语音通话功能，客户体验度得到提升；5G规划建设方面，启动并完成丰南区主城区、核心密集市区5G网络预规划，对城区5G基础配套资源进行详细摸查，为下一步启动5G建设做足准备。固网建设方面，新增布线1.5万户，光纤宽带通达6.9万户家庭，实现1000M光纤入户；响应政府号召改造老旧小区，全网实现全光纤覆盖，为居民营造良好人居环境。

【打击网络诈骗】 2019年，中国电信丰南分公司成立反诈专项领导小组和工作团队，网信安全威胁得到整治。调整相关设备，可主动关停涉嫌、涉案号码，身份证加黑名单，通过技术手段拦截高风险号码。协助核查涉案号码业务，对案件侦破起到作用。

（高景辉）

移 动

【概况】 2019年，丰南移动公司全面贯彻落实区委、区政府总体工作要求，以收入组织为核心，强化份额意识和争先意识，明确本地市场主导地位，全方位组织收入，确保市场份额和收入份额稳定；强化基础管理，全面提升管理效能，促进公司业务持续健康发展。增加公司全年数据，包括人员、机构、收入等。

【关键业务发展】 2019年，丰南移动公司发展高价值客户，优化客户结构，控制降档客户比例，推荐优惠活动提高高价值客户比例。通过客户升舱、步步高升、存赠活动、终端合约、新业务包及权益包为客户进行套餐适配，激发客户使用需求。加强自有渠道及社会渠道触点宣传，提升触点营销能力，结合精准营销推荐清单，提升高价值客户套餐办理量，保证成功率，通过劳动竞赛活动及月度考核内容促成业务发展。加强细分市场营销力度，抢占细分市场，做好融合业务营销与推广，拓展异业联合宣传办理。到年底，联盟商家客户数累计101家，包含大型商超、校园超市、中国石化、快递网点、政企代办员等，联盟商家跨行业宣传激发高价值套餐办理量，提升客户在网黏性，通过异业宣传办理高价值套餐4000余户，客户保拓达到9.15万户。增加4G客户量，通过新业务及咪咕视频等APP软件推广，激发客户兴趣，从体验到应用，提升黏性同时拉升4G客户增长，截至2019年底，4G净增客户1.08万户。

【新增市场份额占有】 2019年，丰南移动公司通过细分市场，有针对性推荐产品套餐提升放号量，针对客户需求为客户匹配合适套餐，提高客户办理成功率。通过精准化营销系统精准推荐套餐，加快套餐迁移，抢占市场。全年累计放号8.02万户，新增客户份额40.25%，到达客户份额66.19%。

【家庭业务发展】 2019年，丰南移动公司“以固带移”，固定、移动业务同时发展，稳定客户促收入。宽带发展通过营销、入户投递、固定点位宣传，针对拍照低接入率小区提升接入率，2019年省拍照低接小区13个，接入率由20.3%提升到33.42%；组织新建、新扩容小区宽带发展，提升接入率；通过套餐送宽带、多人用宽带等政策，提高办理量；做好宽带到期客户续费保有工作；加快宽带社区店建设，大型社区、点位设有固定业务办理点；按规范流程要求装维，加快宽带小区扩容，定期梳理端口、随装随扩，对撤单、驳单等问题重点核查并及时解决。截至年底，宽带覆盖4.88万户，宽带接入19.04万户，接入率26.08%，宽带客户净增1.22万户。发展家庭产品，提升家庭产品收入。推荐新办宽带电视业务，前台100%推荐办理电视增值业务；提高铁通装维人员随销能力，安装后推荐办理电视增值、智能组网等业务；组织智能音箱、和目、路由器等产品订货和销售，做到“一带三”发展，一条宽带+智能音箱+智能组网；打包智能硬件活动，结合终端分期，组合分期+智能硬件活动促销量。

【渠道触点营销】 2019年，丰南移动公司加强销售经理业务能力培训，重点对终端分期、卡号销售等各场景业务推荐培训，对销售场景及操作流程线上统一考试。加强营业员及店员业务学习，精通各类优惠活动，以便对客户进行详细说明及解释，除掌握具体业务外，还要熟练运用boss系统，能熟练为客户办理各项业务，熟练运用各类系统精准为客户推荐适配业务。规范一线人员营销话术，相对通俗易懂，突出活动卖点，抓住客户消费心理。培养一线人员算账能力，学会为客户分析消费情况及客户消费能力，从而推荐匹配套餐或其他业务。培养一线人员融合业务推荐能力，可分区域、分渠道针对个别业务进行主要推荐，如宽带覆盖小区主要推荐宽带业务融合，无宽带区域推荐亲情网或话费合约等其他业务融合，增加客户黏性。

【集团拓展增加收入】 2019年，丰南移动公司对丰南区域进行政企网格划分，分配相应客户经理，细分待拓展清单，并与网格销售经理相结合，进行走访摸底、业务推荐等。客户经理走访，根据网格化摸清中小企业集团规模，了解单位产品使用需求和组网情况；酒店行业拓展，以政企宽带等业务为接入口，促进酒店行业发展；商务楼宇和专业市的拓展，优先锁定资源覆盖场所，通过组合信息化产品，推进政企宽带，加快中小企业拓展。全年完成大中型集团拓展254家、小微集团拓展1836家。至12月，通信和信息化产品收入完成845.9万元,完成途径主要依托于物联网、和校园及专线收入，其中物联网收入198万元、和校园收入290.9万元、专线收入307.6万元。

【基础服务质量提高】 2019年，丰南移动公司重点整治营业厅等候时长超时问题，提高触点客户满意度，市县协同开展贬损客户修复工作，解决客户问题，提升客户感知度。加强投诉管理，为避免升级投诉，降低纠风待定投诉量，在客户投诉前期做好一次性处理，与客户达成和解，减低重复投诉万户比。针对投诉撤单、工单超时、积压工单情况，解决客户问题，提高处理效率，解决焦点问题。对疑难投诉清单化管控，安抚不满意客户，视情况每半天告知客户问题解决进度，避免重复投诉。

（李百玉）

联 通

【概况】 2019年，中国联通丰南区分公司（简称丰南联通）在地方各级党政部门关心支持下，以习近平新时代中国特色社会主义思想为指导，落实上级公司工作会议精神，团结带领全体员工，提价值、强服务、促效益、活机制，推进聚焦创新合作战略和“五新”联通建设，高质量发展，为丰南百姓打造“速度更快、覆盖更广、感知更好”精品网络，为推进丰南经济快速发展和社会信息化建设贡献力量。到年底，丰南联通移网用户15.24万户，其中“冰激凌”套餐用户2.42万户，其他移网用户11.46万户。宽带用户5.42万户，联通电视3.97万户，互联网专线336条。以“提升用户感知”为切入点发展单转融、畅越迁转2项重点业务，截至12月底，畅越迁转4328户，单宽转融5100户，单移转融2130户。存量收入保有率92.85%，全市排名第十一位。

【光缆投资】 2019年，丰南联通公司配合区委、区政府推进智慧城市项目建设，聚焦政务、教育、医卫、生态环境、交通文旅等重点行业，年内建设集客工程34项，总投资46.57万元，布放光缆86.12皮长千米，津铁高速、京山铁路监控调测、住建局52个电子监控开通、新装医保专线38条、国丰维景小交转网等项目完工应用。为提高移动信号覆盖率，投资25.12万元进行基站建设，布放光缆49.8皮长千米。对洪阳、百合苑、翔云、荷风苑等小区设备改造及新建驻地网建设，布放光缆 77.3皮长千米，总投资54.8万元。完成振兴示范村4个架空改地下工程，总投资10万元。线路隐患整治307次，投资32万元。机房隐患整治44处，投资10万元。

【网络设施建设】 2019年，丰南联通公司加大网络基础设施建设资金投入力度，为丰南经济社会发展提供优质高效信息通信服务。固网方面：打造宽带精品网络，优化网络质量，对机房OLT设备改造48台，7750设备退网1台，新建驻地网4处、端口768线，总投资8万元。驻地网建设及设备改造小微工程完成42个，总投资30万元，提升网络能力，宽带装移修率得到改善。移动网方面：谋求5G网络共建共享，完善4G网络，简化优化网络结构，建设“5G+4G”精品网，全年新建基站19个、室分7个，并进行U2100设备改造工作，4G网络信号覆盖能力增强，L900基站89站次勘查立项，截至12月底完成76站次调测开通，使城区和工业区等场景信号深度覆盖，客户口碑提升。

【网络满意度提升】 2019年，丰南联通公司以客户为中心，提升服务能力和水平，提升客户感知。建立客户服务体系，加强服务细分；强化客户服务规范，提升服务水平；建立服务监督体制，促进服务改善；完善服务标准，提升服务响应能力。执行超时主动赔付工作，对造成超时工单落实到人严肃处理。通过对宽带装、修管控力度优化移动网络，改善NPS指标，推出“当日通、连夜修”“无条件受理”等多方面措施服务于用户,提高客户服务质量，提升公司品牌竞争力。

（刘春玫）

经济管理

Jingji Guanli

责任编辑：李文璇

综 述

2019年，丰南区财政局围绕年初既定工作目标，发挥财政职能作用，推进各项财政改革，确保2019年度财政收入目标完成。到年底，全区财政收入87.64亿元，占调整预算100%，比上年减少3.2%；一般公共预算收入47.2亿元，占调整预算100%，比上年增长5.3%；全区一般公共预算支出完成67.34亿元，占预算99%，比上年增长6.1%，实现全年预算收支平衡。

区税务局从规范税收执法入手，加强税源管理，优化基础征管指标和创新税收征管方式，落实税收优惠政策，强化征管，做好纳税服务。全区税收收入完成69.42亿元，比上年下降8.7%；公共预算税收收入完成28.02亿元，比上年下降5.39%；非税收收入完成25亿元，比上年增长104.82%.

区审计局发挥审计工作“保驾护航”功能，围绕重大政策落实情况开展审计，依法履行审计监督职责，为全区经济稳步发展保驾护航。全年完成审计项目165个，查出有问题资金10.19亿元，其中审减工程款5792万元，对发现问题及时提出相应对策及建议，圆满完成全年各项审计任务。

区统计局积极适应经济发展新常态，依法做好统计工作，强化经济运行监测，推动统计改革，优化统计服务，抓好队伍建设，为全区经济和社会发展提供强有力保证，圆满完成全国第四次经济普查和各项调查任务。

区市场监督管理局依法规范工商企业管理，在市场主体登记、产品质量安全监管、企业标准化建设、产品质量安全监管、食品安全监管、消费者权益保护、药品食品安全宣传等工作中，履职尽责，为促进全区经济平稳健康提供坚实保证。

区自然资源和规划分局制定和完善一系列土地管理法律法规措施办法，对土地征用、使用、审批进行具体规范和确定，严格批准权限和程序，全区土地资源和海洋资源行政管理得到进一步强化。

区发展改革局履行综合经济部参谋、协调、服务职责，做好年度计划编制与执行、项目建设与服务、企业发展服务，抓好能源供应安全、价格监管、粮食安全、农业规划、新兴产业发展。帮扶发电企业运行、科技创新等工作，圆满完成年度各项目标任务。

区应急管理局强化责任主体，夯实基础、筑牢防线，建立健全安全监管责任体系和长效机制，加大监管、监察执法力度，排查整治各类安全隐患，打击安全生产非法行为，确保全区安全生产形势总体稳定。

财 政

【概况】 2019年，面对复杂经济形势、突出收支矛盾、艰巨繁重改革发展任务，丰南区财政在区委、区政府领导下，围绕年初既定工作目标发挥财政职能作用，推进各项财政改革，确保2019年度财政收入目标完成。全区全部财政收入完成87.64亿元，占调整预算的100%，比上年减少3.2%；一般公共预算收入完成47.2亿元，占调整预算100%,比上年增长5.3%；全区一般公共预算支出完成67.34亿元，占预算99%，比上年增长6.1%，保障各项重点支出，实现全年预算收支平衡。

【财政收入】 2019年，按照区委、区政府决策部署，丰南区财税部门协调联动，克服重点钢铁企业关停、减税降费、环保限产等一系列政策性冲击，全力组织财政收入。全部财政收入完成876423万元，比上年减少3.2%。一般公共预算收入完成472005万元，比上年增长5.3%，其中税收收入完成280159万元，比上年减少5.4%；非税收入完成191846万元，比上年增长26.2%。

【财政支出】 2019年，丰南区财政局按照区人大批准预算抓执行，在保障财政供养人员和机关基本运转基础上，从严控制“三公”经费等一般性支出，降低行政运行成本。盘活财政存量资金，对预算单位两年以上无法支出资金，按照存量资金相关规定收回区财政统筹使用。全年收回以前年度各类结余资金4.27亿元，全部统筹安排使用。全年完成财政支出95.74亿元，其中一般公共预算支出67.34亿元，比上年增长6.1%。

【减税降费政策落实】 2019年，丰南区财政局在区政府门户网站公开2019年度行政事业性收费和政府性基金目录清单，实行动态管理；组织各涉企收费部门在部门官方网站、收费场所显著位置公示收费项目、依据、标准等信息，提高收费信息透明度，畅通举报投诉渠道；开展涉企行政事业性收费、规范财政票据管理、减税降费政策落实自查自纠等专项行动，确保减税降费政策落地。全年减免税费13.23亿元，惠及市场主体15.52万户，区财政局获得全市减税降费工作先进单位称号。

【税收流失漏洞堵塞】 2019年，丰南区财政局加强税收源头管控，开展涉税信息搜集，完善涉税信息，夯实综合治税基础，全年采集涉税信息9765条。对税收下降幅度较大企业开展生产经营状况调查，逐企业分析情况。在此基础上，起草《唐山市丰南区进一步规范异地建筑安装施工企业税收管理的意见》，进一步规范税收征管，确保应收尽收。聘请第三方机构对钢铁、房地产等重点行业、重点企业开展纳税评估，分析核算企业收入、成本情况，堵塞税收征管漏洞。

【“三保”支出落实】 2019年，丰南区财政局控制一般性支出，加大会议费、培训费、公务接待费、重大专项等资金监控力度，降低行政运行成本。提高民生事业保障水平，城市居民最低生活保障标准每人每年提高732元，达到7992元，农村居民最低生活保障标准每人每年提高516元，达到4824元。全年按照相关政策落实“三保”资金32.48亿元，保障率达171.04%。

【重点财政支出保障】 2019年，丰南区财政局统筹城乡发展，全面落实惠民政策，支持经济和社会各项事业发展。在支持教育事业发展上投入资金12.54亿元，落实教师各项福利待遇、义务教育经费保障和经济困难家庭学生资助政策，支持中小学教学设备更新购置、校舍维修、校园绿化和乡镇校车运行，改善全区教育软硬件建设，通过河北省政府对区政府履行教育职责评价。在支持医疗卫生事业发展上投入资金6.40亿元，支持区医院整体搬迁和设备更新、启动中医院搬迁建设，实施城乡居民医疗保险、基本公共卫生、药品零差率补助、计划生育家庭奖励等医疗惠民政策。在支持社保体系建设上投入社会保障和就业资金4.95亿元，保障优抚对象、城乡低保、农村“五保户”、孤儿、残疾人、特困群众基本生活，完善城乡居民养老保险制度。落实扶贫资金4946万元，专项用于对口帮扶、产业帮扶、就业帮扶、金融帮扶、社保兜底扶贫等各项扶贫项目。在支持城区环境提升上投入资金6.24亿元，用于市政工程、园林绿化、环卫设施、小城镇建设等公共基础设施维护养护，同时投入资金4.58亿元用于兰高庄、四王庄、艾坨等棚户区改造。实施乡村振兴战略，加大财政对“三农”支持力度，投入资金6.44亿元用于支持农业结构调整、加强农村基础设施建设、改善农村人居环境、促进农业高质量发展。在环境保护上投入资金2.36亿元，用于“电代煤”“气代煤”清洁取暖项目、化解钢铁过剩产能、空气站提标改造、太阳能房推广等节能减排项目。在保障公共安全上投入资金2.27亿元，完善社会治安科技防范体系，落实各项政法改革，提高政法干警待遇，提高政法部门技术装备水平。

城乡居民基本养老保险宣传活动

【财政投资项目评审】 2019年，丰南区财政局坚持“不唯减、不唯增、只唯实”评审理念，按照《唐山市丰南区财政投资评审管理办法》开展财政投资评审工作。通过深入现场，细致勘察，力求过程规范、精细、严密。全年完成评审项目182个，送审金额10.69亿元，审定金额10.08亿元，审减金额0.61亿元，审减率5.7%。

【乡镇财政体制改革】 2019年，丰南区财政局制定《关于进一步完善乡镇（开发区）财政管理体制的意见》，按照“划分范围、核定基数、超收分成、短收减支、分类管理、自求平衡”思路，重新划分收支范围，扩大支出基数，增加社会事务管理和经济发展补助，赋予乡镇更多财力自主权。按新体制测算，乡镇发展基数增加财力3534万元，调动乡镇政府当家理财、培植财源工作热情。

【国库集中支付电子化改革】 2019年，丰南区财政局改革和完善区级财政资金拨款审批程序，制定《唐山市丰南区财政局财政资金审批拨付流程》，从预算资金审批拨付、财政专户资金审批拨付、往来资金审批拨付3个方面简化审批程序，解决实际工作中部分财政资金管理权限交叉及资金审批拨付流程不完善、责任不明确等问题，提高业务办理效率。推进省财政厅一体化平台单位会计核算、公务卡模块应用和预算单位自助柜面业务，在对各预算单位账套进行系统预置基础上开展专题培训。

【政府投资项目储备库】 2019年，丰南区财政局起草印发《唐山市丰南区政府投资项目储备库管理暂行办法》，规范项目预算管理，掌握预算项目底数，规范政府投资项目预算管理。全年纳入储备库项目353个，涉及资金70.5亿元。

【财政性资金现金管理】 2019年，丰南区财政局印发实施《唐山市丰南区财政性资金现金管理暂行办法》，在全市范围内率先开展定期存款公开招标和提高协定存款利率，提高财政性资金收益。全年累计增加利息收入2900万元。

【PPP工作推进】 2019年，丰南区财政局推进丰南区基础设施建设及棚户区改造PPP项目，针对项目推进过程中建设内容与区现状不符问题，重新编制“两评一案”，经区政府批复后，结合省财政厅将调整后全部内容重新录入财政部信息平台，保证项目社会资本方融资，确保项目建设进度。该项目2019年完成投资13.81亿元，累计完成投资45.23亿元。拓展新项目。在推进唐山市清水润城丰南区项目工程基础上，启动唐山市丰南南堡等工业区供水工程和丰南区第一中学迁建工程2个PPP项目论证，拟采用PPP模式实施奥体中心项目进入跑办相关手续阶段。

【预算绩效管理】 2019年，丰南区财政局印发《唐山市丰南区全面实施预算绩效管理推进工作方案》《唐山市丰南区预算部门事前绩效评估规范》《唐山市丰南区部门预算绩效管理办法》《唐山市丰南区部门预算绩效目标设定规范》等制度，组织预算部门对2018年全部项目支出开展绩效自评，涉及项目921个、资金23.8亿元，评出绩效自评开展优秀部门34个。组织开展财政重点评价，选取城乡居民养老保险财政补贴、落草河治理等26个涉及民生、环保、扶贫项目，评定较差项目6个。

【公务用车制度改革】 2019年，丰南区在全区187家参改事业单位和20家国有企业进行改革。改革后，事业单位保留各类车辆452辆，取消60辆，涉及发放补贴人员90人；国有企业保留各类车辆160辆，取消50辆，涉及发放补贴人员7人。事业单位“三化”（信息化、平台化、标识化）建设基本完成。

【债务风险源头管控】 2019年，丰南区财政局动态监测全区机关事业单位、国有企业债务状况，做到早识别、早预警、早介入、早整治。遏制政府隐性债务增量，严格按照时间节点足额偿还隐性政府债务，未出现违法违规融资担保行为。

【资金管理制度健全】 2019年，丰南区财政局制定《丰南区“双代”专项补贴资金发放流程》，明确“双代”资金补贴标准、发放条件、发放程序等内容。制定《丰南区棉花补贴资金管理办法》，对接上级文件精神，理顺资金拨付程序，规范操作规程。制定《丰南区耕地地力保护补贴资金管理办法》，落实农业支持保护补贴资金政策。起草《关于进一步规范政策性农业保险工作的实施方案》，由区政府印发。

【财务监督检查】 2019年，丰南区财政局开展交通、住建系统财务检查整改“回头看”，全面规范资金账户。聘请会计师事务所检查区融投公司财务情况，加强政府部门所属国有企业财务管理。开展惠民惠农“一卡通”专项治理，对耕地地力保护补贴、农村危房改造、困难群众救助补助等7项“一卡通”资金开展深入自查，发现问题1个，年内整改到位。组织开展财政扶贫资金监督检查和产业扶贫资金入股市场经营主体风险评估，规范扶贫资金使用。

【会计管理】 2019年，丰南区财政局推进行政事业单位新旧会计制度衔接，组织政府会计制度培训班2期，涉及全区会计人员362人。加强会计人才库建设，组织全区会计人员参加全省会计高端人才申报，有2人成为全省会计领军人才。截至年底，全区共有中高端会计人员216人。组织全区会计人员素质提升暨中高级会计师培训班，培训丰南辖区内各行政事业单位、企业中高级会计师及财务工作者140人。组织32人参加唐山市乡镇财政干部培训，14人参加河北省高级会计师继续教育培训，2人参加河北省政府会计制度培训。

【国有资产经营】 2019年，丰南区财政局牵头拟定《唐山国丰钢铁有限公司（南区）关停期间资产监督管理实施方案》，对国丰南区500万元以上资金收付实行备案制度，通过公开招标，选定中介机构开展清产核资、财务审计及资产评估。牵头拟定《唐山国丰钢铁有限公司南区资产整体转让的实施方案》，委托河北省公共资源交易中心面向社会公开拍卖国丰南区出售资产，最终成交价格16.84亿元。完成国丰北厂区场地清腾，督导国丰北厂区拆除完毕，并验收合格。开展盐场改制准备工作，起草《关于支付李世林承包区第一盐场期间有关费用的请示》，由区政府常务会讨论通过。

【政府采购管理】 2019年，丰南区财政局组织开展政府采购合同备案情况专项检查，发现涉及问题单位3家，督促采购人整改。对各单位政府采购计划备案情况进行审查，涉及政府采购计划489项，预算金额21.05亿元；协议供货448项，预算金额940万元。规范政府采购市场秩序，加大投诉举报事项审查力度，全年受理投诉和举报事项8项。对投诉举报事项全部审查，征求相关专家和法律顾问意见，依法做出处理决定，并在河北省政府采购网进行公示。

【机关事业单位养老保险金管理】 2019年，丰南区机关事业养老保险共有1.72万人参保缴费，机关事业（改革）养老保险基金全年收入5.61亿元，包括缴费收入、财政补贴、利息收入、上级补助收入、其他收入、转移收入6部分。全年拨付4.81亿元，6499名离退休人员及时、足额领取养老金。

（徐海龙）

税 务

【概况】 2019年，国家税务总局唐山市丰南区税务局（简称丰南区税务局）有干部职工253人，设置党委书记、局长1名，党委副书记、副局长1名，党委委员、副局长7名，党委委员、纪检组组长1名，党委委员1名，机关内设11个股室，另设机构2个、事业单位1个、税务分局7个、税务所1个，负责丰南区境内15个乡镇、1个街道和2个开发区共7106户企业和8692户个体工商户税收征管。全年组织各项收入94.42亿元，比上年增加6.11亿元，增长6.92%。其中，全部税收收入完成69.42亿元，比上年减少6.68亿元，下降8.78%；公共预算税收收入完成28.02亿元，比上年减少1.60亿元，下降5.39%；非税收入完成25.004亿元，比上年增加12.80元，增长104.82%。

【重点税源】 2019年，丰南区税务局紧盯重点税源企业，以钢铁、房地产业、建筑业为重点，定期了解企业产供销及资金状况，及时调整工作方向，加大征管力度，确保重点企业税款足额入库，做到应收尽收。

【中小税源】 2019年，丰南区税务局对小微企业和个体户重点开展税收优惠政策宣传，确保纳税人享受税收改革红利，减轻小微企业税收负担，同时杜绝漏征漏管问题发生，涵养税源，助力中小企业做大做强。

【税源分析】 2019年，丰南区税务局在税收预测准确基础上，提升对未来预期水平，通过纳税人纳税情况，分析预测组织收入工作重点，查找并化解风险，增强对税源把控力度。

【征管基础夯实】 2019年，丰南区税务局加强税源管理，优化基础征管指标和创新税收征管方式，统一规范征管模式和方法，强化通报和督导；加强户籍管理，提高电子档案采集率和采集质量，提升实名采集应用效率；加强发票管理，对重点用票环节和疑点问题分析核查；加强数据支撑，拓展“电子税务局”功能，实现处理规则统一、办税终端同步。

【税源风险监控】 2019年，丰南区税务局从规范税收执法、信息管税、综合治税等方面强化税收风险管理，加大异地协作平台管理力度，落实省局统筹增值税发票风险快速反应专项工作和增值税发票风险采集工作，发挥监控职能提高税源管理质量和效率。每月定期召开欠税管理工作会议，剖析原因，把握进度，规范管理，防止新欠，同时加大清理陈欠力度，穷尽执法手段。

【纳税人培训】 2019年，丰南区税务局组织纳税人学堂培训41场，参训纳税人1.66万户次。减税降费各项培训下基层设置分会场，让纳税人少跑路，就近参训,保证培训效果。

【纳税服务投诉管理】 2019年，丰南区税务局按照《纳税服务投诉管理办法》规范工作，畅通纳税人维护权益渠道，承办市局“12366”平台下达调查核实任务总计43件。

【信用等级管理】 2019年，丰南区税务局强化信用结果应用，向2016—2018年度连续3年被评为A级信用等级51户企业授予“纳税信用等级连续三年A级纳税人”奖牌。

6月13日，丰南区税务局组织召开纳税信用等级连续三年A级纳税人表彰授牌大会

【减税红利释放】 2019年，丰南区税务局减税降费13.23亿元，惠及17.52万户次纳税人。落实上级各项工作部署，建立由“一把手”负总责组织领导机制，成立减税降费工作领导小组和减税降费办公室，抽调4名年轻业务骨干保证减税办实体化运转。开展多种方式宣传辅导，领导带头送政策，通过在街道LED屏滚动播放宣传片、制作专题屏保、定制办公电话彩铃等方式宣传，开办纳税人学堂开展培训41场。主动向地方党委政府、纪委监委、财政局等部门请示汇报，征求意见建议，加强外部监督，实现协同共治。

丰南区税务局获区级青年文明号和“风采之星”称号

【重大税收破产案】 2019年，丰南区税务局对唐山三鹿乳业有限公司破产案和唐山义龙纺织公司破产案做到全部债权及时申报，防范税收执法风险，有效避免税款流失，共计追偿欠税2779.9万元。

【税务监督管理】 2019年，丰南区税务局以“三项制度”为工作基础，建立健全公示运行机制，提升税务干部法治素养和依法治税能力，避免执法风险，打造法治税务。

【税务队伍建设】 2019年，丰南区税务局按照“守初心、担使命、找差距、抓落实”要求，从班子成员到基层干部深入学习贯彻落实习近平新时代中国特色社会主义思想，活动期间组织专题研讨16次，形成研讨文稿176篇，中心组学习4次，党委成员讲党课11次，举办“不忘初心、牢记使命”主题教育党支部书记专题轮训班1次，培训21个支部书记，发现并解决基层支部主题教育工作中4个问题，形成自上而下抓落实、促学习风气。强化理论素养，以“两学一做”制度化常态化为抓手，依托“三会一课”等基本制度，统筹运用“学习强国”“税务网络学习平台”等网络媒介和线下党建学习阵地打牢税务干部思想根基；开展党建品牌创建活动，依托市局“一县区一品牌、一支部一亮点、一党员一面旗”党建品牌创建活动要求，结合实际，开展“担当奉献”党建品牌创建活动，加强支部品牌建设，培育先进典型，以点带面打造丰南税务党建品牌。

（王　娜）

7月11日，丰南区税务局开展“不忘初心、牢记使命”主题教育活动，参观遵化沙石峪纪念馆

审　计

【概况】 2019年，丰南区审计局在区委、区政府和市审计局领导下，贯彻党的十九大和十九届二中、三中、四中全会精神及中央和省、市经济工作会议精神，坚持“依法审计、服务大局、围绕中心、突出重点、求真务实”工作方针，围绕重大政策措施落实情况开展审计，依法履行审计监督职责，为全区经济健康快速发展保驾护航。全年完成审计项目165个，查出有问题资金10.19亿元，其中审减工程款5792万元。配合区纪委查办经济案件3起。为促进全区经济发展和社会稳定发挥作用。年内，被中国审计报社评为全国审计宣传工作先进单位，1人员被评为全国审计宣传工作先进个人。在2018年度全市审计系统优秀审计项目评选活动中，2个审计项目被评为优秀审计项目。在全市审计系统“三个争创”活动中，1人员被评为优秀审计能手，2个审计项目分别被评为第一季度、第三季度优秀审计项目。1人在全市审计系统计算机技能比武中获得一等奖。

此外，1个科室被评为丰南区巾帼文明岗，4人分别被评为丰南区2018年度巾帼建功标兵、优秀工会工作者、2018年度优秀工会积极分子、业务能手。

【财政审计】 2019年，丰南区审计局预算执行审计以促进部门提高依法理财能力、推动部门预算公开透明、提高财政资金使用绩效为目标，重点实施对区财政局、农工委、卫计局、科技局、农牧局、执法局、文旅局、工信局8个部门和单位预算执行、决算草案及其他财政收支情况审计，共查出有问题资金7.96亿元。针对发现问题提出相应对策及建议，进一步规范财政预算管理，促进全区经济健康运行。乡镇财政决算审计以完善乡镇财政管理、规范财政财务收支行为、降低行政成本为目标，完成对黄各庄镇、尖字沽乡、柳树酄镇、南孙庄乡4个乡镇2018年度财政决算情况审计，共查出有问题资金2688万元。

【固定资产投资审计】 2019年，丰南区审计局财政资金建设项目审计以规范建设项目管理、完善建设项目程序、提高财政资金投资效益为目标，更新审计理念，改进审计方法，抓住工程开工前、施工中和竣工后3个环节，全方位、全过程审计。对2018年丰南区既有居住建筑节能改造工程、源盛路道路工程（春阳街—友谊大街）等112个工程项目招标控制价和结算进行审计，发现工程造价编制不准确问题，原报审计资金总额8.63亿元，审减工程款5791.63万元，审减率6.71%。开展丰南区2018年公益性水利维修养护项目工程决算和唐山市陡河灌区续建配套和节水改造工程决算审计。继续对唐津运河乡村振兴示范区省级示范村工程、区医院迁建项目、区中医院迁建项目、丰南一中迁建项目、南孙庄新民居建设项目和葛洲坝集团股份有限公司投资丰南区基础设施建设及棚户区改造PPP项目等6个重点建设项目全程跟踪审计，分别选派专人现场跟踪审计。

【经济责任审计】 2019年，丰南区审计局经济责任审计以领导干部履行经济责任为主线，以财政财务收支及有关经济活动真实、合法、效益为基础，对领导干部决策权、管理权、经营权、执行权和廉洁自律“四权一廉”执行审计。根据组织部授权，完成对15个单位19名乡科级领导干部经济责任审计，查出应入未入固定资产、往来款项清理不及时、闲置国有资产、应收未收租赁费等13项问题，涉及资金1.36亿元。通过经济责任审计，发挥审计在领导干部监督管理体系中作用，促进领导干部依法行政。

【重大政策落实情况审计】 2019年，丰南区审计局按照上级审计机关统一部署，组织对国家重大政策措施落实情况跟踪审计。结合全区实际，开展扶贫资金跟踪审计、“电代煤”“气代煤”政策落实情况跟踪审计、“六个稳”专项审计、战略性新兴产业发展专项资金审计、减税政策审计调研、世界银行贷款河北省大气污染防治项目资金审计、区本级人防工程项目审批及人防资金资产使用管理情况等审计，在区2016年至2018年养老服务体系建设专项资金情况审计中查出滞留、闲置专项资金8.92万元，对发现问题提出可行审计建议，并督促相关部门整改，推动重大政策措施落实到位。按照市审计局安排，抽调9名审计人员在曹妃甸区配合唐山市审计局开展清理拖欠民营企业中小企业账款情况专项审计调查、地方政府债务和政府隐性债务风险专项审计调查。

【企事业单位审计】 2019年，丰南区审计局以“改进经营管理，不断提高资金使用效益和经济效益”为目标，查处重大违法违规问题，注重从体制、机制、制度层面分析原因并提出建议。对区医院2018年度财政财务收支情况、鑫丰热力有限公司早供晚停成本情况、区惠丰生态农业有限公司资产负债损益情况，以及区老促会、老科协、老干部协会、老年书画研究会、老体协财政财务收支情况等进行审计，重点审计资产管理、运营质量及效益情况，促进企事业单位改进管理、提高效益。通过审计，促使其强化内部控制和财务管理，及时堵塞漏洞，减少资金损失浪费。

【其他审计】 2019年，丰南区审计局在落实审计计划同时，完成其他领导交办临时性审计任务。抽调4人配合区委巡察办开展巡察工作，抽调1人配合市委巡察办开展巡察工作，抽调1人配合省委巡察办在邢台开展巡察工作，抽调人员配合区纪委查办经济案件3起，开展PPP项目资金绩效管理及基本情况调查，对区产业扶贫资金委托帮扶市场经营主体进行风险评估，对2018—2019年度2个小区采暖运营费用及建行家属院改造费用情况进行审计，对区洁净型煤供应企业生产配送测算成本进行核实，抽调1人配合市审计局开展经济责任审计工作；抽调2人参加全市审计质量检查工作。

（吴红星）

统 计

【概况】 丰南区统计局是依法开展统计调查、主管全区统计政府职能部门，业务上受唐山市统计局和区政府双重领导。2019年，局机关有编制内人员33人。按照《唐山市丰南区统计局职能配置、内设机构和人员编制规定》，内设综合办公室、综合统计科、工农服务业科、投资科4个科室，下属城调队、农调队、普查中心、数管中心4个事业单位。

【统计内容】 2019年，丰南区统计局主要围绕国民经济核算三次产业构成进行统计调查，依托“企业一套表”联网直报平台，建立和维护基本单位名录库，组织企业（单位）上报工业、建筑业、房地产、国内贸易、服务业、能源、劳动工资、科技、固定资产投资等专业统计数据，完成农业和农村统计、对外经济统计、全面建成小康社会统计监测、城镇化统计监测、妇女儿童监测、城乡一体化住户调查、价格指数调查、规模以下工业企业调查、小微企业调查等项调查任务。根据国家、省市统一部署，组织辖区内人口普查、经济普查等周期性普查和专项调查任务。

【周期性普查和专项调查】 2019年为经济普查年，经济普查标准时点为2018年12月31日，普查时期为2018年年度资料。丰南区统计局经济普查对象为辖区内从事第二产业和第三产业的全部法人单位、产业活动单位和个体经营户。普查内容包括普查对象基本情况、组织结构、人员工资、生产能力、财务状况、生产经营和服务活动、能源消费、研发活动、信息化建设和电子商务交易情况等。通过普查，完善覆盖国民经济各行业基本单位名录库以及部门共建共享、持续维护更新机制，夯实统计基础，推进国民经济核算改革，推动加快构建现代统计调查体系，加强和改善宏观调控、深化供给侧结构性改革、科学制定中长期发展规划、推进国家治理体系和治理能力现代化提供科学准确统计信息支持。

【统计服务】 2019年，丰南区统计局加强统计数据真实性管理，确保统计数据采集、汇总、审核和报送规范性和匹配性，提高统计数据质量，坚持以“实事求是、应统尽统”为目标，建立健全统计数据质量分级管理、质量评估、报送备案等制度，理顺政府统计与部门统计工作关系，明确统计工作职责，推动全区统计实现数据资源互补、信息共享。加强经济运行状况分析研究，统计局党组多次深入基层，掌握重点行业实际发展情况，强化与统计有关联经济社会发展指标分析、预判、预警工作，对发现问题特别是趋势性、苗头性问题及时向区委、区政府预警。2019年，区统计局共撰写统计分析136篇，累计得到区领导批示10余篇。

【统计监督】 2019年，丰南区统计局加大统计执法检查力度，重点查处企业拒报、瞒报、漏报、虚报统计数据行为，把统计工作引入法治化、规范化、专业化轨道；强化数据质量管控机制，强化单位入库即报即审，强化平台数据异动监控，强化数据质量评估制度，配合市局开展“双随机”抽查制度；健全完善统计信用制度，对违法企业及单位纳入全国信用信息共享平台和全市企业联合征信系统予以公开曝光，确保统计数据真实可靠。围绕统计监督检查，制定《丰南区统计局执法检查“双随机”抽查实施细则》《丰南区统计局统计违法举报实施办法》，采取“双随机”方式分专业抽查企业；开展专业统计数据质量执法检查，把统计数据增速异常、相关指标之间匹配性、逻辑性差等问题作为检查重点，推动基层单位按照统计制度建立健全原始记录和统计台账。对各类弄虚作假行为依法严肃处理，绝不姑息。建立违规干预统计工作记录制度。按照《关于建立领导干部违规干预统计工作记录制度的办法》要求制定《丰南区统计局违规干预统计工作记录制度》，对领导干部干扰、限制、阻碍统计机构和统计人员依法开展工作，以及指使、授意统计机构和统计人员伪造、篡改统计数据或统计资料者，实行全面记录、全程留痕。

（潘　杰）

市场监督管理

【概况】 丰南区市场监督管理局是区政府市场监督管理和行政执法职能部门，主楼坐落于丰南区丰南镇清源街27号，辅楼位于青年路86号。2019年，局下设21个内设机构和机关党委、1个直属机构、10个派出机构、9个直属事业单位。行政编制人员125名，事业编制总数118名，编外聘用6名，人事代理4名，劳务派遣54名，临时人员14名。主要承担原区食品药品监督管理局、区工商行政管理局、区质量技术监督局、区食品安全委员会办公室行政监管职责。在区委、区政府领导下，围绕区委、区政府中心工作、重点任务，高起点、高站位，抓部署，抓落实，完成年度各项工作任务，为丰南建设“沿海强区、美丽丰南”，重返全省县（市、区）前列贡献力量。

【市场主体登记】 2019年，丰南区个体市场主体增量7536户，全区累计有7025户企业、1151户农民专业合作社和2.89万户个体工商户进行2018年度年报公示，年报公示率分别达到85.96%、77.88%和87.7%。市场监督管理局开展“双随机、一公开”检查工作，完成系统内“双随机、一公开”检查活动7次，检查市场主体1335户，按时将抽查结果通过“河北省双随机双告知系统”向社会公示。

【市场主体帮扶】 2019年，丰南区市场监督管理局实施“融资活企”战略，开展动产抵押业务，指派专人参加全国市场监管动产抵押登记业务系统培训，负责全区范围内企业动产抵押业务指导、办理工作，同时，主动向银行、融资业务单位推荐有融资需求、信誉高、有发展潜能，尤其是国家鼓励发展产能企业，以动产抵押途径申请融资贷款。全年办理抵押登记业务48份，主债权金额151.11亿元。

【产品质量安全监管】 2019年，丰南区市场监督管理局开展质量提升行动，组织开展2019年度质量强区与名牌战略考核工作，出台《质量提升工程实施方案》，协调全区20多个相关部门开展质量提升专项行动，确保按时完成各项任务。组织辖区内100家规模企业开展全省制造业质量竞争力指数评估；开展以“服务千家中小企业”为主题企业质量技术服务活动，指导50家小微企业进行质量认证、质量管理、质量公关等实践创新；围绕“建设质量强区，共创美好生活”主题开展“质量月”活动，帮、促、引企业强化基础质量管理，营造人人关注质量氛围，取得预期效果。

【“质检利剑”专项行动】 2019年，丰南区市场监督管理局开展生产许可证和3C企业监督管理工作，组织辖区内13家生产许可证企业开展年度自查，并对13家生产许可证获证企业和22家3C生产企业定期巡查并填写巡查记录，建立巡查档案，分重点进行监管，防患于未然。完善更新全区工业产品生产许可证获证企业和强制性认证企业质量档案，开展重点商品及重点工业产品质量检查。年内检查学生用品生产企业4家、儿童玩具销售企业2家，抽检卫生洁具、眼镜、劳保用品25个批次，抽查钢铁企业11个批次，抽检结果全部合格。

【企业标准化建设】 2019年，唐山市丰南区药王寺以95分通过省验收组对省级服务业标准化示范项目验收，成为河北省首个佛教标准示范单位；区市场监督管理局开展强制性国家标准实施监督检查，共检查企业58家，重点企业执行国家现行有效标准合格率100%；加强企业产品与服务标准自我声明公开监督管理，全区有48家企业在河北省企业产品标准信息公开服务平台公开216项标准，涵盖273种产品；发放标准化资助金7万元，鼓励全区企业和相关单位自主创新，提高产业和产品竞争力；指导华通线缆股份有限公司对标国际标准编写2项技术方案，并在中国标准化研究院网站公布。

【流通领域食品安全监管】 2019年，丰南区食品及食用农产品集中交易市场食品安全整治提升率达到70%以上，上报集中交易市场1家年内通过验收；创建市级“放心肉菜示范超市”2家、省级“放心肉菜示范超市”1家；以农村食品安全治理和集中交易市场整治提升工程为抓手，以全区农村食品小作坊、小商店、小摊点、小餐馆为重点检查对象，区市场监督管理局开展全覆盖、无死角排查清查，打击防控“山寨”食品，全年检查经营场所1394家，开展宣传422次，开展执法790次，查处案件2件，查扣“山寨”白酒259件、假冒白酒119瓶，罚没2.05万元；开展非洲猪瘟疫情防控监督检查，累计查验3261家；排查保健食品经营场所56家，查处案件2起。

【商标广告管理】 2019年，丰南区市场监督管理局开展商标注册帮扶，推进知识产权创造与运用。全区注册商标576件，商标总数达2031件；唐山正元管业有限公司“正金元”注册商标认定为中国驰名商标，全区中国驰名商标总数达6件，位居全市第二位；唐山贺祥机电股份有限公司注册马德里国际商标1件。全区共申请专利684件，比上年增长17.1%，授权专利总数576件，比上年增长66.5%（其中发明专利授权114件）；全区有效发明专利327件，万人发明专利拥有量6.12，提前实现“十项重点工作”中万人发明专利拥有量5.55件目标。对广告市场主体开展自查自纠，要求其认真落实《大众传播媒介广告发布审查规定》，建立并完善广告管理制度，加强广告发布管理和行业自律，与广告经营单位签署年度守法经营承诺书，对广告管理制度建立不完善单位下达整改通知书3份。开展互联网广告监督检查，对辖区企业设立网站及微信公众号进行行政指导，依法依规审查发布内容，禁止利用绝对化用语、夸大宣传或虚假宣传，全年处理互联网广告投诉举报案件16起。

【市场经济秩序整顿】 2019年，丰南区市场监督管理局开展重点领域反不正当竞争执法，落实公平竞争审查工作；加大商标知识产权保护力度，开展打击侵权假冒伪劣工作；督促广告市场主体开展自查自纠，加强广告发布管理和行业自律；开展合同格式条款专项整治、烟花爆竹“打非”、殡葬用品市场专项执法、网络市场监管专项行动等执法检查行动，维护公平有序市场经营秩序。年内出动执法人员832人次，检查各类市场53个，检查各类经营单位915家次，责令改正6家次；查办商标侵权案4起，没收侵权服装255件；全区有网络主体267家，累计清理无效链接和提请关闭网站网络主体24家，新增贴标8家，贴标率64.8%。

【“12315”护民生热线专项行动】 2019年，丰南区市场监督管理局贯彻落实新《中华人民共和国消费者权益保护法》和《河北省消费者权益保护条例》，创新维权机制，提升“12315”数据分析利用水平，依据消费者投诉举报反映情况，梳理服务领域存在问题，有针对性地开展专项整治。指导经营者自行解决消费纠纷，将问题化解在源头，消除在萌芽状态，为营造健康、和谐消费环境打好基础。全年接到投诉举报案件438件，年内办结419件，为消费者挽回经济损失19.92万余元，案件如期办结率、回复率均达到100%。

【散煤销售市场专项整治】 2019年，丰南区市场监督管理局制定劣质散煤管控联席会议制度，印发《唐山市丰南区劣质散煤管控专项实施方案》，成立7个督导组、16支专职执法队，明确责任分工，完善协调机制，夯实工作基础，巩固散煤集中销售场所建设，强化劣质散煤管控。全年发放各类宣传资料1.7万余份，出动执法车辆449辆次、执法人员706人次，扣押散煤47吨。对全区各乡镇实施不间断督导，巩固“禁燃区”“禁煤区”散煤销售网点取消工作成果，遏制反弹苗头，收到市级督办通知5份，向乡镇下达督办卡20份，均按时限整改、反馈完毕。抽检散煤集中经销场所内散煤样品1批次，检验结果合格，主体抽检覆盖率100%；入省煤质检查站（田庄服务站）拦截运煤车辆2965辆，其中劝返360辆、非燃料煤车辆2605辆。加强型煤质量监管，落实对型煤企业监督制度，指导博金煤业（唐山）有限公司、唐山市科丰洁净煤有限公司2家型煤企业建立生产、销售台账，自检检测登记台账、委托抽检检验报告档案。完善型煤企业检验规程，按照相关文件要求实行供暖期或配送期每周一次抽检，非供暖期每月一次抽检，同时，安排人员驻厂对企业各环节进行监管，确保企业每批产品均达标，年内未发现出厂检验不合格产品售出。

【特种设备监管】 2019年，丰南区市场监督管理局开展特种设备安全隐患大排查大整治，突出检查锅炉、电梯、起重机械、危险化学品、压力容器、压力管道及气瓶等高危高风险设备安全情况，加强各重要时期特种设备安全保障。全年出动检查人员945人次，检查特种设备使用单位315家次，检查特种设备459台，发现事故隐患78起，发出特种设备安全监察指令书33份，全部监督整改完毕。开展重点领域特种设备安全整治，建立化工企业特种设备档案，实现“一企一档”，全区涉及特种设备化工企业27家，涉及特种设备959台，压力管道2.82万米。开展液化石油气钢瓶安全隐患排查整治，建立气瓶信息化追溯体系，辖区内20家气瓶充装单位除2家停产外，18家单位按照市局要求全部加装信息化管理系统。确保电梯及大型游乐设施安全运行，全区电梯在册数2418台，其中在用2211台，定检率100%。科学制定全区在用电梯、游乐设备检查计划表，按时完成全年检查计划，发现隐患问题16起，全部整改完成。开展电梯应急救援演练，现场设咨询台2个、宣传栏及展板17块，发放《电梯安全乘梯常识手册》等1000余份，得到群众赞誉。

【消费者权益保护】 2019年，丰南区市场监督管理局开展以“信用让消费更放心”为主题大型“‘3•15’国际消费者权益日”纪念宣传活动，现场悬挂宣传条幅12条，设立展板7块，接受消费者咨询服务140人次，现场受理并处理消费者投诉2件，累计发放宣传资料8000余份，发放环保购物袋2000余个。开展“美丽河北•大爱唐山•诚信商家”放心消费创建活动，申报市级放心消费创建示范单位3家，3家单位均签订《商品质量保证书》，在经营场所显著位置张贴“一承诺五制度”样本、设立登记投诉簿，各放心消费示范单位按照“一承诺五制度”相关内容规范自身经营行为。

【计量器质检】 2019年，丰南区市场监督管理局检定各类计量器具1.07万台件，其中强检计量器具1.02万台件，受检覆盖率98%，计量器具强检率100%，为企业电子汽车衡、加油机等提供免费技术服务200余次；为企业校验安全阀31台，为特种设备安全监管提供技术依据；实行“关注民生，计量惠民”工程，为企业提供免费技术服务百余次，为群众免费检定电能表、血压计（表）等计量器具，免收检定费120余万元；开展计量器具监督检查专项行动，检查眼镜制配单位39家，检测26家加油站在用加油机、加气机106台，3家粮食收购场所夏粮收购用计量器具14台件，打击计量作弊违法行为，维护正常市场经营秩序。

【乡镇食安委规范建设】 2019年，丰南区各乡镇政府和胥各庄街道办事处参照区食安委机制完善乡镇（街道）食安委，乡镇政府（街道办事处）主要负责人任主任，主管负责人和市场监管分局主要负责人任副主任，密切乡镇政府和市场监管派出机构之间协作机制。发挥乡镇（街道）桥头堡和急先锋作用，解决基层食品安全监管力量不足、监管任务繁重矛盾，全区16个乡镇（街道）聘任691名食品药品安全协管员，建立区、镇、村三级食品安全监管网格，形成"乡镇（街道）党委政府统一领导、乡镇（街道）食安办综合协调、基层食品安全监管派出机构各负其责、监管网络完善、社会各界参与"工作格局。定期开展村居食品安全协管员培训，全年培训1835人次；强化落实"三小"业态巡查职责，巡查率100%，实施农村集体聚餐申报指导制度，网格化监管有迹可循、有据可查，做到监管不留死角、不留盲区、不留隐患。

【食品药品安全宣传】 2019年，丰南区市场监督管理局建设食品药品安全科普宣传基地，选定怡苑街九河公园打造区级食品药品科普宣传公园，另建立乡镇（街道）宣传站16个、村居社区宣传栏317个，普及食药安全科普知识。以农产品质量安全、药品安全常识、保健食品"五进"科普宣传为主题开展形式多样宣传及问卷调查活动7次，设立宣传牌匾28块，发放食品药品宣传海报3600余张、食品药品科普知识宣传手册3500本，解决群众问题80余个，开展问卷调查300余份。

（赵亚芳）

国土资源管理

【概况】 2019年，丰南区国土资源管理由唐山市自然资源和规划局丰南区分局负责，是唐山市自然资源局派出机构。局下设唐山市丰南区土地收储交易中心为事业单位，内设办公室、财务与资金运用科、法规科、自然资源调查监测科、自然资源确权登记科、城市设计和土地利用科、国土空间规划科、耕地保护和生态修复科、建设工程管理科、村镇规划管理科、海域地矿管理科、执法监察科、党建科共14个科室和丰南镇、黄各庄、唐坊、柳树鄚、钱营、小集、大新庄7个自然资源和规划中心所，机构规格股级。全区国土系统干部职工72人，受唐山市自然资源规划局和丰南区委、区政府双重管理，以市自然资源规划局管理为主。

【国土资源普法宣传】 2019年，丰南区按照全市自然资源系统"六五"普法规划，组织开展"4·22"世界地球日、"5·12"防灾减灾宣传日、"6·8"世界海洋日暨全国海洋宣传日、"6·25"全国土地日、"12·4"法律宣传日等法律法规宣传活动，增强群众自然资源法律法规意识。

【耕地保护】 丰南区于2017年完成唐山城市周边及区内永久基本农田划定工作，上报农田划定总面积63.58万亩。其中，城市周边以内划定永久基本农田面积10.87万亩，城市周边以外划定永久基本农田面积52.72万亩，成果经省厅、市局审核。

【土地调查】 2019年，丰南区推进农村集体土地（房地一体化）调查工作，对全区415个行政村完成399个行政村外业调查（16个村因不配合没有完成），按影像数据进行汇交。完成外业调查村数据全部入库，完成汇交并通过省厅质检。开展集体土地所有权补充调查，5月启动，共涉及15个乡镇、1个街道办，共计442个村委会、37个居委会。外业权属复核除签字外其他全部完成，内业整理数据全部完成，档案签字工作完成1/3。

【不动产登记】 2019年，自然资源和规划局丰南区分局增设"一窗受理"窗口，明确收件清单、填表指南，避免办事群众多跑路和乱跑路，基本实现"最多跑一次"。压缩办理时限，将一般登记办理时限压缩至7个工作日内，抵押登记办理时限压缩至5个工作日内。开通特色服务，全年办理不动产证书6100件、不动产证明3470件，受理不动产登记查询1.04万件，为老弱病残孕特殊群众上门服务49次，延时服务60次，提升人民群众幸福感。解决难点堵点问题，起草关于棚改居民回迁办证难问题报告，上报区政府专题研究。

【第三次全国土地调查】 2019年，自然资源和规划局丰南区分局完成实地调查、补充调整、成果上报等工作，初步调查成果为："三调"总面积128.84万公顷，其中农用地9.60万公顷（耕地6.46万公顷），建设用地2.58万公顷，未利用地7020.99公顷，依据工作要求，在接收国家下发影像后立即启动城镇村内部土地利用现状调查，完成城镇村调查面积2.23万公顷，农村土地调查面积10.66万公顷。在推进"三调"过程中，科学研判，既坚持"三调"按现状调查原则，又敢于结合实际情况，依据法律和政策提出不同意见，得到市局、省厅和资源部肯定，将"二调"1.2万亩盐田用地确定为"空闲地"，为丰南建设发展打下基础。

【地矿管理】 2019年，自然资源和规划局丰南区分局组织、协调、配合省水文工程勘察院，对全区地热资源摸底调查，经核查区范围内开发地热资源地热井9眼，在此基础上于5月协助市局编制完成《唐山市地热水资源保护与开发利用规划（2018—2020年）》，此规划编制完成，为规范全区地热资源开发管理提供充足依据。

【海域使用管理】 2019年，自然资源和规划局丰南区分局处理围填海历史遗留问题，聘请地质五队专业技术队伍于4月编制完成丰南区海洋环境生态评估报告、海洋生态修复方案和海洋生态处置方案，并通过专家验收，逐一开展围填海历史遗留问题处置及生态修复。加大海洋执法力度，维护用海秩序。5月，依法查处一起陡河入海口东岸围填海工程，面积约2.3公顷，年内恢复海域原状。组织开展丰南区海岸线修测工作。修测方案上报国家待批准。

【违法案件查处】 2019年，自然资源和规划局丰南区分局推进“1+5”专项整治行动、“三年行动”、“例行督察”“卫片执法”等工作。全年拆除违法占地47宗，面积7.92公顷，对清理发现27栋违规别墅彻底拆除，恢复地貌，做到不讲任何条件，不打任何折扣，不搞任何变通，决心一次下足，措施一次到位，整治一次达标。依法查处钱营镇东黄各庄村违法违规采砂行为，钱营镇多年违法采砂得到制止。

（张相庭 段凤娇）

发展改革

【概况】 2019年，丰南区发展改革局围绕区委、区政府提出工作目标任务，履行综合经济部门参谋、协调、服务职能，团结务实，开拓创新，真抓实干，确保年初各项工作任务完成。

【计划编制与执行】 2019年，丰南区经济社会发展主要预期目标为：完成地区生产总值比上年增长6%以上，其中第一、二、三产业比上年分别增长1.7%、6%和7%；固定资产投资增长8%左右；实现一般公共预算收入比上年增长4.9%；规模以上工业增加值增长7%左右；城乡居民人均可支配收入比上年增长7%；社会消费品零售总额增长9%；实际利用外资3000万美元，出口创汇5.5亿美元，引进省外资金120亿元；城镇登记失业率控制在3.5%以内，常住人口城镇化率比上年增长1.5个百分点。年末，完成全区地区生产总值比上年增长6.7%，其中第一、二、三产业增加值比上年分别增长2.6%、10.8%和2.8%；固定资产投资比上年增长8.1%；实现一般公共预算收入比上年增长5.3%；实现规模以上工业利润、增加值比上年分别增长5.6%和13.0%；城乡居民人均可支配收入分别达到43883元和18821元，分别比上年增长8.5%和9.2%。社会消费品零售总额比上年增长8.7%。实际利用外资6603万美元，出口创汇62759万美元，引进省外资金121.56亿元；城镇登记失业率控制在3.2%以内，常住人口城镇化率达到60.6%。

【固定资产投资重点项目】 2019年，丰南区有省、市重点项目26个，计划总投资791.2亿元，年度计划完成投资192亿元。其中，新开工项目15个，总投资185.4亿元，年内全部开工建设，开工率100%；续建项目10个，总投资491.2亿元，全部复工，复工率100%；前期项目1个，总投资114.5亿元。1—12月，26个省、市重点完成投资268.1亿元，占年度计划139.6%，纵横钢铁一期、惠达整体浴室等13个项目完工或部分完工。全区谋划区级投资千万元以上项目154个，计划总投资990.5亿元，累计完成投资481.3亿元。其中，新开工项目46个，续建项目80个，前期项目28个。年内有29个项目完工，完成投资56.6亿元。同时，编制《丰南区2019年重点储备项目册》，储备优质招商项目190个。

【企业申报中央预算内资金支持】 2019年，丰南区发展改革局为瑞丰公司烧结机干法烟气脱硫、除尘及SCR烟气脱硝工程项目争取中央预算内投资2000万元，为开滦（集团）有限责任公司钱家营矿业分公司争取2019年煤矿安全改造中央预算内投资2389万元，为2019—2020年沿海防护林项目争取中央预算内投资100万元。

【新兴产业发展扶持】 2019年，丰南区发展改革局帮助河北华通线缆集团股份有限公司省级企业技术中心评价为年度优秀，获奖励资金100万元；助河北华通线缆集团股份有限公司认定为国家级企业技术中心，获奖励资金100万元。

【科技企业创新】 2019年，河北华通线缆集团股份有限公司被认定为（第25批）国家级企业技术中心，唐鸿重工专用汽车股份有限公司、唐山胡子物流有限公司认定为市级企业技术中心。河北华通线缆集团股份有限公司被评定为唐山市双创示范基地。

【能源供应安全】 2019年，丰南区发展改革局开展光伏发电平价上网试点项目和2019年光伏发电补贴竞价项目申报工作，澜辉光伏科技有限公司屋顶分布式光伏发电设施项目、唐山鑫博光伏电力开发有限公司百威唐山啤酒1.8兆瓦屋顶分布式光伏电力发电项目2个项目列入国家补贴范围。途经丰南区唐山LNG接收站复线项目控制性工程开工建设，管道建成后，可为丰南区提供天然气气源保障。

【发电企业运行】 2019年，丰南区唐山洁城能源有限公司、丰南区鑫丰热力有限公司西城生物质分公司、华能唐山丰南风力发电有限公司、通威渔光一体科技（唐山）有限公司4家企业年发电量为48025.7万千瓦时。2019—2020年采暖季保供洁净煤5.66万吨，确保全区居民温暖、清洁安全过冬。做好天然气保供工作，天然气供应充足。

【价格监管】 2019年，丰南区全年报告重要商品零售及服务加价格监测月报12次，主要包括食品类（37种）、工业生产资料（18种）、涉农收费类（12种），累计报告畜禽产品监测月报12次，执行涉农产品价格监测、工业生产资料价格监测、重大节日生活必需品监测周报52次，重大节日生活必需品（37种）监测，主要包括元旦、春节、“五一”、中秋和国庆5个假期，累计监测17次。

（秦翔林）

【粮食管理】 2019年，丰南区制定《唐山市丰南区政策性粮食库存数量和质量大清查实施方案》，成立由区政府主管区长任组长，区发展和改革局、区农业农村局、区财政局、区统计局、中国农业发展银行丰南支行等部门（单位）主要（主管）负责人为成员政策性粮食库存数量和质量大清查领导小组，负责领导全区政策性粮食库存数量和质量大清查工作，协调解决重大事项和问题。区大清查领导小组办公室设在区发展和改革局，负责组织落实大清查各项具体工作。采取网上培训、现场培训方式培训粮食库存检查人员，使其掌握文件精神及具体业务操作规程。库存大清查范围和内容包括：宝达粮油资产经营管理有限公司存储区级储备小麦，龙强面业有限公司代储区级储备面粉及库存商品粮，欣龙精制米有限公司代储区级储备大米及库存商品粮，白龙(唐山）面粉集团有限公司库存商品粮。清查采取人工丈量静态仓粮堆尺寸，动态仓暂停出入仓作业，通过平整粮面、规则形状后暂变静态仓，人工丈量粮堆尺寸，计算粮堆体积。对稻谷仓利用特制大容器进行单位体积质量测量，对小麦扦样进行容重测定，并根据各相关检测数据进行计算，通过测量计算，差率均在标准范围之内，对标包面粉采取点包方式计算重量。根据检查范围和内容，做到“有仓必到、有粮必查、有账必核、查必彻底，全程留痕”。通过清查和质量检测，实现“账账相符、账实相符、库存真实、储存安全”，政策性粮食质量指标、储存品质指标和食品安全主要指标均达到国家标准，质量合格率和品质宜存率均达100%。

【粮食安全考核】 2019年，丰南区贯彻落实《国务院办公厅关于印发粮食安全省长责任制考核办法的通知》，建立具体考核实施方案，发改局履行牵头责任，搞好沟通协调，将粮食安全责任层层落实到责任部门，统筹安排全区粮食安全责任制考核各阶段任务，对照考核标准，注重过程管理，提高考核真实性。在2019年度全省粮食安全省长责任制考核中唐山市排名榜首，丰南区在这次考评中做出贡献，被市政府评定为优秀县区。

（刘志广　刘希瑞）

农业
Nongye

责任编辑：李文璇

综 述

2019年，丰南区以实施乡村振兴战略为统领，加快推进农业供给侧结构性改革。全区农林牧渔总产值73亿元。比上年增长3.3%，其中农业产值36.4亿元，比上年增长6.7%，占比49.9%，林业产值0.8亿元，比上年增长0.5%；牧业产值15.6亿元，比上年下降1.5%，占比21.4%；渔业产值15.3亿元，比上年下降4.8%，占比20.9%。粮食播种面积3.65万公顷，粮食总产值21.8万吨，比上年下降10.3%；蔬菜总产量110.3万吨，比上年下降2%；油料总产量达到3.7万吨，比上年增长2%。生猪出栏3624百头，比上年下降25.3%；家禽出栏515.28百只，比上年增长0.1%；猪牛羊禽肉总产量41769吨，比上年下降13%。年末，全区拥有6个现代农业园区，其中省级2个，唐山市3个。全区农业产业化龙头企业达到27家，其中省级龙头企业6家，唐山市级龙头企业27家。2019年农业产业化经营率达到68.5%。

2019年丰南区水利工作践行“节水优先、空间均衡、系统管理、两手发力”新时期治水思路，围绕“建设沿海强区、美丽丰南和重返全省县（市、区）前列”总体目标，以“地下水超采综合治理、防洪防涝、农村饮水安全质量提升、河道生态清淤”为重点，落实最严格水资源管理制度，依法治水，为保障加强管理、深化改革、促进水利事业加快发展。

【调优结构加快产业转型升级】 2019年，丰南区耕地总面积96.87万亩，其中基本农田面积62.46万亩，培育优质粮棉油、设施蔬菜、安全畜牧养殖、健康水产养殖、休闲观光农业5大主导产业，及西红柿、南美白对虾2个省级优势特色产业。在调优结构中主导产业提质增效，高标准完成50.5万亩粮食功能区划定，确保粮食产能稳定基础上，构建粮经饲新型种植结构，全区粮食播种面积54.8万亩，总产量26.万吨；棉花播种面积12.7万亩，总产量1万吨；花生播种面积12.9万亩，总产量3.7万吨；蔬菜播种面积34.84万亩，总产量112万吨；肉蛋奶总产量12.5万吨，水产品总产量6.7万吨，保持持续增产增收态势。

【特色产业优势凸显】 2019年，丰南区与省农科院合作引进西红柿品种新组合92 个，组织申报“丰南西红柿”国家农产品地理标志认证，种植面积达到12万亩，产量54万吨，规模产量全省第一；组织对虾种苗协会对接广东、海南等地育苗企业，引进南美白对虾一代苗种97亿尾，养殖面积达到2.1万亩，温室养殖最高亩产1000千克，成为全市水产行业排头兵；持续打造“沿河、沿海、沿边”农业休闲旅游线路，发展休闲采摘和民宿康养产业，全年接待游客25.6万人次，全区规模休闲农业企业达到18家,成为产业发展生力军。

【现代农业园区晋档升级】 2019年，丰南区抓基础设施提升，实施东部蔬菜现代农业园区改造提升二期工程、菜篮子市长负责制项目和省级现代蔬菜产业补助项目，以利民荣丰现代农业基地、天合亿现代农业有限公司、乐水生态观光有限公司等项目为支撑，培育鑫湖生态园、品尚家庭农场等一批带动能力强、经济效益好特色亮点企业。利民荣丰西疆农业园区被评为市级现代农业园区，全区市级以上园区达到5个。

惠丰园区

【项目驱动融合发展增强活力】 2019年，丰南区农业重点项目建设取得突破，先后有4家上市企业在区内投资，投资8.2亿元通威“渔光一体”水产科技园、投资7.1亿元新好现代农牧有限公司、投资1.7亿元天津利民（唐山）有限公司、投资5亿元君乐宝奶粉项目相继竣工投产，投资3.5亿元唐山鑫棣农业开发有限公司一期项目在建，拉动全区生猪、水产、奶牛产业发展壮大。新型农业经营主体实力壮大，通过政策扶持、技术指导、完善机制等举措，全区农业龙头企业达到61家，农民专业合作社308个，家庭农场58家，各类专业大户318户。鼎新蔬菜有限公司“品新”牌蔬菜被评为国家驰名商标。农业规模化经营水平提升，支持农民合作社等新型农业经营主体开展适度规模经营，全区土地规模流转面积13.44万亩，规模流转率69.5%，托管半托管土地10.2万亩，降低经营成本，提高生产效率。

【科技兴农普惠民生】 2019年，丰南区提高农业科技含量，引进新品种150余个，推广新技术、新模式20余项，农业良种普及率保持在98%以上。举办各类农民培训班280期，录制播出“金土地”节目20期，全年培训农民2.5万人次，提升农业从业人员技术素质。智慧农业规模初现，建示范智慧棚室试点20个，在册渔船AIS设备配备率、深松作业机具智能监控设备安装率均100%。全区绿色农产品认证企业全部纳入“市智慧农安管理系统”，建成并运行10个乡镇（区域）、8个企业智能化检测实验室，实现农产品生产过程可查询、质量可追溯。农产品质量安全水平提升，新增绿色农产品2个，天合亿、利民荣丰、绿岛3家公司被评为市级绿色农业生产基地。检测农产品3.6万余个，实现农产品质量监管全覆盖。

农业结构调整

【概况】 2019年，丰南区推进农业供给侧结构性改革，发展现代都市型农业和优势特色高效农业，提升农业质量效益和竞争力，促进农民持续增收，按照《河北省农业供给侧结构性改革工作领导小组办公室关于制定2019年秋——2020年夏农业结构调整推进方案的通知》要求，结合丰南区实际，全区调减面积4.4万亩，其中调减玉米3.4万亩，调减棉花1.0万亩，调增甜玉米、马铃薯、花生等4750亩，调增蔬菜5400亩，调增林果1.9万亩，调增青贮玉米1.33万亩，调增构树1500亩。截至12月底，完成调减任务2.91万亩，其中调减籽粒玉米2.71万亩，调减棉花2000亩，调增林果面积1.61万亩，调增甜玉米3450亩，调增白菜2000亩，调增青贮玉米7510亩。

【青贮玉米优势产区】 2019年，丰南区青贮玉米优势产区面积1.5万亩。以岔河镇、南孙庄乡、东田庄乡、柳树酄镇等西部、南部地区为重点，调减籽粒玉米、棉花，调增青贮玉米。提倡规模化种植，在岔河镇王各庄村，南孙庄乡小张庄村，柳树酄镇李富庄村、刘德庄村分别建设面积千亩以上青贮玉米示范片，发挥规模生产优势，降低生产成本，提高经济效益。

【蔬菜优势产区】 2019年，丰南区蔬菜优势产区面积0.54万亩。以王兰庄镇、唐坊镇、黄各庄镇为重点，调减棉花、籽粒玉米面积2000亩，调增大白菜面积2000亩，在王兰庄镇建设千亩以上白菜生产示范片。引进、示范“津绿75”新品种，重点防治霜霉病、菜青虫等病虫害，提高产量和质量。以南孙庄乡、东田庄乡为重点，调减棉花0.34万亩，调增辣椒0.34万亩，在东田庄乡建设千亩以上辣椒生产示范片。推广应用“红丰99”“辣都红”等优质高产品种和示范育苗移栽等先进适用技术，带动全区辣椒生产再上新台阶。

【马铃薯甜玉米优势产区】 2019年，丰南区马铃薯—甜玉米优势产区面积0.33万亩。以西葛镇、黄各庄镇、大齐镇等地为重点，引进“大西洋”马铃薯、“中甜2号”甜玉米等新品种，实施订单生产，稳定种植收益。在西葛镇沙坨村建设千亩以上示范片，推广应用专用肥，增施生物菌肥，实施喷灌、滴灌等多种绿色增产增收措施，提高生产技术水平。

【花生优势产区】 2019年，丰南区花生优势产区面积1000亩。在钱营镇李毫村、陆庄子村等地改籽粒玉米种植为花生种植，示范“冀花6”“冀花16”等高油、高油酸品种，提高产品附加值。

（李维顺）

【棉花优势产区】 丰南区是冀东地区棉花主产区，种植历史悠久，境内光照充足。土壤以滨海盐碱土为主，有机质含量高，富含丰富的氮、磷、钾、钙、镁、硫和各种微量元素，有利于棉花的生长。丰南棉花纤维长28mm左右，吐絮好，絮色白，棉纤维含糖量低、含杂率小、品级高。早在2002年，丰南棉花种植面积为5222公顷，棉花产量为5974吨。截至2020年，我区棉花种植面积为8000公顷，籽棉亩产达到350公斤以上，总产量达42000吨，实现产值2.94亿元，为农增收1.26亿元。

（张　菊）

畜牧业转型升级

【概况】 2019年，丰南区突出“肉蛋奶”供给质量和产能，推进畜牧业规模化、标准化、智能化养殖。依托饲料资源、规模化养殖、君乐宝入区优势，提升奶牛单产和牛奶品质，振兴全域奶业发展。稳定生猪规模化养殖优势，发展瘦肉型猪，消除非洲猪瘟疫情影响。巩固柳树酄、尖字沽、大新庄等镇乡肉鸡养殖优势，提升规模化养殖比例。适应市场需求重点发展肉牛养殖，引进肉牛良种繁育，探索发展联合牧场养殖模式，推动一、二、三产业融合发展。

【生猪生产稳定】 2019年，丰南区利用现有养殖场规模，通过加强技术指导服务、争取银行金融贷款、优化种猪跨省调运检疫程序等多项措施，引导现有养殖场户补栏增养，稳定基础产能，到年底，全区存栏生猪24.8万头，总量走出低谷。引进唐山新好农牧有限公司种猪场项目，改变传统自繁自养模式，推广“两点式”养殖，做到繁殖与育肥分离，实现订单养猪，降低生猪饲养风险。年内唐山新好农牧有限公司一期项目竣工，存栏母猪2.3万头陆续产仔，年出栏仔猪40万头以上，调减小规模生猪养殖场户比例。利用生猪调出大县资金项目，推进规模养殖场粪污资源化利用、提升养殖场防疫水平。

【奶业发展】 2019年，丰南区“粮改饲”项目争取中央补贴资金352万元，种植青贮玉米3.5万亩，收贮青贮玉米饲料10万吨。市级安排丰南区中央农业生产发展资金210万元，用于奶牛家庭牧场升级改造，升级改造奶牛家庭牧场7家。全区奶牛存栏1.35 万头。

【肉牛羊产业发展】 2019年，丰南区瞄准市场需求，加快牛羊发展速度，增加肉牛、肉羊存栏和出栏数量，提高牛羊肉产能在肉品中占比。重点增加西门塔尔、夏洛莱、利木赞、安格斯等肉牛品种，小尾寒羊、波尔、杜泊等肉羊品种，开发高档牛肉产品，满足京津等地高端消费需求。在推动规模养殖同时，探索发展养殖+金融联合牧场养殖模式，以“农户+公司+银行”助农贷款联合养殖形式，将农村养牛资源进行整合，增强肉牛养殖科学性，拉通全产业链。

（董庆武）

现代农业产业基地建设

【概况】 2019年，丰南区以推进农业供给侧结构性改革为主线，以促进农民增收为核心，以科技创新为支撑，加快转变农业发展方式，提升农业现代化水平，全区农业经济保持持续健康发展态势。围绕全区主导特色产业，加大新品种、新技术、新模式示范推广应用，实施标准化生产，推动循环农业、绿色农业健康发展。天合亿农业发展有限公司、利民荣丰农业开发有限公司、绿岛农业有限公司被评为市级绿色农业生产基地。

【品牌农业创建】 2019年，丰南区发展特色高效农业，实施精品名牌战略，推动产业提质增效升级，实行“产、加、销一条龙，贸、工、农一体化，一、二、三产融合发展”产业化发展模式。经过多年打造，施尔得肉制品加工有限公司、三商食品有限公司、鼎新蔬菜出口加工有限公司、白龙（唐山）面粉集团有限公司、利民荣丰农业开发有限公司等农产品加工龙头企业发展壮大，“白龙”“施尔得”“龙强”“王侯酱相”被评为省著名商标，“鼎新”“白龙”“施尔得”被评为省名牌产品，“鼎新”被评为中国驰名商标。组织申报“丰南西红柿”国家农产品地理标志产品。

【现代农业园区建设】 2019年，丰南区利民荣丰西疆农业园区被评为市级现代农业园区，全区市级及以上现代农业园区达到5个，现代农业园区、蔬菜农业园区为省级现代农业园区，通威渔光一体渔业现代产业园区、丰越水产现代农业园区、利民荣丰西疆农业园区为市级现代农业园区，富田农场农业示范园区为区级现代农业园区。同时，以黑沿子镇涧河村为核心4000亩现代生态渔业园区内路网建设完工。

（夏学东）

农业项目建设

【概况】 2019年，丰南区把项目建设作为提升现代农业发展水平，实现农业增产增效、农民持续增收有效载体和强有力抓手，用项目扩张总量，用项目优化结构，用项目拉动发展。

【农业机械购置补贴项目】 2019年河北省农业农村厅、财政厅向丰南区安排中央农业机械购置补贴专项资金750万元，加上2018年结转0.08万元，共计750.08万元。年内，区农机部门、财政部门配合，按照“自主购机、定额补贴、先购后补、县级结算、直补到卡”操作方式，科学规范、稳步有序抓运作，如期完成补贴任务，落实农机补贴资金750.01万元，资金使用率99.99%；补贴各类农机具405台，其中动力机械117台、收获机械78台、畜牧水产机械8台、种植施肥机械59台、耕整地机械131台、其他补贴机械12台，受益农户268户，公众满意度99%以上。

（李会全）

【奶牛家庭牧场升级改造项目】 2019年，丰南区农业农村局依据《唐山市丰南区2019年奶牛家庭牧场升级改造项目实施方案》以及《唐山市丰南区2019年奶牛家庭牧场升级改造项目实施方案的补充规定》要求，确定振富奶牛养殖场、忠义奶牛养殖中心等7家养殖场为项目实施单位，新建高标准圈舍2栋、从省外购入育成能繁母牛209头，完成项目内容。通过项目实施，提升奶牛养殖设施装备水平，提高奶牛单产、生鲜乳质量和养殖效益，确立奶农规模化养殖基础性地位。通过项目建设，推动规模奶牛场与现代奶业发展有机衔接，夯实奶业振兴养殖基础。

【粮改饲项目】 2019年，丰南区以技术创新为支撑、机制创新为动力，完成全区2019年度青贮工作。2019年报名参加“粮改饲”试点项目养殖户共计36户，经区农业农村局联合对第三方评估公司审核验收，33家项目承担单位合格（其中养殖场31家、青贮收贮企业2家），年内全区收贮全株玉米10.5万余吨，超额完成任务。通过项目实施，促进畜牧业结构调整，提高畜产品质量安全水平，带动周边种植农户增产增收，构建粮饲兼顾、种养结合、草畜联动现代畜牧业发展模式，助力实现粮食生产和畜牧业可持续发展。

（董庆武）

【高标准农田建设项目】 2019年，丰南区黄各庄镇第一批资金投资农业综合开发高标准农田建设项目，涉及张家博乐、董家博乐、韩家博乐、双坨、东发旺台、西发旺台、董各庄二村、董各庄四村8个行政村，项目总投资650万元，建设总规模5000亩，竣工时间2019年10月，对水、林、渠、路进行综合治理配套建设，推广应用田间节水新技术，全面提高项目农业可持续发展能力。丰南区岔河镇第二批资金农业综合开发高标准农田建设项目，涉及大荣各庄、四神庄一村、四神庄二村、高坨村、岔河二村、刘庄子、王各庄四村、王各庄三村、王各庄一村、么义庄10个行政村，总投资1060万元，建设总规模9600亩。项目竣工时间2019年11月。项目实施使农业生产条件得到改善，为发展高产、高效、稳产高标准农田示范区创造条件，改善和提高项目区农民生活水平。

（李德强）

【新增千亿斤粮食生产项目】 2019年，唐山市丰南区田间工程建设项目，项目计划建设规模0.5万亩，实施地点在丰南区岔河镇三神庄村、大荣各庄村、小荣各庄村。2019年2月27日开工建设，12月11日竣工。建设内容为：铺设输水管道4.2万米，架设低压线2720米，新修3米宽水泥机耕路2517米，新修4米宽水泥机耕路3139米，新修5米宽水泥机耕路3652米，竖立标志牌1个。

（王志勇）

种植业

【概况】 2019年，丰南区小麦播种面积13.36万亩，比上年减少0.28%；总产量4.76万吨，比上年减少3.5%。玉米播种面积28.05万亩，比上年减少2.0%；总产量11.78万吨，比上年增加0.3%。水稻播种面积13.12万亩，比上年减少1.0%；总产量5.28万吨，比上年增加30.96%。棉花播种面积12.7万亩，比上年减少0.4%；总产量1.04万吨，比上年减少5.1%。花生播种面积12.9万亩，与上年持平；总产量3.67万吨，比上年增加2%。

【粮食作物生产】 2019年，丰南区突出抓高标准良田建设，提高建设标准，充实建设内容，完善配套设施，建成集中连片、旱涝保收、稳产高产、生态友好高标准良田，提高粮食综合生产能力。推广农业节水技术，实施良种良法配套、农机农艺结合。推广“郑单958”“伟科702”等玉米优良品种及玉米精量播种、一增四改、喇叭口期化控等先进适用技术。实行测土配方施肥，实现主要农作物测土配方施肥技术全覆盖。建设小麦首席专家工作站，聘请河南省小麦抗病虫育种专家茹振刚教授为首席专家，对特色专用小麦生产、病虫害防治、小麦育种等方面提供咨询和服务，解决生产、技术等方面问题。2019年引进强筋小麦新品种4个。推广工厂化育苗、机械化插秧、病虫害统防统治等先进适用技术。突出特色，发展稻蟹混养。减少稻田农药、化肥施用量，提高稻谷品质，结合当地生产实际，引导群众实施标准化生产，使稻蟹混养成为丰南水稻生产一大特色。

【经济作物生产】 2019年，丰南区在棉花生产中，重点推广以一次性施足底肥、合理化控、简化整枝等主要术措施提高棉花产量，降低生产成本，提高经济效益，保障棉花产业健康发展。花生重点示范“冀花16”“冀花11”“冀花18”“冀花19”等高油酸品种，推广“花育23”“唐8252”等高产品种及配套生产技术。示范膜上覆土免引苗播种技术，探讨应用花期化控技术。

（李维顺）

【蔬菜瓜果生产】 2019年，丰南区完成蔬菜播种面积24.1万亩，产量110.02万吨，其中设施番茄面积12.8万亩，产量60万吨。当年春季蔬菜市场价格明显高于常年，农民种植早春番茄每亩产值2.4万元，纯收入1.8万元。蔬菜品种方面，大宗商品以丰南特色主导产业——设施番茄为核心，芹菜、菠菜、香菜等叶菜和瓜类、食用菌及盆栽蔬菜同步发展。为提升蔬菜生产水平，开展各种合作，建立农业创新驿站；与河北省农林科学院蔬菜所合作开发番茄新品种冀粉系列、黄瓜新品种冀绿系列，种植面积1000多亩，产量、品质均优于常规番茄品种；与唐山市农科院合作，引进番茄、黄瓜、草莓等新品种和新技术，示范面积2000亩，后打弓蔬菜专业合作社被评为省级联合示范社。

（冯贺敬）

【粮食标准园建设】 2019年，丰南区巩固粮食生产功能区划定成果，加快粮食生产功能区建设步伐，发挥粮食生产功能区应有作用，在划定粮食生产功能区范围内选择西葛镇孟庄村、沙坨村建设马铃薯—甜玉米粮食标准园500亩，马铃薯平均亩产3000千克以上，甜玉米平均亩产1500千克以上，实现产量目标。同时马铃薯全部实施订单收购，甜玉米也由厂家直接收购，效益较好，平均每亩纯收入达到1500元，完成预定各项指标。

【蔬菜标准化生产】 2019年，丰南区选用抗病、丰产优质、易管理蔬菜新品种，新品种使用率99%以上。通过蔬菜工厂化育苗提高种苗整齐度，工厂化育苗和基质育苗占比31%，减轻种苗带病虫和土传病害发生，减少农药用量，抽样调查显示，化学农药使用率显著降低，蔬菜产品质量可控。通过各种技术培训，提高从业者科技水平，实现生产过程标准化，体现科技农业、绿色农业。推广有机肥、生物菌肥、全溶性水溶肥，减轻肥料对土壤破坏，同时培肥地力。病虫害防控中，采取预防为主综合防控技术，农业防治、生物防治、物理防治普遍采用，普及率95%以上，化学农药使用坚持早防早治、统防统治，杜绝高毒、高残留农药，严格按照使用说明使用，农残抽检合格率达99.5%以上。

（冯贺敬）

【测土配方施肥】 2019年，丰南区完成测土配方施肥技术推广105.8万亩次，其中小麦14.1万亩次、玉米27万亩次、水稻12.6万亩次、棉花12.9万亩次、花生12.5万

农产品展示

亩次、蔬菜26.7万亩次，测土配方施肥技术应用面积完成100%。缓释肥推广面积12万亩，其中玉米缓释肥6万亩、水稻缓释肥6万亩，缓释肥推广应用面积完成100%；有机肥推广面积10万亩，其中蔬菜8.5万亩、玉米1万亩、小麦0.5万亩，有机肥推广应用面积完成100%。2019年全区化肥减量（折纯）0.84万吨。

（王志勇）

【植物保护】 2019年，丰南区围绕保障粮食安全和农产品质量安全中心，以确保农作物增产增收为目标，以农药减量控害为抓手，以绿色防控和统防统治、草地贪夜蛾监控为工作重点，加强农作物疫情、病虫草害、蝗虫监测与防控工作，保障全区粮食丰产增收。在基础测报中，全年发布病虫情报24期、周报178期、模式电报12次，准确预测多种重大病虫草害发生程度、危害时间，确定防治适期，预报准确率达95%以上。在草地贪夜蛾监测中，及时采购草地贪夜蛾诱捕器和应急防治药剂，共采购所需要药剂3.5吨，开办培训班10余期，培训人数1400多人，发放培训宣传资料3万余份。完成全国农作物病虫害监测点建设，分别在惠丰生态园、国有第二原种场、稻地原种场3个地点建成并投入使用，为控制农作物病虫害蔓延、降低经济损失提供重要依据。完成统防统治和绿色防控工作，全区实现主要农作物统防统治覆盖率41%以上，绿色防控覆盖率33.5%以上。

（张大为）

【粮食生产功能区划定】 2019年，丰南区按照省、市要求，粮食生产功能划定任务50.5万亩，其中小麦12.7万亩、水稻10.5万亩、玉米27.3万亩，占地面积37.8万亩。实际完成粮食生产功能区划定面积50.56万亩，包括小麦12.74万亩、水稻10.51万亩、玉米27.31万亩，涉及全区14个镇（乡）302个村、439个片块、1.99万个地块。

（李维顺）

【农业科技培训】 2019年，丰南区实施农民素质提升工程。开展“冬春农业科技大培训活动”，利用冬春农闲季节，结合各乡镇农业生产特点和农民实际需求，采用农民喜闻乐见方式，发动科研院所、家庭农场、龙头企业、农民专业合作组织等多方力量，多层次、多渠道、多形式组织开展科技培训活动，组织专家、培训教师、农技人员和新型农业经营主体与农户对接互动，形成大联合、大协作、大培训格局，全年开展各类培训184场次，累计培训农民1.1万人。开展以“科技创新惠民生、结对帮扶贴民心”为主要内容专业技术人员科技创新服务活动，参加人员为副高级职称以上专业技术人员，每人分包大场大户1个以上，共结成52个帮扶对子，强化技术服务和指导，为大场大户开展贴身服务，助推新型农业经营主体发展壮大。开展多模式培训，采取集中授课、送科技下乡、现场指导、开办电视专栏、电话咨询及远程指导等多种形式开展培训，提升农民综合素质，全年开展各类实用技术培训418场，累计培训农民3万人次。

（张淑省）

【农业综合执法】 2019年，丰南区农业农村局制定推行行政执法“三项制度”清理整改“回头看”实施方案，梳理分析“三项制度”落实中存在问题，提出整改措施。结合“放管服”改革，对存在问题进行资料补充完善，检查整改落实情况。行政执法公示工作，在《河北省行政执法公示网站平台》公示行政许可554项、公示行政处罚166起；督促局属各相关科室加强对河北省行政执法公示网站平台日常管理和维护，并及时更新网站数据信息；局内行政执法科室按照要求将完善政务服务事项清单（21项）、监管事项清单（49项）录入网上平台并核实，为实施“互联网+政务服务”创造条件。制定“双随机、一公开”落实不到位清理整改“回头看”工作方案，提升“双随机、一公开”工作落实成效，重点对2018年以来发现4个相关问题“回头看”，补充完善相关资料。按照牵头单位区市场监督管理局要求，通过市级督导单位考核。优化营商法制环境，制定优化营商法治环境、规范行政处罚行为专项治理工作方案，解决行政执法不规范问题，针对各行政执法科室执法不严格、执法不公正、执法不规范、执法不廉洁和执法不文明等问题，要求各科室自查自纠，梳理遗留积案，查清问题，对照问题清单一一对照进行整改。行政执法人员管理，组织实施新增行政执法人员报名及培训考试，考试报名人数8人，加强农业行政执法力量；完成2019年度行政执法人员清理工作，完善“双随机”工作行政执法人员信息，同区政府法制机构和上级业务主管部门沟通，完成行政执法人员补充报名事宜；按照《河北省行政执法证件和行政执法监督检查证件管理办法》及上级文件要求，组织全局持有行政执法证件人员培训、考试，换发执法证件人员193人。出动宣传执法人员100余人次，发放宣传单张贴标语2200余份，通过在田间地头、集市、码头现场宣讲等方式对农资经营者、农药（兽药）使用者和渔船船东等进行普法宣传，使其了解现行法律法规，树立知法、懂法、守法意识，受益群众达万余人。

（王　彬）

畜牧养殖业

【概况】 2019年，是丰南区推进农业供给侧结构改革战略部署关键之年，畜牧业围绕建设高产、优质、高效、生态、安全、品牌和循环型目标，以扩量、提质、增效为主攻方向，推进畜禽标准化、规模化发展。截至年底，全区生猪出栏35.5万头，奶牛存栏1.35 万头，家禽出栏505万只，肉蛋奶总产量12.4万吨。全区有出栏500头以上猪场114家，万只以上蛋鸡场22家，百头以上奶牛场14家，200头以上肉牛场20家，万只以上肉鸡场13家，畜禽规模化水平持续保持全市前列。

【养殖种类】 2019年，丰南区畜牧业养殖主要有猪、鸡、牛、羊4个种类。奶牛品种是荷斯坦奶牛，原产于荷兰，属大型乳用品种；肉牛品种主要是西门塔尔肉牛和安格斯肉牛，西门塔尔牛乳、肉用性能均较好，平均产奶量4070千克，乳脂率3.9%，平均日增重1千克以上；安格斯肉牛早熟，胴体品质高，出肉多，屠宰率一般为60%—65%，哺乳期日增重1千克左右。育肥期日增重(1.5岁以内)平均0.7—0.9千克，肉质呈大理石纹。鸡品种主要是海兰蛋鸡，是美国海兰家禽育种公司育成系列高产鸡种，主要饲养和推广海兰白、海兰灰2种类型。猪主要有长白、杜洛克、大约克。长白猪四肢健壮，整个体形呈前窄后宽流线型，成年母猪体重300—400千克，成年公猪体重400—500千克；杜洛克猪通常用做生产商品肉猪杂交父本；大约克猪体格大，体形匀称，成年母猪体重230—350千克，成年公猪体重300—500 千克。羊主要有杜泊绵羊和波尔山羊，杜泊羊肉用性能显著，具有生长快、胴体品质好、抗病力强、屠宰率高等优点，改良本地绵羊效果明显；波尔山羊是世界著名生产高品质瘦肉山羊，为优秀肉用山羊品种。

【标准化生产】 2019年，丰南区推进畜禽标准化规模养殖和畜牧业生产方式转变，实现传统畜牧业向现代畜牧业跨越，规范现有养殖场，推行标准化改造，实现规模养殖场上档升级，推广TMR全日粮混合饲喂、自动化喂养、湿帘降温、发酵床、漏封地板等先进技术和养殖设备，提高全区畜牧业装备水平及标准化生产程度。

【动物卫生监督】 2019年，丰南区动物卫生监督工作围绕“有效防控重大动物疫病、保障动物及动物产品质量安全及促进公共卫生安全”中心，紧跟新时代动物卫生监督工作步伐，对照职责，强化考核，加强队伍管理，树立保安全、促发展理念，全力打赢非洲猪瘟阻击战。开展产地检疫，保证产地检疫畜禽健康无疫，全年产地检疫生猪28.64万头，产地检疫牛5.21万头，产地检疫羊644只。开展屠宰检疫，确保上市肉品安全，全年屠宰检疫生猪16.31万头，屠宰检疫禽（鸡）1484.22万只，全年开展非洲猪瘟自检5102批次。依照《唐山市丰南区建立病死畜禽集中无害化处理工作机制实施方案》及《唐山市丰南区病死畜禽集中无害化处理工作实施细则》要求，开展病死畜禽无害化处理工作，全年集中无害化处理病死生猪12.45万头。细化防控制度，完善非洲猪瘟防控措施，开展生猪运输车辆登记备案工作，全区复审合格登记备案车辆158台，坚持生猪运输车辆先清洗后消毒制度，实行产地检疫官方兽医出证审批制度，建立“产地检疫审批”微信群。

（毕洪全）

【动物疫病防控】 2019年，丰南区围绕非洲猪瘟防控和春防等重点加大工作力度，提升动物防疫整体质量和水平，完成全年各项防控目标任务。强化指挥调度，召开非洲猪瘟防控等专题会议17次，以区指挥部办公室和区农业农村局名义印发转发防疫文件23份。强化防疫管理，从政府层面和行业职能部门角度分别与乡镇政府、基层动物防疫站签订责任状，动物防疫站与本站职工和社会协防员签订责任状4665份；执行村级协防员日常上站和培训管理制度，春防及秋防启动前一周对全区280名协防员逐站进行一次集中轮训，并组建67个免疫小分队；强化考核绩效管理，制定《2019年基层动物防疫工作暨村级协防员管理考核办法》；强化应急管理，重点制定非洲猪瘟应急预案，建立区、乡两级防疫应急预备队，队伍规模1800人，申请财政资金55万元成立非洲猪瘟PCR实验室，提升全区非洲猪瘟应急监测能力；强化社会宣传管理，发放告知书5000份，散发明白纸4000张。开展非洲猪瘟疫情双轨排查，对全区15个乡镇446个村3556个生猪养殖场（户）26.16万头生猪，以及2个生猪屠宰场、1个生猪无害化处理厂逐一排查，不留死角死面。建立程序化免疫和日常定期补针机制，对高致病性禽流感、口蹄疫、猪瘟、布病、鸡新城疫、小反刍兽疫6种重大动物疫病开展季节性集中强制免疫，累计免疫生猪49.3万头、奶牛2.44万头、肉牛3.63万头、羊6.58万只、禽类309.4万只。开展免疫抗体检测和流行病学调查，共完成505个猪场、41个牛场、3个羊场和68个禽场采样监测，抽检样品1.23万份，完成省市交办非洲猪瘟等相关采样任务1200份。组织3次非洲猪瘟防控消毒，先后分2批下拨40吨固体消毒药，出动人力1360人次，消毒养殖场586个，消毒屠宰场6个，消毒各类场点所面积900万平方米。在奶牛“两病”（结核病、布病）检测出证中实行重心下移，明确基层站和场方工作要求，强调场方主体防疫责任，督促场方自检，基层站负责结核病抽检工疫控中心化验室负责布病抽检，各奶牛场逐一签订“两病”防控工作责任告知书，全区存栏奶牛1.22万头，完成检测出证18家。

（于 波）

【饲料管理】 2019年，丰南区按年初饲料生产企业监督检查工作安排和上级通知精神，对辖区饲料生产企业进行拉网式检查。安全生产方面重点检查饲料生产企业安全责任制及生产车间原料库、成品库、小料库仓储安全管理制度落实情况，整治存涉及粉尘爆炸物品和危险化学品安全设施、消防设施存在问题，落实安全管理措施，检查生产、经营场所（车间）防尘防爆等防护和安全设施设备安全状况是否符合规定要求，对实验室强酸强碱、易燃、易爆等危险物品管理等等；质量安全方面重点检查饲料厂小料库和饲料生产企业购入原料登记及供应商档案、质量安全保证书等，保证蛋白原料具有三聚氰胺检测证明，生产产品凭三聚氰胺检测报告及产品质量检验合格报告出厂。全年开展执法检查50次，出动人数120人次，抽检饲料样品68批次，每次执法检查都填写《监督检查记录》或《专项检查表》，对存在问题提出限期整改意见，并在期限内组织执法人员“回头看”，确保整改到位。

【生猪生产稳定】 2019年，丰南区养猪业为畜牧经济第一主导产业，与其他畜禽产业相比，发展比较成熟和完善，呈现健康发展态势。丰南区生猪养殖由省级调出大县上升为国家级调出大县，为北京、天津等大城市猪肉市场稳定供应做出贡献。丰南区生猪发展主要特点是，生猪良繁体系健全。全区以“杜长大”为主优质瘦肉型猪三级繁育体系建设完善，猪良繁体系建设为保证全区生猪结构调整奠定基础。品种优良化。全区杂交瘦肉型商品猪出栏占商品猪出栏总量90%以上，优质三元杂交瘦肉型猪推广促进全区养猪业科技进步。饲养管理科学化。全区规模化猪场普遍重视猪场选址、布局以及猪舍建筑科学合理性，在养猪设备上大都采用妊娠限位栏、产床、保温箱、育仔床、自动料槽及乳头饮水器等设施，饲养普遍实行妊娠限饲、早期断奶、全价配合饲料等新技术，管理上普遍推广以“周”为单位节律性生产和全进全出制，实现生产集约化。规模猪场结合自身实际，本着“防重于治”原则制定科学防疫灭病计划，控制生猪疫病，保护养猪业健康发展。生猪销售合同化、订单化。全区规模化猪场发挥紧邻京津区位优势，与京津等地大型肉联厂建立稳定销售关系，同时建立健全专业协会和农民经纪人组织，经纪人队伍扩大对全区生猪生产发挥积极作用。

【奶业振兴】 2019年，丰南区制定奶业振兴实施意见，重点开展做大做强乳制品加工龙头企业、建设奶源基地、推广全株玉米青贮、奶牛家庭农场改造提升4项工作。“粮改饲”项目争取中央补贴资金352万元，种植青贮玉米3.5万亩，收贮青贮玉米饲料10万吨。年内市级安排丰南区中央农业生产发展资金210万元，用于奶牛家庭牧场升级改造，升级改造奶牛家庭牧场7家，全区奶牛存栏1.35 万头。

【肉牛羊产业】 2019年，丰南区把握京津地区养殖业外移机会，利用区内秸秆资源发展肉牛、肉羊产业，按照养殖业现状及消费趋势，确立肉牛、肉羊为全区畜牧业发展优势品种，促进优势养殖品种相对集中发展，打造集中连片中东部肉羊养殖区。肉牛以西门塔尔杂交牛为主，尝试发展安格斯等优质特色肉牛，支持不能继续经营奶牛场利用西门塔尔冻精改良低产奶牛生产西杂肉牛；肉羊适度引入国外优良品种进行杂交利用，重点培育肉用性能好、繁殖率高、适应性强肉羊新品种，开发满足不同群体需求新型羊肉产品。

（董庆武）

渔 业

【概况】 2019年，丰南区渔业生产在区委、区政府正确领导下，在上级渔业主管部门支持下，立足全区渔业生产实际，调整渔业生产结构，加强新技术新品种引进推广，建设对虾优势区基础设施，加快产业重点转移，提高水产养殖业水平，提升渔业科技含量，水产养殖业整体发展态势良好。全年全区水产养殖总面积5.352万亩，其中淡水养殖4.252万亩、海水池塘养殖1.1万亩，水产品总产量5.897万吨，其中海产品产量1.470万吨、淡水产品产量4.427万吨。全区拥有各类渔船393艘，总功率2.7万千瓦；水产品加工企业63个，年加工能力1.257万吨；工厂化育苗室116座，总水体20万立方米，年生产苗种137亿尾。

【渔业养殖品种】 2019年，丰南区淡水养殖以四大家鱼起步，主要养殖方式为池塘养殖和温棚双茬养殖，品种主要有鲤鱼、鲫鱼、鳙鱼、鲢鱼、草鱼、泥鳅、罗非鱼、加州鲈鱼、黄颡鱼、河蟹、南美白对虾等。海水养殖主要为池塘养殖和温棚双茬养殖，主要养殖品种为南美白对虾。

【新品种、新技术、新模式推广】 2019年，丰南区加强南美白对虾一代苗种引进，依托渔业协会搭建苗种生产厂家与南方国内一流南美白对虾苗种生产企业对接平台，引进南美白对虾一代优质苗种，促使南美白对虾苗种提档升级，向优质化、标准化、健康化方向发展，提高市场竞争力和优良品种普及率。渔业执法中队加强渔业执法监督力度，提高虾苗病毒检测抽样覆盖率，规范对虾苗种生产，提升对虾苗种质量。全区累计引进南美白对虾一代苗种97亿尾。依托丰越公司福瑞鲤河北繁育基地，引进鲤鱼新品种福瑞鲤2号扩繁示范。经过人工催产、强化培育等，共孵化3批次2000余万尾鱼苗。

【对虾繁育基地建设】 2019年，丰南区根据上级文件要求，补助资金40万元，用于支持南美白对虾良种繁育基地建设。区农业农村局组织实施，完成规划招投标，结合中标单位北京大洋碧海渔业规划设计院和中国水产科学研究院黄海水产研究所开展规划编制，多次组织唐山市丰南区南美白对虾良种繁育基地建设规划汇报会，由相关区直单位和乡镇相关提出修改意见，经过专家评审论证后，最终编制完成《唐山市丰南区南美白对虾良种繁育基地暨丰南区现代生态渔业园区建设规划》。

【海洋捕捞】 2019年，丰南区有海岸线19.7千米，建有黑沿子、涧河2个渔港，有渔业人口3万人，从事海洋捕捞生产劳动力1万人。全区有海洋捕捞渔船396艘，总功率2.772万千瓦。海水捕捞产量1.404万吨，主要品种包括小黄鱼、带鱼、梭鱼、光鱼、鲅鱼、鲈鱼、毛虾、对虾、鹰爪虾、虾蛄、梭子蟹，以及贝类、头足类、海蜇等。

【增殖放流】 2019年，丰南区为改善海域水生生物种群结构，逐步恢复和增殖近海渔业资源，区洪海育苗场在涧河海域开展增殖放流活动，放流半滑舌鳎苗种10万尾，通过自发放流行为，提高全民渔业资源保护和修复意识，促进海洋渔业资源可持续发展。

（马云聪）

林果业

【概况】 2019年，丰南区以建设“生态良好、绿树成荫、环境优美”绿色丰南为目标，突出重点，广泛发动，创新机制，强化服务，稳步推进全区林业发展。截至年底，全区林地总面积1.71万公顷，森林覆盖率19.65%。

【造林绿化】 2019年，丰南区完成造林2.81万亩，森林抚育2.3万亩，分别占全年总任务100.3%和153.3%，超额完成造林任务。

（王 岭）

【特色林果基地建设】 2019年，丰南区按照区域化布局，规模化发展要求，建成果品重点基地有南孙庄乡桃2200亩，东田庄乡桃400亩，唐坊镇榛子1370亩，大新庄镇榛子1000亩，钱营镇刘庄子梨700亩、苹果200亩，大齐镇大长春桃260亩，黄各庄镇杨家泊苹果100亩、红花园梨200亩，西葛镇沙坨子葡萄100亩。全区有精品采摘果园8个，占地500亩。

（张 菊）

【林业执法】 2019年，丰南区林业执法中队开展清网护鸟专项行动，受到唐山市野生动物保护协会嘉奖，授予“爱鸟护鸟先进集体”称号。加强对重点区域、特殊地点布控、巡查，根据野生候鸟习性及迁徙规律，在春秋两季清网护鸟专项行动中，牺牲休息时间，以夜查等方式对大田沟壑、芦苇泊等鸟禽栖息区域进行拉网式巡查，对重点地段结合各乡镇政府、派出所进行布控，全年累计清网7起合计800延长米，缴获地夹10个、诱鸟器6组，解救野生鸟类106只。依法打击各种陆生野生动物违法犯罪活动，全年累计办结陆生野生动物违法犯罪案件3起4人，其中非法狩猎2起3人，非法收购1起1人移交公安机关立案。结合区市场监管局、野保协会对区集贸市场开展专项检查，对非法售卖6只栗鹀当场放飞，对2名售卖人员批评教育，现场张贴、发放宣传资料130余份。在繁华地段进行宣传，送野生鸟类保护明白纸进校园、进村庄，在重点区域张贴宣传警示单，累计发放、张贴宣传品1800余份，悬挂宣传横幅30余条。利用区电视台、网络平台、乡镇林业工作微信群等方式，宣传依法查处野生动物违法犯罪案件，震慑野生动物违法犯罪活动。

（朱 蒙）

【林业资源保护管理】 2019年，丰南区强化木材采伐计划管理，做到按计划申请，按申请设计，按设计发证，持证采伐和及时做好伐区验收工作。执行资源保护责任追究制度，打击破坏森林资源违法犯罪活动，强化林地管理，宣传有关林地管理政策，规范征占用离地报批程序，严格实行申报审批制度，保证林地资源不流失。在全区开展非法占用林地清理专项行动，处理打击非法违法占用林地、改变林地用途行为。2019年，全区使用采伐限额7206.56立方米，其中商品林主伐6417.8立方米、抚育采伐

290.73立方米、其他采伐0立方米，人工一般公益林更新采伐658.65立方米、抚育采伐0立方米、其他采伐0立方米，按照省厅下达采伐限额指标剩余采伐限额218.44立方米，分别是商品林主伐16.2立方米、抚育采伐23.27立方米、其他采伐80立方米，人工一般防护林更新102.35立方米、抚育采伐0立方米、其他采伐0立方米。此外，非规划林地采伐林木7748.26立方米，其中商品林主伐5857.09立方米、抚育采伐391.29立方米、其他采伐1.04立方米，一般公益林更新1467.29立方米、抚育采伐31.55立方米、其他采伐0立方米。

（李志军）

【林业病虫害防治】 2019年，丰南全区林业有害生物防治面积13.855万亩次，其中春尺蠖防治面积2.1万亩次、美国白蛾防治面积11.755万亩次。春尺蠖和美国白蛾防治上采用飞机防治，飞机防治作业速度快，可以在病虫害最佳防治时期内快速完成飞防作业，从而保证防治最佳效果，降低因防治不及时给农民带来损失。

（付建秀）

【林业工程项目管理】 2019年，丰南区完成2005年退耕还林工程验收，验收合格面积2264.468亩，发放资金20.38万元。组织项目单位完成沿海防护林工程0.6万亩，发放项目资金300万元。聘请第三方测绘单位验收区级项目10个，验收合格面积50842亩，发放补助资金3874.12万元。

【全民义务植树】 2019年3月29日，丰南区四大班子领导艾春、赵立华等与区直有关单位、岔河镇机关干部及青年志愿者代表在唐廊高速岔河镇绿化点共同参加义务植树活动，造林100亩，植树6000余株。

（王 岭）

水 利

【概况】 2019年，丰南区水利工作践行“节水优先、空间均衡、系统管理、两手发力”新时期治水思路，围绕“建设沿海强区、美丽丰南和重返全省县(市、区)前列”总体目标，以“地下水超采综合治理、防洪除涝、农村饮水安全质量提升、河道生态清淤”为重点，落实最严格水资源管理制度，依法治水为保障，加强管理，深化改革，促进水利事业快速发展。

【水利工程建设】 2019年，丰南区水利工程主要有3个。一是龙泉河清淤疏浚工程。工程安排6个项目，分别是南湖引水液压坝工程、南湖引水涵管工程、游船码头工程、唐胥路开挖工程、龙泉河清淤工程、丰南区人民公园疏浚工程，施工单位于7月15日进场施工。为抓好项目实施，丰南区水利局组成项目推进专班，协调路南区、南湖及区直有关部门做好施工相关工作，克服汛期暑期施工困难，工程于10月中旬全部完工，12月底完成验收。西排干防潮闸改建工程。计划投资4763万元对该闸拆除新建，新建及维修海堤1200米，渠道清淤580米。项目于10月中旬进场施工，年内完成闸室清淤，组织桩机实施打桩，待打桩完成后进行闸底板浇筑和地面以上钢筋结构。二是唐山市全域治水清水润城市带县工程PPP项目。按照唐山市《全域治水清水润城三年（2018—2020年）行动方案》部署，水利局结合设计单位和相关部门、乡镇谋划总投资8.9亿元河道综合治理、河湖水系连通、乡村振兴水环境综合整治3类16个项目。涉及丰南区项目进入深化设计阶段，编制工程实施阶段可行性研究报告和初步设计。三是唐山市丰南、南堡等工业区供水工程。项目估算总投资147496.71万元，静态总投资143062.45万元。工程完成项目建议书、可行性研报告和初步设计报告3个阶段审批，取得防洪、水保、取水许可和环评审批，压覆矿产资源报告在办；取得地灾评估、穿越采空区评估、矿产资源开发利用、土地复垦、临时占用基本农田报告等5项专家审查意见；取得丰南区和开平区自然资源分局选址意见书和建设用地规划许可证；编制完成永久占地勘界报告；输水管线部分施工图设计基本结束。项目PPP实施方案获得区政府批复组织入库。

【“全域治水清水润城”项目】 2019年，丰南区“全域治水清水润城”项目包括：一是河道生态清淤工程。投资2219万元实施陡河、沙河、黑沿子排干河道下游生态清淤工程，完成陡河清淤长度3654米，沙河清淤长度2545米，黑沿子排干清淤长度4615米。工程于2月完成招投标，5月底全部完成清淤任务。投资260万元实施西排干河道下游生态清淤工程，完成清淤长度1918.4米，工程于3月初完成招投标，5月底全部完工。二是补充环境用水改善水质。针对全区4条入海重点河道水质较差实际，协调市水利局和陡河水库管理处制定生态调水方案，适时向陡河、西排干等河道调引生态用水6540万立方米，改善重点河流水体环境，促进陡河、西排干等主要河道水质改善。三是开展水质监测。年初，聘请市第三方机构，自3月起对沙河、陡河、西排干、黑沿子排干等骨干河道14个重点断面开展水质检测，与生态环境分局配合查找分析造成水质超标原因，制定解决方法措施。11月向区政府建议，聘请专业团队北京熙诚紫光科技有限公司对陡河全域进行全方位岸上、岸内水污染调查，制定综合整改建议方案。四是建设河道智能监控系统。投资200万元在陡河、沙河、西排干、黑沿子排干跨河桥梁、堤防道口等部位建设视频监控设施17处，对向河道内违法偷排偷倒污水废液、垃圾废弃物行为实施监控，提升河道管理技术水平。五是加大基层督导检查力度。成立工作专班和巡查督导组，定期和不定期巡查督导河湖清理工作，结合第三方巡查和媒体曝光，发现问题及时交办解决。截至12月底，共向属地乡镇下发交办通知单48份，完成整改47项，整改率98%。

【河道垃圾治理长效机制】 2019年，丰南区督导沿河各乡镇和水利局下属河系所管理范围内垃圾治理，全部采取第三方外包服务等方式建立垃圾清理河道保洁机制，同时建立健全督导、考核机制，促进沿河垃圾治理制度化、常态化。

【农村饮用水安全】 2019年，丰南区444个行政村全部为单村集中供水，惠及农村人口45.94万人，其中千人以上供水工程185处，涉及人口30.26万人，千人以下供水工程259处，涉及人口15.68万人。自来水受益人口45.94万人，自来水普及率100%。按照省人民政府办公厅下达《关于建立农村饮水安全管理责任体系的通知》等有关文件精神，丰南区于2019年6月底前落实《通知》要求“三个责任”和“三个公开”，成立丰南区农村饮水安全工作领导小组，下发《唐山市丰南区农村饮水工程运行管理办法》，并对千人以上人口农村集中供水工程安装服务公示牌。全区先后投入110万元，对所有建档立卡贫困户和非建档立卡贫困户饮水井进行水质检测，达到所有行政村水质检测全覆盖，检测结果均达到饮水安全评价指标。完成2019年中央财政补助农村饮水工程维修养护项目，投资64万元，新建井房6座，水泵更新11套，变频配套13台套，安装水处理设备5套，涉及全区8个乡镇23个村，受益人口2.01万人。

【水资源管理】 2019年，丰南区地下水压采量指标为900万立方米（其中城市500万立方米、农业400万立方米）。为确保全年压采地下水量任务完成，从城市用水和农业用水两方面压减地下水开采量，城市方面主要利用产业结构调整减少地下水用水量，农业方面主要包括农村灌溉水源置换工程、冬小麦节水新品种及配套技术推广等。截至年底，城市完成压采量511万立方米，区农业农村局实施冬小麦节水品种及配套技术推广12万亩，亩均节水45立方米，实现压采量540万立方米。以建设节水型社会和水资源可持续利用为目标，开展取水许可、计划用水和水资源论证工作。加强水表维护管理，确保运转正常，巡查用水户用水量，为水资源税足额征收提供准确数据。截至年底，维修水表405次，新安装水表系统25套。

【旱涝风暴潮灾害防御】 2019年，丰南区向市水利局争取用水指标，主动协调上游水库管理单位，通过基层河系所和机关相关人员努力，全年完成农业调水1.9亿立方米，为全区抗旱和农业生产用水提供保证。洪涝风暴潮灾害防御方面，按照区委、区政府机构改革安排部署，在区防办编制、人员移交区应急管理局情况下，区水利局不等不靠开展各项工作，做到宣传发动、隐患排查、度汛工程建设、物资储备、河道清障、应急值守“六到位”。与应急管理局组建工作专班，在水利局联合办公，发挥综合协调作用，抵御台风“利奇马”和百年一遇大潮侵袭，保证人民群众生命财产安全。

【依法治水】 2019年，丰南区水利局开展水法律、法规宣传活动，年内共发放宣传购物袋2.1万个，发放各类宣传材料5.2万余份，提高用水户及群众依法取水、用水、护水意识。制定法律知识培训计划，加大系统内工作人员法律法规学习培训力度，提高执法人员素质和水平。发挥水政监察职能，查处破坏水表、河堤、非法取土、非法凿井等涉水案件。年内依法查处水事案件30起，保护水利工程设施，树立水利执法社会形象。对违规取水问题集中整改，按照审计署环渤海地区生态环境保护审计及河北省2019年第一季度贯彻落实国家重大政策措施审计情况，年底前全区需要集中实施整改184家企事业单位，其中无证取水114家，超量取水70家。经报区政府和市局同意，对这些单位分别作出责令停止违法行为、限期补救、罚款、移交法院等处理措施。

（赵立颖 李 妍）

农业机械化

【概况】 2019年，丰南区在乡村振兴战略引领下，在农机补贴等惠农、强农政策助推下，农机部门和全区农机从业人员围绕“兴机、强农、惠民”目标，转方式、调结构、保增长、抓创新，推动全区农机化发展。截至年底，全区农业机械总动力达到57.41万千瓦，比2018年增长

1.94%；农机总值达到6.31亿元，比2018年增长4.3%。先进适用、科技含量高大中型农业机械在农业生产中占据主导地位。全年全区完成机耕75.86万亩、机播72.4万亩、机收62.2万亩，主要农作物综合机械化水平达到87%，比2018年增长1.2%。

【季节性农机生产】 2019年，丰南区围绕“春耕”“三夏”“三秋”等主要农时，在抓机具检修、机手培训基础上，组织并指导农机专业合作社和农机大户及时出动大中型农业机械开展农机生产。农机部门安排技术人员巡回开展技术指导和安全检查，保证各类机具安全高效作业。年内，共投入拖拉机、收割机、播种机、旋耕机等机具6000余台（套），提升农机作业水平，确保不误农时，全区小麦、玉米、花生、水稻等主要作物耕、种、收环节基本实现机械化。

【农机新技术推广】 2019年，丰南区坚持农机农艺相结合，针对主要农作物，围绕关键薄弱生产环节，引进、试验、示范、推广精准高效、节能环保、增产增收新机具、新技术。推广水稻育秧及机插秧技术，以农机合作社和农机大户为农机作业主体，以水稻承包大户为生产经营主体，围绕水稻育秧、插秧等主要生产环节推广新机具、新技术，取得良好效果，推广应用久保田、井关、洋马、久富等国内外知名品牌插秧机225台，完成机插秧作业面积12.2万亩，机插率达96%。推广花生联合收获技术，提前开展花生联合收获技术宣传，引进先进适用自走式花生捡拾收获机，在主产乡镇进行多点试验示范，调动农民用机积极性，在落实农机补贴政策上，给予优先倾斜，年内共补贴自走花生捡拾收获机40台，累计达到60台，完成花生联合收获面积12.3万亩，机收率90%。推广小麦秸秆粉碎还田技术，结合各小麦主产乡镇，推广“小麦机收+秸秆切抛粉碎还田+夏玉米免耕（旋耕）播种”一条龙作业模式，要求所有参加麦收作业收割机必须安装并全程使用秸秆切抛机，规定机收留茬高度在15厘米以下，且秸秆抛撒均匀。年内完成小麦秸秆粉碎还田13.4万亩，还田率达到97%以上，配合全区秸秆禁烧工作开展。推广激光平地机15台，完成高标准平整耕地5万亩。

机械收割小麦

【农机深松作业】 2019年秋季，丰南区在王兰庄镇18个项目村完成农机深松作业面积2万亩，合格率99%，改良土壤，增强地力，预计作物每亩可增产10%以上。项目实施标准比往年提高，主机全部使用90千瓦以上拖拉机，深松机全部为集深松、旋耕功能一体联合作业机，而且深松机全部安装智能监控设备，作业速度加快，作业质量优良，社会满意度达95%以上。

【农机社会化服务】 2019年，丰南区加大对农机专业合作社和农机大户等新型农机服务组织培育和扶持力度，对农机大户和农机专业合作社从惠农政策方面重点支持，促其上规模、上档次，增强发展实力。开展全方位业务培训，提升其技术水平和管理能力，成为农机社会化服务主体。引导其探索土地承包、土地托管等经营模式，开展规模经营，建立稳固农机作业市场，提高经济效益。截至2019年底，全区农机固定资产20万元以上农机大户达到98个，农机专业合作社达到30个。全年完成总作业量90多万亩，创收 4000余万元。

（李会全）

农产品质量安全监管

【概况】 2019年，唐山市成功创建国家农产品质量安全市，丰南区作为创建工作突出贡献单位，达到国家农产品质量安全县创建标准。针对不同农产品生产经营主体，履行职责，监管到位，建立生产经营主体监管名录和生产经营主体“黑名单”制度，对生产经营过程中有违法情况、生产经营条件不达标者、不配合执法检查等行为严格监管，增加巡查检查和抽样频次，并依法公开生产经营主体违法信息。组织生产经营主体实施质量承诺，通过举办培训班、技术指导、执法检查、发放明白纸等形式，提高生产经营主体法律意识和自律意识，全区发放宣传册3.2万余份，举办各类培训55期，培训人员1.58万人次。督导生产经营企业做好投入品购买入库出库使用、产品销售、用药等生产记录，生产企业全部落实记录制度。引导企业生产（单位）开展自检或委托检测，全区纳入监管名录企业自检或委托检验覆盖率100%。抓病死畜禽无公害化处理，建立病死畜禽集中无害化处理长效机制，全年全区无害化处理率达100%。

【农业投入品监管】 2019年，丰南区建立市场准入制度和生产经营主体名录制度，强化农药、兽药、饲料及添加剂等农业投入品市场准入管理，对全区300多家经营单位建立生产经营主体监管名录，加强生产、经营管理。落实农业投入品生产经营台账，农药种子经营单位全面建立索证索票经营台账制度及经营诚信等制度；兽药经营企业严格落实兽药GSP制度，在经营店铺公示监督人员照片和联系电话，接受群众投诉举报；饲料生产企业执行从采购、产品生产、添加剂使用、产品销售、产品化验留样等全程记录。制定常态监管检测制度，在生产经营旺季，每个企业至少巡查2次，并加强抽样检测。

【农产品质量安全监测】 2019年，丰南区制定主要农产品质量安全监测计划，以生产基地、养殖场、屠宰场、批发市场、超市为重点，加大农产品检测密度和频次，确保农产品质量安全。发挥7个农业区域站和9个动检站作用，实现检测全覆盖，年内抽检各类农产品3.96万个（其中定量检测1625个，定性检测3.80万个）。公开农产品质量安全检测监管信息，在区政府农牧信息专栏中每个月定期公开抽检信息，不定期公开投入品监管和执法信息，累计公开信息21条。

【农产品质量安全执法】 2019年，丰南区加强农业投入品生产经营和农产品生产、收购储运、屠宰及批发、零售市场等重点环节执法检查，打击制售假劣农资、生产销售使用禁用农兽药、非法添加有毒有害物质、收购销售屠宰病死动物、私屠滥宰、伪造冒用“三品一标”产品标志等违法违规行为。全年出动执法人员1215人次，检查农业投入品经营单位 5852家次，查处违法行为81起，年内未发生重大农产品质量安全案件。健全农产品质量安全机制，建立丰南区食品药品违法案件通报制度、丰南区食品药品违法案件协查制度、丰南区食品药品安全工作联合执法制度等机制，通过两法衔接平台公布违法信息。建立突发事件快速反应机制，建立农产品质量安全应急处置机制，确保在发生重大农产品产品质量安全事件时能迅速、有序进行应急处理，维护社会稳定。

【农业标准化生产】 2019年，丰南区制定并申报唐山市地方标准1项，集成转化企业操作规程5项，生产操作规程入户率达到100%。打造农产品质量安全标准化生产示范企业，在原有7个标准化生产示范企业基础上增加立国家庭农场、大齐各庄镇雪丰果蔬种植专业合作社、丰南镇经济发展总公司3家农产品质量安全标准化示范企业。开展“两品一标”建设，天合亿农业发展有限公司的草莓、番茄及鑫湖农业有限公司的草莓3个农产品获得绿色食品认证。“天合亿”申报“丰南西红柿”地理标志商标提交申请，全区认证产品和良好农业规范等获证产品占全区农产品产量60%。

农户收看农业梦

【农产品质量安全监管体系】 2019年，丰南区建立健全区、镇、村三级农产品质量安全监管体系，区成立农产品质量安全领导小组，各乡镇成立食品安全监管办公室，村级设立质量安全监管员691名，实现监管全覆盖。实现智能化监管，监管人员利用APP将行政管理、监督检查、抽样检测、技术服务等信息上传至监管平台，使监管工作实现透明公开。组织开展业务培训，制定培训计划，通过派出技术人员，邀请专家进区培训等方式，组织区、镇、村三级监管人员培训6期，每人累计培训时间超过40小时。

【农产品质量安全制度机制建设】 2019年，丰南区落实全程监管机制。在产地环境管理中执行健康养殖有关规定，对项目申报、享受政府优惠政策等方面不达标者坚决不予批准；在水产养殖中落实给排水渠道分设，有养后废水净化处理设施；在畜禽养殖中落实符合防疫条件，有环境评估报告。强化农产品可追溯体系建设，依托省市农产品质量安全监管平台，将全区500家农产品生产企业纳入监管，14家企业农产品可开具食用农产品合格证，大宗农产品实现可追溯。

（李佳梅）

工业·建筑业

Gongye · Jianzhuye

责任编辑：李文璇

综 述

2019年，丰南区规模以上工业企业达到196个，全部工业增值比上年增长10.7%，其中规模以上工业增加值比上年增长13%。在规模以上工业中，钢铁行业增长20.1%，精品陶瓷行业增长21%，装备制造行业增长8.7%，现代化工行业比上年下降19.6%，特种线缆增长5.3%，食品行业增长20.2%。高新技术产业增加值比上年增长18.5%，战略性新兴产业增加值比上年增长19.5%。截至年底，全区规模以上工业企业实现主营收入1071.4亿元，比上年增长12.2%。其中钢铁行业实现收入531.7亿元，占规模以上工业企业比重为49.6%，比年增长33.7%。规模以上工业企业实现利润总额81.7亿元，比上年增长5.6%，其中钢铁行业实现利润总额50.8亿元，比上年下降13.2%。规模以上工业企业主要营业收入利润率7.6%，比上年下降0.48个百分点。全年规模以上工业主要产品产量中，钢材比上年增长44%，增长速度最快；卫生陶瓷比上年增长14.2%；瓷质砖比上年增长9.8%；电力电缆比上年增长6.5%；饮料、酒比上年下降1.5%。

2019年，全区建筑业增加值34.7亿元，比上年增长6.3%。全年房屋建筑施工面积256.3万平方米，其中住宅面积183.8万平方米，全年商品房销售面积21.2万平方米。

工 业

【工业行业分类】 2019年，丰南区委、区政府以“思想转型”为引领，以重返全省县（市、区）前列为目标，推动工业经济跨越发展、进位赶超，当好加快环渤海地区新型工业化基地建设和全市高质量发展“排头兵”和“领跑者”，全区工业经济发展稳中向好。区规模以上工业企业196个，分布于26个行业。其中，农副食品加工工业26个，食品制造业2个，酒、饮料和精制茶制造业2个，纺织业3个，家具制造业1个，化学原料和化学制造业13个，医药制造业2个，橡胶和塑料业4个，非金属矿物制品业33个，黑色金属冶炼和压延加工业10个，有色金属冶炼和压延加工业2个，金属制造业29个，通用设备制造业15个，专用设备制造业21个，汽车制造业4个，铁路、船舶、航空航天和其他运输设备制造业3个，电气机械和器材制造业3个，废弃资源综合利用业4个，电力、热力生产和供应业3个，燃气生产和供应业2个，仪器仪表制造业1个，造纸和纸制品业1个，木、竹、藤、棕、草制造业2个，食品制造业2个，黑色金属矿采选业3个，专用设备制造业1个。

【工业经济主要指标】 2019年，丰南区规模以上工业增加值增速13.0%，超市达计划5.5个百分点，排名全市第四位。规模以上工业实现利润81.7亿元，比上年增长5.6%；规模以上工业主营业务收入利润率7.6%，排名全市第八位。实施工业项目95项，完成投资比上年增长14%，与市达计划增速持平；完成工业投资比上年增长14%，排名全市第十一位；实施技术改造项目76项，完成技改投资比上年增长23.6%，排名全市第七位，高于市达标计划8.6个百分点，技术改造投资占工业投资比重96.7%。市达新增规模以上工业企业25家。2019年实际新增规模以上工业企业28家，超市达计划3家。

【钢铁行业运行特点】 钢铁是丰南区支柱产业，2019年，全区共有规模以上钢铁企业8家，其中5家正常生产钢铁冶炼企业（纵横、瑞丰、东华、凯新、经安）职工2.5万人，通过纵横、瑞丰、东华、经安4大钢铁企业龙头带动，生产带钢、卷板、冷轧镀锌、螺纹钢、高强度汽车钢、集装箱用钢、耐候钢、双相钢等优势产品，中高端产品比重占30%以上。2019年，钢铁产品价格震荡上行拉动，收入保持增长，但受进口铁矿石等原材料价格上涨等因素影响，效益有所下降。全年产铁1515.9万吨、钢1571.9万吨、材1288.8万吨，比上年分别增长33.6%、35.7%和44.0%；完成主营收入531.7亿元，比上年增长33.7%；利润50.8亿元，比上年下降13.2%；利税60.2亿元，比上年下降12.8%。

【陶瓷行业运行特点】 陶瓷是丰南区传统优势产业，2019年，全区有规模以上陶瓷企业10家，总资产53.6亿元，从业人员1.6万人。年生产能力卫生陶瓷2590万件、日用瓷860万件、工业瓷7800万件、艺术瓷3万件、建筑瓷400万平方米，形成以卫生瓷、日用瓷、建筑瓷、特种工业瓷、工艺美术瓷为主陶瓷生产体系，以及与之配套水箱配件、坐便器盖板、浴缸、淋浴房、五金配件、橱柜、陶瓷机械、釉料、纸制品等主辅行业门类齐全、上下游产业链衔接完整产业基础。2019年，陶瓷行业克服中美贸易摩擦等不利因素影响，生产经营保持稳定增长。全年生产卫生瓷2405万件，比上年增长14.2%；完成主营收入53.1亿元，比上年增长15%；利润7.2亿元，比上年增长33.6%；利税9.1亿元，比上年增长40.9%。

【装备制造行业运行特点】 丰南区有规模以上装备制造企业80家，资产总额185亿元，从业人员1.2万人。以打造环渤海地区特色制造业中心为目标，发展煤炭机械、陶瓷成套装备、汽车装备、特种线缆、电子信息产业，培育出中煤科工、贺祥机电、唐鸿重工、华通线缆、海森电子等重点企业。2019年，完成主营收入294.7亿元，比上年下降3.5%；利润12.2亿元，比上年增长605%；利税13.7亿元，比上年增长385.1%。

【化工行业运行特点】 丰南区有规模以上化工企业13家，总资产42.7亿元，从业人员1500余人，以打造北方新型材料生产基地为目标，发展煤化工和高档防水涂料。2019年，完成主营收入42.6亿元，比上年下降6.7%；利润3.1亿元，比上年下降12.2%；利税4亿元，比上年增长2%。

【特种线缆行业运行特点】 丰南区有规模以上特种线缆企业4家，总资产22.9亿元，从业人员1300余人，主要生产船舶、风电、动车、核电、电梯、通信等领域专用线缆。2019年，华通线缆在国内市场平稳基础上开拓国外市场，产品出口比上年增长30.5%。全年全行业生产电力电缆21.8万千米，比上年增长6.5%；完成主营收入38.4亿元，比上年增长3.1%；实现利润1.5亿元，比上年下降0.5%；利税1.9亿元，比上年增长17.5%。

【食品行业运行特点】 丰南区共有食品行业企业22家，总资产19.9亿元，从业人员2100余人，主要生产酒、饮料、熟食制品、保鲜食品和绿色有机食品。2019年，完成主营收入28.8亿元，比上年增长28.0%；实现利润2.0亿元，比上年增长60.6%；利税3.1亿元，比上年增长33.6%。

工业重点项目

【纵横钢铁项目】 2019年，丰南区工信局帮助纵横钢铁企业完成钢铁置换方案和焦化置换方案变更，并均在省工信厅网站予以公告。对置换装备拆除验收，国丰拆除水、电、气等公辅设施，于7月底通过省工信厅限期拆除标准验收，保证纵横项目一步工程合规投产。瑞丰、清泉、顺兴、粤丰等企业涉及置换装备拆除验收工作，均在开展。

【钢铁产能置换项目】 2019年，丰南区工信局指导瑞丰钢铁、东华钢铁（凯恒）、经安钢铁3家钢铁企业实施减量置换，3家企业置换方案均在省工信厅网站予以公示公告，合计建设产能380万吨。瑞丰钢铁年内进场施工，另外2家企业按计划推进，使钢铁行业企业装备水平实现质的提升。

【焦化去产能任务完成】 2019年，丰南区工信局联合相关部门，督导榕丰限期拆除1座72孔5.5米侧装焦炉，执行中讲清政策，提高站位，依法依规，确保做到安全关停、稳定关停、环保关停，该企业关停和封存情况年内通过市级验收。

绿色发展

【大气污染防治】 2019年，丰南区工信局检查督查到位。在全省生态环保大会、中华人民共和国成立70周年庆祝活动等时间节点，6名班子成员带领相关科室人员，放弃节假日和休息日，采取日查、夜查、晨查相结合方式，保证管控措施落实到位。处罚处理到位。对督导检查中发现21件企业未落实重污染天气应急响应、不执行大气污染强化管控减排措施等问题，督导辖区政府和企业立即整改，对2家落实减排措施动作慢企业实行了长停产时间惩罚性措施。服务到位。探索落实减排措施和加强服务契合点，根据部分企业生产装备规模和工艺技术特点，在入企督导检查过程中提出相应技术指导和服务建议，为重点钢铁企业调整生产计划、部分轧钢和燃气隧道窑烧砖企业调整生产装备，争取政策支持，在按要求实现减排效果前提下，最大限度降低停、限产对企业生产经营产生影响。

【绿色发展布局】 2019年，丰南区梦牌陶瓷、贺翔机电2家企业进入工业和信息化部节能诊断服务名单，惠达卫浴、梦牌陶瓷2家企业被认定为国家级绿色工厂，瑞丰公司100兆瓦超高温亚临界煤气发电工程投入运行，东华公司烧结机综合改造项目在建。

【企业退城搬迁】 2019年，丰南区工信局通过调查二环线内涉及23家铸造、家具企业，全面摸清其电力、土地、发改备案、环评等各项手续情况，10月30日前全部关停到位，并由属地乡镇政府予以封存。同时，起草《唐山市丰南区铸造行业转型升级实施方案》，指导企业有序搬迁改造。

监管服务

【企业转型升级】 2019年，丰南区工信局组织21个项目申报入选2019年河北省工业企业重点技术改造项目库，申报数量位列全市第二位，其中唐鸿重工、惠达卫浴等4家企业项目申报省、市级技改资金项目。市百项项目年内在建，实施总投资17.2亿元市重点技术改造项目8项，年内完成投资4.4亿元，完工项目4项。

【为中小企业服务】 2019年，丰南区工信局为10家企业申报省“专精特新”企业，数量居全市前列，贺祥机电申报成为国家级“专精特新”小巨人企业。培育小微企业创业创新基地和公共服务示范平台，为4家平台申请获得市级奖补资金70.5万元，提升硬件实施和服务水平。组织万众创业孵化基地进入省小微企业创业创新基地培育库，光彩科技孵化器申报市级小微企业创业创新基地，万唯网络申报市级公共服务示范平台。

【企业减负】 2019年，丰南区工信局清理拖欠民营企业中小企业账款，对全区47家相关区直单位和乡镇园区拖欠账款情况全面排查，建投公司拖欠2家新民居工程施工单位工程账款437.99万元年内全部还清。组织电力直接交易，全区有正元管业、东方雨虹等33家企业纳入2019年冀北地区电力直接交易企业名单，直接降低企业生产成本500余万元。对由于受政府错峰限产导致直接交易电量偏差5%以下宝顺化工、唐钢重机等企业，组织企业申报电力直接交易免考，免除惩罚性电价，减少损失；帮助东方雨虹、锡丰实业等企业新增用电营销号，全面降本增效。

【工业企业料场整治】 2019年，丰南区工信局印发管理工作方案，建立123家企业228个料堆场台账，并实现规范化管理。督导未完成料场整治北方瓷都等4家企业加快整治进度，全部工业企业年内完成料堆场整治。

【“地条钢”管控】 2019年，丰南区工信局全面布置对“地条钢”督导检查，督导乡镇、园区落实属地监管主体责任，组织企业签订诚信经营承诺书，并定期对涉及中（工）频炉企业全面排查。组织各责任部门落实分片督导检查责任，对分包区域开展不定时检查，严防“地条钢”死灰复燃。

【“两化”融合项目建设】 2019年，丰南区工信局抓“两化”（工业化、信息化）融合重点项目建设，实施惠达卫浴陶瓷产品智能生产解决方案、贺祥机电机器人集成全自动焊接生产线等“两化”融合项目9项，总投资1.43亿元，年内完成投资3662万元，提升企业自动化、智能化生产水平，促进产业结构优化升级。

（毕洪杰）

电　力

【概况】 唐山市丰南区供电分公司（简称丰南供电）隶属于国网冀北电力有限公司，担负丰南区15个乡镇、1个城区街道办事处、495个村（居委会）以及唐山港丰南港区、丰南经济开发区、丰南临港经济园、高新技术产业园、小集经济园工农业生产和居民生活供电任务，供电面积1312平方千米，用电客户24.26万户。丰南供电范围内有500千伏变电站1座、220千伏变电站4座、110千伏变电站11座、35千伏变电站22座(在运21座)。

【运行状况】 2019年，丰南供电所属35千伏变电站22座(在运21座)有主变44台，容量656兆伏安，无功设备运行38组，总容量137兆伏安，站内具备双电源变电站10座，双电源率50%。在运35千伏线路32条，线路总长度237.147千米。在运10千伏线路233条，总长2301千米，其中公用线路140条，总长2079千米。公用配变1492台，容量413.41兆伏安。0.4千伏线路2339千米。全年累计购电量完成29.71亿千瓦时，比上年减少2.62%；累计售电量完成28.79亿千瓦时，比上年减少2.11%。全部综合线损率3.08%，比上年下降0.50个百分点。累计售电均价完成544.70元/兆瓦时，电费回收率100%，营业收入14.48亿元。

【安全可靠供电】 2019年，丰南供电开展安全生产大检查及隐患排查治理，清理树障9492棵，治理隐患340项，线路故障停电时长比上年下降24.2%。巡检线路3256千米、杆塔4218基、台区1452个，出动人员2596人次、车辆612台次，完成“国庆70周年”等时段保电任务，实现安全生产长周期12038天。获唐山供电公司“庆祝新中国成立70周年活动保电工作先进集体”称号，获丰南区“安全生产目标管理先进单位”称号。按预试周期分别检修预试唐坊、城坨、毕家郾、米厂、新河庄、雪莲湾、林屯、大齐8座35千伏变电站35千伏、10千伏设备及综合自动化保护装置，对毕家酈、雪莲湾、米厂变电站电容器、电抗器进行防腐处理，结合检修预试处理设备缺陷，全年消除变电站10千伏及以上设备缺陷42起。更换尖字沽等15座35千伏变电站后台、五防、监控系统超期服役电脑，配合同期线损考核，在龙凤庄、毕家酈、辉坨3座35千伏变电站加装CT、PT等设备，完善计量装置，满足考核同期线损设备要求。操作队落实各项安全制度、安全责任，管控倒闸操作现场，坚持安全日活动，加强设备管理，执行交接班制度和设备日巡、夜巡、特巡、检查维护，全年完成倒闸操作120次，合格率100%。

【电网规划】 2019年，丰南供电分析临港经济园和城区发展趋势，精准掌握重点项目负荷需求，科学谋划电网布局，将青年路110千伏变电站项目提上日程，超前为国丰北片区入驻项目提供电力储备。推进黑沿子220千伏、王兰庄110千伏2项输变电工程，促成唐山公司、地方政府、施工单位三方召开办公会议，推动区政府成立2项输变电工程建设领导小组，促进项目落地，黑沿子220千伏变电站于12月初开工建设，王兰庄110千伏变电站年内具备进场施工条件。推进在建电网工程，米厂110千伏变电站于11月1日启动送电，截至年底，丰南境内“十二五”期间遗留110千伏及以上输变电项目全部完工，实现遗留工程“清零”目标。

【在建工程】 2019年，丰南供电农网工程中，2017年结转10项9项完工，1项在建。2018年第一批综合计划下达农网工程10项，总投资3654.70万元，10千伏项目3项完工、2项在建，5项35千伏项目2项开工，其余具备开工条件。2018年第三批综合计划下达农网工程7项，全部为10千伏工程，总投资643.9万元，物资到货具备开工条件。2019年综合计划下达农网项目2项，总投资796.90万元，物资年内陆续到货。技改大修工程中，生产性技改项目运检专业5项，总投资677.22万元，生产性大修项目4项，总投资272.89万元，2项技改预安排项目及全部大修项目完工并结算，剩余3项技改项目结转至2020年。变电工程中，完成林屯、辉坨、雪莲湾、毕家酈、孟庄、大新庄6座35千伏变电站电缆沟防火工程施工，完成王兰庄、雪莲湾、毕家酈、老铺、米厂、大王庄、李毫、林屯、龙凤庄、辉坨10座35千伏变电站精益化大修工程，完成付庄子、城坨等35千伏变电站主变及王兰庄、毕家酈、李毫35千伏变电站调压电容自耦变压器调压装置大修项目，并结合检修预试处理唐坊变电站主变直流电阻不平衡等设备缺陷，完成龙凤庄35千伏变电站综合自动化装置改造，完成申立村35千伏变电站投运。

【重点项目】 2019年，丰南供电“煤改电”配网改造工程第一批涉及3个乡镇68个村，共2.29万户，所有6个项目全部完工；第二批涉及4个乡镇83个村，共2.26万户，总投资33980.18万元，年内全面开工建设。建设电动汽车充电站，助力政府大气污染治理、清洁能源推广，境内新投资建设电动汽车充电站3座，累计建成5座，建充电桩40个，方便人民群众电动汽车充电。

【服务民生】 2019年，丰南供电申立村35千伏变电站投运，破解延续6年送电难遗留问题。完成涉及3个乡镇68个村2.29万户“煤改电”任务，占唐山市工程总量四分之一，为保障百姓清洁取暖做出贡献。完成农网工程8项，新建及改造10千伏线路28.5千米。为提高优质服务水平，服务民生，丰南供电制定7条优质服务措施，为客户缴费和业务办理提供便利，全年“互联网+”线上缴费率97.01%。开通业扩报装一站式服务绿色通道，完成建档立卡户和2.29万户“煤改电”客户贴标签工作。供电所营业厅设立“煤改电”专项服务窗口，为客户提供专业、合理、满意答复。发挥“掌上电力”APP和营业厅窗口“线上线下”购电服务渠道，方便客户便捷购电。完善“95598”知识库“煤改电”客户档案信息，为“95598”客户代表快速识别身份提供帮助，及时响应、快速解决客户服务需求。开展“煤改电”政策宣传，在各乡镇、村委召开电采暖电价政策宣讲会，增加宣传条幅、展板，让居民了解电费补贴政策，提醒客户考虑采暖季、非采暖季峰谷时段电价变化，合理使用。对“煤改电”客户家中电取暖设备、“煤改电”供电线路、“煤改电”变压器重点特巡，梳理安全隐患清单，防患于未然。安排人员实行“煤改电”客户24小时应急抢修服务，增加“煤改电”所站夜间应急抢修力量，配齐抢修物资，确保供暖期间不发生大面积停电事故。

【社会责任履行】 2019年，丰南供电优化营商环境，降低一般工商业客户用电成本2300万元，高低压办电环节分别压减至4个和2个，线上办电率、交费率分别达到100%、97.01%。强化专业协同，业扩时限达标率、服务规范率分别为100%、99.97%。对接服务，沃林金属、京津冷轧等项目实现早接电、早用电。开辟绿色通道，新丰南一中及亚洲时代、昊运陶瓷、天强耐火等入园企业实现审批手续减免、带电作业接火，开展带电作业62次。支持新能源发展，新增分布式电源279户5081千瓦，比上年增加74户。配合政府对56家“散乱污”企业进行断电处理，协助政府对黑沿子东村、西村370户居民拆迁，接收开滦“三供一业”生活区、黑北村居民用户。定期对商场、学校、未接收小区等人员密集场所开展用电安全延伸检查，发现隐患及时督促整改。助力精准脱贫，完成结对帮扶、老区农网改造等扶贫任务。开展漠视侵害群众利益问题专项整治，提升农村供电服务品质。建设“星级”“全能型”供电所，钱营供电所获评“中国最美金牌供电所”。

（张思默）

建筑业

【概况】 2019年初，丰南区有建筑业企业62个，到年底，建筑业企业增加到74个。其中建筑工程施工总承包33家、冶金施工总承包2家、输变电工程专业承包6家、铁路工程施工总承包1家、建筑装修装饰工程专业承包4家、起重设备安装工程专业承包1家、建筑机电安装工程专业承包2家、预拌混凝土专业承包11家、劳务企业8家、钢结构工程专业承包5家、电力工程施工总承包1家。涉及建筑工程、钢结构工程、预拌混凝土、电力工程、输变电工程、装饰装修、铁路工程、劳务等多种资质类别。

【企业资质审查】 2019年，丰南区加强行业管理，鼓励和支持骨干建筑企业以资产为纽带,通过改组、联合、兼并、股份合作等多种形式,形成集科研、设计、开发、施工及多元化经营为一体大型建筑企业集团，培育发展一批具有综合管理能力工程总承包企业和项目管理公司。建设高素质人才队伍，培养建筑行业人才，依靠全行业努力，以构建和谐社会为抓手，推进建设工程质量安全管理，提高建筑企业资质水平，整治建筑市场秩序，培养建筑业企业优秀经理、优秀项目经理，开展建筑工人岗前安全培训，组织建筑企业“八大员”培训培训等。

（王 娇）

【工程安全管理】 2019年，丰南区动态监督指导建筑工地35个、搅拌站15家；复工建筑项目35项，建筑面积261.73万平方米；安全备案34项，起重机械安拆告知190项，起重机械使用登记备案106项。为提升建筑施工安全管理水平，启用河北省建筑施工安全生产标准化考评系统，排查治理安全生产隐患，对全区建筑工程起重机械进行大检查。出动90人次，检查施工现场38处（工地数量动态管理），检查塔吊7个、施工电梯8个，发现问题100项，整改完成100项，其中限期整改27项、停工整改3项。对本辖区建筑工地进行安全生产排查整治，共检查工地24处，出动58人次，发现问题39个，整改问题39个，检查塔吊28个、升降机12个、吊篮20个，下发限期整改通知书17份、停工整改通知书7份。汛期对35个建筑施工现场进行排查，发现隐患42项，完成整改42项，下发整改通知单4份。

（董玉洁）

【工程质量监督】 2019年，丰南全区在建报监工程77项，建筑面积323.61万平方米，合同价款56.5亿元，其中新开工工程35项，建筑面积77.49万平方米，合同价款13.36亿元。办理工程质量监督登记手续41项，竣工验收16项，竣工验收备案工程15项。签订八方责任主体承诺书41份、授权委托书41份、永久性责任标牌16份，所有在建工程100%落实项目负责人法人代表授权委托书、质量责任承诺书、永久性责任标牌。申报结构优质工程10项。开展工程质量专项或综合检查、巡查6次，巡查覆盖率100%。落实标准化监督管理流程，执行各项管理制度，对受监工程按照监督程序在工程开工前向责任主体进行质量交底，并将住宅工程常见问题防治措施、工程竣工分户验收制度、监理月报制度等规定统一编制发给建设、施工、监理单位。将加强结构优质工程创建通知精神和施工中需要注意问题着重提出，并在监督过程中监督检查，根据工程情况和各责任主体信誉制定监督计划，调整监督频次。实行责任主体质量行为与实体质量抽查并重，强化八方责任主体质量责任意识，督促各方施工现场质量保证体系落实到位。开展建筑工程质量提升行动，通过加大日常有计划监督检查抽测、随机抽查巡查、专项检查和综合检查相结合等方式，对在建工程实行差别化管理。落实分户验收制度和竣工验收前质量检查制度，特别是加强保障性安居工程监督管理。贯彻落实《河北省工程实体质量常见问题防治措施指南》和《唐山市住宅工程质量通病防治措施》文件要求，推行工程质量样板引路制度，争创结构优质工程。年内包括锦绣公园一期、嘉诚铭郡住宅小区等，全区10个项目申报市级、省级结构优质工程。

（张云雁）

【节能监督】 2019年，丰南区在建项目58项，其中住宅项目27项，公建项目31项，总建筑面积266.28万平方米。开工装配式建筑有4项，分别是唐山碧桂园湖岸名邸项目一期工程、华信山水文苑小区、惠泽嘉苑项目、丰南区南堤春晓（春晖园、盛夏园）项目，装配式项目总建筑面积49.6万平方米，装配式住宅建筑项目单体装配率均在20%以上，符合国家、省装配式建筑评价标准及有关规定要求。全年完成节能专项验收23项，其中完工绿色建筑面积56.34万平方米。累计完成可再生能源建筑应用面积168.8万平方米，其中太阳能应用面积147.91万平方米，浅层地能应用面积20.89万平方米。年内新增太阳能热水应用面积8.56万平方米，新增浅层地能面积2.94万平方米。

【建筑法检查】 2019年，丰南区依法查处违法违规项目29项，其中房地产项目2个，罚款总金额346.01万元；工建项目5个，罚款总金额238.83万元；大气污染项目22项，罚款总金额86.33万元，遏制违法违规行为，规范全区建筑市场。

（金龙灿）

【建筑领域清欠】 2019年，丰南区累计解决欠薪投诉案件118件，清理解决拖欠金额5610.43万元，惠及农民工2970人。遗留欠薪投诉案件16件，涉及投诉金额217.90万元，人数143人。

（张雪松）

【工地扬尘治理】 2019年，丰南区落实《河北省建筑施工扬尘防治强制措施18条》“六个百分之百”“六项强化措施”要求，控制施工扬尘，扬尘治理达标率100%，主城区施工现场视频监控联网率100%。搅拌站按照“四个基本条件、两条强化措施”要求，扬尘治理达标率100%。

（董玉洁）

【工程建筑监理】 2019年，丰南区有唐山联发工程招标管理有限公司、唐山鑫源工程项目管理有限公司2家监理单位。唐山联发工程招标管理有限公司为房屋建筑工程监理甲级、市政公用工程监理甲级资质，公路工程专业丙级、人民防空工程丙级资质；唐山鑫源工程项目管理有限公司为房屋建筑工程监理甲级和市政公用工程监理甲级资质。2公司有从业人员146人，其中高中级职称技术人员47名，含高级工程师13名、工程师34名；国家注册监理工程师27名、造价工程师13名、一级建造师10人。全年监理工程项目151个。

（王 娇）

【房产管理】 2019年，丰南区办理商品房预售合同备案登记6251套73.31万平方米，二手房交易1710套23.51万平方米；测绘嘉诚、荣盛等项目共计面积171.81万平方米，其中实测109.51万平方米、预测62.3万平方米；档案查询368件，档案整理8940件。二手房交易1710套，23.51万平方米。

（付小川）

【节能改造】 2019年，丰南区城区既有居住建筑节能改造工程改造面积4.36万平方米，总投资1401万元，工程划分为两个标段进行施工，其中一标段包括：保险楼1号，粮食楼2号，青青家园1号、4号、7号、8号楼，建筑面积2.23万平方米；二标段：青青家园9号、10号、11号楼，财政楼，银城花园4号、7号、10号楼，建筑面积2.13万平方米，年底城区既有居住建筑节能改造工程全部竣工并交付使用。农村既有居住建筑节能改造工作任务19万平方米，其中东田庄乡包括王打刁村、崔庄户村完成4.8万平方

在建的住宅小区

米，唐坊镇包括唐坊桥村、赵茂庄村、唐坊村、孔老庄、孙老庄完成14.2万平方米，工程总投资3500万元，年底农村既有建筑节能改造工程全部竣工并交付使用。

（金龙灿）

【唐山诚信建筑工程有限公司】 唐山诚信建筑工程有限公司成立于2000年5月，注册资金10238万元，是一家具有房屋建筑工程施工总承包贰级资质、钢结构工程专业承包贰级资质、预拌商品混凝土专业资质的企业，技术力量雄厚，设备装备精良，施工技术先进。公司拥有高级工程师、工程师、经济师、会计师、建造师等在内200多人的技术管理团队。公司成立以来，承揽唐山国丰钢铁有限公司工程、唐山贝氏体钢铁集团福丰钢铁有限公司工程、丰南群利钢铁炉料有限公司工程、唐山三友集团有限责任公司工程、天津友发钢管制造有限公司办公大楼及厂房工程、西河中学建设工程、丰南区第三幼儿园建设工程、丰南区小岔河别墅区建设工程、唐山渤海宿舍楼工程、丰南区珠宝一条街项目、唐山柯瑞特化工厂建设项目等多项工程。积极借助现代科技管理方式，提高工作效率和招投标水平，企业综合实力不断增强、在建筑市场赢得良好的信誉。2019年，公司承揽唐山柯瑞特化工厂建设等多项工程。

【唐山市丰南区惠达建筑工程有限公司】 唐山市丰南区惠达建筑工程有限公司地址在唐山市丰南区黄各庄镇惠达路6号，企业类型为有限责任公司，法定代表人赵国琪。公司始建于1982年，原企业名称为丰南市惠达建筑工程有限公司，因丰南撤市设区，于2003年7月经有关部门批准更名为现名称。企业注册资本金2009.1万元，主项资质建筑工程施工总承包贰级。公司拥有各种机械设备105套，总功率1625千瓦。公司拥有工程类技术人员147人，其中高级工程师3人，工程师27人、建造师13人，施工员、质量员等持证上岗人员40人。公司先后承建惠达住宅小区、文慧园、惠祥园、黄三村、宣庄一街、红花园、等居民小区住宅楼，并承建惠达医院、敬老院、惠达幼儿园、宾馆、职工公寓等公益项目，以及达丰焦化厂、惠达科技园、惠达卫浴1—4号线厂房等工业项目；2017年度承建惠达卫浴股份有限公司卫生陶瓷智能化仓储物流（1#库房扩建）项目、惠达卫浴食堂开发车间项目、丰南区黄各庄镇惠鸿小区3#、4#、1#商业楼项目等。惠达住宅楼3#、4#、5#于2004年获市级文明工地、惠达职工住宅楼于2006年获市级文明工地、文慧园7—9#楼于2008年获市级文明工地、2008年被评为河北省建筑业诚信企业。2019年，公司在重庆承建年产80万件智能卫浴生产线项目。

【唐山市丰南区银丰建筑有限公司】 唐山市丰南区银丰建筑有限公司始建于1974年，为股份制建筑叁级企业，注册资本700万元，年平均工程结算收入2500万元以上。2009年5月申请企业升级，经河北省住房和城乡建设厅批准为唐山市丰南区银丰建筑有限公司，房屋建筑施工总承包贰级企业，注册资本2000万元，年平均工程结算收入8000万元以上。在施工建筑基础上申请增项，经有关部门批准增加预拌混凝土专业叁级（2009年）、市政公用工程施工总承包叁级（2011年）、钢结构工程专业总承包叁级（2011年）资质。公司主要经营工业、民用建筑施工和预拌商品混凝土供应，市政工程钢结构制作。在天津、唐山、丰南等地承建代表工程项目经有关部门竣工验收评定合格率100%，部分工程达到优质。3次被丰南区委、区政府评为纳税先进企业，8次被丰南区委、区政府授予“文明建设先进单位”称号，2次被丰南镇党委、丰南镇政府评为纳税先进企业，10次被丰南镇党委、丰南镇政府授予“文明建设先进单位”称号，1次被河北省建筑企业协会评为河北省建筑企业诚信企业。

2019年，企业拥有职工158人，其中肆级以上工种有技术岗位证书142人，企业管理人员30人，其中高级职称2人、中级职称18人、初级职称124人，注册二级建造师12人，安全管理和专职安全员30名，1个专项混凝土试验室，大中小机械设备384台件，实现建筑业产值2996万元，企业净资产2116万元，利税25万元以上。

（王 娇）

商贸服务业

Shangmao Fuwuye

责任编辑：张子成

综　述

2019年，丰南区商贸服务业继续保持逆势增长态势，企业规模不断壮大，市场秩序日益规范，一批新兴服务业迅速崛起，市场繁荣，商品流通购销两旺。年内全区实现社会消费品零售总额252.4亿元，比上年增长8.7%，其中批发业18.1亿元，比上年增长6.7%；零售业213.1亿元，比上年增长8.8%；住宿业1.66亿元，比上年增长9.3%；餐饮业19.5亿元，比上年增长9.7%。

区粮食流通主管部门本着中央、省、市关于确保国家粮食决策部署，强化绩效管理，严格目标责任，不断提升粮食产后服务水平。开展粮食行政执法大检查、食品安全和放心粮油监管、夏粮收购及三级储备粮出入库轮换工作，确保库存及轮入粮食质量品质符合国家规定控制目标。在2019年度全省粮食安全责任制考核中，丰南区被市政府评定为优秀县区。

区供销总社以推动供销综合改革，加快发展为目标，积极推动供销系统组织体系、服务体系、经济体系、管理体系及完善农村产权交易中心，通过改拆建方式，建立健全农村综合服务站、电商网站对接等管理体系创新，打造为农服务新常态，取得新进展。

区烟草专卖（营销部）经销工作继续保持稳中向好态势，经济效益持续增长。年底，完成销量108268件，实现毛利14164万元，销售额56833万元，比上年增长4.56%。年底在全市烟草检查评比中，取得第二名好成绩。

区商务和投资促进局和市场监督管理局发挥职能作用，招商引资、培育电子商务市场发展主体，严厉打击假冒侵权，加强汽车行业和较大商场、超市、宾馆、饭店、成品油市场监管及价格信息监测上报、生态环境治理，网上监察工作等，保证经营商和消费者合法权益，营造良好经商环境。

区房地产业，认真贯彻执行《中华人民共和国城市房地产管理法》相关条例，加大对房地产市场整治力度，规范管理，以推进房地产健康发。年内，办理商品房预售含合同登记6251套、73.31万平方米，二手房交易1710套、23.51万平方米。全区棚户区改造结转2018年项目顺利实施，北新庄子村、艾坨村、四王庄村、于家泊前村、于家泊北村完成拆迁，安置房已开工建设。老旧小区改造完成23个，老旧小区市政基础设施得到提升改造并完成验收。农村危房改造，共计101户确定符合危房改造条件，确定2019年改造任务25户，全部竣工并验收合格。建筑节能改造工程改造面积为4.35万平方米，总投资1401万元，到年底城区既有居住建筑节能改造已全部竣工并交付使用，农村既有建筑节能改造任务19万平方米，总投资3500万元，全部竣工并交付使用。

批发和零售业

【概况】 2019年，丰南区批发零售业以城区繁商区、小城镇聚集区、乡镇村商业集贸区为主，商贸流通格局进一步拓宽，丰南商厦、荣大购物广场、通达城、国盛商贸城、家万佳超市、诚誉购物中心、通达建材博览城、唐山荣盛未来城等大型商场成为城镇居民商品消费重要卖场。到年底，丰南区有星级酒店2家，其中五星级1家(唐山国丰维景国际大酒店)、三星级1家(丰南宾馆贵宾楼)。

【入统限额以上批发和零售业】 2019年，丰南区入统限额以上批发和零售业法人企业41家，从业人数4802人。批发业19家，全部为私人控股。零售业14家，全部为私人控股。实现批发和零售额164616.7万元，比上年增长1.5%。

【批发零售企业规模】 2019年，丰南区在入统限额以批发零售业法人企业41家中，年销售额1亿元以上18家，5000万元以上至1亿元2家，1000万元以上至5000万元21家。年销售额1亿元以上企业主要有唐山众生实业有限公司、唐山家万佳超市、唐山市丰南区龙腾德旺商贸有限公、唐山市金正钢板有限公司、 河北冀唐医药有限公司、丰南商厦等。年销售额 5000万元以上至1亿元有唐山华港燃气集团唐山华港燃气有限公司、唐山惠好医药连锁有限公司。

【经营业态】 2019年，丰南区批发贸易业形成以“仓库+门市”等物流配送为主要特征营业状态；零售贸易业形成商贸城、超市、食品店、便利店、专卖店、连锁店、厂家、厂家直销、购物中心、网上购物商品等经营业态；农副产品经营形成产地直销、自主营销，专业合作社经纪人中介，组织外销、农超对接等模式，网上购商品成为消费者和购物群体新趋势，同时，快递业迅速发展，成为商品流通重要渠道。

电子商务

【概况】 2019年，区商务和投资促进局全面培育电子商务市场发展主体，加强与国内外知名电商企业合作，积极与阿里巴巴公司洽谈来丰南区开展全面业务合作；重点培育胡子物流等有影响力电子商务平台。截至年底，胡子现代物流公共平台已完成交易额6.5亿元，胡子物流有限公司被评为2018年度河北省电子商务示范企业。

【发展特色鲜明电子商务网店】 支持惠达卫浴、施尔得等食品加工企业建设自有营销网站或通过第三方平台开设旗舰店。推进惠达卫浴、丰南胭脂稻、施尔得食品等特色产品通过品牌塑造，扩大网上销售。惠达网上商城2019年销售额达1.6亿元。

【完善电子商务产业园建设】 以惠农农产品电子商务产业园被评为河北省电子商务示范园丰南区为契机，引导丰南区内企业整合资源，把园丰南区建设成为一个要素齐备、各具特色、集聚发展电子商务产业园丰南区。不断吸引知名电子商务企业和配套服务企业入驻，依托园丰南区集聚和辐射效应，形成集商品交易、平台建设、物流配送、融资支持、培训孵化等多功能、多业态融合电子商务集聚丰南区。大力推进电子商务与重点产业深度融合，支持丰南商厦、通达商贸城、荣盛未来城等传统商贸流通企业自建平台，推动线上线下融合发展。鼓励中小商贸企业利用第三方平台开展网络营销。支持北方物流、胡子物流、广东物资集团等物流企业引进电商元素，向集信息发布、产品交易、物流仓储于一体智慧型园丰南区发展，实现从商品交易到供应链管理转变。家万佳超市与支付宝、微信支付合作，2019年共达成交易164.8万笔，交易金额2亿元。

【唐山胡子物流有限公司】 胡子集团始创于1986年，总部位于河北省唐山市，是一家拥有10家成员企业的现代物流产业集团是全国首批网络货运单位企业上云服务商、河北省税务局货物运输业第三方代征机构、河北省服务百强企业、河北省税务局联网开票单位、河北省电子商务示范企业，聚焦大宗物流领域，集团建立尖端研发中心与运营中心，综合利用互联网+智慧物流+区块链+供应链+大数据云计算+公共服务等技术，建立龙智慧服务平台。平台实现了网络货运、多式联运、甩挂运输、铁运海运、报关报检到共享云仓、汽车后市场、大宗交易、数据金融、信用评价公共服务的云生态体系。2019年，入选唐山市企业技术中心。截至年底平台入驻大型货主企业180家，注册司机超27000人，认证车辆达39000辆。

（赵小坚）

粮食流通商业

【概况】 2019年，全区粮食系统坚决贯彻执行中央关于确保国家粮食安全决策部署，全面落实区委、区政府工作部署，强化绩效管理，严格目标责任，稳步推进粮食各项工作取得佳绩。截至年底，全区具有粮食收购许可证企业22家，其中粮食加工企业15家，饲料加工3家，粮食仓储1家，购销企业3家。为保障粮食应急需要，重新确定粮食应急企业21家，其中应急供应16家，应急加工4家、应急运输1家，切实保障应急状态粮食供应。积极培育惠臣之家水稻种植农业合租社粮食产后服务中心项目，努力提升粮食产后服务水平。在2019年度全省粮食安全省长责任制考核中唐山市排名榜首，丰南区在这次考评中做出突出贡献，被市政府评定为优秀县区。

【粮食行政执法大检查】 2019年，根据国务院办公厅“关于开展全国政策性粮食库存数量和质量大清查通知”以及省、市有关清查粮食库存文件精神，丰南区人民政府高度重视，制定《唐山市丰南区政策性粮食库存数量和质量大清查实施方案》，成立由区政府主管区长任组长，区发展和改革局、区农业农村局、区财政局、区统计局、中国农业发展银行丰南支行等部门（单位）主要（主管）负责人为成员政策性粮食库存数量和质量大清查领导小组，负责组织领导全区政策性粮食库存数量和质量大清查工作，协调解决重大事项和问题。区大清查领导小组办公室设在区发展和改革局，负责组织落实大清查各项具体工作。明确工作任务和职责，分工明确，各负其责，协调配合，为确保区粮食库存大清查工作按质按量完成提供组织保障。并采取网上培训、现场培训粮食库存检查人员，使其掌握文件精神及具体业务操作规程等。这次库存大清查范围和内容包括：唐山市丰南区宝达粮油资产经营管理有限公司存储区级储备小麦，唐山市丰南区龙强面业有限公司代储区级储备面粉及库存商品粮，唐山市丰南区欣龙精制米有限公司代储区级储备大米及库存商品粮，白龙（唐山）面粉集团有限公司库存商品粮。清查采取人工丈量静态仓粮堆尺寸，动态仓暂时停止出入仓作业，通过平整粮面、规则形状后，由动态仓暂变静态仓，采取人工丈量粮堆尺寸，计算粮堆体积。对稻谷仓利用特制大容器进行单位体积质量测量，对小麦扦样进行容重测定，并根据各相关检测数据进行计算，通过测量计算，差率均在标准范围之内；对标包面粉采取点包方式计算重量。根据检查范围和内容，做到“有仓必到、有粮必查、有账必核、查必彻底，全程留痕”。通过清查和质量检测，实现“账账相符、账实相符、库存真实、储存安全”，政策性粮食质量指标、储存品质指标和食品安全主要指标均达到国家标准，质量合格率和品质宜存率均达100%。

【粮食储备管理】为确保储备粮储存安全、品质良好，2019年，按照储备粮轮换规定和区政府批示精神，实施并完成2015年购入区级储备粮出入库轮换工作，同时对原区储成品粮进行品种调整，降低安全储存风险。

（刘志广）

供销商业

【概况】 2019年，区供销总社以推动供销综合改革，加快发展为目标，紧紧围绕供销社实际，解放思想，真抓实干，各项工作取得较好成绩。截至2019年底，全系统实现商品购进573452万元，比上年增长39.2%；商品销售571385万元，比上年增长38.9%；其中供应农业生产资料188524万元。

【“果蔬进社区平价连锁”工程】 区社与森丰果蔬种植专业合作社合作成立“丰南区供销合作社果蔬进社区平价连锁店”积极为农民销售蔬菜提供便利，解决农民卖菜难问题,市民买菜难问题。年内在丰南城区共设有门店6家。

【“北京蔬菜供应”计划推进】 以供销电子商务公司为主体。通过对接北京高铁，为高铁配餐提供蔬菜供应，今年以来销售总额达5000万元，累计为农民增收700万元。

【规范农村产权交易中心】 规范丰南区农村产权交易中心。起草丰南区《农村产权交易管理暂行办法》。发布农村产权行业动态信息9条，网站新闻中心信息累计发布140条；办理土地经营权场外合同鉴证14笔，涉及土地流转面积139.3公顷，总成交金额36.93万元。

【农村综合服务站建设】 乡镇服务中心以乡镇基层供销社为依托，通过改扩建或新建方式组建；村级服务站与现有农村电商网店对接。全区已建成农村综合服务站444个，覆盖率达100%。

【烟花爆竹专营管理】 加强对烟花爆竹专营业务管理，保证安全有序经营。2019年，对重点单位鞭炮库进行50余次日常检查，发现问题立行立改。由于措施到位，2019年全年烟花爆竹库未发生安全生产事故。

（李醒民）

丰南区烟草专卖

【概况】 2019年，丰南区烟草专卖局（营销部）在市局（公司）党组正确领导下，丰南烟草专卖局（营销部）紧紧围绕中心工作，以提高服务质量为抓手，促进党建工作成果转化，推动卷烟销售、专卖管理、基础管理、党建等工作实现新发展。

【经济运行】 截至2019年12月30日，完成销量108268件，比上年下降0.86%；毛利14164万元，比上年上升4.76%；销售额56833万元，比上年上升4.56%。按照省、市局要求，深化自律互助小组建设，不断提升小组运行质量，经努力，在市局检查中，取得第二名好成绩，同时直接被推荐为省局验收单位，并在年底检查中获得省局检查组好评。建设公众号“丰南烟草公司”，下设三个模块用于发布新品、货源、行业政策法规以及违约通报，现关注人数达到1151人。

【专卖管理】 充分发挥联合打假机制，积极协调公安、检察院、法院等职能部门，开展卷烟市场整治工作，规范经营秩序，对各类涉烟犯罪案件进行追刑，维护丰南市场稳定繁荣。全年共查处各类违法、违规经营案件77起，比上年下降4.94%；查获卷烟8773.4条，比上年下降19.46%；案值137.8万元，比上年下降23.7%；罚没款20.67万元，比上年增长300%。全年共查获5万元以上案件7起，其中假烟、走私烟案件4起，刑事拘留1人，逮捕1人，判实刑1人。行政许可共完成新办208户，变更13户，延续253户，停业50户，恢复营业9户，补办14户，歇业134户，责令停业整顿4户，责令整顿恢复营业4户，审批注销156户，收回34户。

【党建工作】 始终把党建设和党风廉政作为重大政治任务来抓，按照“谁主管谁负责、谁主办谁负责”原则，落实党组主体责任、党组书记第一责任和班子成员“一岗双责”，建立“一把手负总责、分管领导各负其责、班子成员齐抓共管”领导机制。2019年共召开局党组会专题研究部署党建设工作2次、研究部署党风廉政建设工作2次；开展党风廉政和警示教育16次，中心组开展党风廉政和警示教育学习5次。通过党组理论学习中心组学习、集中学习、个人自学以及“三会一课”等多种形式深入学习贯彻党十九大精神和习近平新时代中国特色社会主义思想，提升全体干部职工理论水平和政治素养。全年累计组织党组中心组学习6次（共13天），党课7次，党小组会议16次，支委会会议13次，召开民主生活会1次，组织生活会2次。

（孙　雪）

住宿餐饮业

【概况】 全区共有4家住宿餐饮单位：唐山国丰维景国际大酒店有限公司、唐山市丰南区丰南宾馆贵宾楼有限公司、唐山市丰南区友谊宾馆有限公司，唐山紫天鹅庄酒店有限公司均为大型餐饮单位。

【限额以下和个体户住宿餐饮企业】 全区512家餐饮单位中，448家餐饮服务单位已经达到“清洁厨房”标准，达到餐饮单位总数87.5%；440家餐饮单位量化等级达到良好以上，达到总数85.9%。深入开展“一老一小一农”食品安全隐患排查，全区10家养老机构食堂均办理食品经营许可证；全区81家学校食堂，食品安全等级100%达到良好以上，其中优秀4家，学校食堂推行“明厨亮灶”比例达到100%，81家学校食堂全部投保食品安全责任保险；131家学生小饭桌、155家流动厨房取得小餐饮登记证，通过严格登记条件、定期公示、知识培训、严格索证索票、规范清洗消毒和食品留样等措施，严格规范经营行为。

居民服务业

【概况】 2019年，应居民消费水平不断提高要求，服务性企业持续增加，资金投入不断增长，服务内容愈向专业化发展，在促进全区服务业多样性发展同时，极大满足不同消费人群需求。全区各类居民服务业总数维持1651户，从业人员4416人，资金数额达18341万元。

【理发美容保健业】 主要服务项目有时尚发型设计、绿色烫发美发、新娘化妆跟妆、专业雕眉文眉、清颜专业祛痘等。一些规模较大名店开办技术培训班，聘请美学专家和教育团队入驻，并通过实行会员制、发放友情卡、60周岁以上老人价格优惠等形式扩大营销。至年底，全区从事理发业经营1296户。专业减肥、美体等各类养生体验馆稳中有增，仅城区就有20多家。

【家政服务业】 服务项目主要有搬家保洁、管道疏通、水暖安装、家电维修、拆装空调、室内外装修、开锁换锁等。随着社会老龄化日渐突出，保姆业快速发展，服务费用呈上升趋势。年末，规模型家政服务网点127个。婚庆公司服务呈一条龙式、规范化、专业化发展，城区婚庆公司已逾70家。

【修理业】 服务内容主要有汽车维修、美容、保养服务，手机专修、电脑维修，打字机、复印机、传真机等现代办公用品设备维修，家用电器维修，摩托车、自行车、电动车修理，修鞋、配锁等。汽车维修企业保持152家，其中二类以上维修企业51家，二级维护作业站8家。

【摄影与验光配镜业】 年内，摄影与验光配镜业愈向专业化、规范化发展。至年底，摄影业网点有25个，验光配镜规模网点为8个。

【洗浴业】 服务项目有洗浴、桑拿浴、足浴、修脚、保健按摩等。随着城镇和新农村建设步伐加快，农村网点渐次增加。受居民消费水平局限，规模型洗浴网点相对稳定。

（赵亚芳）

商务管理

【概况】 2019年，区商务局和市场监管部门充分发挥职能作用，规范市场秩序，维护消费者权益，深入开展食品安全专项整治活动，加强汽车行业管理，规范零售商促销行为，加大成品油市场监管及价格信息预测上报等工作，效果明显。

【打击假冒侵犯】 组织部署2019年春节、“五一”、中秋国庆“两节”期间打击侵权假冒工作。制定工作方案、明确相关成员单位责任分工，在专项整治开展过程，丰南区打侵办也积极进行督导检查，效果明显。积极开展辖丰南区非法生产、销售使用假冒伪劣醇基燃料综合整治排查工作。通过排查没有发现非法生产、销售使用假冒伪劣醇基燃料违法行为。维护“两法衔接”信息共享平台正常运转。2019年7月3日，区商促局承担丰南区打侵办职能移交丰南区市场监督管理局。

【汽车行业管理】 对辖区18家汽车销售网点进行不定时突击式日常监管。通过查验票据、现场检查、接受投诉举报等方式检查。加强政策宣讲。利用“丰南汽贸”微信公众群（18家汽车销售企业为成员单位），进行政策宣讲，精神传达。同时，在销售网点醒目位置张贴《商务执法人员提示》宣传材料，提醒消费者应知晓维权信息，并公布举报电话。利用3个月时间，开展汽车销售市场专项整治。重点是备案制度执行情况、企业明示、公示情况、违法经营等情况。

【单用途商业预付卡活动督导】 落实单用途商业预付卡备案制度，按照应备尽备要求，督促发卡企业限期改正。同时按照《单用途商业预付卡管理办法》要求，制定单用途卡章程并予以公示。经检查，所有企业预收资金未用于不动产、股权、证券等投资及借贷，没有超出允许范围。

【零售商促销行为规范】 在重大节假日前期，对家万家超市、丰南商厦、丰南通达商贸城、华盛超市、万隆服装城等10余家大型商业零售企业促销活动进行督导，要求其在进行大型促销活动结束后十五日内到丰南区商促局备案登记，做到跟踪监督，确保促销活动规范有序进行。在促销活动过程中，全程监控，重点是检查标识书写是否规范、价签价目是否齐全、标价内容是否真实明确等，对以虚构清仓、拆迁、停业、歇业、转行等事由开展促销活动坚决予以制止。确保消费者合法权益不受侵害。

【成品油市场监管】 成品油市场监管包括加油站（点）年检、换证等业务，开展成品油市场日常执法检查等。2019年丰南区共76家加油站，5家加油网点。丰南区政府制定《唐山市丰南区2019年成品油市场专项清理整治工作方案》，各责任单位按照职责分工圆满完成成品油市场专项清理整治工作，共开展检查190次，出动执法车辆131辆次，执法人员549人次，共检查加油站（点）277家次。检查出问题340个，现已全部完成整改。其中商促局共组织开展检查14次，出动执法车辆35辆次，执法人员99人次，共检查加油站（点）169家次，未发现从不具有批发资质企业购入成品油等违法违规行为。丰南区公安局打击黑加油站（点）、黑加油车43起，行政拘留15人。丰南区市场监督管理局抽检成品油样品195批次，经抽检1批次不合格罚没金额16300.44元。丰南区应急管理局查处安全隐患278起，行政处罚7起，罚没金额18.3万元。丰南区环保分局查处未正常使用油气回收装置问题18个。严厉打击非法违规制售经营成品油行为，及时消除安全隐患，保障经营者和消费者合法权益，促进成品油市场健康有序发展。

【商品流通领域安全生产】 2019年，进一步强化安全生产责任制、预防控制体系、隐患排查整治体系、企业诚信体系和应急救援体系建设，持续深化商贸领域专项整治，深入开展安全生产大检查，坚持依法监管，强化责任主体、夯实安全基础，加大监管力度。落实“双控”工作机制，先后开展“两节”、“两会”、国庆小长假等重大节假日期间安全生产督导检查，深入开展事故隐患大排查大整治攻坚行动，督导检查重点商贸流通企业34次，共225家次，出动执法车辆 43车次，执法人员120人次，共查处一般事故隐患101处，整改安全隐患101处，隐患整改率100%。全区商务系统没有发生各类大小安全事故，为全区经济发展和稳定大局奠定坚实基础。

【食品安全专项整治】 2019年全市食品药品安全工作考核，综合评定丰南区为A级等次。全部完成食品安全抽检任务，抽检不合格样品42批次，其中14批次问题食品、28批次餐饮具消毒效果样品，均按程序进行核查处置；全区已登记小摊点564个，小作坊69个，小餐饮1929个；督导8家食品生产企业建立危害分析及关键控制点(HACCP) 等先进质量管理体系，累计达到15家，引导食品安全电子溯源系统向粮食加工品、饮料等食品生产企业延伸，累计达到30家，完成预定目标；创建市级“放心肉菜示范超市”2家，省级“放心肉菜示范超市”1家；严厉打击防控“山寨”食品，共检查经营场所1394家，查处案件2件，查扣山寨白酒259件，假冒白酒119瓶，罚没20500元；开展非洲猪瘟疫情防控监督检查，累计查验3261家；全区512家餐饮单位中，448家达到“清洁厨房”标准，440家餐饮单位量化等级达到良好以上，全区81家学校食堂，食品安全等级100%达到良好以上，其中优秀4家；抓好药品行业规范化管理，加强疫苗接种单位和疫苗分发单位执法检查，下达责令整改通知书30份，当场处罚案件48起，一般案件9起，向区公安机关移交涉假案件2起；持续开展无菌和植入性医疗器械监督检查、“线上净网、线下清源”等专项检查行动，检查医疗器械经营企业 146家，基层医疗机构81家，检查基层乡村卫生室68家，下发责令改正通知书11份，立案5起，结案5起；继续推进化妆品经营企业（个体）登记管理，累计登记134家。

【价格信息预测上报】 按照打造“四最”唐山营商环境整治工作要求，对工程咨询、会计事务、自来水、天然气等涉企经营服务单位进行巡查，督促其落实国家收费政策和公示制度，为全区企业发展创造宽松外部环境；开展转供电环节电价政策执行情况、医疗收费政策执行情况、机动车检测服务公司收费情况专项检查及节期市场价格巡查，截至目前，共出动检查人员30余人次，巡查相关单位34余家，处理群众投诉举报29件，解答群众咨询42件。

（赵小坚 赵亚芳）

房地产业

【概况】 全区房地产开发企业共计34家，其中具有二级开发资质3家，三级开发资质7家，四级开发资质13家，其他12家为暂定级别。另外，截至2019年底，物业服务企业达到47家。2019年，认真贯彻执行《中华人民共和国城市房地产管理法》和相关条例，加大对房地产市场整治力度，规范管理，以推进房地产业健康发展。在审批上严格把关，没有办理“四证”及工程进度不符合要求，不能办理商品房预售许可初审，更不能办理产权登记。配合其他相关部门，提供准确房产登记信息。作为监管机构，不断加强监管力度，把握好工程进度节点，掌控监管资金流向，防止开发企业挪用预售款，保证专款专用，2019年为全兴、恒丰、华信、碧桂园等企业办理资金监管准入手续，全年共计存入预售监管资金33.37亿元，支出21.94亿元。

（付小川）

【房地产开发】 全年共办理商品房预售合同备案登记6251套，73.31万平方米；二手房交易1710套，23.51万平方米；测绘嘉诚、荣盛等项目共计面积171.81万平方米，其中实测109.51万平方米、预测62.3万平方米；档案查询368件，档案整理8940件；为全兴、恒丰、华信、碧桂园等企业办理资金监管准入手续，全年共计存入预售监管资金33.37亿元，支出21.94亿元。

（付小川）

【棚户区改造】 结转2018年项目实施北新庄子村、艾坨村、四王庄村、于家泊前村、于家泊北村均已完成拆迁，安置房已开工建设。其中北新庄返迁楼已基本建成；艾坨村返迁楼正在进行主体施工；四王庄村、于家泊前村、于家泊北村安置房正进行挖槽施工。

（王立志）

【老旧小区改造】完成保险楼、烟草土地家属院、金盾楼23个老旧小区市政基础设施提升改造，并已完成验收。由区住建局负责“三供一业”物业维修改造小区有石油公司家属区和铁路家属区，此项工作因铁路挡水埝平房出现阻工事宜而暂停，现正与铁路部门进行沟通，其他维修改造工程已完成。

（施春景）

【农村危房改造】 对全区农村困难群众建档立卡贫困户、低保户、分散供养特困户及贫困残疾人家庭户四类重点人群住房情况进行现场勘察，并确定符合危房改造条件共计101户（D级49户，C级52户）。对全区唯一住房为C、D级危房所有非“四类重点对象”（两非户）进行摸排，经核查，最终确定2019年危房改造任务25户，全部为修缮加固。2019年危房改造已全部竣工并验收。补助资金全部一次性拨付至农户一卡通。

（李姗姗）

【存量房产交易备案】 二手房交易1710套，23.51万平方米；测绘嘉诚、荣盛等项目共计面积171.81万平方米，其中实测109.51万平方米、预测62.3万平方米。

（付小川）

【物业管理】 2019年，丰南区物业服务企业达到47家，即廊坊荣盛物业服务有限公司唐山分公司、唐山万科物业服务有限公司、唐山市平安物业服务有限公司、唐山致诚物业服务有限公司、唐山市丰南区永昌鼎力物业服务有限公司、唐山市丰南区汇林物业服务有限公司、唐山德盈物业服务有限公司、唐山市丰南区普捷物业服务有限公司、唐山市恒昌物业服务有限公司等。据统计，上述物业企业中，唐山市丰南区全双物业服务有限公司、唐山市平安物业服务有限公司、唐山市恒昌物业服务有限公司等10家企业达到“规上”标准。为进一步规范住宅专项维修资金交存管理工作，维护业主合法权益，将维修资金收缴方式由开发单位代收方式改为业主在交房前直接在银行窗口直接缴纳方式。全年征缴代管商品房1887户维修资金27522857.9元；使用维修资金2107734.44元维修河头里等5个小区。唐山市物业行业协会在丰南区设立分会，会长单位由唐山恒昌物业服务有限公司担任。

（宋焕乐）

【住宅专项维修金直收】 继续执行住宅专项维修资金收缴和代管规定，征缴代管商品房1887户维修资金27522857.9元；使用维修资金2107734.44元维修河头里等5个小区。为更好地维护业主合法权益，提高维修资金收缴效率，将维修资金收缴方式改为业主在收房前直接通过银行将应缴资金直接缴纳到维修资金总账户，此项工作于3月全部完成。

（施春景）

【房地产市场管理】 加强商品房预售管理，对商品房预售审批、监管及预售资金拨付等方面进行明确规定，落实部门责任，规范管理流程。强化房地产市场监管，在对在建在售项目进行一次全面检查基础上，平时进行不定期检查，全年未发现违规现象。加强二手房市场监管，对辖区内中介机构进行备案管理，规范房地产经济行为。

（付小川）

金融业

Jinrongye

责任编辑：张子成

综 述

2019年，丰南区银行业保险业坚持稳中求进工作总基调，认真落实新发展理念，稳步推进供给侧结构性改革，着力提高金融服务实体能力和质效，将更多金融领域配置到“小微”、扶贫、“三农”、重点项目等领域和薄弱环节，积极履行社会责任。各类金融机构业务规模较快增长，总体保持稳定运行。

银行业机构持续优化。银行主业地位更加巩固，存款增长加快，贷款平稳增长。到年底，全区存款余额701.65亿元，比上年增长6.55%，本年累计增加43.12亿元；其中居民储蓄存款479.95亿元，比上年增长9.94%，本年累计增加43.37亿元。贷款余额297.7亿元，比上年增长7.07%，本年累计增加19.07亿元，累计投放194.17亿元。余额存贷款比为42.43%，比上年增长0.12%。通过利用信托、融资、租赁等其他方式直接融资8.9亿元，全区总融资金额为306.61亿元，与存款占比为43.7%。

保险业资产规模平稳增长。全区入统9家保险机构，保险业总资产58986.71万元，其中财产保险公司总资产21313.9万元，人身保险公司总资产29745.8万元。保险收入较快增长，年内，全区保险业实现保费收入58687.71万元，其中财产保险业务保费收入11289万元。年内，保险机构充分发挥保险业对重点企业领域和民生领域保障功能。全区财产保险提供风险保障金11300万元。通过学习借鉴省内先进单位保险经验，努力提高农险覆盖范围，为农民提供农业保障风险金额2099.5万元。全年保险业理赔案件28513件，总赔款金额11030.2万元。

业务发展动员会

（鉴办）

银行业

【概况】 2019年，丰南区有入统22家银行机构。到年底通过开展常态化组织一对一、一对多等形式或银行对接活动共60次，促成71笔、15.2亿元贷款投放，为41家企业解决融资需求，其中采取专利权质押、信用股权质押等方式共获得5.16亿元贷款。同时注重挥政策性担保公司作用为区内缺少抵质押物企业提供担保业务。年内，为17户建档立卡贫困户发放2—3年扶贫小额贷款合计19.5万元。同时，在河北融投在保企业中，丰南有3家在保企业，分别为富安板业（临港经济园）贷款5000万元、唐山中澳奶牛（岔河镇）2000万元、亚联业（高新技术产业园）3950万元。3家累计贷款11950万元，年内全部完成化解工作。年内，全区银行业在改善融资结构推动企业上市，防范和处置非法集资平安建设工作、互联网金融风险专业整治等四项改革全部完成年度目标，在全市金融工作考核均为优秀，排名列全市县区首位。

（鉴办）

【中国工商银行股份有限公司唐山丰南支行】 2019年，中国工商银行股份有限公司唐山丰南支行2019年，以提升核心竞争力领航定向，不断夯实存款、客户“两大基础”，拓展个贷、普惠金融“两大优势”，挖掘国际业务、票据贴现“两大特色”，成功跻身全省“县域支行经营绩效十强”，全省重点支行竞争力评估县域支行十强，储蓄存款、个人贷款持续保持系统排名第一，四行占比排名第一双首位，2019年各项存款51.93亿元，比上年初增加

7.84亿元，各项贷款余额41.41亿元，比上年增加5.12亿元，实现中间业务收入2181万元，实现拨备前利润10163万元。全年未发生案件和重大风险事件，被省行评委双无安全先进单位。被唐山市委、市政府评为文明单位。

存款稳步增长。2019年内抓网点竞争力提升，外抓优质客户拓展，集中精力，科学布局，获客吸金。继续加大储蓄存款力度，保持全市、同业领先。储蓄存款:2019年末，时点40.41亿元、时点增量8.52亿元，系统排名第二，同业占比排名第一；日均37.53亿元、日均增量10.55亿元，系统排名第一，四行占比排名第一。抓大户，拓新户保存款增长。截至2019年末，时点余额115156万元，比上年减少9407万元，公司存款日均余额138759万元，比上年增加21620万元，任务完成率244.33%，排名第九。

拓展资产业务。发挥大行担当，不惟使命，加速发展。该行坚持“高标定位、高效攻坚、高管抓高端”三高定位指引，充分利用区域优势加速个贷业务发展，努力打造成为全辖“第一按揭银行”，把个人贷款业务进一步做大、做强，在立足城区按揭资源同时，不断延伸辐射半径，拓宽按揭项目宽度。依靠优质服务和过硬产品及回款效率，现场为客户答疑解惑、为置业顾问做接卷培训，宣讲支行贷款政策，凭借良好服务态度及高效服务品质赢得开发商及客户一致好评。2019年个人客户融资余额340418万元，比上年增加73641万元，系统增量、同业均排名第一，任务完成率245.47%，全市排名第一。公私联动、精准营销，普惠金融业务发展迅速，进入全市领先行列。截至年末，共为3户总行白名单客户发放贷款，其中结算贷230万元，泛交易链200万元；e抵快贷已完成审批44笔，金额5523万元，其中已完成作业监督41笔，金额5188万元，已提款30笔，金额4157万元。

国际业务保持良好增长。注重基础业务发展，充分利用区域资源，打造特色品牌，国际业务继续保持优势。帮助企业解决国际贸易融资问题，继续加强业务大户深度合作，同时强化职业技能，全力完善服务，保证国际业务及时、安全办理，提高营销效率、办理速度和业务安全性。2019年累计国际结算量54652万美元，比去年同期增加39386万美元,结算量排名第2，任务完成率273.26%，排名第二；国际业务实现中间业务收入455.06万元，总量排名第三，任务完成率151.69%,任务完成率排名第四。

风险治理效果明显。加大风险管理治理力度，信贷结构优化，不良资产降低，资产质量进一步优化，不良贷款余额123万元、比上年减少3709万元，其中法人客户不良额为零，个人客户不良额为123万元、不良率0.01%。网点主要运行指标得到提升，治理整改取得明显效果。稳步推进内控案防工作，不断深化“双无”专项行动，压实案防主体责任，强化案防履职，支行内控案防整体能力进一步提升，基础管理日渐夯实，实现全年无案件、无重大风险事件“双无”目标，网点级次大幅提升，可控风险事件大幅降低，实现业务发展和稳健经营双提升。内控评价从实现提档升级，2019年成功晋级二级一档，步入全市领先行列，无DE类网点，在系统内继续保持领先地位，未发生可控风险事件，运行管理质量指标全市排名第一名。

加强党建工作。加强党建引领作用，扎实推进主题教育，确保双无目标。进一步推进党建结对共建，提升党建水平。领导班子认真履行主体责任，认真完成各项“规定动作”，结合“不忘初心、牢记使命”主题教育活动，从思想上提高员工案防理念、底线思维、红线意识以及综合素质。扎实推进集中整治形式主义官僚主义工作，对支行组织开展集中整治工作实施全过程、常态化督查指导，搞好自查自纠，检视存在问题，确保整改到位，取得实效。多方位开展警示教育活动，提升内控安防水平，使全体员工树立“守纪律、讲规矩”思想，重视合规操作，提升日常履职能力，推进网点级次提升，“强基固本”，杜绝“屡查屡犯”行为，持续推进内控案防工作发展。发挥党建引领作用，发挥党员先锋模范作用，真正做到一个党员就是一面旗帜，通过开展各种党建活动，树正气，正行风，带动行风行貌转变，引领业务发展。积极组织运动会、羽毛球、乒乓球比赛等活动，提振全行精神风貌，搞好业务培训，全面提升员工素质和履职能力，强化服务管理，提高服务质量，使柜面评价满意度99.65%。

中国工商银行唐山丰南支行

行长：王学峰（2019年11月—　）

（孙绍全）

【中国银行股份有限公司唐山市丰南支行】 2019年，中国银行股份有限公司唐山市丰南支行紧紧围绕上级行中心工作，扎实推进各项发展举措，实现主要业务指标稳步增长，内部管理有效加强，经营效益和社会效益不断提升。年末，核心存款达到62.65亿元，其中公司存款6.35亿元，个人存款56.22亿元。人民币各项贷款8.41亿元，大公司贷款投放8000万元，中小企业授比上年新增2300万元。全年实现净收入7674万元，净利润783万元。

优化发展布局。把经营效益和社会效益双提升作为经营目标，坚持以客户需求为导向，以走出去“问需”为依托，强化服务意识，开阔工作视野，丰富创新思路，有效增强工作主动性，为业务发展提供持续动力。融入经济建设。加强与地方党委、政府部门联系交流，在加强金融政策、产品优势宣传介绍同时，共同探讨银政合作、项目服务可行性措施，为打开新工作局面奠定坚实基础。围绕客户愿景落实发展举措。走访区内重点企业、中小客户、行政事业单位、个人中高端客户，解客户需求，主动推进银企对接，征求对业务产品、服务流程、办事效率、作风建设等方面意见和建议，逐项研究改进，落实有针对性地相关措施，进一步密切与客户关系，为有的放矢开展工作创造积极保障。全年国际结算量达到1.53亿美元，累计开立国际信用证5.26亿元，跨境人民币结算量4.15亿元，保函1740万元，远期结售汇2400万美元。结合市场形势创新发展思维。及时关注、收集市场信息，有效把握客户需求，精钻细研每个阶段发展中不足和原因，不断改进和优化各项工作细节；制定网点一日工作流程，形成各项业务产品明白纸，发挥网点大堂经理、客户经理和柜员联动作用，深化个性服务内涵，有效提升厅堂服务效率。

激发经营活力。推行绩效管理，成立由行长任组长绩效管理领导小组、由业务骨干组成绩效管理工作小组，对照考核办法，集体精钻细研每个阶段发展中不足和原因，为不断改进和优化各项工作提出建议，不断激发支行内生动力。突出人才使用。根据发展需求和员工特点进行部分岗位调整，优化岗位配置。组织业务经理、理财经理、支行后备人才竞聘选聘，人尽其才，才为岗用。强化激励作用。通过优秀员工、优秀青年员工、优秀党员等评选展示，肯定成绩，树立榜样，弘扬正气，激励人心。借鉴先进经验。先后组织主管行长、二级支行行长、理财经理赴先进支行学习业务，开阔视野，拓宽思路。

凝聚进步氛围。形成学习常态化，每周支部班子会、中层干部例会，首先组织学习国家大政方针、经济形势、政治理论和上级行精神，在学习中完善切实支行发展实际思路，通过学习提升管理能力、拓展能力和业务素质。建立研讨机制。组织客户经理、业务经理、理财经理、青年员工、复转军人、老干部、岗位交流人员等座谈会、讨论会，结合支部建设、支行发展、个人成长等方面议题，鼓励员工畅谈感受、献计建言，重点就促进业务发展、基层党建、队伍素质提升等具体措施，共同探讨论证其可行性，通过相互之间交流补充予以进一步完善和丰富。关爱员工身心。以“依靠员工发展，发展惠及员工”为工作思路，聘请专家举办日常健康知识讲座，积极落实关爱员工保障措施，有效增强员工队伍凝聚力和归属感。

加强风险防控。深入抓“基层网点风险管控50条”学习与落实，充分发挥业务经理管理作用，着重培养员工良好工作行为习惯，从源头切实提高业务发起质量，在过程中严格把握执行要求，加强业务完成后检查督导，注重对高风险业务及关键环节实施重点监控，确保各种管控要求顺畅传导和有效执行。

中国银行股份有限公司唐山丰南支行

行长：张　伟（2016年7月—2019年5月）

　　　李怀国（2019年5月—　）

（张　伟）

【中国农业银行股份有限公司唐山丰南支行】 2019年，中国农业银行股份有限公司唐山丰南支行以夯实党建、深化转型、增加收入、严控风险为核心，推进主体业务发展，实现全行经营水平稳步提升。年末，本外币各项存款余额119.36亿元，其中个人存款余额107.17亿元，公司存款余额12.19亿元。本外币各项贷款余额12.39亿元，其中个人贷款余额8.91亿元，公司贷款余额3.48亿元。中间业务收入0.35亿元，实现拨备后利润1.87亿元。2019年度综合绩效考核在全市系统内排名第五，党廉内控考核在全市系统内排名第一。

存款。持续开展包效包户，采取分层分包方法，认真梳理所包客户，积极与客户沟通，深入解客户业务需求，开展逐户营销。通过系统应用，提高中高端客户营销成功率及忠诚度。一方面力推支行大额存单等优势产品有效提升存款指标；另一方面积极营销农民工工资劳务费专用账户、商品房预售资金监管账户等高价值稳定存款客户，通过拓展客户提升存款。将日均存款和时点存款有效结合，时时监测存款情况和资金流动情况。提升持续营销能力：注重培养员工持续营销能力，对指标完成情况进行每日汇报、每周总结，测算考核排名结果，营造全员持续营销良好氛围，推动全行业务蓬勃发展。

贷款。积极加大营销力度：一方面以拓展新业务为突破口，稳定优质信贷客户，为惠达卫浴办理国内信用证加买方福费廷业务1亿元，稳定贷款份额。另一方面积极走访拓展新客户，为资产业务注入新鲜血液。为中交建冀交高速公路投资发展有限公司发放固定资产贷款4500万元；为纵横钢铁办理贴现业务2.3亿元。助力小微企业发展：积极营销省市级龙头企业，为4户龙头企业发放贷款1400万元；为白龙面粉专用粉发放简式贷200万元；在一个月内发放纳税E贷2439.3万元，惠及47户小微企业，截至年末纳税e贷余额5693.4万元，贷款客户98户；发放抵押e贷325万元。截至2019年末，累计为138户小微企业发放贷款9460.3万元。全力以赴压降不良：通过合理安排核销清收人员，提前对关注类客户和临界不良客户进行监测，开展电话、入户催收、司法清收、集中清收和核销等措施，控制不良贷款。

中间业务。依托优势产品和新型产品提高中间业务收

农行丰南支行开展咨询服务活动

入。一方面在做大做强信用证、电子银行承兑汇票、保函等信贷业务基础上，大力营销支行新型产品债市宝业务，拓宽中收途径。另一方面通过大力营销信用卡及专项分期、提高外呼分期转化率，做强账户贵金属和实物贵金属业务，加大基金、理财、代理保险等产品销售力度，努力提高中间业务收入。

党风廉政建设。抓好基层党，积极开展“不忘初心、牢记使命”主题教育。组织开展学习，督导每名党员做好学习笔记，党委班子在主题教育期间开展集中学习研讨6次，各党支部全年共组织集中学习46次；开展形势教育，组织党员重温入党誓词，观看爱国影片及主题教育专题节目；组织开展调查研究、征求意见建议、对照党章党规找差距，认真反思与检视；召开专题民主生活会，认真查摆问题，开展批评与自我批评，制定整改方案，明确整改措施，并逐项整改到位。强化党风廉政建设，坚持定期召开党委会议、纪委会议专题研究部署党风廉政建设、纪检监察工作，推进工作落实，制定出台党廉内控工作考评办法，认真自查整改在形式主义、官僚主义方面和上级行巡视反馈问题，积极开展案件风险排查、警示教育和职务犯罪起底排查等活动。

基础管理。做实员工行为管理，提升综合效能，建立员工行为动态管理“一人一册”，实行动态管理。积极组织开展非法集资宣传、职工联谊会、趣味运动会等活动。强化岗位练兵，激励员工主动学业务练技能。2019年在市分行业务技能比赛中获团体第5名，录入第1名、机器点钞第5名；在省分行业务技能比赛中，获机器点钞第2名。

中国农业银行股份有限公司唐山丰南支行

行长：李艳玲（2018年5月—　）

（刘彩云）

【中国农业发展银行唐山市丰南区支行】 2019年，中国农业发展银行唐山市丰南区支行始终按照“资产立行、存款兴行、党建领航、实干强行、依法治行”总体工作思路，积极组织营销项目，夯实基础管理，强化内控风险，连续24年实现无任何经济案件、刑事案件及重大责任事故、违纪违规案件和信访举报问题管理目标。年末，各项贷款余额160342万元。其中政策性粮食财务挂账贷款4928万元，地方储备粮油贷款2255万元，中长期项目153159万元，累计收回23400万元，累放贷款43155万元。各项贷款均为正常贷款，无不良贷款。各项存款余额128575万元，日均余额为88599万元，比上年增加28401万元。累计实际收回利息7189万元，利息收回率为100%。全年实现账面利润3374万元，人均利润达到141万元。

督促贷款客户加快项目建设。年内已完成四王庄城中村棚户区改造项目贷款完成转模式工作，高度关注四王庄棚户区改造项目实施进展情况，督促惠丰公司根据项目建设进度及时支取信贷资金。年内新审批项目和立东升——京东华北物流基地项目。该项目承贷主体为河北和立东升国际物流产业有限公司，该项目位于汉沽管理区临津产业园，项目总投资13.5亿元，贷款9.45亿元，贷款15年，该项目已发放贷款2.5亿元。

加大项目营销力度。对奶粉生产项目贷款营销。该项目总占地99.62亩，对原唐山三鹿乳业有限公司进行改造并扩建，建设奶粉加工车间、综合楼、化学品库、库房、锅炉房、食堂宿舍等配套及辅助设施，总建筑面积56743.31平方米。购置国产先进压力喷雾干燥塔、两效降膜蒸发器，引进干混、包装等重要工艺设备、立体仓房仓储系统、质量追溯系统、信息化及监控系统、检验检测等主要设备330台（套），并配套建设锅炉房、高压配电室、空压站、空调间、制冷站、污水站等设备。项目建成后形成日处理鲜奶310.17吨，年产2.2万吨奶粉生产能力。项目总投资：35392.51万元，拟申请贷款25000万元。

做好财政补贴资金代理拨付。丰南区支行以落实国家财政补贴政策为前提，以督促政策性挂账利息补贴及时足额到位为重点，切实履行财政补贴资金职责。严格按照粮食风险基金规定用途履行监督拨付职能，确保补贴资金按照规定用途使用。做好政策性贷款收息工作。积极做好财政、粮食等主部门沟通协调工作。认真履行好财政补贴资金代理拨付职责。积极主动配合财政部门做好补贴资金管理与拨付工作，特别是及时拨付种粮农民直补、农资综合直补和退耕还林粮食补助等专项支农资金。

强化库存监管。粮油库存信贷监管是封闭运行核心环节，是保障支行收购资金安全最行之有效措施，高度重视库存监管工作，努力将基础工作落到实处。客户经理坚持落实定期查库制度，对企业全口径库存逐仓检测查看，认真填写查库记录，并将企业库存监管和对企业财务监督结合起来，将信贷监管渗透到企业经营活动全过程，确保粮棉油库存真实有效，银企账账一致、账实一致。充分利用“互联网＋”监管模式，将贷款企业纳入远程监控监管覆盖范围，抽取企业关键点位，实时进行浏览、切换、轮巡、回放，直接监管到仓，实现对粮棉油企业库存等重要部位、重点岗位和周边环境24小时实时监控，大大提高非现场检查、监督功能和实效，实现现场定期查库与非现场核查有机契合。

夯实信贷基础管理。针对农发行改革进一步深化，新业务、新政策快速更新等情况，丰南区支行指定专人收集整理上级行制定各项信贷管理规章、制度以及各类期刊、月刊学习资料，采取由常用到生僻顺序组织信贷人员学习，对工作中涉及规章、制度进行梳理，并通过回头看检查和日常操作查找实际工作中漏洞和不足，及时纠正，不断增强信贷人员制度观念和合规意识。同时安排年轻员工先后多次参加省、市分行组织业务培训讲座，安排省分行基础设施处、创新处确定调查人员参加省分行项目调查，尽快提升年轻员工业务水平。

中国农业发展银行唐山市丰南区支行

行长：刘继宏（2019年4月—　）

（张　喆）

【中国邮政储蓄银行唐山市丰南区支行】 2019年，中国邮政储蓄银行唐山市丰南区支行（以下简称邮储银行丰南支行）坚持以科学发展观为指导，结合实际，围绕年初制定工作目标和措施，秉承市分行“凝心聚力，奋发进取，转型升级，提质增效”工作思路，加大市场开拓力度，加强基础管理，调整经营策略，积极推进银行网点转型，狠抓落实工作，促使全行各项业务稳健运行。年末，各项存款余额17.05亿元，其中对公存款余额11.75亿元，储蓄余额5.3亿元。个贷余额累计结余7.5亿元，比上年增长2亿元，其中小额贷款结余1.5亿元，比上年增长2000万元；个人商务贷款结余1亿元，比上年增长2600万元；个人消费贷款结余4.95亿元，比上年增长1.58亿元。小企业贷款余额6978万元，比上年增长1767万元。全年完成各项收入4652万元，实现利润2933万元。

业务发展。做强资产类业务，2019年加大贷款营销力度，提高贷款投放能力。在个人贷款业务上加大宣传，做大信贷规模，依靠优质服务、专业业务水平、过硬产品，打造出良好企业品牌。充分利用省政府提出“双轮驱动”活动契机，深入结合当地政府活动，常态化宣传支行创业担保贷款业务。2019年末，各项贷款余额8.2亿元，比上年增长2.2亿元；其中行创业担保贷款结余12667万元，年净增5131万元。

存款业务稳步增长。以转型发展为主线，提升核心存款规模，抓人员管理，启动客户认领工作，改进营销策略，信用卡、ETC外拓和厅堂营销效率显著提升。通过“稳定期”活动，留存存量客户；通过与储蓄资产匹配商圈活动吸引老客户增储、吸引新客户开户增储；由行领导、网点支行长、理财经理重点落实大客户分层营销走访实现增储；信贷客户联动结算增储；充分利用个人营销系统，严格落实上级行分层维护。2019年末，各项存款余额17.05亿元。

基础管理。狠抓队伍建设，增强团队凝聚力。坚持以人为本，狠抓员工队伍建设，充分调动员工工作积极性，增强员工组织归属感，努力打造团结、和谐、高效战斗集体。支行把队伍建设作为第一要务来抓，自始至终坚持以人为本，实实在在谋发展，真心诚意办实事，理顺人气，真正做到凝心聚力。加强学习，提升素养，深化党风廉政建设。加强党员学习教育。坚持把强化学习教育、提高理论素养，增强党性观念作为党建工作首要任务，组织党员深入学习党十九大精神，扎实推进“两学一做”，认真落实党风廉政建设，认真组织“不忘初心、牢记使命”主题教育活动，将“守初心、担使命，找差距、抓落实”运用到支行实际管理中去，推动支行党建工作扎实开展。

严格管控。注重内控管理，深化员工行为管控，按季开展员工行为排查。积极开展对金融从业人员业务制度学习、案防警示教育活动结合合规党员在行动主题活动，鼓励从业人员自主学习，全面掌握各环节业务制度和规程，提高业务处理能力，不断增强从业人员责任心，切实提高全体从业人员风险防范和合规意识，防患于未然。

中国邮政储蓄银行唐山市丰南区支行

行长：艾丽静（2016.8—）

（毕丽梅）

【中国建设银行唐山市丰南支行】 2019提中国建设银行唐山市丰南支行紧紧围绕“赢占市场、决胜旺季”主题，周密部署积极营销，实现高质量发展。截至2019年末，一般性存款时点新增9.88亿元，日均存款新增16.67亿元，居系统和同业“双第一”。其中对公存款余额时点新增3.38亿元，日均新增10.3亿元，居系统和同业“双第一”；个人存款时点新增6.5亿元，系统第一同业第二，日均新增6.37亿元，居系统第一。各项贷款新增3.93亿元，居同业第一。实现中间业务收入2723.89万元（不含返还），拨备前利润1.79亿元。主要指标中，一般存款时点及日均新增、对公存款时点及日均新增额，连续三年实现系统和同业“双第一”，前三季度KPI考核均列第一，全年工作实现高质量发展。

提早谋划开展业务。支行领导班子统一思想，围绕市分行党委工作目标，年初提出以“双基”工程为抓手，坚持以客户为中心，以稳存增存抢占市场份额，集中力量增存款、抢中收、拓客户，以案件风险防控夯实发展基础，以创新思维创新方法深化转型发展工作思路。以“同业最强，系统最优”为目标，以“双基”工程为抓手，全力增存抢占市场份额。领导班子改进作风求真务实，减少会议布置调度频次，转为经常深入一线网点调研分析，并深入企事业单位带头营销。从员工营销意识、营销目标、到营销措施、营销业绩都做到心中有数，有针对性制定详细营销方案。对存款指标每周通报分析，在关键时点日通报、日调度、日总结，随时掌握指标进度和同业情况，及时制定措施应对存款变化。组织网点间PK赛和增存经验交流，对落后网点进行帮扶，让每个网点、每位员工都清楚自己该干什么、怎么去干，做到有的放矢开展工作。全行形成上下联动、比贡献比奉献良好氛围。

抓客户上规模。以客户分层管理为手段，把客户维护工作作为基础工作来抓。行长、主管行长和网点负责人等管理人员对本人负责维护高端客户见面维护率要达到100%，客户经理对本网点资产管理模（AUM）前100位客户回访率要达到100%。工作中在提供优质服务基础上，十分重视客户关系维护工作，及时掌握有利信息展开跟进营销。构建由支行领导、网点负责人、客户经理对应各单位领导层、财务负责人和经办人员三级客户营销维护机制，确保每个环节都有人负责，从中率先获得有利信息，把握营销先机。1月份，市分行机构部协同丰南支行与区财政局共同开展“使命担当、争锋有”党支部主题党日活动，进一步密切银政关系。有针对性营销。结合支行小微企业贷款户贷后走访契机，有针对性营销代工业务。支行制定专门活动，力争小微企业代发工资全覆盖。紧盯区政府行政事业单位文明奖励发放，梳理上年精神文明奖励代发单位情况，打赢阵地保卫战，2019年支行代发2.1亿元，共计2.9亿元，同业占比72%。

5月，丰南建行举办职工趣味运动会

加大普惠金融业务拓展。重视重点企业金融服务，确保市场竞争力。全年为区内大型企业唐山瑞丰钢铁（集团）有限公司办理授信额度金额340000万元，新增唐山东方雨虹防水技术有限责任公司授信金额20000万元。完成存量贷款收回再贷业务7398万元，为唐山瑞丰钢铁（集团）有限公司办理进口信用证业务28笔总计36235.34万美元、信托收据贷款1笔800万美元，委托付款2笔3153万美元。个人类贷款主动出击，积极拓展房贷楼盘客户，对原有嘉诚华庭、嘉诚华府、荣盛锦绣花苑、嘉城铭郡、西湖花苑、嘉誉镜湖等优质楼盘积极申请政策倾斜，尽最大努力满足客户需求，密切银企关系。扩大对二手房贷款宣传。累计发放个人住房贷款994户47229.4万元，消费贷款（含快贷）7067户，7363.28万元。通过逐户走访中介、建立微信群、点对点服务等措施，全年年累计发放79户2816.4万元，为今后不断夯实二手房业务打下基础。加大普惠金融业务拓展，普惠金融“2+1”口径贷款金额10147万元，贷款客户数297户，分别比上年新增5000万元和168户。利用地方政府着力推进创业贷业务为契机，大力发展普惠金融业务，截至年底，累计发放创业贷122笔，金额1220万元。积极推进蓝海项目，按照上级行新导入房源流程完成对存量对公房源系统导入，已经累计进驻房源超过10180余套，交易房源871笔。

中国建设银行唐山市丰南支行

行长：陈亮（2017年10月—　）

（王艳红）

【交通银行唐山分行丰南支行】 2019年，交通银行唐山分行丰南支行以“抓存款、稳利润、控风险”为主线，以利润为中心，以改革为动力，以客户为基础，以风险防控为保障，全面完成经营管理各项任务。对公方面，人民币日均存款90239万元，比上年增加8012万元；同业负债1285万元；同业客户产品覆盖数比上年增加2户；对公达标客户净增130户；对公客户净增125户；公司板块中间业务收入400万元；国际结算量3亿美元；代发工资比上年增加300户；托管余额规模1.7亿元；全年新开10万元以上对公客户10户，新开100万元以上客户1户，新拓展授信客户2户。对私方面，AUM季日均10.55亿元，比上年增长9355万元；储蓄存款日均余额达到60688万元，新增3856万元；储蓄存款时点余额63782万元，新增5472万元；私银增4户、沃德增19户、交银增149户；零售板块中收600万元；信用卡完成195户，ETC完成454户；房贷业务发放2403.45万元，实现突破性进展。

案件防控。落实案件防范责任制，支行与员工都签订安全保卫责任目标责任书和案件防控管理目标责任书，使案件防控工作做到目标化管理，制度化要求。做好重要岗位人员教育工作。主要是通过行为和业务操作风险排查工作进行。认真落实“纪律教育月”活动，做到案例教育全覆盖。按照分行要求开展专项排查行动，在2019年案件防控“5+N”专项治理、“唐山市银行业全面风险排查”、“信用卡违规套现”、“员工异常行为”等专项排查行动中，认真排查，强化教育培训，确保自查不留死角。通过总行、省行发布案例进行警示教育，使员工进一步强化人生观、价值观，遵规守纪、廉洁从业意识得到进一步提升。认真落实领导干部廉洁从业各项规定，严格落实“重要岗位廉政谈话”、“重大事项报告”制度，进一步规范从业行为，带头落实各项规章制度，增强廉洁从业自觉性。为确保支行运营安全，支行针对火灾、抢劫、投诉、突发紧急自然灾害等多种情况都制定预案。定期对员工进行安全教育，尤其在法定节假日等特殊时期都会进行节前教育工作。为增强员工防汛、防火能力，应对火灾及抢劫等突发案件，支行每季度都进行相关演练。

加强支行党风廉政建设。认真贯彻落实各项廉洁从业规定，采取多种形式，组织开展遵章守纪教育、典型案例教育，教育广大员工牢固树立合规经营意识、风险防范意识和安全责任意识，筑牢员工思想道德防线；重视案件防控工作，开展自查自纠，堵塞漏洞，消除隐患；加强客户拓展、资产业务、同业业务、按揭业务。通过认真细致工作，争取在2020年取得更好成绩。

交通银行唐山分行丰南支行

行长：于丙辰（2018年5月—　）

（李全伟）

【河北唐山农村商业银行股份有限公司丰南支行】 截至2019年末，河北唐山农村商业银行股份有限公司丰南支行（简称唐山农商银行丰南支行）下辖机关部室9个，营业网点46个，其中1个营业部，22个二级支行，23个分理处，共有在职员工400人（含劳务派遣57人）。业务规模不断扩大，各项存款余额159.26亿元，比上年增长8亿元；日均存款余157.33亿元，比上年增长6.07亿元；各项贷款余额91亿元，比上年增长9.39亿元；实现经营利润2.36亿元，比上年增加0.25亿元:全年实缴各类税款3656.84万元。实现“存贷业务稳步增长、经营效益持续提升、各类风险有效防控”良好业绩。在全区23家金融机构中存款市场占有份额为25%；贷款占有份额为39%，两项份额均名列全区第。获河北省农村信用社联合社2016—2018年先进集体；唐山农商银行2019年度经营管理奖；唐山市公安局、唐山银保监分局2019年度全市金融机构安全评估暨安全保卫工作先进集体；唐山市文明办2019年度先进单位；丰南区妇联“春蕾计划”爱心单位等荣誉。杨泽城、陈盛金等10名员工获得唐山农商银行2013—2018年实干兴行突出贡献奖。

优化资产负债结构。强化存款业务营销，依托绩效管理系统开展存款小指标竞赛等活动，兑现营销绩效奖励工资692.54万元，有效稳住存量、营销增量；同时大力营销财政部门及重点企业大客户等对公存款。2019年末对公存款余额达28.33亿元，比上年增加3.73亿元，达到可优化存款结构、降低资金成本目的。强化贷款业务营销，在信贷投放中，注重服务实体经济要求，全年累计投向区域重点支柱产业贷款35亿元。借助“双基”共建和小贷中心建设，积极推动“三农”和中小微企业信贷营销，年内累计创建信用村150个、信用乡镇2个，建档、评级农户3.04万户，年末涉农贷款余额达11.35亿元，比上年增加3.96亿元，小微企业贷款余额59.64亿元，比上年增加1609元，小微企业贷款户数379户，比上年增加138户。同时，积极开展金融扶贫工作，全年投放扶贫贷款19笔、金额23.5万元。强化电子银行业务营销，通过开展“移动金融”业务营销攻坚行动，营销手机银行112983户、随e盾客户51786户、新型收单活跃商户7846户，均超额完成电子银行指标任务，年末电子银行交易占比84.59%，比上年提高11个百分点。实施精细化管理，全年取得贷款利息收入2.73亿元，加强ETC、京津冀一卡通、保险、实物贵金属等中间业务营销，取得中间业务收入331.96万元。同时，强化财务开支管理，通过增收节支措施，2019年实现考核利润2.36亿元，比上年增加0.25亿元。

开展全面风险防控。狠抓不良贷款管理，开展“不良贷款清收擂台赛”活动，联合法院执行局开展依法收贷行动，累计清收不良贷款3232万元，有效减低不良贷款风险。深入开展“平安农商行”创建工作。加强人防建设、技防提升、物防投入，全年累计投入815万元，完成A级网点改造36家，全辖基层营业网点安防设施合格率达100%。实现全年“零”案件“零事故”。推进全面风险管理体系建设。开展“依法治行”专项行动和“合规文化建设年”活动，有效规范全辖46家基层营业网点和全行干部员工从业行为。同时，强化内部审计和执纪问责，严肃查处违规行为7起，处理违规责任人53人次。

加强党建和企业文化建设。认真开展“不忘初心、牢记使命”党内主题教育、“我和我祖国”群众性主题宣传教育，深入学习领会习近平新时代中国特色社会主义思想科学内涵。落实支行党委党风廉政建设主体责任和监督责任，党委班子成员按要求落实“一岗双责”。同时，按总行党委统一部署，推进实施基层党建工作三年规划，制度体系、队伍建设等工作实现整体规范达标。持续推进星级网点创建工作，2019年成功新评定三星级网点11家、四星级网点5家，全行三星级以上网点占比达72%。同时，以党建带工建，持续开展职工“五小之家”建设，做好员工关爱和员工权益保障工作；并组织开展健步走，参加乒乓球、羽毛球赛、主题演讲等群团活动，有效提高队伍凝聚力。

河北唐山农村商业银行丰南支行

行长：杨泽成（2013年10月—　）

（李　媛）

【浦发银行丰南支行】 2019年浦发银行丰南支行在分行党委正确领导下，认真履职，廉洁自律，认真学习2019年总分行工作整体思路，围绕“控风险、精管理、拓客户、增效益、带队伍”十五字经营方针，落实开展各项工作，取得较好成绩。至12月末，个人金融资产时点82100万元，日均95900万，比年初新增20900万元。个人存款时点32449万元，日均35296万元，比年初新增5523万元. 住房按揭贷款累放42笔，金额1918万元。信用卡汽车分期业务238万元，办理信用卡328张。存量对公账户273户。

贷款业务。为支持丰南房地产市场发展，浦发银行大力发展个贷业务。积极与二手房中介公司联系，共办理二房贷款12笔，金额826万元。与唐山卓越地产签订按揭贷款合作协议，接券工作稳步推进. 共办理一手房贷款30笔，金额1092万元。密切与唐山公积金联系。通过公积金平台发送短信、公众号推送、全员微信转发等形式大幅提升支行线上贷款发放，方便广大人民群众, 截至2019年末，线上公积金贷款共70笔，累放542万元。2019年以来丰南支行抓住总行与上汽总对总签订汽车分期协议，为三家4S店办理汽车分期业务，成功打开唐山分行汽车分期业务市场。共办理汽车分期业务16笔，金额238万元。促进丰南汽车销售业务发展。

控风险守底线。支行深入自查、认真整改、巩固提升。充分发扬合规内控案防先进典型示范作用，营造“遵章守纪、人人合规、主动合规”浓厚氛围，实一岗双责，勇担岗位使命。根据《一岗双责责任清单》认真贯彻落实分行党风廉洁建设工作部署与要求，切实抓好职责范围内党风廉洁建设。抓好分管范围内干部员工日常思想作风建设，及时进行意识教育，对于廉洁履职、廉洁从业教育工作常态化管理，定期开展家访，对于员工思想及工作中发现存在问题立即严肃教育、严抓整改。

浦发银行丰南支行

行长：赵秀芬（2018年1月—　）

（赵秀芬）

【承德银行股份有限公司唐山丰南支行】 承德银行股份有限公司支行成立于2013年11月28日，支行始终坚持“服务地方经济、服务中小企业、服务居民百姓”经营理念，努力提高金融服务水平，不断创新业务品种，时刻不忘加强内部管理，实现全年安全运营无事故，各项业务健康稳健发展。截至2019年12月31日，各项存款余额9.31亿元，其中对公存款余额3.28亿元，个人储蓄存款余额6.03亿元。授信余额达5.84亿元，其中贷款余额2.84亿元，银行承兑汇票敞口3亿元。唐山丰南支行努力增收节支，实现FTP利润907万元。承德银行大力支持地方经济发展，受到区领导高度评价，多次被评为招商引资和项目建设先进单位。

苦练内功加强管理。积极推行绩效管理，完善激励机制。年初，支行推出《绩效考核办法》，为每一个员工量身定体，制定绩效管理目标和相应激励约束办法。经过科学推算，对每一位员工所在岗位不同，分别进行不同设定。通过绩效管理推行，鼓舞员工工作热情，充分发挥主观能动性。增强班子团结协作。根据条线不同，明确班子成员任务分工，增强全局意识，在工作中相互协作、相互支持、密切配合，共同推进支行经营管理各项工作；坚持民主集中制原则，对于行内重大决策和重要部署，集体讨论研究，不搞“一言堂”。通过员工座谈、家访等形式，掌握员工思想行为动态，及时解决苗头性、倾向性问题。

积极创新外求发展。预先筹划，瞄准目标市场，积极部署“开门红”储蓄存款营销任务。抓住首季存款“开门红”契机，组织全辖开展全方位形象宣传活动，加大宣传公关力度，有效提高支行社会形象。全体员工加强营销，通过微信传播、老带新、每月底定期抽奖等活动，支行储蓄存款增长创造历史最高水平。巩固已有市场、开发潜力市场，继续扩大存款营销范围。一方面，支行秉承“服务地方百姓”理念组织参与活动，加强与周边社区开展文体活动，提升品牌效应。另一方面，支行举行特色节日营销活动，本着“创新宣传形式、拓宽营销渠道、扩大市场环境”工作思路，丰南支行根据节日特色举办特色活动，支行致力于社区营销宗旨，服务至上是赢得客户关键。活动除给广大客户带去节日祝福以外，用心服务更是获得客户满意赞许和认可。汇通支行筹建完毕。

把控风险并做好服务。2019年度丰南支行累计发放贷款89笔，贷款金额合计2.03亿元，签发承兑汇票25笔，票面金额合计59562万元。支行业务部全体员工按照授信管理规定按要求进行贷后管理工作，及时揭示借款人各方面经营状况，为续作授信工作打下坚实基础。按照总、分行要求，信贷员提前进行倒贷调查，全方面进行跟踪，根据实际情况分析企业真实借款用途及还款能力和还款意愿，为贷款审查、审批工作提供最大支持。服务常抓不懈，为帮助企业解决开户、对账等困难，支行员工主动上门服务，为企业发展提供助力。

承德银行股份有限公司唐山丰南支行

行长：程嘉炜（2018年5月—）

（薄长明）

【中国民生银行股份有限公司唐山青年路支行】 2019年，中国民生银行股份有限公司唐山青年路支行在秉承“服务大众，情系民生”经营理念，以服务优质公司业务为抓手，按照年初总分行所确定指导思想和工作方针，不断改进机制，严控风险，强化营销，通过部门员工团结拼搏，促进支行各项工作持续稳健发展。年末，支行存款余额8.01亿元，比上年增长5.07亿元，增长172.25%。其中储蓄存款余额1.61亿元，比上年增长211万元，增长1.33%；对公存款余额6.4亿元，比上年增长5.04亿元，增长372.95%。

大力推进业务发展。公司业务与零售业务并举，大小业务齐抓，积极拓展新业务。自年初起青年路支行按照分支行整体工作思路，拟草《青年路支行2019年储蓄存款“首季开门红”活动方案》《青年路支行关于一季度手机银行劳动竞赛方案》《青年路支行关于三季度保险销售劳动竞赛方案》《青年路支行关于三季度保险销售劳动竞赛方案补充》《青年路支行外拓管理办法》《190818民生银行唐山青年路支行零售PK赛活动方案》等活动方案，设立奖惩，推动大家营销激情。按照分行零售部工作部署，青年路支行全年组织营销活动，配合当地政府进行“反非法集资、反假币、普及银行业相关知识”，通过多种营销活动带领员工去做营销、敢做营销、爱做营销。支行不定期举行活动：外部活动，通过与保险公司和周边幼儿园、社区合作，营销支行产品，经过多次联合举办活动，对于重点营销产品业绩提升有较大帮助，在明年发展中需对活动举办加以侧重。

民生银行与社区举办联谊活动

加强员工队伍建设。加强员工行为建设和思想教育，提高政治思想觉悟与道德情操，强化员工责任意识，形成自觉遵守行为规范氛围；加强制度文化建设，认真学习上级行制定各项规章制度、办法，提高员工制度执行力；加强专业思想文化建设，利用晨会时间组织员工学习国学视频和国学讲座，正确树立世界观、人生观、价值观，增强爱岗敬业意识。加强业务培训。按照分行“专业人做专业事”工作方针和已划分公司、小微、社区、消贷、厅堂五个条线，本着“团队发展不离不弃、不让任何人掉队”原则，从加强基础知识入手，全面系统进行业务培训。每天利用晨会，组织小微业务贷后管理、公司业务具体操作流程及管理规范、执行力理念系统学习，提升员工业务理论水平和实际操作能力。

狠抓内控管理。完善条线管理制度。梳理、修订和完善5个条线规划管理制度。加强各项制度和风险管控知识学习，增强员工合规经营意识、责任心和防范风险能力。加强贷后管理，事后检查每笔信贷业务，杜绝账外经营、冒名贷款、违法放贷、贷款诈骗、以贷谋私、票据诈骗等各类违规违纪违法行为，有效遏制不良贷款发生。

中国民生银行股份有限公司唐山青年路支行

行长：张召（2019年11月— ）

（孙　蜜）

【唐山银行】 唐山银行（原唐山市商业银行）成立于1998年6月，在唐山市原有27家城市信用社基础上组建而成，是一家具有独立法人资格国有控股地方性城市商业银行，下辖营业网点63家，在职正式员工1068名。2019年，唐山银行以党建为统领，持续完善公司治理，深化经营管理体制机制改革，以防范和化解金融风险为重点，着力创新产品和服务，在激烈市场竞争条件下，以“提质增效”为抓手，推动唐山银行改革转型发展，实现全年无案件、无重大风险事件，圆满完成全年各项经营发展，为下一步发展夯实基础。年度内先后获得“2018年度最佳城市商业银行第二名（资产规模2000亿—3000亿元）”“2018年度最佳金融科技城市商业银行”“2019年度责任企业”“2019中经Fintech•智能银行”“最具业务特色中小银行”“最佳创新企业奖”“2019唐山市十大公益企业”

等荣誉和奖项，品牌价值和品牌形象显著提升。

业务稳健发展。截至2019年末，全行资产总额1907.41亿元，贷款余额692.08亿元；各项存款余额1272.24亿元，各项存款市场份额位居全市第二，其中储蓄存款余额857.14亿元，比上年增加195.40亿元，增量全市第一；实现营业收入29.86亿元，实现净利润15.50亿元。人均资产、人均存款、人均效益分别达1.79亿元、1.19亿元、158万元，人均指标在全市银行业排名第一。

坚持服务实体经济发展。提高政治站位，大力支持实体经济、民营经济、普惠金融。净投放信贷资金97.16亿元，增量全市排名第一位，支持河钢、开滦、恒大、新城投、文旅集团等重点客户。支持地方重点项目81.12亿元，支持民营企业23户、41.32亿元，支持普惠型小微企业1.12万户、3.97亿元。开展普惠金融迈出实质性步伐。与阿里巴巴合作“网商贷”线上产品，累计放款21.20万笔、5.04万户，累放金额16.85亿元、贷款余额6.30亿元；与360合作“360借条”线上产品，累计投放3.2万户，累放金额0.67亿元、贷款余额0.55亿元。

持续深化改革创新。立足金融科技转型发展需要，以建设“科技银行”为方向，不断加大信息科技投入，推动金融科技转型。通过大数据建模及风险管理基础，推进监管及行内风险管控落地，为网贷业务发展提供有效风险解决方案；推进互联网信贷平台建设，不断增强支行互联网信贷业务运营管理体系，通过灵活丰富分析报表和仪表盘视图，实时展示支行互联网信贷业务和风控情况，高效响应互联网业务快速迭代需求；参与建设唐山市企业综合金融服务平台，由市政府主导，支行联合纵横大数据及相关科技公司经过百日攻坚，圆满完成唐山市企业综合金融服务平台建设，于2019年12月25日正式上线运行，截至2019年末，已有23家金融机构入驻平台，发布金融产品73个，有976家企业入驻平台，发布融资需求14.49亿元，对接成功13.42亿元，撮合放款成功6.92亿元，其中支行成功对接企业31家、放贷4.31亿元，位居各行榜首。着力推进科技系统建设。顺利上线网点运营管理平台、新客服系统、新短信平台、虚拟资源池系统；继续推进新一代核心系统集群、自助设备研发、开发云管平台、数据仓库二期建设进度，持续推进信息化建设，为业务发展奠定基础。上线“一区双录”系统，上线率达到100%。持续加大产品创新力度。研发二维码聚合收单产品，完成“唐豆存”产品随身银行渠道上线，推进存款+保险模式产品设计研发，“唐行宝”后续产品“唐行宝D”上线，完成“幸福1+1”普惠版产品上线，实现利率定价、收益模式、产品金额、购买渠道优化调整，全方位、多角度提升客户购买体验，增强客户黏性。新推出定开型理财产品“益盈9号”，实现7款定开型产品全线销售；积极推进净值化产品发行，完成现金管理类净值型产品研发及线上发售，使支行成为新规后河北省内城商行系统发行首款现金管理类净值型理财产品机构。开启转型发展新篇章。对2017—2019年三年战略规

8月19日，唐山银行举办“筑梦远航”资助励志高考毕业生系列公益活动启动会，为百余位贫困励志学子提供梦想启动金21余万元

划实施情况进行全面评估，2017—2019年战略规划收官；深入分析研判当前经济金融形势和未来发展趋势，对照省、市政府部署要求和监管部门工作导向，立足自身资源禀赋2020—2022年新战略规划启动。

加强全面风险管理。结合监管部门制度先行要求，全面审视和检验内控体系，开展整章建制工作，对全行16个条线、645项规章制度进行梳理，修订完善规章制度310项、废止29项、新制定25项，为有效加强管理、防控风险提供制度保障。坚持以加强案件防控、提高内控管理水平为重点，多措并举，不断提升风险防控水平。开展“全面风险排查”“重点领域风险排查”“巩固治乱象成果促进合规建设”等自查活动，不断提高风险排查效果；完善全面风险管理制度体系，根据2019年经营规划及风险政策，定量和定性地监测、分析各类风险管理情况；制定大额风险暴露管理制度，业务种类涵盖所有信用风险业务，完善集中度风险管理框架，强化统一授信管理。突出抓好重点业务、重点岗位、重要环节、重点人员风险排查，累计开展24项专项审计活动，覆盖授信、同业、理财、消费者权益保护、信息及系统安全、风险管理等多个业务领域和风控环节；通过全行案件风险排查、突击检查、视频监督检查、非现场数据预警分析等，进一步强化员工行为管理、反洗钱管理、现金管理、重要空白凭证管理、印章管理等检查力度，提高案件防控能力。形成《案件风险防范长效机制工作建设方案》，完成信息科技审计风险库创建工作，梳理风险点207个，进一步完善相关机制建设。

坚持人才立行。强化人才队伍建设，充分挖掘人才价值，把高端人才精准配置到决策创新、运行管理、市场拓展和基础操作等关键岗位，提升人才质效。多渠道招聘和引进人才，充分运用市场机制，采取跨界、越顶等多种方式引进人才，为高质量发展提供人才支撑。开展2次社会招聘，对全行人力资源进行补充；启动以“信唐行，耀新生”的2020年校园招聘，从国际、国内一流高校招录优秀专业人才。全年累计招聘员工146人，全行硕士研究生达到156人，博士研究生达到8人，本科及以上学历干部员工达到员工总数65.36%。随着高低置换、新老交替、自然减员，支行干部员工知识层次、年龄水平、专业结构不断优化，形成较为科学人才队伍结构，成为助推支行创新发展动力源泉。

积极践行社会责任。持续完善公益管理体系，聚焦扶贫、教育、养老、生态、助残等社会民生领域，不断探索银行业务与公益事业融合创新发展，加强与公益机构跨界合作，开展形式多样、主题丰富公益项目，有效推动唐山银行公益事业常态化、项目化。开展大规模学雷锋志愿者动、爱心助考、关爱自闭症儿童等活动。组织成立50万元盛唐公益基金，先后开展资助励志高考毕业生和慰问中华人民共和国前老党员、全国劳动模范等系列公益活动。

唐山银行丰南支行

行长：张玻（2019年6月—　）

（陈盟盟）

【招商银行股份有限公司丰南支行】 2018年3月26日，招商银行股份有限公司丰南支行(简称招行丰南支行)在丰南泽信广场一层开业，落实上级行工作部署，以效益、质量、规模三者协调发展为发展理念，以“因您而变”为自定位，积极争揽存款，实现存款、贷款、客户规模稳增长。2019年全年各项存款21249万元，各项贷款余额7617万元，利息收入936万元，公司贷款余额45099万元，公司存款余额12亿元。

抓储源。面对国内外经济环境，收窄市场空间，招行银行根据政治、经济、社会、技术等内外部环境变化主动适应市场，把存款争揽及增加收入作为全行业务发展重中之重，扎实推进。加强组织领导、层层动员、调动全员吸存增收积极性，为全年工作打下良好基础。从细节着手，研究市场，分析客户和产品、将增收与客户双赢作为目标，为市场营销做好充分准备。完善机制，巩固柜面营销，拓展行外销售，形成全行同心协力争存款、做业务良好氛围。把存款作为一项重要内容，找差距、定措施，及时解决出现问题，实现存款市场占有率稳中有升。通过对市场调研，明确工作重点、找储源、稳大户，争市场，抢份额，成效明显。至年末，全行营销代发客户618户。

调整优化贷款结构。抓住市场需要，作为拓展资产业务切入点，在加强授信扩大公司业务同时，扩大个人投资经营贷款规模，加大新产品微型企业贷款、小额商户贷款宣传、推广力度。服务工作提质，招行丰南支行打造最佳服务体验银行，坚持服务传统、以形象优、素质佳、服务好、效能高、口碑好为目标，通过组织业务竞赛、岗位技能练兵、服务明星评比等活动促进员工服务技能和业务水平提升，通过组织业务学习、礼仪培训、拓展训练、开展各项金融服务活动，强化员工服务理念和服务素质。

风险管控。以发展为第一要务，内控为第一责任，不以违规换取发展，时时刻刻紧绷内控这根弦，做到每日必查，逢会必讲。围绕风险防范、安全保卫等工作，组织全员签订廉洁从业案件风控安全保卫工作责任书明确责任目标；针对复杂社会治安形势，先后组织开展相关专题培训及4次防抢、消防应急演练，使全体员工熟练掌握发生各类突发事件时处置流程，切实提高员工安全防范意识和应对突发事件能力。

招商银行股份有限公司丰南支行

行长：姚述翔（2000年4月— ）

（杨新宇）

【沧州银行丰南支行】 2016年初，沧州银行丰南支行正式成立，支行本着“依法办行，服务立行，民主管行，科技兴行，管理富行，人才强行”建行方针，先后获得区级“青年文明号”、市级“青年文明号”以及“唐山市丰南区五四红旗团组织”等荣誉称号。截至2019年12月底，沧州银行丰南支行存款余额127443万元，贷款余额107059万元，实现利润3168万元。

合理发放贷款。2019年沧州银行丰南支行在巩固现有市场和客户基础上，充分发挥小额贷款灵活多样特点，加大投放力度，积极与总分行和政府协调，最终全年顺利投放3亿元贷款，更有和唐山海森电子股份有限公司、唐山贺祥机电股份有限公司、唐山华熠实业股份有限公司、唐山东方雨虹防水技术有限公司、唐山荣盛房地产开发有限公司等大型企业合作与支持。沧州银行丰南支行在依法合规、严格贷款审批同时，最大限度扶持丰南经济，为丰南新面貌建设提供有效金融服务。

加强队伍建设。沧州银行丰南支行一直秉承着“服务丰南经济，服务中小微企业，服务丰南居民”经营理念。为更好服务客户，支行员工充分利用班前班后时间加强业务学习、技能练习，提高业务知识储备和技能水平。同时深入开展银行业服务规范活动。从硬件到软件，全部重新进行梳理，支行里环境优美，整洁干净，各种设施齐全便利，人员服务热情周到，支行于2018年10月被评为“四星级”网点，进一步提升丰南支行服务水平，增强客户黏度和忠诚度，高效抢占和巩固市场份额。

加大宣传服务地方社会。2018年开始沧州银行丰南支行打出一个响亮口号“沧州银行好，存款利息高”，广告效应深入丰南老百姓心里，使得储蓄营销出现突飞猛进增长。截至2019年底，储蓄定期41824万元，另外还联合政府、企业单位、工业园区、社区搞多项宣传活动，如广场舞大赛、养老院送温暖、银企对接会、社区文艺演出、丰南区才艺会演、眼科义诊、爱心活动、客户答谢会等30余次。通过沧州银行丰南支行全体领导干部员工努力，赢得丰南老百姓认可和丰南区政府支持，使得支行在2019年度丰南区财政局三次招标中，均名列前茅竞标成功，在全丰南22家金融机构中脱颖而出，社会地位也得到明显提升。

沧州银行股份有限公司丰南支行

行长：王磊（2019年7月— ）

（黄　静）

【华夏银行股份有限公司唐山丰南支行】 华夏银行唐山丰南支行自2017年12月成立以来，积极致力于服务地方经济建设，围绕丰南区经济发展重心和产业特点，为客户提供全面周到金融支持；依靠华夏银行供应链金融、国际业务、中小企业金融服务、“龙盈理财”和ETC等业务优势，营造经营亮点，树立良好金融服务商品牌和形象。华夏银行唐山丰南支行秉承“诚信、规范、高效、进取”企业价值理念，全力打造“华夏服务”品牌，为客户提供“安全、保值、增值”金融服务。截至2019年末，华夏银行唐山丰南支行各项存款余额达到7.64亿元，各项贷款余额5.20亿元，为125户企业客户、8740户个人客户提供金融服务，取得社会各界普遍赞誉。严格风险合规管理，逾欠业务余额为零。

参与社会公益承担社会责任。相继开展“迎新春送春联”“是小小银行家”“唱响青春，是歌神”“七夕迎金婚、最美夕阳红”“金秋九月，金融知识进万家”“重阳节义诊理疗活动”“和祖国群众性主题宣传”“厨艺大比拼”等形式多样活动，服务客户，普及金融知识。

强化党建引领。在压实基层党支部党建基础同时，与社区党支部结成党建共建单位，组织“党群建言献策，助推社区发展”“诵读红色经典畅想美好生活”等活动，参加区域化党建联席会议等形式，充分发挥基层党支部战斗堡垒作用。

华夏银行唐山市丰南支行

行长：李永辉（2017年11月— ）

（李永辉）

华夏银行与曙光社区合作春节送春联活动

【中国光大银行唐山丰南支行】 中国光大银行唐山丰南支行成立于2013年1月21日，是中国光大银行唐山分行在唐山市丰南区设立分支机构。截至2019年末，丰南支行存款4.33亿元，贷款2.54亿元，中间业务收入583.42万元。自成立以来，中国光大银行唐山丰南支行以服务当地经济发展为己任，积极开展各项工作，加强内部管理，坚持向管理要效益，以创新服务促发展，在当地同业竞争力和影响力不断增加。

调结构补短板。对公业务方面，中国光大银行唐山丰南支行不断抢抓市场机遇，调结构、补短板，各项业务指标稳步增长，整体规模快速提升，为全行业务发展做出突出贡献。立足地方经济，做好项目储备和投放。是机构业务有所突破，存款结构更趋合理。积极推广“光大名品”，大力推动普惠金融，以新产品新模式带动业务转型。零售业务方面，面对一直以来唐山丰南支行零售业务相对较为薄弱、长期处于落后局面，近两年，唐山丰南支行从资源、费用绩效考核等方面加大对零售条线倾斜，同时不断加强过程管理细化考核，通过搭建平台、加强项目储备等方面采取一系列措施，经过努力，唐山丰南支行零售业务与自身相比取得较快进步。

加强员工培训。中国光大银行唐山丰南支行在全行范围内开展学习提升年建设活动。围绕中心工作，积极组织开展以业务创新、岗位练兵、技能提升、风险防控为主要内容系列培训活动，提升员工业务素质和岗位技能，强化风险防范意识，推动分行各项业务发展。

加强风险排查。2019年，唐山丰南支行有计划组织开展以实战为背景各种应急预案演练，提高员工处理突发事件能力。先后在全行范围内开展员工异常行为排查、案件风险防控排查、反非法集资及征信自查等，面对动荡勘金融环境，有效地防范风险，保障业务健康发展，也维护社会安定团结。

中国光大银行唐山丰南支行

行长：王铮（2018年7月— ）

（董　嘉）

【丰南舜丰村镇银行】 丰南舜丰村镇银行自2014年10月正式营业以来，稳健经营，始终坚持做小、做散、做实、做精零售贷款经营理念，倾心支持丰南区广大农户和小微企业发展。截至2019年12月底，丰南舜丰村镇银行各项存款余额7.41亿元，其中对公存款1.99亿元，储蓄存款5.42亿元，存款户数65714户。各项贷款余额4.61亿元，贷款户数1043户，贷款户均44.23万元。

合规经营。丰南舜丰村镇银行始终把合规经营作为业务发展生命线。严格落实监管要求，抓好市场乱象整治发现问题整改落实以及“回头看”工作，坚决杜绝有章不循、屡查屡犯现象。保持案防与内控高压态势，强化常态化员工行为排查，重点加强对支行行长、信贷员等关键岗位人员教育和管理，防范道德风险。控制信用风险，坚持合规经营运作模式，抓好信贷，同时加快不良贷款清收工作。持续抓好合规文化建设，加强“阳光信贷”学习和警示案例教育，让合规理念内化于心、外化于行。继续丰富合规检查内涵，开展合规检查+培训+述职+宣传+竞赛等系列活动，使合规文化深入人心，保障支行健康发展。

严格规范服务。“简单、务实、创新、规范”是丰南舜丰村镇银行内部文化。在对待客户上，严格要求每一位员工按五星网点要求进行服务规范，严格执行6S标准，做到站立迎送客、微笑服务，厅堂便民设施、公众教育等一应俱全。同时在特殊节日都会举行丰富多彩客户活动，深受百姓喜爱，参与度非常高。同时，主动对接丰南区社区、村庄联合开展金融知识送社区进村组活动，2019年共计开展此类宣讲活动30余场次，直接参加人次近2000人。

党建引领。丰南舜丰村镇银行认真贯彻党十九大精神，自觉用习近平新时代中国特色社会主义思想武装头脑和指导实践。坚定以党建工作为引领，积极发挥党组织“把方向、管大局、保落实”领导核心作用，不断增强党建引领能力，成为村镇银行无论是组织上、思想上还是业务经营、风险化解工作上领导核心。认真开展“不忘初心、牢记使命”主题教育活动，坚守服务“三农”小微定位，强化责任落地。

唐山市丰南舜丰村镇银行

行长：苗忠之（2019年4月— ）

（刘丽娟）

【中信银行丰南支行】 2019年，按照总分行工作要求，根据支行实际情况依法合规经营，积极推动支行业务发展，基本搭建能满足业务拓展需要组织架构和内部控制体系，切实做好风险防范工作，合理引导支行业务发展方向。年末，各项存款余额33544.17万元，其中对公存款余额12516.2万元，个人存款余额21027.97万元，营业净收入1477.59万元。

对公业务。准确分析市场，调整信贷结构，做好资产业务和机构业务。按照“抓大行业、抓大企业”公司业务经营思路，加大与政府平台合作，同时寻找优质新客户，研究营销思路，为更好促进丰南当地企业发展，储备河北纵横集团丰南钢铁有限公司5亿元信贷业务，2020年发放。以点带面，联动营销，发展多元化营销模式，新增卓越房地产开发有限公司等多个农民工工资预储金专户业务，支行产品品牌形象影响力进一步加强。

零售业务。加强宣传力度，以周边小区为基地，以周边商户，超市，医院为媒体，通过合作方式，共享资源，扩大支行知名度同时获取客户资源；制定系统性活动方案，利用节日、假日结合定期客户活动搞活营销模式，增强客户黏性；加强队伍建设，提高所有员工整体素质和人均产能，扩大零售队伍，增强营销意识和责任感，切实提升个人营销能力。通过多措并举，起到稳管资,促增长作用,同时带动多项产品销售，促进新客户开发，零售业务呈良性上升势。

中信银行丰南支行

行长：郑宝宏（2018年8月—　）

（张　旭）

【张家口银行唐山丰南支行】 2019年，张家口银行唐山丰南支行全力响应总行提出“科技信息进步”和“文化建设提升”新主题，全行上下齐努力、勤奋斗，攻坚克难，奋力向前。支行优化经营结构，完善内控机制，增强综合竞争能力、盈利能力和风险防控能力，打好经营基础，实现可持续发展。面对新机遇和挑战，丰南支行稳健扎实地做好金融服务，推动区域经济快速发展。截至2019年12月31日，张家口银行丰南支行各项存款余额116252.72万元；对公存款余额49501.24万元；储蓄存款余额66751.48万元。各项贷款余额56928.57万元，其中公司贷款余额51599.48万元，个人贷款余额5329.09万元。

稳步推进业务发展。2019年张家口银行逐步提升大零售转型速度，新增信用卡、聚合支付、云闪付、暖阳绑卡等多项新业务。各项业务全面发展，持续实现新突破。按照总、分行规划经营方向，结合本地经济特点，努力拓宽营销渠道，积极抢占市场份额。

规范优化银行服务。张家口银行唐山丰南支行加大反假币、防电信诈骗、防范非法集资等宣传工作，增强广大百姓金融意识。强抓网点管理和规范化服务，优化服务流程，提高工作效率，使丰南支行快速成长为一个内部管理规范、队伍建设充满活力、授信资产稳健、负债结构合理城市商业银行。

强化内部风险管理。完善内控制度，强化内部管理。2019年张家口银行唐山丰南支行按月开展案件防控会议，全员认真学习业务规章制度，强化员工风险防控知识，提高风险识别能力；稳步推进安全保卫各项工作执行与落实，切实强化全行人员安防意识，做到全年无任何资金案件和人身安全事故。

张家口银行唐山丰南支行

行长：赵连英（2017年1月—　）

（杨晨阳）

【河北银行股份有限公司唐山丰南支行】 2019年河北银行唐山丰南支行始终秉承“朋友金融知心致行”服务理念，坚持以支持发展地方经济为重点，坚持以服务地方百姓为依托，依法合规经营，积极搭建合理组织架构和体系，有效实现2019年全年稳步健康发展。年末，支行各项存款余额为3.89亿元，贷款余额为1.62亿元，其中小微企业贷款余额为7038万元，个人类贷款9203万元。

积极拓展客户。在确保对公企业、机构存款稳定情况下，积极对外拓展、营销。年初，支行按照上级行工作要求，本着“早部署、早安排、早行动、早受益”工作方针，明确稳定、发展存款工作思路，分解指标任务，坚持人人行动，协同作战工作方法，极大调动员工营销热情，也实现支行存款稳步提升。支行坚持依托社区，与周边社区联合举办多场活动，有防范非法集资知识宣讲，有新版人民币正确鉴别方法传授，有专业理财知识讲解，不仅提高社区居民金融知识水平，也使居民对支行产品全面解，进一步满足居民资产配置需求，赢得社区居民信赖。

为中小企业排忧解难。2019年支行抓住总行授信对钢铁行业白名单放宽政策机遇，成功为唐山市瑞丰钢铁（集团）有限公司授信3亿元。支行致力于满足小微企业商户资金需求，切实为中小企业排忧解难，支行先后和唐山市科技局、丰南区市场监督管理局合作，切实解商户生产经营状况和资金需求，为其解决资金难题。截至年末，共为38户小微企业解决资金需求，合计发放贷款4387万元。个贷业务方面，支行与区人保公司对接，通过“人保贷”业务，为个人客户累计发放贷款8000余万元，在丰富支行产品种类同时且超额完成全年任务。

加大内控管理力度。不断完善内部管理体系，随着网络信息化发展，自助机具逐步高效利用，2019年支行完成金融顾问转型，并不断加大对金融顾问业务能力培训和考核，提高员工业务能力和网点服务水平，以满足社会发展对金融行业高标准需求。为扎实推进案件综合治理长效机制建设，本着依法合规原则，支行坚持组织员工学习支行《员工手册》和《员工违规行为处理规定》等各项规章制度，督导员工奉公守法，廉洁自律。2019年全年共完成对所有员工四次行为排查工作，效果良好，在提高员工案防意识同时，筑牢内控防线，防范案件风险，保证各项工作有序开展和网点安全稳健运营发展。

河北银行股份有限公司唐山丰南支行

行长：何佳（2018年10月— ）

（齐秋菊）

【兴业银行股份有限公司唐山丰南支行】 2019年兴业银行股份有限公司唐山丰南支行(简称兴业银行丰南支行)认真落实兴业银行“稳字当头、稳中求进”总基调。始终坚持“真诚服务，相伴成长”经营理念，致力于为客户提供全面、优质、高效金融服务，并结合丰南区市场情况和经济特色，优化业务结构，服务地方经济。截至2019年底，支行各项存款日均5.05亿元，比上年增加2.1亿元，其中对公存款日均3.85亿元，储蓄存款日均1.2亿元：各项贷款余额0.20亿元；综合金融资产余额8.20亿元。

做好职能定位。兴业银行积极落实中央对金融工作要求，借助科技手段，不断优化营商环境，真正做到让数据多跑路，让中小微企业少跑腿。兴业银行推出“兴业管家微信公众号预约开户”“小微企业开户绿色通道”等服务新举措，让客户可以通过手机自助办理企业开户、在线填单、预交开户资料、银行在线预审等业务，免除多次填单、多次跑银行麻烦，预约最快当日就可以办理开户，截至2019年末丰南区100多家小微企业在兴业银行丰南支行办理开户手续得到客户一致好评。

加强内控管理。自开业以来，兴业银行丰南支行高度重视风险防控工作。利用每天晨会、支行例会传达各类风险事件及差错通报，总结分析差错产生原因，制定相应整改及防范措施。及时传达上级行下发各类业务操作规范及制度要求，做好柜面操作人员业务培训工作，组织全员认真学习《兴业银行会计责任追究实施细则》和《营业机构会计内控管理标准化实施细则》等相关制度文件，确保严格按照制度要求执行。定期对支行人员保管重要物品、会计印章、重空、现金等进行全面核查，每日专人监控机构各类科目账户往来及余额情况，防范内部操作风险发生。每季定期由支行负责人牵头组织员工思想动态分析与行为排查工作，通过观察、谈话、会议分析、家访、客户回访等方式掌握每位员工思想动态和行为变化。将内控合规作为一项长期不懈工作来抓，为支行经营发展保驾护航。

兴业银行唐山丰南支行

行长：孙昌江(2019年2月—)

（王　菲）

【天津银行唐山丰南支行】 2019年，天津银行唐山丰南支行分行正确领导和各部门大力支持下，兑现“党建旗帜鲜明、班子真抓实干、业务亮点突出员工素质过硬”表态承诺，紧紧围绕年初制定工作计划，上下团结一致，奋力拼搏，实现丰南支行新突破。截至2019年12月末，支行贷款余额超34047万元，其中对公贷款18873万元，个人贷款15174万元。存款余额7655万元，其中个人325万元，对公4084万元，保证金346万元，银行卡开卡量创历年新高达1466张，与客户互动也比上年有大幅度提高。贷款业务主要以按揭贷款为主，开创大零售模式转变。

国际业务贡献突出。承揽唐山分行90%以上国际业务。为进一步提升国际业务结算量及贸融投放量，最大限度提升企业贡献度。支行特指派专职客户经理全方位为该企业服务，利用班后时间加班组卷，工作时间出账放款方式，加快放款频次，大大提升客户满意度和业务贡献度。

零售业务发展取得突破。支行实现个人理对销售再创新高，个人消费贷款发放同比大幅度增长，网上银行普及率也得到大幅度提高，方便顾客业务办理。坚持“大行做规模小行做亮点”理念，大力开展个金业务。在总行“巩固成果、强化重点”专项竞赛总行排名有明显进步。同时，在零售业务指标考核中取得一系列可喜单项成果，理财销售创新高32065.85万元，完成场景分期上报工作。

安全运营工作。在认真贯彻落实各项会计规章制度及操作规程基础上，重点把控会计核算关键点，严格防范操作风险，结算工作开展有序，较好地履行核算工作职责，全年未出现重大差错和风险案件。认真落实会计基础管理精神，重新设置岗位职责，注重内控建设。营业室建立全面岗位责任制度，将岗位职责落实到每一个岗、每一位员工，做到每位员工各司其职，防范发生问题互相推诿、工作脱节现象。坚持按月开展印章、现金、重要空白凭证、抵质押物自查工作，把自查工作落到实处。会计主管坚持每周对内部账务进行检查，每日对员工工作、思想状态、精神面貌进行监督、提醒，认真履行监督管理职责。

天津银行唐山丰南支行

行长：李芳（2018年7月— ）

（孙玉伟）

保险业

【概况】 2019年，丰南区保险行业有9家公司，分别是中国人民财产保险股份有限公司唐山市丰南支公司、中国人寿保险股份有限公司唐山市丰南支公司、中国太平洋财产保险股份有限公司、中国平安财产保险股份有限公司丰南支公司、泰康人寿保险股份有限公司河北省分公司丰南支公司、中华联合财产保险股份有限公司丰南支公司、太平洋人寿保险股份有限公司唐山市丰南支行、中国人民人寿保险股份有限公司唐山市丰南支公司、中国人民人寿保险股份有限公司唐山市丰南支公司。年内保险业务保持较快增长，保险业全年保费收入58687.71万元，理赔案件28513件。总赔金额11030.2万元。

【中国人寿财产保险股份有限公司唐山市丰南区支公司】 2019年，中国人寿财产保险丰南支公司以高质量发展为导向，攻坚克难，真抓实干，经过全员共同努力，各项工作均取得较好成绩，基本上实现跨越提升目标。全年共实现保费收入2033万元，其中车险1039万元，农险716万元，非农非车险278万元。全年理赔案件共结案2235件，总赔款金额1147万元，综合赔付率73.15%。

稳步合规经营。深化精细化管理，全力推进业务发展。在车险业务上，深化车险业务风险筛选，剔除“垃圾”业务，在加强优质业务续保同时，理性参与竞争，树立诚信形象，加强业务分析能力，提高精细化管理水平，引导业务有效益发展。

提升服务水平。加强诚信建设，以客户需求为导向，努力实现经营业绩与市场口碑双丰收。逐步完善现代化信息技术，依托互联网服务平台，提升自动化服务水平，提高服务效率。

优化人员配置。强化培训，加强队伍建设，充实销售队伍，完善农村团队、咨询服务门店建设。在经营管理中，针对业务发展问题，在全体员工中开展多层次、多渠道、多样化业务知识、岗位技能、窗口服务人员礼仪培训。切实提高全员专业理论水平和广大员工业务素质和展业能力，增强业务发展后劲。

中国人寿财产保险股份有限公司唐山市丰南支公司

经理：陈建宇（2019年8月—　）

（陈建宇）

【中国太平洋财产保险股份有限公司唐山市丰南支公司】 中国太平洋财产保险股份有限公司唐山市丰南支公司成立于2009年4月23日。公司业务经营范围包括：机动车保险、财产损失保险、责任保险、信用保险和保证保险；短期健康保险和意外伤害保险、经中国保监会批准其他财产保险业务。坚持稳健经营，积极改革创新，为客户、股东、员工和利益相关者创造价值，为丰南区社会经济发展做出积极贡献。

经营情况。2019年丰南支公司年保费收入1350万元，赔款支出300万元，上缴各项税款85万元。承保险种涉及企财机损险、货运险、机动车辆保险、农险、道路客运承运人责任保险、公众责任险、团体人身意外伤害险、诉讼保全责任险、学平险等多个保险领域，为客户提供完善风险保障服务。公司认真贯彻“主动、迅速、准确、合理”理赔原则，“95500”全国统一客户服务电话365天向客户提供24小时全天候保险服务，公司推出“太好赔”一键自助查勘，人伤无忧小额快赔服务，道路救援，车损无虑，公司还针对女性客户推出太保蓝朋友服务，AIC安全检测服务等，农险业务已实行无人查勘机现场查勘，简化理赔流程提高理赔时效。

人保寿险唐山市丰南支公司庆祝中华人民共和国成立70周年

经营管控。加强内部建设，狠抓内控管理工作，依法合规经营。公司始终坚持总公司“守住底线、治理顽疾、防范风险”工作方针，积极贯彻落实监管新要求，推动加强三道防线联防联控，着力优化合规内控体系，有效提高人防技防水平，不断提升发现问题、解决问题、防范问题能力，认真开展风险案件排查、打击非法集资活动以及各类自查自纠工作；开展合规竞赛活动和车险理赔演练活动。同时组织全司人员进行合规教育，确立合规经营、职业道德操守道德意识和自律意识，营造良好业务发展环境，持续提升公司风险管控能力。同时加强投诉管理，加大投诉考核力度，降低客户投诉发生率。加强理赔队伍建设、人员培训、严格考核等入手，严格理赔各环节管理，收到较好成效。加强单证、印章以及权限管理，严格公司内部管控，完善各项规章制度。

中国太平洋财产保险股份有限公司唐山市丰南支公司

经理：李明辉（2019年4月—　）

（李秀凤）

【中国平安财产保险股份有限公司丰南支公司】 中国平安财产保险股份有限公司丰南支公司成立于2006年11月28日。数十年来一直深入贯彻平安财险先进经营理念，秉承“专业领先，诚信服务，创造价值，回馈社会”公司训导，实行车、财、意全面拓展。从“业务发展、基础管理、成本管控”三方面入手，多方联动，闭环运作，2019年达成车险保费12079万，非车保费达成1174万。整体增速超市场3.2个百分点。公司在辖区内市场份额占比39.5%，比上年提升1.2%。其中车险份额占比41.9%，车险保单成本率116.1%和COR100.4%车险保单成本率和COR在十家县域机构中名列前茅。

多元化业务经营。以市场需求和公司政策为导向，开展多元化业务发展模式，全员投入经营，全面抓住市场。车险和非车险双向出击，多方位打造业务增长点，内部优化续保管理，严格成本管控，守住成本底线。加强各项考核，差异化调整成本，整合资源，提升业务发展。2019年大业务首钢京唐钢铁联合有限责任公司，保费150万元。与此同时，大力发展个人代理人业务。2019年代理人308人，15个乡镇都有合作网点与代理人分布，其中合作网点产出保费较多有丰南镇、大新庄镇、小集镇。

全面提升服务项目质量。全面解客户需求，提升线上增值服务：免费单块喷漆、赠送洗车服务、代办年检、非事故免费道路救援，平安信任赔等。门店根据业务高峰调整营业时间，提供人性化优质服务，减少业务办理环节，缩短等待时间。加强客服人员接待服务水平，定期组织培训，提升服务质量。为客户准备报纸、杂志、糖果等大幅度提升客户满意度。加强理赔人员专业技能与服务技巧，人性化查勘，极速理赔，以最简便方式提供最优质理赔服务。

不忘初心践行公益。平安财险丰南支公司在发展同时不忘初心，坚持平安理念，积极践行公益事业。从公益捐赠到公益马拉松。从高考送考到春节护航行动。都有平安产险丰南支公司参与身影。平安日行一善行动一直在延续，2019年丰南平安查勘员免费为车主搭电1500余次，解决燃眉之急。送出雨伞、矿泉水、口罩等物品不胜枚举。新冠肺炎疫情蔓延以来，平安财险丰南支公司在常艳青总带领下多次慰问抗疫一线人员，并送上消毒品和方便面火腿肠，矿泉水等物资，用实际行动为社会贡献力量。

合法合规经营。严格遵守国家法律，公司政策，严控承保和理赔两大关口，防范经营风险，防控理赔风险。全员定期组织合规会议，加强法律法规学习，增强风险意识。按时自查、整改，防患于未然，促进公司全面健康发展。

中国平安财产保险股份有限公司丰南支公司

经理：常艳青（2006年11月—　）

（郜雅晶）

【中华联合财产保险股份有限公司丰南支公司】 2019年，中华联合财产保险股份有限公司丰南支公司根据市公司发展要求，严格按照“守底线、促发展、保品质、稳效益”工作思路，坚持以效益为统领，以依法合规经营为前提，狠抓业务发展。截至12月31日，共完成签单保费1930.96万元，其中车险1189.78万元，非车险164.83万元，农险576.35万元。

推进业务发展。面对经济发展趋势，市场竞争形势严峻，公司在艰难奋进，努力拼搏，在1—4月开门红业务竞赛推动活动中，抢占客户资源。在唐山众源人力资源有限公司合作过程中，通过对中华保险服务了解，众源人力资源员工车辆也都选择中华，拓展业务，宣传中华品牌。

从严加强内部管控。健全完善内部管理机制、管理规定、考核细则。按照优赔增效原则开展理赔服务，至年底，共承保9904笔，已决赔款129.51万元.

做好农险承保工作。年内，由于新增几家农险承办单位，竞争加剧，截至12月31日，农险保费收入576.35万元。

中华联合财产保险股份有限公司丰南支公司

经理：杨再星（2018年10月—　）

（郝淑娜）

【中国人民人寿保险股份有限公司唐山市丰南支公司】 2019年，中国人民人寿保险股份有限公司唐山市丰南支公司（以下简称丰南公司）紧紧围绕集团公司“转方式、优结构、换动能”主基调，以总公司“稳增长、重价值、强基础”统揽全局，持续优化业务结构，不断夯实队伍基础，全司上下团结一心，砥砺前行，转型发展成效显著。全年实现规模保费7280万元，比上年同期有大幅增长，首年期交保费1153万元，比上年增长39%，十年期及以上新单期交保费785万元，比上年增长83%，特别是短险保费317万元，比上年增长260%，荣获全省四级机构短险第九名好成绩。此外，产寿共建业务成功落地，并在全省起到先锋模范作用。丰南公司被评为河北省分公司2019年度四级机构前30强。

强化队伍管理。2019年以来，丰南公司全面加强队伍基础管理，通过抓会议经营、技能训练、目标管理，新增管理、留存管理，队伍建设成效显著。严格规范销售人员销售行为，认真落实各项奖惩制度。借助各项政策，全力推动“大个险”发展战略，为公司业务健康发展打下坚实基础。

风险管控。强化客服重点指标监测和追踪，提升全员服务意识、责任意识和担当意识，确保各项指标在可控范围内。强化合规经营，防控公司经营风险。一年来，公司按照市公司要求开展各类风险排查工作，在发现问题同时，开展深入整改，通过完善制度建设，改进管理流程，增强全员合规意识，强化公司管控能力，提升公司整体经营水平。

抓党建促发展。丰南公司紧紧围绕上级公司党建工作部署，按照“围绕中心抓党建、抓好党建促发展”工作思路，特别是以产寿联合党建为牵引，深入推进产寿联合党建，助力业务发展转型。特别是5月份丰南支公司通过猎鹰计划成功引进一支财险队伍，在全省成功打造出产寿共建队伍标杆示范单位。

中国人民人寿保险股份有限公司唐山市丰南支公司

经理：孙　琳（2017年6月—2019年3）

陈贺英（2019年3月—2019年11月）

侯冬峰（2019年11月—　）

（侯冬峰）

【中国人民财产保险股份有限公司唐山市丰南支公司】 中国人民财产保险股份有限公司唐山市丰南支公司是丰南区经营财产业务大型国有控股公司，公司有干部职工66人，党员23人，领导班子3人，中层干部28人，共设4个职能部门、7个销售团队、7个农村营销服务部，覆盖全区各个乡镇。多年来，公司始终坚持以客户为中心，以市场为导向，深入践行“人民保险，服务人民”使命，积极承担社会责任，在全区发展中起到“经济助推器”和“社会稳定器”重要作用，为全区发展和民生改善做出重要贡献。

开展多元化经营。主要经营财产损失保险、责任保险、信用保险等财产保险业务；意外伤害保险；财产保险再保险业务；国家政策规定农业保险；短期健康保险；各类财产保险服务咨询业务；经国家保险监督管理部门批准其他业务。2019年保费收入1.6亿元，其中车险保费1.05亿元、商业非车险保费5052万元、农险保费807.13万元；累计处理索赔案件14000余件，其中车险赔付支出5826.31万元、商业非车险赔付支出2852.76万元、农险赔付支出657.45万元，实现利润1402万元。

中国人民财产保险股份有限公司唐山市丰南支公司

经理：张顺福（2019年5月—　）

（王　晔）

【中国太平洋人寿保险股份有限公司丰南支公司】 2019年，中国太平洋人寿保险股份有限公司丰南支公司内设个险营销部、服务营销部、团体保险部、产寿险交叉服务部，下设组训岗、综合柜员岗、团险专员、续期专员，共有内勤岗位8人、外勤人员420人、续收专员60人。2019年在整体经济形势下行局面下实现人力业绩指标双达成，2019年达成保费1397万元，年度全省评级C甲B级。

多举措稳平台。2019年，公司推行小型创业说明会，鼓励营销人员到家庭、村头，广场、社区开办小型创业说明会。多种形式人员引流，加大团队扩容。以人力持续增长拉动保费平台平滑经济下行给市场带来影响；同时加强营销队伍基础管理，加大在岗职业技能培训，狠抓新人转正率、营销团队活动率，提升团队留存率、举绩率；组织营销人员通过推行“太e赔”、寿险官微、寿险APP等多款太保先开发客户服务软件，让客户体验到太保独到一站式高效智能化服务体验，吸引客户资源，扩展销售渠道，提升客户信心和满意指数，增强市场影响力。

抓管理强健体。公司充分激发团队自主经营意识，自我管理意识、客户服务意识、合规销售意识和竞争激励意识。向基础管理要效益，向团队强体健体要效益。利用基本法考核机制，淘汰业务团队虚有人力，同时对广大营销员加强基础管理，利用早会、夕会、岗前、衔训、微课堂等形式加强在职人员职业培训，夯实基础，强化技能，为业务开展提供后劲；在指标管理上量化目标，健全预警追踪机制，持续推动业务人员出勤率、拜访率、举绩率、绩优率，树立业务标兵、服务标兵、增员标兵、组织发展晋升标兵，加大准主任和精英梯队培养，优化团队结构，用激励机制带动团队，增强核心人力占比，通过政策牵引和激励打造强体绩优团队，推动团队健康发展。

中国太平洋人寿保险股份有限公司丰南支公司

经理：吴利华（2019年9月— ）

（张 普）

【泰康人寿保险股份有限公司河北分公司丰南支公司】 2019年，泰康人寿丰南支公司根据“推动业务、加强管理、强化考核、持续发展”指导思想，指定“转变经营观念、加速业务发展，强化成本核算、提高经营效益，落实奖惩机制、提升管理水平，加强网点建设、实现新飞跃”经营思路，秉承“客户至上，服务第一”经营理念，利用互联网平台开展特色服务。全年完成个险业务保费收入960万元，团险业务保费收入360万元，银保业务保费收入780万元，其中个险保费收入比上年增长3.1%。年内受理理赔案件139件，支付理赔金额210万元。

推介服务项目。摒弃单纯追求保费规模做法，关注民生需求。深耕寿险产业链，并利用互联网平台扩大客户联系范围，主推泰康“飞铁保”百万元免费航意险、铁意险、贴心宝等险种，促进核心个险业务增长49%，贴心保赠保人数超过35万人次。

互联网服务。适应新消费群体需求，推动移动“微”服务，新增微信变更身份证有效期、保单贷款等服务，拉近与客户距离，提升客户体验。推行“易投保、易理赔、易保全、易查询、易咨询”“易”服务。简化易投保、填写、规则与告知流程。推出微信易保全，易查询领取满期金，办理保单贷款等服务。建立微信、网站及服务网点查询网络。推出已理赔全流程线上理赔服务，客户利用微信泰康人寿公众号、泰康在线公众号、手机终端、等媒介即可办理理赔事宜。扩大影响，在丰南镇、黄各庄镇、王兰庄镇3个地区和各社区、居委会进行全民体验。服务客户全年增至2000人次，98%案件理赔实时到账。至年底，丰南泰康电子化投保使用率、电子化理赔报案使用率均达到99%，受理类单证电子化率100%，非支付类电子化保全使用率95%。

泰康人寿保险股份有限公司河北分公司丰南支公司

经理：孙君贤（2019年8月— ）

（杨明霞）

【中国人寿保险股份有限公司丰南支公司】 中国人寿保险股份有限公司丰南支公司（简称人寿保险），2019年丰南支公司各项工作取得较好成绩。首年标保指标3600万元，累计完成保费3890.2万元，完成比108%，比上年增长：78.77%。首年期交指标6696万元，累计完成保费6843.82万元，完成102.2%，比上年增长58.4%。保障型指标2616万元，累计完成保费2461.01万元，完成94.07%十年期指标3825万元，累计完成保费4247.09万元，完成111.03%，比上年增长92.74%，大短险指标2740万元，累计完成2894.75万元，完成105.65%，比上年增长31。58%。寿代产业务完成732万元。

抓好业务落实。业务计划能否落实，关键在推动。在开门红战役、决战一号工程、完胜二号工程、万人举绩等活动中，丰南公司都是做到提早谋划、快速跟进落实，以“快”“准”“狠”为行动纲领积极落实推动，经过共同努力，所有业务指标较去年有大幅度上升。个险渠道多次在市公司竞赛活动中位居第一。

积极组织党支部活动。2019年多次组织开展党员教育活动，“七一”来临之前组织全体党员干部到迁西大刀园开展学习教育活动，“八一”建军节期间开展重温誓词活动，多次开展党支部书记讲党课活动，全体党员受益匪浅。丰南支行党支部按照“征求意见、事前公开、决策公开、民主讨论、结果公开、接受监督”程序，将党支部决策及落实情况、领导班子自身建设情况、制度执行情况、领导干部廉洁自律规定执行情况、组织建设情况等在召开全体员工大会时进行公开。

中国人寿保险股份有限公司唐山市丰南支公司

经理：熊克满（2018年7月— ）

（毕文静）

双向开放

Shuangxiang Kaifang

责任编辑：张子成

综 述

2019年，丰南区加大对外开放工作力度，区委、区政府将2019年定为“招商引资提质年”，细化目标任务，加大招商力度，招商引资成效显著。2019年全区实际利用外资6603万美元。2019年以来，全区招商引资签约亿元以上项目62个，计划总投资386.73亿元，涵盖智能制造、装备制造、钢铁深加工、新型建材、新材料、现代服务业等11个行业。全区累计完成进出口88.7亿元，总量排名全市第三位。

对外贸易

【概况】 2019年，丰南区实现进出口12.87亿美元，比上年下降10.4%。其中，出口完成6.27亿美元，比上年下降8.2%，位居全市各县区第二位；进口完成6.59亿美元，比上年下降12.2%。

【进口贸易】 2019年，全区共有5家进口企业。其中，瑞丰钢铁为主要进口企业，进口额占全年进口额90%以上。主要进口国家是澳大利亚，进口产品为铁矿石、铁矿粉。

【出口贸易】 2019年唐山市下达丰南区出口目标任务49.0824亿元人民币，2019年全区完成出口431955万元人民币，比上年下降4.2%，完成目标任务88%。总量排名第二，增速排名第九，完成进度排名第十。其中，陶瓷和线缆为两大支柱型产业，分别占全区出口50.98%、30.92%。出口市场遍布美洲、亚洲、大洋洲、欧洲、非洲，分别占出口总额55.55%、27.56%、7.65%、4.81%、4.43%。出口国家遍布美国、韩国、澳大利亚、新加坡、巴基斯坦等80多个，其中出口美国总数占总出口额47.96%。

【培育出口实绩主体】 进出口实绩企业从2018年67家增长至2019年75家。其中出口企业数量从54家增至60家。其中出口2000万美元以上的有华通线缆、惠达卫浴、梦牌瓷业有限公司、丰华陶瓷4家重点出口企业。出口500万美元以上有优胜丰华瓷业、国丰钢铁、信达科创（唐山）石油设备、新兴海产品、 北方瓷都、联强冶金轧辊6家重点出口企业。

【依托展会拓市场】 先后组织北方瓷都、华通线缆、东华钢铁等外贸出口企业参加第125届广交会、126届广交会。组织惠达卫浴参加德国ISH展会，组织北方瓷都参加美国拉斯维加斯国际建筑建材展览会，信达科创参加俄罗斯国际石油天然气展览会，威朗贸易参加泰国第四届国际贸易展览会，大川机械参加亚洲第十一届国际非开挖技术展览会。提高全区外经贸企业国际化经营能力。

【实施市场多元化战略】 全区实施“走出去”战略，围绕“一带一路”沿线国家和地区大力开展经贸合作，深入挖掘俄罗斯等东欧国家、东南亚、中东及拉美出口市场潜力，壮大优势出口创汇骨干企业，推进全区出口创汇持续健康发展。华通线缆2019年在进一步巩固增加尼日利亚、美国市场客户订单同时，进一步开拓泰国、西班牙、美洲市场。搭建贸易沟通平台，增加拓展市场机遇。组织惠达卫浴、梦牌瓷业参加“工业设计机构与外贸企业对接会”，就设计机构为企业提供产品设计、包装设计、品牌策划等相关服务进行对接；组织惠达卫浴、对外贸易中心参加德国海外仓推介对接会；组织三商食品、鼎新蔬菜、佳盛海产品和威纳斯贸易参加“冀品出海对俄出口商品订货会”。组织对外贸易中心、梦牌瓷业、时迈进出口参加“唐山市对外贸易工作会议暨海外仓与外贸企业精准对接活动”；组织威纳斯贸易、布莱克饭店用品和晟春商贸参加河北电商月唐山站启动仪式暨“互联网+产业集群”“互联网+跨境贸易”主题峰会。

招商引资

【利用外资】 2019年，丰南区实际利用外资6603万美元，由于重点外商投资企业关停、外资入统政策影响，导致全区实际利用外资比上年下降44.2%。其中，唐山国丰钢铁有限公司实际利用外资4830万美元，唐山达丰焦化有限公司1729万美元，唐山布莱克饭店用品有限公司44万美元。

2019年，丰南区现存外商投资企业19家。其中，中外合资企业13家，外商独资企业6家。现存外商投资企业中有11家正常生产经营，主要投资领域为钢铁、陶瓷、食品、热力等行业。

【利用省外资金】 按照唐山市发展和改革委员会《关于进一步做好利用省外资金统计相关工作通知》精神，统计分析全区经济技术合作情况，职能于2019年8月划入丰南区发改局。

项目引进

【概况】 深入开展招商引资提质年活动，2019年全区共签约亿元以上项目62个，计划总投资386.73亿元，涵盖智能制造、装备制造、钢铁深加工、新型建材、新材料、现代服务业等11个行业。其中工业项目52个，总投资259.31亿元；服务业项目9个，总投资127.42亿元，委托招商项目1个。投资10亿元以上（含10亿元）项目7个；投资5亿—10亿元（含5亿元）项目14个；投资1亿—5亿元（含1亿元）项目40个。截至2019年底，全区共有136个在谈项目，计划投资总额为538.52亿元。按产业分：一产项目2个，计划投资总额为24亿元；二产项目103个，计划投资总额为434.1亿元；三产项目31个，计划投资总额为80.42亿元。按投资规模分：投资额在10亿元以上项目13个（含10亿元）；投资额在5亿—10亿元项目19个（含5亿元）；投资额在1亿—5亿元项目88个（含1亿元）；投资额在1亿元以下项目16个。按投资方区域分：京津冀地区投资方项目91个，计划投资总额为241.51亿元(其中京津地区投资方项目63个，计划投资总额为170.26亿元）；长三角、珠三角地区投资方项目23个，计划投资总额为166.86亿元；其他地区投资方项目21个，计划投资总额为125.15亿元。

【制定招商引资政策】 制定《唐山市丰南区促进招商引资支持政策》。从“用地、土地使用税，固定资产投资，城市基础设施配套费，总部经济，工商注册，资质认定，税收贡献奖励，企业创新奖励，企业上市及挂牌奖励，外商投资企业奖励”十个方面提出支持办法。并制定招商引资支持政策配套文件《唐山市丰南区促进招商引资支持政策实施细则》。对支持政策中有关条款、兑付方

项目签约

式、申报程序、所需资料做进一步说明和解释。

【组织招商培训和调度】 组织召开各乡镇（街道）、有招商任务区直单位主管负责，区内20家重点企业代表参加招商引资培训会和调度会，分别对《2019年招商引资任务分解及严格奖惩通知》《唐山市丰南区促进招商引资优惠政策》《唐山市丰南区促进招商引资优惠政策实施细则》3个文件进行重点学习，分析全区招商工作现状，对招商引资方向、协调联动及招商工作保障机制等提出明确具体要求。

【建立招商立项联审制度】 2019年，提升重大招商项目质量，实现由“招商引资”到“招商选资”转变。项目认定应考虑产出、就业、环境等多种经济和社会因素。不能单纯以投资额为标准。变招商“引”资为招商“选”资，坚持“有所为、有所不为”，克服招商工作盲目性。对占地少、污染小、市场前景好、自有资金足、综合效益高项目优先引进，对不符合国家产业政策、用地效率不高、科技含量低、能耗大项目，坚决“亮红灯”。为此，建立由“招商、审批、发改、环保、工信、国土、规划、开发区等部门和有关行业专家”组成项目联审小组，制定《唐山市丰南区招商引资项目评审办法》《唐山市丰南区招商引资项目引进流程》强化项目联审。

（赵小坚）

唐山市丰南区重点进出口企业

【河北华通线缆集团股份有限公司】 创建于1993年，为中国线缆行业百强企业、省政府质量奖获奖单位，国家级绿色工厂，拥有中国驰名商标、国家级企业技术中心、国家级认可实验室，院士工作站、博士后工作基地。除唐山本部外，公司在新加坡、中国香港、美国、巴林、俄罗斯设立办事机构，并在坦桑尼亚、南非、喀麦隆、哈萨克斯坦建设四个海外基地。公司产品涵盖电缆和连续油管两个板块。其中电缆方面重点研发特种线缆产品，以潜油泵电缆为主导涵盖15大系列上万种线缆规格，获得美国UL、欧盟CE、德国TUV等二十多国家认证，是全国在电线电缆国际认证尤其是美国UL领域具有数量领先优势企业之一，成为全球知名油服公司主要供应商，2019年实现出口19660万美元，出口比例超过60%。2019年8月28日，河北省工商业联合会公布2019河北省民营企业制造业100强榜单，河北华通线缆集团股份有限公司排名第76。2019年9月2日，中华人民共和国工业和信息化部发布了“2019年国家技术创新示范企业拟认定企业名单公示”，河北华通线缆集团股份有限公司在列。2019年9月18日，工业和信息化部公布2019年国家技术创新示范企业名单，河北华通线缆集团股份有限公司入选。

【唐山梦牌瓷业有限公司】 成立于1999年，企业地域分布在唐山市丰南区和南堡开发区，占地53.3公顷，专注于生产制造陶瓷卫生洁具及卫生间配套设施。现已发展成为拥有5个生产工厂、2个子公司、1个设计研发机构集团化企业，员工3800余名，年产卫浴产品850万件，销售以出口为主，产品远销亚洲、欧洲、北美洲、大洋洲等40多个国家和地区。近年来梦牌卫浴产品出口产量和创汇均居全国同行业第一，产能规模居全国第二。2019年实现出口15019万美元。唐山梦牌瓷业有限公司是国家级高新技术企业、国家级两化融合示范企业、国家级两化融合管理体系贯标试点企业，中国陶瓷行业科技创新型先进企业，河北省企业技术中心、河北省企业研发中心、河北省工业企业设计中心、河北省外贸出口基地企业。自2006年以来公司产品一直被授予河北省名牌产品称号，Monopy商标于2016年被国家工商总局评定为中国驰名商标。公司设计具有自主知识产权新技术、新装备、新产品，形成一批拥有自主知识产权专利产品。公司先后自主研发并取得外观设计200多项、使用新型专利 37 项，发明专利 9 项，到2019年底拥有卫生洁具1200余个品种。

【惠达卫浴股份有限公司】 始建于1982年，总资产40.7亿元，现有员工8000余人，拥有10条卫生陶瓷生产线，年生产能力800万件。销售网络遍布全国各地，拥有国内专卖店2000多家，同时为国外70多个国家和地区客户提供优质产品和服务，现已成为国内规模最大、配套最全、实力最强专业卫浴及配套产品制造企业。2017年4月5日，惠达卫浴A股主板成功上市。2019年出口12387万美元。惠达卫浴产品被评为“中国名牌产品”，“惠达”商标被认定为“中国驰名商标”。公司拥有博士后科研工作站、国家认定企业技术中心、河北省卫生陶瓷工程技术研究中心、河北省工业企业设计中心，获评国家高新技术企业、国家技术创新示范企业、国家装配式建筑基地企业、国家外贸转型示范基地企业。惠达卫浴实施全球化运营战略，构建完善销售和服务体系。营销网络遍及中国30多个省、自治区和直辖市，拥有2500多家品牌专卖店；国外销售遍布美国、加拿大、英国、澳大利亚等100多个国家和地区。惠达在提升产品设计水平、工艺改进革新、增加海外产品认证（欧盟CE、北美CUPC、澳大利亚WATER MARK、荷兰

KIWA、沙特SASO等）同时，更注重海外产品品牌打造和培育。惠达始终坚持高质量创新发展，加快转型升级步伐，从单一陶瓷产品生产商发展到目前卫浴、智能马桶、瓷砖、五金、浴室家具、浴缸浴房等多品类产品卫浴解决方案服务商。拥有400多人专业研发团队，持有有效专利224项，其中发明专利25项，参与标准制定21项，年推出新产品200余款。

【唐山瑞丰钢铁（集团）有限公司】 成立于2002年9月，地处河北省唐山市丰南区小集镇经济开发区，位居环京津和环渤海双重经济圈腹地。公司占地1984.7公顷（198万平方米），现有职工6700余人，其中工程技术人员350人，拥有总资产120亿元，具有年产优质带钢产品700万吨能力，是集烧结、炼铁、炼钢、热轧、冷轧于一体，全国最大、规格最全热轧带钢专业生产基地和核心供应商，“宏瑞”商标已于2016年被国家工商总局商标局认定为驰名商标。产品涉及Q195、Q235、Q345B、08AL、SPHC和SPHD等钢种，主要用于圆管、方管、螺旋管制作和冷轧冲压件产品，具有较强深冲和成形性能，销售网点遍布华北、华东、华南、华中等20多个省、自治区、市，广泛应用于船舶、汽车、建筑、高速、卷管、家具家电及五金件等领域。公司连续五年被评为全国“安康杯”竞赛优胜单位；2016年度生产带钢产品获得“河北省名牌产品证书”；公司获本年度“钢铁行业质量服务用户满意企业”称号；2017年位列中国企业500强第245位，中国制造业企业500强第111位。2019年完成进口63145万美元。

（赵小坚）

经济开发区

Jingji Kaifaqu

责任编辑：张子成

综 述

2019年，丰南区经济开发区按照“项目园区化，园区产业化，产业高端化”思路，倾力推进经济开发区高质量发展。年内，实现主营业收入1969.12亿元，比上年增长9.98%；实现进口额65867万美元，出口额25361万美元，完成地区生产总值317.83亿元，比上年增长17.9%，固定资产投资完成232.75亿元，比上年增长8%，税收完成60.44亿元。2019年，经济开发区综合经济实力全市排名第二，全省第21名。产业结构优，按照差异化发展思路，园区形成精品钢铁、装备制造、精品陶瓷、精细化工、特种线缆、食品加工、新型材料等七大产业集群。园区被认定省级新型产业化示范基地。园区拥有中国驰名商标6个，聚集纵横、瑞丰、惠达、东方雨虹、华通线缆等规模以上企业126家，总数居全市开发区第二位。现已成为全国最大带钢、卫浴、选煤设备、特种线缆、高强抗震螺纹钢生产基地、东北华北地区最大啤酒生产基地。2017年4月完成临港、高新、小集三个省级开发区合并后，整合成丰南经济开发区形成“一区三园”格局，经批准近期规划面积45.11平方千米，由可开发面积30平方千米，到2030年规划面积可达160平方千米，发展空间广阔。园区内有1333.3公顷土地可直接利用，可满足项目落地。年内园区招商引资工作成绩显著，全年共接待客商81批300余人次。共新签约项目20个，计划总投资142.66亿元，其中落地项目14个，计划总投资46.77亿元。有在建项目26个，包括彤宁钢结构、九州通智慧医药物流中心、君乐宝，新开项目16个，总投资72.5亿元；纵横钢铁（二期）、京津冷轧、沃林金属等续建项目10个，总投资183.39亿元。有吉诺盛诚、星发防火等计划开工项目8个，预计总投资7.5亿元。积极开展企业科技创新工作。全年实现高新技术产业增加值58.56亿元，高新技术产业增加值占工业增加值比重16%，新增高新技术

惠达家居园

产业14家，新增科技型中小企业27家，全年实施技改项目13个。申报工程技术中心2家，申报研发机构6家，申报企业技术中心3家，组织参与人才交流培训15次，培训企业人员50人次，与华北理工大学合作企业家培训班四期，培训企业负责人240余人次。坚持坚持铁腕治污，落实重污染天气应急响应措施和大气污染强化管控措施要求，对辖区内35家轧钢企业、铸造企业涉VOCs企业，采取驻企、夜查、巡查、专项督查相结合方式，确保措施落实到位。完成38家企业环保治理措施提标改造升级工作。年内，在安全生产管理中，通过签订责任状、组织培训会、开展安全生产月活动、进行应急演练等多种形式，落实企业主体责任。全年共组织培训8次，培训企业人员1682人次，应急救援演练7次，全年共组织专项检查10次，发现安全隐患1508项，按期整改1388项，实现全年无安全生产重大事故。支持企业做大做强和品牌创建。全力推进华通线缆三板转主板工作，指导正元管业、鼎新蔬菜公司完成“正金元”“品新”两个国家驰名商标认证工作。

经济开发区

【概况】 2019年丰南经济开发区规划面积160平方千米，到2019年建成58平方千米，包括临港、高新、小集三个园区和黄各庄镇、钱营镇、大新庄镇、王兰庄镇、大齐各庄镇、岔河镇六个托管区域，有企业275家，规上企业126家，上市挂牌企业7家。主营业务收入完成1969.12亿元，比上年增长9.98%，税收收入完成60.44亿元，比上年下降9.91%，进口额完成65867万美元，比上年下降10.58%，出口额完成25361万美元，比上年下降27.88%，地区生产总值完成317.83亿元，比上年增长17.97%，固定资产投资完成232.75亿元，比上年增长8%。

【招商引资】 围绕精品钢铁等七大产业，紧盯京津外迁企业，瞄准长三角、珠三角，放眼中西部，搜集各类招商信息135条，开展小团组招商40批次，拜访客商220余人，走访中天建设、广州南粤、恒久钢构等企业。在北京、上海举办2次投资洽谈会，参会企业100余家，到会客商160余人，会上现场签订框架协议14份。借助招商平台，推介宣传，寻求合作。有16个项目在区经贸洽谈会上签约，与近20家企业在“5·18”国际经济贸易洽谈会等展会上进行深入对接洽谈。全年接待客商81批，300余人次。2019年开发区有广丰金属等亿元以上新签约落地项目20个，计划总投资146.6亿元。分别是：投资1.02亿元唐山海达德润精密机械制造有限公司高端阀门研发生产基地项

河北君乐宝集团君昌乳业项目

目；投资1.05亿元唐山南德涂装设备制造有限公司轿车生产线专用工装器具生产、校正维护、清洗项目；投资1.05亿元唐山众益机械设备有限公司振动设备及环保设备配件项目；投资1.07亿元河北君业科技股份有限公司直埋保温管生产线扩建项目；投资1.1亿元唐山兴家房屋制造有限公司预制装配式房屋生产基地项目；投资1.1亿元唐山市梓淇管业有限公司高频焊管项目；投资1.2亿元唐山市丰南区河北纵横钢铁有限公司智慧物流立体化仓库项目；投资1.25亿元唐山信恒元机械设备有限公司机器配件加工项目；投资1.5亿元唐山天一合现代农业服务有限公司农业机器人研发生产及相关数据运营中心项目；投资1.5亿元唐山众升实业有限公司建设智慧安监云数据中心项目；投资3.5亿元河北君乐宝君昌乳业有限公司年产2.2万吨奶粉生产线改造项目；投资3亿元唐山兰德贝尔环保科技有限公司水性涂料项目；投资3亿元河北华通线缆集团股份有限公司新型铝合金复合及数据中心专用配电电缆、海陆油气工程用潜油泵电缆、连续管及智能管缆项目；投资3.8亿元唐山双鼎环保科技有限公司涂装生产线项目；投资5亿元浙江兄弟路标涂料有限公司涂料生产基地项目；投资6亿元唐山港华能源有限公司供热工程项目；投资7.5亿元唐山市南粤管业有限公司冷轧镀锌项目；投资11.9亿元河北广丰金属材料科技有限公司金属材料深加工项目；投资15.1亿元唐山东华钢铁企业集团有限公司减量置换转型升级项目；投资76.99亿元唐山瑞丰钢铁(集团)有限公司减量置换转型升级项目。

【项目建设】 2019年开发区有投资5000万元以上新开工工业项目21个，计划总投资194亿元。分别是：投资50亿元唐山京津冷轧镀锌有限公司年产220万吨冷轧镀锌金属制品项目；投资25.1亿元唐山东方雨虹防水技术有限责任公司二期工程项目；投资2.9亿元唐山市星凯金属制品有限公司180万吨镀锌项目产品项目；投资1.2亿元唐

唐山东方雨虹防水技术有限责任公司

山天强耐火陶瓷有限公司日用陶瓷生产项目；投资2.01亿元唐山鑫通冷轧镀锌技术有限公司年产60万吨酸洗冷轧镀锌金属制品项目；投资2亿元唐山市晟鑫冷轧薄板有限公司冷轧镀锌制品项目；投资1.1亿元唐山兴家房屋制造有限公司建设预制装配式房屋生产基地项目；投资1.3亿元河北循端环保科技有限公司循环利用陶瓷废渣及瓷泥废渣项目；投资1.3亿元唐山市彤宁建筑工程有限公司钢结构及网架加工基地项目；投资1.2亿元河北皓达照明电器有限公司智慧照明制造与工程服务建设项目；投资1.6亿元唐山盛世维精工智能制造有限公司厂区建设项目；投资1.5亿元唐山九州通医药有限公司新建智慧医药物流中心项目；投资1.5亿元河北九正药业有限公司建设外用药剂生产基地项目；投资1.02亿元唐山海达德润精密机械制造有限公司高端阀门研发生产基地项目；投资3.5亿元河北君乐宝君昌乳业有限公司年产2.2万吨奶粉生产线改造项目；投资1.25亿元唐山市唐月花纸有限公司投资建设陶瓷及玻璃花纸项目；投资76.99亿元唐山瑞丰钢铁（集团）有限公司减量置换转型升级项目；投资15.1亿元唐山东华钢铁企业集团有限公司减量置换转型升级项目；投资1.1亿元北京六水管业制造有限公司投资建设新兴PB塑料管生产项；投资1.1亿元唐山市梓淇管业有限公司高频焊管项目；投资1.2亿元唐山市丰南区河北纵横钢铁有限公司智慧物流立体化仓库项目。

【基础设施建设】 投资130万元，建社会停车场一座，占地面积19公顷，建成停车位227个，已完工投入使用；投资318万元，维修道路总面积20947平方米；投资125万元，建临港园综合菜市场一座，占地面积7532平方米，目前已完工投入使用；投资52万元，修缮树坑池629个，绿化4525平方米；投资6000万元，实施疏港路绿化工程；投资1.8亿元，实施城南污水处理厂改扩建工程。

【科技创新】 全年实现高新技术产业增加值58.6亿元，高新技术产业增加值占工业增加值比重16%，新增高新技术企业14家，新增科技型中小企业27家，实施技改项目13个，申报工程技术中心2家，申报研发机构6家，申报企业技术中心3家。组织、参与人才交流、培训15次，培训企业人员50人次。与华北理工大学合作，开办企业家培训班，培训企业负责人240余人次。

【环保与安全】 坚持铁腕治污，全面落实重污染天气应急响应措施和大气污染强化管控措施等要求，对辖区内35家轧钢企业、铸造企业、涉VOCs企业采取驻企、夜查、巡查、专项督查相结合方式，确保措施落实到位。2019年完成38家企业环保治理设施提标改造升级工作，在涉及防水卷材、铸造、高端装备制造三个行业14家企业中开展创A活动。对4家无手续物流企业采取断电措施，清理料场等3家。全年销号督查事项41项，办结率达到100%。在安全生产管理中，通过签订责任状、组织培训会、开展安全生产月活动、进行应急演练等多种形式，落实企业主体责任、宣传安全生产知识，全年共组织培训8次，培训企业人员1682人次，在华熠化工、纵横钢铁、唐鸿重工、东方雨虹、金禄川涂料等重点企业进行应急救援演练7次。全年共组织专项检查10次，发现安全隐患1508项，按期整改1388项。实现全年无安全生产重大事故。

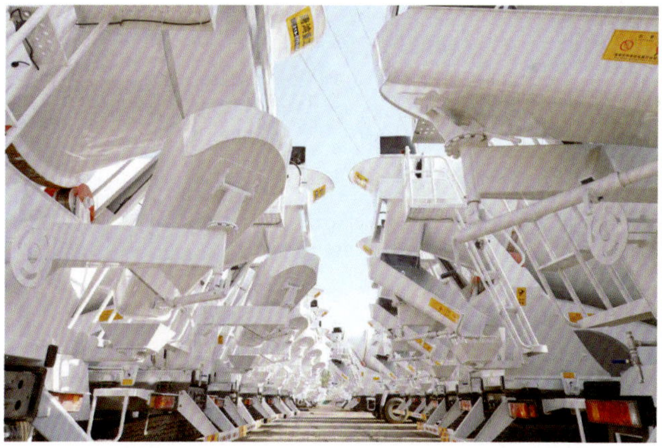

唐鸿重工有限公司

【主题教育】 围绕“不忘初心、牢记使命”主题教育，推动党建和党风廉政建设工作再上新台阶。突出党组织示范带动作用。在企业党支部按要求完成专题党课、全员培训、问题检视、主题党日、志愿服务、组织生活会、民主评议党员等规定任务。正元管业党支部组织“庆祝中华人民共和国成立70周年职工书画展”；惠达洁具党支部组织“国庆70周年、惠达37载成就展”；利民荣丰党支部组织开展唱红歌活动。突出开发区管委会服务职能。开展专题调研，解决华通线缆、百威啤酒、惠达洁具等企业房产产权手续问题。突出改革创新、完善管理体制。通过公开“学习强国”积分排名、组织体验式学习、观看电影等方式，激发园区全体党员学习兴趣。突出党建示范引领作用，投资20万元，实施临港党建示范带工程；重点打造施尔得、凯伦新材料、君业科技三个党建示范点，企业党组织作用在企业中得到明显增强，党组织凝聚力也得到进一步提升，全年组织入党积极分子教育培训60人次，共发展党员25名。

（关立强）

教育

Jiaoyu

责任编辑：张子成

综 述

2019年丰南区教育工作紧紧围绕“打造品牌教育，建设教育强区”发展战略和“全国有位置、河北争一流、县区保第一”现代化教育强区目标，以高质量发展为核心，以强品牌创建为主线，全面深化教育改革，不断改善办学条件，持续巩固和扩大六个国家级示范区创建成果，实现学前教育优质普惠、义务教育高位均衡、高中教育提质增效、职业及成人教育扩容升级。2019年作为全省唯一“全国首批学前教育实验区”，丰南高标准通过教育部检查验收，多家国家级新闻媒体专题报道丰南学前教育工作，实验区创建经验走出河北、推向全国。11月，省发改委、省教育厅指定丰南承办河北省学校体育和校园足球工作推进会，全省各市及县区教育局局长及有关专家460多人参会，彰显素质教育实力。丰南区教学改革也得到省市教育部门高度认可，指派丰南先后承办多次大型会议和活动，教改经验在全省得到应用和推广。经省厅推荐，年内接待秦皇岛、承德、石家庄等地先后六个批次、共190多人次干部教师来丰南学校观摩交流、挂职学习，并有一大批优秀校长和教师作为专家型讲师，应邀赴江浙沪等教育发达地区送课讲学，展示丰南教育教学实力，提升在全国影响力和知名度。丰南区农广校紧紧围绕农业农村工作中心，摸索出“培训+中职教育+技能鉴定”三级贯通培养模式，被列入区委区政府《2019年坚持农业农村优先发展全面推进乡村振兴战略工作方案》等文件，省农广校将其纳入《2019年工展作要点》在全省推广。被中央农广校评为“全国农民教育教训发展典型案例”。区农广校招生人数实现连续3年招生超千人，在区内建立3个实践教学基地，技能鉴定23年不断档.2019年丰南区农广校被唐山市授予“先进基层党组织”称号，被省农广校评为“中职教育工作先进单位”，高庆团校长被中央农广校评为“全国优秀农民教育培训基层农广校校长”。

（孙浩智 袁育红 黄玉梅）

教育结构与教学

【概况】 截至2019年底，丰南区拥有各级各类学校219所（不含教育培训机构65所）。其中，全日制学校187所，包含幼儿园99所（国办70所、民办29所），小学62所，初中14所，九年一贯制学校4所，普通高中4所（国办3所、民办1所），职业学校3所，特教教育学校1所。非全日制学校32所，包含成人学校15所，丰南教研训中心1所，丰南电大1所（与丰南成人中专同址同一套班子），乡镇社区教育中心15所（与成人学校同址同一套班子）及区农广校。各级各类学校在校生总计84433人。其中，学前教育在园幼儿16793人（含民办幼儿园在园幼儿6180人），小学在校生35297人，初中在校生17870人，普通高中在校生9416人，中等职业技术学校在校生5057人。各级各类学校在职国办教职工5521名，劳务派遣人员2193名。

【学前教育】 以“体验—愉悦童心”为办学理念，本着“课程有特色、教研有模式、课题有成果”工作思路，通过科研引领塑品牌、教师培训保品牌、丰厚内涵亮品牌等措施，打造学前教育品牌。已有90%幼儿园形成地域化、特色化、人文化园本教材。全区共承担市级以上课题18项，结题12项。2019年4月组织全区幼儿园户外游戏活动和集中教学活动评比，通过此活动全面提升教师专业素质，提高幼儿园保教水平。2019年10月组织全区幼儿才艺大赛，展示全区幼儿活动成果。2019年8月唐山市幼儿教师技能大赛中，区一幼王海兴教师取得城市组一等奖，惠达幼儿园王志新、付广成教师取得农村组一等奖。2019年12月通过市教育局验收，群立幼儿园和于庄子幼儿园达到城市一类园标准，将军庄幼儿园达到省级农村示范园标准。2019年全市学前教育工作会上，丰南就幼教工作做典型发言。2019年10月，丰南区在河北省长城网“问政河北”栏目中，就学前教育方面采取措施以及经验做访谈。

（郁 静）

【小学教育】 开展“说教材、说课标、评选优课”专题系列教研活动，推出研究教材、课标“三层五说”方法。开展部编新教材系列培训活动，用丰南“模块教学”践行新教材，与新教材中8个教学策略，不谋而合。开展小学教学管理和指导，提升教学内涵系列主题活动，提升校长抓管理、抓教学系统水平和操控能力。在唐山市学科年会上丰南语文课堂与主题辅导，丰南以主场报告形式进行精彩展示，引领全市教改方向。丰南区冯丽娜代表唐山市在全省青年教师教学大赛中荣获全省第二名。丰南区王健代表河北省在全国第三届小学青年教师语文教学观摩会上做观摩课。丰南教学成果《模块教学研究与实践》，选入教育部优秀教学案例库，全国共48项入选获奖，丰南是河北唯一一家。2019年，小学教育推出一整套教学体系和一系列实践活动。实现教学引领与教学实践环环相扣，目标一贯，接续递进效果，助力丰南教育事业飞跃、持续性发展。

（李万岭）

【初中教育】 深度推进高效课堂建设，初中教研室协办，经安中学承办全市物理学科高效课堂展示研讨活动，高洪亮、毕雪松、马晓芹等6名教师参加高效课堂展示，全市300余名教研员、干部教师参加观摩活动。充分发挥“三名工程”（名校长、名班主任、名老师）效应，实验学校、银丰学校联合举办高效课堂展示活动，会上28位教师分学科作不同课型下精品展示课。经安中学举办以“校本教研专题化，专题研究课例化”为原则开展校本教研展示工作会议。分别在大新庄中学、南孙庄中学、东田庄学校分区片、分学科开展“高效课堂三级建模之个人建模”阶段成果展示活动，推动校际交流。全区共有22位教师在唐山市教学素质大赛及教学比赛中获唐山市级一、二等奖，实验学校李素娟获得中学组一等奖第二名，丰南四中蒋巧慧老师所讲“古代印度”一课在河北省优质课评比中获二等奖。

（张立国）

【普通高中教育】 2019年丰南区有高中3所，区一中占地面积11万平方米，现有教职工416人；区二中占地面积13万平方米，现有教职工388人；唐坊高中占地面积38680平方米，现有教职工131人；在校生共1505人。始终坚持“一年高考，三年备考”理念，2019年高考全区再创佳绩三所高中均创历史最高水平。丰南一中高考文化课一本上线847人，较上年增加110人，创历史最优成绩。其中应届文化课考生947人，一本上线806人，一本上线率为85.1%，较

教师节表彰优秀教师

上年增加10.53个百分点。河北省成绩排名千名以内丰南一中占9人（其中理科6人、文科3人）；理科第一名在河北省排名第191名；文科第一名在河北省排名第333。一中六个实验班300名学生全部上一本线。丰南二中本次参考人数为1246人，二本上线人数为达到796人，二本上线率为63.9%，较上年增加3.8个百分点。唐坊高中参考人数为345人，二本上线人数为215人，二本上线率为62.3%，较上年增加4.7个百分点。

（张永强）

【中等职业教育】 全区现有职教中心、农业高中、中等专业学校等3所中等职业类学校，2019年秋季学期在籍学生数达到5057人，教职工614人，共开设机电、数控、汽车修理、美容美体、电子商务、畜牧兽医、现代农艺、工民建设等26个专业。几年来，全区职业教育取得长足发展，逐步形成涵盖一、二、三产全产业人才培养体系，为区域经济社会发展培养大量实用型人才。2016年，丰南区被国家七部委命名为首批“全国农村职业教育与成人教育示范区”。2019年，丰南区职教中心作为全国中职学校教学诊断与改进试点学校，高标准通国家级诊改验收，综合成绩位列全省前茅，专业建设水准取得质飞跃，快速驱动学校“硬核”发展。其中机加工技术、电子商务两个专业被评为省级骨干专业，汽车修理专业被教育部确定为全国首批“1+X”证书制度试点专业。区农业高中积极改革人才培养方式，摸索出“一边在校完成学业，课余时间一边创业”“双边生”培养模式，进一步完善以“就业创业”为目标导向人才培养方案。区中等专业学校瞄准市场需求，灵活调整专业教学模块，将“工民建设”专业打造成“精品+特色”“小而灵”专业。2019届毕业生一次性就业率达到92%以上。2019年，随着“京津冀一体化”进程加快，全区职业学校加速与京、津名校、名企对接和交流。区职教中心先后与天津中德大学、天津圣纳科技有限公司合作

庆祝教师节演出

研发机电专业方向之楼宇智能化、电梯维修、工业机器人等核心课程，进一步拓宽学校专业发展前景。2019年，区职教中心分别被国家、省、市授予“全国教育系统先进集体”“河北省中等职业学校德育工作先进学校”“唐山市文明单位”等称号。

（刘振军）

【农广校教育】 2019年，区农广校围绕乡村振兴组织开展市全区乡村振兴知识竞赛、高端培训班和编印《乡村振兴知识系列读本》等系列宣传教育活动。采取专家专题讲座、现场巡回指导和实地学习培训形式组织举办全区高素质农民科技培训周活动。依托中央电视台、省广播电台等媒体做好区内高素质农民典型推介。年内，钱营镇鑫湖农业张鑫、惠丰园区惠福园养殖公司孙朝阳事迹分别以《高价草莓别样财》《鸡舍帮扶记》为题在央视农业农村频道《农广天地》《田间示范秀》栏目播出，鼎新蔬菜胡品新、鑫湖农业张鑫事迹分别以《唐山丰南致富带头人——胡品新》《唐山草莓姐——张鑫》为题在省广播电台农民频率《农广连线》栏目播出。依托东北农业大学继续教育学院分别在区内鼎新蔬菜、利民荣丰、鼎晨农业三家企业建立实践教学基地。开展农业行业职业技能鉴定，全年共鉴定27人，实现技能鉴定工作连续23年不断档。开展为农信息服务和科技助农活动，全年共发送各类为农信息360余条，举办各类培训班30期，专家技术指导50余次，发放科技光盘1000张、图书8000册、明白纸1.5万份，受训干部群众3000余人，接受群众咨询300余人次。新建农民田间学校8个，总数达到15个。全年共招收各类学员118名，其中中专学员536名、大专及其以上582名，实现招生人数连续13年超千人。按照教学计划全面落实教学环节，组织717名学员按时参加全国统一电子摄像，为1463名大中专学员办理毕业手续。承担1个中央农广校与美国教育联盟合作在线课件开发任务并顺利通过验收。组织辅导教师参加省农广校微课件评选活动，其中有3名教师课件获一等奖、7名教师课件获二等奖；组织参加中央农广校“学习资源推介”活动，有12名教师27个课件参加推介，其中1名教师课件被中央农广校评为“100个全国优秀农民教育培训在线学习资源”，2名教师课件被省农广校评为优秀农民教育培训在线学习资源。

（袁育红　黄玉梅）

【特殊教育】 丰南区特殊教育学校位于迎宾大道与粮食街交叉口，创建于 1998年，是一所集残障教育、康复教育和职业教育为一体9年一贯寄宿制特殊教育学校。学校占地0.62公顷，在校残疾学生人数90人、教职工43人、其中，在职在编教师29人，特师毕业17人。2019年度被丰南区教育局评为迎接履职评价工作先进单位。2019年区政府累计投入44万元，新建一个对外开放特殊教育资源教室，完成校园和操场硬化、绿化、美化，升级多媒体教室，改造食堂消毒设备、水房净水系统、卫生间控制系统等基础设施，安排学生生活补助3.3万元。区域统筹，扩大残疾儿童义务教育规模，通过进行共同课题研究、召开专题讲座、联合演出等形式，深化普特融合，推进普通学校扩大随班就读规模；加大教师特殊教育专业素质培训力度，全年累计组织校内特教专业培训17次，外出培训6次；正式启动送教上门服务，摸排失学儿童家庭91户，新纳入学籍残、病儿童70名，覆盖全区17个乡镇街道，累计送教上门服务人数15人，累计300余课时。

（曾秀云）

【成人教育】 全区每个乡镇均设有一所成人技术教育学校，共15所，均达到校舍、师资、办学、法人、核算“五独立”标准。其中丰南镇成人学校、黄各庄镇成人学校、钱营镇成人学校，阵地建设水平达到省级示范性乡镇成人学校建设标准。截至2019年底，全区乡镇成人学校，共有专职教师147名、兼职教师374名。另外，全区村级成人教育学校259所，专、兼职教师753人。全区成人技术教育初步形成以中职学校为龙头、乡镇成人学校为骨干、村级成人学校为基础“三级教育培训网络”。为切实推进全区“乡村振兴战略”，培养“懂技术、会经营、能致富”新农村建设人才，2019年全区15所乡镇成人学校在区职教中心引领下，积极开展“新型职业农民培养”项目。全年招生385人，共开设林果种植、设施蔬菜、农村电工、农村电商、乡村导游员五大专业。各专业均采取“理实一体”教学模式，培训总时长不少于20天。学员培训期满，综合考评合格后，由区职教中心统一发放“新型职业农民”结业证书。此外，各乡镇成人学校引领所辖村级成人学校大力开展乡村社区教育，组织师资长期开设书画、摄影、歌舞、家庭教育等培训项目，全年参与群众达5万人次以上，极大提高广大农村社区居民知识素养和文化幸福指数。积极开展社区教育社团建设，大齐镇“老年书画技艺交流”社团、西葛镇“中老年评剧”社团、大新庄镇“春天公益慈善”等社团小有名气。其中黄各庄镇成人学校“吉特巴舞”社团，经常参加省内外交流比赛，2019年8月获“第六届中国吉特巴舞大赛华北赛区一等奖”。

（刘振军）

【民办教育】 截至2019年底，丰南区共有民办幼儿园28所，在籍幼儿6180名，教职员工752名；校外培训机构65所，在校生4250名，从业人员达到592名。全区民办幼儿园秉承“优质普惠”发展原则，全面开展以“优化育人环境，提高保教质量”为主题达标评级。按照《河北省幼儿园分类评定标准》，共评定出二类园11所、三类园17所。配合小区配套幼儿园规范利用工作，择优认定启迪幼儿园、唐人街幼儿园、大风车幼儿园等10所民办园，为丰南区普惠性民办幼儿园。普惠性民办幼儿园保教费、餐点费执行政府指导价格，极大缓解城区孩子“入园难、入园贵”难题。区政府每年按照幼儿园规模给予普惠性幼儿园一定资金保障和政策扶持（详见《唐山市丰南区普惠性民办幼儿园认定及财政扶持管理办法》）。

（刘振军）

招生考试

【概况】 2019年，丰南区招生考试工作在省市教育考试主管部门正确领导下，认真贯彻落实各项招生考试政策，坚持“高标准、严要求、零差错、零事故、平安招考”目标，努力营造公平、公正招生考试氛围和安全稳定招生考试环境，圆满完成高考、高中学业水平考试、中考等大型考试报名、组考、录取等系列工作以及自学考试、成人高考报名确认等相关工作任务。强化安全管理，有力提高平安组考能力。建立区政府统一指挥、教育局与政府各职能部门协调配合两级安全管理责任体系。各项考试期间，教育局全力组织考试，政府各职能部门协调联动，共同维护考试秩序和考点周边环境，为考试保驾护航。狠抓试卷安全保密。建立考区和考点两级试卷保密领导小组和试卷保密组，教育局与公安局、保密局等部门紧密配合，严格执行试卷保密管理规定，全力加强技术防控，严谨履行试卷流转交接手续，确保考试期间试卷绝对保密安全。着力强化考试组织管理。考前积极开展全方位考试安全教育，认真组织各项突发事件处置模拟演练，考试过程中大力强化各个岗位技术操作规范，扎实落实各环节责任体系，确保各项考试严密严谨、顺利平安。2019年上半年在原有基础上投入37.65万元更新区考试指挥中心、保密室部分设备和一中、二中两考点语音播放系统。为满足今后几年考试需求，年末又向区政府申请资金552.885万元，计划新建实验学校标准化考点，并全面更新一中、二中两考点原有监控设施，使全区所有考点监控设备均达到网络高清标准，为考试提供坚实技术保障。

（董立明）

【高考】 2019年，全区共有4585名考生参加高考报名，其中正式报名4289人，高职单招扩招补报名296人。高职扩招补报名共组织四次，普通扩招报名44人，面向在职幼儿园专任教师报名187人，专项考试报名63人，面向乡村医生补报名2人。总报名人数比上一年增加990人，是近十年来增加幅度最大的一年。同时，其他省份进城务工人员随迁子女在河北省报名考生人数逐年增加，2019年达到95人，是2012年河北省实行此政策以来最多一年。2019年高职单招录取结束后，全区共有3255人参加高考文化课考试，其中文史类考生1584人、理工类考生1562人、对口类考生109人。全区安排两个考点,共设置110个考场。区职教中心考点安排文史类考生考试,设24场；区一中考点安排文史类、理工类、对口类考生考试，设86场。为保证高考组考工作顺利进行，全区重点强化工作人员选聘与培训，共抽调各级各类考试工作人员700多人。考试期间从考区、考点到每名高考工作人员，教育局均依据各自工作任务和职责，建立完备岗位责任体系，层层签订责任状，实行责任追究。高考期间全体考试工作人员严格按照岗位责任体系实施细则程序规范工作，保证考试工作始终公平、严肃、安全、顺利地进行。2019年全区本科单招批录取12人，本科二批录取858人，本科提前批A录取171人，本科提前批B录取195人，本科一批录取726人，本一少数民族预科班录取3人，对口本科批录取4人，对口专科批录取72人，专科单招批录取1052人，专科提前批录取119人，专科批录取812人。

（杨建元）

【中考】 2019年，全区九年级中考正式报名4173人。八年级生物地理中考报名6514人。2019年全区中考，信息技术和理化实验操作考试在3月份举行，参考学校19所，全区各初中均设为考点。体育考试于4月份举行，参考学校共20所，分实验学校和银丰学校两个考点，分别安排男生和女生同时进行考试，全区统一组织实施。文化科目考试于6月20—22日举行。九年级考生参加全省统考，科目为语文、数学、外语、文综、理综四项考试，考试时间为6月21—22日，设一中、二中两个考点，140个考场。全区组织八年级生物地理中考参考人数6514人，由丰南区自主命题，考试时间为6月20日上午，设一中、二中、唐坊高中、职教中心四个考点，220个考场。2019年，区一中共录取1161人，其中文化课统招生227名，初中指标分配生911名，初中体育特长生13名，区业余体校女篮特长生10名。区二中共录取1164人，其中普通生1050名，音乐特长生43名，体育特长生16名，美术特长生55名。唐坊高中录取普通生400人。其余大部分考生被区职教中心、农中、成人中专以及省市五年制、“3+2”院校和中专学校录取。

（唐克良）

【高中学考】 普通高中学业水平考试分上下半年两轮次举行。2019年普通高中学业水平考试为改革过渡年。上半年按照原考试政策组织实施，下半年按改革后新政策组织实施。上半年原学考为当年高三及以前考生参加考试，共包括18个科目，分为实践考查部分和文化科目笔试考试部分。下半年改革后学考为当年高二及以后考生参加考试，分合格性考试和选择性考试两大部分。合格性考试科目为数学、外语、思想政治、历史、地理、物理、化学、生物、音乐、美术、体育与健康、通用技术、信息技术等14个学科。选择性考试科目为考生在思想政治、历史、地理、物理、化学、生物6学科合格性考试成绩合格基础上选择其中3个科目进行考试。2019年上半年，全区学考报名人数为3471人，下半年为3121人。上半年实践考查科目为理化生实验、体育与健康、音美通用技术理论上机考试、音美研究性学习实践性作品考查以及信息技术考试等，3—4月举行。下半年实践科目系列考试按新学考政策执行合格性考试，此阶段完成是信息技术和通用技术无纸化考试，10—11月举行。文化科目笔试部分上半年在5月举行，下半年在12月举行，按规定时间和科目全区统一组织考试，设丰南一中、丰南二中两个标准化考点。为保证考试公平公正，全区按照规范施考、平安组考要求，注重抓细节，强培训，定规矩，全年考试实现零失误、零违规、零事故目标。其中，文化科目考试考生进场环节实行指静脉验证身份方法，从根本上杜绝替考等舞弊行为，为考试安全设置又一道保护屏障。

（郑学增）

【自学考试】 区主要负责组织自学考试报名现场确认、办理免考和受理毕业等相关工作。自学考试报名工作分上下半年两次进行。上半年在1月5—10日，下半年在6月10—15日。考生首先要进行网上注册，然后到区招办进行现场确认。现场确认主要采集考生指静脉和指纹等信息，并指导考生登录网站修改密码、选择报考科目、网上支付相关报名费用。2019年全区上半年报名189人，报考421科次；下半年报名181人，报考415科次。办理免考分别在上半年3月1—7日和下半年9月1—7日进行。考生在网上提出免考申请，然后到区招办提交相关材料并进行现场确认，最后考生进行网上支付相关报考费用。2019年3月，丰南区办理自考免考2人，共5科次；9月无人办理。考生办理毕业时间为上半年7月1—7日和下半年11月20—26日。考生首先在网上申请毕业，然后到区招办提交相关材料进行现场确认。2019年全区7月受理5人，11月受理6人，全年共计受理毕业11人。

（刘润平）

教师队伍

【概况】 2019年丰南区教育系统现有教职工5522人，普通高中阶段专任教师951人，职业高中阶段专任教师426人，中学阶段专任教师1758人（包含各乡镇中心校专任教师71人，各乡镇成人学校专任教师111人），小学阶段专任教师2050人，幼儿园阶段专任教师337人。教师队伍学历情况：研究生学历212人，占教师总数4%；大学本科学历4384人，占教师总数79%；大学专科学历819人，占教师总数15%；中专及以下学历107人，占教师总数2%。教师队伍年龄性别结构：全区男教职工1614人，女教职工3908人，男女比例为1:2.4。全区教师年龄人均40岁，全区35岁以下1756人，占教师总数32%；36—40岁894人，占教师总数16%；41—45岁1092人，占教师总数20%；46—50岁705人，占教师总数13%；51—54岁653人，占教师总数11%；55—59岁442人，占教师总数8%。职称结构：正高级教师3人，高级教师951人，一级教师2086人，二级教师及其他2482人。

【学历结构】 2019年，丰南区幼儿园专任教师337人，学历达标率100%。研究生学历1人，本科学历213人，本科及以上学历占幼儿教师总数57%；专科学历110人占幼儿教师总数33%。2019年，小学专任教师2050人，专科及以上学历1993人，学历达标率97.22%。研究生学历41人，占小学教师总数2%；本科学历1580人，占小学教师总数77%。2019年，中学系列专任教师（包含各乡镇中心校和成人学校）1758人，本科及以上学历1430人，学历达标率81%；研究生学历26人，占初中教师总数1%，本科学历1404人，占初中教师总数80%。2019年，普通高中系列专任教师951人，本科及以上学历924人，学历达标率97%。研究生108人，占普通高中教师总数11%。2019年，职业高中系列专任教师426人，本科及以上学历426人，学历达标率96%。研究生学历36人，占职业高中教师总数8%。

【年龄性别结构】 2019年，幼儿园专任教师337人，全区人均年龄38岁。35岁以下166人，36—40岁34人，41—45岁40人，46—50岁28人，51—54岁41人，55—59岁28人。2019年，小学专任教师2050人，全区人均年龄37岁。35岁以下919人，36—40岁315人，41—45岁329人，46—50岁161人，51—54岁203人，55—59岁123人。2019年，中学专任教师1758人，全区人均年龄42岁。35岁以下384人，36—40岁261人，41—45岁389人，46—50岁290人，51—54岁247人，55—59岁187人。2019年，高中系列专任教师951人，全区人均年龄41岁。35岁以下196人，36—40岁214人，41—45岁247人，46—50岁144人，51—54岁100人，55—59岁50人。2019年，职业高中系列专任教师426人，全区人均年龄43岁。35岁以下91人，36—40岁70人，41—45岁87人，46—50岁82人，51—54岁62人，55—59岁34人。

【教师分布】 丰南区教育系统2019年教职工5522人，普通高中阶段专任教师951人，职业高中阶段专任教师426人，中学阶段专任教师1758人，小学阶段专任教师2050人，幼儿园阶段专任教师337人。丰南城内辖区共有教职工2159人，平均年龄42岁。各学段人员分布情况为：普通高中教师436人，职业高中教师374人，初中教师628人，小学教师630人，幼儿教师91人；各乡镇农村教师共有3363人，平均年龄39岁。各学段人员分布情况为：其中普通高中阶段专任教师515人，职业高中阶段专任教师52人，中学阶段专任教师1130人，小学阶段专任教师1420人，幼儿园阶段专任教师246人。

【职称结构】 正高级教师3人。年龄情况：平均年龄55岁，51—54岁1人，55—59岁2人；学历情况：研究生学历1人，大学学历2人。性别情况：男1人，女2人。高级教师951人。年龄情况：平均年龄50岁，36—40岁23人，41—45岁154人，46—50岁287人，51—54岁276人，55—59岁211人；学历情况：研究生学历44人，大学学历708人，专科学历199人。性别情况：男437人，女514人。一级教师2086人。年龄情况：平均年龄45岁，35岁及以下98人，36—40岁423人，41—45岁679人，46—50岁367人，51—54岁351人，55—59岁168人；学历情况：研究生学历99人，大学学历1473人，专科学历445人，中专69人。性别情况：男725人，女1361人。二级及其他教师2482人。年龄情况：平均年龄33岁，35岁及以下1658人，36—40岁448人，41—45岁259人，46—50岁51人，51—54岁25人，55—59岁41人；学历情况：研究生学历68人，大学学历2201人，专科学历175人，中专及以下38人。性别情况：男451人，女2031人。

（王文君 马爱艳）

教育经费与设施设备

【概况】 2019年，按区委、区政府的安排部署，协调财政、发改、行政审批、住建、自然资源和规划等部门，以办好人民满意的教育为目标，加大教育设施建设投入力度，努力改善各级各类学校办学条件。实现了教育投入“两个确保只增不减”（即：确保一般公共预算教育支出

逐年只增不减，确保按在校学生人数平均的一般公共预算教育支出逐年只增不减）

【教育经费】 2019年全区教育经费总投入135156万元，其中一般公共预算教育经费127847万元；教育总投入比2018年增长3.47%，其中一般公共预算教育经费增长3.66%。分学段生均一般公共预算教育经费增长情况为：中等职业学校26328.60元，比2018年增长0.39%；普通高中24980.67元，比2018年增长7.14%；普通初中20073.66元，比2018年增长0.31%；普通小学13090.44元，比2018年增长3.43%；幼儿园9557.14元，比2018年增长17.51%。

（刘希刚）

【教育设施】 实施公办幼儿园建设工程：投资3632万元实施西城区幼儿园、河头幼儿园、岔河幼儿园新建工程。2019年，西城区幼儿园完工并投入使用，河头幼儿园和岔河幼儿园主体完工。3所幼儿园全部投入使用后，可增加学位990个，极大缓解城区公办幼儿园办园压力，解决适龄幼儿入公办园难、入公办园贵问题，满足西城区、老城区和岔河镇中心区域百姓入公办园愿望。实施校舍维修改造工程：2019年，投资2748万元，维修各级各类学校（幼儿园） 60所，改造面积约10万平方米，彻底消除校舍安全隐患，提高学校满意度；新建、维修塑胶运动场5个，为教师锻炼和学生运动提供保障；新建师生食堂8个，维修教工宿舍6个，改善师生学习生活条件。

（周少波）

【教育设备】 为快速落实教育部《教育信息化2.0行动计划》，丰南区政府投入资金6835万元用于教育技术装备提升工程工作，并将其纳区委区政府为群众办好实事工程中。教育局专门成立以董国才局长为组长“丰南区2019年教育装备工作领导小组”，按照教育信息化2.0发展要求制定明确装备目标和装备方案。为全区置换老旧残破教师办公桌椅1500套，学生课桌凳15500套，为师生营造良好舒适学习环境。补足现代化办公与教学设备，补充1192套办公用机，保障教师人手一机，新增1280台学生机，更新27个计算机教室，完成老旧机房升级改造，以适应信息技术教学需求。年内安装多媒体设备589套，移动多媒体69套，基本实现“宽带网络校校通，优质资源班班通，网络学习空间人人通”。购置学业采集与分析系统。通过系统量化学习中过程性评价，为教学工作提供精准数据支撑，从教育管理者角度出发提供教育决策数据，为学情监测提供全新视野。年内新增比特实验室9个，能力风暴机器人实验室2个，VR体验设备6套。使创客教学向大众化迈进，尽量让每个学生都能参与进来，做到进得来，听得懂，学得会，用得上最终目标。

（王子兰）

【教育成果】 2017年，在“河北省素质教育示范校”评比中，区实验小学西校区和胥各庄小学并列全省第一。2018年，实验小学西校区参赛“青少年机器人足球”项目，代表国家出席世界级比赛并跻身世界16强，取得中国中华人民共和国成立以来最好成绩，该校“舞动花篮”项目还入选教育部“全国体育艺术教育成果奖”，全国仅有12家。2018、2019年，银丰学校连续两年夺得青少年科技大赛全国冠军，并多次蝉联全国中小学生篮球赛冠亚军。2019年，尖子沽中学五谷文化特色建设经验，6月在《中国教师》杂志封二进行专版推介；西葛小学抖空竹，入围全国小学体育优秀案例100强，7月7日和9日分别被《人民日报》和《中央电视台》报道。

（高洪海）

【教科研成果】 丰南区各学校坚持科研立校，2019年度教科研成果显著。区一中赵福才主持“微课在高中学科教学中应用研究”，经安中学黄树明主持“农村中学六维一体校本教研模式策略研究”获得河北省教育科学研究“十三五”规划2019年度立项课题，实验学校高海英主持“‘双有效六环节学案导学’高效课堂模式实践与研究”获唐山市“十三五”规划2019年度重点立项课题，尖子沽中学、戟门小学、唐坊高中等十所学校课题被立项为市级“十三五”课题。

（张立国）

【人才培养成果】 2019年度唐山市十佳教师黄树明于1991年8月参加工作。29年时光中，从一名普通教师到校长，见证经安中学创建和发展。任校长9年来，使一所地处偏远名农村落后校，跻身于全区初中前列。狠抓教师专业成长，实现教、科、研一体化。学校2016年、2017年、2018年、2019年中考重点高中入学率均达到参考人数50%以上，中考成绩位居全区前列。他主持参与国家及省级课题14项。全校60名教师中有市级骨干教师11名，区级名师6名，区级教学骨干9名，区级学科带头人7名，区级教学能手6名，占任课教师45%。先后获得“全国特色学校”“国家基础教育实验基地学校”“全国后勤工作先进单位”“河北教育名师团实验基地学校”等荣誉； 2016年被评为“唐山市名校”。近9年他获区政府记功2次，区政府嘉奖7次，并连续9年被评为区级“优秀校长”；2018年

10月丰南区电视台“德风化雨”栏目做专题报道。2019年获唐山市十佳教师、市级名校长称号。

（张文泰）

教育管理

【学校管理】 丰南区教育局以星级评价为抓手，提升学校管理水平，促进学校规范办学、减负增效。开展十星级学校评估，促进学校全面育人。从促进学生全面发展为出发点，完善星级评价体系。依据“重过程、重成效、重学生发展”原则，把中小学管理分为德育效果、控辍保学、规范办学、办学特色、图书实验、教育技术、教学科研、教学改革星、文化校园、队伍建设等十颗星，把中心校管理分为学前教育星、小学教育星、初中教育星、成人教育星、队伍建设星等五颗星，制定评估细则，并根据形势变化和时代要求，对星内容进行不断调整和完善，剔除难以把握、难以定性项目，充实易于把握、能够科学考量学校整体工作评价内容，使评价更有可操作性、科学性和指导性。十颗星设置，改变学校“通过学习成绩单一评价学生”现象，促进学生全面发展。实施动态评估，增强学校育人针对性、科学性。始终坚持通过评价带动工作提升，积极构建教师评、学校评、家长评、教育局评，构成立体评价体系，更加全面把握学校教育教学工作脉络和思路，抓住学校规律性因素。评估过程中，遵循平时过程督导评、期中阶段评、期末总评，使评估贴近学校办学实际，贴近学生身心发展，有很强针对性和科学性，促进学校全面育人。开展十星级班集体建设，促进全员育人。在十星级学校评估基础上，将过去评选优秀班集体改为评选“十星级班集体”，明确十星级班集体标准，细化为遵纪守法星、勤学上进星、诚信礼貌星、仪表形象星、团结互助星、劳动创造星、特色建设星、阳光体育星、艺术教育星、控辍保学星等十颗星。这十颗星囊括班级在学习、纪律、卫生、活动以及班级文化建设多方面表现，能够全面、客观评价班级管理和建设水平，促进学生综合素质提升。通过十星级班集体建设，充分调动每个班主任和各任课教师主动性和积极性。各任课教师可以通过对本班学生学习、纪律、卫生习惯、各项活动参与给予科学、综合评价，来发现每个学生优点，给予强化，同时，发现每个学生不足，提出改进措施，促进学生全面发展，真正实现全员育人。开展十星级学生评价，促进学生全面发展。在十星级学校评估和十星级班集体建设基础上，将评选三好生改为评选“十星级学生”，即纪律星、学习星、礼貌星、诚信星、仪表星、团结星、劳动星、创新星、助人星、特长星等十颗星。这十颗星囊括学生在品德、学习、纪律、卫生、礼仪、特长以及校内、校外等多方面表现。通过学生自评申报、小组互评、家长评价、教师评价评选十星级学生。星级学生评估，能够全面、客观评价每一个学生，既能评判学生优点，发现学生闪光点，又能具体评判学生不足，防微杜渐。通过十星级学生评估，评出每个学生潜质，强化学生自我管理意识，促进学生全面发展。

文明校园创建观摩

【特色学校建设】 全区各级各类学校紧紧围绕“打造品牌教育，建设教育强区” 战略目标，夯实基础，发挥优势，打造特色学校。各校注重从学校环境建设、教育教学、体育美育、综合实践等方面发掘优势，培育特色。区一中秉承“博文约礼、负任担荷”核心理念，树立质量意识和争先意识，精心培育优秀人才，多年来，高考本科入线率位居唐山市同类学校榜首。区职教中心以“学以致用、求真务实、知行合一”为办学宗旨，高站位谋划和实施“校企联合，订单招生”人才培养战略，获得国家级职业高中示范学校殊荣。实验学校、银丰学校、经安中学、实验小学西校区、实验小学东校区、胥各庄小学等校五育并举，全面发展，环境优美和谐，文化绿化独具匠心，特色实践活动育人效果显著，积淀享誉省市品牌优势。张山庄小学结合自身实际，挖掘出“小而优，小而美”精细化管理优势，并将这一优势逐步做大做强，成效显著，堪称典范； 尖子沽中学挖掘出“五谷粮艺”艺术优势，越支小学挖掘出“抖空竹”，四神庄小学挖掘出“舞龙舞狮”体育优势，逐渐形成学校办学特色 。岔河中学以“论语治校，修己达人”为理念，创新体验教育与自主管理相结合德育工作模式，统筹教育教学、体艺工作、综合实践等项工作协调健康发展；董各庄小学以花样跳绳为杠杆，撬动全校教育教学工作整体提升。通过不断强化优势项目，全区培育出特色学校40所。

（高洪海）

【教师队伍管理】 加强校长交流，主要方式包括优秀中层干部到农村薄弱学校任职，乡镇间法人校长、园长异地交流，乡镇内任职满两届法人校长、园长学校间交流。创新师资引进工程，2019年招聘教师192人，其中研究生及双一流高校毕业生35人，招聘方式分为赴重点院校直接选聘和面向社会公开考聘两种形式，坚持“定乡镇、定学校、定学科”办法为农村学校补充急需教师，招聘人员实行聘用制管理，与在编人员同等待遇。深化绩效工资改革，不断拉大一线教学岗位和非教学岗位人员绩效工资差距。通过设置岗位津贴、课时津贴、业绩考核津贴等内容，实现多劳多得、少劳少得，体现优绩优酬。控制教师逆向流动，对义务教育学校调动到非义务教育学校不发奖励性绩效工资、对调动到非教学单位不发放奖励性绩效工资。健全制度、推进教师交流工作常态化。制定《义务教育学校教师校长交流工作方案》，以学年为周期统筹谋划城乡干部教师交流。引导教师积极服务农村，促进城乡师资均衡发展,年度内交流教师110人，19名城区骨干教师参与到边远农村学校任教，带动农村教师队伍面貌提升。

（王文君 马爱艳）

【教学计划管理】 制定、出台区级名师骨干教师评选方案；组织市区两级骨干教师和名师评选与推荐；开展培训活动，促进名师骨干教师专业成长拟定《丰南区教育局名师骨干教师评选方案》，出台《丰南区名师骨干教师评选方案》。推荐2019年唐山市级名师、市第七批骨干教师和市第八批骨干教师培养对象。一年来，先后聘请北师大心理学刘翔平教授、北京特级教师王建宗教授等多位专家做专题培训讲座4场。深入开展学科教研活动，促进教育健康发展。认真落实全区教育系统工作会议精神，结合学校，积极开展学科共建活动。通过教研员深入学校听课指导，名师示范课、引路课，青年教师汇报课、同课异构研讨活动等形式，引领教师学习先进常规教育教学理念，努力推动高效课堂建设。

（汪印鼎 王胜亮）

【教学研究】 随着学生发展核心素养总体框架正式发布，课程改革从“知识本位”走向“核心素养”时代。本年度高中教研室本着全面理解学生发展核心素养意义，全面把握核心素养精神实质，构建基于核心素养课程体系，有效而准确地把学生核心素养融入学科教学实践活动之中，通过组织说课比赛、青年教师比赛课，教材培训等扎实有效教研活动，提高教师专业文化素质，极大提高学生核心素养提升，促使学生实践创新能力全面养成和发展。为深入研究学生发展核心素养内涵、表现及培育途径，切实推进全区教育综合改革，促进全区教育品牌建设，丰南区教育局联合北京广泽教育开明科技发展中心，邀请多年从事中小学教学研究全国知名专家学者，举办“学生发展核心素养”及“学科核心素养”为内容专题培训活动。2019年以来举办高中九个学科培训及多场教育教学培训，覆盖小学初中高中学段，受到很好地培训效果。

（张艳平 白素梅）

【教育环境管理】 强化教育系统党风廉政建设。不断加强领导干部廉政教育，加强监督，推行权力运行透明机制，坚持重大事项领导班子集体决策制度，加强领导干部岗位廉政风险点监督机制；实行学校领导干部竞争上岗制度，教师招聘、进城公开考试制度；强化丰南一小、小集小学、辉坨小学廉政教育基地示范作用，积极推进廉政文化进校园进程。深入推进纪律专项提升行动。组织全区干部教师开展参观警示教育基地、党纪法规知识考试、观看警示教育影片、召开警示教育宣讲大会等系列活动，加大“微腐败”治理力度，引导广大党员干部树牢党纪国法意识及廉洁自律意识，筑牢拒腐防变坚强防线，营造风清气正教育环境。重拳治理在职教师有偿补课。坚持“教育为主、惩防并举、常抓不懈、久久为功”工作思路，提高在职教师有偿补课治理效果。创新开展“八个一”校内教育活动，从思想上打消教师参与有偿补课想法。加大查处力度，通过明察暗访和社会监督举报相结合方式，对巡查或举报线索发现一起，严肃处理一起，强化案件处理震慑力，有效遏制在职教师有偿补课现象。

（李云龙）

【教育扶贫】 2019年教育扶贫工作紧紧围绕“资助政策落实100%、贫困学生就学100%”目标，坚持夯实基础、强化宣传、动态监管多重发力，实现贫困生资助制度化、规范化、常态化管理。全年资助区内建档立卡学生186人次，投入21.64万元，资助其他贫困学生4880人次，投入431.92万元，“雨露计划”资助29人次，投入4.35万元，家庭经济困难大学新生救助工作，共投入34.15万元。在2019年10月被评为唐山市脱贫攻坚先锋号单位。落实“321”工作体系。即“三包”制度，校长、年级主任、任课教师包村、包贫困户、包贫困学生，形成横向到边、纵向到底排查包联工作机制；“双台账”制度，以学籍为依据学校资助管理台账和以户籍为依据乡镇中心校管理台账，实现从学前教育到高等教育各阶段学生信息全覆盖；“每月一次家访”制度，由包联教师每月入户走访至少一次，达到家校无缝对接。强化精准扶贫。与区扶贫办、民政局、残联建立“双向比对机制”，依托“321”工作体系安排干部教师对所有受助学生逐户走访，实现资助范围和资助对象“零差错”。完善资助制度。根据形势发展和学生资助工作深入推进需要，对《建档立卡学生资助管理办法》《建档立卡学生资助实施细则》等制度部分内容进行适当调整。争取社会力量，丰南区鑫丰热力公司走访慰问56名贫困学生，共捐赠2.8万余元。

（郑少东）

【学籍管理】 完善招生、入学与学籍注册工作，凡年满6周岁儿童，由其父母或其他法定监护人依法送入小学接受义务教育；完成小学教育学生，由父母或其他法定监护人送入初中继续接受并完成义务教育。按照“免试、就近”原则，就近安排其进入当地公办学校就读。从学生入学之日30天之内为其建立学籍档案，通过电子学籍系统申请以学生居民身份证号为基础生成学籍号。在各学年开学一个月内通过电子学籍系统核准本行政区域内小学新生学籍。

（赵志永）

科学技术

Kexue Jishu

责任编辑：张子成

综　述

2019年，丰南区科学技术工作着力做好创新主体快速壮大、研发平台持续提升、科技成果加速转化、科技招商科技等工作，科技创新工作成绩显著，为全区加快转型升级，重返全省县（市）区前列提供坚强科技支撑。2019年，全区获得省级科技计划项目立项3个、市级科技计划项目立项2个，促成科技成果转化8项，新增1家市级创新团队，全区市级创新团队共有6家；新增5家市级科技研发平台，全区共建成省级科技研发平台4家、市级科技研发平台20家；全区院士工作站共有2家。

科研机构与队伍

【概况】　截至2019年，丰南区重点培育、扶持企业科技平台24家，其中省级科技研发平台4家，即河北省卫生陶瓷机械工程技术研究中心、河北省卫生陶瓷工程技术研究中心、河北省特种线缆工程技术研究中心、河北省农业信息技术集成应用工程技术研究中心；市级工程技术研究中心20家，即唐山市卫生陶瓷机械设备工程技术研究中心、唐山市农业信息技术集成应用工程技术研究中心、唐山市肉类食品产业研究开发中心、唐山市煤气气化工程技术研究中心、唐山市冶金轧辊工程技术研究中心、唐山市无机非金属粉体工程技术研究中心、唐山市电信电缆工程技术研究中心、唐山市卫生陶瓷工程技术研究中心、唐山市物联网费控管理终端及智能电表工程技术研究中心、唐山市高速钢轧辊工程技术研究中心、唐山市耐磨钢铁材料铸造工程技术研究中心、唐山市木塑复合材料工程技术研究中心、唐山市供热管网智能监测工程技术研究中心、唐山市防水保温材料工程技术研究中心、唐山市农村水环境污染治理工程技术研究中心、唐山市金属连续管工程技术研究中心、唐山市热镀锌工程技术研究中心、唐山市专用汽车工程技术研究中心、唐山市饲料粉碎机械工程技术研究中心、唐山市重型汽车牵引系统工程技术研究中心。

【科研机构】　区工信局引导企业从组建科技创新平台基础条件入手，激励企业建设研发平台，提高企业科技创新竞争力。2019年，新增市级科技研发平台5家，全区共建成省级科技研发平台4家、市级科技研发平台20家。全区院士工作站共有2家。借助各类平台，区内陶瓷卫浴、特种线缆、陶瓷成套设备等行业自主创新能力居业内领先地位，自主研发和科技创新能力明显提升，有力地推动实体经济转型升级。

【科技队伍】　丰南科技工作围绕中心、服务大局，充分发挥自身优势，深入调查研究，强化推动区科技创新和人才工作再上新水平。年内，全区建有市级创新团队6个。丰南区还注重发挥人才的引领示范作用，通过举办“先锋才人评选”等活动，选树一批各条战线有示范带动作用优秀典型，并建立“全国基层名老中医药专家传承工作室”等26个帮带平台，辐射帮带40多人才。

成立丰南区医务科技工作者志愿服务队并授旗

科技交流合作

【概况】　积极引导企业依托产学研合作加强科技研发，引进转化技术成果，深入实施京津成果丰南转化战略，一批关键性技术成果有力提升实体经济市场竞争力，增强丰南区转型升级动力。2019年，区工信局促成科技成果转化8项。唐山东方雨虹防水技术有限责任公司“特种非固化改性橡胶沥青防水涂料及应用”项目转化北京东方雨虹防水技术股份有限公司两项发明专利，项目采用自行设计加工螺旋式搅拌+桨式搅拌工艺及环保型生产设备，实现低速搅拌、自动消泡和高效均化工艺条件，生产过程绿色环保，制备出技术领先、性能稳定可靠特种非固化橡胶沥青防水涂料，并实现对环境零污染排放。河北君业科技股份有限公司“含有高密度聚乙烯增强支架保温管件弯头研究开发及产业化”项目，在现有技术基础上研发一种防水、耐高温、抗老化性能强高分子材料应用于保温管件弯头两端口，实现保温管件弯头全防水效果，使保温管件弯头品质得到大大提升，项目技术实施解决保温管道行业中保温管件热损失大关键性问题，为保温管道行业发展做出巨大贡献。

【产学研合作】 丰南区积极引导企业依托产学研合作引进转化技术成果，深化产学研合作，大力引进技术成果。推行“政府—大学—产业”对话机制，区工信局利用自身资源，积极为丰南区企业与国内重点院校、科研院所牵线搭桥，助力构建以企业为主体、以高校和科研院所为依托产学研技术联盟体系。率先与华北理工大学签订《校城融合发展合作框架协议》。年内，组织企业家赴华北理工大学开展对接活动4次，破解技术难题22次，其中君业技术等15家企事业单位与该大学签订“君业智慧保温网研究院”等38个合作项目，涉及资金87万元。

【计划项目申报】 2019年，对项目申报工作早谋划、早安排，深入企业并为其提供政策咨询与指导服务，畅通项目申报渠道，避免申报盲目性，提高申报成功率。同时，进一步完善科技计划项目申报和评审机制，健全项目组织实施、结题验收、监管终止、科技报告等动态管理机制，加大后补助实施力度。

科技成果转化与专利

【概况】 2019年，全力支持企业建立健全长效科技合作机制，通过共建产学研基地、研究生实习基地和博士后科研工作站，引进、消化、吸收国内外先进技术，加速科技成果转化，增强企业研发能力。2019年完成引进科技成果转化项目8项。

【项目申报】 积极申报上级科技计划项目，获得省、市级立项支持3项，获得支持资金200万元。其中唐山东方雨虹防水技术有限责任公司“特种非固化改性橡胶沥青防水涂料及应用”项目列入省重大科技成果转化项目，获得100万元资金支持。唐山起跑线创业服务有限公司“唐山市起跑线创新创业培训平台”项目列为省技术创新引导计划项目，获得资金支持50万元。河北君业科技股份有限公司“含有高密度聚乙烯增强支架保温管件弯头研究开发及产业化”项目列入市重大产业化项目，获得资金支持50万元。科技服务业专项同时，进一步完善科技计划项目申报和评审机制，健全项目组织实施、结题验收、监管终止、科技报告等动态管理机制，加大后补助实施力度。

【成果转化】 2019年，区科技局促引进成科技成果转化项目8项。其中5项申报省、市级重大科技成果转化项目。唐山东方雨虹防水技术有限责任公司“特种非固化改性橡胶沥青防水涂料及应用”项目转化北京东方雨虹防水技术股份有限公司两项发明专利，河北君业科技股份有限公司“含有高密度聚乙烯增强支架保温管件弯头研究开发及产业化”项目转化朗格斯特哈尔滨环保节能产品制造有限公司一项发明专利，信达科创（唐山）石油设备有限公司，海森电子、天地（唐山）矿业、华创测控、全丰薄板分别转化自有发明专利，实现项目产品产业化。

省科协副主席张建辉在丰南区调研县级科协系统深化改革及科技工作者之家建设工作

【创新成果】 积极组织创新创业项目参加省市评选，大力营造科技创新氛围，力促区域科技创新能力大幅提升。组织信达科创（唐山）石油设备有限公司、河北君业科技有限公司等6个企业和团队参加河北省创新创业大赛。其中信达科创（唐山）石油设备有限公司“海陆油气工程用连续复合管缆项目”获得省二等奖。

【成果评价】 积极组织企业对研发项目获得成果进行评价，对企业取得成果进行整体评价，有利于企业解国内外科技成果现状，知晓企业技术在国内外所处水平，提供企业技术创新发展方向。2019年组织唐山正元管业有限公司“热镀锌钢管行业固体废物减量化新工艺开发及产业化”项目被中国腐蚀与防护协会评价为国际先进水平。

科技管理

【概况】 区科技局深入推动丰南区全面实施创新驱动发展战略。落实教育培训，提升整体素质。按照区委统一部署，深入开展机关作风整顿活动。成立活动领导小组，明确工作职责，制定活动方案，加强学习，落实制度，有序开展学习教育和作风整顿活动。通过动员会、听党课、抄笔记、写心得、生活会等方式，从思想、工作、学习等方面进行个人问题查摆分析。针对发现问题，制定切实可行整改措施，建立整改台账，进一步完善机关工作制度和监督机制。强化监督制约，深化作风建设。完善档案资料，不断促进党员干部切实担负起全面从严治党责任，严肃党内政治生活，推动全面从严治党向纵深发展。

【科技政策制定】 2018年制定《唐山市丰南区人民政府印发<关于鼓励支持企业科技创新若干措施>通知》，从鼓励高新技术产业发展、引导科技企业孵化器（众创空间）提档升级、鼓励科技成果丰南产业化、鼓励企业逐年提高科技研发投入、鼓励全社会发明创造、强化专利事务社会化服务、强化科技与金融紧密融合、支持企业自建或与高等院校（科研院所）共建设研发机构、加强科技创新公共服务平台建设、强化科技创新团队培养等10个方面制定鼓励支持企业科技创新政策，为科技创新工作提供政策保障。2019年制定《区委区政府关于印发<唐山市丰南区实施科技特派员行动方案>通知》，积极鼓励引导各类人才面向基层、深入企业开展科技政策宣传、创新创业辅导和技术服务，推动科技创新高质量发展。

【科技队伍管理】 坚持制度先行、全力支撑思路，建立一套完善的人才扩量增效制度保障机制。顶层设计“引”。制定丰南区人才工作年度计划，每年初发布高层次人才需求目录，引导各地各单位有的放矢抓好人才工作。制定政策“推”。制发《唐山市丰南区医疗卫生人才队伍建设工作方案》《唐山市丰南区招商引资优惠政策》等文件，推进各类人才队伍及平台建设。为扩大政策的覆盖层次和类别，出台《人才开发专项资金使用管理办法》，涵盖人才工作各个方面，重点向高学历高技能人才倾斜。纳入考核“促”。对接市委组织部考核重点，重新修订考核办法，加大考核力度，每季对全区15个乡镇，一个经济开发区和22家成员单位进行考核排名通报，使人才工作成为“一把手”亲自部署、亲自推动重点工作。

（郭　怡）

知识产权

【概况】 区市场监督管理局以强化创新主体服务为主线，咬定主要考核指标精准发力，知识产权工作取得显著成效。2019年共申请专利744件，授权专利578件，其中发明专利116件、实用新型365件、外观设计97件，有效发明专利329件，万人口发明专利拥有量6.12件，万人发明专利拥有量增量1.86件，完成万人发明专利拥有量5.55件任务目标，全市综合排名第三。2019年共注册商标576件，全区商标总数达2031件。唐山贺祥机电股份有限公司成功注册马德里国际商标（越南、泰国、印度尼西亚、乌兹别克斯坦4个国家）1件，国际注册商标总数达79件。唐山正元管业有限公司“正金元”商标于2019年1月28日被国家知识产权局认定为中国驰名商标，唐山市丰南区鼎新蔬菜出口加工有限公司“品新PINXIN”商标于2019年12月24日被认定为中国驰名商标。丰南区中国驰名商标总数已达7件，跃居全市第二位。落实奖励政策，激励知识产权创造，发放省市区专利、商标奖励和补贴共计444.5万元。区市场监督管理局利用“4·26”世界知识产权宣传日、专利宣传周等契机加强政策宣传，举行宣传活动6次，发放知识产权相关资料9000余份，组织企业参加市局组织专家讲解专利方面相关政策及典型知识产权侵权案例培训，增强企业知识产权意识。

【知识产权管理】以河北省知识产权示范区培育为契机，紧紧围绕知识产权增量提质、知识产权服务水平提升、知识产权保护环境持续优化等，大力做好产权管理工作。引导企业运用专利权质押方式融资，拓宽融资渠道，开展专利权质押贷款，海森电子、贺祥机电、凯伦保温3家企业利用专利权质押贷款2465万元。唐山海森电子股份有限公司、唐山市贺祥机电股份有限公司、唐鸿重工专用汽车股份有限公司通过知识产权管理体系贯标，经申报被评为国家知识产权优势企业。惠达卫浴股份有限公司发明专利（一种精陶瓷卫生陶瓷坯体及其制造方法）、唐山贺祥机电股份有限公司发明专利（带翻转保护装置翻转式全自动坐便器高压成型机）获河北省专利优秀奖。唐山贺祥机电股份有限公司承担“装备制造行业坐便器高压成型技术装备领域企业专利战略推进工程项目”顺利通过唐山市市场监督管理局组织专家组验收。

气象测报与地震监测

【概况】 丰南区气象局所设气象观测站为常规国家气象观测站（国家一般气象站），负责丰南区地面气象观测、天气预报、灾害性天气预警和气象服务工作。地面气象观测工作的基本任务包括观测、数据处理和文件上传。

【气象测报】 2019年，观测项目有能见度、天气现象、气压、空气温度和湿度、风向和风速、降水、日照、地面温度（含草温）、雪深、浅层（5厘米、10厘米、15厘米、20厘米深）和深层（40厘米、80厘米、160厘米、320厘米深）地温。此外，全区设有21个区域自动气象站、1个土壤水分自动站和2个小气候自动气象站，其中，两要素（气温、降水）区域自动气象站3个、四要素（气温、降水、风向、风速）区域自动气象站4个、六要素（气温、降水、风向、风速、气压、空气湿度）区域自动气象站14个。2019年，丰南区气象局深入开展气象观测质量管理体系建设并完成认证，气象观测开始实行质量管理；持续推进气象观测自动化改革，在原有自动观测项目的基础上，日照开始实行自动观测；继续加强气象探测环境保护和业务平台管理，开展“基于设备维护维修本地保障的观测业务质量专项提升行动”，从设备的智能化管理、维护维修人员的本地培养、设备巡检的制度化运行、观测流程标准化等多个方面提升气象观测业务规范化水平和保障能力，确保气象监测信息及时、准确、可靠，为决策部门提供数据支持。

（刘　丹）

【地震监测】 为加强地震监测预警预报、化解地震灾害风险，实现京津冀地震数据共享，根据《唐山市防震减灾条例（修订）》，河北省政府办公厅《关于进一步做好防震减灾工作通知》文件精神和关于推进“一县一台站”建设要求，计划进行地震地下流体综合台站建设。8月份按照台站建设项目申请，经区政府协调，选址在西板桥村西侧原交通局划归丰南盐场汽车队老址。12月底组织招标工作，中标单位为丰南荣泉钻井有限公司。该项目预计2020年6月建成。推进“三网一员”队伍建设，提高群测群防能力。全年组织指导地震应急演练200余场次，组织开展防震减灾系列宣传活动，服务群众4万余人次，营造防震减灾良好社会氛围。北京时间2019年12月5日8时02分，丰南区境内（北纬39.31度，东经118.04度）发生4.5级地震，震源深度10千米，烈度3.5度；震中位于丰南区柳树酄镇刘德庄村西北，震中及周边地区震感明显。地震后，丰南区立即启动三级地震应急响应，迅速开展震情调查速报、排查重点区域灾情、分析研判地震发展趋势稳定舆情，较好地进行此次地震应急处置，有力维护正常社会秩序。

（李彦兵　付爱国　袁志宏）

新能源开发

【概况】 2019年丰南区洁净煤保供范围为全区清洁取暖暂未实施“双代”改造和“双代”无法按时投入使用地区，全部推广使用洁净煤取暖，实现应保尽保、全面覆盖。2019年，享受洁净型煤销售价格补贴范围是洁净取暖未覆盖区域居民（包括外来居住人员），每户补助限额2吨。补贴标准为：洁净型煤保底补贴850元/吨，其中省级补贴100元/吨，市级补贴225元/吨，区级保底补贴525元/吨（按市要求补贴225元，区级额外补贴300元），各乡镇、街道可根据财力酌情增加补贴。无烟煤和兰炭保底补贴500元/吨，其中省级补贴100元/吨，市级补贴100元/吨，区级保底补贴300元/吨，各乡镇、街道可根据财力酌情增加补贴。

【型煤推广】 按照职能分工，主要负责清洁取暖未覆盖区域型煤宣传推广及洁净煤确村确户工作。按照省、市安排部署，丰南区于8月启动2019—2020年取暖季清洁取暖未覆盖地区洁净型煤宣传推广工作。并于10月30日完成既定确村确户21907万户，26291万吨保供任务。加强政策宣传。将上级和全区有关文件上传政府网和农业信息网供群众浏览，目前网上点击量超过5000次。同时，全区各乡镇印发明白纸、宣传单等18万余张；充分利用村级大喇叭广播进行宣传发动，广播次数超过20000次；积极组织镇、村通过公开栏张贴、悬挂条幅、微信群转发等形式开展广泛宣传。年内全区共悬挂条幅681条、出动宣传车1250次。特别是按照12月6日省、市关于洁净煤取暖安全使用会议精神，全区又再次印制冬季取暖洁净煤安全明白纸7万份，要求各乡镇务必于12月7日前发放到燃煤取暖户。组织保供企业现场试烧。鉴于部分农户对洁净煤解不够，认识不足，组织洁净煤保供企业在集市中现场试烧，让农户近距离解，全方位认识，现场教会洁净型煤使用技巧，又提高订购热情，拓展洁净煤推广覆盖面。要求保供企业在配送过程中做好宣传。为提高农户安全防范意识，避免发生煤气中毒事故。要求保供企业在配送过程中必须挨家挨户发放《洁净型煤安全使用说明书》。政府加大支持力度。政府出资为洁净煤订购户和散煤置换户购置一氧化碳报警器，每户1台，区财政最高每台报销费用70元。一氧化碳报警器必须满足两个条件，一必须有国家权威部门质量认证，二必须由保险公司承保。从而确保报警器都能起到应有保护作用，从根本上解决农户燃煤后顾之忧。截至12月底，全区发放安装报警器56585台，深受群众欢迎。

【安全隐患排查】 组织开展全区燃用洁净煤安全隐患大排查大整治活动。重检查明白纸是否入户上墙，一氧化碳报警器是否规范安装到位，要求各乡镇街道发现问题，立即整改。与此同时，区发改局、农业农村局、市场监督管理局、住建局、生态环境局等5部门牵按乡镇分组包片开展整治排查情况督导检查，每天汇总情况，下发通报，有力地推动工作开展，全面提升群众防范意识，健全防范措施。同时，按照河北省农业农村厅下发《关于开展沼气工程安全隐患排查工作通知》要求，区能源办公室不定期对全区户用沼气及20—300立方米企业沼气工程进行安全排查，尤其是重大节假日前进行重点检查，对存在问题农户进行指正，并建立沼气工程档案卡。对检查出安全隐患企业下达《整改通知书》并明确整改期限，确保沼气使用安全。

（李会全）

文化·旅游·体育

Wenhua · Lüyou · Tiyu

责任编辑：张子成

综　述

2019年，区文化广电和旅游局认真贯彻落实区委、区政府决策部署，全力推进省级公共文化服务体系示范区创建、文化旅游产业融合发展、全民健身等重点工作，较好地完成目标任务。全区在河北省首批公共文化服务体系建设示范区验收评审中成为仅有两家优秀之一，工作走在全省前列；在唐山市2019年度创建国家公共文化服务体系示范区考核中，丰南区排名第一；在河北省2019年度县级体育工作考核评价中丰南区被评为优秀县区；区图书馆“邻书香”服务工程被《河北日报》报道；天合亿农业园、品尚家庭农场被评为唐山市乡村旅游示范点；累计接待游客近400万人次。文旅企业全年安全生产零事故。广播电视坚持正确舆论导向，弘扬正能量，广电节目深受群众喜爱，广电工作再上新台阶。区广电网络发展专网开拓增长点，年内，在网络覆盖规模、新业务发展实现新突破，实现主营业务1200万元，营业利润10万元，数字电视用户19500户，宽带用户3000户。区文联全年举办各类文学艺术活动60项次。

文　化

【概况】　精心组织、强力推进省级示范区创建工作，从组织、法制、资金、政策和人才五个方面强化保障体系，按照省级创建标准6大方面26项内容，突出重点，精心组织，对标达标，重点推进公共文化服务设施网络建设、充实文化服务供给内容、总分馆制建设、公共数字文化建设和法人治理结构等项目。经过两年创建，2019年10月，以优秀成绩通过河北省文化和旅游厅、省财政厅组成专家验收组验收。

【文化馆】　区文化馆系国家一级文化馆，始建于1949年4月，现今文化馆占地1.85公顷，建筑面积18176平方米。在不断健全公共文化基础设施同时，不断扩大艺术门类开办，以满足更多群众文化需求。截至年底，文化馆发挥艺术辅导优势、实施全面免费开放，开办暑期及日常书法、美术、摄影、音乐、舞蹈、戏曲、器乐、走秀、广场舞等各类艺术培训班，培训人数达2000人次；定期组织专业老师下基层搞好各业余文化队伍培训，不断提高全区各地业余文化队伍水平，学员达500人。举行庆祝中华人民共和国成立70周年——“南韵北风”上海奉贤•河北丰南书画交流作品展；杨再春、董岳金师生书法展；“器以载道”——秦胜水艺术作品全国巡展河北站；政协唐山市丰南区委员会“庆祝建国70周年暨人民政协成立70周年”书画展；“壮丽70年，奋斗新时代——我和我家乡”摄影作品展；“礼赞新中国　讴歌新时代”曹妃甸、丰南、乐亭三馆联合举办迎国庆主题美术、书法展等。与此同时，文化馆注重文化活动及时适时反馈工作，月有文化馆微信公共平台，观众关注已达万人，双月有《丰南群众文化》简报，年度有《丰南文化之声》，发放到区直相关单位及各个乡镇，采集全年文化活动精品，有利于活动影像记录和珍藏。

【乡（街）文化站】　通过新建、改建、共建等方式，全区各文化站都设有文化体育活动室、书刊阅览室、教育培训室、网络信息室及数字文化服务设施，室外活动场地均在1000平方米以上，设有篮球场、体育活动器材，功能完备率达100%。

【村（居）文化室】　丰南区共有485个行政村（社区），已经建成综合文化服务中心485个，其中建筑面积在200平方米以上453个，不足200平方米32个；综合服务中心设置率达100%。各个综合文化服务中心设有多功能活动大厅、图书阅览室、多功能活动室等功能区域，配有音响、大鼓等文艺器材，447个村（社区）设有室外文化广场，功能完备率达92.16%。

【图书馆】　区图书馆系国家一级图书馆，建筑面积8000多平方米，有纸本藏书45万多册。近年来，及时确定“百姓书房、城市窗口”办馆理念，确定“免费、开放、人性、智能、文明、高效、多元、休闲”八大服务理念。先后两次获得中宣部“全国服务农民、服务基层先进集体”称号；获得文化部“2014全国最美基层图书馆”称号；获得中国图书馆学会“全民阅读示范基地”称号。积极推进全民阅读，2019年，区图书馆组织各类活动400余场，其中较大型主题读书活动30余场，名家讲座13场。图书馆接待读者量40多万人次，借阅图书45万余册次，在河北省县区级公共图书馆名列前茅。区图书馆全年被市级以上媒体报道16次。

【文化惠民体系】　组织“两节”（春节、元宵节）期间文化活动及第十四届城乡群众文化艺术节系列重大文化活动。2019年是中华人民共和国成立70周年，也是百花艺术团建团15周年，百花艺术团以“我和我的祖国——我们中国梦，文艺进万家”为主题的送文化下乡巡演贯穿全年，和百花民乐团一起共同将文艺送到乡村、校园、社区、国防训练基地，将欢乐传递给每一位观众，全年演出达80多场次，观众达20万人次。改造升级“书香丰南动车组”流动服务车，全年送书进基层近100场。依托图书馆总分馆建设，全力推进“邻书香”服务工程，全力打造第四级服务点，截至2019年底累计建设“邻书香”服务点30个。2019年，区图书馆组织各类活动400余场，其中较大型主题读书活动30余场，名家讲座13场。

文艺活动

【概况】　2019年，以丰南区百花艺术团为骨干，围绕中华人民共和国成立70周年，组织“两节”及第十四届城乡群众文化艺术节等系列重大文化活动，广受群众欢迎。配合省乡村振兴示范区试点打造，组织文艺创作者队伍深入基层采风，创作丰富多彩的文艺作品，受到各界好评。

【表演团体】　百花艺术团成立于2004年，15年来积极编创文艺作品，弘扬丰南区特色文化，积极开展区内及省市各种公共文化服务，深受群众欢迎。并且多次参加国家、省、市展演，创作原创作品多次获奖，已成为丰南区文化事业一张名片。同时，丰南区具有一定规模团体有丰南区百花民乐团、好妈妈合唱团、丰南区百花合唱团、海之韵舞蹈队、唐韵古文化旗袍+艺术团、胥各庄街道酷妈妈舞蹈团等30个，他们活跃在城乡社区、广场，带领广大群众投入到文艺表演中，活跃城乡文化生活。表演形式有民间音乐（民歌）、戏剧（京剧、评剧、乐亭大鼓、皮影、河北梆子等）、民间舞蹈（篓子秧歌、地秧歌、高跷舞、霸王鞭等）。

【文化旅游节庆活动】　举行第八届传统文化节。组

庆祝中华人民共和国成立70周年群众歌咏活动

群众文化中心庆祝建党98周年演出

织冀东三枝花、杂技、二人转、歌舞等民俗文化演出和非遗作品展销，每天吸引游客观众1万多人，活动期间共吸引游客观众10多万人。

【节日文艺活动】 2019年“两节”文艺活动精彩纷呈。活动内容包括丰南春节联欢晚会、“春之韵”青少年舞蹈专场、少儿歌舞晚会、花会进城、元宵灯展等。活动地点主要在丰南大剧院、各文化广场。“两节”期间评剧演唱会、戏迷票友会、迎春晚会等，整个丰南大剧院场场爆满，极受群众好评；花会进城，群众参与热情高涨，参加演出群众演员近千人；组织重大节日庆祝活动。区文化馆组织“爱祖国 赞家乡”丰南区庆祝中华人民共和国成立70周年——群众原创文艺作品展演、“我和我的祖国”机关干部大合唱歌咏比赛、“热歌劲舞”城区群众迎国庆广场舞展演、“喜迎国庆 唱响红色经典”群众电影歌曲歌唱比赛，以及“不忘初心 牢记使命”区直机关群众文艺展演、“到人民中去”为你盛开——百花艺术团成立15周年专场汇报演出等。区图书馆依托元宵节、中秋节、重阳节等传统节日开展各类主题活动10余场，对于中华传统文化传承、青少年爱国主义精神培养均起到积极作用。

【文艺赛事】 举行城乡群众文化艺术节系列活动。活动内容丰富多彩，形式多种多样。举行全区广场舞展演，吸引全区16个乡镇（街道）30余支队伍参加，观众近千人；举行城乡舞蹈大赛，各个业余艺术团体积极参加，得到群众广泛参与。同时，各乡镇文化站也积极组织秧歌、广场舞、演出等赛事，为广大文艺爱好者提供交流展示平台。

【艺术创作】 为配合美丽乡村示范区建设，促进乡村文化发展，增强示范村集体凝聚力，组织歌曲创作人员深入基层采风，为王打刁村、崔庄户村、孔庄子村、孙老庄村四个示范村创作村歌并组织教唱。这四首歌各具特色，歌词贴近百姓生活，旋律清新优美，节奏感强，富有冀东音乐风格。已在这4个村庄传唱。原创作品《情满邻里间》和小品《扶贫轶事》最近获得2019年唐山市群众原创文艺作品音乐类一等奖和戏剧类三等奖。9月25—28日，由丰南文化馆（百花艺术团）重新组织编排《丰南篓

送文化下乡志愿者演出

春节联欢晚会

传统大戏演出

子秧歌》再度演绎传统文化经典，代表河北赴江西南丰参加由中国舞蹈家协会组织“面具舞蹈文化周”展演获得好评，再次演绎非遗文化魅力，再展传统文化风采。组织、创作、编排冀东说唱小品《圆梦》、小品《扶贫铁事》、歌曲《家在运河边》三个精品节目，10月26—28日参加由省文化和旅游厅主办河北省庆祝中华人民共和国成立70周年“我和我祖国”“到人民中去”河北省群众文艺展演；丰南文化馆音乐创作者刘亦敏作曲歌曲《我爱你中国》获得首届“茶花杯”美丽乡村主题歌曲征集推广十大金曲；作品《冀在心头》入选“红色太行美丽河北”征集活动歌曲《美好》获河北“礼赞新中国•讴歌新时代”优秀作品；2019年3月，董林庆作曲歌曲《伸手帮一点》被由中央文明办、中国文联和中央广播电视总台共同组织开展学雷锋志愿服务主题歌曲征集传唱活动遴选为30首入选歌曲作品之一，中央宣传部、中央文明办主办中国文明网做相关征集结果公布，“丰南发布”公共号、河北省文联公共号做相关报道。么顺利、韩福江、安昕昕合作国画作品《愚公精神，中国力量》、王俊标国画作品《乡愁是条不息河》、王国儒国画作品《梦•远航》、王一雯国画作品《守望文明》、孙玲玲油画作品《那山那水》分别获得十三届全国美展河北省展区优秀作品奖。文化馆李秀春创作剪纸作品《老闺蜜》获第七届中国剪纸艺术节暨全国剪纸优秀作品征集活动二级收藏作品，被中国蔚县剪纸博物馆收藏；美术作者安昕昕、李成博作品《传承》入选第十三届全国美展年画作品展；张建华作品《新八十七神仙卷》入选第十三届全国美展漫画作品展；王国儒国画作品《阳光家园》《暖阳》分别入选2019百家金陵中国画作品展、第二届泾上丹青全国中国画作品展；周丽云版画作品《在军旗下》《红蜻蜓系列》分别入选庆祝中华人民共和国成立70周年暨首届“风雨同舟”民革全国书画作品展、唐风晋韵——全国青年版画家小幅版画作品展，《红蜻蜓系列》获二等奖。组织策划拍摄宣传片《我和我的祖国》，作为全体百花人、全体文化工作者对新中国成立70周年献礼，此片被“学习强国”平台采用播放。

文 物

【概况】 以《中华人民共和国文物保护法》为依据，按照“保护为主、抢救第一、合理利用、加强管理”工作方针，针对不同文物特点，采取切实可行保护措施，细化工作目标，确保丰南区文物保护管理工作万无一失。

【不可移动文物】 加大巡查力度，对两处市级文物保护单位每季度巡查一次，对其他48处一般不可移动文物点每年巡查一次，确保丰南区文物安全工作不出现任何问题。

【文物保护与管理】 开展全国文物安全状况大排查行动，完成文物年度统计网上直报和文物安全与行政执法信息上报等项工作。

【非遗项目申报】 配合文化和旅游部2019年“文化和自然遗产日”非遗宣传展示活动，让更多人了解非遗、认识非遗和珍爱非遗，推进非遗项目和保护意识，增强文化自信，传承优秀传统文化，5月份在丰南城区好人公园广场举办“非遗保护 你我同行”丰南区2019年群众秧歌展演，集中展示丰南非遗项目——秧歌。并于6月份在好人公园广场举办“传承与保护”——丰南区第十二届评剧票友大赛选拔赛；以及“剪不断乡情”--李秀春剪纸艺术展等活动。让更多群众知晓非遗；9月25日文化馆（百花艺术团）重新组织编排《丰南篓子秧歌》再度演绎传统文化经典，代表河北参加由中国舞蹈家协会组织“面具舞蹈文化周”展演；进入11月份，丰南区省级非物质文化遗产项目——篓子秧歌走进唐山师范学院，为音乐系师生上一堂别开生面冀东音乐舞蹈课。申报第四批丰南区区级非物质文化遗产项目。杨义口头同乐会（高跷）、麦秆画工艺 、唐山皮影雕刻技艺 、可蜜儿手工刺绣、李家剪纸、董式乳腺调理法、吴家面塑、木杆秤 共计8项。完成孙氏银器国家级申报。

【图书阅览】区图书馆依托河北省公共文化服务体系示范区创建，不断完善总分馆服务体系，强化馆员培训，进一步拓展和深化服务，提升效能。2019年新增图书150000余册，新增持证读者3000余人，到馆读者41万余人次，图书外借量达45万余册次。获评中国图书馆学会综合服务效能之星；《告别手机控，不做低头族——丰南图书馆暑期学子“特工营”专项阅读推广活动》获得中国图书馆学会服务案例二等奖。

文化产业

【概况】 2019年，区文化主管部门切实加强文化市场检查监督管理工作，对辖区内文化市场歌舞娱乐场所、电子游戏等经营单位进行了重点检查，共检查文化娱乐场所165家次，共删除违禁歌曲78首。对演出市场进行监管、规范活动中，共出动86人次，检查56家次，确保文化活动、演出活动“零事故”。年内，检查印刷、出版、发行经营单位256家次，出动执法人员320人次，收缴非法出版物76册，取缔非法游离商5家，有效推动和净化文化市场健康有序发展。

【文化经营单位】 景区建立健全安全管理制度，建立安全生产管理机构，配备安全管理人员和必要安全管理设备。安全工作列入重要议事日程，定期召开安全例会，有会议记录。与主管部门签订《安全生产责任书》，建立健全安全生产岗位责任制和各项规章制度。制定重大事故应急预案，建立应急救援工作体系，并定期开展旅游安全应急演练，演练活动有记录、有档案。管理人员参加有关部门组织安全业务培训，并定期组织本单位职工进行安全生产、防火防盗、应对突发事件知识技能培训，并有培训记录。景区内道路交通、消防、文物、游乐设施设备、食品卫生安全必须符合法律法规规定和有关部门要求，并定期开展安全隐患排查。特种作业人员持证上岗。

【文化市场管理】 加强监管力量与业务水平，增加安全监管人员业务培训，认真学习专业科学基础知识、认真学习来自专业科学基础知识与经验教训相结合规章制度，加强监管人员业务水平与工作能力，做到安全监管专业化、科学化、有效化。加大行政执法力度，加大执法检查。对重点防范单位重点查、反复查，发现事故隐患责令限期整改、跟踪整改，做到“隐患不整改不收兵”。严格执法处罚。对拒不整改或在期限内不整改事故隐患单位，依法立案查处，做到查处一家，处罚一家，教育一片。

广播电视

【概况】 2019年，丰南区广播电视事业持续平稳健康发展。区广播电视台坚持省、市、区委宣传思想工作会议精神，紧紧围绕区委、区政府中心工作，坚持正确舆论导向，找准切入点，弘扬正能量，不断推动广电工作平稳健康发展。

【电视设施设备】 电视编播设备有固态发射机1套和摄像机松下DVC200MC、AG-HPX393MC、AG-HPX303MC、AG-HPX800MC、松下280、SONYDXF-801CE、SONYPSR-600R，硬盘播出系统、非线性编辑系统、节目采集系统、节目上载系统、硬盘存储系统、演播厅灯光系统、音响系统、导播系统等共计60多台套。大疆悟2高清航拍设备1台套。融媒体“中央厨房”系统平台。

【电视节目编播】 自办节目有《丰南新闻》《德风化雨》《惠丰湖畔》《金土地》《娱乐丰南》《点播台》《趣巧秀场》。《丰南新闻》节目在完成经济建设、招商引资、扩大开放、社会民生、新型城镇化建设、安全生产，关注“三农”等各项常规性宣传工作同时，开设专栏策划推出《开展“高质量发展突破年”活动 早日重返全省县（市）区前列》《“不忘初心、牢记使命”主题教育》《壮丽70年 奋进新丰南》《纪法之窗》《生态环保问题曝光台》《乡村振兴示范区创建》等形式多样主题报道、系列报道、跟踪报道和深度报道。全年共采制播出各类新闻稿件1467篇，实现采编播零差错。专题节目《德风化雨》《惠丰湖畔》《金土地》共制作154期、播出308期。先后完成省级乡村振兴示范村建设资料留存、全区重点项目集中开工等临时交办任务；拍摄制作30余部各类专题片。会同区委组织部开办“担当实干、全面争先，实现丰南高质量发展新突破”专题节目，浓厚全区上下人心思进、人心思干良好氛围。会同区纪委、区委宣传部等部门开办电视问政类栏目《问政面对面》，直面问题回应关注，社会反响良好。

【广告经营】 以台内创收为主线，依法经营，注重公益。黄金时间段公益广告占比已达30%以上；公益类栏目《惠好公益行》、周播节目《趣巧秀场》、日播节目《娱乐丰南》《点播台》，精编细作，受到观众喜爱；精选电影电视剧为观众提供丰富精神食粮；节目编单精准顺畅；

节目监管工作组织严密，广泛收集整理受众意见建议，激励节目提质创新。

【安全优质传输播出】 有线数字、无线数字、电信联通移动IPTV覆盖良好，名列全省同级前列；依托本台发射技术资源优势，与央广交通广播、移动联通丰南分公司合作更加密切，演播大厅设备升级、功能优化、运营规范，承接中华人民共和国成立70周年全区系列活动等50多场次。

【新媒体运营稳健持续创新】 丰南发布、丰南电视台微信公众号版面风貌、内容更新、视频推送全面改进提质。丰南电视台公众号图文阅读量日平均1800多次；新浪微博粉丝13800多个，单篇文章平均阅读量达6800次以上；向企鹅媒体平台推送新闻总阅读量58.8万次，视频播放总量达35万次。丰南发布微信公众号自2019年11月25日划归新媒体台运营以来，日均推送5条以上信息，单条图文阅读2500次以上，总阅读量为52.7万次。较好地助力丰南台传播力、影响力提升。丰南区作为全省县级融媒体中心试点单位已于2019年8月9日在广电台悬挂“丰南区融媒体中心”牌子。11月14日，区委第60次常委（扩大）会议决定整合区广播电视台、丰南电视台微信公众号、微博等媒介，合并“丰南发布”微信公众号、《今日丰南》报，成立区融媒体中心，打造新型主流媒体，实现“一次采集、多次生成、多元发布、多级放大、多平台互动”新型策采编播发平台。投资780余万元，对全台硬件设施设备进行全面升级，融媒中心“中央厨房”建设方案行业领先，配套设施功能完备，平台建设有序推进。

（席久勋）

【广电网络】 丰南广电网络公司加快农村布网抢占时机，发展专网开拓增长点，坚持全员营销不动摇，在网络覆盖规模、新业务发展等方面实现新突破。已开通270个村，政法专网建成并投入使用。实现主营业务收入1500万元，营业利润30万元。数字电视用户19500户，宽带用户3000户。把握“扩大数字电视用户规模”这一重点工作，班子成员靠前指挥，施工队伍连续作战，在确保工程质量前提下抢抓工程进度，年内已开通270个村，有线数字电视网覆盖415个村，网络覆盖率90%。新装用户1200户。实现宽带3A认证，统一到省BOSS系统，在原有2个中心机房基础上，规划设计新装10个分配型机房，实现用户覆盖半径3—5千米，最远不超7千米的全光网络。同时把握好安全播出传输，加强对前端播出、网络传输设施、设备日常检查和技术维护、实现网络实名监管制度，确保网络运营安全。完善落实各项安全保障制度和应急预案，实现全年安全播出传输无责任事故。

（郑立升）

丰南区文联

【概况】 丰南区文学艺术界联合会（简称区文联）是中共丰南区委领导下区级专业性人民团体和丰南文学艺术界联合组织，2019年，有文学、诗词、美术、书法、摄影、戏曲、音乐舞蹈等13个区级文艺家活动组织，拥有各级会员1500人，全年举办各类文学艺术活动60项次。

【中心工作】 2019年，丰南区文联按照区委“不忘初心、牢记使命”主题教育领导小组办公室部署，开展“不忘初心、牢记使命”主题教育，用习近平新时代中国特色社会主义思想和党中央决策部署武装头脑、指导实践、推动工作，履行推进工作中使命和责任。通过逐条对照“专项整治”10个方面内容，认识到自身肩负责任，奋发图强踏实工作，为推动文艺事业发展贡献力量。

【《芦笛》编辑】 2019年，丰南区文联出版4期《芦笛》杂志，刊登小说、散文、诗歌等文学作品350余篇，共计100余万字。《芦笛》受到全国各省市文联部门和同级杂志同仁好评，全国一些作家、文学爱好者投稿，使刊物质量提高。为纪念中华人民共和国成立70周年，《芦笛》第四期设立“我和我的祖国”文学作品征文专刊。连续两年获“河北文学内刊贡献奖”。

【重点文艺活动】 2019年是中华人民共和国成立70周年。为搞好庆祝活动，丰南区文联承办唐山市“我和我的祖国”文学作品和“我与我的家乡”摄影作品大赛活动，共征集文学作品95件，征集摄影艺术作品477件。其中，评出小说（含报告文学）、散文、诗歌类一等奖3名、二等奖6名、三等奖15名、优秀奖20名；评出摄影艺术作品类二等奖5名、三等奖7名、优秀奖23名。

【读书会品牌打造】 2019年，丰南区文联将《芦笛》读书会打造为丰南文化品牌。为提高《芦笛》期刊创作质量，举办《芦笛》读书会活动，将一年4期《芦笛》读书会活动开展得有声有色。为适应新媒体发展，进一步改革文联及所属文艺家协会运行机制，探索“互联网+文联”工作模式，在办“丰南文艺交流”微信群基础上，在网上设立“芦笛公众微信号”服务阵地、网上推介平台，从2019年10月1日开始正式发布运行。

【文学艺术活动】 2019年，丰南区文联配合中国书法家协会，组织区书法家开展“送春联下乡”活动，书法家为市民义务书写春联，把新年祝福及和谐之声送进寻常百姓家，增添节日欢乐气氛。举办“凤舞燕山”北派书画家作品展，举办“丹青墨缘”2019年丰南迎新春书画作品展，举办丰南区书法家协会临帖网络展。为纪念五四运动100周年，举办纪念五四运动100周年诗歌朗诵赛。开展“保密伴我行·护航新时代”保密宣传教育作品征集活动。举办“南韵北风”上海奉贤河北丰南书画交流作品展，“丹青铸梦”王一雯中国画作品展，董为民个人书画展，杨再春、董岳金师生书法展。举办安全生产摄影展。

【文艺创作及获奖】 2019年，丰南区文联组织全区文艺工作者创作出一批具有思想性、艺术性、观赏性的精品力作，其中多部作品获奖。

音乐类：由宫杰作词、刘亦敏作曲音乐作品《美好的》，在河北省文学艺术界联合会、河北省音乐家协会举办“礼赞新中国讴歌新时代”歌曲征集活动中获得优秀奖。

书法类：书法作者关洪奎创作书法作品入选全国农民书画展，书法作者马立宽、李国新、王旭东等17名作者书法作品入选“唐山市纪念建国70周年书法展”，20名书法作者作品入选唐山市开埠展。

美术类：王俊标美术作品《乡愁，船说》入选中国美协重彩画研究会主办中国重彩画邀请展，王国儒作品《阳光家园》入选百家金陵全国中国画作品展，高宜军作品《2019·大美观音山》入选中国美协主办首届全国中国画山水作品展，安昕昕年画作品《传承》入选全国第十三届美展，周丽云作品《时代华彩》入选首届中国女美术家作品展和庆祝中华人民共和国成立70周年首届“风雨同舟”民革全国书画作品展，被中国妇女儿童博物馆收藏。区美协主席王俊标作品《乡愁，船说》获河北美协主办十三届全国美展河北展区优秀奖，王国儒作品《梦·远航》入选第十三届全国美展河北赛区优秀作品展、省“礼赞新中国讴歌新时代”庆祝中华人民共和国成立70周年主题创作成果展、“京津冀建国70周年优秀美术作品展”。

摄影类：于永玲作品《希望之星》在中国金融摄影家协会第五届全国金融摄影艺术展纪实类奖中获第八名，作品《悄悄话》荣天鹅之城——第三届中国三门峡自然生态国际摄影大展“动物肖像”类入围奖。李秀清作品《傲雪》《雪域飞龙》获“河北无线传媒杯2018～2019欢乐冰雪”摄影大赛优秀奖，作品《火红的日子》获“冀在心田——庆丰收”杯河北农业农村摄影比赛一等奖。王丽珠自制摄影手工书《蝉音》入选第三届“中国摄影图书榜”，获选“2018年度自制摄影图书”。孟东红作品《关注》在唐山市摄影家协会举办《国庆一日》摄影大赛中获三等奖。王瑾、宋荣恩、王玉荣分别获得唐山市“壮丽70年、奋斗新时代——我和我的家乡”摄影比赛二等奖，李秀清、孟东红、于永玲获三等奖。

文学戏剧类：马广乐创作文学作品诗歌《南湖，祖国的诗》，获河北省残疾人联合会主办2019年京津冀残疾人文化交流活动现场创作一等奖。影视剧《公证人之遗嘱》《公证人之太子剑》获第十三届河北省精神文明建设“五个一工程”奖。2019年9月，张保华纪实文学《百花》由河北人民出版社出版。

【特色活动开展】 5月2日和6月1日，由上海市奉贤区文学艺术界联合会、唐山市文学艺术界联合会、唐山市丰南区文化广电和旅游局、唐山市丰南区文学艺术界联合会主办“南韵北风——上海奉贤·河北丰南”书画作品交流展分别在丰南区文化馆和上海奉贤区美术家协会艺术空间举行。展览交流活动展出两地书画作品200多幅，分别反映两地独有特色文化，展现两地书画艺术文化风貌。9月2日，政协唐山市丰南区委员会举办“砥砺前行七十载，团结奋进新时代”庆祝新中国成立70周年暨人民政协成立70周年书画展。区委副书记孙守廷，区政协主席才文举，区委常委、统战部长佟赞利，区政协副主席黄俊东、孟淑玲、张国春，秘书长李继忠出席开幕式。部分参展作品书画家及书画爱好者近200人参加开幕式。

（马广乐）

旅 游

【概况】 截至2019年底，丰南区现有1处景区景点（唐津运河生态旅游度假景区，AAAA级）；2家星级饭店，其中五星级1家（国丰维景国际酒店），三星级1家（丰南宾馆贵宾楼），这两家同时也是唐山市旅游定点餐馆；5家旅行社（茗苏、新干线、金马、新时代、顺翔国旅）及59家营业网点；4家市级乡村旅游示范点（鑫湖农业生态园、爱丽缘家庭农场、天合亿农业园区、品尚家庭农场）。

【唐津运河景区建设】 启动智慧景区平台建设，景区治安监控系统、WiFi全覆盖、景区广播系统三项工作全部完工，进行调试运行。2019年投资近3000万元，先后实施景区整改提升工程。现有船艇、码头维修；亮化改造提升；灯组翻新和制作安装；唐人街两侧建筑油漆粉刷；商铺挂檐板维修；地面铺装及墙体修缮；音乐喷泉维修；人民公园公共广播安装；标识牌、配电箱、下游钓台维修。

【文化旅游产业融合】 区委、区政府出台《关于进一步加快全区文化旅产业融合发展实施意见》；组织座谈，搭建文旅企业联系平台，建立文旅企业融合发展工作微信群，拓宽发展思路；扩大宣传，形成文旅产业融合发展合力，组织编制《丰南多彩旅行》画册，推荐文旅企业参加文创旅游商品大赛；抓实项目，着力打造全域旅游示范区。唐山沿海陶瓷文化产业创新示范园区项目2019年完成投资14.0亿元。

【旅游线路】 按照“旅游活区、生态自然、农游结合、打造品牌”发展思路，依托美丽乡村建设，挖掘农村旅游资源，重点打造“沿河、沿海、沿边”全域乡村旅游线路。沿河，即沿西部唐津运河景区，以惠丰生态农业园区、药王寺、紫雁庄园为重点建设观光度假区；沿海，即以黑沿子、涧河两个中心渔港为重点建设渔业休闲区；沿边，即以丰南区周边地区鑫湖生态园、雪丰果蔬、唐丰颐园等基地为重点，建设休闲采摘区。努力将丰南打造成唐山旅游中心、游客集散中心和文化展示中心，使丰南旅游真正成为环京津休闲旅游产业带中重要休闲旅游目地。

【区内旅行社】 通过提升旅行社服务水平，规范和优化旅游住宿、在线旅游经营服务，提高导游和领队业务能力，建立完善旅游信用体系，不断增强旅游市场秩序治理能力，提升旅游服务质量，推动旅游业高质量发展。旅行社建立安全生产责任制，重点检查旅行社建立健全安全生产管理制度和设置安全管理机构、配备安全管理人员、保障安全投入等情况。旅游租车。重点检查旅行社落实租车安全责任情况。检查租赁合同档案，核实客运公司资质。检查旅游租车是否按规定配发《游客安全乘车须知》，是否播放《游客安全乘车温馨提示》宣传片。导游是否提醒游客系好安全带，是否按规定配置和乘坐“导游专座”等情况。安全风险管控。重点检查旅行社线路产品开展安全评估和风险管控情况，对游客开展安全宣传教育和提示情况，购买旅行社责任保险情况。应急管理。重点检查旅行社应急组织体系建设，事故应急预案和处置方案，组织开展应急演练培训情况。星级饭店、文化娱乐等人员密集场所。加强大型群众性活动安全管理，严把安全许可、安全容量、安全检查、秩序维护“四道关”，确保大型群众性活动安全。加强人员聚集场所消防安全通道、疏散指示标志、灭火器材、消防水泵房、消防控制室检查，督导落实消防安全主体责任，完善相关制度预案，确保消防设施、器材完好有效。落实各项安全防范措施和应急预案，开展应急演练。

【旅游市场秩序维护】 共派出300多人次，600多次检查文旅企业，共查处一般隐患40多项，已全部整改完毕。这些措施有效地保证全区文旅行业安全责任落实到位，实现安全生产零事故。

【旅游对外交流】 积极组织景区、酒店、旅行社参加唐山文化旅游推介会（廊坊）、唐山文化旅游推介会（天津）、2019北京国际旅游博览会、北京国际健康旅游博览会、第二十四届中国北方旅游交易会、中国国际旅游交易会（昆明）、中国旅游产业博览会（天津），2019年全市市场营销工作培训暨旅行社、景区、酒店三方对接会，制作区旅游产业情况PPT进行现场推介。

（赵文媛 吴 瑞）

体 育

【概况】 2019年，丰南区体育事业蓬勃发展，全面贯彻落实《全民健身实施计划（2016—2020年）》，坚持以满足群众多样化体育需求为出发点。在河北省体育工作考评中，丰南区获得优秀。

【群众体育】 全年相继举办大型群众体育活动20次。2019年“迎元旦”乒乓球赛、“迎新春”健身项目展演、象棋比赛拉开全民健身活动序幕；一年一度丰南区第十八届乒乓球比赛、丰南区“全民健身日”暨“助力冬奥 全民健身”健身项目展示吸引众多体育好者参加；丰南区“迎国庆”乒乓球比赛为中华人民共和国成立70周年献礼；“棋协杯”2019唐山市象棋团体赛、2019丰南区“相约惠丰”环湖跑活动、“尚体杯”丰南区羽毛球邀请赛、“丰信杯”羽毛球邀请赛等充分利用社会力量举办体育活动。举办丰南区第一届冰雪运动会，本届运动会分两个阶段举行，设陆地冰壶、轮滑、滑轮、滑雪4个项目，每个项目分青少年组和社会组2个组别。2019年11月28日，在丰南区体育馆举行盛大开幕式，有来自全区学校和社会各界400余名运动员和近3000名观众参加，在全区掀起“全民上冰雪”活动热潮。

【老年体育】 区、乡镇两级老年体协充分发挥阵地作用，常年坚持晨晚练同时，积极参加区大型活动，并举办丰南区老年门球比赛、丰南区中老年乒乓球比赛、2019“庆国庆 庆重阳”中老年健身项目展示等活动。同时，积极参加上级比赛，在2019年“郝氏空竹杯”大同首届空竹运动会暨第四届空竹邀请赛上，区老年体协代表队获得团体表演金奖。

竞技体育

【概况】 积极承办中国唐山2019“善能杯”国际标准舞体育舞蹈全国公开赛、唐山城市·乐跑、2019第四届唐山市全国自行车公开赛暨“全民健身 绿色出行”嘉年华活动、“彭氏皮草杯”“我是冠军”跆拳道职业赛、精英赛（唐山站）。

【竞技体育成果】 区尚武俱乐部代表参加第二届京港搏击会“华夏博武”武术大赛，9人获得冠军。参加“奥丁杯”2019年河北省拳击锦标赛预赛（第二站），2人获得冠军。在2019年“精武杯”河北省青少年拳击锦标赛预赛中1人获得冠军。在中国·成都2019年第十八届警察和消防员运动会上，张云祥夺得空手道85公斤级冠军。区长跑协会在2019年秦皇岛国际马拉松全马比赛中，王立位以3小时26分钟29秒好成绩在8195名选手中名列783名。孙玉洁在2019年韩国首尔马拉松中，跑出3小时10分钟43好成绩。业余体育运动学校代表参加2019年NYBO全国青少年篮球公开赛唐山赛区U12组获得冠军、在2019年“端午节”全国青少年篮球精英赛女子组U15比赛中分别获得第一、二名。在2019年河北省青少年篮球锦标赛中，女子甲、乙、丙组中分获第五、三、四名。在“人教杯”全国校园足球大会中，足球知识竞答获银奖、五人制足球赛获金牌。参加唐山市广场舞大赛获得第一名。

【中小学春季运动会】 为全面贯彻党教育方针，推进素质教育，检阅学校体育教学成果，提高师生锻炼意识，发现和培养体育后备人才，践行“打造品牌教育，建设教育强区”发展战略，2019年丰南区中小学生春季田径运动会于4月17—19日在银丰学校和岔河中学胜利召开。2019年4月17日上午，来自全区各级各类学校2000多名师生和区教育局、文广新局领导欢聚银丰学校，共同举办丰南区2019年中小学生春季田径运动会。开幕式上，银丰学校、实验学校、王家盘子小学等8所学校组成仪仗队表现出色，王兰庄学校、胥各庄小学、实验小学东校区等11所学校“一校一品”特色展示震撼人心，24支裁判员及运动员入场方阵训练有素，充分体现全区各级各类学校深入开展“阳光体育”活动、“一校一品牌、一生双爱好”工程扎实推进，体艺“2+1”项目纵深开展。在为期2天比赛中，裁判员工作严肃认真，公正准确，运动员英姿飒爽，捷报频传，丰南区学校体育工作已经走出一条“以趣味活动促群体活动，以群体活动带动竞技活动深入开展”新路子。

（刘东兴）

体育管理

【概况】 研究制定出台《丰南区全民健身实施计划（2016-2020年）》，明确工作责任，细化目标任务。

【体育组织网络建设】 在全区建立区体育局、镇文体站、村社会体育指导站为模式三级社会体育组织网络，各级组织均有专人负责，制定工作计划，负责本级全民健身工作组织和开展。

【全民体质监测工作】 继续做好国民体质监测工作，检测合格率达100%。

【体育人才队伍建设】 全区现拥有全民体育站点475个，各类体育队伍483支，社会体育指导员1005人，全民健身志愿者110人，体育协管员495人。

【体育产业管理】 2019年，丰南区积极培养体育市场，大力发展体育产业促进体育消费。全区现有73家体育产业单位,其中体育管理类2个，体育竞赛表演活动类5个，体育健身休闲类17个，体育场地和设施管理服务类2个，体育广告与策划服务类8个，体育培训与教育类6个，体育传媒与信息服务类2个，体育用品及相关产品制造类2个，体育用品及相关产品销售、贸易代理与出租类25个，体育场地建设类4个。

（赵文媛 吴 瑞）

综 述

唐山市丰南区卫生健康局(以下简称区卫健局)是丰南区卫生健康工作主管部门，局机关设办公室、人事劳资科、财务审计科、医药卫生体制改革与规划信息科、医政医管与药物政策科、规划与信息科、中医药管理科、基层卫生健康科、人口监测与家庭发展科、妇幼健康科、卫生应急与疾病预防控制科、健康丰南指导科、法制监督与职业健康科、直属机关党委14个科室。全区有卫生机构532所，卫生技术人员2289人。2019年，全区卫生健康工作，坚持为人民健康服务方向，坚持计划生育基本国策，科学推进医疗保障医疗服务、公共卫生、药品供应、监管体制五大综合改革，全区卫生健康事业实现持续、健康、科学、快速发展。医改工作，全年累计药品零差率销售让利3468万元；医疗费用平均增幅为7%，控制在8%市达标范围内；公立医院药占比为27.28%，比上年提高3.84%，达到省市药占比控制在30%以内要求；百元医疗收入消耗材料费降至18.08元，比上年增长1.03元，达到20元以下目标要求；区级公立医院医疗服务收入占业务收入比例为24.77%，比上年提高1.05%；基层医疗生机构门急诊人次占比比上年增长3.48%；两家家公立医院门急诊次均费用比上年增长2%，在省级控制目标范围内。基本公共卫生服务工作，家庭医生签约服务，常住人口累计签约166421人，签约率达到31%(省要求30%)；重点人群签约126374人，签约率89.89%(省要求70%)，在2019年度国家基本公共卫生服务项目市级绩效评价复核中，丰南区荣获全市第一名。重点人群签约221493人，签约率63.88%(省要求60%)。计生工作，全区出生人口4810人，人口自然增长率2.62‰，各项指标均符合上级规定要求。2019年完成无偿献血3569人，献血总量达107.8 万毫升。丰南区爱国卫生运动委员会办公室深入开展“爱国卫生月”活动，全面推进公共场所禁烟控烟，进一步深化“无烟医疗卫生机构”创建示范活动，积极组织开展病媒生物防制、强化全民健康教育、大力开展环境卫生集中整治行动，严格落实“门前三包、门内达标”责任制，医疗卫生机构厕所改造提升、生活垃圾分类等工作并取得较好成绩。

（毕赵娜）

医疗卫生

【概况】 2019年，丰南区卫生健康工作深入贯彻党的十九大会议精神和国家、省、市卫生与健康大会精神，全力推进各项重点工作，培育新亮点，各项工作均取得显著成效。医疗卫生队伍素质不断得到加强，区医院专业技术实现突破，科学与培训内外并举取得新业绩。区中医院异地扩建项目稳步推进，打造医疗健康亮地工作在全市月考排名多次位居前列。基层卫生健康服务能力提升在全市半年评比排名中位居优等，优质示范乡镇卫生院创建工作和国医堂建设走在全市前列，计划生育各项奖励扶助政策全面落实，爱国卫生运动取得显著成绩，环境卫生得到极大改善。

（毕赵娜）

【医疗机构】 2019年，全区共有各类卫生机构27所。其中，二级甲等医院2所（丰南区医院、丰南区中医医院），乡镇卫生院15所，卫生监督所、疾病预防控制中心、区妇幼保健计划生育服务中心各1所，社区卫生服务中心（站）7所。另有村级医疗机构745所（其中包含规范化建设达标村级卫生室412个），民营医院6所，个体诊所91家。

全区共有政府办卫生机构25所。其中，二级综合医院1所，即唐山市丰南区医院（以下简称区医院）；二级中医医院1所，即唐山市丰南区中医医院（以下简称区中医医院）；二级妇幼保健院一所，即唐山市丰南区妇幼保健院；乡镇卫生院15所，分别是丰南镇中心卫生院、黄各庄镇中心卫生院、唐坊镇中心卫生院、柳树酄中心卫生院、大新庄镇中心卫生院、小集镇中心卫生院、钱营镇中心卫生院、岔河镇卫生院、黑沿子镇卫生院、大齐各庄镇卫生院、西葛镇卫生院、王兰庄镇卫生院、尖字沽乡卫生院、南孙庄乡卫生院、东田庄乡卫生院 ；社区卫生服务中心（站）7所，分别为胥各庄街道社区卫生服务中心、滨河社区卫生服务站、东兴社区卫生服务站、新兴社区卫生服务站、新华社区卫生服务站、物资村社区卫生服务站及嘉城华府社区卫生服务。

全区有社会办医疗机构505所。其中，一级综合医院3所，即唐山百信医院、唐山爱康医院、唐山丰南福民医院；一级专科医院2所，即唐山市丰南胥各庄中西医结合医院、唐山丰南长生血液透析医院；一级中医医院1所、即唐山济泰中医医院。村级医疗机构745个（个体村级医疗机构333，村卫生室412，合计745）。

（霍文玲 杨国强）

【医疗队伍】 2019年，区卫生健康局高度重视人才队伍建设，着力充实城乡医疗卫生队伍，鼓励专业技术人员参加继续教育，组织开展多种形式和层次业务培训，专业技术人员素质明显提升。截至2019年12月底，全区卫生健康系统共有在岗人员2289人。其中，区医院941人，区中医医院287人，卫监所和疾控中心87人，妇幼保健计划生育服务中心193人（含丰南镇中心卫生院），基层医疗卫生机构（14所乡镇卫生院、7所社区卫生服务机构）724人，局机关57人。2019年新招聘非在编合同制管理身份专业技术人员共219名。其中，区医院自主招聘78人，中医医院自主招聘25人，其他医疗卫生机构招聘116人。另外，区医院和区中医医院分别自主引进2名医学影像专业主治医师和1名中医学专业硕士研究生。

全系统有专业技术人员2161人，占总人数94.4%。其中，城区医疗卫生机构正高级职称39人、副高级职称183人、中级职称451人、初级职称655人，无职称64人；基层医疗卫生机构副高级职称54人、中级职称214人、初级职称458人，无职称43人。专业技术人员中，硕士研究生学历51人，本科学历1201人，大专学历686人，中专及以下学历223人。

全系统专业技术队伍仍处于青黄不接、技术骨干面临退休，新技术骨干队伍尚未形成现状。不能为非编人员落实编制，导致专业技术人员流失严重。基层医疗卫生机构整体业务水平偏低，乡镇卫生院受困于高水平医师和医学影像、公共卫生等专业技术人员短缺，医院业务未能迅速扩展。区中医医院与东兴社区卫生服务站组建医共体，利用区中医医院专业人员资源优势，开展以中医康复为主业务，一定程度上解决城区群众看病就医问题。

（董志伟）

【医疗设施设备】 2019年，全区医疗设施设备得到进一步加强，区医院、中医医院投入1230万元购置CT、碎石机、康复治疗仪等医疗设备设施。全区22家基层医疗机构疫入800万元改造提升整体环境，投入700万元更新添置

庆祝医师节大会

视力筛查仪、数字DR、救护车等设备设施，投入300万元改造废水处理工程。

医疗设施。2019年，全区卫生系统医疗设施建设得到进一步加强，全区基建及修缮投入8362.09万元,完成区医院基建项目投资6576.7万元，区中医医院前期基建项目支出1754.22万元，全区卫生院修缮及国医堂建设投入441.02万元。

医疗设备。2019年全区医疗设备购置投入1495.35万元。其中，区医院556.26万元,区中医医院550.21万元,疾控中心0.78万元,计生服务站1万元，基层医疗卫生机构387.1万元。新增5万元以上设备33台，1156.5万元。其中，区医院新增11台，485.45万元；区中医医院新增16台，523.25万元；基层医疗机构新增6台，147.8万元。

（毕赵娜 杜艳香）

【医疗技术】 年内，区医院加强专业队伍建设，组织全区各医疗机构开展“静脉治疗规范季”活动、护理知识技能竞赛和危急重症大练兵活动。组织8名医务人员到河北医科大学理论培训，200余名医务人员在区级培训基地实践进修。自主招聘专业技术人员219人，其中引进硕士研究生4人。区医院顺利通过卒中防治中心验收认证。12月中旬，成功通过全国第二批国家认证19家基层版心衰中心之一。年内，新增体外碎石科、疼痛综合治疗科，胸壁外科和康盛养护中心，全年共开展新技术新项目11项。在科研与培训方面，坚持内外并举原则，邀请解放军301医院、海军军医大学附属长征医院、广东省第二人民医院等著名专家到院举办专业讲座29次，派出进修医师9名。区中医医院不断发展中医药特色，中医院糖尿病专科和脑病专科为省级重点专科。内二科中西医结合治疗糖尿病周围神经病变、糖尿病肾病、糖尿病眼底出血取得很好效果。针灸推拿面瘫专病建设形成特色优势。三伏贴、三九贴、手法治疗、中药贴敷、熏蒸、针刀、配方颗粒、养生膏等中医特色疗法全面推广。

西医。2019年，区医院相继开展经鼻高流量氧疗湿化呼吸支持技术；自由体位分娩促进阴道分娩新技术；放散式体外冲击波治疗技术；免疫组化检测等技术。心内科通过国家心衰中心现场评估。2019年，区中医院内科在急性心梗溶栓、急慢性心衰、重症高血压治疗技术上均取得较好疗效；开展空肠管置入行持续肠道营养技术；外科腹腔镜技术逐步成熟，开展胆道手术、结肠癌手术和肾高压弹道取石术；骨科开展关节镜手术、椎间孔镜手术；五官科开展低温等离子技术扁桃体及腺样体切除手术；功能科开展超声引导下卵巢囊肿穿刺硬化治疗术和甲状腺细针穿刺活检术。

中医。2019年，区中医医院坚持以中医特色为发展方向，重点加强专科专病建设。该院中医骨科运用松解术配合手法治疗腰椎间盘突出症，治疗效果得到大幅度提高；妇产科利用艾灸催乳、耳穴贴压缓解宫缩痛、脐部穴位贴敷治疗术后胀气、便秘问题，开展中药灌肠治疗盆腔炎等中医疗法。三伏贴、三九贴、手法治疗、中药贴敷、熏蒸、配方颗粒、养生膏方等中医特色疗法全面推广。在中医药传承发展方面，王云凯被命名为“省级学术经验传承老师”，副院长刘化峰被国家中医药管理局批准“全国基层名老中医药传承工作室建设项目”。科研立项2项：脐部药敷在妇产科术后腹胀中价值分析；益气通络法治疗糖尿病周围神经病变疗效评价。申报省级中医药继续教育项目1项、市级中医药继续教育项目5项。省中医药协会科技成果一等奖1项。高明焕、王爱玲、翟月华、董立明等人共发表各种论文13篇。

（霍文玲 张晓杰）

【基本公共卫生服务】 2019年，全区社区卫生服务机构严格按照《国家基本公共卫生服务项目规范（第三版）》要求，认真落实基本公共卫生服务项目，加强公共卫生服务队伍建设，圆满完成各项工作任务，年终绩效考核中名列全市第一。

建立居民健康档案。社区卫生服务机构成立居民档案工作领导小组，制定实施方案，采取逐户调查统一体检方式为辖区居民建立健康档案，全年共为30287名居民建立健康档案，并全部实施纸质及电子化双重管理。

高血压患者管理。通过开展35岁及以上居民首诊测血压、诊疗过程中测血压、健康体检测血压和健康档案建立过程中询问等方式发现原发性高血压患者。对确诊原发性高血压患者进行登记并提供每年4次面对面随访，每次随访询问病情、测量血压并对用药、饮食、运动、心理等提供

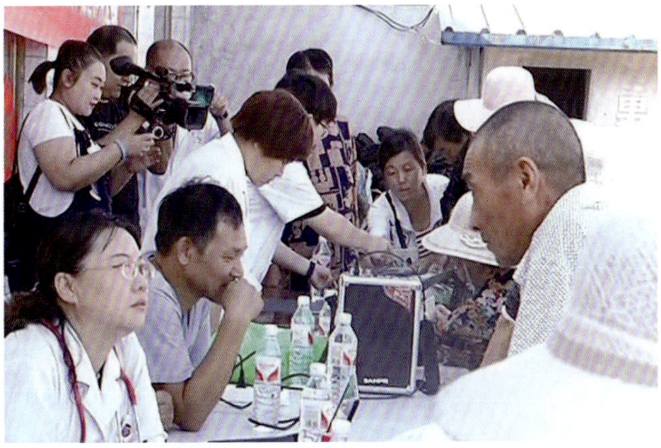

卫健委开展“民族团结月”义诊活动

健康指导；对已经登记管理原发性高血压患者进行一次免费健康体检（含一般体格检查和血糖测试等）。全区共建档高血压患者为46621人，并按要求录入居民电子健康档案系统。

糖尿病管理。通过健康体检、高危人群筛查检测血糖、建立居民健康档案过程中询问等方式发现患者。对确诊2型糖尿病患者进行登记并提供每年4次面对面随访，每次随访询问病情、进行空腹血糖和血压测量等检查，对用药、饮食、运动、心理等提供健康指导；对已经登记管理2型糖尿病患者进行一次免费健康体检（含一般体格检查和血糖测试等）。全区共建档糖尿病患者为15079人，并按要求录入居民电子健康档案系统。

健康教育。各社区卫生服务机构采取发放宣传材料、开展健康知识讲座、候诊大厅播放影音资料、开展公众健康教育咨询及设置宣传栏等方式，对重点人群、重点疾病及健康危险因素控制等内容开展健康教育及健康促进活动。全年共举办各类知识讲座和健康咨询活动200余次，发放包括《基本公共卫生服务项目宣传手册》在内各类宣传材料8万余份（册），播放影音资料64种，更换宣传栏48块。

重性精神病患者管理。建立健全全区三级医疗网络，充分发挥乡医对严重精神障碍患者筛查，同时对全区3级以上不稳定26名患者进行应急处置。到2019年底，全区（包括芦台、汉沽）累计登记并录入《国家严重精神障碍信息系统》在册患者数为2535名，在册患者规范管理率为91.05%，在册患者面访率为91.68%，报告患病率为4.05‰，在册患者服药率为86.71%。同时，对确诊严重精神障碍患者进行登记并提供每年4次面对面随访，每次随访询问病情并对用药、饮食、运动、心理等提供健康指导。对已经登记管理、同意体检严重精神障碍患者进行一次免费健康体检（含一般体格检查和血糖测试等）。做好《精神卫生法》宣传工作，使精神卫生工作深入人心。

免疫规划。全年完成国家免疫规划疫苗常规接种126118人次，建证率达到100%，国家免疫规划疫苗接种率达到国家要求。为全区群众提供所需免疫规划外疫苗需求58000剂次。冷链系统正常运转12个周期，为23所接种门诊配送疫苗184118支。上报处理疑似预防接种异常反应64例，上报调查处置麻疹4例，急性弛缓性麻痹2例。

传染病防治。2019年各级医疗机构建立健全传染病报告网络建设。全年共报告法定传染病2615例，传染病报告率达到100%。全区无重大突发公共卫生事件发生。年内对辖区医疗卫生单位和村医进行多次传染病防治知识、技能培训。同时对辖区居民进行多次传染病防治知识宣传教育，居民传染病防治知识知晓率显著提高。

（杨国强　杨顺成　刘春瑛　姚向晖）

疾病预防控制

【概况】　丰南区疾病预防控制中心内设办公室、传染病防制科、免疫规划科、慢性病防治科、公共卫生科、性病艾滋病防治科、职业卫生科、检验科、财务科共九个科室。拥有数字化医用X射线摄影系统（DR机）、进口原子吸收分光光度计、气相色谱、全自动血细胞分析仪、尿液分析仪、彩色超声诊断仪、诊断型纯音听力测试仪等大型仪器设备。负责组织实施辖区疾病控制计划；组织对重大疫情、传染病暴发流行调查；负责疾病预防和控制信息整理、统计分析、综合评价，反馈和疫情报告；实施免疫规划、消毒和虫媒生物控制工作；开展职业卫生、学校卫生、饮用水卫生和食品风险监测工作；负责辖区内突发公共卫生事件调查报告和具体控制措施落实；指导辖区内基层医疗开展卫生防病工作；对从事疾病控制相关工作人员进行培训以及开展健康宣传教育和健康促进活动；承担卫生检验任务。其宗旨是为全区人民身体健康提供防疫保障。

（么孝政）

【传染病防治】　2019年将卫生应急工作列为重中之重，进一步完善各类应急预案与相关组织制度，更新购进应急物资，有针对性开展应急演练。完善区、乡、村三级防控体系，三级疫情网络畅通。2019年是作为国家级霍乱监测点最后一年，坚持做好霍乱防治工作，对全区医疗机构肠道门诊进行督导检查，促进医疗机构肠道门诊设施改善，做到逢疑必检，逢疑必报。全区18家肠道门诊共登记腹泻患者911人，共收集标本360份，未检测到霍乱弧菌；共采集外环境水36份，食品60份，均未检测到霍乱弧菌。切实加强手足口防治工作，全年发放手足口病宣传单10000余份，多次进校园对托幼机构防控工作进行指导，全区累计报告手足口病病例224例，发病率42.26/10万，无重症及死亡病例，托幼机构无聚集性病例。切实有效开展消除疟疾工作，全年共对“三热”病人60人进行RDT快速检测，检测结果全部阴性，同时做好发热病人血检质量控制。加强对流行性感冒、水痘、狂犬病等热点传染病宣传工作，广泛开展健康教育与健康促进活动，提高居民防护意识自我保护意识。全力做好疫情网络直报和信息反馈工作。全年全区共报告法定传染病2615例，发病率493.4/10万。每月对辖区内传染病发病及报告情况进行分析、汇总，根据传染病流行形式对全区防控工作进行指导。

（姚向晖）

【免疫规划】　2019年适龄儿童免费接种卡介苗、乙肝疫苗、脊灰疫苗（灭活脊灰疫苗、二价脊灰减毒活疫苗）、百白破疫苗、麻疹类疫苗（麻风疫苗、麻腮风疫苗）、流脑疫苗（A群流脑疫苗、A+C流脑疫苗）、乙脑疫苗、甲肝疫苗、百白破疫苗，共8类11种疫苗。适龄人群自愿自费接种Hib疫苗、五联疫苗、五价口轮疫苗、13价肺炎疫苗、23价肺炎疫苗、EV71疫苗、三联疫苗、水痘疫苗、甲肝灭活疫苗、流感疫苗、人用狂犬病疫苗等疫苗。对23个接种单位开展专项培训7次，现场督导4次，电话、微信指导不计次数，全面提高接种门诊服务水平；大力推进信息化建设，加强冷链系统管理，所有疫苗全部扫码接种实现可追溯，储存疫苗冷链设备加装温度监测仪23套，升级为数字化接种门诊两家；及时上报处置疑似预防接种异常反应；对国家免疫规划内疫苗可预防传染病进行主动监测。

（刘春瑛）

【地方病防治】 丰南区地方病主要是碘缺乏病（俗称粗脖子病）和地方性氟中毒（氟斑牙、氟骨症）。随机抽取5个乡镇20个村300户居民食用盐，每户采1份共计300份进行检测，合格碘盐食用率为74.67%，碘盐覆盖率为81.33%，碘盐合格率为91.8%。对44个高氟村饮用水作动态监测，水氟含量结果全部合格。对碘缺乏病和地方性氟中毒进行调查，均未发现地方性甲状腺病和地方性氟中毒病例。

（耿　挺）

【职业病防治工作】 2019年积极开展职业性尘肺病个案调查工作。接到上级尘肺病病人名单180人次，经过为期一个半月随访调查，出动车辆20余次，参与人数8人，共完成179例病人随访调查，其中增补病例1人次，完成率为99.4%。已将完成尘肺病病人调查信息全部录入到河北省职业性尘肺病调查系统，录入完成率100%。积极开展职业病防治法宣传周活动，广泛宣传职业病防治法和有关职业病防治知识，企业负责人和广大职工法律意识进一步加强，为全区职业病防治工作奠定基础。

（裴立壮）

【结核病防治】 完善新型结核病防治体系，开展广泛宣传，做好结核病防治工作。全区2019年登记活动性肺结核病人179例，其中涂阳肺结核病人67例，涂阴肺结核病人86例。对新涂阳肺结核病人密切接触者进行结核病筛查，登记接触者61例，筛查61例，涂阳肺结核病人密切接触者筛查率达100%。报告疑似肺结核病人220例，转诊到位96例，追踪到位121例，总计到位217例，总体到位率98.64%。病人系统管理率96.06%，涂阳患者治愈率为94.29%，涂阴病人治疗完成率为94.57%。2019年度全区高中和大学新生11146名，全部参加体检。PPD试验应检查8556名，PPD试验检查8192名，阳性461名，强阳性220名。胸部X线检查5313名，检查出肺结核患者6人均进行隔离治疗管理。

（郑洪朝）

【生活饮用水监测】 2019年丰南区饮水安全监测工作范围覆盖全区。在所有农村监测点中，出厂水和末梢水各设1个监测点，15个乡镇设34个监测点，城区部分设6个监测点。每个监测点枯水期、丰水期各采水一次，全年共采集水样80份检测，检验结果全部符合生活饮用水卫生标准样本为62份，占总数77.5%。

（裴立壮）

【食品安全风险监测】 2019年内，全区23所公立医疗机构（中医院除外）均列入食源性疾病监测哨点医院，实现食源性疾病报告覆盖全区各个乡镇及城区各个社区，全年无零报告。采集食品样品12批次，采样数量60份，全部样品均按照省、市疾控中心要求准时送达检验单位，完成率100%，保障广大群众食品安全。

（安程靖）

【学校卫生】 学校卫生工作共收集到体检数据455份。体检项目包括身高、体重、左眼视力、右眼视力、是否龋齿、共5项。疾控中心对部分数据进行统计，小学一到六年级学生视力不良检出率分别为24.3%、11.3%、14.1%、13.5%、5.3%、5.6%；初中一到三年级学生视力不良检出率分别为14.1%、3.8%、1.3%；高中一到三年级学生视力不良检出率分别为94.2%、91.4%、98.2%。小学一到六年级学生患龋齿率分别为28.3%、23.8%、38.5%、6.8%、55.3%、29.6%；初中一到三年级学生患龋齿率分别为18.8%、5.0%、19.2%；高中一到三年级学生患龋齿率均为0%（校医未检）。小学一到六年级学生肥胖检出率分别为0、2.6%、24.4%、10.8%、2.6%、15.5%；初中一到三年级学生肥胖检出率分别为14.1%、13.8%、10.3%；高中一到三年级学生肥胖检出率分别为7.7%、5.2%、0。小学一到六年级学生营养不良检出率分别为36.5%、34.4%、25.6%、21.6%、2.6%、25.4%；初中一到三年级学生营养不良检出率分别为11.8%、12.5%、3.8%；高中一到三年级学生营养不良检出率分别为0%、8.6%、1.8%。

（安程靖）

卫生监督

【概况】 丰南区卫生监督所现有干部职工20人，设有办公室、财务科、医疗卫生科、传染病与放射卫生监督科、公共场所卫生监督科、学校与饮水卫生监督科、卫生监督协管科等业务科室，另设询问调查听证室、快速检测分析室、罚没物品暂存室、档案室等辅助性用房。承担医疗卫生、公共场所卫生、学校卫生、饮水卫生、传染病防治、放射卫生以及健康相关产品等方面卫生监督工作。拥有ATP荧光检测仪、空气甲醛分析仪、CO分析仪、余氯测定仪、数字照度计、声级计等30多台快速监测设备。年内，认真落实卫生健康行政执法，通过配备手持执法终端和执法记录仪实现执法全过程记录，开展日常性监督检查工作和各类专项监督执法工作，在打击非法行医、公共场所卫生整治、学校卫生服务、传染病防治监督、放射卫生执法检查和饮水卫生安全保障等方面做出积极贡献。

【生活饮用水卫生监督】 2019年对2家城市集中式供水单位、5家自建供水单位、8家二次供水单位及10家农村百吨以上千吨以下集中式供水进行监管，按照要求对全区供水单位开展水井周围环境、水源防护、水质消毒情况经常性监督检查。圆满完成2019年国家“双随机”监督抽检生活饮用水卫生监督工作，共涉及全区12家供水单位。年内完成自建供水和二次供水专项、暑期饮水卫生安全监督执法检查。确定城区管网供水末梢水监测点10个，开展居民生活饮用水水质现场快速监测4次。各集中式供水单位每月进行一次水质检测，水质检测报告送卫生监督所后通过政府门户网站、微信公众号等形式向社会公开。不定期对供水单位负责人和供管水人员进行卫生知识培训，确保人民群众饮水卫生安全。

（李东瑞）

【公共场所卫生监督】 2019年，全区纳入监管范围经营性公共场所402家，其中住宿场所77家、美容美发场所222家、洗浴场所62家、文化娱乐场所（影剧院、KTV、舞厅）12家、游泳场馆6家、商场超市21家、图书馆1家、书店1家。区卫生监督所认真落实行政执法责任制，按照时限要求完成2019年国家“双随机”监督抽检工作任务，共监督抽检经营性公共场所43家。年内开展美容美发业、住宿业和游泳场馆专项执法检查，各类公共场所整体卫生水平有所提升。开展经常性卫生监督426个频次，监督覆盖率达到100%，并依照河北省公共场所卫生信誉度等级评定办法，对辖区内各类公共场所实行量化分级管理。按照市创城办和区委、区政府要求，开展唐山市创建全国文明城市经营性公共场所专项整治工作。圆满完成2019年住宿场所执法检查、游泳场馆等专项执法检查，共计立案并处罚9起。承担辖区内大型会议、中高考等多项卫生安全保障性任务。

（童海潮）

【学校卫生监督】 2019年，辖区内共有学校84所，其中小学58所、初中19所、高中6所、高校1所。全年重点开展学校卫生专项监督检查工作，对学校传染病防控、教室环境卫生和学校饮水卫生进行全方位监督检查，并按照国家“双随机”抽检要求对全区12所学校进行监督抽检。根据《学校卫生综合评价》（GB/T18205）所列学校传染病防控、学生常见病、生活饮用水、教室和生活环境、突发公共卫生事件卫生管理等方面情况开展卫生监督综合评价，截至2019年底学校卫生综合评价率达到100%。学校卫生监督工作在区政府网站发布学校卫生法律法规4次，依托丰南区卫生监督所微信公众平台发布学校卫生法律法规标准、检查信息5次。

（宋春伟）

【医疗市场整治】 开展“医疗欺诈”集中整治专项行动、抗抑菌制剂专项整治工作、中医养生保健服务乱象专项整治行动、中小学校周边非法行医集中整治专项工作、开展打击整治涉医疗废物违法违规行为专项行动、消毒产品专项整治行动、进一步做好预防接种专项整治行动、预防性体检专项整治工作、规范儿童青少年近视矫正专项工作等专项监督检查。2019年，辖区内各级医疗机构全部与唐山宝洁医废处置有限公司签订医疗废物回收合同，全区医疗废物处理进一步规范。政府投资300多万元对公立医疗机构医疗废水处理设备进行改造提升，所产生医疗废水实现消毒处理后排放。按照2019年度国家“双随机”抽检要求，共检查医疗单位35家，涉及医疗卫生监督16家，传染病监督17家，放射卫生监督2家。立案查处案件6起，结案6起。并通过政府门户网站和微信公众平台将抽检结果予以公布。全年出动执法人员700余人次，车辆260辆次。共立案查处各类案件22起、结案21起，总计罚款人民币38500元，没收人民币96154元及相关涉案药品、器械等物品，其中医疗卫生案件立案16起、结案15起；传染病案件6起，全部结案。丰南区卫生监督所2019年案卷中有1卷获得河北省卫健系统优秀案卷，2个案卷被评为唐山市卫健系统优秀案卷。

（徐晓海）

【农村医疗保健】 2019年，全区412个行政村集体产权村卫生室选任从业村医共计521人，其中执业助理医师以上190人，注册乡村医生331人。对所有集体产权村卫生室实行统一行政管理，统一人员管理、统一业务管理、统一财务管理、统一药械管理、统一绩效考核管理和财务独立核算、风险独立承担为主要内容乡村卫生一体化管理。

村卫生室运转。为保障全区集体产权村卫生室正常运转，区财政按每年每个行政村2000元标准给予村卫生室运行定额补贴，纳入区财政预算。2019年，发放运行补助资金达9.7万元。

乡村医生队伍建设。强化乡村医生管理，以提高专业技能为重点，以实施培训和组织进修学习形式，不断提高乡村医生整体素质和服务能力。利用区级资金开展集中培训，全年共计培训4期，参训乡村医生达2600余人次。严格执行村卫生室人员月上站培训制度，认真落实辖区乡村医生培训工作。自2016年起每年选派100名乡村医生到区医院及区中医医院进修学习实用技能，进一步提升乡村医生服务能力。已完成进修共计500余人次，效果良好。严格按照《乡村医生从业管理条例》及《医疗机构管理条例》，进一步规范乡村医生诊疗行为，重点加强对乡村医生执业范围、门诊登记、处方书写、医疗垃圾处理等执法检查力度，实行违规行为月报制度，保障村级医疗机构各项业务规范开展。全区自2013年起，按照自愿原则，鼓励乡村医生入保医疗责任险。7年来，共计2675人次入保乡村医生医疗责任险，减轻乡村医生医疗风险负担，解决乡村医生后顾之忧。落实乡村医生补助。落实基本公共卫生服务补助。结合基本公共卫生服务各项目实际，合理调整乡镇卫生院与村卫生室基本公共卫生服务工作承担比重。将基本公共卫生服务项目补助资金40%用于村卫生室开展基本公共卫生服务工作支出和乡村医生承担工作补助，以加强村级基本公共卫生服务工作。补助发放根据村卫生室实际完成工作数量、质量和群众满意度等指标，按照考核结果拨付。2019年，拨付补助资金共计1096万元。实施基本药物制度补助。全区集体产权村卫生室已全部实施药品零差率销售，按人口每人每年12元标准予以补助，实际补助资金按照绩效考核结果发放。2019年共计补助328万余元。建立乡村医生养老保险补贴制度，全区自2013年起对辖区内符合加入城乡居民养老保险条件村医按实际缴费50%予以补贴（最高不超过500元/年），补贴资金纳入区财政预算。7年来区财政共计补助资金43.786万元。落实原“赤脚医生”养老补助。按照河北省下发原“赤脚医生”养老补助文件精神，结合全区实际，制定并下发《唐山市丰南区原“赤脚医生”养老补助实施办法》，主要流程包括个人申报、镇（乡）初审、区级复审及公示。2019年，共为2388人次符合政策原“赤脚医生”发放补助资金467.2万元。

（杨国强）

【妇幼保健】 进一步优化孕产妇健康管理工作，落实分级管理措施，孕产妇健康管理率达到91.71%。加大新生儿疾病筛查宣传力度，努力提高新生儿疾病筛查率，新生儿听力筛查率94.1%，先心病筛查率97.4%。年内，婴儿死亡率、新生儿死亡率和5岁以下儿童死亡率分别为3.4‰、1.36‰和5.11‰。

孕产妇保健服务。继续实施妇女孕前、孕早期增补叶酸预防神经管缺陷重大公共卫生服务项目，并将其列入妇幼健康服务重点工作，采取多种举措加强增补叶酸预防出生缺陷知识宣传，增加发放渠道，提高发放率。2019年共发放叶酸5968盒，发放率100%。

药具管理。2019年7月8日，河北省卫健委药具管理中心，就丰南区“国家避孕药具信息管理平台注册”工作提前完成全年任务目标向区委、区政府发表扬信。丰南区4人被省药具中心评为“最美药具人”称号。

（李建江　孙艳丽）

医疗卫生管理

【概况】 为进一步提高全区基础医疗服务水平，在全系统展开自主学习、专题讲座、岗位训练等多种形式学习活动，有计划、分步骤地抓好医护人员训练，不断扎实基本功，巩固理论基础，定期组织常见病多发病诊疗进展、急救知识以及法律法规培训，共培训6场，参加人员1374人次。5—6月，在全系统范围内开展危急重症大练兵活动，规范急诊科设置，添置抢救设施设备及药品，强化医务人员知识技能培训和演练，大大提升基层急诊急救能力。根据《2018年河北省基层卫生人才能力提升培训项目实施方案》要求，组织安排全区606名基层医务人员参加省级国培项目直播理论培训，47名计划内学员继续参加基地实践培训，严格扫码签到，确保考勤达标，提高全区基层卫生人员诊疗能力及实践操作能力。继续医学教育培训全面覆盖医、药、护、技等全部卫生技术人员1652人次，使医务人员医疗技术水平和服务意识得到明显提高，其他非卫技人员依托唐山市专业技术人员继续教育在线平台进行专业学习。

【医院章程制定】 组织区医院、中医院立足于医院功能定位、等级、规模等情况制定医院章程。经过充分调研、精密筹划及多次审核修订，两家医院均已制定完成医院章程。

【护理工作】 2019年，丰南区护理质控中心定期组织护理知识技能培训，带动基层医疗机构推行6S管理，使全区护理工作进一步规范，护理质量大大提升。“5·12”国际护士节期间，组织开展“静脉治疗规范季”活动，在对全区1086名护理人员分批培训基础上进行护理知识技能竞赛，并组织召开丰南区纪念“5·12”国际护士节暨大练兵活动表彰会议，对评选出56名优秀护士、技能竞赛获奖选手、优秀护理管理工作者进行表彰，鼓舞广大护理工作者再接再厉、争创佳绩。

【院感管理】 成立唐山市县区级首家医院感染质量管理与控制中心，分层次组织全区院感知识培训，参加培训人员达1000余人。加大督导力度，对医务人员手卫生管理、医疗废物、医疗废水、医用织物等处置情况进行多次督导检查，把医疗机构院感控制情况纳入绩效管理。组织各医疗机构深入自查，督促整改，以检验科、手术室、重症监护病房、口腔科、产房、透析室等为重点，对各级医疗机构感染控制情况进行排查。通过培训和督导，提升医疗机构对院感管理重视程度，更新防护知识，消除安全隐患，有效保证患者和医护人员安全。成立唐山市各县区首家消毒供应中心，进一步消除医疗安全隐患，解决全区基层医疗机构消毒供应能力不足问题，提升整体院感防控水平。

【药事管理】 组织抗菌药物培训。6—11月，按照唐山市卫健委《关于进一步加强基层医疗机构抗菌药物临床应用管理工作通知》要求，组织开展抗菌药物管理相关知识培训，规范处方权管理，所有医师、药师必须持证上岗，全区共计653人经过严格考核，发放培训合格证书，确保抗菌药物合理应用。组织各医疗机构医务人员参加毒麻药品管理知识培训，提升医护人员责任意识和安全意识，使毒麻药品管理进一步规范，有效保证用药安全。

【城乡对口支援】 依据《唐山市丰南区二级医院对口支援乡镇卫生院项目实施方案(2018—2020年)》，帮助乡镇卫生院完善管理，培养人才，提高医疗服务水平。支援单位与受援单位建立起稳定帮扶关系，派驻医师通过开展业务学习讲座、教学查房、手术示教、疑难危重病例讨论、会诊等形式帮助受援单位提高医师医疗技术水平。全年派出医师1000余人次，开展手术60余例，参加疑难病例讨论18次，帮助受援单位开展新技术6项，健康查体近7400人次，接收受援医院医务人员进修31人。

（霍文玲）

【“国医堂”建设】 按照“基层中医药服务能力提升工程”要求，截至2019年底，全区共有12所乡镇（中心）卫生院和1所社区卫生服务中心完成“国医堂”建设。国医堂面积均达200平方米以上，中医药文化氛围浓厚，添置多种中医诊疗设备（如针灸器具、电针仪、颈腰椎牵引床、中药熏蒸床、推拿治疗床等），开展针灸、推拿、火罐、敷贴、刮痧、熏洗、耳压等常用中医药适宜技术项目，基层医疗卫生机构中医药门诊人次从45157人次增加到47543人次。各医疗机构国医堂中医师积极参与基本公共卫生服务工作，开展65岁及以上老年人中医体质辨识和0—36月龄儿童中医药健康管理服务，对可预见发病进行中医药干预，中医药健康管理率比上年提升5%。各医疗机构大力宣传中医药文化，积极开展中医“健康大讲堂”进乡村活动，采用下乡讲课方式，将中医中药基础知识送到老百姓家中，让群众解基本中医药治病防病知识，让中医中药真正走进百姓。

（张晓杰）

计划生育

【概况】 2019年以来，丰南区进一步依法实施全面两孩政策，更好地监测全区人口发展动态，探索建立区人口监测和预警机制，扎实有效推进计划生育特殊家庭“亲情关爱，精准帮扶”行动，实现工作转型，将全区人口监测与家庭发展工作推向一个新水平。2019年，全区总人口516181人，共出生4810人，人口自然增长率2.62‰，出生人口性别比105，各项指标均符合上级规定要求。

【人口监测项目】 为建立健全人口监测机制，及时掌握出生、死亡、流动迁移情况，完善全员人口信息，评估生育政策效果，研判人口形势，推进健康中国建设和完善人口发展战略提供支撑，全区结合本地实际，下发《2019年基本公共卫生服务人口监测项目实施方案》，促进全区人口均衡发展，在省级共享基础上，积极拓展人口监测共享渠道和共享数据项，推进区级部门间人口基础信息共享、比对、校核工作，探索人口基础信息与卫生健康信息整合工作，发挥全员人口信息数据库基础性、服务性作用，完成本级人口监测分析报告。

【基层队伍建设】 确保基层队伍稳定运行。严格落实保障机制，保障基层工作人员待遇落实。继续将村级卫生健康专干工资补贴纳入区财政预算。全区村（居）卫生健康专干共有493人，其中非“两委”人员294人，按照区2019年普通村“两委”成员年人均工资补贴11904元标准计算，2019年共需列支此项预算3499776元。严格落实绩效考核机制，实现村（居）级卫生健康专干转型发展。2019年4月，下发《关于对村（居）卫生健康专干实行绩效考核通知》，促进卫生健康专干（原卫生计生专干）工作转型，提高基层工作人员服务能力。严格落实培训机制，提高基层卫生计生队伍服务水平。5月14日和15日，区卫健局分两批举办村（居）卫生健康专干业务培训班，16个乡镇、街道卫计办主任带队，493名村（居）卫生健康专干参加培训，12名卫健局相关科室业务骨干就计划生育业务、基本公共卫生以及家庭医生签约服务等内容，依次进行集中授课，规范村组卫生计生工作职能，进一步提高基层卫计工作者业务素质和服务水平。

【落实政策】 2019年度，发放各类计划生育奖补资金2315.5万元。落实《河北省计划生育条例》规定奖励资金62.4万元，落实国家“两项”扶助制度资金2122.24万元，实际使用救助公益金148.8万元。落实计划生育奖补政策。落实扶助制度，依法确认新增奖扶对象1177人 、特扶对象88人，奖励扶助、特别扶助对象总人数分别达到15614人（其中提前纳入3人）和582人。区卫健局通过银行发放奖扶资金2253.102万元，涉及16431人。乡镇负责发放奖扶资金62.4万元，涉及208人。兑现奖励政策。区财政出资62.4万元为达到国家法定退休年龄，依法办理退休手续208名独生子女父母，落实3000元一次性奖励政策。实施困难救助。对独生子女死亡、伤残，独生子女父母死亡、伤残和独生子女大病“五类”特殊计划生育家庭开展关怀救助工作，救助独生子女死亡家庭31个、独生子女伤残家庭21个、独生子女大病家庭5个，独生子女父母死亡伤残家庭53个，发放救助资金101.5万元；对8个因自然灾害和严重疾病造成困难计划生育家庭开展临时救助，发放救助金3.2万元；出资23万元为575个计划生育特殊家庭父母办理住院护工补贴保险。开展“亲情关爱，精准帮扶”行动。落实联系人制度。创新联系工作法，每位联系人对自己联系对象进行具体分析，根据不同情况分为一般联系人、重点联系人和危重联系人，分门别类提供服务。开展“两节”慰问。春节、端午节期间，区计划生育救助公益金出资15.45万元，为309个计划生育特殊家庭送去慰问金、大米、食用油等慰问品，各基层医疗机构全程参与，提供医疗健康服务等活动。家庭医生签约履约。2019年，签约计生特殊家庭父母550人，各基层医疗单位参与服务家庭医生人数达到386人，较好完成计生特殊家庭签约履约服务工作。做好独生子女中高考加分审核工作。2019年，丰南区审核独生子女中考加分324人、高考加分281人，实现审核“零”差错。

（王翠云）

爱国卫生运动

【概况】 2019年，区爱国卫生运动委员会办公室（以下简称爱卫办）坚持“以人民健康为中心，政府主导，跨部门协作，全社会动员，预防为主，群防群控，依法科学治理，全民共建共享”新时期爱国卫生运动方针，全面落实省、市爱卫办各项任务目标，深入开展“爱国卫生月”活动，全面推进公共场所禁烟控烟，进一步深化“无烟医疗卫生机构”创建示范活动，积极组织开展病媒生物防制、强化全民健康教育、大力开展环境卫生集中整治行动，严格落实“门前三包、门内达标”责任制，医疗卫生机构厕所改造提升、生活垃圾分类。

【爱卫月宣传】 深入开展“爱国卫生月”活动。按照上级文件要求，3月28日制定并下发《关于开展第31个爱国卫生月活动方案》通知，并于4月23日上午组织文明办、教育局、住建局等15家爱卫会成员单位，以“全民参与爱国卫生运动，共建共享宜居家园”为主题，围绕环境卫生整治、春季病媒防控、全民健身、垃圾分类、禁烟控烟、卫生创建、义务人员现场义诊等内容，在区文化广场举行第31个“爱国卫生月”集中宣传活动。活动现场共设立宣传站15个，制作活动展板35块，发放《创建无烟家庭倡议书》和健康常识等宣传单3500余份、环保手提袋3100个、《爱国卫生月手册》和《健康教育知识手册》4000余册，受益群众达2000余人。

【无烟医疗卫生机构创建】 进一步提高全区医疗卫生机构、窗口单位禁烟控烟工作。为进一步普及烟草危害知识，提高居民对控烟工作认识，教育群众认识到烟草带来危害，主动参与到戒烟控烟活动中来，有关科室积极组织医疗卫生机构对“5·31”世界无烟日宣传活动。为进一步推动医疗卫生机构无烟创建工作，年初按照上级要求创建无烟医疗机构组织网络，下发《丰南区关于进一步深化无烟医疗卫生机构创建示范活动通知》，并分别对其进行半年督导和年终考核。9月27日、29日对全区窗口单位进行控烟督导抽查。通过开展无烟医疗卫生机构和窗口单位创建示范活动，营造文明、健康、和谐、清新工作环境，为全区全面开展控烟工作起到引领示范带头作用。

【城区环境卫生】 为进一步提升城区环境卫生水平，丰南区三措并举狠抓卫生死角死面工作。广泛宣传，提高认识。组织丰南镇、住建局在居民密集城中村和开敞式小区进行集中宣传，提升居民环境卫生保护意识，促使其养成爱护环境，保持卫生良好习惯。划清权属，落实责任。针对厂区空地死角无人管问题，结合城乡一体化服务中心召集丰南镇、住建局进现场办公。依据《丰南区城市精细化管理考核细则》，确定权属，分清责任。限期整改，集中治理。依据权属对存在问题向责任单位下达限期整改通知书。各责任单位积极配合，迅速行动，清除建筑垃圾、生活垃圾，经过整治，环境卫生极大改善。

【灭鼠和蚊蝇蟑消杀】 结合传染病季节流行特点，加强病媒生物防治，分别于4月15日和7月8日组织下发“春季灭鼠”“夏季四害消杀”工作通知。并于9月9—11日对乡镇、街道社区、食品生产加工单位、经营性公共场所、机关事业单位等夏季“四害”消杀落实情况进行为期三天集中抽查督导，通过此次检查发现，大多数单位能够认真按照通知要求认真执行，狠抓落实，大力进行环境整治，加强防鼠防蝇设施建设，做到“四害”消杀防范和杀灭。

【落实“门前三包、门内达标”责任制】 进一步巩固省级卫生城和全国文明城创建成果，“门前三包，门内达标”实行常态化管理，采取月巡视督导制。及时更换或补贴“门前三包”责任标识牌。发放、补贴责任牌36块。

【医疗机构厕所改造提升】 组织医疗卫生机构对厕所进行改造提升工作。按照上级要求，制定《丰南区医疗卫生机构厕所整洁专项行动实施方案》，成立领导小组，责任分工到相关责任科室。进行旱厕排查摸底工作，采取多种形式宣传医疗卫生机构“厕所革命”目的、意义和任务，树立“小厕所大民生”服务理念；截至8月19日，全区医疗系统旱厕改造工作已全部完成；其他改造提升工作各机构也在对照着标准按部就班开展。

【医疗机构生活垃圾分类处理】 根据市卫生健康委《推进全市卫生健康机构生活垃圾强制分类工作实施方案》要求，经孙树成主管局长与住建部门相关领导探讨特制定全区《推进全区卫生医疗机构生活垃圾强制分类工作实施方案》，成立垃圾分类管理领导小组，明确专人负责。坚持源头减量、全程分类、末端无害化处置和资源化利用，推进各级各类卫生健康单位生活垃圾强制分类，促进全系统垃圾分类全覆盖。

（安红艳）

无偿献血

【概况】 2019年区红十字会具体负责全区无偿献血活动。无偿献血是无私奉献、救死扶伤崇高行为，是中国血液事业发展总方向。献血是爱心奉献体现，帮助病人解除病痛、抢救他人生命，其价值是无法用金钱来衡量。近半个世纪以来，世界卫生组织和国际红十字会一直向世界各国呼吁“医疗用血采用无偿献血”原则。

【无偿献血动员】 积极开展无偿献血活动是为缓解临床用血持续紧张，保障医疗机构临床用血需求和安全，也是丰南区创建文明城市、弘扬社会主义核心价值观需要，依据《中华人民共和国献血法》，在全区社会各阶层积极动员18—55周岁身体健康人群参与无偿献血活动。为动员更多社会力量参与到无偿献血、关爱生命行列中来，区红十字会无偿献血志愿服务队积极组织志愿者开展多形式公益宣传活动，以实际行动，诠释着“人道、博爱、奉献”红十字精神，使社会变得更加和谐、文明、有爱。

【无偿献血协调组织】 2019年区红十字会在全区组织开展无偿献血活动。此次活动得到区直单位、各乡镇政府，街道办事处，社会团体及个人等社会各界大力支持。共组织3569人次参加无偿献血，献血总量达107.8 万毫升。

（刘福利）

综 述

2019年，丰南区委、区政府着力改善民生，情系民生福祉。坚持以满足人民对美好生活向往为根本目标，全面落实惠民政策，使群众分享到更多更公平民展成果，群众幸福指数不断提升，居民收入继续保持稳步增长，城镇居民家庭人均可支配收入达43883元，农民家庭年均可支配收入18821元，分别比上年增长8.5%和7.2%。

社会保障工作取得新实效。到年底，全区企业职工养老保险覆盖人数170.3万人，完成全年任务102.27，新增扩面10736人，完成全年任务103%；机关事业单位养老保险人数1.65万人，机关事业单位离退休退职人员6272人，养老金社会发放率达到100%。城乡居民养老保险人数26.22万人，参保率99.8%；失业保险参保人数8.1万人；工伤参保人数10.9万人，完成全年任务105.9%。为2.14万人次从事过民办代课教师工作，年龄超过60周岁人员按月发放教龄补贴金460.77万元。社会保障工作各项保障待遇按时足额发放。医疗保障工作坚持以服务于广大参保患者为宗旨，努力构筑多层次医疗保障体系。至年底，全区参加医疗保险人数54.69万人，其中城乡居民参保人数40.5万人，城镇医疗保险人数12.18万人（含灵活就业人员）；城镇职工生育参加保险9.72万人。年内，全区农村建档立卡贫困235户510人，城乡居民基本医疗保险个人缴费部分医疗总费用511.28万元，报销486.49万元，报销比例95.15%。

社会保障、社会救助得到提升。全区对低保对象4728户、6562人发放城乡低保金2769.8万元；向全区特困供养人员11944人发放特困人员基本生活补贴金额1483.8万元。全年为11995名80—90周岁以上老年人发放高龄津贴947.8万元，为10名100周岁以上老人发放生活补贴38.99万元。全区“助老安康工程”取得显著成效。脱贫攻坚、社会保障、康复就业特别是贫困残疾人服务工程进一步夯实。区残疾人服务工程在全市十项重点工作中被评为优秀。

2019年7月8日，河北省文化厅到丰南区调研农村文化建设

社会事务管理规范有序。年内全区婚姻登记7448对，婚姻登记合格率均达100%。民间组织在改革发展中得到发展。年内，全区社会组织共49家，其中社会团体27家，民办非企业单位22家。区划地名管理依法有序进行。新设楼牌53块，增设街路牌24块。编纂河北省地名志第一卷释文丰南区部分，对全区1039条少标准地名录进核准和修改，上报至市民政局。巩固推进殡葬改革工作；双拥优抚安置工作深入开展，为优抚对象及时发放抚恤金和生活补贴金。退役士兵补缴养老、医疗保险工作全省第一。

以创建全国文明城市、省级文明城区为重点，以提高市民文明素质和城市文明程度为目标，加强思想道德建设，弘扬社会正能量，不断丰富人民精神生活，不断创新工作载体，扎实推进全区精神文明建设。

（鉴办）

养老保险

【概况】 2019年9月，唐山市丰南区社会保险事业局名称变更为唐山市丰南区社会保险服务中心（以下简称区社保中心），不再负责医疗保险相关事宜。年内区社保中心多措并举抓好职工养老保险、工伤保险、失业保险、城乡居民基本养老保险扩面及待遇发放工作，超额完成市达各项指标任务。确保离退休人员养老金按时足额发放，积极做好城乡居民基本养老保险扶贫工作；坚持稳中求进、进中求好工作总基调，进一步优化服务，抓改革、防风险、保发放，全面推动社保各项工作取得新实效。

【企业职工养老保险】 2019年在优化产业结构、节能减排背景下，丰南区一些高污染、高排放企业存在转型困局，面临关停，这为企业职工养老保险扩面带来困难，区社保中心通过深入企业搞宣传，严格把好基数关，加大稽核力度，认真落实降低企业职工养老保险费率政策（自2019年5月1日起，企业职工基本养老保险单位缴费费率由20%降至16%），全面促进企业养老保险扩面。全年企业职工养老保险覆盖人数17.03万人，完成全年任务102.27%，新增扩面10736人，完成全年任务103%。

【机关事业单位养老保险】 2019年，机关事业单位参保人数1.65万人，机关事业单位离退休退职人员6272人，按时足额发放养老金3.8亿元，养老金社会化发放率达到100%。

【城乡居民养老保险】 2019年，丰南区城乡居民养老保险参保人数26.22万人，参保率99.9%；为174名建档立卡人员每人代缴100元城乡居民养老保险，由省、市、区按1:1:1比例分担，为符合条件 17名贫困人员办理直接享受城乡居民养老保险待遇手续。

【失业保险】 2019年，继续实施失业保险费率1%政策，极大减轻企业负担，丰南区失业保险参保人数8.1万人，为5770名领取失业保险待遇人员发放失业保险待遇8559万元。

【工伤保险】 2019年，不断加大工伤保险扩面力度，全力推进按项目参保，实现工伤保险网上缴费，按时报销工伤待遇。全年，工伤保险参保人数达10.9万人，完成全年任务105.90%。

【基本养老保险待遇】 2019年，为全区31223名企事业离退休人员发放养老金91800万元；为9.34万人待遇领取人员发放城乡居民保险养老金16745.2万元，其中发放计划生育补贴247.91万元。为2.14万人次从事过民办代课教师工作，现已超过60周岁人员按月发放教龄补贴460.77万元。

（李　杰）

医疗保险

【概况】 2019年，深入贯彻落实省、市医疗保障新政策，坚持以服务于广大参保患者为宗旨，努力构筑多层次医疗保障体系。全区参加医疗保险人数52.69万人，全年征缴参保资金9.82亿元，统筹支付4.66亿元。

【城乡居民医疗保险】 2019年，全区城乡居民参保人数40.5万人。医保基金个人缴纳标准每人每年180元，各级财政补助标准每人每年460元。全年共计征缴城乡居民医疗保险基金3.17亿元，统筹支付2.64亿元，其中住院报销5.46万人次，报销金额2.15亿元；门诊特殊疾病报销9.97万人次，报销金额0.3亿元；居民大病保险报销8174人次，报销金额0.17亿元。

【城镇职工医疗保险】 2019年，全区城镇职工医疗保险参保人数12.18万人（含灵活就业人员）。全年城镇职工医保统筹基金共计收入6.31亿元，统筹支付1.82亿元，其中住院报销1.88万人次，报销金额1.29亿元；门诊特殊疾病报销8.17万人次，报销金额0.33亿元；职工大病报销

0.28万人次，报销金额0.11亿元；公补报销0.31万人次，报销金额0.09亿元。2019年，首次开展公补体检，涉及1.97万人，公补基金支付金额0.16亿元。

【城镇职工生育保险】 2019年，全区城镇职工生育保险参保人数9.72万人，全年生育保险基金共计收入0.33亿元，生育保险基金累计报销0.66万人次，支出0.2亿元。其中，生育医疗费报销0.58万人次，报销金额0.05亿元；享受生育津贴802人次，金额0.15亿元。

【城乡居民医疗保险待遇提升】 2019年，城乡居民基本医疗保险三级医院支付比例由55%提高至60%；转外住院和异地急诊住院支付比例由55%提高至60%，起付标准由2500元降低至1200元。10月1日起，城乡居民大病保险起付标准再次由1.6万元降低至1.5万元，医保范围内个人自付费用1.5万元以上至5万元支付比例由60%提高至65%，5万元以上至10万元支付比例由75%提高至80%，10万元以上至20万元支付比例为90%，20万元以上支付比例由90%提高至95%。生育补助标准，对符合国家和省、市计划生育政策参保居民在定点医疗机构发生生育住院医疗费用实行定额补助，补助标准为1500元。

【门诊特殊疾病鉴定】 2019年，为保障患门诊慢性疾病病人及时享受医疗保障补偿待遇，按有关要求优化慢病评审服务。取消门诊特殊疾病门诊专用证，自6月1日起，深化“放管服”改革，全面取消门诊特殊疾病专用证，门诊特殊疾病患者可持社会保障卡直接就诊结算，鉴定后不用办“证”、就诊时不用持“证”，实现“让信息多跑路，群众少跑腿”。缩短门诊特殊疾病鉴定周期，年评审调整为季度评审，由每年两次增加到每年四次，重大慢性病实施周评审。2019年，全区受理季度评审3028人（职工1005，居民2023）；办理周评1203人（职工482人，居民721人）。建立慢病扶贫绿色通道，放宽评审标准，降低评审门槛，全年共办理建档立卡人员慢病129人。

【建档立卡贫困人员享受政策】 2019年，扶贫工作严格按照省、市政策要求抓好工作落实，做到三个“确保”。确保医保参保待遇。与扶贫部门建立动态调整机制，在医保系统中及时准确标识建档立卡人员信息，对所有建档立卡人员城乡居民基本医疗保险个人缴费部分由财政给予全额资助，做到应保尽保。确保医保报销待遇。落实“三重保障”，保障总医疗费用报销比例达到90%以上，并定期对全区边缘户医疗费进行监测核查，实施防贫预警机制。确保贫困人员就医待遇。做好“先诊疗，后付费”和“一站式”住院结算，减轻贫困人员就医压力。同时，结合卫健部门，及时掌握建档立卡人员健康情况，开通慢病评审绿色通道。2019年10月31日，全区农村建档立卡贫困户235户510人全部脱贫退出，其中2019年度脱贫退出112户216人。建档立卡人员参加城乡居民医保501人，职工医保9人；办理慢性病242人。2019年，全区建档立卡人员共发生医疗总费用511.28万元，报销486.49万元，报销比例95.15%。其中，148人发生住院341人次，总费用297.06万元，报销277.93万元；103人发生门诊特殊疾病5180人次，总费用214.22万元，报销208.56万元。

（卢小刚）

残疾人事业

【概况】 2019年，丰南区持证残疾人13693名。其中，肢体残疾8992名，视力残疾1659名，听力残疾735名，言语残疾375名，精神残疾682名，智力残疾1093名，多重残疾157名。区残联坚持以残疾人为中心，不断提高工作能力和服务水平，努力在残疾人脱贫攻坚、社会保障、康复就业特别是在贫困残疾人服务工程等上创出工作新业绩，其中80多项工作做法和经验被中残联和省市残联采纳转发，还有6篇被人民网转载，有16条被今日头条、搜狐新闻、百度新闻等网络媒体转载，承担贫困残疾人服务工程在全市十项重点工作中被评为优秀，区残联还被丰南区委、区政府评为扶贫脱贫攻坚先进单位。

【残疾人基本民生保障】 2019年，区残联紧紧围绕区委重返全省前列和全面提高服务残疾人工作水平目标，精心谋划实施残疾人意外伤害保险、残疾人辅助性就业机构建设、贫困残疾人服务工程和光伏发电助残工程等工作在全市乃至全省走在前列。10月底全部完成全区贫困残疾人服务工程目标任务，为1200名贫困残疾人提供基本康复服务、为786名贫困残疾人适配基本型辅助器具，为106名贫困残疾人进行农村实用技术培训、为135名贫困残疾人接受托养服务提供补贴、为20户贫困残疾人提供康复体育进家庭服务、为20户贫困残疾人家庭进行无障碍改造、对2019年考入高等院校17名贫困残疾学生和贫困残疾人家庭子女进行资助，分别完成全年任务300%、231%、106%、100%、100%、100%、100%，受到党和政府、残疾人群众广泛好评，不仅在唐山市残联系统内排名优秀，先进经验做法还在中残联门户网站、省残联门户网站和网易新闻、凤凰新闻、新浪新闻、搜狐新闻等多家媒体报道。

【残疾人精准康复服务】 2019年，在全区内开展残疾人康复训练与服务需求调查工作。全年共为786名残疾人发放康复辅具，其中残疾人护理床和防褥疮床垫等新康复辅具采购、发放受到广大残疾人欢迎，在最大限度满足残疾人基本辅具个性化需求基础上，使康复辅具发放多样化，更加方便残疾人日常生活和个性化需求；为135名处于就业年龄段智力、精神和重度残疾人接受居家托养服务提供资助，采取政府购买服务等多种形式开展“居家托养”服务；为丰南区19名符合条件肢体残疾人士进行假肢测量适配；对全区0—6岁残疾儿童全部进行摸底调查，使47名儿童能及时到丰南特教、星愿孤独症学校去康复学习；积极协调唐山开滦精神卫生中心为35名精神障碍患者办理住院手续，为38名精神障碍患者办理免费服药手续，有效减轻残疾人苦恼和家庭经济负担以及社会管理负担。

【“献爱心·一元捐”助残捐助活动】 2019年，残疾人保障金共收缴570余万元，比上年增长16%。同时在全区范围内广泛开展2019年“献爱心·一元捐”活动，共收善款134451元。

【残疾人技术培训】 2019年4月下旬和5月上旬，委托唐山市志惠家政服务职业技能培训学校进行残疾人培训工作。培训内容为各类面点制作、手工编织、青壮年扫盲和“互联网+”培训。其中农村实用技术106人，青壮年扫盲1人，残疾人“互联网+”培训33人。全年共推荐安排64名残疾人就业，并有22名残疾人自主创业。

【开展“助残月”活动】 区残联早谋划、早安排、早运作、精心组织，于5月全面启动“一走访、二看望、三活动”系列主题活动，将“助残日”拓展为“助残月”，营造扶残助残、小康路上残疾人一个也不能少良好社会氛围。“一走访”，即组织开展“百名干部走基层 送温暖 办实事”活动，对辖区80名建档立卡户及贫困残疾人进行走访慰问，进村入户开展社情、村情、民意调查研究，着力破解影响脱贫攻坚、残疾人自主创业和各类残疾人惠残政策落实中热点难点问题，努力把党政策转化为残疾人脱贫致富实际行动。“二看望”，即在“六一”国际儿童节即将到来之际，区残联领导干部职工慰问看望丰南特教学校和星愿孤独症服务中心孩子们，给孩子们送去生活学习用品，让这些特殊孩子们感受到党和政府节日特别关怀和温暖。“三活动”，即5月17日在丰南区大剧院小剧场成功举办“自强脱贫 助残共享”第二十九次全国助残日主题文艺演出活动。还在城内主要街道和各乡镇（街道）悬挂“扶贫助残”宣传条幅100余条，在全社会营造“人人皆愿为”“人人皆可为”“人人皆能为”助残扶残氛围。

（徐新华）

农村贫困残疾人实用技术培训手工班

社会事务管理

【概况】 丰南区民政局共设4个行政科室（综合办公室、社会管理科、社会事务科、社会救助科），6个直属事业单位（救助申请家庭经济状况核对核查指导中心、救助管理站、截瘫伤员疗养院、婚姻登记中心、殡仪馆、养老事业服务中心）。全系统现有工作人员137人（局机关40人），其中在编75人（行政编制13人，事业编制62人）、劳务派遣62人；另有人事代理4人、公益岗位22人。班子成员7人，其中局长1人，副局长2人，二级主任科员1人，正科级干部2人，副主任科员1人。党组成员4人。局党组（党总支）下设3个党支部，分别为机关党支部、民政事业服务中心党支部和殡仪馆党支部。

【婚姻登记】 全年共办理婚姻登记7448对，其中结婚登记3145对，补发结婚证2205对，离婚登记1861对，补发离婚证237对，婚姻登记合格率100%；办理收养登记3对；调解离婚夫妻2061对，当场劝和200对。

【社会组织管理】 全区现有社会组织共49家，其中社会团体27家、民办非企业单位22家。年内，依据《社会团体登记管理条例》《民办非企业单位登记管理暂行条例》，对在全区注册登记社会组织实施监管和年检工作。3月，下发《关于开展2018年度民间组织年度检查通知》，对应列入年检范围社会组织实施2017年度检查。通过年检，提高社会组织负责人法治意识，促进社会组织规范化建设水平。按照国家、省、市关于行业协会商会脱钩改革工作部署， 丰南区成立唐山市丰南区行业协会商会与行政机关脱钩联合工作组，印发《全面推开丰南区行业协会商会与行政机关脱钩改革工作方案》，对丰南区信鸽协会等9家行业协会与行政机构按照要求全部完成脱钩改革，引导他们自主运行、行为自律、竞争有序，为推进全区高质量发展发挥积极作用。

【社会办养老机构建设】 截至2019年底，民办养老机构4所，其中2家被为河北省一星级养老机构，1家被评为河北省三星级养老机构，床位294张，入住老人199人。1家医养结合养老机构（区医院康盛养护中心），床位40张，入住老人4人。落实政府补贴政策，分别为丰南区慈恩老年公寓、丰南区建设楼爱心助残托老所发放运营补贴12.78万元、10.725万元。组织好行业监管，对全区5家老年公寓安全运营、消防隐患情况进行督导检查，推进各养老院简易消防设施安装，提升养老院风险防范能力。组织开展养老院服务质量建设专项行动，全面提升民办养老机构服务质量。丰南区建设楼爱心助残托老所和丰南区慈恩老年公寓被评为河北省一星级养老机构，丰南区福康养护服务有限公司被评为河北省三星级养老机构。

【社区和居家养老工程】 围绕“政府主导、民政牵头、部门配合、社会参与”工作思路，全力推进养老服务体系建设，初步形成以居家养老为基础、社区服务为依托、机构养老为支撑、社会养老为补充，功能完善、规模适度、覆盖城乡社会化养老服务格局。建有街道级综合居家养老服务中心1个，乡镇居家养老服务中心11个，村（居）居家养老服务站444个。年内建成1家配餐中心，3个老年人助餐点，开展老年人助餐服务。新改建丰南镇翟一村互助幸福院和黄各庄镇曹庄子互助幸福院，依托黄各庄镇、小集镇、大新庄镇、唐坊镇、柳树瓤镇和西葛镇敬老院，东田庄乡和黑沿子镇卫生院建设8家农村区域性居家养老服务中心，为广大农村空巢、独居、留守老年人提供服务平台。

【基层政权建设】 加强基层政权建设工作。丰南区于2018年完成464个村21个村（居）委会换届工作，真正实现“选好人、事平稳”。2019年，有些村（居）委会成员因事、因病、死亡等原因造成缺额，全区共有30个村34

表4　丰南区社会办养老机构基本情况表

机构名称	地　址	所有制形式	入住人数
丰南区慈恩老年公寓	丰南区杨贵庄别墅区2排1号	民办	37
丰南区安康老年公寓	丰南区王兰庄镇董代庄205国道往西200米	民办	2
丰南区建设楼社区爱心托老所	唐山市丰南区建设路49号	民办	25
丰南区福康养护服务有限公司	唐山市丰南区民政北街8号	民办	135
丰南区医院	唐山市丰南区正泰街9号	公办	4

名村委会成员出现出缺，及时指导相关镇（乡）按程序、按要求补选补足，并将补选结果及留存档案及时上报到区民政局。年内，对村民委员会依法履行职责、协助政府工作事项清单起草完成，于5月20日，以唐山市丰南区乡村振兴工作领导小组办公室红头文件形式向全区各相关单位下发征求意见函，将各单位上报征求意见反馈信息收集整理后，于6月4日上报丰南区乡村振兴战略工作领导小组审阅，8月下发正式文件并实施。

【社区建设】 加快推进新型农村社区建设。2019年年初，紧紧依托乡村振兴战略总体规划，继续本着点片结合、统筹推进原则，实施农村社区建设试点工作。从2019年唐山市乡村振兴示范村名单中选出4个村作为是年全区农村社区建设试点村，分别是唐坊镇的孙老庄、孔家庄和东田庄乡的王打刁村、崔庄户村。将试点村及时上报市局，将2019年农村社区试点依托区委乡村振兴战略办公室步伐加紧开展创建。通过调研督导，对照农村社区建设试点村九项任务，细化分解三大体系十二个建设标准进行详细规范，对不完善试点村进行对比标准、查漏补缺、明确任务、提出要求和整改时限，为今后努力打造组织健全、管理民主、制度规范、多元参与、设施完备、环境优美、和谐健康农村社区建设示范点，为进一步推动农村社区建设试点工作开展提供强大动力。加强和完善城乡社区治理机制。为贯彻落实省委、省政府办公厅《关于加强农村综合服务站建设实施意见》和唐山市委组织部、市民政局《印发<关于推进农村综合服务站建设实施方案>通知》要求，为进一步提升农村基层党组织组织力，推进标准化规范化建设，提高村“两委”干部凝聚服务群众能力水平，健全完善农村便民服务体系，丰南区委组织部、区民政局、区审批局对各乡镇按照标准全面推进村级综合服务站建设。每月20日，对各乡镇资金投入及工作推进情况进行汇总上报。截至2019年7月底，全区464个村全部完成综合服务站建设，累计投入资金850.5万元，464个村综合服务站建设全部达到“六有”标准。

【城乡特困人员供养】 截至2019年12月全区共有特困供养人员1944人，其中集中供养631人，分散特困1313人。农村特困1862人，城市特困82人。全区城乡特困供养对象中完全丧失自理能力171人、部分丧失自理能力312人、自理1461人。部分丧失生活自理能力、完全丧失生活自理能力特困人员集中供养率为68%。按照《唐山市民政局唐山市财政局关于提高我市特困供养人员基本生活标准通知》，自2019年1月起，农村集中供养特困人员基本生活标准调整为每人每年8004元，农村分散供养特困人员基本生活标准为每人每年6756元；城市特困人员基本生活标准为每人每年11988元。自2019年1月起，部分丧失生活自理能力特困人员照料护理费为165元/月；完全丧失生活自理能力特困人员照料护理费为247.5元/月。为进一步加强敬老院规范化管理，提高全区敬老院管理水平，促进全区敬老事业健康发展，制定《丰南区民政局关于加强敬老院规范化管理实施细则》，全面推行规范化管理。现全区11所敬老院共有工作人员137人。配合丰南区市场监督管理局

表5 **丰南区敬老院基本情况表**

机构名称	地　址	所有制形式	入住人数
中心敬老院	民政北街8号	公办	46
小集镇敬老院	小集镇大韩庄	公办	108
黄各庄镇民政服务中心	黄各庄镇惠达宾馆西	公办	67
西葛镇敬老院	西葛镇东葛村	公办	21
大新庄镇敬老院	大新庄镇大李路西侧	公办	75
钱营镇敬老院	钱营镇钱营村西北	公办	33
唐坊镇民政服务中心	唐坊桥村邱柳线公路南侧	公办	74
王兰庄镇敬老院	王兰庄中学东侧	公办	76
柳树鄚镇敬老院	柳树鄚镇夏新庄村北	公办	43
黑沿子镇敬老院	雪莲湾社区东侧	公办	22
大齐镇敬老院	大齐镇政府西	公办	52

对全区10所敬老院食品安全情况检查工作，严格按照《餐饮服务食品安全操作规范》里要求进行检查，主要对食品留样、采买记录、储存库房等情况进行查看。为迎国庆70周年，加强对敬老院安全管理，在食品安全方面严把采买关，要求各敬老院做好食品留样；消防安全方面，检查电源及其线路、厨房、防火、防盗、防雷等设备安全状况，发现有安全隐患，及时解决。检查各敬老院卫生间、走廊、洗澡间扶手,保障老人生活安全。

【老年人福利】 2019年，为全区11995名80—99岁周岁以上老年人发放高龄津贴943.84万元。为10名100周岁以上老人发放生活补贴4.17万元。继续实行经济困难高龄、失能老人养老服务补贴制度。为全区304名经济困难高龄、失能老人发放养老服务补贴38.99万元。为胥各庄街道41名生活困难低保老人，失独老人，城市“三无”老人，重度残疾一、二级老人及子女因残疾、重病等不能履行赡养义务独居老人实行政府购买居家养老服务共计5.01万元。

【殡葬管理】 区殡仪馆2019年全年火化尸体5743具，其中本辖区居民3753具，减免本区居民基本丧葬费用2852280元。全面做好2019年清明节期间群众祭扫服务保障工作，推进殡葬领域防风险、保安全、惠民生、树新风、聚共识，营造平安、便利、文明、和谐节氛围，做好清明节祭扫高峰期间安全保障、优质服务和宣传引导工作，区殡仪馆和丰南陵园提早制定祭扫接待方案、人员交通疏导方案和突发事件应对预案，协调公安、交警、城管局等相关部门密切配合，应对特殊情况，实现平安清明、文明祭祀。共登记祭祀人数6500多人、车辆650多辆，保证无意外事故发生，实现平安清明、文明祭祀既定目标。与此同时，深入到各乡镇、批发市场、交通路口、陵园墓地进行督导检查，确保清明祭扫和各项安全防范措施落实到位。积极宣传殡葬常识，营造良好殡葬改革氛围。殡仪馆工作，2019年翻新1号平板火化炉；扩建骨灰堂，新增1000格位；完成殡仪馆改造工程招标。

【儿童工作】 2019年12月底全区共有孤儿、事实无人抚养儿童57人，孤儿和事实无人抚养儿童基本生活费发放及时准确。孤儿、事实无人抚养儿童每人每月享受1150元生活保障待遇。散居孤儿基本生活费、事实无人抚养儿童基本生活费由区民政局直接发放到儿童或其监护人个人账户中，实现社会化发放。全区有留守儿童22名，困境儿童482名，全部录入到农村“三留守”儿童信息管理系统。对留守儿童与困境儿童信息每季度更新一次，实施动态管理；孤儿、事实无人抚养儿童、留守儿童、困境儿童花名册、档案齐全。明确儿童督导员和儿童村主任工作职责，对困难儿童定期走访、关爱。

【地名管理】 以《唐山市地名管理条例》为依据，对惠泽嘉苑、嘉誉滟湖苑三期、静雅苑、春晖园四个新建小区进行命名，经区政府审批后下发批复。从规范地名管理角度出发，对新建楼盘沿街商业编制门牌编码，并为办理房屋所有权证、国有土地使用证、企业法人营业执照近604家企业或个人出具标准地名告知书、证明信。按照《城市精细化管理考核标准》，加强地名标牌日常巡视和维护管理。新设楼牌53块，维修文化大街、银丰大街、瑞景街、瑞明街、建设路、金盛街、铁西路街路牌共7处，对城区范围内文化大街、青年路、铁西路、运河东路、运河西路、正苑大街等92块街路牌牌面（双面）进行更换，在新命名8条背街小巷以及友谊大街和国丰大街延伸处增设街路牌24块（制作中），确保城区423块街路牌、1954块楼牌、4882块沿街门牌外观整洁、字迹清晰、无破损、无剥落、无移位。随着经济社会不断发展和城市化建设步伐加快，为进一步提升地名标准化整体水平和城市文化形象。作为国家、省第二次地名普查试点单位，第二次地名普查补查工作也在开展，主要是补查全区陆地行政区域内2011年1月1日至2014年12月31日新增、变更和遗漏地名，增加、更新和完善相关资料信息，更正错误内容等。协调专业公司将普查成果上交至省民政厅，并通过验收。确定石家庄利达测绘有限公司负责地名普查档案整理工作，截至11月底，该项工作也已经通过省厅验收，部分档案交付至区民政局留存。在省民政厅和市民政局统一安排和指导下，编纂河北省地名志第一卷释文丰南区部分，对全区1039条标准地名录进行和核准和修改，上报至市民政局。

【区划管理】 2017年11月13日，省政府下发《关于同意唐山市调整部分行政区划批复》，同意将丰南区钱营镇11个村划归开平区越河镇管辖，3月以来，区民政局积极配合开平区民政局进行县级行政区域界线勘定相关工作，先后4次到省自然资源厅递交1:1万地形图领图材料并领图，5月中旬，与开平区工作人员及测绘人员对全程11千米界线进行走界并埋设界桩三座，勘界工作全部完成；完成丰南区和丰润区、丰南区和路北区、开平区和丰南区、曹妃甸区和丰南区四条县级区域界线协议书逐级上报工作；配合区政法委对区民政局牵头四个县区界线界桩进行矛盾纠纷调查摸排，确保及时发现及时化解，为丰南区平安边界工作奠定坚实基础。自2016年5月以来，丰南区高度重视部分行政区划调整工作，在区委、区政府大力支持下、市民政局精心指导下，局领导带领科室工作人员先后数十次赴省政府、省民政厅协调相关工作，2018年11月7日，胥各庄街道办事处已正式更名为青年路街道办事处，2019年6月19日丰南镇更名为胥各庄镇批复已由省民政厅正式下发。区政府将适时推进青年路街道办事处和胥各庄镇更名后续工作。

【截瘫伤员疗养院设施建设】 丰南区截瘫伤员疗养院隶属于丰南区民政局，始建于1978年，原坐落于侉子庄乡张思庄村东，占地面积0.99公顷。1980年开始接收丰南地震致残人员疗养。2001年11月，因国丰（南区）钢铁公司扩建，由丰南区政府协调迁至滨河南大街98-9号（福利汽车修理厂院内），并投资88万元，对办公二层楼房进行维修改造后搬迁入住。后因丰南区截瘫伤员疗养院划为居住、商业用地，2013年5月又搬至银丰欣荣街10号院内暂时与光荣院在一个院办公，分别管理。2016年5月丰南区截瘫疗养院搬至丰南区民政事业服务中心（丰南区民政北街8号）。现有截瘫伤员39人。正式在岗工作人员13人，劳务派遣人员23人，其中院长1人，副院长1人。主要职能是为地震疗养伤员提供日常护理、心理疏导。疗养院担负着上为国家分忧，下为伤员解愁任务，使每个伤员能切身感受到党和政府关怀，并使他们在生活上有保证，精神上寄托，丰南区委区政府领导、社会各界爱心人士、丰南区民政局领导无时无刻不在关心着他们，全体工作人员也都在无微不至照顾着他们，让他们时刻都能感受到温暖。

【城乡低保救助】 认真落实低保调标工作，切实保障好困难群众基本生活。2019年全区城镇居民最低生活保障标准由每人605元/月提高到每人666元/月，农村居民最低生活保障标准由每人4308元/年提高到每人4824元/年。截至12月全区共有城镇低保对象372户473人，农村低保对象4728户6502人，全年累计发放城乡低保金2769.8万元。加强低保动态管理，提高精准认定水平。通过入户核查与信息比对相结合方式，切实做到“应保尽保、应退尽退”。2019年全区新增城乡低保198户389人，取消城乡低保548户768人。扎实做好低保兜底保障工作，助力脱贫攻坚。一方面加强政策宣传，随时接受群众监督，广泛张贴民政扶贫工作“码上监督”二维码。另一方面加强农村低保制度与扶贫开发政策有效衔接，坚持与市局月报和扶贫办数据共享。开展建档立卡边缘户“大走访”活动，及时将符合条件重度残疾人、重病患者、困难老人、未成年学生等边缘户纳入保障范围，切实保障困难群体基本生活。

【残疾人两项补贴】 积极落实两残补贴制度，提前在全市完成“全国残疾人两项补贴信息系统”数据录入工作。2019年困难残疾人生活补贴标准为每人66元/月，重度残疾人护理补贴标准为每人60元/月。截至12月，全区享受两项补贴对象8233人，全年累计发放两项补贴621.9万元。

【流浪乞讨和生活无着人员救助】 2019年来，在主城区内开展多次宣传活动，对流浪乞讨人员进行入站接待、救助服务、流动救助、劝导救助等活动，共救助流浪乞讨人员191人，发放救助资金5030元。2019年6月19日，开展第七个全国救助管理机构“开放日”活动，提高救助管理工作透明度、公信力和群众满意度；开展“寒冬送温暖”活动，提前做好救助物资储备，建立极端天气救助预警机制，开展47次街面巡查活动，确保流浪乞讨人员顺利过冬；医治受助人员10名，托养于唐山爱欣精神康复医院。年内有9名受助人员已被护送回家或联系亲属接回，合计医疗费和托养费共计37471.63元；无节假日，元旦和除夕夜都在护送途中，与受助人员同吃同住，轮流看护，做好护送返乡工作。共计护送返乡26人次，其中省外5人次，省内21人次，护送未成年人2人次，家属接回4人次，寻亲网找到家人有1人，人脸识别找到家人2人。

【临时救助】 2019年共救助城乡困难群众266人，累计发放救助资金94.5万元。其中，因病救助181人，发放救助资金67万元；意外救助16人，发放救助金5.8万元；其他救助69人，发放救助金21.7万元。救助过程中严格按照《唐山市临时救助对象认定办法及救助标准》等文件要求，按照救急救难、保障基本、规范高效、阳光救助原则，确保遭遇急难问题家庭和个人得到及时救助，有效保障困难家庭基本生活。

【慈善救助】 区慈善协会自成立以来，以扶贫济困、慈善利民为宗旨，扎实做好慈善救助工作。2019年共救助困难群众34人，其中助医22人，发放救助金10.1万元；助困12人，发放救助金3.64万元。

（毕伯海）

双拥共建

【优抚工作】 2019年圆满完成优抚对象数据核查工作。共为抚对象发放抚恤定补款3114.17万元，发放门诊药费158.75万元，为144人报销丧葬费54.1万元，为249人二次报销33.5万元，发放价格临时补贴共计99.12万元，为义务兵发放家庭优待金636.72万元，为一至六级残疾军人缴纳医疗保险及生育保险36.15万元，发放残疾军人护理费55.57万元。对困难退役军人发放特困补助资金6.6万元。2019年累计走访退役军人、各类优抚对象，发放慰问金（慰问品）118万元；春节和“八一”期间，对全区驻地部队进行走访慰问。在公共服务领域和场所设置优待服务窗口或摆放优先标识，与优待证制作、发放、管理同步推进。为立功受奖现役军人家庭送喜报和一次性奖励金14.85万元。共计发放中华人民共和国成立70周年纪念章71枚。积极引导优秀退役军人参与村居管理。向省、市推荐“最美老兵”“最美双拥人物”，广泛宣传不同行业优秀退役士兵先进典型事迹。先后表彰优秀退役军人代表20名、退役军人管理服务先进单位10家、先进个人10名并兑现奖金9万元。报销烈士家属清明节赴外地祭扫费用1.44万元，完善1486名烈士英名录。

【双拥工作】　拟定《丰南区新一届全国双拥模范城创建工作实施方案》和《全国双拥模范城考评标准及责任分解表》，以胥各庄街道东兴社区为示范，不断巩固和发展新型军民关系，定期开展国防教育和革命传统教育活动。集中组织开展为2019年立功受奖军人送喜报活动，在征兵、退役、“八一”建军节、烈士公祭日等时间节点，通过走访慰问、宣传教育，普及国防知识，开展多种形式爱国主义教育活动，提高全区人民国防意识和拥军意识。结合区电视台等新闻媒体开辟国防和双拥宣传教育专栏；丰南报社、城区户外电子屏幕、微博、微信公众号和网站等新兴媒体也多渠道开展国防教育和双拥工作网络宣传。在全区范围内开展全国双拥模范城创建宣传“五个一”系列活动，调动广大群众参与创建全国双拥模范城积极性，提高群众知晓率和参与率。

退伍士兵与军休干部安置

【退伍士兵安置】　为2019年符合条件自主就业退役士兵发放一次性经济补助金852.0754万元。为退役士兵办理自谋职业，发放一次性自谋职业补助费31.7万元。为符合安排工作条件退役士兵全部安排工作，至年底均已上岗。2019年组织退役士兵参加职业技能培训班，部分退役士兵参加高职教育。

【军休干部安置】　抓好军休干部“两个待遇”落实，全年发放离退休费、补发工资、文明奖380.34万元；发放门诊药费16.1万元；发放遗属补助26.7万元；报销军休干部住院伙食补助0.24万元。离休、伤残军休干部住院药费实行实报实销。出资1.01万元为军休干部进行体检，为每位军休干部建立健康档案，开展军休干部运动会。在春节、“八一”建军节对军休干部进行全员走访慰问，发放慰问品共计9.04万元。

（李健华　杨　蕾）

城镇居民生活

【概况】　2019年，城镇居民人均可支配收入43883元，比上年增长8.5%。从构成可支配收入各项指标看，工资性收入人均达到35819元，比上年增长8.3%，占可支配收入比重81.6%；人均经营净收入5053元，比上年增长9.9%，占可支配收入比重11.5%；人均财产净收入3002元，比上年增长8.5%，占可支配收入比重6.8%；人均转移净收入9元。城镇居民人均消费支出28710元，比上年增长8.2%。在城镇居民人均消费支出构成中，教育文化娱乐消费支出3701元，增长9.0%；交通通信支出4023元，增长7.4%；生活用品及服务1877元，增长7.2%；居住支出5886元，增长8.0%；食品烟酒支出7238元，增长8.5%；医疗保健支出2279元，增长7.7%；衣着支出3129元，增长8.7%；其他用品和服务支出579元，增长8.9%。

【恩格尔系数】　2019年，城镇居民人均食品支出7238元，占居民消费支出比重（恩格尔系数）25.21%，比上年上涨0.08个百分点；比上年增长8.5%，增速在消费支出中居第4位。

【居住面积】　2019年，城镇居民人均住房面积38.5平方米，比上年增长1%。

【耐用品拥有量】　2019年，每百户城镇居民拥有家用汽车94.85辆，摩托车9.58辆，电冰箱115.07台，洗衣机106.43台，热水器104.91台，空调169.47台，彩电130.05台，照相机27.51台，计算机80.06台，中高档乐器15.46架，固定电话5.6部，移动电话268.98部。

（刘小娜）

表6　　2019年唐山市丰南区城镇居民家庭（人均）现金收支情况表

指标名称	单位	2019年	2018年	比上年增长（%）
一、可支配收入	元	43883	40445	8.5
（一）工资性收入	元	35819	33074	8.3
（二）经营净收入	元	5053	4599	9.9
（三）财产净收入	元	3002	2767	8.5
（四）转移净收入	元	9	6	60.7
二、消费支出	元	28710	26534	8.2
（一）食品烟酒	元	7238	6668	8.5
（二）衣着	元	3129	2879	8.7
（三）居住	元	5886	5450	8.0
（四）生活用品及服务	元	1877	1750	7.2
（五）交通通信	元	4023	3745	7.4
（六）教育文化娱乐	元	3701	3395	9.0
（七）医疗保健	元	2279	2115	7.7
（八）其他用品和服务	元	579	531	8.9
三、人均现住房建筑面积	平方米	38.5	38.11	1.0

农村居民生活

【概况】 2019年，农村居民人均可支配收入18821元，比上年增长9.2%。从构成可支配收入各项指标看，人均工资性收入13702元，比上年增长9.2%，占可支配收入比重72.8%；人均经营净收入4633元，比上年增长9.0%，占可支配收入比重24.6%；人均财产净收入341元，比上年增长10.9%，占可支配收入比重1.8%；人均转移净收入145元，比上年增长10.0%，占可支配收入比重0.7%。农村居民人均消费支出14754元，比上年增长8.9%。在农村居民人均消费支出构成中，居住支出2163元，增长8.4%；教育文化娱乐消费支出1263元，增长7.0%；交通通信支出3685元，增长6.9%；医疗保健支出915元，增长8.4%；食品烟酒支出3867元，增长13.2%；生活用品及服务1265元，增长7.0%；其他用品和服务支出280元，增长7.9%；衣着支出1226元，增长7.3%。

【恩格尔系数】 2019年，农村居民人均食品支出3867元，占居民消费支出比重（恩格尔系数）26.2%，比上年增长13.2%，增速在消费支出中居第一位。

【居住面积】 2019年，农村居民人均住房面积36.1平方米，比上年增长43.1%。

【耐用品拥有量】 2019年，每百户农居民拥有家用汽车60.15辆，摩托车52.05辆，电冰箱114.77台，洗衣机110.06台，热水器110.08台，空调130.01台，彩电126.24台，照相机15.88台，计算机65.6台，固定电话4.51部，移动电话301.1部。

（刘小娜）

表7　2019年唐山市丰南区农村居民家庭（人均）现金收支情况

指标名称	单位	2019年	2018年	比上年增长%
一、可支配收入	元	18821	17236	9.2
（一）工资性收入	元	13702	12546	9.2
（二）经营净收入	元	4633	4251	9.0
（三）财产净收入	元	341	308	10.9
（四）转移净收入	元	145	131	10.0
二、消费支出	元	14754	13548	8.9
（一）食品烟酒	元	3867	3415	13.2
（二）衣着	元	1316	1226	7.3
（三）居住	元	2163	1995	8.4
（四）生活用品及服务	元	1265	1182	7.0
（五）交通通信	元	3685	3446	6.9
（六）教育文化娱乐	元	1263	1180	7.0
（七）医疗保健	元	915	845	8.4
（八）其他用品和服务	元	280	259	7.9
三、人均现住房建筑面积	平方米	36.1	25.22	43.1

精神文明建设

【概况】　区文明办认真落实上级工作部署，紧密结合区委、区政府中心工作，以创建全国文明城市、省级文明城区为重点，以提高市民文明素质和城市文明程度为目标，大力深化群众性精神文明创建活动，不断创新工作载体，扎实推进全区精神文明建设。

【社会主义核心价值观培育】　在全区城乡、校企组织开展“四德”教育，传播道德经典，提升道德素养。举办5场全区性公民道德讲座，受教育干部群众达2万多人次。宣传弘扬道德模范先进事迹。在全区大力宣传历届道德模范事迹，组织道德模范基层巡讲，利用户外电子大屏、机关单位宣传栏、好人公园、好人一条街等阵地，宣传先进事迹，弘扬社会正能量。结合乡村振兴战略和唐津运河示范区建设，进一步深化农村“十个一”建设，加大硬件投入，夯实阵地建设，修订完善村规民约，组建红白理事会、道德评议会民间自治组织，累计投资1.04亿元，建成农村文化礼堂201个、主题公园（广场）58个、乡风文明示范街41个、善行功德榜568个、村史馆16个，组建讲师团196个，志愿服务组织386个。组织“文明家庭”评选活动，共评选出文明家庭15463户，提升农村文明创建水平。

【文明城市建设】　在加强文明城市常态化管理基础上，根据2019年文明城市创建工作形势特点，进一步细化目标任务，明确责任分解，出台《丰南区全国文明城市创建工作实施方案》《文明城市创建点位指导手册》《文明城市创建档案指导手册》等一系列指导性文件。调整完善创城指挥部组织机构，组建10个由分管区领导牵头负责创建工作部。抽调乡科级干部和专门工作人员充实区文城办工作力量，组建综合协调、档案对标、舆论宣传、督导检查、民意调查、效能监察6个工作组。组织开展市容环境、交通秩序、市场环境、社区综合治理、“五小行业”整治“五项”专项整治行动，组织开展“访千楼万家、创文明城市”入户大走访活动，广泛征求群众意见建议，解决群众关心关注热点难点问题，提高群众对文明城市创建支持率和满意率。圆满完成省文明办组织半年和年度测评，并取得全省第十名，全市第二名好成绩。

【公民道德实践活动】 组织开展“2019年最美丰南人”评选活动，共评选出12类40名最美丰南人。组织开展道德模范和时代新人·河北好人推荐评选活动，先后有杨智丽、苗卫凤、田玉和、李立平获时代新人·河北好人称号；陈兵获评市级道德模范，郭俊章获评省级道德模范。开展“我们的节日”系列活动，在春节、元宵、清明、端午、中秋等传统节日，把爱国主义教育、志愿服务活动、经典诵读、群众性节日民俗、体育健身、文化娱乐等活动贯穿主题活动始终，不断丰富节日期间城乡群众文化生活。组织“奋进新时代·文明我出彩”主题演讲比赛、“我初心•我梦”征文大赛等一系列活动。开展道德讲堂活动，传播道德经典，提升道德素养。“文明丰南”微信公众平台高效运行，充分展示各地各单位精神文明建设创建工作成果，不断宣传好人事迹、弘扬好人精神、传递社会正能量。

【志愿服务】 大力推进志愿服务制度化、规范化建设，不断提高志愿服务水平，起草下发《唐山市丰南区2019年推进实施“文明交通行动计划”工作方案》等16个规范性文件，编印唐山市丰南区《志愿服务手册》，在窗口单位、社区、商场、市场、公园广场、交通亭等公共部位规范各类志愿服务站（岗）设置及活动开展。组织召开志愿服务工作培训会，就对标做好“学雷锋志愿服务站”等志愿服务相关工作对城区各社区、公共文化设施、景区景点、窗口单位和公共场所志愿者及工作人员进行专项培训。开展文明交通志愿服务活动，组织文明交通志愿者协助交警，对城区主要路口非机动车和行人闯红灯、越线等候红灯等不文明交通行为，进行劝导和纠正，引导市民遵守交通法规，文明出行。开展慰问贫困群众志愿服务活动，组织部分党员志愿者，走访慰问丰南镇、黄各庄镇、小集镇、西葛镇、王兰庄镇、南孙庄乡、尖字沽乡部分困难道德模范、贫困家庭、春蕾女童，送去慰问金和米面油等慰问品，让受助人群感受到党和政府关怀和社会大家庭温暖。组织开展优秀志愿服务组织和先进个人评选活动，郭俊章被推荐为全国优秀志愿者，刘蕊被评选为河北省最美志愿者，德风化雨被评选为河北省优秀志愿服务组织，爱心暑托班被评选为最佳志愿服务项目。

【未成年人思想道德建设】 组织全区各中小学按照《文明校园创建标准》开展文明校园创建活动。组织开展“扣好人生第一粒扣子”主题教育实践活动。组织开展新时代好少年评选活动，评选出10名区级“新时代好少年”，推荐市级候选人2名，区实验学校学生冯可欣获评市级新时代好少年并推荐参评省级新时代好少年。加强校园周边环境专项整治，区文明办、教育局、公安局、卫计局等10家单位联合对城区学校周边环境卫生情况及书店、音像门店（摊点）、餐饮店（驿站、小饭桌）、流动摊点等环境卫生及经营行为进行检查，现场整改发现问题。

【培育社会主义核心价值观】 为积极培育和践行社会主义核心价值观，弘扬中华民族优秀传统文化，充分发挥传统节日思想熏陶和文化教育功能，引导广大干部群众移风易俗、文明祭祀，在全区组织开展“我们的节日——清明”主题活动。开展“文明祭祀”活动。在丰南电视台和文明丰南微信公众号发布丰南区关于清明节文明祭祀倡议书。倡导全区广大市民采用鲜花等绿色环保方式祭奠，做到祭祀不污染环境。增强安全意识，严格遵守有关防火规定，不在墓地焚烧冥币、烧香和燃放爆竹；不在道路两侧和楼道等地焚烧冥币、燃放爆竹，确保安全祭扫，安全过节。开展“祭奠英烈”活动。联合区网信办、区退役军人事务局下发关于清明节期间开展网络文明祭祀活动通知，组织全区干部群众、青少年学生和社会各界人士依托网络平台，通过撰写缅怀文章和网上祭扫等文明祭祀方式，追忆逝者、缅怀先烈先贤。

（董国霞）

乡镇 · 街道

Xiangzhen · Jiedao

责任编辑：张子成

综 述

2019年，丰南区辖12个镇，3个乡，1个街道办事处，1个经济开发区，444个村民委员会，总人口53.7万人，其中城镇人口22.3万人，乡村人口31.4万人，人口自然增长率10.3‰，地区生产总值657亿元，比上年增长6.7%，其中一、二、三产业增加值分别完成45亿元、334亿元和278亿元，分别比上年增长26%、108%和28%。新增规模以上工业企业11家，累计达到193家。全部财政收入87.6亿元，比上年增长-3.3%，其中一般公共预算收入47.2亿元，比上年增长5.3%。固定资产投资261亿元，比上年增长9%。社会消费品零售总额252.4亿元，比上年增长8.7%。实际利用外资0.66亿美元，出口创汇6.3亿美元。城乡居民人均可支配收入分别为4.4万元和1.9万元，分别比上年增长8.5%和9.2%。2019年，在全国综合实力百强区评比中，丰南区再次跻身全国百强行列。

项目投资稳定增长，亮点凸现。2019年，全区深入开展“项目建设提质年”活动，全力打造高质量发展新引擎。年内，全区投资千万元以上项目152个，计划总投资986.3亿元，其中丰越海水淡化、盛世维异型钢结构等44个项目开工建设，惠达整体浴室、辰元环保等30个项目竣工投产。新增规模以上工业企业28家，总量居全市第二位，新增规模以上服务企业12家。全市4次项目观摩成绩始终位居前列。紧紧围绕“6+4+3”现代产业体系抓招商，签订亿元以上产业项目62个，计划总投资387.3亿元，其中新兴产业项目24个，呈现出投资规模大、产业链条强、生态效益好、转型效果优的鲜明特点。

融入唐山主城区步伐加快。年内，实施城建项目83个，完成投资53.6亿元。国丰北片重点区域清拆完毕，“四横、三纵”路网具备通车条件。兰高庄顺利回迁，滨河北大街西伸等3条道路加快建设。完成23.4万平方米城乡既有建筑节能改造，城区新建公厕8座、改造5座，新增园林绿化面积73.7万平方米，常住人口城镇化率达到59.25%。丰南区高标准通过全国文明城市和省级文明城区复检。

狠抓污染深度治理，生态环境持续好转。年内完成8个重点行业156项深度治理工程，主要污染物全部达到超低排放标准。关停二环线以内铸造、淘汰改造燃气锅炉64台，“散乱污”企业实现动态“清零”。完成气代煤改造2.79万户，2.82万户电代煤采暖设备全部安装到位，置换回购散煤1.4万吨，配送清洁煤5.6万吨，保证农村群众温暖过冬。全区$PM_{2.5}$平均浓度52毫克/立方米，下降1.9%，空气质量综合指数6.36，均居7个中心区第一位。

建设富美新农村扎实推进。大力推进农村人居环境整治，实施10个示范村、90个重点村建设，修缮182个村破损道路93平方千米，改造农厕2.91万座，美丽庭院建设工作全市第一，所有村庄完成“五清三建一改”，农村环境显著改观，唐津运河示范区成为全省乡村振兴样板。修建区乡村三级公路40.9千米，改造农村电网531.9千米。小城镇建设稳步推进，完成投资3.8亿元，黑沿子254户住宅顺利清拆，黄各庄、东田庄等乡镇功能品位进一步提升。实施君乐宝乳业、鑫棣农业综合体一期等产业化重点项目18个，农业产业化经营率达到68.5%，农村综合改革扎实推进，承包地确权基本完成。7项扶贫措施全面落实，实现域内贫困人口动态脱贫，整体工作全市考核排名第一。

民生福祉、群众幸福指数稳步提升。年内民生投入占全区公共预算支出80%以上。年初确定惠民实事基本完成。全区城镇新增就业人员13459人，帮扶创业项目1000多个。教育质量快速提升，全区高考成绩创历史最高水平，区职教中心省精名校创建排名全省各县区第一。投资4000万元改善区内各级学校办学条件。银丰学校、实验小学西校区改造等项目投入使用。实施区中医院异地扩建，乡镇卫生院全部通过标准化验收。黄各庄镇、小集镇被评为省级优质示范乡镇卫生院。城乡居民养老保险参保率达到99.98%，城乡低保标准稳步提高。区乡村三级综治中心和网格化管理进一步完善，“八五”村（居）创建率67.63%，深入开展扫黑除恶专项斗争，破获涉案案件89

起，打掉涉恶集团2个，恶势力团伙4个，丰南区被评为“省级平安建设先进区”。

（鉴办）

乡 镇

【概况】 2019年，全区辖胥各庄镇、黄各庄镇、小集镇、钱营镇、大齐各庄镇、大新庄镇、黑沿子镇、唐坊镇、王兰庄镇、西葛镇、柳树瞿镇、岔河镇12个镇，东田庄乡、南孙庄乡、尖字沽乡3个乡，下属444个村民委员会，41个居民委员会，总人口53.7万人，其中城镇人口22.3万人，乡村人口31.4万人。农村居民人均可支配收入18821元，城镇居民人均可支配收入43883元，分别比上年增长9.2%和8.5%。年内，全区新增就业人员11038人；农村劳动力转移人数5085人；城镇失业率控制在3.5%以内。2019年，全区农林牧渔总产值73亿元，比上年增长3.3%；其中农业总产值36.4亿元，比上年增长6.7%，林业总产值0.58亿元，比上年下降1.5%，渔业总产值15.3亿元，比上年下降1.5%。粮食播种面积36.5万公顷，粮食总产量达到3.7万吨，比上年增长2%。生猪出栏3624百头，比上年下降25.3%；家禽出栏51528百只，比上年增长0.1%；猪牛羊禽肉总产41769吨，比上年下降13%。2019年末，全区拥有6个现代农业园区，其中省级2个，唐山市级3个。农业产业化龙头企业27家，其中省级龙头企业6家，唐山市级龙头企业21家，农业产业化经营率达到68.5%，比上年提高2.85个百分点。

2019年，全区以实施乡村振兴战略为统领，加快推进农业供给侧结构性改革，推动城乡融合发展。规划建设乡村振兴“一带三区、三组团”沿205国道和唐津运河打造东西贯穿全区百村示范带，培育唐津运河沿线，黄各庄镇、大齐各庄镇示范区，丰南镇、钱营镇、岔河镇三个组团，覆盖10个示范村以及90个重点提升村，带动全区振兴战略整体提升工程。年内投资6500万元，完成182个村破损街道修缮提升工程，开展以“五清三建一改”为主要内容村庄清洁行动，顺利通过全省农村人居环境整治全域示范区验收。全面落实7项扶贫举措，高质量完成112户216人贫困人口精准脱贫。旅游快速发展，全区共接待游客401.1万人次，比上年增长28.7%，实现旅游总收入45.7亿元，比上年增长39.8%。

（鉴办）

【丰南镇】 丰南镇域面积74.17平方千米，耕地面积1666.7公顷，辖31个行政村，17个社区，总户数20642户，人口79246人。2019年全镇完成地区生产总值922016.8万元。其中，第一产业增加值8748万元，在地区生产总值中所占比重0.95%；第二产业增加值44663万元，在地区生产总值中所占比重4.84%；第三产业增加值868605.8万元，在地区生产总值中所占比重94.21%。完成农业总产值14106万元。其中，农业5265万元，占农业总产值37.33%；林业875万元，占农业总产值6.2%；牧业7213万元，占农业总产值51.13%，其他753万元，占农业总产值5.34%。完成全部财政收入11.9亿元，其中完成一般公共预算收入5.75亿元。

城镇建设。坚持高标定位，加速融入主城区。加快国丰北片区开发建设，按照唐山市“一港双城”建设决策部署，编制国丰北片区发展规划，拆除国丰北区、贝钢及周边企业，强力推进国丰北片区开发建设。发展城市经济，成功与华润置地签订片区开发战略合作协议。紧盯荣盛未来城、国盛商贸城和泽信商务创业中心等项目运营，加快时代广场等项目建设。加快棚改回迁楼建设，利用两天半时间，顺利完成兰高庄村657户、1043套回迁楼房分配工作，十天时间完成回迁房交付工作。北新庄子村回迁楼完成主体施工。加强城市管理。投入60万元治理社区环境、清除小广告、制作公益广告等，进一步改造提升社区面貌、完善社区功能。在2019年9月省级文明城区实地测评中，青青家园、星河湾、白石家园三个社区顺利完成测评点位验收。完成河头里小区、金盛花园小区部分楼栋楼顶防水维修工程，通过招投标对兰馨家园小区物业管理完成整体发包。

工商贸业。坚持内激、外引，推动高质量发展。项目建设成绩喜人。2019年，共实施重点项目26个，计划总投资527.45亿元，其中，新开工项目3个，续建项目23个。招商引资持续发力。全年共联系洽谈项目14个，计划总投资63亿元。其中，已签约项目2个。国丰北区和贝钢资产处置、拆除以及国丰南区关停稳步推进。组织实施国丰北区、贝钢厂区资产处置和拆除，得到工业和信息化部和省委、省政府高度评价，全省去产能、调结构现场推进会在国丰北片区召开。完成国丰南区关停工作，对职工进行妥善安置，实现安全环保、平稳有序关停，创造行业之最。

“三农”成绩。坚持强农惠农，推进乡村振兴。深入开展村庄清洁行动，投资1000余万元，实施村庄清洁行动，出动机械设备和运输车辆2000余台次，清理清运农村各类垃圾3.1万余立方米，清理塘沟45条、7.3万余平方米，清理畜禽养殖粪污102处，清理残垣断壁151处、清除户外厕所35座，清理房前屋后杂物6200余户，设置警示牌102处，墙体涂白7万余平方米，绿化补栽1万余平方米。在全区观摩拉练中一次排名第一、两次排名第二。着力推动传统产业提质增效，引导扶持国富润兴牛场、东台生猪养殖园区及大力生态养殖场等龙头企业提档升级。年内，生猪存栏1.2万头，肉牛存栏2800头，蛋鸡存栏3.2万只。大力发展现代农业。积极扶持培育农业产业化龙头企业、农民合作社等新型农业经营主体，发挥鼎新、丰美等龙头企业带动作用，积极培育农业名优品牌。实施乡村振兴战略。投资1300万元，高标准打造大岔河村乡村振兴示范村和高庄子、翟一等15个区级乡村振兴重点提升村。深入推进农村集体产权制度改革，全镇 51个村集体经济组织成员身份确认、集体经济合作社建立、集体经济组织赋码登记三项工作完成率均为100%。

民生建设。坚持以人为本，保障和改善民生。办好惠民实事。完成年初制定社区基础设施进行改造提升、河道综合治理等7件群众看得见、摸得着实事工程。优先发展教育事业。投资500余万元，加强校园软硬件建设，着力打造全国教育强镇。不断丰富群众文化生活，积极推进全镇文化信息共享和农家书屋管理工程，举办“书香动车组”图书下乡10场次，开展送文艺下乡活动12场次。稳步推进民生保障有效开展精准脱贫，1户建档立卡贫困户实现精准脱贫。健全完善帮扶救助机制，临时救助贫困户1163户55万元，慈善救助弱势群体142户53万元。不断提升退役军人管理服务水平，高标准打造退役军人“星级服务站”，省、市领导先后多次进行调研指导，对工作开展情况给予充分肯定，镇服务站获市级“星级服务站”称号。

社会稳定。坚持治理创新，维护社会和谐稳定。狠抓社会治理，2019年银丰派出所和胥各庄派出所共接处警8544起，破获刑事案件241起，抓获在逃犯85人，打击各类违法犯罪嫌疑人594人。司法所排查化解各类矛盾纠纷352件，以创建民主法治示范村为抓手，引领基层普法宣传再创新佳绩，司法所人民调解、普法宣传等多项工作经验在全国司法所长培训班上得到推广学习。持续开展信访案件攻坚行动，成功化解信访积案17件。全力做好安全生产工作。强化对重点部位、重点企业、重点危险源实时监控，深入开展隐患大排查大整治活动，隐患整改率达到99%以上。以人员密集场所及高层建筑小区消防安全、群众关心食品安全等为重点，不断强化监督管理、专项整治和应急处置工作。

镇党委书记：兰绍光（副区长兼，2017年9月—　）

镇　　　长：王海丰（2017年1月—　）

（孙志永）

【黄各庄镇】 黄各庄镇地处丰南区中部，是丰南区工业大镇、城建重镇，是首批“全国小城镇建设试点镇”，

黄各庄镇农村小品园建设

2019年黄各庄镇入选唐山市“森林小镇”，连续3年入选全国综合实力千强镇。黄各庄镇历经多年发展，形成以陶瓷、化工为主，具备比较优势工业体系，城镇发展具有显著产业支撑特征。镇域总面积68.5平方千米，辖55个行政村，1个居委会，人口5.2万人。2019年全年完成财政收入6.72亿元，比上年增长37.38%；一般公共预算收入2.4亿元，比上年增长25.3%；完成出口创汇12925万美元，占年计划103.5%，比上年增长10.7%；限额以上贸易企业销售额8.4亿元；固定资产投资8.34亿元；完成规模以上工业总产值56.29亿元。

农业。投资2200万元，重点推进15个村人居环境连片整治，全面实施基础设施、环境形象、公共服务设施“三大”提升项目，打造全区典型片区，并被列入2019年河北省乡村振兴示范区。投资770万元，改造提升乡村道路8万平方米，安装路灯40余盏；投资710万元建成双坨、韩博生活污水集中处理项目；投资150万元，完成5个傍水村地上提水工程；投资650万元，完成8个村3333公顷高标准基本农田建设；完成拟投资3500万元8个傍水村污水集中处理工程方案设计。55个村全部成立农村集体合作社，全面实施村级集体资产清产核资。并代表区通过市级验收，被评为市级清产核资先进单位。继续支持农业产业化发展，扶植投资1000万元占地40公顷惠董农场项目、丰源香菇、风调雨顺家庭农场等新型农业产业发展，引导鼓励群众自主创业。2019年，全镇完成农林牧业总产值5.5491亿元。其中，农业产值3.9466亿元，占71.12%，林业产值0.055亿元，占1%，牧业产值1.415亿元，占25.5%，农林牧渔服务业0.1321万元，占2.38%。

工商贸业。优势产业，惠达卫浴聚焦“名牌战略”，签约成为国家女子排球队官方赞助商，惠达品牌价值达到272.56亿元，连续16年领跑同行业。国内外销售取得进展，国内销售额同比大幅增长，国际年销售额突破千万美元。总投资6.25亿元整体浴室项目、卫生陶瓷4#生产线项

惠达研发中心

目和研发中心项目相继投入使用。传统产业，永通重工入选国家级高新技术企业。富华冶金、瑞泽电器等12家企业已成功入选科技型中小企业。富华冶金、金兴精密等铸造企业对标唐山“创A”标准，采用新设备、新技术、新工艺，加大烟气治理。加快全镇传统产业创新发展、绿色发展、高质量发展步伐。项目建设，全年小组团共外出招商36次，接待来访客商23次。重点推进签约投资10.5亿元精工紊具和投资2.86亿元华通重工装备制造两个项目，跟进拟签约落地中皓新能源充换电站项目、唐山市安尔泰物流产业园两个项目和首钢气体项目、智慧城市节能设备金属件等8个在谈项目。

小城镇建设。定位于全国重点镇、卫浴之乡，完成全镇总体规划报批和8个单元控规，加强镇区范围北扩，对接唐山市区规划，打破未来发展瓶颈。实体项目，投资1.8亿元惠泽嘉苑完成主体建筑；投资400万元完成惠达公园水塔改建景观塔项目、惠达广场戏台重建项目和惠达广场环保公厕项目。投资2.79亿元碧桂园翡翠华府完成施工前场地燃气、电力等设施改线；拟投资1500万元河涧路改造项目完成设计论证，立项待批。推进城镇综合执法，镇域内主要道路、广场、商场秩序显著改善；投资590万元，实施物业精细化管理；对住宅小区实施城镇化管理。实行统一供水、供热、排污，各小区燃气集中供应逐步推进，城镇居民生活品质显著提高。

社会各项事业。与村企签订《环境保护目标责任书》，落实网格化管理机制；政府巡查与镇聘第三方巡查相结合，实现24小时巡查全覆盖；广泛宣传洁净型煤环保作用和安全使用常识，完成洁净型煤推广3200余吨；完成30个村气代煤改造和24个电代煤村确户工作；开展“清水润城”工作，落实河长制，清理垃圾551.2立方米，封堵雨污排放口42处。投资950万元实施农村环境清洁行动，拆除户外厕所及私搭乱建300余处，建成“三园”40余处。实施无害化厕所改造1502座，厕所改造率达到100%。新造林52.7公顷，森林质量精准提升333公顷，森林覆盖率达到31.5%，入选市级森林小镇。全镇建档立卡户13户29人全部实现高质量脱贫，15户贫困户退出9户，坚持脱贫不脱政策、不脱帮扶、不脱责任，完善防返贫、防新增长效机制；扎实做好弱势群体救助工作，全年发放救助款物600余万元；对5户农村危房进行改造；继续加大教育投入，结合区教育局筹措资金350万元，填制教学器材、提升基础设施、改善教育环境；医保、养老保险参保率达100%；加大公共卫生投入，进一步提高诊疗水平，投资326万元购置CT机一台，投资75万元建成综合体检大厅一座。建立健全村镇两级民调组织，将矛盾纠纷化解在萌芽阶段。全年共发生信访事项45批195人次。网络受理信访事项71件，及时受理率、按期办结率达到100%。深化扫黑除恶专项斗争，加强雪亮工程建设，建成综治视联网系统，有效保障群众生产生活安全稳定。巩固爱国统一战线，搞好民族团结，开展泛海助学，增强党社会凝聚力。

基层党建。全面从严治党，开展 “走千家、访万户”活动，共发现问题32个，全部得到有效解决。支持纪委监督执纪，全年共处置问题线索14件，共处分党员9人，进行组织处理10人，批评教育干部37人，风清气正政治环境已经形成。加强示范引领，镇党委指导各村党支部基于自身特点，聚力主攻方向，以党建带多建，创立“党建+N”

工作体系，“以点带面，成片联建”，以乡村振兴为核心打造双坨农村党建示范点，建成涵盖15个村党建示范片区。以产业转型升级为核心打造华鹏镁碳非公企业党建示范点，提升非公企业党建示范引领作用，助推传统产业跨越式发展。锤炼干部队伍，扎实开展“不忘初心、牢记使命”主题教育，强化创新理论武装。依法全面履行政府职能，持续深入推进“放管服”。进一步完善《机关干部绩效考评办法》和《村级班子及农村干部综合考评办法》，提升干部担当在前、率先垂范意识能力。

惠达卫浴研发中心落成。惠达卫浴研发中心位于黄各庄镇惠达卫浴总部，总投资1.89亿元，总建筑面积3.4万平方米。该项目集惠达卫浴展厅、惠达瓷砖、住工展厅、惠达博物馆、惠达办公大楼于一体。研发中心建成并投入使用，进一步增强企业在产品设计、研发等方面科技含量，提升惠达卫浴在行业内影响力。有助于惠达发挥自身优势，打造“惠达标准”。有助于产品在设计与技术方面摆脱模仿、跟风问题，打造产品核心竞争力，提升品牌核心价值。有助于通过“产、学、研”联合发力，迅速提升企业创新能力，加速科研成果转化为生产力速度，促进企业高质量发展。

气代煤工程。黄各庄镇2019年气代煤工程于4月开工11月完工投入使用。共涉及作城庄、王洪庄、曹庄子、红花园、米厂、北杨家泊、西杨家泊、南杨家泊8个村，2564户。对全镇大气污染防治、农村人居环境改善具有重大意义。

乡村振兴示范区。2019年董各庄乡村振兴示范区，全面实施基础设施、环境形象、公共服务设施“三大”提升项目，顺应全镇农民对美好生活热切期待，提升农民幸福感。被列入2019年河北省乡村振兴示范区。

镇党委书记：董秀国（2017年1月—　）

镇　　　长：王燕波（2019年4月—　）

（刘永彪）

【小集镇】 小集镇北距唐山市区20千米，南距曹妃甸工业区75千米，西距天津118千米、北京150千米，东距秦皇岛160千米，处于京津“两小时经济圈”之内，唐曹线、唐爽路、于唐线穿境而过，是唐山市区与曹妃甸区重要连接点。全镇辖48个行政村，总面积77.5平方千米，常住人口3.95万人，户籍人口3.6万人。镇区规划面积11.14平方千米，建成区面积2平方千米，人口1.6万人。现有建设用地1666.7公顷，一般农田1066.7公顷，基本农田2933.3公顷，未利用地263公顷。2019年全年完成地区生产总值153.5亿元；完成全社会固定资产投资14.12亿元；完成财政收入22.77亿元，其中公共预算收入7.14亿元，位居全区首位。

农业。农业兴旺是百业兴旺基石，2019年全镇积极统筹引导各方资源，坚持“政府搭台、企业参与、农民受益”共建共享机制，让传统农业与现代农业实现并蒂开花。做大做强传统农业，加大农田基础设施建设和改造提升，累计投入资金70余万元，解决各村变压器和农用井等基础设施老旧问题，切实保障农业用电用水安全；因地制宜安排好小麦、玉米、陆地菜等传统种植作物布局，确保粮食稳产高产。大力发展特色产业，积极培育禾牧分享有机蔬菜、顶佳牧业、龙湾葡萄采摘、漠尚客骆驼现代农业项目。传统农业结构调优，看准集约流转、种植大户带动等带动示范效应，政府出台一系列扶植政策，重点打造康各庄果品、张庄生姜等一村一品产业发展和大规模露地蔬菜种植，2019年全镇共流转土地266.7公顷，集中用于香菜、菠菜、萝卜、白菜、烟薯、土豆等大面积露地菜种植，现在小集露地菜已成规模化种植，产品走入市场，远销全国各地，成为广大农民增收致富新路径。此外，全镇在全市农村土地流转工作中也摘得桂冠。

工业。小集镇辖区内规模以上企业20家。坚持走内激外引发展路径，一手抓新旧动能转换，一手抓开放招商，全力培育发展新动能。大力推进项目建设。立足镇内钢铁产业基础，鼓励支持企业二次创业，不断延伸产业链条，把钢铁产业转型升级作为重中之重，坚持“去中转，转中升”，不断加快技改升级步伐。总投资23.24亿元全丰薄板项目已于2019年6月完工并投入生产。瑞丰钢铁计划总投资80亿元减量置换项目已全面开工，该项目已完成烧结、高炉、转炉、轧钢备案、环评、能评批复，取得土地不动产证，各系统正在进行土建施工；东华钢铁计划总投资15亿元产量置换项目，烧结机主体工程已基本完工，1580高炉已开工建设。全力以赴抓招商，立足镇园一体融合发展，全面改善招商环境、提升招商活力。全年共开展招商活动20余次，洽谈项目共四个，分别是总投资2000万元唐山瑞国机动车检测服务项目，现已投入使用；拟投资29.34亿元建设唐山唐曹铁路小流物流有限公司专用线工程，已达成初步框架协议；拟投资1.1亿元吉林通化建新集团钢铁设备制造加工项目和拟投资1.2亿元北京金盾科技有限公司与远征机械合作建设应急装备研发制作项目已在深入洽谈推进之中。

三产。三产坚持走产城融合、协调发展之路，让三产成为小集经济发展新亮点、新引擎。紧紧依托镇园一体融合和日益壮大一、二产业发展，做大做强物流产业，大力扶植双赢物流已经成为小集税收新增长极。规范壮大三产网点，立足唐曹路沿线，增强服务功能，围绕商贸流通、餐饮服务业，不断规范壮大三产网点。随着三产繁荣发展，就业机会不断增加，发展空间持续拓展，互补互促、融合发展良性产业格局已经形成。

生态文明建设。牢固树立抓生态保护就是抓转型升级、抓民生改善、抓高质量发展意识，坚持标本兼治，推动全镇生态环境质量持续好转。认真落实重污染天气应急响应、强化管控、错峰生产等相关措施。环保项目建设，瑞丰钢铁投资4845万元，东华钢铁投资1320万元，凯恒钢铁投资1300万元，分别开展高炉煤气精脱硫和烧结机烟气循环项目，均于2019年5月开工建设，投产后，会充分利用烧结余热余能，减少二氧化碳、粉尘等排放量；东华钢铁投资6200万元40000立方米综合污水处理项目土建已经完成，已实现投产。这些工程实施，将实现全镇钢铁企业超低排放，进一步减轻全镇大气污染防治压力。“散乱污”治理，加大“散乱污”检查力度，进一步完善镇、村两级网格化管理平台和职能，深入19家企业进行突击检查，督导各企业严格落实上级环保措施，加强物料苫盖，按规定实施停限产，督导各村加强排查空置大院，废弃厂房，发现问题及时上报，不给散乱污企业提供水、电和场地，严防散乱污死灰复燃；秸秆禁烧，严查秸秆焚烧，落实网格化监管，加强人员和资金保障，严肃追踪问责，保证镇村两级不间断巡查，及时扑灭起火点，确保禁烧工作取得实效。洁净煤推广、散煤置换，成立三级网格包联体系和专职执法队，配备专职巡查员，共登统洁净煤煤订购户数3452户，完成散煤置换683吨、型煤配送3918吨。持续推进“清水润城”工作。全面推行河长制，坚持“治水、治岸、治污”同步发力，突出抓好沙河河道水环境治理、畜禽养殖整治和坑塘整治，累计投资40余万元，清理垃圾1.5万立方米，完成西郑庄排干清淤工程2.9千米，完成西纪大桥整体修缮和河流沿岸1000米范围内坑塘养殖情况摸底调查工作，保证群众通行安全和河道水质根本性改善。

民生。2019年，紧紧围绕“因地制宜、突出特色”工作思路，以改善人居环境为目标，以环境卫生整治为重点，强基础、补短板、创特色，乡村振兴呈现出“规范有序、点面结合、以点带面、层层推进”新气象。深入开展美丽乡村建设，生态宜居是全镇推进乡村振兴战略实施一大力作，通过科学部署、加大投入实现农村环境整体改观。在“五清三建一改”为主要内容村庄清洁行动，坚持党政一把手亲自抓、各级责任人一起抓，将攻坚任务细分，实现网格化全覆盖。累计投入1500余万元，对48个村人居环境和于唐线、小辉路、小康路及村内道路进行彻底整治，全年共新增绿化12.5万平方米；粉刷墙体34.6万平方米；新增休闲公园17处；清理垃圾26.3万立方米；拆除户外厕所260座，改厕1666座；完成柳河村、吕庄子村、宋家营五村等15个村庄道路提升工程设计、预算、审计、施工和验收工作，其中铺油70301平方米，翻建20714平方米，村庄环境得到极大改善，在6次全区范围集中观摩拉练中均名列前茅。与此同时，积极引导培树村企共建模式，让工业反哺民生，瑞丰公司投资近2000万元对镇内交通要道于唐线、唐爽路等实施高标准绿化亮化，大投入带来大改观让小集人民摘得乡村振兴共建共治共享丰硕之果。坚决打赢脱贫攻坚战，严格按照“清底数、准识别、明政策、重帮扶”十二字方针，切实做好精准识别、建档立卡、制定规划、实施帮扶、精准退出工作。建档立卡户共20户44人，全部于2019年10月顺利实现高质量脱贫退出。同时，开展边缘户重点帮扶工作，巩固脱贫攻坚成果，确保脱贫不断档，扶贫路上不丢一人。抓好社会事业发展，养老服务方面，加大力度改善小集敬老院环境，并投资150万元，启动实施宋六村养老服务中心项目，现已完成招标，正在施工，为解决全镇养老问题提供参考，为壮大集体经济提供方向。

基层党建。2019年，坚持以党建工作为引领，紧紧围绕建设坚强有力基层组织和一流干部队伍两大任务，强化担当精神、凝聚干事合力、激发创业热情，基层党组织凝聚力和战斗力实现新提升。抓学习促进素质提升，深入开展“不忘初心、牢记使命”主题教育，坚持学习、调研、查摆、整改协调推进，共开展集中学习和成果交流12次，撰写学习心得150余篇，形成调研报告26篇，检视、整改问题256条。组织中心组学习14次，按时按质完成相关学习笔记与调研活动。学习教育带动党员干部理论知识强化，激发党员干部听党话、跟党走思想自觉和行动自觉。明确思路强化队伍建设，严格按照基层党组织建设要求，不断增强镇党委领导力、号召力和创造力，全力构建有效防范、安全可靠管控机制，牢牢掌握舆论工作主动权，全面提升班子履职能力和队伍工作水平；同时，抓牢抓实支部教育，开展村“两委”集中培训3次，选派村支部书记20人次分别前往承德、玉田等地参加示范培训班，有效提升村“两委”班子整体素质。增投入树立先进典型，确定2个党建示范片及4个软弱涣散基层党组织，投入80余万元打造柳河村、宋六村2个党建示范村和瑞丰、雷诺陶瓷、宏烨炉料3个非公企业党建示范典型，发挥较好榜样带动作用；4个软弱涣散村分别由班子成员分包完成专项整改整治，进一步补齐党建短板。严作风全面从严治党，坚持守正创新，充分发挥党委意识形态主体责任和纪委监督责任，严格落实中央八项规定，全面贯彻《中国共产党廉洁自律准则》

《中国共产党纪律处分条例》相关要求，通过讲党课、播放警示片等方式，不断完善党风廉政建设责任制，持之以恒纠正“四风”。

社会稳定。2019年镇党委、政府高度重视社会稳定工作，从改革、发展、稳定大局出发，以维护社会稳定，服务经济发展为宗旨，加强社会综合治理，有效实现全镇社会稳定大提升。安全生产常抓不懈，加大安全生产宣传力度，通过集市宣传、发放宣传折页、明白纸、举办知识竞答等多种形式，提升安全意识，营造安全环境；严格落实安全生产责任制，建立健全安全生产管控工作机制，加大镇内企业安全生产监管力度，聘请安全生产专家联合各职能部门分批次对辖区内企业和人员密集场所进行安全大检查，做到警钟长鸣。年内共进行公安消防检查、食品安全检查、工矿企业安全检查35次，对发现各类隐患问题170余处提出指导和整改意见，现已全部整改到位。提升依法治镇管理水平，深入开展“法律进乡村”活动，进一步完善镇域内法制文化广场、宣传墙、宣传橱窗等载体建设。举办各类专题法律知识讲座6次。落实对16名刑释解教人员安置帮教措施，排查各类矛盾纠纷24件，预防和调节矛盾纠纷65件，全镇48个村实现法律普及无死角、法律服务无障碍，为依法治镇、维护社会稳定提供坚强保障。有效加强社会综合治理，深化“平安小集”建设，深入开展扫黑除恶专项斗争，加大扫黑除恶排查和宣传整治力度。成立专项领导小组，加大资金投入组织开展宣传工作10余次，开展涉黑涉恶线索摸排6次，全面掀起专项斗争高潮；更新完善雪亮工程软硬件设施，全镇社会治理硬件设施水平进一步提升；禁毒工作通过宣传、踏查做到无遗漏、无死角，群众防毒禁毒意识得到有效提升。妥善化解信访矛盾纠纷，严格落实党政班子信访接待坐班制度，落实以片为单位责任制；开展集中化解信访积案攻坚行动；定期进行社会风险评估，做到信访有预警、管控有预案，小事不出村、大事不出镇。

镇党委书记：张翠艳（2017年1月— ）

镇　　长：侯振宽（2017年1月— ）

（王雅楠 李英超）

【钱营镇】 钱营镇位于唐山市丰南区东部，东临滦南县、北临古冶区、西临开平区、南临大新庄镇。205国道、唐港公路、钱五路、钱吕路贯穿全境，交通便捷，区位优越。镇域面积114.67平方千米，辖50个行政村，总户数11527户，人口41003人。2019年完成地区生产总值42.6亿元，比上年增长4.3%；固定资产投资9亿元；一般公共预算收入2.3268亿元，全部财政收入6.693亿元；农民人均纯收入13033元，比上年增长8.0%。

钱营镇党建示范点　郝峥 摄

农业。钱营镇是以发展环市郊现代农业为主导城郊型农业大镇。有耕地6006公顷，其中基本农田4833公顷，农作物主要以小麦、玉米、花生为主。依托现有八大农业生产基地产业优势，建立钱营绿色农业园区，发展休闲旅游采摘，创出钱营品牌，打造钱营特色，推进传统农业向现代农业转型发展。2019年，以打造城郊型农业特色镇为目标，紧紧围绕“科技农业、绿色农业、质量农业、品牌农业”“四农”发展战略，发展高质量农业，重点扶持鑫湖、康之源、聚鑫、陶梓艺、利国和后打弓庄6大农业园区发展高端农业和休闲采摘农业，领跑现代农业发展。其中，利国家庭农场与昌黎果研所合作，研制成功葡萄和桃一年两茬结果技术，各园区引进新品种7个，新技术3个。依托钱营湖666.7公顷塌陷水面，引入盛港公司实施工业反哺农业战略，启动总投资2亿元鑫棣农业度假园项目，现已完成度假园道路、266.7公顷水面改造提升、垂钓景观平台等基础设施建设。高水平举办鑫湖草莓节节庆活动，为全镇发展乡村旅游搭台唱戏，为钱营农产品搞好媒体推介。中央电视台农业频道对鑫湖生态园进行全方位宣传报道，提升钱营农产品品牌知名度。

工业。钱营镇是以钢铁、建材、能源为主导工业大镇。全镇共有工业企业87家，其中规模以上企业4家。包括唐山市丰南区经安钢铁有限公司、唐山市丰南区铁路交通器材厂、唐山市丰南区钱家营煤矸石综合利用发电有限公司和唐山市北阳钢铁原料厂，主要产品为生铁、钢坯、带钢、线材、焦炭等。2019年，钱营镇围绕招商引资和项目建设两大引擎，蓄足发展后劲。项目签约落地5个，正在洽谈项目9个。完成钱营工业园区环评规划手续办理，为招商引资提供发展空间。完成总投资5000万元晨泽钢渣综合利用项目和总投资5200万元宝秋钢渣综合利用项目两个续建项目。新开工项目5个，总投资13.33亿元。其中总投资5000万元经安钢铁周边绿化项目和总投资6300万元开滦钱家营矿煤场封闭工程全面完工。总投资4.1亿元鑫棣农业综合体项目，完成构树种植、水面治理和湖边景观设施建设。总投资5.1亿元经安钢铁公司废旧物品处理项目正在进行基础设施建设。总投资2.1亿元唐山市博金煤业220万吨煤炭物流洗选项目已落地开工。

商贸流通。钱营镇现有批发零售和服务业企业210家，其中批发零售企业142家，运输企业19家，其他服务业企业49家。有规上批发零售和服务业企业6家、规上房地产企业1家，包括唐山市丰南区达森贸易有限公司、开滦钱营矿劳动服务公司、唐山市丰南区经安运输有限公司、唐山市丰南区诚永机械设备租赁有限公司、唐山市程润商贸有限公司、唐山鸿鼎元石油销售有限公司。

市场建设。全镇现有集贸市场5处，包括闫庄集贸市场、钱毫集贸市场、王各庄集贸市场、赞公庄集贸市场、桥北坨集贸市场；农产品批发市场3个，包括后打蔬菜批发市场、史庄子蔬菜批发市场、南原农产品批发市场；日常菜市场1处，盛港综合市场。镇区商业楼网点221栋，营业面积54505平方米。

城镇建设。钱营镇是以打造特色小城镇为主导唐山市小城镇建设重点镇。依托25个压煤村搬迁，全力打造集政治、文化、教育、居住、繁商、旅游于一体宜居宜业城镇。镇区面积2.2平方千米，集聚人口1.98万人，包含北阳庄、李毫子庄、钱毫子庄、汤毫子庄、林子里、小屯、黄各庄7个村和钱矿生活区。建成高标准住宅小区8个、42万平方米，商业街2条、5万平方米。连续7年被唐山市列为小城镇建设重点镇。林子里村、黄各庄村、钱毫村、小屯村先后被列为河北省新民居建设示范村。2019年，以改善生态环境为突破口，推进乡村生态振兴。投入资金1500多万元，开展村庄清洁行动，在全区村庄清洁行动观摩拉练评比中，取得两次第一名、两次第二名好成绩。投入700多万元改善人居环境，完成4个区级重点村和3个提升村创建。完成岭上等5个近期搬迁村安全避险，封堵危房1089处，发放避险费1986.6万元，新建临时彩钢房92处。实施农村卫生保洁物业化管理机制，为村民创造整洁优美生活环境。全年完成植树造林166.3公顷，拆除散乱污企业8家，镇区私搭乱建30处，农村违建280处，清理河道沿线垃圾3万余立方米，保供和置换洁净煤5449吨。

民生工作。2019年，继续打好脱贫攻坚战。坚持产业、就业“双管齐下”，住房、医疗、就学、社保“四方保障”，18户已脱贫户持续落实扶贫政策，6户贫困户全部脱贫，“边缘户”动态管理做到100%防贫。为719户884人兑现低保金260余万元，为残疾人发放“两项”补贴70余万元，为203名困难群众发放医疗救助金38万余元，为184名困难群众发放慰问金10.53万元。筹资1.3亿多元，为群众办好十项惠民实事。其中，投资1700万元实施生活区改造提升工程；投资 825万元完成“户户通”工程11.6万平方米，完成镇域主要交通干线钱吕路翻建；投资890万元完成13个村3570户电代煤采暖设备安装；投资421万元实施农田基础设施建设。投资637万元完成1095户危房封堵和92户彩钢房建设；完成危房改造15户；完成“双瓮式”厕所改建719座；投资116万元实施敬老院环境提升工程。以扫黑除恶专项行动为抓手，持续开展平安钱营创建工作。加大信访工作力度，层层落实主体责任，严格落实奖惩制度，没有发生群体性事件，全镇社会和谐稳定。

基层党建工作。2019年，构建“一带一区三基地”基层党建总体框架。即建一个发展型党建示范带，一个服务型党建示范区和三个科技推广型党建示范基地，以党建促大发展。深入开展对农村后进党支部进行政治帮扶活动，完成4个村后进转化工作，在史庄子村建设以“不忘初心、牢记使命”主题教育为主题党员教育展室，组织全镇2300名党员开展实地教育活动。推行四级干部集中述职评议活动。通过述职测评，提拔正股级干部3名，股级干部轮岗5名。评选10个先进党支部、20名优秀党员。同时进一步完善村干部坐班、开会、信访考核奖惩等项制度，全年扣发村干部工资3万多元。组织党支部书记4批次12人次赴外地学习，组织“两委”班子开展党性教育培训6次，组织坐班查岗12次。发展党员21名，入党积极分子315名，收缴党费203562.3元。对6名村干部因工作不力进行通报批评。完成史庄子、崔庄子、盛港公司、华运公司党建示范点建设，“七一”期间，后打弓庄村被评为唐山市党建示范点，林子里村党支部书记焦洪被评为唐山市优秀党务工作者。后打弓庄村迎接唐山市党建观摩拉练，得到市委常委、组织部部长陈学民充分肯定。

镇党委书记：董金海（2017年1月—　）
镇　　长：翟志达（2017年1月—　）

（史福亮）

【大新庄镇】 大新庄镇位于丰南区东南部，东连滦南县，南接曹妃甸区，西邻小集镇，北靠钱营镇；省道唐曹公路和唐港高速公路过境，县级公路大李路贯穿南北连接唐海路与唐乐路。全镇有62个行政村，总面积136.8平方千米，共15733户，56609人，耕地面积7572.5公顷，粮食作物播种面积6975公顷，蔬菜播种面积1727公顷。农业生产较为发达，二、三产业正逐步提升。全年完成一般公共预算收入2083万元，占全年预期目标142%，比上年增长59.25%；完成全社会固定资产投资4.75亿元，占年计划121.9%，比上年增长32%。文教、卫生、社会保障等各项事业稳步发展，乡村文化事业日益繁荣，镇域环境和群众生活水平逐年提高。

农业。南部设施蔬菜聚集区被省农业厅认定为省级现代农业示范园区，投资100万元新建防渗渠道1490米；引进原味番茄新品种56个，示范区拉动600公顷设施西红柿增产增效；完成“天合亿”绿色食品认证及西红柿地理标识产品认证全部手续。新型农业经营主体不断壮大，新注册家庭农场3家，专业合作社32个，其中明宇烟薯种植专业合作社，培育薯苗4公顷，亩均效益超4000元，推广烟薯栽培150公顷；鼎晨农业合作社，探索生态循环养殖模式，年出栏巴马香猪2000头。大力支持采摘、垂钓等休闲农业发展，已有20多家对外营业。杰恩牧业有限公司与天津海河乳业合作开发“万乳香”CLA功能乳制品，成功打入天津高端市场，填补唐山市该类乳制品空白。高度重视动物疫病防控工作，完成18家养殖场污染治理，实现对畜禽养殖污染防治和环境管理有效控制，维护养殖业安全；深入推进农村改革，土地经营权确权颁证和农村集体产权制度改革全部完成，规范流转土地2718公顷。

工业。项目建设和招商引资工作持续发力，计划投资1.7亿元智慧农业健康食品交易中心项目，完成投资4600万元；投资3500万元一汽大众4S店项目，已经正式运营；贺祥机电新建成汽车配件项目贺祥轮毂加工项目；梦牌瓷业建立“两化融合”管理体系，产能效益显著提升。2019年，全镇规模以上工业总产值7.7亿元，比上年增长23%，规模以上工业增加值2.4亿元，比上年增长23%；规模以上工业利润完成5953万元，比上年增长19.5%；限额以上贸易业零售额1.65亿元，出口创汇421万美元。

环境治理。开展生态环境深度治理取得阶段性成果，62个村100%达标验收，群众传统落后生活习惯得到转变；评出美丽庭院标兵示范户581户，中心户186户；稳步推进清洁取暖工程，57个行政村气代煤改造确户18423户，安装调压箱929个，村内中压全部完成；厕所革命取得突破，全年完成4667座，合格率达到100%，顺利通过上级主管部门和第三方验收。污染防治强化措施落到实处，新取缔“散乱污”企业9家，53家涉气企业严格执行停限产措施；利用环保大检查、聘请第三方等多种手段，发现、处置各类环境问题418件，处置禁烧问题36起；落实全域治水清水润城工程，清理坑塘30公顷，清除河道违建和垃圾41处；完成植树绿化72公顷，森林质量精准提升77.2公顷。

社会事业。镇中学中考成绩保持在全区农村学校前列。镇社保服务水平得到各界认可，年内城乡居民养老保险参保率98.74%，城乡军民医疗保险参保46201人，农村劳动转移475人；卫生计生工作服务水平提高，免费查体2.3万人，孕前检查351例，各项计生惠民政策全面落实；做好脱贫攻坚工作，37户建档立卡贫困户实现全部脱贫，扎实推进各项扶贫政策高效落实，个性化，产业扶贫、就业扶贫、社会保障扶贫、健康扶贫、教育扶贫、危房改造扶贫、金融扶贫等扶贫手段精准到位；坚持主题教育与深入实施“三个一批”紧密结合，提升为民服务解难题能力；全面落实惠民惠农财政补贴资金“一卡通”，确保专项资

位于大新庄镇唐山贺祥机电股份有限公司　　王立全 摄

金及时发放；113600元就业补助资金，全部发放到位，为创业者提供小额担保贷款1080万元；新打生活水源井6眼，解决6个村5000人口饮水安全问题；完成“三员”认定124人；完成四类重点人群危房改造14户，其中修缮12户、翻建2户；完成“两非”户危房修缮任务2户；采取“阳光听证”方式为7户8人申请低保，接受22人临时救助申请，发放临时救助金76000元。

党建工作。以“不忘初心、牢记使命”主题教育为契机，扎实开展各项工作，进一步锤炼党员作风；组织领导干部集中交流学习，深入实际搞调研，不断提升为民服务解难题能力；党员电教和网宣工作处全区前列；党员群众下载“学习强国”APP覆盖率达到122%；挖掘人才提标准，对标先进行表彰。2019年，共有4个单位获区级先进基层党组织，1名省级千名好支书，1名市级优秀共产党员，13名区级优秀共产党员，4名区级优秀党务工作者，1人获国家级系统先进个人。统筹规划扭重点，基础工作换新颜。大力度帮扶软弱涣散党组织，整顿提升组织力，确定5个软弱涣散基层党组织，落实区、镇、村三级党组织和区直帮扶单位、驻村工作组“五位一体”责任机制；党建示范点建设作用明显，培育党建示范片、党建示范点；综合服务站覆盖率达到100%；严格规范农村党员发展工作，全年共有33人新申请入党，发展35名积极分子，发展35名预备党员，转正35名正式党员；规范制度强组织，党员管理正风气。2019年上级转办问题线索8件，镇纪委自行受理问题线索7件，其中予以结4件，初核11件，立案8件，处分违纪党员10人，诫勉谈话2人、批评教育2人，下达纪律检查建议书1份，均已落实整改；认真检视问题，对照党章党规，寻找自身差距，梳理问题246个，并及时整改；组织全镇62个村书记赴反腐倡廉基地，接受廉政警示教育。惩处与教育并重，镇村干部依法履职、担当奉献意识全面提升；集中统一稳大局，凝聚合力促发展。主持镇党委协调推进镇政府、镇人大整体工作，积极指导妇联、共青团、人民武装等部门工作，发挥各自优势服务全镇发展稳定大局。强化镇村两级干部和各部门维稳意识和工作责任，信访办共接待群众来访169批次626人次，其中有95%得到就地化解，做到“小事不出村，大事不出镇”。

镇党委书记：安鑫（2017年9月—　）

镇　　长：张伟（2017年1月—　）

（宋　萍　王震宇）

【黑沿子镇】　2019年，镇域面积106.69平方千米，辖9个行政村，户籍户数6630户，全镇完成地区生产总值19.1亿元，比上年增长2.7%，固定资产投资13.6亿元，比上年增长6%，引进市外资金8亿元，比上年增长33.3%，完成一般公共预算收入2253万元，比上年增长16%。

农业。全镇完成育苗产量约178亿尾，实现产值3.7亿元，效益4689.5万元，其中南美白对虾养殖产量约636吨，实现产值2935.6万元。创新育苗养殖模式，重点培育唐山市丰南区仁创水产养殖有限公司已累计完成投资1800万元，建成工厂化养殖车间16000平方米，成虾产量5.15万千克，实现销售收入390万元。年内全镇又新增工厂化养殖车间3500平方米，养殖生产有序开展。2019年，全镇完成海洋捕捞产量14000吨，实现产值6.71亿元；冷冻加工产量28000吨，产值9.5亿元。

工业。招商引资和项目建设取得新进展，赴西安、宿迁等地招商6次，接待客商8批次。年内在谈续建项目6个，其中在谈项目1个，即唐山康庆实业有限公司计划投资1.09亿元浓海水提溴素项目；可签约项目1个，即预计投资18亿元纵横集团丰南钢铁有限公司通用码头项目；续建项目3个，其中唐山沃林金属制品有限公司冷轧镀锌项目已完成投资4.37亿元，实现年底试生产。河北丰越能源科技有限公司完成投资19.5亿元，电器和管道设备已安装完毕。唐山亿尚泵业有限公司建设水泵制造机械配件加工项目已完成投资0.3亿元，正在进行试生产。拟开工项目1个，总投资1.3亿元瑞富物流项目正在做规划设计、发改备案、环评等前期准备工作。服务园区收获新成效，妥善完成8家企业、30余户土地征占工作，有力保障临港产业园区基础设施、10千伏输电线路架设、海水淡化和浓盐水东排等重大工程按照时间节点顺利推进。仅利用10天时间圆满完成市级重点项目遵曹公路红线范围内254处住宅征地拆迁任务并协调沿线6个育苗室、2个加油站、20处鱼虾池青苗补偿及地上附着物拆除工作，共发放补偿金1.09亿元，全力保证遵曹公路顺利进场施工。为保证沿海陶瓷创新示范园如期施工，按照“边开工边完善手续”思路，协调涉及村级完成征地153.3公顷，彰显大局意识和担当精神。

城镇建设。城镇建设迈出新步伐，加快推进滨海小镇建设。高标准完成《黑沿子镇总体规划（2016年—2030年）》修编和《黑沿子镇05控制单元控制性详细规划》，对黑沿子3个村3444处住宅情况进行详细调查摸底，完成镇区三黑遵曹公路拆迁范围外3190处住宅航拍图并逐宅编号、分户造册，聘请第三方评估公司对镇区房屋进行清点评估，适时启动镇区房屋改造工程。不断完善基础设施建设，完成全长2.788千米环城西路和环城南路已完成前期现场踏勘、测绘、道路设计图审、财政评审等工作，项目融资工作正在进行中。投资320万元，完成黑北村电力改造工程，有效解决居民用电安全问题。开展违章建筑深度治理行动。取缔店外经营26家，彻底清理店外牌匾55处及杂物788立方米，拆除违章建筑、私搭乱建108处，拆除违建面积4463平方米，城镇面貌焕然一新。

美丽乡村建设。农村人居环境整治成效显著，投入资金300余万元，清理村内垃圾16000立方米，塘沟12000平方米，残垣断壁、杂物等7000余立方米；拆除户外厕所521座，完成新建户厕632座、改厕253座，建成公共厕所11座，村庄环境面貌焕然一新；投入200多万元对毕涧路涧河段进行铺油，按期完成农村道路提升工程9875平方米。清水润城工程深入推进，累计清理河道两侧违规开发池塘养殖694亩，配合区水利局完成陡河、沙河、黑沿子排干清淤11.4平方千米，拆除违法违规建设68处。同时，投入20万元完成河流沿岸环境卫生物业化，镇域河流水质不断提高。生态环境持续改善，配合生态环境部对全镇120平方千米入海口进行现场实验性排查，为渤海综合治理试点工作提供数据保障；深入开展大气污染防治工作，累计出动人员60批次、车辆40车次，严格落实企业错峰生产及重污染天气应急响应限产措施；扎实开展“散乱污”企业清理整治，对新上报4家“散乱污”废品收购店全部取缔出清。在2019年度全区生态环境工作综合考核中，黑沿子镇名列第一。

社会事业。社会事业取得新进展， 脱贫攻坚圆满完成，落实“就业、健康、教育、社保、产业”五项扶贫工程，全镇5户建档立卡贫困户累计享受产业扶贫资金33600元，8人实现就业安置，4人享受教育免补政策，全部实现高标准脱贫。社会保障不断优化，为48户城乡低保对象发放低保金23.96万元，完成2020年度城乡居民医疗保险缴费417.47万元，完成域外医疗报销36人次，慢病及特殊门诊报销44人次，报销金额107.28万元。社会局面和谐稳定，年内，全镇共受理群众来信来访55件，接待189人次，全部解决落实到位。建立退伍军人档案，接待退伍军人政策咨询、思想疏导，全力为涉军群体提供优质服务。安全生产措施有效，先后开展“隐患排查整治攻坚月”“迎大庆、保平安专项整治”等安全检查活动，重点对36家涉氨制冷企业进行专项执法，累计检查企业450家，对38家企业下发限期整改通知单，发现整改各类安全隐患500余条，确保全镇无重大安全生产事故发生。精神文化生活不断丰富，投入20多万元完善涧河多功能厅附属设施建设，组织雪莲湾剧团、涧河评剧团开展文艺活动10次，参与群众1500余人次，极大地丰富群众业余文化生活。

镇党委书记：孔凡玉（2017年9月—　）

镇　　长：李　毅（2017年9月—　）

（杜　鹤）

【唐坊镇】 唐坊镇位于丰南区西部，东与黄各庄镇相连，北与南孙庄乡毗邻，西与东田庄乡接壤，南与王兰庄镇相依。镇域面积48.71平方千米，辖18个行政村，人口1.85万人，4722户，耕地面积1933.3公顷，播种面积2966.7公顷。2019年，全镇完成固定资产投资3.05亿元，规模以上工业增加值增长15.3%，公共预算收入593万元。

招商引资。坚持从全区产业结构布局出发，集中精力抓招商，积极引进科技含量高、资本密度高、产业层次高、结构带动性强大项目。2019年到深圳、石家庄、北京等地招商15次，客商来洽谈10次，重点对接中建集成房屋有限公司、北京中天兰清环境科技有限公司、聚能重工集团等多家知名企业。已落地亿元以上项目1个，签约项目1个，在谈项目6个。已落地盛禹板材加工有限公司钢板加工中心项目，计划投资1.5亿元，年可实现产值3亿元以上，完成利税1000万元；已签约万隆食品有限公司蔬菜冷链物流项目，预计投资5000万元，占地13.3公顷，总建筑面积8000平方米，可仓储各类蔬菜6000吨。区“三个一批”续建项目4个，均在试生产。新开工项目2个，均在5000万元以上。

乡村振兴。投资4000万元，重点实施孙老庄村和孔家庄村地下管网和追加工程、院墙、厕室工程、道路硬化工程、公建工程、绿化工程等13项工程。7个重点提升村栽植法桐、山楂、冬青球5334株，抹灰5.8万平方米，粉刷13万平方米。同步推进软实力工程，在孙老庄村和孔家庄村打造高标准村级综治中心，配备专兼职网格化力量18人。在两村建设“红色长廊”，打造特色鲜明、辐射带动作用明显党建示范区，进一步提升全镇基层党建水平。投资20万元，打造高标准妇女维权室、儿童之家、手工中心等功能区。围绕美丽庭院打造、村庄环境改造、乡土文化挖掘等方面，评选出美丽庭院282户，深化示范村建设工作。

农村人居环境整治。完成农村街道提升工程49条共计29451.84平方米，其中铺油44条（22185.75平方米）、翻建5条（7266.09平方米）；改厕工作超额完成2289座，占任务数191%；组织完成津秦高铁和邱柳线交叉口景观绿化；完成绿化任务73.3公顷，其中新增造林33.3公顷、森林质量精准提升40公顷；组织津秦高铁南侧老林带20—50米栽植沙地柏、连翘、河南桧约42亩，两侧树木进行涂白共涉及90000株；投入资金220万元，出动车辆5907辆次，人员13275人次，清理杂物16032.5立方米，拆除户外厕所611处、违章建筑108处。

民生工作。开展食品安全联合大排查2次，对14家小吃店、13家小摊点、5家超市集中抽查整顿，全力保障群众食品安全。组织妇女两癌筛查485人、孕前优生免费检查56

人。完成无偿献血指标数122人。支持使用清洁新能源，投资2600万元，对14.2万平方米进行既有建筑节能改造。投资5240万元，对6987户进行电代煤改造，对煤改电路所经途径进行评估，协助电力改造施工单位入场施工。规范改造唐坊旧集市，投资75万元，拆除新址内道路两侧临街破旧门市房107间，对学校门前及东侧路面全部硬化、铺设排水管道并划分停车位，引导300多户商户搬迁至新址，解决多年交通堵塞问题，学校及周边环境全面提升，师生及附近村民出行便利。保证型煤配送工作及时到位，组织订购洁净型煤2517户2991吨及自筹款收缴并完成配送2517户2991吨，置换洁净型煤702户1145吨。

生态文明建设。成立镇巡查工作领导小组，坚持巡查监管，对辖区涉及18个村及205国道周边全面摸排，国道两侧企业和商铺全部实行门前“三包”，硬化国道边存储带钢场地并建设喷水装置。结合企业和相关部门对国道及主要辅道路口进行洒水降尘，加强对“散乱污”“车油路场”管控，形成常态化管理机制，防止其反弹回潮，确保环境治理稳中向好。

精准扶贫。全镇建档立卡贫困群众人均收入稳定超过国家标准，达到脱贫标准。全年全面实现高质量脱贫21户47人。解决就业安置4户4人，享受教育扶贫政策8人，产业扶贫15户。投入资金18.1万元，完成2户建档立卡户、4户贫困户、2户边缘户危房改造。

社会事业。接待来访群众450余人次，当场或网上受理信访案件59件，上级交办案件13件，已全部办结，积案旧案全部清零。开展扫黑除恶专项斗争，结合镇派出所对辖区内举报线索进行摸排，做到有黑必打、有恶必除。组织开展村“两委”换届“回头看”，审查出不符合条件村两委干部1人，已完成清理补选。加强退役军人管理服务。对部分退役士兵基本养老和基本医疗保险未参保和断缴情况进行摸底，确保全部完成实缴手续。切实落实好包联政策。

镇党委书记：孙　雷（2017年9月—　）

镇　　　长：么晓军（2017年1月—　）

（王　倩）

【王兰庄镇】 王兰庄镇位于丰南区西南部，距城区14千米，辖区东西最大距离8.5千米，南北最大距离13.5千米，面积86.6平方千米，耕地面积3532.4公顷；辖30个行政村（高先甸村、横沽四村、横沽三村、横沽二村、横沽一村、高家围村、王兰庄三村、王兰庄二村、王兰庄一村、么家庄村、张神庄村、高家庄村、马家庄村、杨庄户村、李报庄村、将军庄村、车道铺村、大麦铺村、董恩庄村、西杨庄村、董代庄村、董唐庄村、抓先庄村、毕武庄村、王道庄村、刘官庄村、彭家庄村、刘迁庄村、孙永庄村、岔道口村），28个农村党支部（其中王道庄村、刘官庄村、彭家庄村为联合党支部）；总户数9531户，总人口39719人，人口自然增长率3.9‰，新生人口398人，出生率10.07‰，死亡人口244人，死亡率6.17‰。完成地区生产总值27.58亿元，比上年增长3%，规模以上工业增加值比上年增长7.8%，规模以上工业利润完成0.19亿元，比上年增长11%，规模以上工业产值完成6.83亿元，比上年增长7%，服务业完成0.45亿元，比上年下降18%，限额以上贸易业完成1.72亿元，比上年增长18%，固定资产投资完成4.15亿元，比上年增长7%。完成大口径财政收入4630万元，公共预算收入完成2065万元，完成总任务79.31%。

农业。稳扎稳打增效率、尽心尽力提质量，力促农业产业喜结硕果。大力发展特色项目和生态农业，培育董恩庄林会农业种植合作社烟薯25号种植项目，项目流转土地20公顷，完成投资80余万元，今年项目喜获丰收，利润相当可观，亩纯利润达1500元，长此以往，该项目必将会带动周边农户增产增收；渣子沟水产养殖专业合作社以无公害养殖小龙虾为标准，以示范推广小龙虾养殖为载体，实施特色养殖技术，精细化管理池塘，具有养殖密度高，一次投放5年不需再投放，子系代不退化、不变异等特点，可减少大量人力与物力投入。全力完成春夏季抗旱工作，协调区水利局各闸管所自西排干、运河调水，及时保证各村农田春夏季用水需求，筹集调水资金39万元累计调水8次，调水周期为2019年3月至7月，总调水量480万立方米。做好防汛工作，确保西排干及主要镇管河道行洪及人身财产安全。督导各村提前备齐防汛物资和水泵等排涝机械；协调各村畅通农田排涝沟渠，及时封堵西排干排查安全隐患。实地组织开展防汛抢险演练，检验锻炼防汛队伍。针对么家庄排灌渠河道淤积严重，影响么家庄、刘迁庄、毕武庄3个村333.3公顷农田排灌用水，投资23万元实施河道清淤工程，彻底改善3个村农田排灌用水问题。

工业。提质提标调结构、群策群力上项目，力促传统工业转型升级。延伸产业链条，优化工业格局。引进外资打造骨干企业，初步形成以钢铁延伸、环保建材、机械加工、劳保用品、冶金辅料等行业为基础产业格局，2020年镇业达到35家，为全镇经济发展打下较为坚实经济基础，积累较为雄厚资本实力。打造工业园区，激发积聚效益。王兰庄镇中小企业创业园本着“产业特色明显、布局相对合理、资源充分利用”原则，大力发展钢铁产业延伸、先进装备制造、节能环保建材等产业，已初步形成布局科学、设施配套、功能完善现代化中小企业发展集群。鼓励技改升级，盘活闲置资产。唐山正金再生资源有限公司投资6000万元，建设厂房并购置废钢破碎生产线，年处理废钢将达到30万吨；宝丰金属有限公司破产重组工作正在进行中,法院已立案,处于破产清算前准备阶段。加强招商引资，推进签约落地。投资4亿元的新加坡丰树唐山供应链产业园项目，签订框架协议；投资6000万元的瑞诚物流仓储项目，已确定选址，正在办理前期手续。投资5.5亿元的唐山新好农牧生猪养殖项目二期已完工，年内进行设备安装和种猪引种，建成后预计年出栏仔猪38万头；投资1.2亿元的唐山新好畜禽粪污资源化综合处理项目于2018年落地开工。

环境保护。不折不扣优环境、加压加码治污染，力促镇村旧貌焕发新颜。加强环境保护与污染源综合治理。以做好大气污染防止工作为抓手，做好秋季秸秆禁烧管控，建立网格化监管体系，村级实行包片责任制，确保每片有人管，对发现火点第一时间能够赶到现场发现火点、点火人；积极推动散煤管控工作。制定散煤管控方案，明确镇、村干部散煤管控工作责任主体，各司其职，通力配合。严格落实重污染天气应急响应，高度重视重污染天气应急管理工作，对应重污染天气及时预警，将停限产落实到位。持续开展“散乱污”企业整治。加大环保宣传，提高企业环保意识。健全环境卫生物业化管理模式。按照“物业有制度、村内有监督、提升有措施、奖惩有标准”原则，实行地域目标“谁管辖谁负责”网格化工作机制，确保条条道路有人扫，处处垃圾有人清。

城镇建设。科学谋划、统筹推进，加快人居环境综合整治。完善镇村基础设施。以改善人居环境为目标，扎实推进镇村规划建设，委托唐山市规划设计院对全镇总体规划进行重新编制；加强农村公路养护管理，于年初将道路养护工作承包给物业公司，实现道路养护物业化管理；摸排205国道两侧企业、商户128户，全部建立详细台账，督导企业和商户完成门前道路和路面硬化65处；投资526.4万元，于岔道口、么家庄、刘迁庄等13个村开展户户通工程，翻修破损街道3.63万平方米、铺沥青油1.95万平方米。提升村庄清洁。全镇以村庄清洁行动为契机，全力开展卫生治理行动，共出动清洁车辆3246车次、出动清洁人员8659人次，共清理垃圾48736立方米、清理塘沟37255平方米、清理畜禽养殖粪污222处、清理残垣断壁211处、清理房前屋后杂物8225平方米并建成“三园”1385平方米，各村均已完成治理，使全镇村容村貌得到全面改观。实施农村厕所改造工程，改造厕所3550座。全面推行农村环境卫生物业化管理模式，健全完善检查评比、考核奖惩等保障机制，农村环境卫生明显改善。

社会各项事业。善作善成惠民生、实干实为保稳定，力促社会事业普惠共享。持续改善民生。全面落实脱贫攻坚政策规定，通过低保兜底、医疗扶贫、教育扶贫、就业扶贫、危房改造等措施，建档立卡贫困户21户45人，于2019年10月全部实现脱贫。全镇现有农保508户718人，城保7户9人；集中特困供养人数76人，分散特困供养91人。加强低保户动态管理，实现应销尽销、应保尽保。优化退役军人管理服务，主动作为、实施包联。圆满完成2019年度城镇居民基本医疗保险和居民基本养老保险参保工作。健全完善镇领导干部轮流接访、信访案件片长负责制和重点案件定期调度等机制，主动化解各类信访案件，信访工作被动落后局面得以逐步扭转。纵深推进扫黑除恶专项斗争。全方位组织宣传发动，全面开展线索排查。加强和创新社会综合治理，认真抓好“雪亮工程”和基层平安建设，依法打击邪教组织，确保辖区社会稳定。深入开展普法宣传，全面推进依宪施政、依法行政，切实把全镇各项工作纳入法治化轨道。将安全生产和消防安全作为“天字号”工程，实现宣传教育、隐患排查治理规范化、常态化，全年未发生重特大安全事故。此外，还统筹推进教育、文化、卫生、计划生育、食品药品等项事业健康发展。

镇党委书记：马红帜（2017年9月—　）

镇　　　长：关　佳（2017年1月—　）

（毕思朝）

【西葛镇】 2019年，镇域面积49.7平方千米，耕地面积2746.6公顷，辖18个行政村，总户数6279户，人口25143人，人口自然增长率1.29‰，出生率8.59‰。完成地区生产总值20.85亿元，其中第一产业增加值1.68亿元，比上年增长4.6%；第二产业增加值13.08亿元，比上年减少35.9%；第三产业增加值6.09亿元，比上年增长0.5%。完成农业总产值2.55亿元，比上年增加长2.7%。完成出口创汇1.48亿美元，比上年增长32.5%。完成一般公共预算收入8237万元，比上年减少3.56%。完成固定资产投资6.08亿元，比上年增长19.3%。粮食总产量3.2万吨。农、林、牧、渔业在农业总产值中所占比重分别为54.6%、1.8%、27.2%、16.4%。2019年西葛镇被评为河北省第四次全国经济普查先进集体，被丰南区政府授予“安全生产目标管理先进单位”称号。

农业。坚持增投入、创品牌、求创新，以农业兴旺筑牢乡村振兴之基。打造粮食生产领军品牌。丰源香米业投资400万元，新增节能高效生产线，建设占地2.7公顷粮食晾晒基地；西葛镇供销农民合作社投资300万元，开发稻蟹种养面积38.6公顷；喜稻丰水稻专业种植合作社累计投资220万元，扩大棚室育秧面积达13.3公顷。打造现代化种植养殖园区品牌。丰越公司投资500万元，新建“福瑞鲤”

西葛镇举行“不忘初心、喜迎国庆”老少空竹联谊赛

工厂化繁育车间760平方米；渔越科技有限公司投资1000万元，建设占地40公顷台鳅孵化养殖项目；唐山拓海生物科技有限公司投资100万元，建成占地600平方米海水观赏鱼小丑鱼规模化人工繁殖基地，年产各类小丑鱼3万条，同时成功研发微型海景缸设计专利。新型农业经营主体队伍不断壮大。全年新增农民专业合作社8家，农民专业合作社达到65家，新增新型农业经营主体12家，新型经营主体达到150家。各项惠农政策得到全面落实到位。全年完成农机购置申报47台套，报旧农机具9台套，造林补贴、农业支持保护补贴和水库移民各项补助资金等政策性工作得到稳妥落实；投资2万元用于美国白蛾防治；积极配合上级严格做好粮食生产功能区划定工作；扎实做好非洲猪瘟防控工作。全面改造提升农业基础设施。投资100万元，完成陡东灌渠主路建设工程和新建生产桥2座，保障农业生产和度汛；投资98万元，完成刘李渠、卢家泊主渠、村内排水沟清淤治理工程和埋设村内排水管工程，新装变压器3台、架设低压线路700米、更新农田机井水泵23台套，确保0.15万公顷农田灌排；投资57万元，新打人饮井1眼，完成安全饮水管线4600米铺设工程建设，解决2个村2113人饮水安全。

工业。聚力项目建设，经济增长激发新潜力。以增产减排为主线，完成建设项目5个，总投资26.08亿元。包括：投资25亿元东方雨虹防水技术有限责任公司二期项目，投资800万元铭一矿山设备制造有限公司机械配件制造项目，投资4500万元义盛机械厂建设机械零部件加工项目，投资2000万元宝顺机械设备厂建设机械零部件加工项目，投资3500万元世拓机械设备有限公司建设机械零部件加工项目，均已验收投产。投资3亿元唐山市兰德贝尔科技有限公司水性工业漆项目和北京宏悦顺化工厂化工项目已顺利签约，另有北京京东尚科信息技术有限公司京东云和唐山瀚能有限公司光伏发电两个在谈项目。

第三产业。2019年第三产业增加值6.09亿元，从业人数3427人，限额以上贸易企业1家。持续推进创业担保贷款工作，为发展加动力。利用明白纸、广播、咨询台等多种媒介广泛宣传小微企业贷款贴息政策，鼓励自主创业优先选择小额担保贷款。共申请小额担保贷款37人次，启用免息贷款金额655万元。积极发展特色乡村旅游，绿佳采摘园以种植巨峰芽电葡萄、黄油桃、春雪桃、红梅桃、皇冠梨、伏茄梨为主，占地面积6.7公顷，年产葡萄1.5万千克左右、梨3万千克、桃1万千克，吸引大批游客采摘游玩。深入推进大众创业万众创新，依托米宋路、唐曹路谋划“日用超市、农资服务、餐饮娱乐、医疗康复”为一体两个商业街初具规模。

农村人居环境整治。加强重点企业污染整治、秸秆禁烧工作；全面落实河长制，加强陡河、沙河治理；完成53.1公顷更新造林任务和40公顷新增造林任务，村内新增绿化植物7120株，全面打造天蓝、水清、林绿大美西葛；重点实施“五清、四治、三建、两抓、一改”工程，深度清洁村庄环境，清理农村生活垃圾1.3万立方米；完成371座厕所拆除改造任务；稳妥推进农村街道提标改造工作，修复路面涉及14个村45057平方米；精心组织洁净煤推广工作，完成推广村数18个；重点推进“美丽水乡，魅力越支”越支联村美丽乡村建设工程，建设3000平方米越支文化广场，挖掘古越支文化，丰富村民文化娱乐生活。

信访工作。全年共接待来访群众86批165人次，上级交办案件11件，审批转处案件30件，立案并答复13件。

社会事业。全镇有中学1所，小学4所，幼儿园4所，在校中学生738人，在校小学生1263人。坚持教育优先发展战略，深化教育体制改革，推进素质教育。医疗卫生环境及医疗水平显著提高，全镇有卫生院1所，执业（助理）医师10人。城乡居民医疗保险全镇参保20525人，参保率100%。城乡居民养老保险全镇参保人数14377人，参保率99.63%。全镇享受低保为302户407人；全年发放低保金共计1532529元。新增散居五保7人，敬老院集中供养人员达23人。进一步贯彻落实孤儿基本生活保障制度，全镇4名孤儿生活稳定。做好特贫困户重大疾病医疗救助工作，共受理临时救助29人，发放临时救助金99000元，全部已办结。扎实开展精准扶贫工作，对达到脱贫标准3户6人，严格按照规定程序及时退出，坚持脱贫政策不变，继续严格落实贫困户在产业、就业、健康、社会兜底、教育等方面享有现行政策，保持政策落实不断档。计生、妇联、团委、退役军人管理服务等社会事业稳步提高。

镇党委书记：王艳玲（2017年1月— ）

镇　　　长：胡兆健（2014年3月— ）

（毕葆华）

【柳树鄌镇】 柳树鄌镇地处九河下梢，水域充足，素有“鱼米之乡，金鳞紫蟹随手可得”美称。镇域面积103平方千米，耕地面积4426.7公顷，养殖水面1213.3公顷，辖14个行政村，总户数8661户，人口30872人。2019年全镇完成生产总值14.4亿元，地区生产总值143980万元，其中第一产业27273万元，第二产业57958元，第三产业58749万元，完成规模以上工业增加值比上年增长15.5%；完成公共预算收入2535万元；完成固定资产投资9.7亿元；粮食总产量25167吨。

工商贸业。聚焦项目带动，激活经济新引擎，新签约项目2个：山西阳泉星火集团投资建设高品质钙基新材料项目，总投资5亿元，占地13.3公顷，拟选址丰南经济开发区临港经济园，已签订战略合作协议。项目建成投产后，年可生产高品质钙基新材料60万吨，可实现产值6.5亿元，税收5000万元，将成为柳树酄镇工业经济发展重要支撑力量；迪信通海南生态软件园项目，总投资47亿元，建设集自然生态、人文生态和产业生态一体化生态园区。项目已签约落地，正在积极办理相关入住及开工建设手续。深入洽谈项目4个：分别是山西星火金源工贸有限公司项目、万科物流项目、唐山市集望包装制品有限公司项目和中燃集团公司项目。同时积极配合区商务局引进东方龙商务有限公司，拓展招商模式。持续推进唐山赛迪斯金属包装有限公司生产各种出口包装制桶项目，总投资1.17亿元，占地30亩，年生产商品罐盖2.2亿个，项目年产值1.2亿元，利税1845万元。积极洽谈协调，重新启动柳郡佳苑项目。该项目占地33公顷，建筑面积4.75万平方米，建设16栋六层楼房及配套公共设施，总投资7000万元，现已投资1930万。

乡村振兴。聚焦乡村振兴，打造幸福新家园。按照现代农业、特色小镇、美丽乡村、乡村旅游“四位一体”发展思路，全面实施乡村振兴战略。夯实农业基础，投资9.6万元实施郑家沽一号站维修工程，投资50万元实施刘德庄百载河河道清淤工程，投资289万元实施工委支渠取水工程，解决旱地春耕用水问题。提升农村环境，投资647万元开展村庄清洁行动，全镇14个村村庄面貌实现大改观；改造厕所4905座，超40%完成上级下达任务；全镇9个村铺设沥青路面3.2万平方米，翻修路面5.6万平方米；在区交通局大力支持下，投资500万元，完成胥涧公路戟门段翻修工程，方便群众出行。深化农村改革，完成农村土地承包经营权确权登记颁证工作，归户签字率、合同签字率均达到100%；高质量完成农村集体产权制度改革工作，共清查人口33575人。推进特色养殖，全镇现有养殖水面1000公顷，稻蟹混养1300公顷，水产养殖合作社18个。依托丰富水资源优势，水稻、河蟹、黄颡鱼、南美白对虾等一批特色种养殖业蓬勃发展，成为农民增收致富新引擎。全镇形成水稻、玉米、河蟹、鱼、虾、肉鸡等种植养殖为主第一产业，引进长江二号河蟹品种，实现南蟹北养，每亩水面净利润达到8000元。2019年全镇农作物播种面积3961公顷，粮食总产量25167吨，农业生产总值45747万元。

柳树酄镇举办水产养殖培训

生态文明。聚焦生态文明，重点攻坚新突破，稳妥开展洁净煤保供和散煤置换，全镇地毯式排查，推广洁净型煤6134.8吨，收散煤410.7吨，其中，置换散煤114.,5吨。为让群众解和掌握洁净煤和炉具使用方法，实现安全取暖，为6208户居民配发一氧化碳报警器9386台，发放、张贴洁净煤安全使用明白纸2.7万张。推进“气代煤”工程，全镇共确户11223户，涉及外网工程22056延米，目前完成安装壁挂炉户10951户，其余工作正在有序推进中。落实大气和水污染防控措施，坚持“日查夜巡”并举方式，推进15家重点企业严格落实重污染天气应急响应管控方案，企业强化管控共计171天；压实禁烧责任，采取网格化监管，各村组建禁烧防火小队同时，由镇机关干部每日轮换成立22个巡察小组，配备专车每天对镇辖区进行巡察。各村自筹资金115万元对4666.6公顷农田进行秸秆移田，2019年秸秆禁烧工作排名位居全区前列。同时，加大对镇内陡河、西排干巡河力度，杜绝河道垃圾堆存，清除新陡河稻蟹混养80公顷。植树造林376公顷，其中沿海防护林15.6公顷。

镇党委书记：董淑艳（2019年5月—　）

镇　　　长：李树平（2019年5月—　）

（陈海亮）

【大齐各庄镇】 大齐各庄镇总面积39.86平方千米，辖19个行政村，镇域户数3831户，总人口14053人，拥有劳动力7097人，耕地面积2108公顷。全年一般公共预算收入3883万元，同比增长18.35%；完成全部财政收入9623万元，比上年增长34.47%；全社会固定资产投资5.7亿元；地区生产总值26.35亿元，比上年增长6%。完成规模以上工业总产值65.72亿元，比上年增长7.6%；农业总产值4.4亿元，比上年增长21%。

项目建设。坚持以项目建设为突破，经济发展保持平稳运行。全年赴外招商26次，接待来访客商15人次，两个区外投资项目签约落地，分别是唐山文恒商贸投资1.5亿元环保设备项目和蓝星化工投资0.5亿元生物质能源综合利用项目。新开工建设项目5个，分别是投资1.5亿元唐山文恒商贸环保设备项目正在进行基础建设，投资0.5亿元蓝星化工生物质能源综合利用项目已投产见效，投资0.5亿元永旺工贸炉烟气达标治理项目正在进行设备调试，投资0.5亿元鑫榕机械设备制造提标改造项目正在设备安装，投资0.2亿元德信仓储物流项目已试运行。在谈项目5个，分别是中海润达新型保温材料生产线扩建项目、华燃新能物流与华燃惠高合作LNG气化站及天然气物流车队项目、中华燃气公司与赫潼能源合作加油站及加气站项目、神州数码与文旅集团智慧城市服务项目、唐山凯祥投资保温材料制造项目。以项目建设为带动，全镇经济保持平稳增长良好势头。2019年，全镇预计完成工业增加值19.7亿元，比上年增长7.6%；实现工业利润4.9亿元，新增规上工业企业1家，服务业企业1家，累计达到15家。

农业。坚持以特色农业为带动，农业产业实现提档升级。按照农业产业发展规划，着力提升农业产业规模和品质，取得明显成效。发挥1个传统蔬菜种植产业优势，带动农业产业结构调整。露地菜、冬季蒜黄、马铃薯种植面积再创新高，达到1533.3公顷，预计产值达1.51亿元，1200公顷“三茬连坐”裸地菜产值增加3600万元，全年蔬菜产量达到7.8万吨。联大做强设施果树产业园和有机高效种植园区建设。大长春雪丰桃园“春雪桃”、葡萄园“辽峰葡萄”亩产达到3000千克以上，亩收入3万余元；夏庄屯葡萄园已初具规模。雪丰果蔬合作社被省老科协评为2019年“省级优秀科普示范基地”。同时，在鲁庄村建设2.3公顷“华夏铁杆吨麦”试验基地，实施有机高效种植模式，预计亩效益可提高1000元以上。充分发挥雪丰果蔬合作社辐射带动作用，形成“合作社+基地+物流电商平台”三向经营模式。在打牢北京、上海、广州等10大城市销售网络同时，继续加强与本地大型连锁超市进行农超对接，实行直采直供经营模式，降低成本。持续发挥4个特色产业基地辐射带动作用，即东部奶牛养殖、南部生猪养殖和屠宰，中部特色种植和西部设施果树、露地菜种植基地，发展规模和效益稳步提升。

人居环境整治。培育典型，着力打造“三线三区”示范工程。按照全区开展“百村示范、千村提升”行动要求。投资1100余万元，集中力量创建以范彭线、于唐线为轴区级示范区；对赵各庄、大长春2个振兴示范村和王楼、小公等16个振兴提升村，实施道路改造提升、环境绿化、墙体美化、村标设计等35项整治提升工程，打造美丽乡村景观带。全面攻坚，着力打好村庄清洁行动持久战。分批次集中攻坚、拉练评比找差距、对标对表再提升，全镇人居环境水平得到质提升，在区级评比中综合成绩排名第一，全镇卫生物业化管理实现全覆盖，人居环境整治成果得到巩固。狠抓绿化，着力开展森林城市创建工作。完成73.3公顷绿化任务，创建大长春、小公庄、赵各庄三个森林村庄。

实事工程。完成11个村3867户电代煤工程，实现清洁取暖全覆盖。投资78万元，实施敬老院整体改造提升工程，对敬老院主楼室内外进行重新装修，更换彩钢顶、门窗、地砖、卫生间洁具等，安装室内呼叫系统和监控系统，改善硬件设施，提升管理服务水平。投资10万元建成占地200平方米，藏书6000册丰南区图书馆大齐分馆，向群众免费借阅。投资140万元用于大齐学校和幼儿园教育教学环境提升，更换校车3辆，确保学生就读安全。投资95万元，实施路网建设，修复鲁庄、王楼至学校破损路面3.5千米，方便学生出行。投资120万元，完成镇区路面改造提升、墙体美化、沿街绿化，提升小城镇建设水平。投资760万元，完成大长春、小公庄村、王楼村、赵各庄村、井屯村、鲁庄村、林屯村、李家坨村、夏庄屯村、小齐村、大田港村11个村10万平方米路面改造工程，方便群众出行。

社会事业。充分发挥矛盾纠纷调处中心作用，打好信访攻坚战，案件受理、办理及时率、按期答复率均达100%；成功调解纠纷案件52起；完成赵各庄、大长春、李坨三个民主法治示范村创建；持续推进扫黑除恶专项斗争开展。狠抓安全生产和食品安全工作。集中开展大排查、大整治60余次，全年未发生一起安全事故。创建退役军人星级服务站。进一步提升阵地建设，织密服务保障网络，为退役军人提供政策宣传、走访慰问、信息采集等一站式服务。镇退役军人服务站被评为唐山市首批二星级服务站。生态环境明显改善。坚持生态优先、标本兼治，打好重点行业污染治理、全域治水清水润城、大气污染防治、建筑工地和道路扬尘管控“组合拳”，全年空气质量平均综合指数3.67。深入开展民族团结创建工作。开展民族团结月“五下乡”活动，谋划大齐村满族风情示范村创建工作，努力为党和政府同少数民族群众之间架起 “连心桥”。深化改革，全面完成农村产权制度改革。核定集体资产6289.62万元，经济组织成员人数13741人，所辖行政村全部成立经济合作社。精准扶贫，全面压紧压实脱贫攻坚主体责任。认真落实各项扶贫、助贫、防贫政策，高标准、高质量完成脱贫攻坚任务。贫困户全部达到国家扶贫标准，实现稳定增收，顺利脱贫退出。

镇党委书记：刘景平（2019年5月— ）

镇　　长：李银竹（2019年5月— ）

（张　晨）

【岔河镇】 岔河镇位于丰南区西北部，镇域面积43.38平方千米，辖26个行政村，总户数8142户，人口27784人，耕地面积2286公顷，地理位置优越，交通便捷。2019年全镇完成全部财政收入2184万元；公共预算收入970万元，比上年增长2%。固定资产投资完成3.05亿元。规上企业总产值22630万元。

项目建设。总投资1335万元中心幼儿园新建项目，现已主体完工。总投资1.78亿元利民荣丰无公害辣椒深加工项目，已全面投产。总投资4534.24万元岔胥路改建工程，已基本完工。项目签约任务超额完成，总投资12.1亿元广丰实业金属材料精深加工项目，于3月签约落地；与王兰庄镇联合招商新加坡丰树集团现代化物流项目于6月签约，总投资4.8亿元，占地8公顷。依托天津利民荣丰西疆农业园区建设规划，流转土地213.6公顷，加快建设辣椒生产基地。投资1060万元实施农业综合开发高标准农田建设项目。

工业区建设。工业园区总体规划通过市政府批复，控制性详细规划通过区规委会批复和专家评审，2020年国土空间规划正在进行。已完成赵家口头村、朱新庄村及孙庄子村22.4公顷土地征地组卷工作。泰安街西延已完成雨水、污水、给水管网及雨水泵站初步设计。工业区用电已分别与丰南区供电公司和丰润区供电公司协商沟通，分别制定近期、远期方案。

小城镇建设。岔河镇总规及中心城区控制性详细规划获得批复，核心区已累计完成土地征收41.7公顷，其中已完成商住土地摘牌21公顷。投资3181.26万元中心卫生院项目，已完成国土、规划、发改批复和图纸设计，正在进行初步设计及工程概算编制。特色小镇集中供热已纳入城区集中供热管网。计划总投资7021万元岔河镇核心区市政道路新建工程，将在镇核心区建成“三横三纵”路网；一期工程投资2657万元，已完成前期手续办理，确定由区市政园林绿化工程公司施工，正在进行财政评审。共拆除岔胥路两侧建筑物38处，建筑面积约1.4万平方米，清腾土地0.67公顷。

人居环境。投入资金1033万元，拆除违法建筑35处，残垣断壁651处，户外厕所1100多户，清理房前屋后杂物862户，清理垃圾大坑46个，清淤11万余立方米。全镇26个村环境卫生已经全部纳入物业化管理。全镇16个村被纳入2019年提升村项目，投入资金1280余万元，修建村内街道52000平方米，绿化31000株，墙体改造35000平方米，道路硬化拓宽29000平方米，便道硬化65000平方米，修建公厕3座。春季唐廊高速绿化121.9公顷，承办市、区两级义务植树现场会。气代煤改造确户1758户，结转719户。

社会事业。建档立卡贫困户全部脱贫。落实信访包案责任制，全镇信访总量112人次，成立信访积案化解工作专班，全力研究、化解信访案件。全镇共完成退役军人就业指导培训3次，助力退役军人就业。民政、社保、卫健、人武、工会、共青团等工作稳步推进，并取得较好成绩，王四村获全国妇女儿童维权先进集体称号。

主题教育扎实开展。成立岔河镇“不忘初心、牢记使命”主题教育领导小组和9个巡回指导组，负责全镇主题教育组织领导和对26个村、4家镇直单位、9家企业和机关党支部督促指导。组织镇党委理论学习中心组全体成员开展为期7天集中学习研讨，组织开展主题党日、赴沙石峪参观学习、讲党课活动。扎实开展调查研究，班子成员共深入14个行政村、2家企业，发现问题46处，提出解决方案40条。组织班子成员对照党章党规找差距，共查摆出问题119项。高标准完成主题教育民主生活会，查摆出问题从速从实整改落实。

镇党委书记：杨承伟（2019年5月— ）

镇　　长：李凤祥（2019年5月— ）

（王　松）

【东田庄乡】 东田庄乡位于环京津和环渤海双重经济圈，西距首都北京190千米、天津港55千米，东距秦皇岛港150千米、京唐港70千米，南距曹妃甸50千米，北距唐山市三女河机场40千米。京山铁路和205国道从境内平行穿越，津唐高速在境内设有出口。全乡总面积73.1平方千米，辖27个行政村，耕地面积3600公顷，人均占有耕地0.21公顷，以种植棉花为主，种植面积达到3333.3公顷。全乡总户数4864户，总人口1.7万人，共有党支部38个，党员973人，乡机关在编干部54人，农村“两委”干部113人。2019年，全乡完成公共财政收入592万元，占年计划100.2%，比上年增长12%。社会固定资产投资完成36800万元，完成年计划100%。

招商引资。始终紧盯项目建设和招商工作不松懈，先后20余次赴外地开展招商工作。在谈项目2个，分别是许昌市人宇投资有限公司拟投资1.05亿元，在崔庄户村建设唐山市康泽园综合养老休闲项目；国家电投集团唐山东方新能源发电有限公司拟投资5亿元，在西刘良村建设100兆瓦光伏发电项目。在建项目顺利推进，唐山泽琪建材有限公司投资8000万元在原冀东油田培训基地建设装配式住宅和砼预构制件项目已签约落地，正在有序筹建中，项目一期预计10月底完工，投产后可解决劳动就业约150人，年缴税500余万元。盘活兴旺建材，投资5100万元建设丰南区兴旺建材技改项目全面竣工投产，解决劳动就业80多人，年可创税收纳400万余元。工程项目协调保障。积极对接北京铁路局，实施京山铁路田庄道口跨线桥改造工程。项目计划总投资5600万元，其中跨桥部分投资约4000万元，由北京铁路局负责组织设计建设实施；区乡级主干道投资约1600万元，由区政府组织立项规划建设，现北京铁路局已完成跨桥部分项目规划。积极组织实施全域地下水压采工程。计划投资7226.51万元，实施农田水利建设项目，预计全乡渠道清淤84.079千米，配套渠系建筑154座，打造高标准水系水网连接工程，完善农田水利设施建设。

农业。把棉花生产、特种农业、基础设施建设，作为农民增收重点工作。继续扩大棉花种植，全乡种植棉花五万余公顷，推广“国欣棉11”“冀杂999”和“希普3号”等棉花新品种和“等行距简化栽培”新技术。积极发挥农村经合组织平台作用，为农民提供低价优质种子、农药、化肥等农资，降低生产成本，增加农民收入。新型农业迅速崛起，引导农民种植桃、杏、山楂等果树33.3公顷，发展农业旅游观光采摘；拆迁个体养牛场14家，新建标准化养殖小区13.3公顷，实施集中养殖，支持发展肉牛养殖；以打造“药田花海”“百草园”等项目为契机，发展中药种植产业，累计种植各类中药33.3公顷。农村改革增添动力，截至年底，已完成全乡27个村产权制度改革和清产核资工作，完成率均为100%，核实村级资产7862.68万元。

乡村清洁工作。全面推进“村庄清洁”行动，各村卫生清理工作秩序井然。出动1.1万余人次、出动机械设备和运输车辆1.2万余台次，累计清理垃圾2.44万立方米、沟塘4.57万平方米、畜禽养殖粪污56处，清理残垣断壁861处，境内1500余座户外厕所全部拆除，全乡27个村完成上级督导组验收，合格达标率100%，六次全区拉练取得均在前五名之内好成绩。基础设施不断完善，乡村振兴运河示范片区崔庄户村、王打刁村，累计投资945万元铺设雨污弱电管道10830米，投资62万元改造厕所213座；投资822万元完成街道绿化1.3万平方米，投资410万完成墙体整治1万余平方米，投资942万元完成街道硬化7.4万平方米。宋庄子等16个重点提升村，累计投资1223万元完成厕所改建、街道硬化、绿化、墙体整治、文化墙绘制、“三园建设”等工程。投资373万元高标准打造东田庄、西田庄、张良庄、刘四新等村津秦高铁沿线提升村建设。生态环境不断优化，巩固“河长制”成果，开展清水润城工程。出动巡查人员700余人次，设备车辆190余台次，船只12艘，强制清除还乡河地笼60个，拆除拦河渔网10道，拆除傍河厕所10座，清理河道垃圾1.34万立方米。进一步加强违法用地巡查力度，半年来，拆除205国道和唐田路两侧违建38处，拆违面积6152平方米，腾清土地3.22万平方米，有效修复生态环境。完成国土绿化面积26.7公顷，栽植各类树木10万余株，全乡累计绿化覆盖率达到30%以上。加强大气污染综合治理力度，常态化开展秸秆禁烧巡查和黑臭水体摸排治理工作。实施全域“电代煤”工作，全乡27个村“电代煤”改造工程基本完成。制定畜禽养殖废弃物资源化利用方案，建立一对一联结机制，畜禽粪污综合利用率、规模养殖场粪污处理设施配套率均已达标。

扶贫脱贫精准实施。持续加大对现有建档立卡贫困17户35人帮扶力度，因户制宜制定帮扶计划和脱贫措施，严格落实各项扶持政策。各帮扶责任人给予贫困户慰问金1.2万余元及各种生活用品，10月底，全乡贫困户全部脱贫，得到群众高度认可。惠农政策落到实处，发放农业支持保护补贴资金517.55万元，受益农户4221户，17424人。社会事业全面进步，全年共发放低保、高龄津贴、残疾人两项补贴及一站式医疗救助金88.62万元，按政策新申报低保30人。社会治理有效提升，以崔庄户村为试点成立乡贤理事会和妇女议事会，探索村民自治新模式，实现“自治、法治、德治”有机融合。乡信访办有效化解信访矛盾6件，网上受理案件5件，实现“三率”100%较好成绩。深入开展扫黑除恶专项斗争，集中宣传2次，张贴悬挂条幅标语公告等共计120余条，梳理出4起涉黑案件线索已上报区扫黑办。

团委、妇联、国防、教育工作。扎实推进团思想建设和组织建设，积极开展“青年大学习”活动，开办“爱心暑托班”，累计服务20多个家庭，解决暑期看护难问题。投资20万元，打造高标准打造河北省示范妇女之家2个，全省妇联现场会议在崔庄户村举行。合理组建妇联组织架构，27个村全部成立巾帼志愿服务队，志愿服务者148人，实现全覆盖。帮助26名贫困儿童获得各类基金捐助1.58万元，捐物1000元。完成民兵整组工作，组建民兵应急排和海上专业分队，完成普通民兵编建。组织开展国防宣传活动1次，参加市、区两级武装部组织军事训练2次，圆满完成征兵任务。加大教育投入，投资300余万元完成东田庄学校操场改造工程，提升硬件设施，东田庄学校被评为唐山市级森林学校，师资力量不断增强。扎实开展普法工作，开展法律宣传教育活动6次，发放宣传单4000余份，发放普法手提袋1000个。推选竞聘调解员125名，受理纠纷117件，调处成功115件，引入诉讼2件。提供法律咨询30余人次，累计接受矫正对象45名，解除矫正37名，管理社区矫正8

人，每月开展集中教育活动。加强安全生产监管工作。全年开展安全生产大检查活动22次，定期对乡域内所有企业开展安全生产检查，发现问题及时整改，组织开展安全生产宣传4次，提高防范事故意识。同时，加强对重点桥、涵排查，发现隐患及时治理，对防汛预案、物资、人员配备进行检查，确保人民群众生命财产安全。

乡党委书记：兰爱国（2017年9月—　）

乡　　长：王建辉（2017年2月—　）

（高倩倩）

【南孙庄乡】 南孙庄乡位于丰南区西北部，距区政府9千米。东与丰南镇相连，北与岔河镇毗邻，西与天津市宁河县接壤，南与唐坊镇相依。辖区面积9418.3公顷，耕地面积4652.7公顷，人口25897人，总户数6086户，辖28个行政村，乡政府驻南孙庄村。2019年全年完成规上工业企业总产值9.9亿元，比上年增长137%；固定资产投资完成1.48亿元，比上年增长75.4%；一般公共预算收入完成164万元，比上年下降44.03%。

农业。2019年实现农业总产值62140万元，其中农业52228万元、林业1179万元、畜牧业6450万元、服务业2283万元。确保全乡棉花种植面积稳定在3333.3公顷左右。同时，引进培育棉花新品种民丰100、99-1等，以增加产量、提高效益，公顷产均能达到300千克，公顷收入2000元左右；继续试种辣椒新品种，挽救全乡辣椒产业，辣椒种植面积33.3公顷，公顷产能达到300千克，大辣椒公顷收入在4000—4500元，小辣椒公顷收入4000元左右。开展农业技能培训6次，受训群众达1500人次以上。开展农田水利基础设施建设，投资69万元新建4个水点和2个涵洞，清淤河道2700米，有效提升1533.3公顷耕地防涝抗旱能力。防汛期间，全乡共成立5支抢险队伍，购置编织袋5000条，号木桩200棵，号树800棵，确保安全度汛。

二、三产业。按照“乡村振兴”发展布局，积极打造滨河小镇中心区，重点推进北京景泰集团计划总投资110亿元旅游生态小镇项目，项目建成后将成为丰南城市后花园，形成以城带乡、城乡融合新型产业体系。全力扶持乡内15家农事体验采摘园经营发展，大力推进集观光、采摘、休闲为一体乡村旅游业发展，重点培育惠丰现代农业园区、北孙庄、马新庄桃树采摘园等项目，引导开尔赛鸽集团向文化产业延伸，办好信鸽大赛，通过文化融入带动企业发展。全乡全年累计接待游客约15万人次。促成华依星节能直埋保温管、华运铁路隧道塑料排水板、塑料防水板等项目签约，投资3050万元唐山爱翼信鸽公棚项目建成投产。

社会工作。总投资535万元实施涉及16个村、惠及12965名村民的水泥路硬化、铺设村内安全饮水管线、铺设便道砖等工程。投入资金493万元，强力推进卫生清理工作，清理垃圾38985立方米、房前屋后杂物7221户，全年改厕4147户，累计达到6192户，普及率超过95%。投资870多万元实施道路改造提升，挖补翻新改善道路74000平方米；新纳入农村最低生活保障27户、56人，为332户城乡低

南孙庄乡林下养殖

保户、20户临时救助大病家庭，发放临时救助资金7.5万元；总投资135万元实施中小学防水改造、路面维修、墙面粉刷、校园绿化等工程，利用奖补资金45万元，对杨英庄“希望小学”教室及硬件设施进行更新改造。

乡党委书记：薄景东（2019年4月— ）

乡　　长：刘海山（2019年4月— ）

（王晓庆）

【尖字沽乡】 尖字沽乡位于丰南城区南20千米处，南连柳树酄镇，北邻黄各庄镇，东北与西葛镇接壤，西与王兰庄镇相连；河涧公路、丰碱公路、唐曹高速公路、张唐铁路、唐曹铁路穿越全乡，交通便利。全乡总面积44.25平方千米，耕地面积1830公顷，辖9个行政村，人口1.8万人；党员827名，基层党支部16个。按照“不断加强政治建设和组织引领，深化农村环境整治，强化社会环境治理，大力推进招商引资和项目建设，积极调整农业产业结构，加强基础设施建设”工作思路，全乡经济和社会持续稳定健康发展，有力推进乡村振兴步伐。2019年，完成固定资产投资3.3亿元，规模以上工业增加值增速达到12.5%；完成全部财政收入3305万元，一般公共财政预算收入完成1358万元，全部完成预期目标。

农业。尖字沽乡是传统农业乡，素有鱼米水乡之称。为改变农业基础薄弱局面，尖字沽乡2019年继续加大农业基础设施投入，全年修补田间路3400平方米，新修排灌泵站3座，新建生产桥1座，有力提升农业生产基础设施水平。立足坑塘水面基础优势，大力发展淡水养殖产业，提升经济发展后劲。全乡淡水养殖业已达213.3公顷，其中淡水鱼153.3公顷，南美对虾60公顷，初步形成优势突出产业化新局面。

工业。2019年，尖字沽乡强势推进招商引资和项目建设，不断增强经济发展后劲，持续抓好已有项目，不断提高税收总量。全乡有规模以上工业企业7家，规上服务业1家，高新技术企业2家，科技型中小企业7家；着力抓好在建项目，确保早日达产达效，包括总投资2.4亿元洁城危废处理危险废弃物处理处置中心项目，总投资3300万元洁城能源垃圾渗沥液处理扩建项目，总投资5000万元鑫坤机械设备建设机械装备项目，总投资1.9亿元洁城能源垃圾焚烧发电提升改造工程项目，总投资2000万元港鑫建筑安装加工机械零部件、金属管道项目，总投资2800万元生华机械厂改扩建机械设备配件加工项目；大力推进新建项目，力促早日开工，共有2个新建项目，包括总投资2400万元润捷机械设备制造关于建设2号厂房、研发楼、库房项目，总投资5000万元福麟（唐山）科技新型热熔胶及金属表面处理剂项目；全力抓好招商引资，增加经济增长后劲，与临港工业区共同推进南粤钢管冷轧镀锌项目，计划总投资5亿元，占地20.5公顷；严格落实“党政同责、一岗双责、齐抓共管”工作机制，每月组织应急管理、工业、派出所等部门持续开展安全生产大检查和各类专项治理活动，有效保证全乡群众生命财产安全和社会稳定。

环境治理。2019年，尖字沽乡严格落实驻企环保督导，强化大气污染管控，持续强化涉VOCs、粉尘、水泥、破碎、建材企业管控，按要求做好停限产，确保各项大气污染物排放达到管控标准。做好冬季保供置换，保障农民冬季取暖。深入农户面对面宣传，积极做好洁净型煤推广和散煤置换工作，全乡9个村4410户，订购洁净煤2560吨，登记户收款完毕，置换回购散煤440吨。大力宣传广泛发动，强力推进厕所革命，树立全乡一盘棋思想，克服改厕院落分散、违建旱厕较多、院内没有预留地等诸多困难，已完成改厕1034座，全乡改厕率已经超过97%，完成区下达任务172.3%，再次位居全区前列。精细分工落实责任，深入开展村庄清洁行动，全年累计投资360万元，对各类整治对象，实行挂图作战，逐个清理，9个村全部如期完成清理任务，同时，新增保洁员15名，新购置小型垃圾箱210座，有效保证环境卫生长效管理。凝心聚力因地制宜，铁腕拆违不留隐患，开展拆违拆迁行动，累计投入资金140万元，投劳200余人，车辆35台，清理建筑废墟2.3万立方米，拆除各类违建5.5万平方米，清腾土地26.7公顷。通过这次整治，有力促进全乡社会管理工作再上新台阶。

社会稳定。2019年，尖字沽乡通过强化社会综合治理，有效维护和谐稳定，促进乡村振兴。完善机制，维护社会和谐稳定，开展扫黑除恶专项斗争，在乡域内开展“拉网式”摸排，有效震慑违法犯罪；全面推进安全生产宣传教育进企业、学校、乡村，开展联合安全大检查4次，督促企业整改6家处罚1家；完成蒲台河教学点撤并，32名幼儿全部到东河沽幼儿园上学，彻底解决持续多年老大难问题，整合教学资源，补齐校园安全短板。进一步健全接访、约访、包案、调处等信访责任制，将矛盾化解在萌芽，从源头减少矛盾纠纷。全年调处民调案件144件，调解成功137件，成功率达95%，打造出群众信得过“老兵调解室”品牌。加强监管，有效维护食药安全，通过走访入店、随机抽查，有效维护消费者合法权益，累计悬挂条幅宣传15条，摆放展牌12块，发放宣传资料和宣传袋2800余份，咨询解答人数110余人次，针对群众反映强烈，在部分学校周边开展欺街占道专项整治行动，通过对沿街食品摊贩进行规范化管理，净化学校周边食品经营行为，取得明显效果，有效维护人民群众舌尖上安全。

基层党建。2019年，尖字沽乡党委以全面从严治党为出发点，全力抓好基层党建基础工作。坚持标准，严格程序，认真管好用好党员教育管理信息系统，严格规范入党程序、组织关系转接程序，全年发展预备党员10名，预备党员转正3名，不断推动基层党建工作向信息化、精准化、科学化发展。以“不忘初心、牢记使命”主题教育为着力点，奋力开创经济社会新局面。按照“守初心、担使命，找差距、抓落实”总要求，将边学边查边改贯穿于整个活动始终，做到党员全覆盖，标准不降低，立足于把主题教育和改善农村环境、经济发展、社会稳定、廉政建设等项工作有机结合，不断增强党员干部担当意识和使命感，彻底解决一批群众关心热点难点问题。以提升能力为落脚点，着力造就干事创业干部队伍。完善机关干部激励机制，树立“自己提拔自己”用人导向。选拔3名优秀年轻干部担任部门负责人，不断激发广大机关干部干事创业积极性。加强党在基层阵地建设，加大对村干部管理力度，通过联合查岗、不定期入村走访等形式，督促村两委干部坐班值班。组织村党支部书记到滦南县李营村、遵化市惠营房村等地学习参观，提升党建工作能力，拓宽村务工作思路。

社会事业。2019年，尖字沽乡全力做好扶贫、脱贫和防贫文章，最后2户3人建档立卡贫困户于2019年10月底高质量脱贫，同时做好持续跟踪，确保不返贫；对摸排出20户49人边缘户，建立台账，分别由村“两委”成员进行结对跟踪帮扶，确保不滑入贫困行列。结合乡、村两级河长制，对主要河道及村周边沟渠实施物业化专业管理，严查各类垃圾倾倒现象；清理主要河道内及沿岸各类垃圾1300余方，拆除西排干沿河违建房屋、厕所及围捻等7处，拆除老陡河围捻4条、违建7座。深入实施农村道路提升工程，通过细致谋划、精准测算、精细施工，完成对8个村3.7万平方米破损路面修缮。开展预防出生缺陷、开展孕前优生检测和出生人口性别比综合治理，全面落实国家免费孕前优生健康检查工作要求，会同区服务站医务人员为全乡95对夫妇进行首批优生检测。尖字沽乡文化站开辟“跟我学唱评剧”免费课堂，组织全乡评剧爱好者观看，组织20多名广场舞爱好骨干参加乡广场舞培训，在丰南区第十四届文化艺术节暨群众广场舞展演中，从全区20个队伍中脱颖而出，取得第三名好成绩，有效提升人民群众文化获得感和幸福感。

乡党委书记：边　江（2019年4月—　）

乡　　长：高建钊（2019年4月—　）

（于兴杰）

街　道

【概况】 胥各庄街道是丰南区唯一街道，为区委区政府派出机构，受区委区政府领导，依据法律、法规规定，在本辖区内承担着基层党建、民政救助、劳动保障、计划生育、信访维稳、环境卫生、文教宣传、食品安全、武装、其他临时性工作等10大类、153项工作，纷繁复杂。街道机关驻丰南区青年路82号。2019年街道按照“党建统领全局、创新推动发展、服务惠及民生”整体思路，坚持以基层党建为抓手、居民需求为导向、改革创新为动力，健全社区治理体系、整合多方资源、增强服务能力，奋力开创新时代社区建设新局面。

【胥各庄街道】 胥各庄街道位于河北省唐山市丰南区境内，面积15.1平方千米，街道机关驻丰南区青年路82号。辖新兴、新华、河头、滨河、东兴、路南、曙光、建设楼、银城、御景、金都、金惠、物资村、丽水、御达、荷风苑、湖岸龙城、御园、御兴、锦绣花苑、锦绣天地21个社区居委会，123个生活小区，居民39751户，总人口103352人。

社会综合治理。探索构建街道代表之家、片区代表联络站、社区代表联系点、网格代表联络员“家站点员”四级网格化体系，共收集问题意见385条，得到有效解决305个，其他意见已转交相关部门。扩大居民自治参与权，街道党工委指导各社区成立居民议事机构，实现“众人事情由众人商量”，实现从政府单一管理向多方参与、共同治理模式转变做到共商、共治、共享，有效解决居民反映多年化粪池堵塞、老旧房屋节能改造、邻里纠纷、房屋修缮等难事烦心事，赢得广大居民一致好评。探索社区治理多元化，随着在职党员“双报到”工作开展，着力构建“条

2019年1月21日，胥各庄街道举办“圆梦新时代　浓浓爱国情”迎新春青少年诗词大会

块结合、资源共享、优势互补、共驻共建”区域化党建工作新格局。2019年，获“文明单位”称号，新华社区获“五星级代表联络站”称号。

社会稳定。积极落实领导干部大接访制度，化解积案老案。年内接待来访群众260余人次，受理网上信访案件29件，受理上级督办案件3起，在辖区内排查矛盾隐患23处，调解居民纠纷8次，有效维护辖区和谐稳定社会环境。加大平安创建力度，稳步推进扫黑除恶专项斗争，做好禁毒康复工作,积极落实“以奖代补”政策，加强特殊人群管理服务工作，做好铁路护路工作，推进基层平安创建。扎实开展人民调解、普法宣传、社区矫正、安置帮教和法律援助等工作，不断增强社区居民民主、法治意识，为社会发展保驾护航。

精神文明建设。积极开展喜闻乐见群众性文化活动。街道现有文体队伍42支2000余人，各社区活动亮点纷呈，居民文化生活丰富多彩。在端午、七夕、重阳等节日举办社区文化节、书画展览、传统文化进社区等文化交流活动140余场次，共建和谐、幸福家园。以培育和践行社会主义核心价值观为主题，组织辖区居民、未成年人开展专场文艺演出、诗词朗诵会、社区歌手赛、书画摄影展、红色宣讲等富有时代特色主题活动。重点举办第八届邻居节、社区道德模范评选和第十五届群众歌咏演唱月活动，打造社区文化品牌，提升居民素质和城市文明品味。通过大力发展社区文化活动，用活动凝聚人、教育人，丰富居民文化生活，引导社区居民追求高尚理想和目标，提升社区居民综合素质和社区建设工作水平。

基层党建建设。2019年是社区“两委”换届后开局之年，街道党工委以提升社区“两委”政治素质、服务意识和业务能力作为全年工作重点，采取走出去、请进来方式，多渠道开展学习培训。加强支部规范化建设，在21个社区71个支部全面推进“支部设置标准化、组织生活正常化、管理服务精细化、工作制度体系化、阵地建设规范化”“五化”建设，成为加强党员队伍教育管理、提升基层党组织组织力基础工程，成为发挥党组织战斗堡垒和党员先锋模范作用有效载体。71个支部“五化”建设全部达标。打造河头、御兴、荷风苑、锦绣花苑四个区级党建示范点，不断提升基层党建质量。加强党员规范化管理，根据党员年龄、职务、身份、居住状况、身体状况不同，将社区党员划分为ABCDE5个类别进行管理。参与星级评定ABC类党员，根据党员积分、民主评议、党组织评定3项得分，每半年评定一次星级党员，并将评定结果进行公示。对于D类和E类党员经党支部认定后，采用微信、组织生活信息卡传递方式开展组织生活，真正实现党员教育量化管理。全年社区1591名党员中，评定出五星级党员491名，四星级党员458名，三星级党员311名，二星级党员110名。

街道党工委书记：王贵东（2019年1月—　）

街道办事处主任：唐秀德（2015年12月—　）

（李奂莹　霍书娟）

国家、省、市级劳动模范

王淑凤

王淑凤，女，1971年3月17日出生，汉族，中共党员，大专学历，现任惠达卫浴股份有限公司仓储部主管，先后获丰南区劳动模范、唐山市劳动模范、河北省劳动模范称号。2019年度获全国五一劳动奖章。王淑凤1987年进入惠达成为一名注修工人。注修是一个又脏又累工种，要细致耐心，又要心灵手巧。她专心向师傅学习，很快就能独当一面。由于工作突出，1993年担任成型车间班长，连续13年被公司授予先进车间。为提高质量，带领车间团队不断进行技术革新。当年总产量突破60万件，圆满完成订单任务。同时她严格规范操作规程、工艺控制，成活率达到95%以上，一级率上升到98.5%以上，全年投诉为零。由于工作需要，2018年被调入仓储部，负责仓库布局规划和调整，现场5S管理工作，制定外围库管理流程及梳理及各检包车间、外运单位成品运输协调工作，保证内外销走货及时。王淑凤积极履行自己职责，任劳任怨，舍小家顾大家，很好组织和协调整体工作规范度，工作效率达到100%。

辛红旗

辛红旗，男，汉族，51岁，中专文化，中共党员，河北纵横集团丰南钢铁有限公司工程技术人员，高级工程师。2019年，获省、市劳动模范称号。他创新海水淡化技术，提出“海水淡化系统应用”特色生产工艺。此项工艺采用全球领先热膜耦合工艺，充分利用炼铁冲渣余热，将节水与消白雾相结合，实现热能零成本供给。在冬季热能不足情况下，利用纯凝式汽轮机所必须冷却循环水作为膜法海水淡化热源，既保证冬季淡化系统稳定生产，又提高热能利用率，年节标准煤20万吨，实现资源循环利用。他提出并落实“烧结机烟气治理系统”。该工艺采用全球领先环保工艺技术，减排扬尘50%，净减少量234吨/年，减排$SO_2$33%，净减少量487吨/年，减排$NO_2$40%，净减少量973吨/年。在保证产能不变前提下，极大降低污染总量。他提出使用适合负温施工钢筋混凝土，解决冬季施工难题。

刘天悦

刘天悦，男，汉族，55岁，大本文化，中共党员，河北省唐山市丰南区职业技术教育中心党总支书记、常务副校长，中学高级教师，曾获“河北省园丁奖”等多项荣誉。2019年度获省、市劳动模范称号。他在职业教育战线上，创造优异业绩。4年内，增设汽修（并将充电汽车维护与维修作为重要专业方向）、电子商务、美容美体、美发与形象设计4个专业，将数控、焊接、机电、机械加工技术（车工方向）、电子商务5个专业建成河北省骨干专业，将汽修专业（新能源方向）建成河北省特色专业。连续3年，毕业生一次性就业率达到100%。连续2年，对口高考，专科上段率达到100%。2014年6月，学校被国务院六部委评为全国职业教育先进单位；2014—2015年度被河北省委、省政府授予河北省文明单位；2017年被教育部评定为国防教育特色学校、国防教育示范学校、全国职业院校装备制造类示范专业点；2018年以河北省第一名的成绩获由统战部、教育部和中华职教社联合评选的黄炎培职业教育优秀学校奖，这是全国职业教育最高奖项。

刘艳平

刘艳平，女，汉族，40岁，大学文化，河北华通线缆集团股份有限公司项目办工程师，人力资源管理师，曾获丰南区劳动模范、丰南区先进工作者、三八红旗手等多项荣誉。2019年度获省、市劳动模范称号。她认真钻研专业技术，带领团队攻坚克难，在生产中攻克许多技术难题，完成科技部科技研发任务两项、省级科研研发任务8项。主持和参与高温潜油泵线缆、深海采油专用线缆、复合型采油线缆等创新研制项目，尤其是耐232℃高温潜油泵线缆和非金属复合型输油管线缆研制开发填补国内高温采油用线缆空白。她主持省级院士工作站项目一项，取得发明专利14项全部实施产业化。自2013年以来负责企业技术中心工作，通过技术革新、创新研发使用企业技术中心工作飞速发展，多次在省级评价中获得优秀，2018年被评定为国家级企业技术中心。2018年带领团队研究开发海陆油气复合管缆项目，可直接节电34.2%，综合节能达到 50%以上。她带着此项目参加国家创新创业大赛获得市赛第一名、省赛第二名，国家大赛三等奖（装备制造业第一名）。

高步江

高步江，男，汉族，1960年11月出生，中共党员，唐山市丰南区黑沿子镇黑西村，2011—2012年度被评为唐山市劳动模范。2019年度获河北省劳动模范称号。高步江于2005年在政府部门扶持下成立黑沿子镇渔业协会，十余年来，协会在高步江带领下，积极落实“全心全意为渔民服务、诚心诚意为政府解忧、实实在在推动渔业发展”办会宗旨，他立足工作重点，搞好安全生产服务，抓好协会发展，重视自身建设，同时立足职能发挥，为政府分忧，为渔民解难。在他带领下，协会各项工作开展突出“惠民、配合、救助、协调”四个重点，进一步优化服务职能，赢得政府和渔民信赖和支持。协会积极组织成立生产合作社，并得到协会会员大力支持。在协会积极运作下，已正式成立河北省首家以捕捞业为主渔业专业合作社。

关广民

关广民，男，满族，1963年4月出生，中共党员，研究生学历。现任唐山瑞丰钢铁（集团）有限公司党委书记，副总经理。2019年度获河北省劳动模范。多年来，关广民一直负责瑞丰钢铁（集团）有限公司环保治理及安全生产管理工作，在他积极倡导和推动下，瑞丰钢铁公司高度重视生态环境保护，积极融入京津冀协同发展，认真履行社会责任，把绿色发展作为企业生存前提。截至2018年，公司针对环保治理工作已累计投入35亿多元，实现生产经营与环境保护同步协调发展。2011年4月，关广民被唐山市总工会授予2010年度唐山市优秀工会工作者称号；2011年7月被河北省人民政府授予河北省“十一五”节能减排工作模范称号；2013年9月被河北省诚信企业评选委员会办公室授予2013年“河北省企业诚信建设优秀工作者”称号。

李树军

李树军，男，汉族，48岁，中专学历，中共党员，唐山华熠实业股份有限公司电仪车间主任，工作期间，多次被本公司评为先进生产者。2019年度被评为河北省劳动模范。他负责新上项目、技改、生产维护。公司是化工企业，一旦停电，会对整个生产线和设备造成巨大损失。于是他提出对公司高压线路改造，将两条专线进行互备改造，减少停电时间，提高用电可靠性和安全性。对精密设备进行防腐处理，公司化验室色谱是从国外进口，经常出现大大小小问题，因厂家不提供维修资料，而且报修后要一两周才可能来，给生产带来很大困难。通过观察、钻研、总结出故障原因是气体腐蚀，造成线路板氧化短路，因此他自购材料对化验室每一台设备都进行防腐处理，经过处理后线路板几乎不再出现损坏，只此一项每年节约费用十几万元。对公司导热油燃烧器进行改造，因为油炉燃烧器是进口只有两段调火，温差特别大，特别容易超温报警停炉，既不节能，生产调整也十分困难。公司提出将其改成连续调火，经过他钻研，终于找到解决方案，将温控仪换成带PID功能智能温控仪，既满足生产要求，又节省天然气。

冯　涛

冯涛，男，汉族，43岁，大学专科文化，中共党员，惠达卫浴股份有限公司陶瓷分厂厂长，曾获黄各庄镇劳动模范、丰南区劳动模范等多项荣誉。2019年度获唐山市劳动模范称号。2007—2017年，冯涛先后任一分厂、六分厂主任。在此期间通过管理创新、内部挖潜、严细工艺管控，产量和质量大幅提升，多创造产值近6000万元。2018年任职4号线主任，从事新生产线投产前期准备工作。4号线，大量采用自动化装备代替传统手工劳动，机器人设备用量达到57台套，整体自动化水平在国内处于领先水平。经过其不懈努力，4号线实现业界多项领先：泥浆原料供应和弃料回收实现远程控制、自动运行；应用自动注浆、单人下坯、湿坯自动输送、机器人修坯等技术，成型生产效率提高30%；采用高湿坯自动干燥技术，干燥周期由5天缩短到3天；机器人修坯加人工精修及半检采用流水线作业、工序拆分，效率提升10%以上；智能立库、机器人灌釉和施釉、自动装窑，这些技术应用，在减轻劳动强度、提高效率、减少人为失误方面实现质飞跃；同时把RFID技术应用到陶瓷生产流程中，实现设备获取产品信息无接触、批量化、无人值守模式，开创陶瓷行业先河。

焦 洪

焦洪，男，汉族，55岁，大专文化，中共党员，现任林子里村党支部书记兼村委会主任。曾获河北省“明星党支部书记”和“千名好支书”，唐山市“优秀农村党支部书记”等多项荣誉。2019年度获唐山市劳动模范称号。2004年，林子里村班子瘫痪，焦洪临危受命，挑起村党支部书记重担。自上任以来，围绕建班子、带队伍、强经济、治环境、惠民生、保稳定等方面，推动林子里实现又好又快发展。累计投资1200万元实施村庄硬化、绿化、亮化、美化、净化工程，投资3000多万元建设占地2公顷 336套住宅楼，使村民们住上干净舒心新民居；投资90多万元建成1100平方米多功能活动大厅；投资500万元，高标准建设建筑面积2700平方米林子里省级示范幼儿园；投资300多万元打造孝德广场和好人一条街。该村2012年被列为省级新民居建设示范村，2014年被确定为省美丽乡村创建示范村。该村党支部自2008年以来连续9年被丰南区委评为红旗党支部。

刘 超

刘超，男，汉族，41岁，大专文化，群众，唐山洁城能源股份有限公司副经理。曾获2016年度丰南区劳模等多项荣誉。2019年度获唐山市劳动模范称号。他通过技术创新实现每台破碎机检修费用节约成本9.94万元并大幅降低维修费用，对污水处理增加气浮机、射水箱溢流水回用、空压机换型及压缩空气管路改造等创新改造等达到良好运行效果。2015年，刘超在根据生产实际情况有针对性制定、调整绩效考核办法，在垃圾质量提升以后，为消耗垃圾库存，公司调整小指标考核细则，鼓励生产运行人员在设备平稳状态下提高垃圾焚烧量，降低燃煤消耗。尤其是指标考核与值际竞赛奖惩制度实施，极大地调动全体员工积极性，使生产局面得到迅速改善。

艺术家简介

张建华

张建华，男，1964年生，丰南人，自幼酷爱绘画艺术，1985年毕业于河北工艺美术学校装潢设计专业（现为河北工艺美术学院）。师承于著名花鸟画家许鸿宾先生、中国连环画界资深画家刘汉宗先生、著名书法家王锦波先生。现为中国新闻漫画研究会会员，河北省美术家协会会员，唐山市美术家协会会员，丰南区漫画协会副主席。2010年开始创作漫画，2012年开始尝试肖像漫画。漫画作品在全国各大报纸杂志发表千余幅，并多次获奖。其中漫画作品《新编八十七神仙卷》获第十三届国际环保漫画插画大赛银奖并入选第十三届全国美展。漫画泰斗方成老师对其漫画给予充分肯定。

张建华水墨肖像漫画作品《蒙娜丽莎》

张建华漫画作品《新编八十七神仙卷》

张颖波

张颖波，男，1964年元月生，原唐山国丰钢铁有限公司职工，中国摄影著作权协会会员，河北摄影家协会会员，唐山市摄影家协会会员。

2019年，其作品《进步的阶梯》在第21届全国艺术摄影大赛中获金奖，作品《练功》入展北京摄影函授学院全国校友大展，作品《老兵的军礼》获2019年唐山市“国庆一日”摄影大赛最佳瞬间奖。2019年，张颖波被评为唐山市摄影家协会“优秀会员”，其获奖作品全部取材于唐山市丰南区，立足本土，用镜头捕捉身边百姓生活瞬间。

张颖波摄影作品《练功》

张颖波摄影作品《于文祥爷爷来义诊》

裴占起

裴占起，男，1950年出生于河北省唐山市丰南区西河村。现任中国北方书画院副院长，中国国际友人研究会书画院专家委员，河北省毛体书法研究院唐山分院副主席，河北省书法家协会会员，唐山市楹联学会副会长。他自小学起爱好书法，精书行草，兼篆、隶、楷书，尤为对毛泽东书法情有独钟。历经40多年潜心揣摩，笔法潇洒自如，字形神似，作品深得有关部门好评和认可，以及毛体书法爱好者青睐。获评“形神兼备，几可乱真”。

裴占起书法作品《天道酬勤》

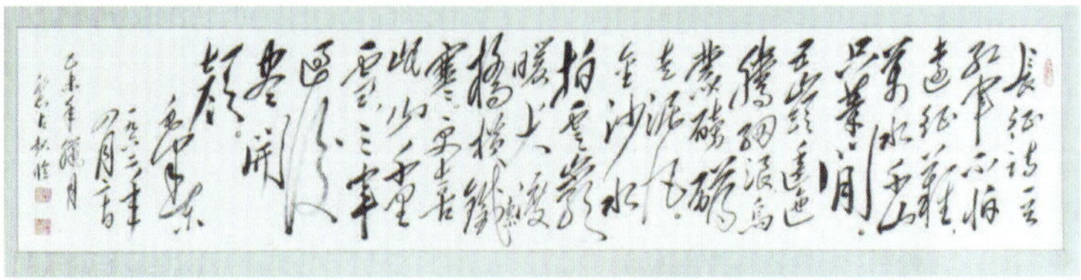

裴占起临摹毛泽东《长征》

2019年度区管领导班子、领导干部和机关事业单位科级以下工作人员综合考核结果及奖励情况

一、领导班子考核结果

（一）优秀领导班子（29个）

1.乡镇：黄各庄镇、钱营镇、小集镇、大齐各庄镇、胥各庄镇

2.区直单位：区纪委监委、区委办公室、区政府办公室、区委组织部、区委宣传部、区委政法委、区委统战部、区妇联、团区委、区信访局、一中、区职教中心、区直机关党工委、区财政局、区法院、区司法局、区教育局、区公安局、区检察院、区发改局、区行政审批局、区农业农村局

3.经济开发区：丰南经济开发区

4.街道：青年路街道

（二）良好领导班子（50个）

1.乡镇：东田庄乡、大新庄镇、黑沿子镇、岔河镇、王兰庄镇、唐坊镇、南孙庄乡、尖字沽乡、西葛镇、柳树瞿镇

2.区直单位：区委编办、区机关事务中心、区医院、区供电公司、区委党校、中医院、区委老干部局、区总工会、区工商联、区农广校、区广播电视台、二中、区委党研室、区委网信办、区气象局、区残联、区供销总社、区文联、区科协、区联通公司、区邮政公司、丰南烟草、区自然资源和规划分局、区商务和投资促进局、区住建局、区卫生健康局、区人资社保局、区应急管理局、区市场监督管理局、区水利局、区文化广电和旅游局、区生态环境分局、区交通运输局、区工信局、区民政局、区统计局、区退役军人事务局、区医疗保障局、区税务局、区审计局

二、区管干部考核结果

（一）优秀区管干部（219名）

1.公务员及参照管理人员（205名）

（1）连续三年考核为优秀等次记三等功（25名）

郭永泉　陈会全　王　磊　刘建军　李继忠　刘春礼　杜双彬　张冬梅　张兆华　张顺庆　张　梅　朱润高　刘　新　高长军　徐明胜　李　桓　孔祥喜　于淑媛　张　辉　董秀国　侯振宽　魏树军　刘艳金　董　智　王俊玉

（2）嘉奖（180名）

郑立更　李亚荣　董立明　董彦海　王　玮　董俊魁　孙维军　赵树海　卢英丽　李长静　董秀云　李玉祥　李昌山　董连玖　董树云　侯荣奎　肖子成　赵科研　肖长永　李绍成　郭百新　李春生　孙建进　孙海芬　王会义　李凤雷　王成如　韩雪松　郑贵亮　李德宏　崔凤国　王学萍　佟建新　么猛启　李凤新　李德胜　班有胜　柳志林　李春丽　刘立生　朱焕龙　黄　永　孟美杉　么红权　董文生　张翠娟　田静敏　汪印合　么洪生　么建军　曹立新　于春海　谢志新　李守安　王宏升　吴凤慧　冯天骄　崔立民　刘树群　孙立强　孙满宗　肖　斌　严冠军　汪悦欣　张学军　毕春星　董旭军　高永新　董　忠　陈志坚　孙正国　李江辉　王长春　刘士明　刘定礼　孟凡强　王　蒙　邢承勇　张志利　李国旺　李劲松　李小先　赵丽稳　郑建华　王立新　杜恩庆　徐敬成　安春生　毕会军　李伯林　董立利　郑明策　刘福利　张　永　李俊平　陈久武　刘志贵　黄树海　刘　军　杨建辉　袁占锋　张　强　董兆武　马德园　郑印红　王长军　王　新　董文明　王海丰　董新勇　姜志春　曹建军　高立柱　赵明博　毕晓杰　刘紫岩　裴志勇　张小川　张　鑫　董金海　翟志达　吕国庆　贾建波　魏庆军　怀晓伟　董鹏飞　李晓锋　李　毅　高立权　郑付军　么晓军　董志华　卢英杰　李洪明　关　佳　刘贵雨　胡兆健　董秀静　崔梦阳　高晓东　李树平　李术胜　李晓荣　刘景平　胡　伟　高　康　杨承伟　刘　建　魏凤武　王建辉　张贵军　刘加江　毕金生　孙文贺　班　丽　高建钊　杨　彬　毕小飞　董兴山　刘昕锐　李耐顺　王建利　赵洪志　佟立明　徐士兵　边淑红　王秀丽　王鸿海　肖佐成　陈广强　侯力生　孙　波　王克田　孟令稳　董成全　周庆东　李　军　董双双　李明君　郑晓勇

2.事业人员（14名）

（1）记功（4名）

董福胜　张秋莲　关立强　胡春景

（2）嘉奖（10名）

高庆团　刘化峰　佟国敏　王立军　肖泽亮　于善光　刘天悦　董庆文　陈晓明　韩振天

（二）称职等次（641名）

名单略

（三）不确定等次（7名）

名单略

（四）不称职等次（1名）

名单略

2019年度科级以下工作人员考核结果及奖励情况

一、优秀等次（1483名）

（一）公务员及参照管理人员(181名)

1.连续三年考评为优秀等次记三等功27名

褚秀芝 郑洪军 高洪达 刘　彪 刘　艳 郭　磊
翟艳贺 赵明浩 高倩倩 任长旭 陶　芳 安彩霞
吴雨桐 王顺成 李旭东 孟令伍 王淑丽 赵亚娜
王春友 肖爱国 毕海波 刘亚玲 王　栋 田红梅
翟向立 李凤翔 王东旭

2.嘉奖（154名）

王立朝 郑　军 张　晨 王立凤 杨庆环 马英辉
韩珊荣 孙福国 董恩华 刘　芳 吴泰银 洪　山
李　杰 陈　峰 刘　坤 卢　磊 赵亚芳 董宝强
王冬艳 肖乃昌 董　岩 田琦琦 孟　岩 高林林
董连国 王俊丰 董兰云 薛志国 李金定 李晓龙
万秀菊 杜　鹤 刘国福 邓久利 李　超 李明春
薄秀云 夏学东 徐　宏 裴会井 李　磊 郑军生
郑　雨 徐国军 董京宝 张雪松 冯晓勇 高武国
卢爱青 舒晶晶 贾春生 陈　新 马德龙 王云玲
毛学伦 李　萌 王晓霞 李凤庆 孙　宇 齐凯杰
高　悦 李晨阳 吕雅洁 王铁牛 辛　鹏 宋　宇
齐　鹏 刘海权 朱俊达 刘　红 李凤阔 郝　峥
王丽红 王　倩 张英健 郑金洁 韩振力 李茹婷
王宝敏 陈雪梅 辛　晨 王和平 李保胜 冬艳丰
孙国胜 卫志群 李志强 吴冬祥 李占峰 边立杰
董国强 李守财 孙　立 张增伟 李　征 安为学
张　健 胡　凯 刘宝国 张照丹 王国兴 王克春
吴瑞功 李彦军 李久喜 包铁军 王昌平 李存忠
梁金波 董跃华 毕双强 常文义 王云霄 刘　津
陆振新 于　红 杨　丹 赵龙军 张立洁 李国娟
任志红 董建强 张志宏 张玉洁 陈　辰 李亚楠
董志明 李长亮 李雪良 常峪蓟 边东顺 郑焕英
李奂莹 张　强 庞丽艳 陈荣云 王宏丽 欧　颖
王志军 柳立新 刘丽伟 孙福忠 李振川 陈艳宝
胡洪芳 李　凯 李佳楠 侯立军 万　辉 李秋红
袁晓宇 苗润开 翟福松 杜　健

（二）事业人员(1302名)

1.记功(211名)

王　松 姚金霞 刘建凤 马海权 李桂梅 杨占威
杨志军 周大勇 朱冬宇 梁义敏 王俊英 李项军
董宝玉 毕利国 高双福 李玉明 孙建兵 王连友
董　刚 刘金一 李卫华 韩　静 刘　森 李立胜
高洪安 赵军玲 董翠英 李洪武 刘立野 赵建勇
冯海滨 吴玉祥 毕伯海 张　伟 董长兴 王翠娇
孙玉东 张淑省 王志勇 刘　磊 王　岭 赵思博
刘　玮 边绍辉 李子林 孟东辉 宋　健 赵军伟
黄立强 赵文媛 张素玲 卢小刚 董来军 孟令国
刘春光 李兴合 张进宁 董志刚 薄永安 杜　兴
边立顺 刘宗魁 夏宝新 肖延栋 杜玉波 熊淑娟
杜玉苗 刘淑英 高　静 张秀梅 张晓群 王爱玲
臧宝丽 王秀玲 韩乃良 赵东海 刘丽梅 王　伟
李爱林 么宝忠 宋丽丽 赵明玉 侯海春 田爱钊
霍文玲 计月华 孙秀英 童海潮 薄双旺 孙　贺
马庆德 董克新 田文涛 高　芳 张在林 韩树宝
孙　岩 赵福才 付宝强 刘　杰 娄　冰 王伴兵
刘存权 赵红艳 吴小川 雷桂荣 佟伟江 李俊辉
安全民 白新锋 张娅莉 孟佑春 郑大微 苗云桥
郑　鑫 郑立艳 丁利民 董江威 李艳菲 李建丰
王海英 高岳嶂 张　兵 薄艳春 李文兰 李贺英
唐秋丽 李晓敏 刘金卓 韩志礼 张卫红 王艳红
杜亦国 卢建旺 刘连国 钱洪涛 刘万金 高海英
孟维庆 冯汉友 孙　然 么素霞 于立军 侯信玉
毕绍艳 孟献波 王秀云 李丽敏 李晓娟 刘桂萍
王　云 付　存 张宝凤 郑　巍 孟彩媛 唐　睿
汪秀芹 赵建华 薛林强 孙艳芝 王　伟 关　艳
张彩玲 张玉飞 李晓英 李淑艳 王　双 顾丽娜
李秀清 刘秀晨 常雪媛 孙洪亮 谷建伟 侯淑敏
董春媛 董力研 闫文运 李志花 孙宏艳 卢　非
肖　路 孙永合 王爱萍 施宝存 于秀君 刘乃盈
陈双志 陈素星 郝建萍 高久悦 毕小娜 高克军
郑　颖 钱云艳 张国光 杜　鹃 张　剑 王桂玲
侯宝静 王爱鸽 宋焕梅 杨作国 孟德兆 李　涛
李艳玲 董玉娥 王晓东 汤广辉 席久勋 王连君
吴志鹏

2. 嘉奖(1091名)

刘淑君 郑爱君 董子顺 张绍莉 魏兆辉 吕 伟
白桂云 李 爽 孙志全 杨 洁 李福合 李 刚
杨金明 于 荔 王 峰 毕美文 李福政 林茜茜
高秋晨 裴春文 胡聪慈 董金星 肖 颖 孙静红
徐 琦 孙金玲 么萌萌 李永路 李保国 王智超
安志超 梁佳伟 孙 倩 徐新华 宋建国 毕俊成
王国涛 刘会娟 李凌敏 何浩静 兰爱丽 齐永胜
高焕业 姜 松 张建存 张梦林 孙荣进 于爱丽
于富宽 苏 黎 王彩霞 陶春海 李铁柱 高俊锁
张亚男 薛建伟 吕晓雯 杨 昭 崔 璇 彭 博
李东生 郭亚男 韩乃伟 李海霞 李 斌 张胜新
安俊臣 于清华 孙倩英 李 涛 李凤来 孟晓静
李庆东 佟甲锦 王立全 李春辉 王素芳 郑 硕
胡永建 雷丽英 王雪艳 王彩艳 李彩虹 孙守东
李 瑞 关艺卿 张春前 周作刚 刘 鹏 郑占雷
郑经纬 杜爱刚 刘 洋 孙志永 肖艳军 孙时杰
吴小伟 李荣娟 张瑞宝 刘天佐 董 嫦 刘宏业
王 虹 董廷和 杜桂月 王 霞 李海江 毕洪亮
吴战军 王志涛 王伯泉 韩占峰 肖 娜 马立杰
崔兆英 黄 娓 董云涛 宋 辉 贾晓平 刘国胜
李虎俊 张 波 梁丽娜 毕秋喜 刘玥萍 苗建爱
夏振杰 关丽英 么 琦 董 彪 于建永 王荣平
刘春玉 吴友军 毕国宾 毕志兴 周卓凯 毕艳平
孙冬芝 闫宝明 王长兴 高克艳 赵文亮 孙月霞
王淑娟 林 娜 王春艳 侯秀红 刘春平 曹学军
王艳红 张建玮 王 颖 张 月 王春香 于兴杰
高盛兴 柳东芝 毕赵军 王志刚 王宝柱 高晓兵
毕介稳 毕艳霞 毕卫华 吴志福 田学军 张立宇
刘 洋 董淑娜 刘 娟 梁艳艳 樊 超 赵永生
詹玉国 闫广爱 王海涛 刘建英 刘宗旺 李国柱
梁立山 王春伟 梁昌友 王 娟 赵昌安 赵建民
赵文新 张林霞 刘建永 张 杰 张 杰 王洪颖
薄洪生 杨国富 李宝清 罗 硕 刘 彬 杨 铭
刘继满 毕思朝 陈俊利 吕 会 董 晖 刘保林
郑黎明 李秀远 付 丽 乔艳秋 李 云 董凤辉
吕孟红 董立杰 李敬国 冯建春 李春林 郑宇辉
郑新才 刘 进 裴立军 马振旺 王云震 杨伟丰
卢建华 李新会 田连兴 孙雪春 孟仲颖 韩宏忠
郝立永 郑 博 孟 月 郑 健 李小爽 王冬冬
王秋香 白 静 郑秀辉 刘静娜 董金凤 赵彬岐
王艳凤 刘海云 孙彩兰 陈爱平 佟艳军 杨凤昆
陈永艳 陈 霞 相国栋 陈宝永 张凤巧 冯树林
边立建 张雨辰 孙立山 李建会 张 达 王红蕾
贾玉梅 彭会玲 刘彩芹 李宏杰 孙文柱 解建军
田思思 宋建军 王树强 杨立群 贾大成 霍美荣
王云锋 张志会 唐尚新 毕久利 李国良 裴立中
赵建慧 韩晶晶 吕 杰 刘倬锋 肖茂臣 张建秀
刘 扬 张 丽 卢成年 马会双 袁育红 牛凤荣
宋海燕 丁明东 张兰稳 董庆武 魏文娟 孟连仲
吴学锦 王晓丽 孟德亮 张秋喜 刘庆臣 董大利
赵宝国 郑连新 边绍新 赵桂玉 杨志平 付建秀
毛锦秀 张朝阳 高月云 王福新 孟二力 宋建民
王雅娟 杜敬然 赵 媛 董海泉 韩立朝 董立焕
董爱玲 李俊跃 董兴梅 毕爱菊 毕艳升 韩志军
肖良群 李月元 刘 娜 关天宇 孙 斌 赵艳杰
陈会翠 郑鑫博 高秀瑜 么恩明 吴凯强 陈思媛
李相龙 董金娜 高 歌 李 杰 李 亮 安海月
刘铁征 张 昱 周明静 刘 畅 杨义敏 白 剑
吴子健 及雪艳 张 晔 孙 蕊 卢柏生 薛 艳
宋 涛 王福海 刘 彪 孙秋影 王 涛 张 旭
陈晶晶 马 静 王建礼 张 宏 肖丹丹 张振顺
连庆国 庞 阔 王一乔 樊树存 付 强 刘冀磊
李建杰 卜镇宇 么 帅 赵立颖 王俊娟 李国春
李 哲 王 忠 李卫峰 蔡玉学 武保国 董子满
高贺会 郑贺亮 宋雨芳 张 珊 王潇冉 李建军
孙 伟 张长福 李 静 付孟杰 张春凯 李 超
刘宝明 蒲 虹 李健华 郑印友 佟香堃 陈殿旭
王 良 孙丽娜 安玉辉 胡大翠 高东波 郑立梅
艾素玲 邵小俊 李冰杰 李 海 高鑫龙 梁玉喜
杨洪静 么立成 董志勇 刘顺利 陆向峰 毕丹丹
艾 婧 张 雨 李晓红 曹艳蕊 刘 杰 许婧蕊
周国伟 赵小雪 李胜震 杨艳红 李旭平 李海萍
周晓媛 王仲申 赵建红 王 杨 裴正强 李文龙
胡振宇 裴罗虎 郑宝永 孙仕波 王 杰 张贺祥
郑庆新 单守刚 耿爱东 孔凡胜 李海波 张付征
张俊强 张建刚 高艳香 李志涛 张桂颖 李少柱
唐 颖 李福国 董红良 刘得田 刘春岭 田胜勇
安邦全 高宏达 李爱勇 安红艳 马 敬 王庆艳
董志云 苏国娟 李怡红 刘艳芹 李秋飞 董春艳
田仕娟 王丽茹 冯爱军 肖 辉 陈志茹 董志艳
张胜军 卢双顺 李冬梅 董雷英 王素玲 刘彦蛟
毕连祝 李晓华 王彩玲 董景珍 刘艳梅 马艳丽
韩 敬 董郁红 王月红 高翠云 郑淑霞 付 英
王丽芳 张子春 唐永靖 周立洪 吴艳平 张 洁
张亚辉 刘立忠 王明玉 田小勃 侯桂侠 翟月华

肖爱玉	刘素文	张子林	吴素春	赵东满	么孝艳
闫秀民	魏丽媛	王作鹏	高瑞顺	王树芳	崔福军
王立娜	孙志军	董泽珍	毕玉忠	马昌再	王伯兰
刘西海	薄爱菊	韩启民	刘庆英	庄守存	李景垣
董会宇	张新春	张震丽	李林权	孙玉娜	孙　颖
董志伟	王琛生	岳敬娜	李明东	卢海燕	徐晓海
杨顺成	刘春瑛	李俊民	王美丽	么　亮	张晓杰
齐振生	毕雪娜	石友军	田　强	刘小艳	杜晓玉
赵恩静	赵　静	韩　宾	郑　旭	辛海颖	刘晓艳
薄会永	李　晋	武祥龙	孙洪亮	晁　娟	林　杰
周　蕊	王艳芬	陈　蕊	李　玲	郑　薇	李　洁
张　超	刘　洋	刘　爽	娄孟明	张　资	李长艳
肖亚男	刘一梅	张雅洁	张凤翠	王　扬	王建明
杨　远	王珊珊	张国辉	肖　磊	孟凡龙	吴彦艳
孙金城	孟玉秋	孙　杰	付春萍	闫正先	贺　伟
肖文庆	苏秀艳	孙灵芝	李　燕	张　丹	王玉静
马丽亚	刘小猛	董宏伟	王丽娜	曹玉玲	刘爱民
高　玲	王爱军	毕益柱	赵建秀	王宝裕	檀素香
董红霞	董立明	董明强	高竞平	郑占海	班学海
孙欢欢	王雨敏	李　静	杜玉娇	姚向晖	李艳辉
史利刚	佟　超	孙晓东	周恩慧	董福林	张　硕
齐　鸣	杜秋红	赵　坤	李建波	李春红	裴巨刚
朱学艳	肖翠静	马　艳	王丽彬	王鑫姣	杨永艳
李玉庆	刘合美	卢翠艳	孟淑贤	王　健	李凤敏
刘亚娟	刘瑞新	臧立红	郑艾静	郗春霞	付　丽
翟　彤	薛彤艳	韩晓艳	王淑敏	孙艳芬	吕渊博
王立明	李德山	陈　鑫	李俊东	董雅娟	邵成文
孙振国	李　振	刘义功	于翠莲	李洪亚	侯玉敏
王大朋	曹东艳	郭中华	田　娜	孙丽红	王瑞霞
李博林	马永波	刘　静	罗晓丽	王玉荣	杨喜龙
李志芳	张海东	佟陈亮	康丽丽	郑万向	王　强
刘金敏	秦春庭	王志昌	孙加柱	杨晓玲	刘绍勇
张　驰	苗润强	张琳雪	郑金金	闫红杰	王伟征
高玉美	梁小东	陈　涛	齐会刚	马云飞	张印波
张　微	董志先	张春兰	张剑林	张善瑞	王晓全
王　华	杜福英	毕玉华	刘　剑	赵淑芬	付卫秋
梁云磊	刘　莹	赵　平	胡静萍	马玉凤	杨凤玲
戚春雨	张小丰	耿　新	刘　鹏	赵立维	赵慧翔
唐娜静	王　岩	陈爱丽	董聚苗	李学桥	史亚波
柯玫芳	么　娜	孙万贺	田凯云	张　坤	张立娜
李雪华	郭海华	路晓见	刘　蕊	李震霞	翟国胜
吕巧梅	李红梅	芦　颖	车凤莹	韩　红	李　莉
李增山	许小卫	张文卓	单翠艳	甘会芹	董淑君

崔丽立	高　莲	刘　梅	郭靖坤	高建合	翟立娜
李艳翠	王海兴	毕雅娜	董焱鑫	岳志丹	邓海红
唐丛艳	李晓娟	董　斌	樊景伟	周少波	于连新
刘振军	郗　静	郑少东	郑丽颖	马爱艳	李凤宝
刘赞杰	董玉亮	李凤山	佟海山	曹运平	李石磊
薄丽梅	肖　锋	孙艳春	李永文	徐小杰	牛小涛
田　婧	刘永顺	刘　坡	赵　刚	石卫东	么守岐
黄树明	刘振华	张克文	孟晓华	李雪艳	董义全
孙士尊	赵树楠	吕秀红	韩海宏	佟秀艳	任守义
张　涛	张　磊	毕湘臣	王连明	董建辉	纪秀香
李国林	田树永	冯瑞刚	卢廷娟	耿明旺	雷立强
董桂琴	张　颖	翟荣莲	董慧颖	袁敬敬	吴华莉
王秋茹	高建新	王微微	刘志芹	贾　宁	杜　英
张　巍	王玉珊	卢艳丽	郑玉梅	张玉惠	么春蕊
陈小梅	孙玉坤	王宏坤	王　浩	李菁华	李艳丽
张秀杰	张欢欢	杨　娟	李　峥	裴义新	肖乃云
杨丽娇	尹满红	裴玉娟	刘　焕	董国文	杜海霞
杜荣芹	刘双英	孙红杰	史丽华	张明伟	范　余
安俊茹	田　甜	郑新艳	毕卫东	董秀华	张建新
周卫娜	张永霞	郑春丽	冯会荣	肖海兰	张海艳
马立娟	刘小玲	郑海东	王艳秋	刘宝香	王媛媛
朱　丹	黄　莉	王　静	苏静钰	高建会	任继伟
王春艳	张小晶	艾　静	陈凤杰	崔小英	刁艳秋
汪建敏	张建雷	王金金	刘　超	肖爱霞	王丽娜
李　赛	王慧远	肖愿美	李志振	芦梦莹	郑立刚
魏爱萍	王　进	董长翠	陈学军	王梦璐	夏学飞
谢　津	张萌萌	乔玲玲	马海花	晏　楠	肖冬冬
王毓会	董树文	王得玉	刘玉颖	郑洪叶	高　岩
班志民	张凤生	孙立加	毕锦芬	轩立国	刘淑娟
王　兰	郑　军	王振兴	刘敬华	黄洁玉	张　红
张国宾	张　颖	兰飘飘	李　郝	齐　娜	王　健
岳艳飞	董学亭	董赵凤	张云鹤	何建华	王　婷
董山英	樊雅金	李玉莲	李其晔	李　凯	肖月红
陈爱民	董俊秀	肖利香	董希全	付广成	闫会霞
刘　姗	刘　凯	侯振华	李红云	卢彩霞	张艳茹
李　莉	李翠香	董　玲	李付敬	刘玉莲	白雪飞
边娇建	胡洁丽	刘凤霞	田宏梅	李艳丽	姚雪玲
韩宝义	檀丽雪	雷贺娟	周会娟	刘苏芬	刘占涛
钱洪悦	毕小娜	何逍然	李　丽	赵宇飞	董金峰
王　菊	杜艳红	李　翠	周红梅	李泾洁	王宗涛
魏　雪	史晓荣	郑　欣	郑　磊	李淑荣	郑　陆
韩　乐	毕培根	槐　槐	董伯昌	马　成	孟晓明
孙爱丽	薛淑娜	田彩秀	高学军	王秀平	张维维

毕兰兰　郑伟静　吴明霞　张黎英　孟　林　常珊珊
贾莉菲　裴秀丽　王雅丹　边金玲　韩瑞凤　张来明
邵春华　张英春　陈凤荣　宋　鑫　燕金岭　郑志刚
张秀丽　孙巧玲　燕伸伸　冯　娟　刘　颖　高　鹏
钱瑞平　雷建丽　赵晓荣　郑淑梅　王冬霞　蔡紫薇
张玲芝　毕玉君　王丽丽　梁晓波　钱国环　李　超
张晓蕊　李顺刚　李红娟　郑占楠　孙宝金　李孟朋
赵安华　李国政　赵翠红　孙桂艳　陈　越　薛　斌
李丹阳　王春芝　王志伟　孙艳茹　孙志国　檀翠红
李　超　李文娟　郑丽丽　刘　倩　李全生　佟红芝
李艳梅　肖梦雪　赵永志　张　扬　刘建生

二、考核合格人员授予嘉奖(586名)

王　岚　吴春敏　马学红　焦国兰　董　琪　赵术东
赵文录　佟丽媛　王文军　李俊涛　韩玉山　班立成
董庭山　李宗建　么艳华　李　宏　钱丽荣　王增奎
王丽霞　郭春艳　刘　丽　韩宝先　冯建洲　孙海荣
甘国宝　吴晓颖　高纪新　高文艳　孙月芹　王学亮
谢晓霞　王彩霞　李冬梅　陈春生　李翠艳　郑艳丽
高俊亮　郑林霞　陈志刚　毕爱军　齐术利　刘秀冬
李　非　董立梅　李莲芝　齐　颖　刘晓颖　刘　伟
岳春香　赵春丽　侯竞卓　董树绵　王凤平　李宝杰
王雅萱　田　丰　孟德刚　卢红香　李英花　郑建文
韩素娟　孟中华　裴建明　董艳云　张冬梅　田海军
刘汝佳　田景梅　董庆骅　柳静波　熊立荣　杨占波
张　宁　田　宾　李双平　杨秋博　裴晓娜　李金汇
董连存　刘志广　钱会娇　张超凡　秦翔林　王婷婷
王大贺　肖付艳　王娇娇　张志国　孙洪广　刘延丰
王步龙　董　梁　徐丽娟　杜珊珊　董凤瑞　董秀焕
张　巍　王党生　刘卫华　李佳梅　孙艳香　李国华
李艳华　张秀敏　甄玉柱　李立军　翟丽荣　唐　娜
刘　猛　张　菊　韩仰东　陈俊英　马云聪　马忠新
张　珏　剧亚璇　李萌萌　毕贺永　杨志勇　肖梦蕊
李　萌　王梦雪　李　楠　刘艳娇　班淑华　樊晟辰
何士杰　李　晔　王国际　王　洋　王谢军　唐保刚
苗　娜　韩荣妍　李保光　董建军　安文军　王增东
董志刚　辛晓伟　刘海昆　王振宝　张俊良　高俊权
王胜泉　王晓林　王　宇　安俊婷　刘　蕊　肖　伟
吴玉红　王双双　刘静丽　张　剑　董卫民　李清照
董子玉　孙景玲　翟维娜　董　萍　石　洪　王守伯
董琳萍　王灵芝　王立志　李晓妹　冯丽媛　王宁辉
夏树国　张　江　付小川　刘顺杰　王俊新　武雨良
吴连庄　张田仁　张国合　孙继海　周春光　耿学军
金龙灿　翟支君　柳宝军　李云双　董　杰　毕　超
杨泽利　郑艳梅　高　波　苏少壮　高志刚　安　军
姜　鹏　杨月平　韩国富　裴立国　裴淑丽　田胜国
郑育清　杨小放　李　丽　裴丽素　刘双双　李东双
王宝会　曹卫红　王洪志　高　虹　韩秀莲　董林林
郑桂玲　董宝瑜　李树娟　张丽瑾　侯学会　郑文莲
邸文利　王丽平　刘宝霞　韩东玲　王生福　张赛丽
唐立新　李立霞　毕仲福　安程靖　黄建华　付东成
付玉华　徐玉祥　高学友　王东东　李东明　刘春良
高建元　李金亭　李占玲　张秀芬　王代军　李海江
高爱力　毕　阳　张爱军　侯燕燕　李艳华　冯袁辉
侯海水　郑爱民　任国枝　张小坤　毕立华　刘向博
马韶环　王建芳　吴杨春　吴井东　单颖芳　卢纪宝
孙久权　张建生　王友静　胡继伟　李雅南　肖海玲
肖春玲　孙凤成　董志君　高　霞　李美玉　李雪梅
李志亮　王群星　李洪山　裴立壮　高彦梅　赵珊珊
刘　佳　张淑娟　史贺艳　付守梅　王静娴　毛利海
杜桂芹　付秋义　刘永英　刘艳平　翟国胜　杨苗苗
杨旭东　毕子金　刘喜安　冯宝媛　于海洋　陈荣亮
刘淑利　张　玲　付　玉　赵慧敏　王海芹　屈志华
郑雅洁　靳志文　魏金香　邸爱军　马连涛　张　颖
孙雪梅　边双顺　李宝东　李　宝　李胜坤　门立东
李立春　王建凤　王学来　杜亚东　赵金星　齐金彤
翟羽杰　邢晓宇　王春生　梁栋良　侯宝印　刘　洁
李智超　周恩富　田　明　佟健民　单党育　董惠芝
谷方新　张占宁　刘　袁　张占荣　孟　晶　赵素君
肖　涵　刘小清　李春江　刘东军　孙玉明　阚晓利
高多多　王　静　李　颖　刘丽婷　张海霞　付　曼
梁　艳　吴美艳　王立春　韩亚莲　董静茹　李春明
赵淑君　白　震　孟军玲　张　英　卢　涛　李淑妹
董凌云　张　侠　赵泓博　李雅玲　董秀珍　刘桂红
王新征　董立明　王金山　李万岭　张立国　张永强
孟东光　么立山　孟彩英　赵晶晶　王胜亮　刘广义
王伯全　张瑞民　张　萍　郑连生　李学云　毕国稳
曹朝霞　王　健　刘金焕　高继东　董天凤　曾秀云
班文静　刘春丽　李丽华　王印廷　韩敏秋　吴晓莉
董慧媛　董利杰　杜　平　贾双双　罗爱菊　于淑伟
王雪玲　佟会芸　李长亮　许春梅　董相中　王海英
王秀宇　李红霞　毕硕良　王卫红　刘爱民　王胡艳
齐彩颖　董红艳　孙彩云　岳春蕊　陈　丽　裴海霞
李晓燕　刘会兰　赵建邦　马学勇　侯建东　么　静
杜子云　李长锁　杜玉环　李凤娟　张秀俊　吴炳红
赵　静　郭志梅　吴小媛　郑立红　张久强　刘宏良
窦忠华　吕凤娟　赵云山　田文先　刘　英　张爱军

董玉境　付　健　邓贺华　刘卫东　李桂梅　侯　娜
杨　柳　韩智龙　李婷婷　魏文月　杨　平　胡金雪
韩　颖　张立静　李红敏　黄　媛　郑德俊　李丹丹
薛美丽　杨久双　吴银青　陈晶晶　张　丽　张继会
钱小艳　杨双增　王　琪　王会轶　董　鑫　王　薇
李艳丽　杨振宁　刘　艳　刘丽红　魏子红　裴欣鑫
张　丹　刘飞飞　冯阁平　冯媛媛　李　红　李丽红
徐全权　赵欣彤　董亚南　安　磊　白　涛　刘春宇
孙小蕊　孙　睿　王树怀　钱洪民　郑丽娟　任维海
刘焕香　王东梅　毕子兴　杨　阳　王珏静　唐连玉
刘　磊　陈志斌　袁　静　王　媛　翟季荣　谷玲玲
毕晓月　毕　峰　董欣颖　董宝印　王丽红　陈永苓

刘秀丽　孟凤娟　毕敬萍　高立媛　么学莲　范雅芳
安云萍　韩　丹　刘建春　梁永新　钱华丽　郑爱敏
于树旺　刘雪丽　焦明珠　王　迪　陈瑞新　宋淑艳
梁春娇　齐娟娟　刘佳新　王春节　毛银萍　孙贺艳
李　萍　王爱玲　梁　月　朱丽华　王　刚　汪　超
杨凤玉　王卫林　孙雅健　马丙磊　焦艳云　王海建
薄春明　孙慧敏　李丽芳　董红艳　陈　宏　毕志华
毕羽飞　王海珠　陈　萍　王雪梅　韩　旭　蔺新华
武绍华　杨淑娟　李金路　闫保成　么桂云　姜志海
王　瑛　杨丽明　夏　洁　刘维维　才　双　李凯庆
孙颖莉　王红叶　马俊海　苏海云　薄丽丽　刘巍峰
董兴维　郭忠鑫　杨　亮　李金生

2019年度丰南区评审高级专业技术资格人员名录

表8

序号	姓名	工作单位	资格名称	专业
1	付　英	唐山市丰南区医院（在编）	主任护师	病房护士
2	翟月华	唐山市丰南区中医医院（在编）	主任护师	病房护士
3	杨　冬	唐山市丰南区医院（在编）	主任医师	超声诊断科医师
4	刘立鑫	唐山市丰南区医院（在编）	主任医师	超声诊断科医师
5	杨　晖	惠达卫浴股份有限公司	正高级工程师	硅酸盐工程技术
6	檀瑞超	惠达卫浴股份有限公司	高级工程师	硅酸盐工程技术
7	王俊标	唐山市丰南区文化馆	二级美术师	画家
8	宋建新	唐山市丰南区图书馆	副研究馆员	图书资料业务
9	李振勃	唐山市丰南区大新庄镇人民政府	高级统计师	统计
10	董淑娜	唐山市丰南区南孙庄乡人民政府	高级统计师	统计
11	蒲　虹	唐山市丰南区统计局(人事代理人员)	高级统计师	统计
12	王雪梅	唐山市丰南区大新庄镇人民政府	高级会计师	会计
13	董桂霞	唐山市丰南区大新庄镇人民政府	高级会计师	会计
14	张建秀	丰南区救助申请家庭经济状况核对核查指导中心	高级会计师	会计
15	李　静	丰南区农村土地经营权流转管理服务中心	高级会计师	会计
16	肖亚男	唐山市丰南区卫生防疫站（非在编合同制）	高级会计师	会计
17	张春利	唐山市丰南区大齐镇人民政府	高级经济师	其他经济业务
18	付　伟	唐山市丰南区黄各庄镇人民政府	高级经济师	其他经济业务
19	张　巍	丰南区养老事业服务中心	高级经济师	其他经济业务
20	董雅荣	唐山市丰南区政府投资审计中心	高级经济师	其他经济业务
21	屈凤玲	河北丰南经济开发区管理委员会（聘用制）	高级经济师	其他经济业务
22	王云姝	河北丰南经济开发区管理委员会	高级经济师	其他经济业务
23	王　娟	唐山市丰南区钱营镇人民政府	高级经济师	其他经济业务
24	王尊丽	唐山市丰南区钱营镇人民政府（聘用制）	高级经济师	其他经济业务
25	薄秀清	区党政信息网络中心	高级经济师	其他经济业务
26	宋焕乐	唐山市丰南区房产管理所	高级经济师	其他经济业务
27	郑丹丹	唐山市丰南区林业局（人事代理）	高级经济师	其他经济业务
28	张立平	政府投资工程建设管理中心	高级经济师	其他经济业务
29	王立军	唐山鑫源工程项目管理有限公司	高级经济师	其他经济业务
30	孟艳斌	唐山市丰南区小集镇人民政府	高级经济师	其他专业技术
31	孟仲颖	唐山市丰南区小集镇人民政府	高级经济师	其他经济业务
32	郑　慧	唐山市丰南区农牧局人事代理	高级农经师	其他农业技术
33	梁昌友	唐山市丰南区钱营镇人民政府	高级畜牧（兽医）师	兽医
34	徐凤旋	唐山市丰南区农牧局畜牧兽医管理委员会	高级畜牧（兽医）师	兽医

续表8

序号	姓名	工作单位	资格名称	专业
35	毕红全	唐山市丰南区农牧局畜牧兽医管理委员会	高级畜牧（兽医）师	兽医
36	付建秀	唐山市丰南区林业服务中心	高级工程师	林业生态环境工程技术
37	刘　丹	唐山市生态环境局丰南区分局（劳务派遣）	高级工程师	环境监测工程技术
38	田卫国	唐山兴达交通工程有限公司	高级工程师	其他交通工程技术
39	王艳才	唐山市丰南区人才劳动力交流服务中心（非公人员）	高级工程师	其他交通工程技术
40	卢柏生	唐山市丰南区政府投资审计中心	高级工程师	土木建筑工程技术
41	董欣然	河北丰信工程咨询有限公司	高级工程师	土木建筑工程技术
42	何　爽	河北丰信工程咨询有限公司	高级工程师	土木建筑工程技术
43	刘书海	唐山嘉诚房地产开发有限公司	高级工程师	土木建筑工程技术
44	罗孟君	唐山联发工程管理有限公司	高级工程师	土木建筑工程技术
45	王爱华	唐山市丰南区排水管理处	高级工程师	其他建筑工程技术
46	李志刚	政府投资工程建设管理中心	高级工程师	土木建筑工程技术
47	樊立永	惠达卫浴股份有限公司	高级工程师	硅酸盐工程技术
48	孙建军	国网冀北唐山市丰南区供电公司	高级工程师	其他电气工程技术
49	马云鹏	唐山市丰南区人才劳动力交流服务中心（非公人员）	高级工程师	其他电气工程技术
50	张金龙	唐山市丰南区人才劳动力交流服务中心（非公人员）	高级工程师	其他电气工程技术
51	张　红	唐山市丰南区中医医院（在编）	副主任护师	病房护士
52	张立霞	唐山市丰南区医院（在编）	副主任护师	病房护士
53	赵丽英	唐山市丰南区医院（在编）	副主任护师	病房护士
54	高　艳	唐山市丰南区计划生育技术服务站（在编）	副主任护师	病房护士
55	裴丽素	唐山市丰南区医院（在编）	副主任护师	病房护士
56	高　静	唐山市丰南区医院（在编）	副主任护师	病房护士
57	杨丽英	唐山市丰南区医院（在编）	副主任护师	病房护士
58	张子春	唐山市丰南区医院（在编）	副主任医师	放射医科医师
59	毕锦秀	唐山市丰南区中医医院（在编）	副主任医师	妇产科医师
60	胡叶青	唐山市丰南区妇幼保健院（在编）	副主任医师	妇产科医师
61	晏凤作	唐山市丰南区中医医院（在编）	副主任医师	内科医师
62	吕秀红	唐山市丰南区中医医院（在编）	副主任医师	外科医师
63	王亚林	唐山市丰南区医院（在编）	副主任医师	外科医师
64	肖维坤	唐山市丰南区医院（在编）	副主任医师	外科医师
65	刘　猛	唐山市丰南区医院（非在编合同制）	副主任医师	外科医师
66	温子海	唐山市丰南区医院（在编）	副主任医师	外科医师
67	刘　杨	唐山市丰南区中医医院（在编）	副主任中医师	针灸科医师
68	张淑娟	唐山市丰南区卫生防疫站（聘用制）	副主任技师	其他卫生专业技术
69	李金朵	唐山市丰南区大新庄镇中心卫生院（在编）	副主任护师	助产士
70	薄爱菊	唐山市丰南区大新庄镇中心卫生院（在编）	副主任护师	助产士
71	孙玉玲	唐山市丰南区钱营镇中心卫生院（在编）	副主任中医师	中医外科医师
72	卢纪宝	唐山市丰南区小集镇中心卫生院（人事代理）	副主任护师	病房护士
73	马东凤	唐山市丰南区小集镇中心卫生院（人事代理）	副主任医师	妇产科医师

续表8

序号	姓名	工作单位	资格名称	专业
74	王巧霜	唐山市丰南区丰南镇中心卫生院（人事代理）	副主任医师	内科医师
75	闫正先	唐山市丰南区黄各庄镇中心卫生院（人事代理）	副主任医师	妇产科医师
76	李素娟	唐山市丰南区黄各庄镇中心卫生院（人事代理）	副主任医师	超声诊断科医师
77	孙荣江	唐山市丰南区尖字沽乡卫生院（非在编合同制）	中西医结合副主任医师	中西医结合医师
78	李改芳	唐山市丰南区丰南镇中心卫生院（非在编合同制）	副主任医师	超声诊断科医师
79	刘菊英	唐山市丰南区丰南镇中心卫生院（在编）	副主任药师	西药剂师
80	刘庆勇	唐山市丰南区农业技术高级中学	中小学高级教师	数学
81	王　慧	唐山市丰南区经安中学	中小学高级教师	外语
82	田文玉	唐山市丰南区丰南镇中心校	中小学高级教师	语文
83	肖海霞	唐山市丰南区丰南镇中心校	中小学高级教师	语文
84	董红敏	唐山市丰南区青少年活动中心	中小学高级教师	语文
85	刘亚东	唐山市丰南区第二中学	中小学高级教师	历史
86	董桂东	唐山市丰南区第二中学	中小学高级教师	体育
87	张俊娟	唐山市丰南区董各庄中学	中小学高级教师	地理
88	李建国	唐山市丰南区西葛中学	中小学高级教师	地理
89	郑继辉	唐山市丰南区大新庄中学	中小学高级教师	地理
90	安泽海	唐山市丰南区西葛中学	中小学高级教师	化学
91	董敬红	唐山市丰南区董各庄中学	中小学高级教师	历史
92	陈永苓	唐山市丰南区经安中学	中小学高级教师	历史
93	肖振才	唐山市丰南区钱营一中	中小学高级教师	其他专业
94	刘建军	唐山市丰南区宣庄中学	中小学高级教师	生物
95	刘秀霞	唐山市丰南区南孙庄中学	中小学高级教师	数学
96	徐玉清	唐山市丰南区南孙庄中学	中小学高级教师	数学
97	薄俊霞	唐山市丰南区唐坊镇中学	中小学高级教师	数学
98	靳卫东	唐山市丰南区第四中学	中小学高级教师	数学
99	贾安全	唐山市丰南区钱营一中	中小学高级教师	数学
100	贾秀艳	唐山市丰南区钱营一中	中小学高级教师	数学
101	刘清生	唐山市丰南区王兰庄中学	中小学高级教师	数学
102	郑付娟	唐山市丰南区经安中学	中小学高级教师	思想政治
103	郑佳惠	唐山市丰南区钱营学校	中小学高级教师	体育
104	赵井功	唐山市丰南区钱营一中	中小学高级教师	体育
105	张志新	唐山市丰南区唐坊镇中学	中小学高级教师	物理
106	董树青	唐山市丰南区黄各庄中学	中小学高级教师	物理
107	董　艳	唐山市丰南区董各庄中学	中小学高级教师	外语
108	张宝顺	唐山市丰南区钱营学校	中小学高级教师	外语
109	段红梅	唐山市丰南区东田庄中学	中小学高级教师	语文
110	刘占杰	唐山市丰南区东田庄中学	中小学高级教师	语文
111	杨凤文	唐山市丰南区东田庄中学	中小学高级教师	语文
112	闫翠荣	唐山市丰南区柳树0中学	中小学高级教师	语文

续表8

序号	姓名	工作单位	资格名称	专业
113	赵小明	唐山市丰南区钱营学校	中小学高级教师	语文
114	赵志国	唐山市丰南区大新庄中学	中小学高级教师	语文
115	刘建宏	唐山市丰南区东田庄中学	中小学高级教师	政治
116	刘印国	唐山市丰南区柳树酄中学	中小学高级教师	政治
117	韩永宽	唐山市丰南区第四中学	中小学高级教师	其他农业技术
118	李品生	唐山市丰南区尖字沽中学	中小学高级教师	职业教育
119	刘锡菊	唐山市丰南区黄各庄中学	中小学高级教师	生物
120	谷芳勇	唐山市丰南区黄各庄中学	中小学高级教师	生物
121	董国友	唐山市丰南区黄各庄中学	中小学高级教师	体育
122	刘庆权	唐山市丰南区东田庄中心校	中小学高级教师	科学
123	孙庆贺	唐山市丰南区大新庄中心校	中小学高级教师	科学
124	曹海生	唐山市丰南区钱营中心校	中小学高级教师	科学
125	高秋来	唐山市丰南区黑沿子中心校	中小学高级教师	品德
126	李德乔	唐山市丰南区东田庄中心校	中小学高级教师	数学
127	王兰梅	唐山市丰南区黑沿子中心校	中小学高级教师	数学
128	李荣华	唐山市丰南区柳树酄中心校	中小学高级教师	数学
129	王志娟	唐山市丰南区南孙庄中心校	中小学高级教师	数学
130	韩树伟	唐山市丰南区南孙庄中心校	中小学高级教师	数学
131	李茂儒	唐山市丰南区大新庄中心校	中小学高级教师	数学
132	刘亦秋	唐山市丰南区黄各庄中心校	中小学高级教师	数学
133	孙巧利	唐山市丰南区唐坊中心校	中小学高级教师	数学
134	王成明	唐山市丰南区小集中心校	中小学高级教师	数学
135	毕国霞	唐山市丰南区黑沿子中心校	中小学高级教师	体育
136	李国江	唐山市丰南区南孙庄中心校	中小学高级教师	体育
137	冯庆福	唐山市丰南区钱营中心校	中小学高级教师	体育
138	张成山	唐山市丰南区西葛中心校	中小学高级教师	信息技术
139	张秀永	唐山市丰南区东田庄中心校	中小学高级教师	语文
140	邓洪芬	唐山市丰南区东田庄中心校	中小学高级教师	语文
141	李素梅	唐山市丰南区黑沿子中心校	中小学高级教师	语文
142	董玖琳	唐山市丰南区南孙庄中心校	中小学高级教师	语文
143	王海玲	唐山市丰南区钱营中心校	中小学高级教师	语文
144	史立君	唐山市丰南区唐坊中心校	中小学高级教师	语文
145	李文来	唐山市丰南区大新庄中心校	中小学高级教师	语文
146	孙淑红	唐山市丰南区尖字沽中心校（小学）	中小学高级教师	语文
147	陈瑞新	唐山市丰南区王兰庄中心校	中小学高级教师	语文
148	王秀云	唐山市丰南区钱营中心校幼儿园	中小学高级教师	幼儿教师
149	刘凤友	东田庄乡中心校（幼儿园）	中小学高级教师	幼儿教师
150	李永红	唐山市丰南区柳树酄镇中心校幼儿园	中小学高级教师	幼儿教师
151	李顺才	丰南区小集镇中心校（幼儿园）	中小学高级教师	幼儿教师

续表8

序号	姓名	工作单位	资格名称	专业
152	安双有	唐山市丰南区西葛中心校	中小学高级教师	数学
153	孙加波	唐山市丰南区实验小学东校区	中小学高级教师	音乐
154	毕义江	唐山市丰南区职教中心	中小学高级教师	外语
155	董卫东	唐山市丰南区职教中心	中小学高级教师	综合
156	韩广军	唐山市丰南区职教中心	中小学高级教师	综合
157	刘彩云	唐山市丰南区职教中心	中小学高级教师	音乐
158	李守瑞	唐山市丰南区农业技术高级中学	中小学高级教师	综合
159	张　颖	唐山市丰南区第二中学	中小学高级教师	地理
160	刘永英	唐山市丰南区第一高级中学	中小学高级教师	地理
161	佟陈亮	唐山市丰南区第二中学	中小学高级教师	化学
162	孟淑贤	唐山市丰南区第一高级中学	中小学高级教师	化学
163	李宝霞	唐山市丰南区第一高级中学	中小学高级教师	生物
164	张国彩	唐山市丰南区第一高级中学	中小学高级教师	数学
165	韩桂金	唐山市丰南区第二中学	中小学高级教师	物理
166	李　宝	唐山市丰南区第二中学	中小学高级教师	物理
167	王国利	唐山市丰南区第二中学	中小学高级教师	物理
168	李国川	唐山市丰南区唐坊高级中学	中小学高级教师	物理
169	郑爱东	唐山市丰南区第二中学	中小学高级教师	音乐
170	李春红	唐山市丰南区第一高级中学	中小学高级教师	外语
171	董雅娟	唐山市丰南区第一高级中学	中小学高级教师	语文
172	李丽敏	唐山市丰南区第一高级中学	中小学高级教师	政治
173	尹志强	唐山市丰南区唐坊高级中学	中小学高级教师	历史
174	田淑霞	唐山市丰南区唐坊镇中学	中小学高级教师	化学
175	郑连生	唐山市丰南区大齐学校中学部	中小学高级教师	数学
176	刘海群	唐山市丰南区钱营学校	中小学高级教师	思想政治
177	郑国友	唐山市丰南区东田庄中学	中小学高级教师	化学
178	王小弟	唐山市丰南区银丰学校	中小学高级教师	历史
179	陈海燕	唐山市丰南区银丰学校	中小学高级教师	历史
180	李永梅	唐山市丰南区钱营一中	中小学高级教师	数学
181	刘振华	唐山市丰南区王兰庄中学	中小学高级教师	数学
182	许春梅	唐山市丰南区实验学校	中小学高级教师	数学
183	刘　军	唐山市丰南区王兰庄中学	中小学高级教师	体育
184	杨艳军	唐山市丰南区实验学校	中小学高级教师	体育
185	郑国光	唐山市丰南区大新庄中学	中小学高级教师	体育
186	贺丽艳	唐山市丰南区银丰学校	中小学高级教师	音乐
187	张洪艳	唐山市丰南区南孙庄中学	中小学高级教师	外语
188	张建平	唐山市丰南区王兰庄中学	中小学高级教师	外语
189	李丽红	唐山市丰南区西葛中学	中小学高级教师	外语
190	郑德贤	唐山市丰南区实验学校	中小学高级教师	外语

续表8

序号	姓名	工作单位	资格名称	专业
191	刘晓红	唐山市丰南区唐坊镇中学	中小学高级教师	外语
192	刘翠英	唐山市丰南区经安中学	中小学高级教师	语文
193	李晓利	唐山市丰南区柳树酄中学	中小学高级教师	语文
194	刘艳菊	唐山市丰南区柳树酄中学	中小学高级教师	语文
195	黄秀萍	唐山市丰南区第四中学	中小学高级教师	语文
196	孙玉坤	唐山市丰南区实验学校	中小学高级教师	语文
197	董建玲	唐山市丰南区银丰学校	中小学高级教师	政治
198	杨秀霞	唐山市丰南区尖字沽中心校（小学）	中小学高级教师	科学
199	耿明旺	唐山市丰南区西葛中心校	中小学高级教师	科学
200	刘俊军	唐山市丰南区丰南镇中心校	中小学高级教师	科学
201	刘淑梅	唐山市丰南区丰南镇中心校	中小学高级教师	科学
202	郭靖坤	唐山市丰南区实验小学东校区	中小学高级教师	科学
203	刘素贤	唐山市丰南区大齐学校小学部	中小学高级教师	数学
204	王会珍	唐山市丰南区黑沿子中心校	中小学高级教师	数学
205	于　娜	唐山市丰南区钱营中心校	中小学高级教师	数学
206	刘东辉	唐山市丰南区小集中心校	中小学高级教师	数学
207	乔宝国	唐山市丰南区西葛中心校	中小学高级教师	数学
208	张桂敏	唐山市丰南区实验小学东校区	中小学高级教师	数学
209	赵淑莲	唐山市丰南区实验小学东校区	中小学高级教师	数学
210	邸贺奇	唐山市丰南区实验小学东校区	中小学高级教师	数学
211	孟宝莲	唐山市丰南区大新庄中心校	中小学高级教师	数学
212	孙守健	唐山市丰南区南孙庄中心校	中小学高级教师	体育
213	刘玉胜	唐山市丰南区南孙庄中心校	中小学高级教师	信息技术
214	李泽群	唐山市丰南区实验小学东校区	中小学高级教师	信息技术
215	徐慧昕	唐山市丰南区实验小学东校区	中小学高级教师	音乐
216	张　磊	唐山市丰南区柳树酄中心校	中小学高级教师	外语
217	刘金焕	唐山市丰南区尖字沽中心校（小学）	中小学高级教师	语文
218	董红英	唐山市丰南区王兰庄中心校	中小学高级教师	语文
219	卢廷娟	唐山市丰南区王兰庄中心校	中小学高级教师	语文
220	赵淑君	唐山市丰南区实验小学西校区	中小学高级教师	语文
221	薛　辉	唐山市丰南区岔河中心校	中小学高级教师	语文
222	冯丽娜	唐山市丰南区岔河中心校	中小学高级教师	语文
223	崔婉梅	唐山市丰南区丰南镇中心校	中小学高级教师	语文
224	李怀芝	唐山市丰南区大新庄中心校	中小学高级教师	语文
225	孟秀玉	唐山市丰南区大新庄中心校	中小学高级教师	语文
226	唐怀信	唐山市丰南区唐坊中心校	中小学高级教师	语文
227	赵保忠	唐山市丰南区钱营中心校	中小学高级教师	综合
228	陈　力	唐山市丰南区第一幼儿园	中小学高级教师	幼儿教师
229	刘静宇	唐山市丰南区丰南镇中心校(幼儿园)	中小学高级教师	幼儿教师

附录
Fulu

唐山市丰南区人民代表大会常务委员会工作报告

——在唐山市丰南区第六届人民代表大会第三次会议上

（2019年1月31日）

唐山市丰南区人民代表大会常务委员会主任　李志龙

2018年的主要工作

2018年，是丰南发展砥砺前行、勇攀高峰的一年，也是人大工作实干实政、彰显价值的一年。一年来，区人大常委会在区委的坚强领导下，在“一府一委两院”的支持配合下，坚守责任担当，秉持为民情怀，保持一线状态，紧紧围绕加快建设“沿海强区、美丽丰南”战略目标，聚焦发展出智出力，聚焦民生重实重行，聚焦法治发言发声，与全体代表一道共同努力，为实现丰南区重返全省县（市）区前列作出了积极贡献。年内，共召开常委会议8次，审议各项议题48项，召开主任会议10次，开展执法检查2次、视察9次，接待上级人大来丰南视察调研等活动21次，圆满完成了各项任务。

一、提高政治站位，以新思想引领人大工作正确方向

在把握政治方向上坚持党的领导。把学习贯彻习近平总书记关于坚持和完善人民代表大会制度的重要思想作为首要政治任务，自觉强化政治意识，做到议事谋事紧贴区委意图，工作安排紧跟区委部署，重大事项及时向区委报告，自觉把区委领导贯穿人大工作始终。专门召开了学习交流会，引导全区人大工作者和各级代表增强政治自觉，强化人民意识、代表意识，坚定人大制度自信。

在讨论决定重大事项上坚持党的领导。决定重大事项是宪法和法律赋予地方人大及其常委会的一项重要职权，是人民当家作主的具体体现。东方雨虹唐山基地项目是一个多地争抢的好项目，区人大常委会贯彻区委意图，依法履职担当，在专题调研、现场视察的基础上，专门听取区政府汇报，对这一重大事项行使决定权，进行投票表决，促进了该项目的顺利落地。

在依法进行人事任免上坚持党的领导。坚持党管干部和人大依法任免有机统一，完善修订并严格执行《宪法宣誓制度操作规程》，以庄重的仪式彰显宪法的神圣。年内，共依法任免国家机关工作人员41名，任命人民陪审员16名。同时，按照法律规定，加强对代表的监督和管理，坚持尊重事实，敬畏法律，谨慎表决，依法作出许可或不许可决定。一年来，共许可对区人大代表采取强制措施2人，接受违法违纪代表辞职3人，依法保障了代表的权利，净化了代表队伍。

二、积极主动作为，以新视角拓展监督工作新领域

首次听取国有资产管理情况报告，推动国有资产保值增值。建立国有资产管理情况报告制度，是党中央加强人大国有资产监督职能的一项制度安排。常委会依法履职，管好人民共同财富，推动政府开展了最全面的一次国有资产摸底调查，督促政府积极探索不良资产处置新途径，人大对全区国有资产监管工作开局起步。

首次听取政府对企业和经营大户补助资金使用情况报告，推进预算审查监督重点向支出预算和政策拓展。常委会认真研究讨论了政府对企业和经营大户补助资金使

用情况报告，梳理出“财政补助资金使用缺乏审核与规范”“补助资金应该向投资强度大、税收强度大和科技创新的项目倾斜”“一事一议项目要公开透明”等明确意见，并向区政府进行了转交。要求区政府重视起来、认真改进，及时做好重大专项支出报告或备案工作，切实防控廉政风险。

首次听取区检察院关于公益诉讼工作情况报告，切实维护公共利益。公益诉讼是一项新生事物，是新形势下公共利益保护的司法制度。常委会敏锐地意识到它的价值所在，专门听取报告，积极予以关注，对检察院在办案数量和追缴国有资产等方面取得的成绩表示充分肯定，鼓励其总结经验，再接再厉，在维护国家和社会公共利益方面取得更大成绩。

三、强化有效管用，不断提升监督实效

按照省市统一部署，扎实推进三项联动监督。三项联动监督是省人大监督的创新性举措，是2018年下半年人大系统工作的重中之重。常委会精心筹备，在全市率先行动，组织区乡两级人大、四级代表669人，围绕扶贫脱贫攻坚、大气污染防治、优化营商环境三个重点领域，开展明察暗访，征求意见建议，向区政府有关部门发出交办函23件，向上级人大提交意见建议14条，圆满完成了对住建、商务等5部门评议工作，上级人大对丰南区工作给予高度评价。

积极开展物业管理专题询问，推动难点问题破题起步。物业管理涉及千家万户，矛盾点多、关注度高。常委会就这一问题开展专题询问，虽不能短时间内解决问题，但通过面对面的问答，让大家对物业管理有了更深入的认识，促进了沟通与理解。政府有关部门高度重视，积极采取措施，在一些重点乡镇专门设立了物业办，研究制定了更具操作性的服务等级评定方法，加快了遗留问题的解决进度，推动丰南区物业管理向前迈出了坚实的一步。

持续关注食品安全，捍卫人民群众舌尖上的安全。食品安全关乎群众福祉，人民群众向来关注。常委会坚持民有所呼，我有所应，连续5年开展《食品安全法》执法检查，向政府和有关部门传递关切和压力。区政府按照审议意见，多措并举，狠抓落实。直接推动建设路和汇通路两个市场取得了开办资格，122家商户领取了营业证照；赋予了乡镇卫生院健康体检职能，方便从业人员就近办理健康证；专门购置了24套食品检验装备，全区食品安全检验能力迅速提升。

有效开展对公共文化服务体系示范区创建工作的监督，顺利通过省级验收。针对创建工作进展缓慢、财政投入与实际需求有较大差距的问题，常委会协调督促区政府追加资金300余万元，加快创建步伐。创建工作得到省督导组的充分肯定，并顺利通过验收。

固化“两官”评议工作品牌，促进公正司法。常委会连续3年开展法官、检察官评议工作，不断规范和完善评议机制，由指定评议对象变为随机抽取，增加了评议人数和评议次数，全方位、多角度地把脉被评议对象履职情况，力求找准问题、评出实效，让司法队伍感受到了有监督、有触动、有压力。此项工作一直位于全省前列，多次被各级人大刊物刊载。

此外，还对人民调解、社会救助、医药卫生体制改革、扫黑除恶等工作进行了专项监督；依程序接待并转办来信来访18件次，支持督促化解了一批涉法涉诉案件。

四、凝聚代表意志，展现代表积极作为

深入开展主题活动，让代表联系群众更密切。扎实开展“精准扶贫、人大代表在行动”活动，组织各级人大代表积极开展“一对一、多对一、一对多”帮扶活动，并安排丰南镇、西葛镇、胥各庄街道人大代表分别对接南孙庄乡、大新庄镇、小集镇开展扶贫帮困。各级代表累计发放慰问金和生活用品总价达500多万元，帮助贫困群众解决了就业、就医、就学等生产生活难题，为全区精准扶贫加油助力。

建好用好代表家站，让代表作用发挥更充分。高标准建设了通达集团代表联络站，将省市两级人大代表及区直选区代表纳入联络站内，实现了全区代表进家入站全覆盖。作为省人大试点县区，全面组织代表进家入站开展述职评议，全区共有296名代表向选民述职，2637名选民听取代表述职并参加测评。依托代表家站，各级代表开展视察、调研、执法检查80余次，提出代表建议300多件，走访接待选民2100多人次，解决实际问题130多个。代表家站正在由建好向管好、用好积极转变，日益成为代表依法履职的重要平台和有效阵地。

加强议案建议督办，让代表对办理结果更满意。提出议案和建议，是宪法和法律赋予人大代表的一项重要权利和责任。常委会严格落实整理、分类、登记、交办程序和领导分包跟踪督办制度，并根据走访情况责成办理不力单位立行立改，68件代表建议按时答复率100%、回访率100%、代表满意率91%、解决问题率84%，一批群众关心关注的实际问题得到有效解决。

五、树立“一线”意识，以新风貌展示新形象

加强代表培训，提升履职能力。组织市、区、乡三级人大代表、乡镇（街道）人大主席（主任）、秘书进行学习培训，引导各级代表和人大干部当好人大人、说好人大话、做好人大事，讲品格、讲操守、讲能力，代表们的思想政治水平、法律政策水平、专业知识和议事能力得到新的提高。

加强专门委员会建设，提升工作水平。财经、法制、教科文卫、城环等专门委员会，围绕各自工作领域，通过学习交流、执法检查、视察调研等形式，发挥专业优势，积极开展活动，为协助常委会做好各项工作发挥了不可替代的作用。年内，各专委会共召开会议、组织活动39次。

加强人大宣传，提升人大影响力。充分用好内外两种资源，利用"丰南人大"微信公众号编发信息74期，在《公民与法治》《河北人大通讯》《唐山劳动日报》等省市级报纸刊物发表经验文章6篇，充分展示了丰南区人大工作的良好成效。为扩大影响，在惠丰湖景区内设计建设了简朴的人大文化园，普及人大常识、宣传人大制度、营造民主法治氛围，成为丰南区人大工作的前沿平台。

加强机关建设，提升服务水平。积极营造和谐向上、风正气顺、人讲称职、事争一流的工作氛围，通过落实学习制度、开展主题党日活动、召开民主生活会等形式，强化"一线"意识，凝聚"人大力量"，全力打造"创新人大、活力人大、有为人大"，机关干部展现出良好精神风貌，干劲十足，面貌一新。

过去的一年，全区人大代表牢记使命、不负重托，心系群众、为民履职，充分发挥了人大代表服务发展、服务人民、服务社会的重要作用，全面展示了人大代表讲奉献、敢建言、有作为的良好形象。实践证明，本届区人大代表是一支政治成熟、善作善成的队伍，是一支坚强有力、人民信赖的队伍！

各位代表，区人大常委会过去一年取得的成绩，得益于区委的坚强领导、高度重视，得益于"一府一委两院"和社会各界的鼎力支持、密切配合，得益于全体代表、常委会组成人员和各乡镇（街道）人大主席团（工委）的团结协作、锐意进取，也得益于历届人大常委会打下的良好基础。在此，我代表区人大常委会，向大家表示崇高的敬意和衷心的感谢！

回顾过去一年的工作，我们也清醒地认识到，面对新形势新任务和人民群众的新期待，常委会还有很多不接地气、工作不到位的地方，主要是：在监督方面还缺乏刚性和约束，重大事项决定滞后、存在随意与不确定性，代表的产生、劝辞、管理缺乏一套行之有效的制度，常委会组成人员专业素养还有待提高，人大机关干部队伍来源渠道单一、流动性差、岗位历练不够等等。对此，我们将自觉接受人民监督，虚心听取代表和各方面意见，切实加以改进。

2019年工作安排

人大制度是一套有效保证能干事、干好事、干成事的好制度。人大事业需要坚持与发展，加强与完善，巩固与创新，与时俱进，接续奋斗。2019年，区人大常委会要认真学习贯彻习近平总书记关于坚持和完善人民代表大会制度的重要思想，紧紧围绕区委决策部署，切实践行"政治同向、法治同轨、发展同力、与民同心"工作理念，全面担负起宪法法律赋予的各项职责，不断提升人大在全区社会政治生活中的应有地位和独特贡献。

一、坚持党的领导，确保人大工作行稳致远

人大及其常委会首先是党领导下的政治机关。要旗帜鲜明地讲政治，树牢党的领导这个重大政治原则，不断提高政治站位和政治定力，自觉践行"丰南发展，人大尽责"理念，在全区工作大局中把人大职责摆进去，把人大工作摆进去，把区委决策部署贯穿于人大履职的全过程。要与"一府一委两院"思想同心、目标同向、行动同行，寓监督于支持之中，依法履职、真抓实干。让人大真正成为党委工作的有力帮手，"一府一委两院"工作的有力推手。

二、坚持"精细深实"，全力提升监督实效

区委重视的就是人大关注的，百姓关心的就是人大关切的。常委会要围绕区委中心工作，突出重点要点、聚焦热点难点，持续加大监督力度，改进监督方式，为群众督大事、解难题、办实事，让人大的监督严肃起来，威严起来。围绕经济产业发展，继续听取对企业和经营大户补助资金使用情况报告，推进人大预算审查监督重点向支出预算和政策拓展；加强经济运行和国有资产管理监督；作为首批省级试点县区，加快推进人大预算联网监督工作，改善软硬件，实现对预算支出的实时监督。围绕民生关切，探索实施"民心实事工程代表票决制"，听取土壤污染防治情况的报告，开展《药品管理法》《义务教育法》执法检查，对国丰北片区规划建设情况、重点工程、户户通建设情况等进行视察。围绕民主法治建设，听取法治政府建设、"两院"司法改革情况的报告，继续开展两官履职评议，听取审议检察院公益诉讼工作报告。按照上级要求，适时听取监察委员会专项报告。坚持对审议意见落实情况进行视察和"再报告"，剖析实例，确保对监督发现的问题一抓到底、抓出成效。借鉴省市人大做法，对部分区政府组成部门主要负责人进行履职满意度评议。围绕优化营商环境，组织各级代表和企业界人士，开展创新性监督活动。

三、坚持活动引领，切实激发代表履职活力

进一步发挥代表家站作用，多层次开展代表活动，年内重点按照市人大统一部署，组织开展"积极履行代表职责，助力打赢蓝天保卫战"活动。健全代表履职档案，继

续开展代表述职评议。加强代表议案建议督办，在提高建议质量、加大督办权威、解决实际问题上下功夫，不断提高办结率和代表满意率。强化对代表履职活动的管理监督，规范代表履职行为、激发代表履职活力，引导和激励代表争做政治坚定的明白人、服务群众的贴心人、产业发展的带头人、勤于履职的热心人。

四、坚持与时俱进，全面加强自身建设

汇聚起人大常委会组成人员每个人的力量，发挥其聪明才智，彰显作为，提高常委会议事能力。引导常委会组成人员到群众中去，到基层中去，到实际一线中去，带着感情、带着责任依法履职，提高常委会决议问题的水平。充分发挥专门委员会和各工作机构的职能作用，提升人大常委会工作效能。加强对乡镇、街道人大工作的指导和支持，密切工作协同，开展工作交流，更好形成人大系统整体合力。组织开展向省市人大学习活动，对标对表省市人大要求，结合区情民意，把握大势，胸怀全局，把人大工作当事业、当舞台，用心用情用力履职尽责，担当作为。要永葆向前、向上的精神风貌，锻造优良作风，把为民用权与为党尽责高度统一，把该做的事情做好，把该干的工作干到位，有所为有所不为，有底气、有正气、有硬气，干一件成一件，干出一个样子来，以实干实政的优异表现彰显人大制度的光辉。

中国人民政治协商会议
唐山市丰南区第六届委员会常务委员会
工 作 报 告

——在政协唐山市丰南区第六届委员会第四次会议上

（2020年1月14日）

才 文 举

一、2019年工作回顾

2019年，区政协六届常委会在中共丰南区委的正确领导下，紧紧团结依靠政协参加单位和全体委员，深入学习贯彻习近平新时代中国特色社会主义思想和中共十九大，十九届三中、四中全会精神，全面落实“不忘初心、牢记使命”主题教育总要求，紧紧围绕助力丰南区高质量发展和全面建成小康社会，坚持发扬民主与增进团结相互贯通，建言资政与凝聚共识双向发力，为丰南区加快重返全省县（市）区前列步伐做出了积极贡献。

（一）拧紧政治“总开关”，牢固坚守政协初心

常委会始终坚持思想引领、崇尚学习，把科学理论武装成果转化为团结奋斗的共同思想政治基础。一是深学笃用新思想。建立以常委会议专题学、委员培训集中学、联组交流重点学为依托的学习制度体系，组织政协委员、党派团体深入学习贯彻习近平新时代中国特色社会主义思想和习近平总书记关于加强和改进人民政协工作的重要思想，开展各类学习活动20余次，实现委员学习全覆盖，切实学懂弄通做实党的创新理论，从思想上、政治上把关履职的首要环节。二是旗帜鲜明强党建。政协党组发挥把方向、管大局、保落实的重要作用，把区委决策部署不折不扣贯彻落实到政协工作中。发挥党员委员“关键少数”作用，建立党组成员联系党员委员、党员委员联系党外委员的“双联制度”，组织开展“重温入党誓词”、健全履职评价机制，推进党员委员带头讲政治、尽职责。党员委员提出高质量提案55件，43名获考核优秀等次。三是同心同向筑根基。在履职活动中，加强同党派团体、各族各界人士交流，共同学习新中国史和统一战线历史、人民政协历史，引导他们不忘多党合作初心，增进对中国共产党、中国特色社会主义的思想认同、政治认同、理论认同和情感认同，打牢增强“四个意识”、坚定“四个自信”、做到“两个维护”的思想根基。

（二）汇聚资政“金点子”，有力彰显政协智慧

常委会始终坚持专门协商机构的职能定位，抓住新时代丰南区改革发展中面临的新困难、新挑战开展广泛多层协商。一是坚持协商商到需要时。围绕助推区委、区政府重大决策部署落实选题协商，聚焦“高质量发展突破年”“聚力两大主战场”等重点，研究制定《区政协2019年协商工作计划》，以区委文件形式下发，增强政协协商针对性和权威性。二是坚持议政议到点子上。围绕“文化旅游产业发展”等6个专题，与区委、区政府相关部门共同调查研究，共同学习先进地区经验，内外结合、做足功课，开展各类调研活动30余次。邀请区政府领导参加政协常委会议协商，与政协常委面对面座谈交流，形成《关于丰南区文化旅游产业融合发展的调查与建议》《关于丰南区智慧校园建设的调查与建议》《关于丰南区“新六产”发展的调查与建议》等6篇高质量的协商成果，全部得到党政领导批示，转交有关部门落实，促进丰南区出台了《关于进一步加快全区文化旅游产业融合发展的实施意见》等多项政策措施，推动相关工作开展。筹备政协全会大会发言，公开发表党派、界别建议，建言好声音直通决策层。三是坚持提案提到关键处。学习借鉴宁波、温岭提案工作经验，制定《区政协提案提交办理协商办法》，树立“提质控量”导向，推进提案办理协商工作制度化、规范化、程序化。提案提办各方加强协作，同步“加热”，区委办、区政府办、区政协办相互联动，主办单位、协办单位、督办单位密切配合，促进提案落实见效，144件立案提案已经全部办结，委员满意率100%。

（三）争做发展“助推器”，充分发挥政协力量

常委会始终坚持全区“一盘棋”的工作站位，围绕助力实现丰南区“重返全省县（市）区前列”目标，开展主题实践活动，担当作为。一是聚焦高质量发展突破年出实招。组织委员就传统产业竞争力、青年人才培养等高质量发展“瓶颈”问题，深入基层调查走访，形成建议20余条；农业和农村委员会组织委员调研座谈，形成了《完善丰南区设施农业保障体系建设的建议》等成果，报送有关部门供借鉴，部分建议报送省市政协。二是聚焦扩大高水平开放做实功。充分挖掘委员人脉资源和行业优势，组织引导委员增进交流联谊，积极推介丰南、招商引资，委员为丰南区推荐项目15个。区政协承担的两个亿元以上招商项目如期完成。三是聚焦保障和改善民生办实事。各界别、乡镇（街道）委员发挥优势，多次组织委员助力脱贫攻坚、服务公益事业，开展扶贫济困、医疗下乡等活动，直接服务群众2000余人次。

（四）当好人民“代言人”，深刻诠释政协使命

常委会始终坚持以人民为中心的发展思想，着眼人民群众最关心、最现实的利益问题监督建言。一是监督形式更多样。发挥政协全会监督、常委会监督优势，直面问题提出建议；通过视察监督、专项监督、特约监督等形式，提出监督建议；收集社情民意，反映群众具有代表性的建议，推动民生问题解决。二是监督靶向更精准。围绕全区十件惠民实事等重点民生工程，组织委员开展视察监督，形成《关于全面提升农村人居环境扎实推进乡村振兴战略实施的调查与建议》，上报区委，助推惠民实事落地。三是监督频次更经常。选派百余名委员监督员，对窗口单位实施经常性监督，对司法机关、乡科级干部等进行监督评议，促进相关工作开展。

（五）寻求最大“公约数”，广泛凝聚政协共识

常委会始终坚持团结合作的使命担当，努力为各民主党派、工商联和无党派人士参政议政创造更好条件。一是加强合作聚共识。先后5次召开党派团体座谈会，通报全区重点工作，征求意见建议30余条。所有专题协商活动专门安排党派团体代表发言，提出各类建议20余条，进一步凝聚共识。二是增进团结聚合力。连续两次召开新社会阶层委员座谈会，引导新社会阶层人士与党和国家要求同心同向。深化与侨眷侨属的沟通往来，密切与在外人士的联系交流，汇集力量。走访少数民族和宗教界代表人士，共同促进民族关系、宗教关系和谐发展。三是文化交流聚人和。围绕庆祝中华人民共和国成立70周年暨人民政协成立70周年举办书画展、编辑出版《长歌》、组织专项答题等活动，以书会友、以画联谊、增进团结。以丰南政协微信公众号为载体，发布政协活动、履职成果等信息64条，促进交流。在全国、省、市政协媒体发表稿件98篇，区政协外宣工作在全市政协系统一直名列前茅。

（六）守牢队伍“压舱石”，全面提升政协形象

常委会始终坚持以“三个建设”为支撑的固本之举，努力使政协工作符合发展要求、更具时代特色。一是以领导班子建设为先。以开展“不忘初心、牢记使命”主题教育和“三个努力建成”、重返全省县（市）区前列深化学习月活动为契机，首先抓好政协领导班子建设。落实政协党组理论学习中心组“双周学习日”制度，班子成员轮流授课、交流心得。坚持党内党外同纪律、同要求，完善工作制度。深入开展调查研究，走访委员、群众，形成调研成果10篇。查找出六方面问题，制定整改措施36项。二是以机关队伍建设为要。坚持政协机关“政治机关”“一线机关”标准，落实好机关党支部“三会一课”制度，开展“重温入党誓词”等主题党日活动。以区委巡察为契机，深入查找问题，及时整改提高，较好发挥政协机关“参谋部”“总枢纽”的重要作用。三是以委员队伍建设为重。按照“懂政协、会协商、善议政，守纪律、讲规矩、重品行”的要求，推进委员教育管理常态化。落实《委员履职考评办法》，用好考核指挥棒，完善委员履职档案，落实委员述职评议；把委员社会评价作为健康体检，及早发现不足、纠正问题。约谈委员3名，责令辞职1名。

回顾一年来的工作，中共丰南区委、区政府高度重视、大力支持，党政领导多次对政协提案、调研报告作出批示，多次参加政协会议，通报情况、参与协商，为政协事业发展创造了良好条件。在此，我代表区政协常委会对区委的坚强领导，区人大、区政府的大力支持，对社会各界的鼎力相助，对政协参加单位和广大委员的不懈努力，表示衷心感谢！

同时，我们也清醒地看到，对照新时代对人民政协工作的新要求，区政协工作还存在着一些差距和不足，比如：把握人民政协新方位、新使命还不够深入；协商民主在基层治理中的作用发挥还不够充分；调查研究的能力和建言献策水平需要进一步提高等等。这些不足，需要在今后的工作中认真研究，积极实践，切实加以改进。

二、2020年工作安排

2020年是全面建成小康社会和“十三五”规划收官之年，是实现第一个百年奋斗目标的决胜之年。在新的一年里，区政协工作的总体要求是：深入学习贯彻习近平新时

代中国特色社会主义思想和中共十九大、十九届四中全会精神，坚持以习近平总书记关于加强和改进人民政协工作的重要思想为指导，全面落实中央、省市委政协工作会议精神，锚定新方位新使命，把服务实现“重返全省县（市）区前列”目标作为工作主线，把加强思想政治引领、广泛凝聚共识作为中心环节，把区委决策部署落实下去,把社会各界智慧和力量凝聚起来，把人民政协的制度优势转化为治理效能，为推动丰南经济社会跨越发展、进位赶超作出新贡献。

（一）加强思想政治引领，巩固共同基础主轴

把坚持和发展中国特色社会主义作为巩固共同思想政治基础的主轴，强化思想政治引领，把党的主张转化为社会各界的自觉行动。着力深化思想认识。通过党组理论中心组带头学习、常委会议集体学习、委员集中培训、党派团体学习研讨等形式，深入学习贯彻习近平总书记在中央政协工作会议暨庆祝人民政协成立70周年大会重要讲话和党的十九届四中全会对国家治理体系和治理能力现代化的总体要求，切实以党的创新理论武装头脑、指导实践、推动工作。着力提升政治水平。全面加强政协党的建设，探索建立“支部建在界别上，委员聚在党旗下”的政协党建工作新格局，把每名党员委员和党外委员聚在党的旗帜下，实现党的组织对党员委员、党的工作对政协委员的全覆盖。全面加强党对人民政协的领导，认真贯彻区委四届七次全会的各项决策部署，不折不扣落实到政协各项工作之中。着力凝聚思想共识。开展“党旗下共筑同心圆”活动，每季组织一次政协委员调研视察活动，围绕丰南区经济社会发展，看成就、看进展、看成果，增进对区委、区政府决策部署的理解、认同和支持，广泛汇聚团结奋斗、担当作为、干事创业的正能量。

（二）突出专门机构优势，做优协商民主主业

发挥人民政协专门协商机构作用，把协商民主的优势转化为治理效能，在服务推进治理现代化中展示政协的担当作为。推进政协协商制度化。通过请党政领导交题、围绕区委中心选题、向党派界别征题等方式，精选协商题目，形成年度协商计划。探索以政协全会、议政大会、常委会议协商为引领提升协商高度，以专委会议协商为动力增加协商深度，以座谈协商为依托拓展协商广度的协商议政新形式，努力创建“立体式”协商议政新格局，紧紧围绕中心工作和人民群众关心关注的热点难点，协商议政、建言献策。把协商互动作为必要环节，协商前党政领导或相关部门向政协委员通报情况，协商中由委员随机提问，党政领导或相关部门在坚持保密原则前提下详尽解答，在互动交流中增进团结、凝聚共识。推进协商成果实效化。强化委员知情明政，定期向委员通报丰南区经济社会发展情况，使协商内容更深更透更精准。进一步加强协商成果汇总、报送、反馈等环节工作，注重跟踪问效、落实反馈、联合督查，提高协商成果转化率。推进政协提案精品化。落实好《区政协提案提交办理协商办法》，树立质量意识、精品意识，坚持“提质控量”原则；落实提办双方面对面协商、办理现场协商方法，实行提案委员会、提案委员对承办提案工作评议机制。坚持提与办同向发力，双推进、双提升，实现多出提案精品，力争办好办成目标。

（三）聚焦重返全省前列，凸显服务发展主线

紧紧围绕助推丰南区“重返全省县（市）区前列”目标，彰显政协之智，发好政协之声。聚焦中心任务发力。围绕实施工业强区战略，落实“一港双城”战略，深化改革开放创新，打好“三大攻坚战”，实施乡村振兴战略，保障和改善民生，推进治理体系和治理能力现代化等中心工作确定议题，深入调查研究，借鉴外地经验，建言献策资政，更好彰显政协工作在服务全区高质量发展中的独特价值。紧扣民生福祉担当。坚持人民政协为人民，把不断满足人民对美好生活的需要、促进民生改善作为重要着力点，开展“委员走基层”活动，引导政协委员把身子沉下去，把民心暖起来，发挥社情民意信息作用，及时反映人民群众意愿和呼声，真诚为人民群众解难题、办实事、献爱心。围绕丰南区为群众办好的“十件实事”工程，以及教育、医疗、就业等人民群众普遍关注的领域，开展视察监督，协助区委、区政府增进人民福祉。提升合作共事能力。发挥新型政党制度的独特优势，安排民主党派在政协会议就经济社会发展发表意见建议，凝聚发展合力；定期走访党外知识分子、非公有制经济人士、新社会阶层人士，激发他们建设家乡的热情；贯彻党的民族政策和宗教政策，推动各民族交往交流交融，引导宗教与社会主义社会相适应；发挥委员联系面广优势，开展对外联络交往，服务扩大对外开放，为丰南区“重返全省县（市）区前列”凝聚力量。

（四）强化委员责任担当，做实自身建设主责

牢牢把握新时代人民政协的新方位新使命，履行队伍建设主体责任，提升履职能力和水平。激发委员履职活力。按照“懂政协、会协商、善议政，守纪律、讲规矩、重品行”的要求，修订完善《政协委员履职年度考评办法》，加强对委员的考核管理。引导委员自觉遵守宪法法律和政协章程，切实发挥在本职工作中的带头作用、界别群众中的代表作用，以模范行动展现新时代政协委员的风采。夯实政协履职基础。完善界别活动组织领导和工作机制，从活动内容、主要形式、保障服务等方面提升界别工作水平。探索建设“网上政协”，建立集委员履职和服务一体化的信息化智能履职管理平台，实现委员网上履职、提案报送等，有效提升履职效率。提升机关工作效能。以党的政治建设为统领扎实推进政协机关干部队伍建设。落实机关干部“双周学习日”制度，进一步提高干部的理论素养和业务水平，促进观念更新、状态转换、能力升级。深入推进机关思想政治建设，狠抓机关党风廉政和纪检监察工作，严格落实“一岗双责”，完善党内组织生活制度。准确把握新形势下全面从严治党的新要求，巩固“不忘初心、牢记使命”主题教育和“三个努力建成”、重返全省县（市）区前列深化学习月活动成果，努力打造一支适应新时代要求的高素质干部队伍。

唐山市丰南区人民检察院工作报告

——在唐山市丰南区第六届人民代表大会第三次会议上

（2019年1月31日）

唐山市丰南区人民检察院检察长　任宪瑞

2018年主要工作

2018年，我院在区委和上级院领导下，在区人大及其常委会的监督和区政府、区政协及社会各界的关心支持下，紧紧围绕区委中心工作，认真贯彻落实十九大、二中、三中全会精神，扎实践行习近平新时代中国特色社会主义思想，忠实履行法律监督职责，以办案为中心，强化法律监督，稳妥推进司法改革，全面加强队伍建设，各项工作取得了明显成效，继续保持了全市先进行列，为丰南区经济社会发展提供了有力司法保障。全年共受理公安机关提请批准逮捕案件189件244人，依法批准逮捕159件200人，依法不批准逮捕34件44人；受理移送审查起诉案件313件444人，依法提起公诉256件382人，依法不起诉39件70人；受理区监察委移送审查起诉职务犯罪案件4件5人，全部依法提起公诉；纠正刑罚执行和监管活动违法69件；办理各类民事行政诉讼监督及公益诉讼案件262件。

一、紧扣中心，服务大局，保障经济社会发展积极作为

紧密结合丰南经济社会发展、改革稳定实际，紧紧围绕区委中心工作谋篇布局，在大局观上体现检察责任担当。

围绕全区大事要事开展工作。按照区委工作部署，针对经济结构调整、产业转型升级、“双创双服”和高质量发展要求，围绕全区“十项重点工作”，本着依法履职不添乱原则，坚持在办案中推进依法行政、市场主体合法经营、依法保护企业产权、维护经营秩序和治安秩序。领导班子成员深入分包的4个重点建设项目，细致调研，发现问题，精准施策，严格落实责任。

持续营造良好营商法治环境。在去年“一院一品护发展”活动确立护航临港工业园区发展的基础上，向服务“一区三园”的深度、广度、精准度扩展。围绕全区民营经济的发展，着力在环境保护、安全生产、治安秩序方面，加大检察工作力度，积极提出整改意见和检察建议，解决制约实体经济健康发展的相关法律问题。积极履行捕诉职能和犯罪防控职责，依法保护民营企业家人身、财产合法权益，对民营企业家涉嫌犯罪且犯罪情节轻微的案件，决定不批捕2案3人。对破坏营商环境、影响项目落地、阻碍纵横钢铁施工建设的犯罪嫌疑人郭某某等2人，以聚众扰乱社会秩序罪依法从快批捕。利用警示教育基地，对民营企业开展法治宣传教育，受教人员达1200余人。

全力做好化解矛盾维护稳定工作。积极参与社会治安综合治理，落实各项措施，在涉及可能引发矛盾和影响稳定的敏感环节，做到意识到位、措施到位、效果到位。一是在全市率先成立了“12309”检察服务中心，一站式受理控告、申诉、司法救助、法律咨询以及检务公开工作，立足化解矛盾，为人民群众提供更加高效、便捷、优质的检察服务。全年共受理来信来电来访516件，现场直接答复当事人249件次，提供法律咨询206人次，息诉罢访12件，转相关职能部门35件，办理刑事申诉、国家赔偿和司法救助案件14件。二是助力全区村居两委换届选举，把好候选人司法关口，筛选出3名“带病”候选人，防止了“带病”入选，维护了基层选举稳定。三是从讲政治高度把握精准扶贫、精准脱贫的战略意义，对扶贫对象真心帮，用实扶，扶贫对象生产生活大为改观，实现了稳定脱贫。

二、精准定位，强化监督，维护社会公平正义高效有力

构建以刑事、民事和行政检察监督为一体，以公益诉讼和犯罪防控为两翼的“一体两翼”监督格局，努力创造公平正义的法治环境。

全面强化刑事、民事和行政检察监督。强化监督意识，将敢于监督、善于监督、精确监督贯穿办案全过程，突出监督重点、严格监督标准、严密监督程序，以监督促公平正义。一是立案监督、侦查监督和审判监督方面。共监督公安机关立案13案13人，监督区行政执法机关向公安

机关移送刑事案件3案3人，纠正侦查活动违法37件，审判活动违法11件，追捕7人，追诉漏犯7人，漏罪13起，成功抗诉1件1人，提前介入侦查36次，列席审委会2次。二是刑罚执行和监管活动监督方面。依法纠正监管活动违法26件，纠正财产刑执行不当20件，纠正社区矫正执行活动违法18案18人，纠正指定居所监视居住执行不当4案4人，纠正强制医疗不当1案1人。办理羁押必要性审查35案35人，依法改变强制措施23案23人，开展重大案件讯问合法性核查8案8人。联合区司法局对160名社区矫正人员开展了“犯罪防控与监外执行监督”专项活动，取得了良好效果，两个羁押必要性审查监督案件获评全省精品案例。三是民事行政诉讼监督方面。发出民事审判监督检察建议33件，民事执行监督检察建议43件，督促履行职责检察建议70件，息诉和解2件。三类监督案件同比均有较大幅度提升。

大力开展公益诉讼，维护国家和社会公共利益。公益诉讼是新时代检察工作的全新职能，对保护国家和社会公共利益，防止国有资产流失，保护生态环境和资源，保障人民群众舌尖上的安全，促进行政执法机关依法行政具有重要现实意义。一是把公益诉讼作为一把手工程来抓，积极谋划部署，抽调精兵强将排兵布阵，成立了全市唯一一家公益诉讼指挥中心，形成全院公益诉讼一体化工作格局。二是2018年5月份召开了全区检察公益诉讼工作推进会，与区相关行政机关、纪检监察机关、公安、法院等部门会签了一系列规范性文件，建立了联席会议制度、案件线索移送制度、诉讼配合制约制度。三是利用多种形式广泛开展公益诉讼宣传，与区妇联联合开展了有女法官、女律师等社会各界妇女参加的“木兰有约”检察公益诉讼法治宣讲活动，反响强烈，效果良好。全年共搜集案件线索316件，立案82件，向区国土分局、市场监督管理局、环保分局、林业局和人防办等单位发出诉前检察建议79件，督促相关行政机关履行职责，追缴人防易地建设费2409万元。通过对3案5人提起刑事附带民事公益诉讼，让污染环境者赔偿生态环境修复费17万余元，改变过往“个人污染，政府买单”的现象。12月份，区人大常委会专题听取了我院公益诉讼工作报告。

积极开展犯罪防控，实现“三个效果”有机统一。牢固树立防控犯罪也是主责主业的意识，坚决落实“谁执法、谁普法”主体责任，充分发挥犯罪预防职能优势和我院既有优势，积极防控各类犯罪。一是精准研判犯罪态势，梳理多发易发犯罪的类别、区域、行业、犯罪主体和对象等关键信息，研究制定预防对策，向区委提交了《2017年度刑事案件综合分析报告》，并得到区委领导的充分肯定。二是定期公布典型案例，提供犯罪预防指引。三是加强对犯罪多发易发的中小学、幼儿园、商业密集区、小商品集散地等重点人群的法制宣传，持续推进法治进机关、社区、企业、农村、校园、网络，共进行法制宣传和警示教育188场次，受教人员达16000余人。犯罪防控不仅助力社会治安体系完善，也推动了检察职能转型发展，达到了政治效果、法律效果和社会效果的有机统一。

三、深化改革，创新争优，激发检察工作活力扎实推进

不断坚定司法改革的理念，创新体制机制，鼓励创新争优，激发干警工作热情和活力，在改革和创新中打造丰南检察的亮点和品牌。

深入扎实推进司法责任制落实，稳妥有序。始终扭住提高办案质量、效率和公信力这一目标，以此来检验各项改革措施是否科学合理，确保改革沿着正确的轨道推进。一是准确把握检察长、检委会、员额检察官及检察辅助人员的职责定位和作用，从22名员额检察官中抽调精干力量，组建了未检、公益诉讼、职务犯罪三个专业化办案团队，建立了检察官联席会议制度。二是制定了《检察官业绩考核办法》《检察官履职监督管理办法》等规范性措施，突出检察官办案主体地位，落实办案责任制，形成担当尽责的工作氛围。三是强化全方位的内部监督机制建设，采取“月通报季评查”的方式，强化日常化案件质量评查和流程监控，把控关键环节，规范行为细节。我院的司改工作得到省、市司改工作督导组的充分肯定。

努力推动刑事诉讼制度改革，章法初显。一是建立诉前会议制度，出台了《关于刑事案件诉前会议的若干规定》，与区法院、公安局会签了《重大刑事案件侦查终结前对讯问合法性进行核查的实施办法》和《羁押必要性审查工作办法》。在刑事案件的审查起诉阶段，由员额检察官召集侦查人员、调查人员、当事人、辩护人、诉讼代理人等相关人员，就程序性和实体性问题听取各方意见。二是轻微刑事案件快速办理。对可能判处三年以下、事实清楚、证据确实充分、案情简单、罪名单一、被告人认罪的案件简化讯问笔录、简化审查报告、简化庭审程序，依法快速办理，为集中司法资源办理重大、疑难、复杂案件提供了保障。全年通过简化办案程序，共办理案件83案106人。三是严把案件质量，充分发挥不起诉职能。为保证案件质量，坚持疑罪从无，按照裁判的标准和要求，全面审查运用证据，严把证据关，对于经过两次退回公安机关补充侦查，仍然认为证据不足，不符合起诉条件的案件，坚决依法做出不起诉决定，并出台了《关于规范不起诉工作的意见》，防止案件“带病”进入审判程序，切实防止冤假错案发生。全年共办理存疑不起诉案件17件23人，绝对不起诉案件3件26人。

积极投入扫黑除恶专项斗争，成效明显。全年共受理审查逮捕涉恶案件6件27人，审查起诉5件26人，法院一审判决4件19人，铲除了琚某强迫交易涉恶集团一个、高某某宗族恶势力团伙一个。一是认真贯彻落实“两高两部”《关于办理黑恶势力犯罪案件若干问题的指导意见》、高检院《关于部分省级检察院深入推进扫黑除恶专项斗争工作座谈会议纪要》，把扫黑除恶作为重大政治任务研究部署，充分发挥提前介入、引导侦查职能，全面提高对十类犯罪案件快捕快诉效率。二是与区政法各部门密切协同，组织案件会商5次，统一执法思想。三是深挖案件线索，对2013年以来办理的822起可能与涉黑涉恶相关的刑事案件进行倒查，将发现的涉恶案件线索及时报送区扫黑办。四是开展扫黑除恶专项斗争宣传3场次，先后组织扫黑除恶专项业务培训4次，编发扫黑除恶简报17期，多次深入岔河镇、黄各庄镇等单位开展调研。

创新未成年人检察工作，亮点纷呈。一是认真办理各类涉未案件，严格落实涉未案件的刑事政策，把“教育、感化、挽救”的理念贯穿于办案始终，坚持可捕可不捕的坚决不捕，可诉可不诉的坚决不诉。全年共办理未成年人刑事案件10案20人，决定不批捕1案2人，不起诉4案4人。积极探索未成年人民事、行政案件办理，保证未成年人各项权利。通过案件的办理，把“新生”未检工作室的品牌影响力从全省推向全国，被列为“全国未成年人检察工作创新实践基地”。二是为加强对未成年人的法治教育，保障未成年人健康成长，检察长、两名副检察长分别兼任银丰学校、二中、实验学校法治副校长；继续与区教育局联合组织在校生到我院崇法尚德教育馆、禁毒教育馆参观受教；举办以“关爱祖国未来，擦亮未检品牌”为主题的检察开放日活动。三是有序推进创建全国优秀青少年维权岗工作。扎实开展“少年警务”活动，推动在公安机关设立专门部门或专门人员办理涉未案件，促进丰南区未成年人刑事案件办理质量的提高。

四、从严治检，固本强基，检察事业发展根基不断夯实

始终将从严治检放在首位，强化举措，推动队伍建设不断跃上新台阶。

通过学习教育以“正本”，强化信念引领。深入学习习近平新时代中国特色社会主义思想，党组理论学习中心组带头学，各党支部坚持学，党员干部自觉学；推进“两学一做”制度化、常态化，扎实开展“不忘初心、牢记使命”主题教育活动，组织全院干警到迁西喜峰口爱国主义教育基地举行重温入党誓词宣誓活动；深入开展立检为公，执法为民，爱岗敬业，再创辉煌专题教育。

通过提升素质以“强本”，强化能力培养。认真组织参加“政法大讲堂”、“河北检察讲堂”、各类业务技能培训和班子素能培训，我院被评为2018年度唐山市检察机关拔尖人才培养先进院，8人被评为市以上拔尖人才和业务能手；通过观摩庭审、人大“两官评议”活动、精品案件评析、考试测评等压担子，检验办案能力；通过走出去考察学习先进典型经验，增强干警创新思维能力。

通过风纪整饬以“治本”，强化从严治检。针对中央、省委巡视组对政法机关提出的巡视整改意见，我院逐条梳理、逐项整改，开展政治性警示教育活动3次，切实将整改工作落到实处；强化规矩意识，深化正风肃纪，严格坚持铁规禁令、检规检纪，组织学习准则、条例，做到常态化；强化监督检查，努力做到防微杜渐，对禁酒、用车、值班备勤必检必查，对违规违纪者必谈话、必纠正。

通过从优待警以“固本”，强化职业荣誉。强化文化感召，打造检察文化长廊，建设院史馆、阅览室、文体活动室等文化阵地，凝聚干警共同价值追求；注重生活关怀，了解干警生活状况，协助解决家庭矛盾和问题，落实带薪休假、保障学考时间等方面，用真情、倾全力，把关爱向“八小时以外”和家庭社会延伸，让干警感受到集体的温暖。

各位代表，在取得成绩的同时，我们也清醒地认识到，工作中还存在许多问题与不足。主要是：贯彻落实新发展理念、服务保障大局的广度深度精准度有待提高；不敢监督、不善监督、监督不到位的问题依然存在，法律监督效果与人民群众更高期待还有差距；刑事检察监督强与民事行政检察监督弱的不平衡；有些改革配套措施尚未完全落地；队伍老化，后备力量不足，检察工作创新能力的提升受到制约。对这些问题，我们将高度重视，认真研究，强化措施，切实解决。

2019年工作思路

2019年，检察工作的总体目标和任务是：认真贯彻落实“讲政治、顾大局、谋发展、重自强”的检察新要求，紧紧围绕全区改革发展稳定全局，聚焦主责主业，以强化法律监督、强化自身监督、强化队伍建设为总体要求，以司法办案为中心，以改革创新为动力，牢固树立“四个意识”，坚定“四个自信”，做到“两个维护”，推动检察工作高质量发展，为建设“沿海强区、美丽丰南”提供有力司法保障。重点做好以下五个方面的工作：

一、旗帜鲜明讲政治，始终确保检察工作正确方向

坚定不移坚持党对检察工作的绝对领导，正确处理好党的领导和依法独立行使检察权的关系，及时向区委请示汇报检察工作，进一步深入学习习近平新时代中国特色社会主义思想，持续开展“不忘初心、牢记使命”主题教育，深化政治纪律、政治规矩教育，铸造干警绝对忠诚、严守纪规的政治品格，确保思想上、政治上、行动上始终与党中央保持高度一致。

二、履职尽责促发展，不断回应人民群众的新期待

紧扣区委中心工作，坚持把人民群众对美好生活的向往作为检察工作的目标和方向，更加积极地履行职能，打击犯罪，护航发展，保障民生。围绕平安建设和廉政建设，从严从快惩治各类刑事犯罪，将扫黑除恶专项斗争强力向纵深推进，力求在“破网打伞”上取得新突破，扎实开展犯罪防控，维持稳定的社会环境和廉洁的政务环境；围绕保障和改善民生，打击破坏生态环境、危害食品药品安全等领域犯罪，切实回应人民群众对检察工作的新期待。

三、聚焦主业强监督，切实维护社会公平正义

主动适应检察职能重大调整后的新形势新任务新要求，牢牢把握宪法定位，聚焦法律监督主责主业，充分发挥检察机关在依法治国过程中不可替代的职能作用。围绕诉讼监督新要求，不断在探索“捕诉合一”运行机制、强化刑事抗诉、财产刑执行检察、行政执法监督、公益诉讼等方面破难题、畅渠道、补短板，着力完善法律监督各项机制，促进严格执法、公正司法，让人民群众在每一起司法案件中都感受到公平正义。

四、锲而不舍抓改革，着力提升司法办案质效

深化以司法责任制为核心的相关配套制度改革，确保内设机构、员额检察官动态退出机制等各项改革任务的完成；强力推进检察机关在速裁程序、刑事案件认罪认罚从宽制度适用方面的改革。着力在完善机制、提供优质检察产品上下功夫，以改革创新推动检察工作大发展。

五、从严治检不停步，全面强化检察队伍建设

牢记打铁还需自身硬，不断打造忠诚干净担当的新时代检察队伍，狠抓党风廉政建设和机关作风建设，强化监督制约，规范权力行使，确保队伍风清气正；不断加强专业化建设，创新贴近基层司法实践的教育培训方式，全面提升履职能力；坚持实施“阳光检务”，更加自觉地接受人大和社会各界监督，以公开促公信，以公正赢满意。

唐山市丰南区人民法院工作报告

——在唐山市丰南区第六届人民代表大会第三次会议上

（2019年1月31日）

唐山市丰南区人民法院院长　郑金宽

2018年工作回顾

在区委的正确领导下，在区人大及其常委会、区政府、区政协和社会各界的监督支持下，区法院认真落实区委四届三次、四次全会精神，紧紧围绕全区经济社会发展大局，忠实履行审判职责，为确保社会大局稳定、促进社会公平正义、保障人民安居乐业做出了积极贡献，整体工作位居全市第二名。

一、立足审判职责，依法维护社会公平正义

以建设高水平“平安丰南”“法治丰南”为目标，依法打击犯罪，保障人权，判断是非，定分止争。全年受理各类案件（包括芦台、汉沽）6380件，结案6157件，30名法官人均结案205件，有力维护了社会和谐稳定与公平正义。

依法打击刑事犯罪。受理刑事案件366件551人，其中，危险驾驶、交通肇事、故意伤害、盗窃、诈骗犯罪占比较大，危险驾驶、诈骗犯罪增长明显。结案339件 449人，其中，判处有期徒刑365人、拘役50人、管制3人。一是认真开展“扫黑除恶”专项斗争。在区委政法委直接领导下，从重从快惩处了实施寻衅滋事、强迫交易等多种犯罪活动的恶势力24人。二是严惩危害食品药品安全和生态环境犯罪。审结危害食品药品安全犯罪 10件12人，污染环境犯罪3件5人，判处有期徒刑14人，拘役3人。三是保持打击腐败犯罪的力度。审结职务犯罪案件17件33人，判处国家机关干部9人，企事业人员21人，农村干部3人。四是加强对未成年犯的司法保护。注重发挥庭审教育、挽救功能，促进未成年犯悔过自新，审结未成年人犯罪3件6人。五是落实“宽严相济”的刑事政策。对情节恶劣、后果比较严重的犯罪，判处3年以上有期徒刑56人；对情节较轻、危害不大的犯罪，判处非监禁刑243人。

妥善化解民事纠纷。受理民事案件5875件，合同、侵权、家事、劳动纠纷占比较大，家事纠纷、民间借贷、劳动纠纷增长明显。结案5686件，其中，判决2242件，调撤3005件，依法保护了当事人合法权益。一是努力践行司法为民。完善诉讼服务中心建设，为群众提供了“一站式”诉讼服务平台；注重民生案件的社会效果，审结交通事故、劳动争议等涉民生案件1670件，挽回经济损失9907万元；依法对困难群众减缓免诉讼费97.31万元，帮助符合条件的当事人申报、发放司法救助款16万元。二是坚持德治与法治相结合。注重法律与常情、常理相统一，综合判断案件是非曲直，确保判决结果符合社会主义核心价值观。三是切实加强调解工作。坚持调解优先，强化诉前调解、委托调解和诉讼调解工作，民事案件调解率达到52.85%。针对交通事故责任纠纷高位运行的状况，联合公安、司法、保险共同组建了“丰南区道路交通事故数据一体化调解中心”，公开各种赔偿数据，稳定当事人心理预期，提高了诉前调解率。四是突出保护金融债权。受理金融贷款案件214件，结案209件，诉讼标的额6.35亿元；组织辖区金融企业召开“保护金融债权，防范金融风险”座谈会，制定了五条具体服务措施，受到了金融企业一致好评。

稳妥处理行政争议。受理行政诉讼与国家赔偿案件64件，涉及行政机关23个，不服公安行政处罚和申请政府信息公开占比较大。结案57件，其中，维持行政处罚和行政决定24件，撤销3件，确认违法3件，促进了行政机关依法行政；受理行政非诉执行案件75件，涉及环保35件、土地29件，环保非诉执行案件增长较快。在行政非诉执行案件审查中，加强听证程序的适用，结案75件，其中，裁定准予执行43件，不准予执行14件，维护了行政管理秩序。

鼎力支持决战“基本解决执行难”。在审判力量严重不足的情况下，坚持分工不分家，安排10名干警和2部警车，配合唐山中院丰南执行大队开展攻坚行动，促进了执

行工作良性发展。

二、强化责任担当，服务保障全区工作大局

坚持围绕中心服务大局，主动在区委区政府工作布局中找位置、划重点、善作为。一是依法维护营商环境。平等保护各类市场主体的合法权益，受理购销、加工承揽、融资租赁等商事案件1223件，诉讼标的额5.01亿元，结案1178件，有效维护了市场经济秩序。二是依法淘汰僵尸企业。稳妥推进三鹿乳业、义龙纺织、科力恒久、环湖商贸、福丰钢铁5家企业破产还债，促进了僵尸企业出清，稳妥解决了1500余名工人经济补偿问题。三是依法保障拆迁工作。抽调精干力量参加艾坨、四王庄、于前、于北拆迁工作，解答法律政策咨询425人次，现场调处纠纷105件，导入诉讼14件，促进了拆迁工作顺利开展。四是服务精准脱贫和农村两委换届。积极帮助分包贫困户落实教育、医疗、就业脱贫政策，提供专项资金帮扶；安排专人排查和上报农村两委换届人选犯罪信息和失信信息。圆满完成了任务。五是推动深化矛盾纠纷多元化解机制改革。认真贯彻执行中央《关于完善矛盾纠纷多元化解机制的意见》，学习借鉴枫桥经验和大庆经验，提出了《关于深化矛盾纠纷多元化解机制改革的报告》，得到了区委、区政府的肯定。六是妥善审理一批敏感案件。依法调处荣盛未来城“炒房团”案件302件，及时审结涉及军队停偿案件12件，取得了良好的社会效果。

三、深化司法改革，发展完善审判工作新机制

按照上级安排部署，扎实推进以司法责任制为核心的综合配套改革，受到了省市法院的充分肯定。

一是深化立案登记制改革。对群众到法院表达诉求，不管是否符合立案条件，统一在网上建立“登”字序号，一人一事一号，先登记后分流，符合条件的转立案，不符合条件的安排诉前调解，指导完善立案条件，全程留痕，确保有诉必理、有案必立。二是完善司法责任制配套措施。制定了《加强审判监督管理办法》《关于建立审判咨询会议制度的若干规定》《关于防止内部人员非法干预案件的有关规定》等制度，加强对法官独立审判的监督指导。三是扎实推进“一乡一法庭”建设。在没有建制法庭的乡镇设立了“巡回法庭”，安排专职书记员和人民陪审员，就地开展司法调解、司法确认和法律咨询等工作，增加了所在乡镇化解矛盾纠纷的功能和力量。配合大齐各庄镇建立了全区第一个矛盾纠纷调处中心，取得了良好的社会效果。四是深化“以审判为中心的刑事诉讼制度改革”试点工作。在区委政法委的直接领导下，单独或者联合其它政法机关制定改革文件9个，系统规范了庭前会议、排除非法证据、证人、侦查人员出庭作证和庭审程序四个重点环节，试点经验已在全市法院推广。五是参与推进芦台、汉沽法庭管理体制改革。积极配合区委组织部、政法委落实改革节点工作，为顺利接管奠定了基础。

四、坚持党建引领，建设过硬法院队伍

面对新时代新要求和司法改革以来法院队伍出现的新情况，坚持党建引领，高扬创先争优主旋律，强化政治建设、纪律作风建设和司法能力建设，有25名干警收到锦旗36面，16名法官结案超200件，6名法官结案超300件。涌现出了办案能手李占禄、王宝柱、郝国庆、调解能手郑林洲、带病坚持工作的李建来、肖梅等一批先进典型，展现了法院队伍忠诚、干净、担当的优秀品格。

一是把政治建设放在首位。认真学习党的十九大精神和习近平新时代中国特色社会主义思想，积极参加上级法院和区政法委组织的干部轮训，推动干警强化“四个意识”，做到“两个维护”，政治坚定性、敏感性进一步增强。二是突出党建引领作用。认真落实主体责任和监督责任，制定了2018年党建工作计划，明确了时间表、路线图；改选了党总支和党支部，班子成员担任党支部书记，坚持审判与党建同部署、同检查；严肃党内组织生活，认真落实“三会一课”制度，开展“追忆党的光辉历史”和参观“复兴之路”大型展览两次主题党日活动，党员队伍的先进性、纯洁性进一步增强。三是坚持从严治院。制定了2018年党风廉政建设责任清单和廉洁司法承诺书，召开专题大会部署党风廉政工作；坚持把纪律挺在前面，认真开展“一问责八清理”和基层“微腐败”专项整治“回头看”活动，加强对日常工作的监督检查，通报问题12人次；认真落实上级巡视整改要求，开展司法作风问题专项整顿活动，组织观看专题片5次，讲廉政党课6次，集中学习6次，对学习贯彻党的十九大精神、审判作风、日常管理三个方面进行了重点整改。四是加强司法能力建设。严格落实司法责任制，明确法官全年办案基数和四个季度结案指标，制定了审判质效正面和负面清单，明确了优秀法官、法官助理、书记员评选标准，开展了法律知识、审判技能和智审系统应用学习培训，开展了精品案件、优秀法律文书评比活动，审判团队办案能力进一步提高。

五、坚持党的领导，自觉接受人大和社会各界监督

坚定政治自觉，时刻牢记党的领导是法院工作的坚强保证，人大和社会各界的监督是法院不断改进工作的强大力量。一是牢固坚持区委的正确领导。认真贯彻落实区委的决策部署，确保区法院不折不扣地贯彻执行；认真学习区委四届三次、四次全会精神和区委2018年工作要点，引导干警围绕中心、服务大局，自觉支持重点工作；认真落实重大事项请示报告制度。对重大敏感案件，及时报告区

委和区委政法委。二是自觉接受人大及其常委会监督和政协的民主监督。主动报告区法院2018年工作要点；认真列席人大常委会会议；积极配合人大常委会开展法官评议工作，落实整改要求；认真改进人大代表建议办理工作；举办法院开放日活动，向人大代表、政协委员汇报工作，听取意见建议。三是依法接受检察机关诉讼监督。审理检察机关建议再审案件1件；邀请丰南、汉沽、芦台检察长列席审判委员会4次。四是强化阳光司法，接受群众监督。加强人民陪审工作，邀请人民陪审员审理案件680件，占11%；加强司法公开，庭审直播案件1151件，庭审同步录像2519件，裁判文书网上公开5617件，有效规范了司法行为。

以上成绩的取得，得益于区委的正确领导，得益于区人大及其常委会、区政府、区政协和社会各界的监督支持。在此，我代表区法院表示衷心的感谢！

我们也清醒地看到，法院的工作还存在着许多困难和不足：一是案多人少的矛盾突出，法官思想压力和工作压力沉重。二是审判团队整体司法能力还有明显差距，审判质量有待进一步提高。三是法院基础建设存在短板，符合新标准的审判法庭不足，八个派出法庭比较落后。

2019年工作安排

坚持以习近平新时代中国特色社会主义思想为指导，认真学习贯彻党的十九大精神，以为庆祝新中国成立七十周年营造良好的社会环境为主线，按照区委四届五次全会精神和上级法院的安排部署，充分发挥审判职能，提高审判质效，加强队伍建设，为建设“沿海强区、美丽丰南”下功夫求实效。

在服务经济高质量发展上下功夫求实效。围绕园区、项目、转型三个重点，公正高效审理经济纠纷，加强对民营企业的司法保护；妥善审理破产案件，促进新旧动能转换；加强公益诉讼审判工作，依法惩处危害公共利益的违法行为；妥善审理国丰南区关停后债权债务案件；主动服务重点企业重点项目，努力营造公平正义的法治环境。

在维护社会和谐稳定上下功夫求实效。深入开展扫黑除恶专项斗争，严厉打击严重暴力犯罪、侵财犯罪和危害安全生产、食品药品安全、破坏生态环境的犯罪，依法惩处贪贿渎职犯罪，特别是扶贫领域的职务犯罪；妥善审理民事案件，化解矛盾纠纷；积极践行新时代“枫桥经验”，深入推进矛盾纠纷多元化解机制改革，把调解工作做大做深做实；加强行政诉讼对行政执法的保障与指导，维护行政执法的严肃性，深入推进“法治丰南”建设。

在提升审判质效上下功夫求实效。坚持目标导向和问题导向，专题开展“审判质效提升年”活动，完善审判质效考核管理办法，推进民事审判专业化改革和繁简分流机制建设，落实司法公开常态化标准化，推动审判质效进入省市前列。

在推进司法改革上下功夫求实效。进一步实化硬化司法责任制，健全新的内设机构并正常运转；全面完成芦台、汉沽两个法庭接管工作，确保队伍不散、工作不断；加强以审判为中心的刑事诉讼制度改革成果的转化，切实提高庭审实质化水平；认真落实最高法院《关于深化家事审判方式和工作机制改革的意见》，稳妥开展家事审判改革。

在加强队伍建设和基础建设上下功夫求实效。坚持以新时代党的建设总要求为统揽，认真落实中央《关于加强法官检察官正规化专业化职业化建设全面落实司法责任制的意见》和省委实施意见，着力加强思想政治建设，提升干警思想境界和政治品格；着力加强纪律作风建设，培养懂规矩讲担当重实干的工作作风；着力加强司法能力建设，提升审判团队专业化水平；着力加强人文关怀，增强法院队伍的凝聚力、战斗力。同时，主动顺应审判工作专业化、智能化的发展趋势，积极争取区委、区政府的关心支持，努力改善派出法庭的办案条件，深入推进智慧法院建设。

2015-2019年唐山市丰南区授权专利统计表

附表1

序号	申请号	发明名称	专利权人名称	专利类型	专利权人类型
1	2018101394117	一种高性能环境友好型皮革化学品设备	唐山市丰南区丰汇科技有限公司	发明	企业
2	2017103164100	一种建筑施工用的混凝土搅拌设备	唐山市丰南区丰汇科技有限公司	发明	企业
3	2015100001530	一种兼具水煤气功能的生物质气化炉	唐山炬能节能科技有限公司	发明	企业
4	2017100647477	一种高性能沼气原料处理装置	唐山市丰南区丰汇科技有限公司	发明	企业
5	2018100490210	一种激光加工装置	华通科创（唐山）石油工程技术服务有限公司	发明	企业
6	2018101338085	一种无污染节能材料制造技术设备	唐山市丰南区丰汇科技有限公司	发明	企业
7	2018103622207	一种智能服务器机柜	唐山市丰南区丰汇科技有限公司	发明	企业
8	2018102378380	一种道路交通指挥机器人	唐山市丰南区丰汇科技有限公司	发明	企业
9	2017114900381	一种带安全装置的快递分拣系统	唐山市丰南区丰汇科技有限公司	发明	企业
10	2017114183622	一种生物质固体燃料致密成型设备	唐山市丰南区丰汇科技有限公司	发明	企业
11	2017100669512	基于中频炉冶炼的围栏桩的连铸连轧生产线	唐山市丰南区嘉谊牧栏杆厂	发明	企业
12	2018101558352	一种新型钢铁污染减排装置	唐山市丰南区丰汇科技有限公司	发明	企业
13	2016102335808	一种金星金属光泽釉及其制备方法	惠达卫浴股份有限公司	发明	企业
14	2017100670242	围栏桩连轧机组	唐山市丰南区嘉谊牧栏杆厂	发明	企业
15	2018101009181	一种工业排污装置	唐山市丰南区丰汇科技有限公司	发明	企业
16	2017101220074	中频感应加热管缆及其制备方法	河北华通线缆集团股份有限公司	发明	企业
17	2015105178927	一种通过汽爆前处理生物质生产腐殖酸的方法	唐山炬能节能科技有限公司	发明	企业
18	2017100366878	一种孔型热轧辊的再制造方法	唐山市丰南区天泽科技有限公司	发明	企业
19	2017102853267	粗苯加氢含硫气体的处理方法及系统	唐山华熠实业股份有限公司	发明	企业
20	2017114190255	无尘防结冰市政道路清洁系统	唐山正元管业有限公司	发明	企业
21	2018108767382	一种门窗密封结构	唐山市林兴装饰有限公司	发明	企业
22	2018100573073	一种基于车速洒水的道路清扫洒水车的控制方法	唐鸿重工专用汽车股份有限公司	发明	企业
23	2017111605745	一种稳固型存放卷盘钢带材料架	河北纵横集团丰南钢铁有限公司	发明	企业
24	2017107677774	高精度多轴3D打印机的打印方法	唐山正元管业有限公司	发明	企业
25	2017105307096	一种橡胶沥青防水涂料及其制备方法	唐山东方雨虹防水技术有限责任公司	发明	企业
26	2017102720725	用于阀体装配的高速搬运机械手	唐山正元管业有限公司	发明	企业
27	2018109858266	快速制备金属基石墨烯复合材料的方法	河北纵横集团丰南钢铁有限公司	发明	企业
28	2017103701609	一种新型探测器	唐山东华钢铁企业集团有限公司	发明	企业
29	2017108167783	一种螺旋输送式不锈钢丸除静电装置	唐山东华钢铁企业集团有限公司	发明	企业
30	2017111193622	一种牛排捶打装置	唐山市施尔得肉制品有限公司	发明	企业
31	2017105789277	一种食品用打碎装置	唐山三商食品有限公司	发明	企业
32	2017102782914	一种设备噪音自动分析机	唐山正元管业有限公司	发明	企业

续附表1

序号	申请号	发明名称	专利权人名称	专利类型	专利权人类型
33	201711302887X	一种高压气泵用固定装置	唐山瑞丰钢铁（集团）有限公司	发明	企业
34	2016110864413	一种具有站台结构的检验机	唐山正元管业有限公司	发明	企业
35	2017111497134	一种塑料模具用清洗装置	唐山市唯森新材料有限公司	发明	企业
36	2017112820946	一种用于汽车整车制造的配件打磨后铁屑的收取装置	唐山龙泉机械有限公司	发明	企业
37	201810046329X	一种清理水底废弃金属的智能打捞设备及其工作方法	唐山东华钢铁企业集团有限公司	发明	企业
38	2017102156183	一种用于物流半挂车装置	唐鸿重工专用汽车股份有限公司	发明	企业
39	201811245133X	一种市政道路施工的新型维护设备	唐山正元管业有限公司	发明	企业
40	2017105762043	一种陶瓷产品生产用喷釉装置	唐山梦牌瓷业有限公司	发明	企业
41	2018100809480	智能板坯修边流水线的使用方法	唐山瑞丰钢铁（集团）有限公司	发明	企业
42	2017101514449	一种拌料车	唐鸿重工专用汽车股份有限公司	发明	企业
43	201710794573X	一种基于云计算的陶器自动拉胚校正方法	唐山梦牌瓷业有限公司	发明	企业
44	2017110100974	一种工业废水处理除泥装置	唐山亨通科技有限公司	发明	企业
45	2017101554906	一种液压缸控制式工控机箱锁接装置	唐山瑞丰钢铁（集团）有限公司	发明	企业
46	2016106046949	结合有LED灯灯管回收装置的再利用工艺	河北君业科技股份有限公司	发明	企业
47	201610903692X	一种高压成型专用泥浆及制备和使用方法	惠达卫浴股份有限公司	发明	企业
48	201711437737X	一种分级式陶瓷晒胚装置	唐山梦牌瓷业有限公司	发明	企业
49	2017100182573	无针孔气泡的陶瓷弯管水道用釉料及其釉浆	惠达卫浴股份有限公司	发明	企业
50	2018108237418	一种薄板坯连铸连轧生产线及其生产工艺	唐山全丰薄板有限公司	发明	企业
51	2017109552839	一种钛合金板材	河北纵横集团丰南钢铁有限公司	发明	企业
52	2017103391621	一种高速钢复合轧辊的生产方法	唐山亿联盛轧辊有限公司	发明	企业
53	2017109970011	一种高精度萝卜去皮装置	唐山三商食品有限公司	发明	企业
54	201711395229X	太阳能跟踪供能的流体能抽水系统	唐山亨通科技有限公司	发明	企业
55	2017100893857	一种园林草坪修整机	唐鸿重工专用汽车股份有限公司	发明	企业
56	2017103772337	一种火腿肠分段捆扎结构	唐山市施尔得肉制品有限公司	发明	企业
57	2017106031079	电动车闸线接头	唐鸿重工专用汽车股份有限公司	发明	企业
58	2017109899740	一种电动滚筒永磁电机	唐山市唯森新材料有限公司	发明	企业
59	201810423179X	一种双钣金零件折弯加工装置	唐山龙泉机械有限公司	发明	企业
60	2018101841619	环形行车智能购物模式	董卫田	发明	个人
61	2017114520931	自动分配钢珠与U型件的装置	唐山东华钢铁企业集团有限公司	发明	企业
62	2016110916136	矿用边缘浮动式液压支架	唐山东华钢铁企业集团有限公司	发明	企业
63	2017102415559	双向的灯泡贯流式水轮机	唐山瑞丰钢铁（集团）有限公司	发明	企业
64	2017100933892	一种盘类零件的烘干装置	唐山瑞丰钢铁（集团）有限公司	发明	企业
65	2017111118922	铁路巡检清洁车	唐鸿重工专用汽车股份有限公司	发明	企业
66	2017113029711	一种石油开采用管道运输的辅助装置	河北君业科技股份有限公司	发明	企业
67	2017106045550	无损伤船壳贴膜防护法	李昊	发明	个人
68	2018104117741	采用PLC系统、摄像头的用于城市道路的洒水车	唐山双鼎环保科技有限公司	发明	企业
69	2016106046455	LED灯的再利用工艺	河北君业科技股份有限公司	发明	企业
70	2016104180939	一种简易太阳能加热保温板房的安装方法	河北君业科技股份有限公司	发明	企业
71	2017102531494	一种电磁力矩扳手	唐山东华钢铁企业集团有限公司	发明	企业

续附表1

序号	申请号	发明名称	专利权人名称	专利类型	专利权人类型
72	201810057304X	一种基于计算机的道路清扫洒水车的控制方法	唐鸿重工专用汽车股份有限公司	发明	企业
73	2018100992698	智能拖牵运输系统及其控制方法	唐山市唯森新材料有限公司	发明	企业
74	2018107064479	一种加热均匀的节能环保熔炼炉	河北纵横集团丰南钢铁有限公司	发明	企业
75	2017106576526	一种能够延长滞煤时间的选煤机用振动筛及其工作方法	唐山博润选煤设备制造有限公司	发明	企业
76	2017100647443	一种基于间接冷却的冶金料处理系统	唐山瑞丰钢铁（集团）有限公司	发明	企业
77	2018102158747	一种车辆机械螺栓拆装装置	唐山龙泉机械有限公司	发明	企业
78	2017110981765	一种高效率的点钻设备	唐山鑫开泰输送机械有限公司	发明	企业
79	201711437744X	一种半自动陶瓷修胚装置	唐山梦牌瓷业有限公司	发明	企业
80	2017103814151	一种活动组合基于石墨烯的复合吸波材料	河北君业科技股份有限公司	发明	企业
81	2018106101324	低成本高韧性异质合金耐磨锤头及其制造方法	唐山东方华盛优耐高科股份有限公司	发明	企业
82	2018100376747	一种具有除屑作用的钻孔加工机械	唐山鑫开泰输送机械有限公司	发明	企业
83	2017108931541	一种冶炼渣中有价金属的回收方法	河北纵横集团丰南钢铁有限公司	发明	企业
84	2018102259555	一种炭烤滚筒式的烤鸭装置	唐山市施尔得肉制品有限公司	发明	企业
85	2018103315995	原油降粘设备用井内安装定位装置	河北君业科技股份有限公司	发明	企业
86	2017113661294	一种新型的大型LED节能灯设备	河北君业科技股份有限公司	发明	企业
87	2017114482906	一种自动水泥砖条纹加工生产线	唐山市致臻建筑材料有限公司	发明	企业
88	2016111944862	一种高效风能发电装置	河北君业科技股份有限公司	发明	企业
89	2018109713483	一种用于污染水体监测的远程控制式水样采集装置	唐山双鼎环保科技有限公司	发明	企业
90	2017107625727	一种金属带热浸涂加工装置	唐山瑞丰钢铁（集团）有限公司	发明	企业
91	2017106726538	一种汽车零部件防碰撞的存放装置	唐山龙泉机械有限公司	发明	企业
92	2018109490555	一种模具的保养设备	唐山市唯森新材料有限公司	发明	企业
93	201710096804X	一种工件加工台装置	唐山东华钢铁企业集团有限公司	发明	企业
94	2018100028397	一种新式的全方位多功能垃圾拾取装置	唐山亨通科技有限公司	发明	企业
95	2017106553628	一种移动式电器运输用固定装置	唐山瑞丰钢铁（集团）有限公司	发明	企业
96	2017105732813	一种马桶储水箱用喷釉装置	唐山梦牌瓷业有限公司	发明	企业
97	2017113874267	一种局部圆凸钢板条及其制造方法	河北纵横集团丰南钢铁有限公司	发明	企业
98	2017113981625	一种多搅拌罐式混凝土生产装置	唐鸿重工专用汽车股份有限公司	发明	企业
99	2017112971202	一种建筑用墙壁压合装置	唐山市唯森新材料有限公司	发明	企业
100	2017109822611	一种用于生物垃圾回收的脱水机构	唐山亨通科技有限公司	发明	企业
101	2017114527733	全自动U型件与钢珠装配流水线	唐山东华钢铁企业集团有限公司	发明	企业
102	201710477144X	一种快速切割设备	唐山东华钢铁企业集团有限公司	发明	企业
103	2017112160414	一种便于移动的混凝土搅拌机	唐鸿重工专用汽车股份有限公司	发明	企业
104	2017101514631	一种环保干燥剂的制备系统	唐山亨通科技有限公司	发明	企业
105	2017114377384	一种陶瓷拉坯机	唐山梦牌瓷业有限公司	发明	企业
106	2018100458681	一种防泥沙的水底坠物打捞设备及其工作方法	唐山正元管业有限公司	发明	企业
107	2018106497849	一种用于矿井提升设备的拉索检测装置	唐山鑫开泰输送机械有限公司	发明	企业
108	2017102511700	一种压力传感器控制的助行器	唐山正元管业有限公司	发明	企业
109	2017105665857	一种蒸压加气混凝土砌块的制备方法	唐山市致臻建筑材料有限公司	发明	企业
110	2017113838824	一种用于柱形磁芯的端面研磨机	唐山东华钢铁企业集团有限公司	发明	企业

续附表1

序号	申请号	发明名称	专利权人名称	专利类型	专利权人类型
111	2017112817962	一种用于钢轨制造能够均匀打磨的打磨装置	唐山东华钢铁企业集团有限公司	发明	企业
112	2017104878146	一种效能高的切割设备	唐山东华钢铁企业集团有限公司	发明	企业
113	2017110590367	一种电容加工用引线焊接装置	唐山龙泉机械有限公司	发明	企业
114	2017104191482	烧结混合机托圈的现场铣削装置及其铣削方法	唐山市丰南区辉瑞机械制造有限公司	发明	企业
115	2016107106260	一种功能性长丝的生产方法	唐山市丰南区金翔化纤有限公司	发明	企业
116	NO:2701667	一种连续油管的均质处理工艺	信达科创（唐山）石油设备有限公司	国际发明	企业
117	2018206138860	一种智能马桶用防冻裂过滤器	惠达卫浴股份有限公司	实用新型	企业
118	2018209607371	焦炭在线烘干系统	唐山瑞丰钢铁（集团）有限公司	实用新型	企业
119	2018214821835	用于高炉炼铁设备的循环水冷却系统	唐山国丰钢铁有限公司	实用新型	企业
120	2018214827653	炼铁厂高炉用除尘机构	唐山国丰钢铁有限公司	实用新型	企业
121	2018214655835	一种机械设备用吊环螺母	唐山市蓝力机械制造有限公司	实用新型	企业
122	2018211848412	一种卡扣式踢脚线	唐山市唯森新材料有限公司	实用新型	企业
123	2018213188864	陶瓷厂施釉设备用清洗装置	唐山贺祥机电股份有限公司	实用新型	企业
124	201821375794X	钢包承载天车	唐山瑞丰钢铁（集团）有限公司	实用新型	企业
125	2018215244394	高炉冶炼铁矿石破碎装置	唐山国丰钢铁有限公司	实用新型	企业
126	201822017513X	一种组合拼装式电力柜	唐山安兰科技有限公司	实用新型	企业
127	2018205952264	装配式钢化玻璃地板砖铺装结构	唐山启明星玻璃深加工有限公司	实用新型	企业
128	2017206162348	带人员摔倒智能监测系统的淋浴器	唐山惠达（集团）洁具有限公司	实用新型	企业
129	2018209027569	一种新型节能环保卸矿机	郑守春	实用新型	个人
130	2018215312103	一种建筑保温层锚固件拉拔检测夹具	李成旭	实用新型	个人
131	2018207411361	一种双孔冲刷虹吸式坐便器	惠达卫浴股份有限公司	实用新型	企业
132	2018211560299	烧结机环冷台车丢轮或打滑自动检测装置	马永涛	实用新型	个人
133	2018211079788	倾角限位精准调整装置	唐山贺祥机电股份有限公司	实用新型	企业
134	2018212847332	一种下肢吊架固定板加工用工装	唐山职业技术学院	实用新型	大专院校
135	2018213191655	智能马桶自动粘接套夹具	唐山贺祥机电股份有限公司	实用新型	企业
136	2018211772983	一种氧化钙原料粉碎装置	唐山市丰南区奉岗灰业有限公司	实用新型	企业
137	2018215696438	一种等株距覆土棉花播种机用覆土结构	闫承祥	实用新型	个人
138	2018214071646	超微粉碎机衬板	唐山市丰南区双义饲料机械有限公司	实用新型	企业
139	2018214329963	一种多管复合功能型潜油泵电缆	河北华通线缆集团股份有限公司	实用新型	企业
140	2018203682133	一种基于风电叶片制造的合模胶涂胶装置	唐山卡本复合材料有限公司	实用新型	企业
141	2018215002164	炭化釜烟气再利用装置	唐山赫潼生物质能源开发有限公司	实用新型	企业
142	2018216218490	一种雷达物位计的新型支架	河北华创测控技术有限公司	实用新型	企业
143	2018202946257	烧结烟道物料处理专用密封装置	唐山国丰钢铁有限公司	实用新型	企业
144	2018207187864	风动力清选机	赵东明	实用新型	个人
145	2018210084971	一种加热管缆	河北华通线缆集团股份有限公司	实用新型	企业
146	2018213154213	一种热轧粗轧更换上支承辊用新型支架装置	河北纵横集团丰南钢铁有限公司	实用新型	企业
147	2017211523191	一种用于智能家电产品的翻盖装置	惠达卫浴股份有限公司	实用新型	企业
148	201821520112X	一种冷风放风阀	唐山海达德润精密机械制造有限公司	实用新型	企业

续附表1

序号	申请号	发明名称	专利权人名称	专利类型	专利权人类型
149	2018215182684	一种电动盲板阀	唐山海达德润精密机械制造有限公司	实用新型	企业
150	2018220159245	一种方便检修的电力柜	唐山安兰科技有限公司	实用新型	企业
151	2018208849513	淋浴花洒用防烫装置	唐山惠达（集团）洁具有限公司	实用新型	企业
152	2018211081307	吊架式侧模型气动无级调速往复式同步开闭机构	唐山贺祥机电股份有限公司	实用新型	企业
153	2018213191636	陶瓷坯体自动输送装置	唐山贺祥机电股份有限公司	实用新型	企业
154	2018214818103	基于图像识别的水表数据采集装置	唐山海森电子股份有限公司	实用新型	企业
155	2018208152951	叶轮喂料器	唐山市丰南区双义饲料机械有限公司	实用新型	企业
156	2018212710787	烧结矿显热高效分配利用系统	唐山瑞丰钢铁（集团）有限公司	实用新型	企业
157	2018212761187	一种转炉汽化智能安全监控系统	唐山市兴宏机电设备有限公司	实用新型	企业
158	2018215237314	炼铁设备用的多通道喷气装置	唐山国丰钢铁有限公司	实用新型	企业
159	2018216209148	一种雷达液位计安装保护装置	河北华创测控技术有限公司	实用新型	企业
160	2018213039520	一种VOCs废气处理实验装置	唐山亨通科技有限公司	实用新型	企业
161	2018215237579	炼钢用装吊钢管的吊具	唐山国丰钢铁有限公司	实用新型	企业
162	2018215499548	一种焊接平台	唐山职业技术学院	实用新型	大专院校
163	201820315641X	一种米厂专用多功能粮食烘干机	唐山市丰南区丰源香粮油有限公司	实用新型	企业
164	2018215002075	适用于木焦油过滤装置	唐山赫潼生物质能源开发有限公司	实用新型	企业
165	201821531095X	一种均匀放散阀	唐山海达德润精密机械制造有限公司	实用新型	企业
166	2018215312781	一种气动球阀	唐山海达德润精密机械制造有限公司	实用新型	企业
167	2018215212251	一种保温隔热效果好的热风阀	唐山海达德润精密机械制造有限公司	实用新型	企业
168	2018208567184	堵漏性能测试试验装置	唐山东方雨虹防水技术有限责任公司	实用新型	企业
169	2018213188845	干燥房排潮口可调风量接水盘装置	唐山贺祥机电股份有限公司	实用新型	企业
170	2018210595746	高炉炉前液压泥炮开口机的电控双向阀组	唐山国丰钢铁有限公司	实用新型	企业
171	2018213273833	一种新型烧结机台车轮装置	河北纵横集团丰南钢铁有限公司	实用新型	企业
172	2018212729209	一种肉牛养殖的喷雾式降温装置	李靖	实用新型	个人
173	2018214052166	一种抗挤压塑胶垫板	唐山市蓝力机械制造有限公司	实用新型	企业
174	2017213069432	兽医检测用治疗推车	董耀勇	实用新型	个人
175	2018213191693	干法除尘施釉橱	唐山贺祥机电股份有限公司	实用新型	企业
176	2018206147855	一种马铃薯及地下块茎作物分选包装机	赵东明	实用新型	个人
177	2018210420671	一种具有反光带露天拖曳用矿用橡套软电缆	河北华通线缆集团股份有限公司	实用新型	企业
178	2018211011395	一种花卉种植用培育架	唐山职业技术学院	实用新型	大专院校
179	2018215244411	用于炼钢辅料的筛分装置	唐山国丰钢铁有限公司	实用新型	企业
180	2018215244159	炼铁厂原料输送装置	唐山国丰钢铁有限公司	实用新型	企业
181	2018214815285	用于炼铁炉的投料装置	唐山国丰钢铁有限公司	实用新型	企业
182	2018207068719	一种可调式畜牧兽医用灌药器	赵桂祥	实用新型	个人
183	2018211611604	冰激凌自助售卖机	唐山市丰南区北启景科技有限公司	实用新型	企业
184	2018216927020	干法分选机	天地（唐山）矿业科技有限公司	实用新型	企业
185	2018216976544	一种便携式安全护栏	唐山东华钢铁企业集团有限公司	实用新型	企业
186	2018218224532	一种带钢表面激光处理装置	唐山全丰薄板有限公司	实用新型	企业
187	2018215292330	一种全封闭式电动插板阀	唐山海达德润精密机械制造有限公司	实用新型	企业
188	201821521557X	一种单闸板闸阀	唐山海达德润精密机械制造有限公司	实用新型	企业

续附表1

序号	申请号	发明名称	专利权人名称	专利类型	专利权人类型
189	2018214071519	超微粉碎机防卡分级机构	唐山市丰南区双义饲料机械有限公司	实用新型	企业
190	2018208018628	混凝土搅拌运输车副梁结构	唐鸿重工专用汽车股份有限公司	实用新型	企业
191	2018213092931	自动止水洗衣机龙头	唐山惠达（集团）洁具有限公司	实用新型	企业
192	2018211866586	一种卡扣快装墙板	唐山市唯森新材料有限公司	实用新型	企业
193	2018211367643	一种思政教育用思政知识宣传设备	唐山职业技术学院	实用新型	大专院校
194	2018214199550	一种预制混凝土道路	郑晓旭	实用新型	个人
195	2018214827511	用于炼钢辅料烘干装置	唐山国丰钢铁有限公司	实用新型	企业
196	2018217350063	一种高铁道岔转辙器垫板	唐山中铁亨通道岔有限公司	实用新型	企业
197	2018213750527	潜水泵电机冷却装置	唐山瑞丰钢铁（集团）有限公司	实用新型	企业
198	2018210231951	超微粉碎机粉碎盘	唐山市丰南区双义饲料机械有限公司	实用新型	企业
199	2018216099345	一种用于整体卫浴的防水盘与壁板连接的结构卡件	惠达住宅工业设备（唐山）有限公司	实用新型	企业
200	2018213154232	自制压力折弯机	河北纵横集团丰南钢铁有限公司	实用新型	企业
201	2018213273848	新型混料线耐磨装装置	河北纵横集团丰南钢铁有限公司	实用新型	企业
202	2018216343503	一种具有报警功能的智能电力控制器设备	唐山安兰科技有限公司	实用新型	企业
203	2018218052288	一种钢材加工用钢板放置架	唐山市蓝力机械制造有限公司	实用新型	企业
204	2018213153831	一种热轧精轧工作辊副轴承	河北纵横集团丰南钢铁有限公司	实用新型	企业
205	2018211773079	一种氢氧化钙制备罐	唐山市丰南区奉岗灰业有限公司	实用新型	企业
206	201821142410X	生物质可燃气动态油液捕捉器	唐山炬能节能科技有限公司	实用新型	企业
207	2018207635752	一种快速安装并能提高溢流能力降低补水声音的补水帽	惠达卫浴股份有限公司	实用新型	企业
208	2018207639005	一种坐便器水箱排水阀结构	惠达卫浴股份有限公司	实用新型	企业
209	201821231454X	一种连续供带的水平供带装置	河北华通线缆集团股份有限公司	实用新型	企业
210	2018216142241	一种分段式橄榄形铅条配重港机吊线控制缆	河北华通线缆集团股份有限公司	实用新型	企业
211	2018216170133	干扰床分选机紊流板	天地（唐山）矿业科技有限公司	实用新型	企业
212	2018215979808	一种超声波液位计安装架	河北华创测控技术有限公司	实用新型	企业
213	2018215189414	一种敞开式电动插板阀	唐山海达德润精密机械制造有限公司	实用新型	企业
214	2018215215387	一种阀体冷却强度大的热风阀	唐山海达德润精密机械制造有限公司	实用新型	企业
215	2018216668238	一种运输铁水的火车驾驶室顶部安全防护装置	唐山国丰钢铁有限公司	实用新型	企业
216	2018211776378	一种糙米粉提取设备	唐山市丰南区丰源香粮油有限公司	实用新型	企业
217	2018217151267	一种用于辅助治疗奶牛蹄病的鞋子	唐山职业技术学院	实用新型	大专院校
218	2018214948183	一种园林种植的灌溉装置	付建秀	实用新型	个人
219	2018215215885	一种电液动三偏心蝶阀	唐山海达德润精密机械制造有限公司	实用新型	企业
220	2018217357683	一种快速轨道转辙器	唐山中铁亨通道岔有限公司	实用新型	企业
221	2018207316333	一种反冲洗式自清洗加药罐供药装置	唐山国丰钢铁有限公司	实用新型	企业
222	2018215167025	一种建筑垃圾输送工具	张垚	实用新型	个人
223	2018206109213	并联导热油炉系统	唐山东方雨虹防水技术有限责任公司	实用新型	企业
224	2018214071631	超微粉碎机齿圈	唐山市丰南区双义饲料机械有限公司	实用新型	企业
225	2018215182824	一种调压阀组	唐山海达德润精密机械制造有限公司	实用新型	企业
226	2018214803447	一种通用角度可调切角机	杨少永	实用新型	个人

续附表1

序号	申请号	发明名称	专利权人名称	专利类型	专利权人类型
227	2018211773134	一种氧化钙原料进料装置	唐山市丰南区奉岗灰业有限公司	实用新型	企业
228	2018211079769	座便器高压成型机侧模型压油缸快速取放支架	唐山贺祥机电股份有限公司	实用新型	企业
229	2018213188811	干燥房压力平衡装置	唐山贺祥机电股份有限公司	实用新型	企业
230	2018215854183	一种机械自动化的冲压装置	唐山市蓝力机械制造有限公司	实用新型	企业
231	2018206685985	一种坐便器	惠达卫浴股份有限公司	实用新型	企业
232	2018211546588	一种思政教育用宣传装置	唐山职业技术学院	实用新型	大专院校
233	2018204243326	一种转炉废钢烘烤装	唐山义和环保科技有限公司	实用新型	企业
234	2018210228342	一种智能控制炉顶降温装置	唐山嘉瑞节能科技有限公司	实用新型	企业
235	2018210728396	一种利用回收二氧化碳发电的电烧石灰窑	唐山市丰南区金泉冶金能源新技术开发有限公司	实用新型	企业
236	2018213331557	超微粉碎机消声机座	唐山市丰南区双义饲料机械有限公司	实用新型	企业
237	2018212946944	立轴机油润滑系统	唐山市丰南区双义饲料机械有限公司	实用新型	企业
238	2018210270227	环保型烟灰缸	侯秀云	实用新型	个人
239	2018210490392	一种氧枪刮渣及防坠落装置	唐山义和环保科技有限公司	实用新型	企业
240	2018213349917	一种逆变器固定装置	唐山普伦特科技有限公司	实用新型	企业
241	2018211601867	一种坐便器模具结构	惠达卫浴股份有限公司	实用新型	企业
242	2018215310945	一种自锁式放散阀	唐山海达德润精密机械制造有限公司	实用新型	企业
243	2018216020780	一种粮食加工用高效除杂装置	唐山市丰南区丰源香粮油有限公司	实用新型	企业
244	2018213936155	高炉炼铁称重装置	唐山国丰钢铁有限公司	实用新型	企业
245	2018213953517	炼钢转炉扩孔钻	唐山国丰钢铁有限公司	实用新型	企业
246	2018209220797	一种玉米加工设备	张秋玉	实用新型	个人
247	2018207198163	一种用于含沙米的清洗除杂设备	唐山市丰南区丰源香粮油有限公司	实用新型	企业
248	2018211301542	一种用于思政教育书籍的储放装置	唐山职业技术学院	实用新型	大专院校
249	2018213308086	一种新型的杀菌除臭臭氧发生机	国康(唐山)检测技术服务有限公司	实用新型	企业
250	2018217782758	移动式电弧炉炉壁氧枪	唐山英特拉克冶金科技有限公司	实用新型	企业
251	2018218030359	一种缓冲器箱体的浇铸模具	唐山市鑫彬铁路配件厂	实用新型	企业
252	2018216209415	一种灼热丝热电偶环形固定机构	河北华创测控技术有限公司	实用新型	企业
253	2018214814846	转炉炼钢渣样提取器	唐山国丰钢铁有限公司	实用新型	企业
254	2018208255996	饲料旋转分配器	唐山市丰南区双义饲料机械有限公司	实用新型	企业
255	2018213953428	炼铁高炉铁水取样装置	唐山国丰钢铁有限公司	实用新型	企业
256	2018214574306	一种多用途高速激光模切机	唐山市蓝力机械制造有限公司	实用新型	企业
257	2018216885390	一种螺扣修复工具	唐山东华钢铁企业集团有限公司	实用新型	企业
258	2018214657597	一种回收焦炉炉门孔所冒荒煤气的装置	杨承诣	实用新型	个人
259	2018217337637	一种钢轨弹性扣压装置	唐山中铁亨通道岔有限公司	实用新型	企业
260	2018217349808	一种高耐磨性尖轨	唐山中铁亨通道岔有限公司	实用新型	企业
261	2018211612382	自助售卖机	唐山市丰南区北启景科技有限公司	实用新型	企业
262	2018213431682	一种小型户外用逆变器	唐山普伦特科技有限公司	实用新型	企业
263	2018211980596	一种卫生陶瓷隧道窑的排烟装置	惠达卫浴股份有限公司	实用新型	企业
264	2018216062590	一种陶瓷坐便器的通用夹具	惠达卫浴股份有限公司	实用新型	企业
265	2018217367346	一种半直线型尖轨道岔	唐山中铁亨通道岔有限公司	实用新型	企业
266	2018213349391	带升降和平移机构的脱坯装置	唐山贺祥机电股份有限公司	实用新型	企业
267	2018218868737	一种预埋型复合管缆	唐山华通特种线缆制造有限公司	实用新型	企业

续附表1

序号	申请号	发明名称	专利权人名称	专利类型	专利权人类型
268	2018221250693	一种柔性加强环保型吊具篮筐电缆	唐山华通特种线缆制造有限公司	实用新型	企业
269	2018212917246	一种具有切割功能的机械零件夹持设备	唐山市蓝力机械制造有限公司	实用新型	企业
270	2018206154007	一种智能马桶用防冻裂过滤器	惠达卫浴股份有限公司	实用新型	企业
271	2018207368450	一种可调节支撑方向和角度的电力输送装置	孙建军	实用新型	个人
272	2018216716405	一种园林用环保景观灯	王爱娜	实用新型	个人
273	2018217381714	一种煤矿巷道用单开道岔	唐山中铁亨通道岔有限公司	实用新型	企业
274	2018217782546	一种高稳定性辙叉翼轨	唐山中铁亨通道岔有限公司	实用新型	企业
275	2018211432021	生物质可燃气水洗净化装置	唐山炬能节能科技有限公司	实用新型	企业
276	2018208152970	饲料粉碎机转子高硬度锤片穿杆限位结构	唐山市丰南区双义饲料机械有限公司	实用新型	企业
277	2018216976559	一种发电机空气间隙测量用螺旋可调塞尺	唐山东华钢铁企业集团有限公司	实用新型	企业
278	2018214533819	一种热轧带钢层流冷却超密冷控制装置	唐山全丰薄板有限公司	实用新型	企业
279	2018213352286	一种逆变器冷却装置	唐山普伦特科技有限公司	实用新型	企业
280	2018216547110	一种便于巡检纠错提示的螺丝	唐山国丰钢铁有限公司	实用新型	企业
281	2018212761191	一种铁水脱硫镁粉防爆炸管控系统	唐山市兴宏机电设备有限公司	实用新型	企业
282	2018203779406	一种稻谷生产加工用环保型碾米机	唐山市丰南区丰源香粮油有限公司	实用新型	企业
283	2018215514020	一种新型焊接平台	唐山职业技术学院	实用新型	大专院校
284	2018206108314	一种载药针灸针	刘杨	实用新型	个人
285	2018212209543	一种防水卷材专用托盘	唐山东方雨虹防水技术有限责任公司	实用新型	企业
286	2018213947107	炼钢厂用高效污水处理设备	唐山国丰钢铁有限公司	实用新型	企业
287	2017209559621	一种畜牧兽医专用检查装置	毕红全	实用新型	个人
288	2018212248393	一种用于直管管口的坡口气割装置	李海燕	实用新型	个人
289	2018213518281	可清洗管道	河北纵横集团丰南钢铁有限公司	实用新型	企业
290	2018216884881	一种钢坯称重浮动托臂结构	唐山东华钢铁企业集团有限公司	实用新型	企业
291	2018203677281	一种用于装配式建筑结构胶的涂胶盒	唐山卡本复合材料有限公司	实用新型	企业
292	2018208666781	一种VOCs废气处理装置	唐山亨通科技有限公司	实用新型	企业
293	2018216660113	一种铸铁机浆液与包铁分离回收装	唐山国丰钢铁有限公司	实用新型	企业
294	2018219922298	超微粉碎机快装齿圈	唐山市丰南区双义饲料机械有限公司	实用新型	企业
295	2019201493521	一种双金属自润滑关节轴承	唐山市丰南区第二粉末冶金厂	实用新型	企业
296	2019201493127	一种便于安装带台边自润滑轴承	唐山市丰南区第二粉末冶金厂	实用新型	企业
297	201920149282X	一种双金属里外套自润滑轴承	唐山市丰南区第二粉末冶金厂	实用新型	企业
298	2018222609913	制备木醋液抑菌剂的反渗透纯水设备	唐山赫潼生物质能源开发有限公司	实用新型	企业
299	2019202380361	一种铝热焊保温罩	河北纵横集团丰南钢铁有限公司	实用新型	企业
300	2018222170179	一种物料桶引流装置	唐山东方雨虹防水技术有限责任公司	实用新型	企业
301	2019204939727	金属板材在线测厚装置	唐山迪安自动化设备有限公司	实用新型	企业
302	2018217059612	一种化工实验试液检测设备	李静	实用新型	个人
303	2018217807045	超微粉碎机液压翻盖机构	唐山市丰南区双义饲料机械有限公司	实用新型	企业
304	2018222343407	旋风除尘罩	唐山矿钱科技有限公司	实用新型	企业

续附表1

序号	申请号	发明名称	专利权人名称	专利类型	专利权人类型
305	2018219925667	超声波振动方筛	唐山市丰南区双义饲料机械有限公司	实用新型	企业
306	2019200006152	一种空气能热泵冬季太阳能蓄热补热防结霜节电装置	唐山市盛凯新能源有限公司	实用新型	企业
307	2018217061805	一种工业萘精加工生产设备	付丽杰	实用新型	个人
308	201821318885X	高压成型机气动泥浆加压系统	唐山贺祥机电股份有限公司	实用新型	企业
309	2018221422172	一种结构强度高的厢式变电站	唐山巨能电力设备有限公司	实用新型	企业
310	201821329719X	抗菌玻璃淋浴房	唐山启明星玻璃深加工有限公司	实用新型	企业
311	2018221422204	一种防水散热性能良好的低压开关柜	唐山巨能电力设备有限公司	实用新型	企业
312	2018221428747	一种高效率的铝基板打孔装置	唐山市规矩铝模板有限公司	实用新型	企业
313	2019206479130	一种可在操作时除尘的高密封性配电箱	唐山铮诚塑业有限公司	实用新型	企业
314	2019206647884	控制铺底料层厚度的装置	唐山瑞丰钢铁（集团）有限公司	实用新型	企业
315	2018222226136	用于聚氨酯防水涂料的多功能过滤器及生产装置	唐山东方雨虹防水技术有限责任公司	实用新型	企业
316	2018216779387	一种马桶用可移动烘干装置	惠达卫浴股份有限公司	实用新型	企业
317	2018219192295	一种水罐加药装置	河北纵横集团丰南钢铁有限公司	实用新型	企业
318	2018218384921	一种高强度铸件造型用造型机	唐山市建新钢球有限公司	实用新型	企业
319	2018220153249	一种机械加工上料输送装置	唐山市蓝力机械制造有限公司	实用新型	企业
320	2018221225916	一种单齿辊破碎机星轮	唐山坤泽机械设备有限公司	实用新型	企业
321	2018221569514	一种新型潜油泵组件用电缆	信达科创（唐山）石油设备有限公司	实用新型	企业
322	201822161966X	消音器	唐山市丰南区双义饲料机械有限公司	实用新型	企业
323	2018213192060	新型陶瓷泥浆罐管路系统	唐山贺祥机电股份有限公司	实用新型	企业
324	2018216030462	稻谷筛选用除尘机	唐山市丰南区丰源香粮油有限公司	实用新型	企业
325	2018220741058	一种新型的通信用稳定的电缆整理装置	唐山职业技术学院	实用新型	大专院校
326	2018221221718	一种降低局部发热的低压开关柜	唐山巨能电力设备有限公司	实用新型	企业
327	2019206820657	一种对H型钢形位变形量的测量装置	唐山正宏建设工程有限公司	实用新型	企业
328	2019204938739	节能型伺服液压站	唐山迪安自动化设备有限公司	实用新型	企业
329	2019203535092	一种高低变形缝防水结构	唐山正宏建设工程有限公司	实用新型	企业
330	2018222220163	自吸式防水卷材配料简易加料装置	唐山东方雨虹防水技术有限责任公司	实用新型	企业
331	201920739445X	一种电池组件防爆抗震装置	唐山普伦特科技有限公司	实用新型	企业
332	2019203653258	一种蔬菜种植打孔器	剧亚璇	实用新型	个人
333	2018221380095	一种防尘效果好的低压开关柜	唐山巨能电力设备有限公司	实用新型	企业
334	2018221236501	一种安全性能高的高压开关柜	唐山巨能电力设备有限公司	实用新型	企业
335	2018217030510	一种化工废水环保处理装置	刘强	实用新型	个人
336	201821876800X	一种方坯去毛刺装置	唐山义和环保科技有限公司	实用新型	企业
337	2018221421714	一种用于布料滑槽精加工的数控车床	唐山坤泽机械设备有限公司	实用新型	企业
338	2018221382029	一种散热效果好的低压开关柜	唐山巨能电力设备有限公司	实用新型	企业
339	2018218620182	一种多层复合型防水卷材	唐山凯伦新材料科技有限公司	实用新型	企业
340	2019204387435	一种水利工程用护坡网	唐山正宏建设工程有限公司	实用新型	企业
341	2019205837311	一种光整机轧辊高压水清洗装置	唐山市润捷机械设备制造有限公司	实用新型	企业
342	2018222129278	一种轧钢机精轧工作辊轴承箱端盖	河北纵横集团丰南钢铁有限公司	实用新型	企业
343	2018222550905	新型低温弯折测试仪	唐山东方雨虹防水技术有限责任公司	实用新型	企业

续附表1

序号	申请号	发明名称	专利权人名称	专利类型	专利权人类型
344	2018218584754	一种铸件热处理设备	唐山市建新钢球有限公司	实用新型	企业
345	2018219917410	超大颗粒有机肥破碎机	唐山市丰南区双义饲料机械有限公司	实用新型	企业
346	2018220684375	一种热轧宽带钢精轧支撑辊倒角结构	河北纵横集团丰南钢铁有限公司	实用新型	企业
347	2018219103821	一种具有脱水器的煤气回收系统	河北纵横集团丰南钢铁有限公司	实用新型	企业
348	2018216300531	一种卫生陶瓷自动微压注浆系统	惠达卫浴股份有限公司	实用新型	企业
349	2018219681427	一种具有太阳能发电结构的彩钢一体化建筑板材	唐山市港能新能源有限公司	实用新型	企业
350	2018216846589	旅游用多功能手杖	唐山职业技术学院	实用新型	大专院校
351	201920132001X	一种非固化材料耐热试件制备装置	唐山东方雨虹防水技术有限责任公司	实用新型	企业
352	201822130850X	一种中医药加工装置	李福强	实用新型	个人
353	2019200983294	一种窑车自动加油装置	惠达卫浴股份有限公司	实用新型	企业
354	2019204944867	CPC或EPC钢带纠偏装置	唐山迪安自动化设备有限公司	实用新型	企业
355	2018219681376	一种家用拼接式太阳能光伏发电装置	唐山市港能新能源有限公司	实用新型	企业
356	201920125937X	一种园林用花卉养护喷雾设备	唐山职业技术学院	实用新型	大专院校
357	2018220326479	一种隔音建筑楼板	王亚军	实用新型	个人
358	201822122114X	一种布料滑槽精加工用数控铣床	唐山坤泽机械设备有限公司	实用新型	企业
359	2018217360224	一种新型高效道岔尖轨防跳装置	唐山中铁亨通道岔有限公司	实用新型	企业
360	2019204851843	一种三合一中压橡套扁电缆	河北华通线缆集团股份有限公司	实用新型	企业
361	2018222669100	一种矿物粒料防水卷材	唐山东方雨虹防水技术有限责任公司	实用新型	企业
362	2019202085464	一种具有冷循环散热功能的配电箱	唐山铮诚塑业有限公司	实用新型	企业
363	2019204295895	一种油田用管缆作业车	华信唐山石油装备有限公司	实用新型	企业
364	2018217151318	一种畜牧兽医用四肢定位台	唐山职业技术学院	实用新型	大专院校
365	2019202479926	铁路机车转向装置	侯乃器	实用新型	个人
366	201821495872X	一种林业病虫害防疫的撒药装置	付建秀	实用新型	个人
367	2018218617955	一种铸件生产线废砂筛选装置	唐山市建新钢球有限公司	实用新型	企业
368	2019200467977	一种石灰石废料处理装置	河北纵横集团丰南钢铁有限公司	实用新型	企业
369	2018213189299	用于智能马桶自动粘接的生产线	唐山贺祥机电股份有限公司	实用新型	企业
370	2018221451103	一种新型厢式变电站	唐山巨能电力设备有限公司	实用新型	企业
371	2019200994871	一种铝合金导体盾构机电缆	唐山华通特种线缆制造有限公司	实用新型	企业
372	2018218585672	一种用于砂型铸造的水玻璃混砂设备	唐山市建新钢球有限公司	实用新型	企业
373	2018218613916	一种防水卷材生产用覆膜装置	唐山凯伦新材料科技有限公司	实用新型	企业
374	2019204317080	一种坐便器冲洗结构	惠达卫浴股份有限公司	实用新型	企业
375	2019202804829	一种易安装易拆卸的建筑模板	唐山正宏建设工程有限公司	实用新型	企业
376	2018213352695	一种用于逆变器的散热装置	唐山普伦特科技有限公司	实用新型	企业
377	2018212947735	饲料冷却器	唐山市丰南区双义饲料机械有限公司	实用新型	企业
378	2019204939676	钢带在线表面品质检查装置	唐山迪安自动化设备有限公司	实用新型	企业
379	2018217357700	一种可动心轨防跳装置	唐山中铁亨通道岔有限公司	实用新型	企业
380	2018219195880	一种供水车间加药装置	河北纵横集团丰南钢铁有限公司	实用新型	企业
381	201822074119X	一种新型的防回滚通信工程用电缆滚筒	唐山职业技术学院	实用新型	大专院校
382	2018218620464	一种铸件生产线自动脱型装置	唐山市建新钢球有限公司	实用新型	企业
383	2018218379660	一种精度高的铸件铸造模具	唐山市建新钢球有限公司	实用新型	企业
384	2018221221722	一种可靠性高的高压开关柜	唐山巨能电力设备有限公司	实用新型	企业

续附表1

序号	申请号	发明名称	专利权人名称	专利类型	专利权人类型
385	2018219680903	一种具有高强度抗震的太阳能发电电动车	唐山市港能新能源有限公司	实用新型	企业
386	2019201551527	一种超长保温钢套钢管道	信达科创（唐山）石油设备有限公司	实用新型	企业
387	2019203833015	一种河道治理用水草清理装置	唐山正宏建设工程有限公司	实用新型	企业
388	2019203082270	一种半挂车的车厢翻转结构	唐山众兴专用汽车制造有限公司	实用新型	企业
389	2019203082285	一种用于自卸车的多功能箱体结构	唐山众兴专用汽车制造有限公司	实用新型	企业
390	2018219924715	超微粉碎机快速吊装维修装置	唐山市丰南区双义饲料机械有限公司	实用新型	企业
391	2019200997973	一种带有标识的连锁铠装电缆	唐山华通特种线缆制造有限公司	实用新型	企业
392	2018218617476	一种防水卷材摊铺机	唐山凯伦新材料科技有限公司	实用新型	企业
393	2019205567613	一种天车移动用编织型橡套软电缆	唐山华通特种线缆制造有限公司	实用新型	企业
394	201920482342X	一种水密电缆用石油胶压力填充机	唐山华通特种线缆制造有限公司	实用新型	企业
395	2018219349501	一种门窗用压线	唐山市林兴装饰有限公司	实用新型	企业
396	2019203481923	一种坐便器	惠达卫浴股份有限公司	实用新型	企业
397	2018217627748	一种马桶用冲洗装置	惠达卫浴股份有限公司	实用新型	企业
398	2019201476653	一种数控回转工作台	唐山市派勒福科技有限公司	实用新型	企业
399	2018218800429	一种拉绳传感器的检测装置	唐山迪安自动化设备有限公司	实用新型	企业
400	2018221422187	一种用于布料滑槽堆焊耐磨的装置	唐山坤泽机械设备有限公司	实用新型	企业
401	2018221656086	双筛片粉碎机	唐山市丰南区双义饲料机械有限公司	实用新型	企业
402	2019202091145	一种碳酸锂沉降收集装置	王永成	实用新型	个人
403	2019200433913	一种电机用电缆存储装置	刘健	实用新型	个人
404	2019204132281	一种在管缆设备中控制滚筒旋转的液压组合阀	华信唐山石油装备有限公司	实用新型	企业
405	2018219922283	多功能辊式喂料器	唐山市丰南区双义饲料机械有限公司	实用新型	企业
406	2018212864395	一种下肢吊架生产用绷带清洗消毒装置	唐山职业技术学院	实用新型	大专院校
407	2018217372236	一种便携式工业自动化设备的操作面板箱	唐山迪安自动化设备有限公司	实用新型	企业
408	2018218614745	一种防沉淀的防水涂料存储装置	唐山凯伦新材料科技有限公司	实用新型	企业
409	2018221380305	一种使用寿命长的布料溜槽	唐山坤泽机械设备有限公司	实用新型	企业
410	2018218406901	一种用于衬板铸造的树脂砂处理线	唐山市建新钢球有限公司	实用新型	企业
411	2018218417003	一种用于高温铸钢的中频炉	唐山市建新钢球有限公司	实用新型	企业
412	2019202141036	一种镁碳砖	河北纵横集团丰南钢铁有限公司	实用新型	企业
413	201821968147X	一种带有太阳能发电功能的幕墙	唐山市港能新能源有限公司	实用新型	企业
414	2019200115732	一种艺术风景画写生专用便携装置	李鹏	实用新型	个人
415	201821989915X	一种铝合金型材生产加工用可调式切角装置	唐山市规矩铝模板有限公司	实用新型	企业
416	2018213616299	一种门窗传动器往复牵拉传动装置	唐山市林兴装饰有限公司	实用新型	企业
417	2018221118596	一种用于热轧扁豆型花纹板的花纹辊辊槽结构	河北纵横集团丰南钢铁有限公司	实用新型	企业
418	2019202138298	一种热轧加热炉传动链条水冷支架箱	河北纵横集团丰南钢铁有限公司	实用新型	企业
419	2019200449343	一种分布式光伏电缆	河北华通线缆集团股份有限公司	实用新型	企业
420	2018219681484	一种便于搭建的野外用太阳能发电站	唐山市港能新能源有限公司	实用新型	企业
421	201920214106X	一种拼接式镁碳砖	河北纵横集团丰南钢铁有限公司	实用新型	企业
422	2019203700634	一种仪表的自动化多功能便捷式工作台	孙海生	实用新型	个人

续附表1

序号	申请号	发明名称	专利权人名称	专利类型	专利权人类型
423	201920441576X	用于环冷机的联合弹性密封结构	河北华通重工机械制造有限公司	实用新型	企业
424	2018219849184	一种转炉炉衬的修补用加料装置	崔登云	实用新型	个人
425	2018218687708	一种高分子交叉层压膜自粘防水卷材加工装置	唐山凯伦新材料科技有限公司	实用新型	企业
426	2018220682774	一种艺术设计绘图工作台	李鹏	实用新型	个人
427	2019205966238	一种桥梁水利管道存放装置	唐山正宏建设工程有限公司	实用新型	企业
428	2018220681305	一种精轧支撑辊轴向端面固定水封	河北纵横集团丰南钢铁有限公司	实用新型	企业
429	201920494498X	板带在线测宽装置	唐山迪安自动化设备有限公司	实用新型	企业
430	2019202842318	一种建筑工程外墙用装饰保温板	唐山正宏建设工程有限公司	实用新型	企业
431	201920528943X	一种防水雾仪器仪表表盘	韩贺彬	实用新型	个人
432	2019202333680	一种切削抛光两用车床	河北纵横集团丰南钢铁有限公司	实用新型	企业
433	2019202516249	一种热轧板带钢导卫以及热轧生产线	河北纵横集团丰南钢铁有限公司	实用新型	企业
434	2019201288809	一种管路残留水加热机构及配设该加热机构的水龙头	唐山惠达（集团）洁具有限公司	实用新型	企业
435	2019200309598	一种树木防虫害喷雾装置	唐山职业技术学院	实用新型	大专院校
436	2019200293015	一种电动车智能充电桩	唐山智通仪表技术有限公司	实用新型	企业
437	2018221236323	一种单齿辊篦板堆焊修复装置	唐山坤泽机械设备有限公司	实用新型	企业
438	2019201094767	一种建筑工程施工用便携式绘图板	唐山正宏建设工程有限公司	实用新型	企业
439	2019201493254	用于整形机送料限位结构	唐山市丰南区第二粉末冶金厂	实用新型	企业
440	2018219681380	一种用于电动车的太阳能发电增程装置	唐山市港能新能源有限公司	实用新型	企业
441	2019204472527	一种施工建筑用封顶结构	唐山正宏建设工程有限公司	实用新型	企业
442	2019202028599	一种防止忘关的水龙头	董敬羽	实用新型	个人
443	2018221221120	一种稳定性好的高压开关柜	唐山巨能电力设备有限公司	实用新型	企业
444	2018221332301	一种便于安装和维护的低压开关柜	唐山巨能电力设备有限公司	实用新型	企业
445	2019200975989	一种具有延时进水功能并可精确微调水箱水位的进水阀	惠达卫浴股份有限公司	实用新型	企业
446	2019201492904	一种具有耐高温的双金属自润滑轴承	唐山市丰南区第二粉末冶金厂	实用新型	企业
447	2018218620746	一种铸件铸造油烟净化系统	唐山市建新钢球有限公司	实用新型	企业
448	2018216884260	一种折叠门锁扣	唐山东华钢铁企业集团有限公司	实用新型	企业
449	2019205261735	无阻力全量分流阀体	付宇鹏	实用新型	个人
450	2018216616977	一种马桶清洗结构的冷水排空装置	惠达卫浴股份有限公司	实用新型	企业
451	2018216780007	一种圆筒混料机用表面在线加工修复设备	董佳才	实用新型	个人
452	2019200949058	一种推进式入货平移升降机	惠达卫浴股份有限公司	实用新型	企业
453	2019204939623	纠偏专用高频比例伺服阀	唐山迪安自动化设备有限公司	实用新型	企业
454	201821307571X	一种全包坐便器模具结构	惠达卫浴股份有限公司	实用新型	企业
455	2019202295477	一种钢包包盖应急吊装装置	河北纵横集团丰南钢铁有限公司	实用新型	企业
456	2018218417910	一种用于高精度铸件造型的射芯机	唐山市建新钢球有限公司	实用新型	企业
457	2018218255988	一种用于建筑工程造价教学的演示装置	董鹏	实用新型	个人
458	2018219195895	一种地下阀门操作工具	河北纵横集团丰南钢铁有限公司	实用新型	企业
459	2018221619231	粉碎机用锤片	唐山市丰南区双义饲料机械有限公司	实用新型	企业
460	2018221628141	一种用于切削布料滑槽的数控切削设备	唐山坤泽机械设备有限公司	实用新型	企业

续附表1

序号	申请号	发明名称	专利权人名称	专利类型	专利权人类型
461	201822165128X	一种可制冷的饮料罐	毕建军	实用新型	个人
462	2018218340815	一种清洁铸造铸件用抛丸清理机	唐山市建新钢球有限公司	实用新型	企业
463	2018216036100	一种健身骑马椅	毕国爱	实用新型	个人
464	2018221221313	一种安全可靠性高的布料滑槽	唐山坤泽机械设备有限公司	实用新型	企业
465	2018221382048	一种复合交错排列钎焊布料溜槽	唐山坤泽机械设备有限公司	实用新型	企业
466	2018217360101	一种旋转式空轨道岔	唐山中铁亨通道岔有限公司	实用新型	企业
467	2019203968313	热轧安全管理装置	河北纵横集团丰南钢铁有限公司	实用新型	企业
468	2019203594777	一种血液科用混匀装置	唐山职业技术学院	实用新型	大专院校
469	2019204438066	一种水利工程中清淤装置	唐山正宏建设工程有限公司	实用新型	企业
470	2018221237167	一种便于维修的高压开关柜	唐山巨能电力设备有限公司	实用新型	企业
471	2018219922279	消音风帽	唐山市丰南区双义饲料机械有限公司	实用新型	企业
472	201822122160X	一种泛用性好的高压开关柜	唐山巨能电力设备有限公司	实用新型	企业
473	2018221332617	一种散热效果好的低压开关柜	唐山巨能电力设备有限公司	实用新型	企业
474	2018214546908	一种带有吸附式盖板的淋浴底盆	惠达卫浴股份有限公司	实用新型	企业
475	2018213191744	快排水成型机整体气路自动控制系统	唐山贺祥机电股份有限公司	实用新型	企业
476	2019201493112	一种高温自润滑球面轴承	唐山市丰南区第二粉末冶金厂	实用新型	企业
477	2019201492853	粉末冶金耐高温轴瓦	唐山市丰南区第二粉末冶金厂	实用新型	企业
478	2018218687074	一种使用聚合物水泥防水涂料的喷涂装置	唐山凯伦新材料科技有限公司	实用新型	企业
479	2019204300910	一种石油开采用复合管缆起下设备	华信唐山石油装备有限公司	实用新型	企业
480	2019201172520	一种精密数控龙门加工中心	唐山市派勒福科技有限公司	实用新型	企业
481	2019205836906	新型圆盘刀片式去毛刺机	唐山市润捷机械设备制造有限公司	实用新型	企业
482	2018306393056	餐盘（蝶秀）	史宏山	外观设计	个人
483	2018303520168	面盆龙头（HDN2771M）	惠达卫浴股份有限公司	外观设计	企业
484	2018306672764	坐便器（HDC662+HDS520）	惠达卫浴股份有限公司	外观设计	企业
485	2018305568195	洗面器（HDA074）	惠达卫浴股份有限公司	外观设计	企业
486	2018305724032	坐便器（智能坐便器HDE7001T）	惠达卫浴股份有限公司	外观设计	企业
487	2018303533666	洗面器（FL8112）	惠达卫浴股份有限公司	外观设计	企业
488	2018302265881	展示台	唐山国丰钢铁有限公司	外观设计	企业
489	2018303533670	洗面器（FL8133）	惠达卫浴股份有限公司	外观设计	企业
490	2018306301393	坐便器（智能水电分离坐便器）	惠达卫浴股份有限公司	外观设计	企业
491	2018305079324	净滤器（PEG-2）	惠达卫浴股份有限公司	外观设计	企业
492	2018302383568	坐便器（DB1935）	唐山艾尔斯卫浴有限公司	外观设计	企业
493	201830757509X	散热器（烤花）	唐山市盛凯新能源有限公司	外观设计	企业
494	2018305568176	洗面器（HDA073）	惠达卫浴股份有限公司	外观设计	企业
495	2018307344894	水龙头（HDN2781M）	唐山惠达（集团）洁具有限公司	外观设计	企业
496	2018306672779	坐便器［HDC201N（P）+HDS201D］	惠达卫浴股份有限公司	外观设计	企业
497	2019300616182	淋浴房用成套配件（HDJ77系列）	惠达卫浴股份有限公司	外观设计	企业
498	2018303533524	洗面器（FL8132）	惠达卫浴股份有限公司	外观设计	企业
499	2018302535166	淋浴房用成套配件（HDJ7619）	惠达卫浴股份有限公司	外观设计	企业
500	2018302385309	坐便器（DB1951）	唐山艾尔斯卫浴有限公司	外观设计	企业
501	2018305079428	进水阀（A2025）	惠达卫浴股份有限公司	外观设计	企业
502	2018306672694	坐便器（HDC662BTW）	惠达卫浴股份有限公司	外观设计	企业
503	2018307427863	坐便器水箱排水阀（P7010）	惠达卫浴股份有限公司	外观设计	企业

续附表1

序号	申请号	发明名称	专利权人名称	专利类型	专利权人类型
504	2018307067209	龙头（HDN2772MR入墙龙头）	惠达卫浴股份有限公司	外观设计	企业
505	2018306672656	坐便器（HDC665P+HDS665）	惠达卫浴股份有限公司	外观设计	企业
506	2018306672707	坐便器（HDC201NWH）	惠达卫浴股份有限公司	外观设计	企业
507	2018305724047	便盖（智能便盖HDE7001）	惠达卫浴股份有限公司	外观设计	企业
508	2018306672783	洗面器［HDLP669+HDP609（H）］	惠达卫浴股份有限公司	外观设计	企业
509	2018302184672	坐便器水箱排水阀	惠达卫浴股份有限公司	外观设计	企业
510	2018302861748	坐便器盖板	惠达卫浴股份有限公司	外观设计	企业
511	2018306676021	洗面器［HDLP201N+HDP201N（H）］	惠达卫浴股份有限公司	外观设计	企业
512	2018302072268	脉冲除尘器（6腔室）	唐山市丰南区双义饲料机械有限公司	外观设计	企业
513	2018307724287	包装袋	高学友	外观设计	个人
514	2018303520079	坐便器（HDC6219）	惠达卫浴股份有限公司	外观设计	企业
515	2018303520172	洗面器（FL8136）	惠达卫浴股份有限公司	外观设计	企业
516	2018303533844	坐便器（HDC6218）	惠达卫浴股份有限公司	外观设计	企业
517	2018306676002	坐便器（HDC669P+HDS669）	惠达卫浴股份有限公司	外观设计	企业
518	2018307067232	浴室柜组（HDLU024-12）	惠达卫浴股份有限公司	外观设计	企业
519	2018303698550	洗面器（FL8138）	惠达卫浴股份有限公司	外观设计	企业
520	2018302383587	洗面器（DP4995A）	唐山艾尔斯卫浴有限公司	外观设计	企业
521	2019301714002	包装袋(猫耳朵)	钟文富	外观设计	个人
522	2018304618394	健身器材	毕国爱	外观设计	个人
523	201930175471X	浴室柜	惠达卫浴股份有限公司	外观设计	企业
524	2019301185333	淋浴底盆(HDST1591100)	惠达卫浴股份有限公司	外观设计	企业
525	2018307067266	花洒（HDA2774YR暗装花洒）	惠达卫浴股份有限公司	外观设计	企业
526	2019300358636	食品包装袋(乐畅脆冬枣)	康润(唐山)科技有限公司	外观设计	企业
527	2019300101576	面盆龙头（HDA5701M）	惠达卫浴股份有限公司	外观设计	企业
528	2019302590647	鼓形酱醋壶	唐山亚洲时代陶瓷有限公司	外观设计	企业
529	2018306672868	净身器（HDB669）	惠达卫浴股份有限公司	外观设计	企业
530	2019302598719	浴室柜组件（衣物清洁模块）	惠达卫浴股份有限公司	外观设计	企业
531	2019302598988	马桶上柜（如厕模块）	惠达卫浴股份有限公司	外观设计	企业
532	2018307071505	遥控器(智能马桶HDE7001遥控器)	惠达卫浴股份有限公司	外观设计	企业
533	2019301184862	浴缸（HD8632）	惠达卫浴股份有限公司	外观设计	企业
534	2019301285628	坐便器（HDC6295）	惠达卫浴股份有限公司	外观设计	企业
535	201930332636X	浴缸龙头（五金HDA2103YF）	惠达卫浴股份有限公司	外观设计	企业
536	2019300101523	厨房龙头（HDA4228XH2）	惠达卫浴股份有限公司	外观设计	企业
537	2019300101561	面盆龙头（HDA4221M）	惠达卫浴股份有限公司	外观设计	企业
538	2018305568180	洗面器（HDA075）	惠达卫浴股份有限公司	外观设计	企业
539	2018307067181	便盖（智能便盖HDH1005T）	惠达卫浴股份有限公司	外观设计	企业
540	2019300616178	面盆龙头（HDN2771M2）	惠达卫浴股份有限公司	外观设计	企业
541	2019300101595	厨房龙头（HDA5708XH）	惠达卫浴股份有限公司	外观设计	企业
542	2019302598884	浴室柜组件（衣物清洁模块1）	惠达卫浴股份有限公司	外观设计	企业
543	2019302598687	浴室柜套件(衣物清洁模块2)	惠达卫浴股份有限公司	外观设计	企业
544	2019301366184	升降控制舱（管缆）	华通科创（唐山）石油工程技术服务有限公司	外观设计	企业
545	2019303041789	浴缸模型（米粒）	惠达卫浴股份有限公司	外观设计	企业

续附表1

序号	申请号	发明名称	专利权人名称	专利类型	专利权人类型
546	2019301285647	浴室柜（HDFL8133-01系列）	惠达卫浴股份有限公司	外观设计	企业
547	2019301287341	浴室柜镜箱（HDFL8133-01系列）	惠达卫浴股份有限公司	外观设计	企业
548	2018302006783	石塑装饰板装箱	唐山市唯森新材料有限公司	外观设计	企业
549	2019302851670	纹身机（行者）	高胜亮	外观设计	个人
550	2019300101608	厨房龙头（HDA5708XH2）	惠达卫浴股份有限公司	外观设计	企业
551	2018305740035	带有图形用户界面的手机（龙髯云APP）	唐山胡子物流有限公司	外观设计	企业
552	2019301285596	浴室柜（HDFL6131-09系列）	惠达卫浴股份有限公司	外观设计	企业
553	2019301287337	浴室柜（HDFL8138系列）	惠达卫浴股份有限公司	外观设计	企业
554	2019301184735	浴缸（HD6193）	惠达卫浴股份有限公司	外观设计	企业
555	2019303041774	浴缸（带装饰扣）	惠达卫浴股份有限公司	外观设计	企业
556	2018302006798	石塑装饰板	唐山市唯森新材料有限公司	外观设计	企业
557	2019302598757	浴室柜（洗漱模块）	惠达卫浴股份有限公司	外观设计	企业
558	2019302603384	沐浴上柜（沐浴模块）	惠达卫浴股份有限公司	外观设计	企业
559	2019302603473	更衣柜（更衣换洗模块）	惠达卫浴股份有限公司	外观设计	企业
560	2019302603346	浴室柜套件(美妆护理模块)	惠达卫浴股份有限公司	外观设计	企业
561	2019303040485	浴缸（米粒）	惠达卫浴股份有限公司	外观设计	企业
562	2019300101580	厨房龙头（HDA4228XH）	惠达卫浴股份有限公司	外观设计	企业
563	2019301184877	浴缸（HD1515）	惠达卫浴股份有限公司	外观设计	企业
564	2019301185348	洗脚盆(HDFT001)	惠达卫浴股份有限公司	外观设计	企业
565	2018302006124	石塑样板册	唐山市唯森新材料有限公司	外观设计	企业
566	2018302006069	石塑装饰线	唐山市唯森新材料有限公司	外观设计	企业
567	2019302696139	包装袋	唐山市丰南区丰源香粮油有限公司	外观设计	企业
568	2019303040381	装饰扣（浴缸接缝装饰扣）	惠达卫浴股份有限公司	外观设计	企业
569	2018305745397	带有图形用户界面的平板电脑（龙髯云PC）	唐山胡子物流有限公司	外观设计	企业
570	2019300101453	浴缸龙头（HDA5703Y）	惠达卫浴股份有限公司	外观设计	企业
571	2018302006139	石塑覆膜板	唐山市唯森新材料有限公司	外观设计	企业
572	2019302429227	牙签筒（陶瓷小熊）	金磊	外观设计	个人
573	2019301185329	浴缸（D2428）	惠达卫浴股份有限公司	外观设计	企业
574	201930118474X	浴缸（HD1856）	惠达卫浴股份有限公司	外观设计	企业
575	2019301184792	浴缸(HD1103直角边)	惠达卫浴股份有限公司	外观设计	企业
576	2019302603365	挂衣板（家务清洁模块）	惠达卫浴股份有限公司	外观设计	企业
577	2019301287252	浴室柜（G794-80L-BY）	惠达卫浴股份有限公司	外观设计	企业
578	2019302625754	茶杯	唐山亚洲时代陶瓷有限公司	外观设计	企业

丰南区 2019年国民经济和社会发展统计公报

2019年，面对外部环境复杂多变、经济下行压力加大的困境，我们始终保持战略定力，统筹兼顾、精准发力，统筹推进稳增长、调结构、促转型、抓改革、惠民生、优生态等各项工作，全区经济社会发展呈现稳中有进、进中提质的良好态势。

一、综合经济

市局统一核算结果显示（上级对2018年数据依据普查结果进行修订，同时，自2019年年报起，各县区GDP数据由市统计局统一核算和公布，县区不再上报本地GDP），2019年全区实现地区生产总值（GDP）657.0亿元，按可比价计算，比上年增长6.7%。分产业看，第一产业增加值45.0亿元，比上年增长2.6%；第二产业增加值334.1亿元，增长10.8%；第三产业增加值278.0亿元，增长2.8%。三次产业结构由上年的6.8：49.0：44.2调整为6.8:50.9:42.3。全区人均地区生产总值11.6万元（按年平均汇率折合1.7万美元），比上年增长7.4%。

2019年末，全区总户数14.56万户，户籍总人口53.67万人，其中男性人口26.93万人，女性人口26.74万人。全年出生5027人，出生人口性别比104.35，人口出生率9.37‰；死亡4472人，死亡率8.33‰；人口自然增长率1.03‰。

2019年，城镇新增就业人员11038人；农村劳动力转移人数5085人；城镇登记失业率控制在3.5%以内。

2019年末，全区实有市场主体12510户，个体户4214户。

二、农林牧渔业

2019年，全区以实施乡村振兴战略为统领，加快推进农业供给侧结构性改革。全区农林牧渔业总产值73.0亿元，同比增长3.3%。其中，农业产值36.4亿元，同比增长6.7%，占比49.9%；林业总产值0.8亿元，同比增长0.5%；牧业产值15.6亿元，同比下降1.5%，占比21.4%；渔业产值15.3亿元，同比下降4.8%，占比20.9%。粮食播种面积54.8万亩，粮食总产量21.8万吨，同比下降10.3%；蔬菜总产量110.3万吨，同比下降2%；油料总产量达到3.7万吨，增长2.0%。生猪出栏3624百头，同比下降25.3%；家禽出栏51528百只，同比增长0.1%；猪牛羊禽肉总产量41769吨，同比下降13.0%。

2019年末，全区拥有6个现代农业园区，其中省级2个，唐山市级3个。全区农业产业化龙头企业达到27家，其中省级龙头企业6家，唐山市级龙头企业27家（其中6家既是省级又是市级）。2019年，农业产业化经营率达到68.5%，比上年提高2.85个百分点。

三、工业

2019年，全区规模以上工业企业达到196个。全部工业增加值同比增长10.7%，其中规模以上工业增加值同比增长13.0%。在规模以上工业中，钢铁行业增长20.1%，精品陶瓷行业增长21.0%，装备制造行业增长8.7%，现代化工行业下降19.6%，特种线缆增长5.3%，食品行业增长20.2%。高新技术产业增加值同比增长18.5%；战略性新兴产业增加值同比增长19.5%。

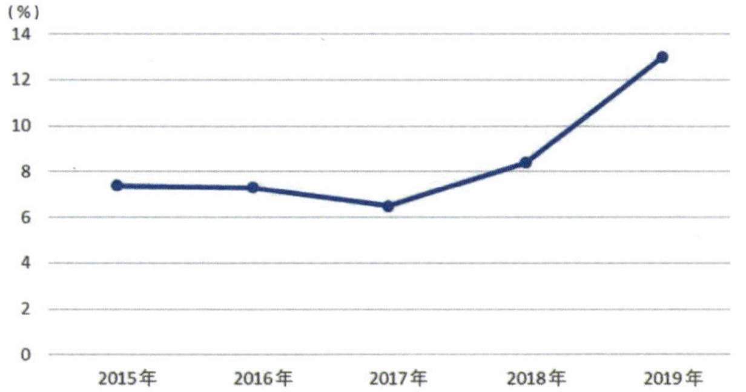

图1 2015—2019年规上工业增值增速图

2019年，规模以上工业主要产品产量中，钢材同比增长44.0%，增速最快；卫生陶瓷同比增长14.2%；瓷质砖同比增长9.8%；电力电缆同比增长6.5%；饮料酒同比下降1.5%。

2019年，全年规模以上工业企业实现主营业务收入1071.4亿元，比上年增长12.2%。其中，钢铁行业实现531.7亿元，占规上工业企业比重为49.6%，增长33.7%。规模以上工业企业实现利润总额81.7亿元，比上年增长5.6%，其中钢铁行业50.8亿元，下降13.2%。规模以上工业企业主营业务收入利润率7.6%，比上年下降0.48个百分点。

四、投资、建筑业

全年固定资产投资比上年增长8.1%，增速比上年下降5.2个百分点。第一产业投资增长9.9%，第二产业投资增长14.0%，第三产业投资下降20.9%。房地产开发投资大幅增长，实现增长81.4%；工业投资增长14.0%，高于全区固定资产投资增速5.9个百分点，其中制造业增长14.2%，占全区投资比重82.3%。工业技改投资增长23.6%，占全区投资的82.5%。民间投资保持稳定，增长6.8%。

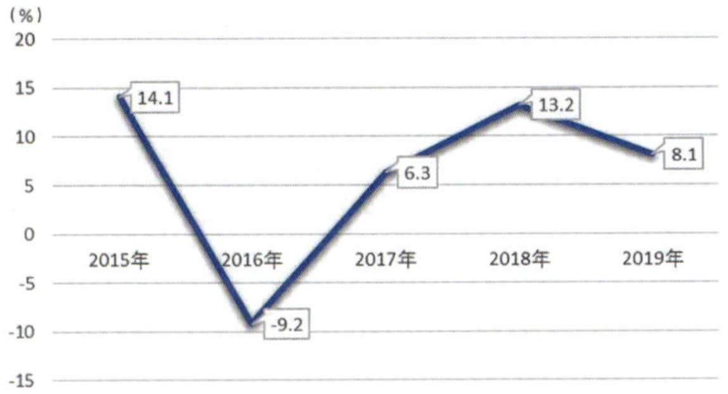

图2　2015—2019年固定资产投资增速图

2019年，全区建筑业增加值34.7亿元，同比增长6.3%。全年房屋建筑施工面积256.3万平方米，其中住宅施工面积183.8万平方米；全年商品房销售面积21.2万平方米。

五、国内贸易

全年社会消费品零售总额252.4亿元，比上年增长8.7%，其中限额以上单位消费品零售额16.5亿元，增长1.5%。按经营单位所在地分，城镇消费品零售额251.9亿元，同比增长8.8%；农村消费品零售额0.5亿元，同比下降10.0%。分行业看，批发业18.1亿元，同比增长6.7%；零售业213.1亿元，同比增长8.8%；住宿业1.7亿元，同比增长9.3%；餐饮业19.5亿元，同比增长9.7%。

六、对外经济

2019年，全年进出口总额12.9亿美元，比上年下降10.4%。其中，出口总额6.3亿美元，比上年下降8.3%；进口总额6.6亿美元，比上年下降12.2%。经济外向度为16.5%。

全年实际利用外资6603万美元，比上年下降44.2%。

七、交通、邮电和旅游业

2019年末，全区公路通车里程达到1306.5千米,其中国省干线及收费公路110.2千米、高速公路95.2千米、县道121.7千米、重要乡道125.8千米、一般乡道290.8千米、村道562.9千米。客运班车59辆，运营载客出租车455辆。

旅游业迅猛发展。2019年，全区共接待游客401.1万人次，同比增长28.7%；实现旅游总收入45.7亿元，同比增长39.8%。拥有4A级景区1个；拥有星级以上酒店2家；拥有旅行社5家。

八、财政、税务、金融

2019年，全区全部财政收入完成87.6亿元，同比下降3.3%；一般公共预算收入完成47.2亿元，同比增长5.3%；政府性基金收入完成29.0亿元，同比增长68.0%。一般公共预算支出完成67.3亿元，同比增长6.1%。

2019年，全区共完成税收收入69.4亿元，同比下降8.8%。从分税种情况看，共完成增值税31.1亿元，同比下降12.4%；企业所得税22.0亿元，同比下降8.8%；个人所得税1.8亿元，同比下降31.8%；城镇土地使用税3.2亿元，同比增长3.4%；房产税1.4亿元，同比增长23.2%。

2019年末，金融机构人民币存款余额701.7亿元，比上年同期增加43.1亿元。其中，储蓄存款余额479.9亿元，占全部存款余额的68.4%，比上年同期增加43.4亿元。年末金融机构人民币贷款余额297.7亿元，比上年同期增加19.1亿元。其中，个人贷款余额99.6亿元，比上年同期增加17.9亿元；企业贷款余额157.3亿元，比上年同期增加9.1亿元。年末存贷比42.4%，比上年末增长0.4个百分点。

九、城市建设与环境保护

2019年，丰南区不断优化城市设施和资源配置，全面提升城市承载能力。2019年末，建成区面积38.615平方千米。城市路网密度达到3.50千米/平方千米，道路面积率达到3.7平方，建成区绿地率34%，绿化覆盖率35.2%。公共供水普及率达到96%，主城区管道天然气普及率96%，生活污水集中处理率达到99%，实际集中供热面积达到696.6万平方米。城区道路机械化清扫率达到89.5%。年末城区运营公交车辆142辆，运营线路14条。

2019年，全区常住人口城镇化率60.6%，比上年提高1.5个百分点。

2019年，全年空气质量优良天数222天，细颗粒物（$PM_{2.5}$）平均浓度52微克/立方米，比上年下降1.89%，可吸入颗粒物（PM_{10}）平均浓度100微克/立方米，比上年下降2.91%。

2019年，全区森林覆盖率19.65%，比上年提高0.4个百分点。

十、科技、教育、文化体育、卫生

2019年，全区大力实施创新驱动发展战略，科技事业蓬勃发展。省级院士工作站达到2家；新增科技型中小企业168家，总数达到668家；新增高新技术企业27家，总数达到71家；各类孵化器、众创空间新入孵企业50家，累计在孵企业达170家。2019年新增有效发明专利112件，总数达到327件，万人发明专利拥有量达到6.12件。2019年，全区拥有各类专业技术人员（具有初级及以上职称）16932人，其中具有副高级及以上职称1637人。

2019年全区共有学校165所，教职工8563人，在校学生84231人。其中普通高中4所，教职工1305人，在校生9394人；初中18若，教职工2170人，在校生23747人；小学62所，教职工2308人，在校生29161人；中等职业教育4所，教职工677人，在校生5057人；特殊教育学校1所，教职工40人，在校生154人；幼儿园76所，教职工2063人，在园幼儿16718人。全区小学教育和初中教育巩固率分别为100%和100%；高中教育普及率93.2%。2019年高考参考3696人，二本以上上线人数1980人，上线率达76.8%。

全区拥有博物馆1家、图书馆1家、文化馆1家；图书馆藏书量46万册，全年借阅人次超39万人次。专业艺术表演团体1个，群众业余演出团421个。年末全市有线电视用户数1.97万户。

群众体育事业蓬勃发展，全年相继举办了大型群众体育活动达20次。一年一度的丰南区十八届乒乓球比赛、丰南区“全民健身日”暨“助力冬奥 全民健身”健身项目展示、丰南区门球比赛、丰南区老年乒乓球比赛吸引了众多体育爱好者参加；丰南区“迎国庆”乒乓球比赛、“相约惠丰”环湖跑活动、“丰信杯”羽毛球邀请赛等充分利用社会力量举办的体育活动；积极承办了中国唐山2019“善能杯”国际标准舞体育舞蹈全国公开赛、唐山城市·乐跑、2019第四届唐山市全国自行车公开赛暨“全民健身 绿色出行”嘉年华活动、“彭氏皮草杯”、“我是冠军”跆拳道职业赛、精英赛（唐山站）、唐山市中学生篮球赛事等上级活动、赛事。竞技体育成绩喜人，参加2019NYBO青少年篮球公开赛唐山赛区U12女子组比赛获得第一名；“端午节”全国青少年篮球精英赛U15女子组业余体校一队第一名；2019CCWBA中国中西部青少年篮球锦标总决赛业余体校一队第一名、二队第二名；区尚武搏击俱乐部在“精武杯”“奥丁杯”河北省拳击锦标赛上有三人获得冠军。

2019年，全区共有医疗卫生机构930个，其中民营医疗机构6个，二级医院2个，卫生院15个，社区卫生服务中心1个，社区卫生服务站6个，疾控中心1个，卫生监督所1个，妇幼保健院1个，农村卫生室439个，门诊部2个，诊所（卫生所、医务室）456个，年末实有床位1662张，卫生技术人员3138人，其中执业（助理）医师以上1728人，注册护士1118人。全年总诊疗人次280万人次。

十一、居民生活和社会保障

城乡居民收入稳步增长。2019年，城镇居民人均可支配收入43883元，比上年增长8.5%；农村居民人均可支配收入18821元，比上年增长9.2%。

2019年，对低保对象，城、乡低保标准分别调整为每人每年7992元和每人每年4824元，较上年分别提高61元和516元；全年城、乡累计发放低保金2769.8万元，同比下降0.08%。对生活困难的残疾人累计发放生活补贴247.2万元，同比下降10.9%，对重度残疾人员的护理补贴累计发放374.8万元，同比增长1.0%。对特困人员累计发放供养金1483.8万元，同比增长68.8%。对完全丧失自理、部分丧失自理特困人员发放护理补贴117.4万元。对孤残儿童累计发放救助资金71.7万元，同比增长35.5%。全年为高龄老人发放高龄津贴948.0万元，同比增长1.8%。对经济困难的失能、半失能老年人发放护理补贴39.0万元。

2019年，全区社会基本养老保险参保人数432569人，比上年增加5904万人。其中企业养老保险参保人数170360人，增加10736人；城乡居民养老保险参保人数202209人，减少4832人，参保率99.99%。2019年，全区基本医疗保险参保人数525693人，比上年增加311人。其中城镇职工基本医疗保险参保人数189218人，增加12720人；城乡居民基本医疗保险参保人数403926人，减少8617人。

注释：

[1]本公报2019年数据为快报统计数据。

[2]地区生产总值、各产业增加值绝对值按当年价格计算，增长速度按可比价格计算。

[3]城镇居民人均可支配收入、农村居民人均可支配收入由于省队未反馈，为初步预计数据。

[4]公报中部分数据来源于相关部门。

统计资料

主要经济指标完成情况表

附表2

	计量单位	年计划		累计	完成	同比
		绝对额	增长率%	完成	计划%	增长（%）
地区生产总值	亿元	—	7.5	657.0	—	6.7
第一产业	亿元	—	1.8	45.0	—	2.6
第二产业	亿元	—	7.0	334.1	—	10.8
第三产业	亿元	—	9.0	278.0	—	2.8
农林牧渔业总产值	亿元	—	_	73.0	—	3.3
规模以上工业利润	亿元	—	_	81.7	—	5.6
规模以上工业增加值	亿元	—	7.5	—	—	13.0
固定资产投资	亿元	—	8.0	—	—	8.1
全部财政收入	亿元	—	7.1	87.6	—	-3.3
一般公共预算收入	亿元	—	7.5	47.2	—	5.3
社会消费品零售额	亿元	—	9.0	252.4	—	8.7
农村居民人均可支配收入	元	—	7.0	18821.0	—	9.2
城镇居民人均可支配收入	元	—	7.0	43883.0	—	8.5
实际利用外资	万美元	16000	—	6603.0	41.3	-44.2
出口创汇（海关数据月份）	万美元	75000	—	62759.0	83.7	-8.3

主要工业品产量一览表

附表3

产品名称	计量单位	累计	上年同期	同比增长（%）
生铁	万吨	1515.9	1134.5	33.6
粗钢	万吨	1571.9	1158.1	35.7
钢材	万吨	1288.8	895.0	44.0
卫生陶瓷	万件	2405.0	2106.6	14.2
瓷质砖	万平方米	295.3	269.0	9.8
电力电缆	千米	217875.0	204520.0	6.5
饮料酒	千升	274863.0	279108.0	-1.5

财政收入情况表

附表4

单位：万元

	全年计划	累计完成	完成计划（%）	上年同期	同比增长（%）
全部财政收入	970000	876423	90.4	905895	-3.3
（一）分级次财政收入	970000	876423	90.4	905895	-3.3
1.中央级收入	368200	305646	83.0	345724	-11.6
2.省级收入	120000	98772	82.3	112001	-11.8
3.一般公共预算收入	481800	472005	98.0	448170	5.3
（二）分系统	970000	876423	90.4	905895	-3.3
1. 税务系统收入	820000	684577	83.5	753840	-9.2
2.财政系统收入	150000	191846	127.9	152055	26.2

公共财政预算支出情况表

附表5

单位：万元

	全年计划	累计支出	完成计划（%）	上年同期	同比增长（%）
一般公共预算支出合计	679947	673357	99.0	634882	6.1
#一般公共服务	51652	51131	99.0	48780	4.8
公共安全	23035	23035	100.0	21846	5.4
教育	131439	129969	98.9	125391	3.7
科学技术	1153	1153	100.0	1843	-37.4
文化旅游体育与传媒	6392	6392	100.0	5878	8.7
社会保障与就业	60525	60525	100.0	49535	22.2
医疗卫生与计划生育	57966	57966	100.0	63994	-9.4
节能环保	37612	33412	88.8	23683	41.1
城乡社区	134732	134732	100.0	178446	-24.5
农林水支出	77575	77179	99.5	68558	12.6
交通运输	11283	11283	100.0	7632	47.8
住房保障支出	8283	8280	100.0	5227	58.4
其中：八项支出合计	498114	491923	98.8	513518	-4.2

各项税收完成情况表

附表6

单位：万元

	累计完成	上年同期	同比增长（%）
税收合计	694183	761002	-8.8
一、农、林、牧、渔业	426	263	62.0
二、采矿业	8695	9791	-11.2
三、制造业	479109	588870	-18.6
#黑色金属冶炼和压延加工业	329839	452241	-27.1
四、电力、热力、燃气及水的生产和供应业	4213	5593	-24.7
五、建筑业	27076	31908	-15.1
六、批发和零售业	24372	31168	-21.8
七、交通运输、仓储和邮政业	9577	11880	-19.4
十、金融业	11567	8880	30.3
十一、房地产业	62226	43414	43.3
十二、租赁和商务服务业	19600	4026	386.8
十五、居民服务、修理和其他服务业	3593	4262	-15.7
按税种划分			
国内增值税	310686	354789	-12.4
企业所得税	220372	241603	-8.8
个人所得税	18164	26621	-31.8
资源税	10855	12821	-15.3
城市维护建设税	22916	27326	-16.1
房产税	14328	11632	23.2
印花税	9390	9785	-4.0
城镇土地使用税	32193	31129	3.4
土地增值税	12980	8311	56.2
耕地占用税	6427	3147	104.2
契税	14231	12884	10.5
消费税	7104	7185	-1.1
车辆购置税	9606	7162	34.1
车船税	1477	1558	-5.2

规模以上服务业企业发展情况表

附表7 单位：万元

指标	企业个数	营业收入	累计增长（%）
总计	70	279621.4	-10.7
交通运输、仓储和邮政业	32	197436.8	-18.2
信息传输软件和信息技术服务业	2	6004.2	-36.5
房地产业	12	14485.5	22.4
租赁和商务服务业	8	50937.5	31.4
科学研究和技术服务业	4	4024.4	38.6
水利、环境和公共设施管理业	3	1632.8	-6.4
居民服务、修理和其他服务业	4	3615.2	-38.0
文化体育和娱乐业	5	1485.0	-3.4
营利性服务业	18	56212.0	12.3

社会消费品零售总额一览表

附表8 单位：万元

	年计划增速（%）	累计完成	上年同期	同比增长（%）
全社会消费品零售总额	9	2523876.5	2320967.7	8.7
批发业	—	181177.2	169774.2	6.7
零售业	—	2130830.0	1957977.3	8.8
住宿业	—	16558.4	15143.5	9.3
餐饮业	—	195310.9	178072.7	9.7
限额以上单位零售总额	—	164616.7	161995.7	1.5
#限上批发和零售业	—	159488.9	156298.0	1.9
#粮油、食品类	—	30143.0	25022.0	20.5
饮料类	—	1063.0	946.0	12.3
烟酒类	—	7538.0	6672.0	13.0
服装鞋帽针纺织品类	—	9780.0	8805.0	11.1
化妆品类	—	193.0	196.0	-1.8
金银珠宝类	—	7288.0	6574.0	10.9
日用品类	—	19419.0	16005.0	21.3
家用电器音像器材类	—	20694.0	15210.0	36.1
家具类	—	385.0	359.0	7.2
通信器材类	—	474.0	427.0	11.0
汽车类	—	35118.0	45870.0	-23.4
中西药类	—	15706.0	13745.0	13.0
石油及制品类	—	9940.0	15242.0	-34.8

附表9

固定资产投资情况表

指标名称	年计划增长（%）	同比增长（%）
固定资产投资	8.0	8.1
建设项目投资	—	5.8
房地产开发投资	—	81.4
按三次产业划分	—	—
第一产业	—	9.9
第二产业	—	14.0
#工业技术改造投资	—	23.6
第三产业	—	-20.9
按项目规模划分	—	—
施工项目个数（个）	—	-25.7
#本年新开工	—	-33.3
亿元以上项目个数（个）	—	-16.4
#本年新开工	—	-38.5
亿元以上项目投资额	—	14.5
#本年新开工	—	-57.9
房地产开发情况	—	—
商品房销售面积	—	-53.9

附表10

农村经济情况表

指 标 名 称	单 位	累计完成	上年同期	同比增长（%）
农林牧渔业总产值	万元	730125.0	—	3.3
粮食播种面积	公顷	36520	37716	-3.2
单产	公斤/公顷	5984	6461	-7.4
总产量	吨	218546	243693	-10.3
蔬菜及食用菌产量	吨	1102656	1124541	-2.0
肉类总产量	吨	—	—	—
禽蛋总产量	吨	—	—	—
牛奶产量	吨	—	—	—
水产品产量	吨	—	—	—
棉花	吨	1036	10694	-3.2
油料	吨	36677	35955	2.0

说明：农林牧渔业总产值增速为可比价增速

金融机构存贷款情况表

附表11 单位：万元

	月末余额	比上月增减	同比增减
一、金融机构各项存款	7016525	80629	431181
其中：1.企业存款	1736619	-130594	61502
2.储蓄存款	4799478	191886	433747
3.机构存款	480428	19336	-64068
二.金融机构各项贷款	2976974	-3021	190743
其中：1.政府投资或主导项目贷款	300856	-32664	-41639
中长期贷款	300856	-32664	-41639
2.企业贷款	1572933	9266	91492
短期贷款	1120094	53406	-22180
中长期贷款	452840	-44140	113672
3.个人贷款	996002	30277	178515
4.房地产开发贷款	100000	-9900	-38530
5.政策性贷款	7183	0	905

附表12

分乡镇规模以上工业经济效益情况表

单位：万元

	工业增加值		工业利润（1—12月）	
	年计划增长（%）	累计增长（%）	累计完成	累计增长（%）
合　　计	7.5	13.0	817187	5.6
一、乡镇工业	7.5	11.2	548235	-21.4
丰南镇	7.5	7.5	5279	18.9
小集镇	7.6	12.2	305523	-29.7
黄各庄镇	7.6	7.6	54704	-25.9
西葛镇	10.2	10.2	29284	-13.2
钱营镇	7.5	10.6	64151	-52.4
大齐镇	7.6	10.3	49822	2888.7
大新庄镇	8.0	23.4	5953	19.5
唐坊镇	7.8	15.3	5754	587.5
王兰庄镇	7.8	13.6	6405	556.9
南孙庄乡	7.8	25.4	5134	—
东田庄乡	7.8	16.5	5172	—
柳树瓠镇	7.8	15.5	2515	-28.6
黑沿子镇	7.8	18.6	3918	83.4
尖字沽乡	7.8	14.2	3216	-11.9
岔河镇	8.0	13.8	1405	162.6
二、其他工业	—	7.6	150	—
临港经济开发区	—	25.8	215002	505.9
经济开发区	—	11.2	53802	26.0
小集经济开发区	—	—	—	—

说明：规模以上工业增加值增速为可比价

分乡镇一般公共预算收入情况表

附表13

单位：万元

	全年计划	累计完成	完成计划（%）	上年同期	同比增长（%）
合　　计	279713	233219	83.4	255621	-8.8
丰 南 镇	68976	52623	76.3	79400	-33.7
小 集 镇	98474	71420	72.5	75951	-6.0
黄各庄镇	21499	24024	111.7	19185	25.2
西 葛 镇	9727	8237	84.7	8680	-5.1
钱 营 镇	31329	23268	74.3	23942	-2.8
大 齐 镇	3677	3884	105.6	3281	18.4
大新庄镇	1467	2083	142.0	1309	59.1
唐 坊 镇	1219	578	47.4	1088	-46.9
王兰庄镇	1966	2065	105.0	1754	17.7
南孙庄乡	328	164	50.0	293	-44.0
东田庄乡	591	593	100.3	527	12.5
柳树酄镇	4002	2535	63.3	3571	-29.0
黑沿子镇	2190	2253	102.9	1954	15.3
尖字沽乡	1358	1359	100.1	1212	12.1
岔 河 镇	1065	970	91.1	950	2.1
经济开发区	16889	17501	103.6	14074	24.3
临港经济开发区	14956	19662	131.5	18450	6.6

分乡镇固定资产投资情况表

附表14

	计划增速（%）	同比增减（%）
总　　计	8.0	8.1
一、乡镇小计	7.2	—
丰 南 镇	7.8	15.2
小 集 镇	14.8	14.8
黄各庄镇	6.0	6.1
西 葛 镇	4.9	4.9
钱 营 镇	2.7	2.8
大 齐 镇	3.0	3.2
大新庄镇	6.5	6.5
唐 坊 镇	6.0	6.1
王兰庄镇	6.4	6.4
南孙庄乡	18.5	18.5
东田庄乡	7.0	7.0
柳树酄镇	6.7	6.8
黑沿子镇	6.0	6.0
尖字沽乡	6.1	6.1
岔 河 镇	6.0	5.9
二、园区	—	—
丰南经济开发区	15.0	10.7
临 港 园	—	37.4
高 新 园	—	-87.0
小 集 园	—	-53.9
三、区直	—	—
其他区直单位	11.0	-112.6

分乡镇限额以上贸易企业销售情况表

附表15 单位：万元

	全年计划	累计完成	完成计划（%）	上年同期	同比增长（%）
合　　计	—	1862722.2	—	1896120.7	-1.8
一、乡镇小计	—	962814.5	—	1149704.6	-16.3
丰 南 镇	413700	54616.5	13.2	68495.8	-20.3
小 集 镇	—	721140.2	—	869441.3	-17.1
黄各庄镇	112200	83838.8	74.7	103892.8	-19.3
西 葛 镇	33800	23669.3	70.0	26500.7	-10.7
钱 营 镇	34500	26402.2	76.5	23315.8	13.2
大 齐 镇	812	3034.3	373.7	137.6	2105.2
大新庄镇	28300	16542.9	58.5	26178.5	-36.8
唐 坊 镇	4550	0	0	4213	-100.0
王兰庄镇	15500	17359.7	112.0	14351.3	21.0
南孙庄乡	11900	13868.3	116.5	11017.9	25.9
东田庄乡	273	0	0	253.1	-100.0
柳树瓤镇	1270	1148.6	90.4	928.8	23.7
街道办事处	—	1193.7	-	978	22.1
尖字沽乡	500	—	—	—	—
岔 河 镇	500	—	—	—	—
黑沿子镇	—	—	—	—	—
二、区直	—	100784.5	—	82567.3	22.1
临港经济开发区	—	0	—	0	—
经济开发区	—	799123.2	—	663848.8	20.4
小集经济开发区	790400	721140.2	91.2	869441.3	-17.1

分乡镇出口创汇情况表

附表16 单位：万美元

	全年计划	累计完成	完成计划比（%）	上年同期	同比增长（%）
合　　计	78087	62759	80.4	68427	-8.3
一、乡镇	—	—	—	—	—
丰南镇	6121	4247	69.4	5807	-26.9
小集镇	6688	952	14.2	6250	-84.8
黄各庄镇	12491	12925	103.5	11674	10.7
西葛镇	11985	15019	125.3	11201	34.1
钱营镇	30	—	0.0	—	—
大齐镇	4800	4133	86.1	4133	0.0
大新庄镇	910	421	46.3	850	-50.5
唐坊镇	30	—	0.0	—	—
王兰庄镇	391	96	24.6	305	-68.5
南孙庄乡	30	34	113.3	24	41.7
东田庄乡	30	—	0.0	—	—
柳树瓠镇	1522	651	42.8	1422	-54.2
黑沿子镇	2200	1460	66.4	1416	3.1
岔河镇	500	395	79.0	367	7.6
尖子沽乡	220	46	20.9	6	666.7
二、其他	—	—	—	—	—
临港经济开发区	—	—	—	—	—
经济开发区	30139	22380	74.3	24992	-10.5
区直	—	—	—	—	—

说明：此数据为商务局提供

分乡镇入统“四上”企业统计表

附表17 单位：个

乡镇名称	规模以上工业企业	限额以上贸易企业	资质内建筑业企业	规模以上服务业企业
全区合计	196	41	21	70
丰　南　镇	14	8	17	31
小　集　镇	15	4	0	3
黄各庄镇	15	5	1	9
西　葛　镇	11	1	1	2
钱　营　镇	4	1	2	4
大　齐　镇	13	1	0	0
大新庄镇	3	3	0	1
唐　坊　镇	7	1	0	2
王兰庄镇	8	2	0	1
南孙庄乡	6	1	0	1
东田庄乡	3	1	0	0
柳树瓠镇	6	1	0	1
黑沿子镇	9	1	1	0
尖字沽乡	6	0	0	1
岔　河　镇	3	0	0	1
经济开发区	69	5	0	5
区直	4	6	0	4
街道办事处	0	1	0	4

地区生产总值在全市位次一览表

附表18　　　　单位：亿元

县（市、区）	总量	位次	县（市、区）	增速（%）	位次
全　市	**6890.0**	—	**全　市**	**7.3**	—
迁安市	957.8	1	曹妃甸区	9.1	1
丰润区	875.1	2	路南区	8.0	2
丰南区	**657.0**	**3**	丰润区	7.7	3
曹妃甸区	630.4	4	遵化市	7.7	3
遵化市	424.3	5	滦州市	7.5	5
滦州市	396.2	6	乐亭县	7.5	5
路北区	357.2	7	古冶区	7.0	7
乐亭县	344.7	8	**丰南区**	**6.7**	**8**
迁西县	320.7	9	开平区	6.6	9
滦南县	271.0	10	滦南县	6.5	10
玉田县	262.9	11	迁西县	6.3	11
古冶区	212.4	12	迁安市	6.2	12
路南区	209.2	13	玉田县	6.0	13
开平区	140.4	14	路北区	5.5	14

服务业增加值在全市位次一览表

附表19　　　　单位：亿元

县（市、区）	总量	位次	县（市、区）	增速（%）	位次
全　市	**2745.5**	—	**全　市**	**7.3**	—
路北区	320.6	1	乐亭县	12.0	1
迁安市	319.6	2	丰润区	10.6	2
丰南区	**278.0**	**3**	遵化市	10.3	3
曹妃甸区	268.3	4	曹妃甸区	9.1	4
丰润区	256.1	5	滦州市	9.0	5
遵化市	197.6	6	路南区	8.5	6
路南区	167.1	7	滦南县	8.0	7
滦州市	118.9	8	玉田县	6.6	8
乐亭县	106.2	9	迁西县	5.9	9
滦南县	97.2	10	路北区	5.3	10
玉田县	89.7	11	开平区	5.3	10
迁西县	86.8	12	迁安市	5.1	12
开平区	65.0	13	**丰南区**	**2.8**	**13**
古冶区	64.5	14	古冶区	1.5	14

规模以上工业生产与效益在全市位次一览表

附表20　　单位：亿元

县（市、区）	工业增加值累计增长	位次	县（市、区）	工业利润累计增长	位次
全市	8.7	—	全市	-9.5	—
路南区	24.4	1	路北区	394.2	1
路北区	19.6	2	开平区	169.0	2
丰南区	13.0	3	玉田县	140.3	3
玉田县	12.1	4	路南区	111.4	4
滦南县	11.8	5	丰南区	5.6	5
曹妃甸区	11.8	5	遵化市	3.1	6
古冶区	11.8	5	丰润区	1.7	7
开平区	10.0	8	迁安市	-20.5	8
遵化市	9.7	9	古冶区	-24.4	9
丰润区	9.7	9	迁西县	-25.2	10
滦州市	9.4	11	滦南县	-37.8	11
迁安市	9.1	12	乐亭县	-43.4	12
乐亭县	8.1	13	滦州市	-49.0	13
迁西县	8.0	14	曹妃甸区		

附表21

各县区规模以上工业战略性新兴产业及高新产业增加值一览表

县（市、区）	战略性新兴产业		县（市、区）	高新技术企业	
	累计增长	位次		累计增长	位次
全　市	**25.1**	—	**全　市**	**19.4**	—
路南区	68.0	1	路北区	60.6	1
迁安市	56.3	2	遵化市	44.8	2
路北区	47.5	3	迁西县	43.8	3
古冶区	38.5	4	乐亭县	34.3	4
迁西县	33.6	5	迁安市	30.4	5
玉田县	33.5	6	滦南县	29.3	6
开平区	30.0	7	路南区	25.0	7
曹妃甸区	27.5	8	玉田县	24.0	8
乐亭县	26.4	9	古冶区	20.9	9
遵化市	24.0	10	曹妃甸区	20.1	10
滦州市	23.2	11	**丰南区**	**18.5**	**11**
丰润区	21.8	12	开平区	17.0	12
丰南区	**19.5**	**13**	滦州市	15.1	13
滦南县	15.7	14	丰润区	8.8	14

社会消费品零售总额在全市位次一览表

附表22　　　　单位：亿元

县（市、区）	总量	位次	县（市、区）	增速（%）	位次
全　市	**2983.6**	—	**全　市**	**8.8**	—
迁安市	322.3	1	路南区	9.6	1
路北区	315.9	2	丰润区	9.5	2
遵化市	265.9	3	乐亭县	9.5	2
丰南区	**252.4**	**4**	开平区	9.3	4
丰润区	238.8	5	曹妃甸区	9.3	4
路南区	201.9	6	迁安市	9.1	6
玉田县	183.0	7	路北区	9.1	6
滦南县	178.8	8	古冶区	8.9	8
滦州市	170.7	9	迁西县	8.9	8
古冶区	161.9	10	**丰南区**	**8.7**	**10**
乐亭县	147.7	11	玉田县	8.7	10
迁西县	138.8	12	滦南县	8.6	12
开平区	111.3	13	遵化市	8.5	13
曹妃甸区	92.7	14	滦州市	8.4	14

全部财政收入在全市位次一览表

附表23　　　　单位：亿元

县（市、区）	总量	位次	县（市、区）	增速（%）	位次
全　市	**889.2**	—	**全　市**	**0.8**	—
迁安市	144.8	1	滦南县	13.0	1
曹妃甸区	115.1	2	开平区	5.8	2
丰南区	**87.6**	**3**	丰润区	4.4	3
路北区	85.8	4	玉田县	3.8	4
丰润区	61.7	5	路南区	3.4	5
滦州市	52.2	6	滦州市	-1.9	6
路南区	51.8	7	曹妃甸区	-2.3	7
迁西县	36.9	8	**丰南区**	**-3.3**	**8**
遵化市	30.2	9	迁西县	-4.5	9
古冶区	28.3	10	路北区	-5.0	10
乐亭县	26.0	11	古冶区	-7.9	11
开平区	25.5	12	遵化市	-8.7	12
滦南县	24.5	13	乐亭县	-16.5	13
玉田县	22.0	14	迁安市	0.0	

一般公共预算收入在全市位次一览表

附表24　　　　单位：亿元

县（市、区）	总量	位次	县（市、区）	增速（%）	位次
全　市	**465.3**	—	**全　市**	**7.6**	—
曹妃甸区	71.2	1	丰润区	12.2	1
迁安市	63.0	2	滦南县	10.5	2
丰南区	**47.2**	**3**	乐亭县	8.8	3
路北区	45.6	4	遵化市	8.1	4
丰润区	30.2	5	滦州市	8.0	5
路南区	23.4	6	玉田县	8.0	5
滦州市	22.1	7	开平区	7.6	7
乐亭县	17.1	**8**	**丰南区**	**5.3**	**8**
遵化市	16.1	9	曹妃甸区	4.9	9
迁西县	15.3	10	古冶区	4.6	10
古冶区	15.1	11	迁西县	4.3	11
滦南县	14.0	12	迁安市	3.3	12
开平区	12.5	13	路南区	1.8	13
玉田县	12.2	14	路北区	0.7	14

固定资产投资在全市位次一览表

附表25　　　　单位：亿元

县（市、区）	固定资产投资累计增长	位次	县（市、区）	房地产投资累计增长	位次
全　市	**10.1**	—	**全　市**	**0.5**	—
乐亭县	15.7	1	玉田县	123.1	1
丰润区	15.4	2	**丰南区**	**81.4**	**2**
滦南县	13.3	3	迁西县	50.7	3
路南区	11.4	4	丰润区	32.3	4
曹妃甸区	11.3	5	滦州市	26.2	5
滦州市	11.1	6	开平区	21	6
遵化市	10.1	7	路南区	17.8	7
丰南区	**8.1**	**8**	路北区	2.4	8
迁安市	7.8	9	滦南县	1.2	9
路北区	7.6	10	迁安市	1.2	9
开平区	7.2	11	古冶区	-4.1	11
古冶区	4.4	12	乐亭县	-18.1	12
玉田县	1.5	13	遵化市	-18.8	13
迁西县	0.1	14	曹妃甸区	-39.9	14

实际利用外资在全市位次一览表

附表26　　　　单位：万美元

县（市、区）	总量	位次	县（市、区）	增速（%）	位次
全　市	**180386**	—	**全　市**	**6.1**	—
迁西县	41366	1	玉田县	1931.9	1
曹妃甸区	24748	2	迁安市	46.2	2
迁安市	15614	3	曹妃甸区	37.7	3
乐亭县	13085	4	滦南县	31.8	4
滦南县	12017	5	乐亭县	26.7	5
丰润区	11065	6	路南区	11.7	6
遵化市	10956	7	丰润区	8.6	7
丰南区	**6603**	**8**	遵化市	-1.1	8
玉田县	6441	9	迁西县	-1.9	9
路南区	6011	10	滦州市	-3.7	10
滦州市	5644	11	**丰南区**	**-44.2**	**11**
开平区	5125	12	路北区	-47.5	12
路北区	2597	13	开平区	-53.2	13
古冶区	819	14	古冶区	-83.8	14

出口创汇在全市位次一览表

附表27　　　　单位：亿元

县（市、区）	总量	位次	县（市、区）	增速（%）	位次
全　市	**320.7**	—	**全　市**	**-2.4**	—
曹妃甸区	54.3	1	曹妃甸区	58.8	1
丰南区	**43.2**	**2**	遵化市	50.5	2
滦南县	28.1	3	玉田县	43.2	3
丰润区	26.5	4	滦州市	8.6	4
迁安市	21.6	5	路南区	2.8	5
玉田县	13.3	6	滦南县	2.2	6
路北区	10.8	7	**丰南区**	**-4.2**	**7**
路南区	9.9	8	开平区	-6.7	8
开平区	9.0	9	迁西县	-15.8	9
遵化市	8.3	10	古冶区	-18.9	10
乐亭县	4.5	11	乐亭县	-21.3	11
滦州市	2.9	12	丰润区	-21.7	12
古冶区	1.3	13	路北区	-22.6	13
迁西县	1.3	13	迁安市	-27.2	14

城镇居民人均可支配收入在全市位次一览表

附表28 单位：元

县（市、区）	总量	位次	县（市、区）	增速（%）	位次
全　市	**42632**	—	**全　市**	**8.3**	—
路南区	46132	1	路南区	9.1	1
路北区	46081	2	乐亭县	9	2
丰南区	**43883**	**3**	曹妃甸区	8.9	3
迁安市	43674	4	滦州市	8.8	4
滦州市	43603	5	遵化市	8.7	5
丰润区	43395	6	丰润区	8.6	6
曹妃甸区	42560	7	**丰南区**	**8.5**	**7**
迁西县	42251	8	迁西县	8.4	8
遵化市	41815	9	迁安市	8.3	9
古冶区	40489	10	滦南县	8.2	10
滦南县	40405	11	古冶区	8.1	11
乐亭县	40302	12	开平区	8.1	11
开平区	39540	13	路北区	8.0	13
玉田县	38922	14	玉田县	8.0	13

农村居民人均可支配收入在全市位次一览表

附表29 单位：元

县（市、区）	总量	位次	县（市、区）	增速（%）	位次
全　市	19316	—	全　市	9.4	—
迁安市	25418	1	滦南县	10.3	1
路北区	22310	2	乐亭县	10.2	2
曹妃甸区	21212	3	曹妃甸区	10.1	3
路南区	19664	4	滦州市	10.0	4
乐亭县	19416	5	遵化市	9.9	5
滦州市	19136	6	迁西县	9.8	6
迁西县	18949	7	丰润区	9.5	7
丰南区	18821	8	路南区	9.4	8
古冶区	18680	9	迁安市	9.3	9
玉田县	18636	10	丰南区	9.2	10
遵化市	18508	11	玉田县	9.2	10
开平区	18486	12	古冶区	9.0	12
丰润区	18423	13	开平区	9.0	12
滦南县	16733	14	路北区	8.9	14